中国当代

CHINA contemporary

architectuur
architecture
建筑

kunst
art
艺术

beeldcultuur
visual culture
视觉文化

Nederlands Architectuurinstituut

Museum Boijmans Van Beuningen

Nederlands fotomuseum

NAi Uitgevers/Publishers

Voorwoord

Veranderingskunst: de gebarsten spiegel van hedendaags China

Verandering is goed, zeker voor de kunst. De transformaties in onze stedelijke omgeving bieden uitstekende mogelijkheden om te laten zien of te registreren wat er verloren gaat en wat er komt, maar bovenal om de onzekerheid van de verandering zelf te tonen met al haar energie, verwarring en angstaanjagende schoonheid. Juist in de opkomst van nieuwe vormen, niet in de vastgelegde resultaten ervan of in een nostalgisch terugverlangen naar wat heeft moeten plaatsmaken, heeft de moderne kunst steeds haar belangrijkste thematiek gevonden.

Momenteel vinden nergens in zo rap tempo en op zo grote schaal veranderingen plaats als in China's grote steden. Elk jaar schiet wel ergens een nieuwe stad de grond uit die nóg groter en vreemder is en verder los staat van het verleden, of het nu Las Vegas is of Dubai, en ook andere economieën groeien zo snel dat de veranderingen nauwelijks te volgen zijn. Maar de snelheid waarmee in China een omvangrijk en geprononceerd patroon van technologische en economische groei verankerd is geraakt in domeinen van menselijke activiteit die daar een paar jaar geleden nog niet eens bestonden, is ongekend. Dit geldt niet alleen voor het materiele domein van de stedelijke omgeving, maar ook voor de virtuele wereld van de vluchtige media, meestal digitaal geproduceerd en verspreid, die deze ontwikkeling volgen.

Op deze toestand van intense en immense verandering hebben Chinese kunstenaars en architecten en ook fotografen, uitgevers, televisieproducenten, videomakers en bloggers energiek gereageerd. Ze zijn opgeleid (althans de ouderen onder hen) in het creëren en weergeven van de heroïsche schaal waarop de opbouw van een nieuwe

Preface

Change Art: The Cracked Mirror of Contemporary China

Change is good, certainly for art. Transformation in our urban environments bring with them great opportunities to show or chronicle what is being lost and what is coming, but, above all else, to show in all its energy, uncertainty and frightening beauty the uncertainty of change itself. It is in the emergence of new forms, not in the portrayal of their fixed results or in the nostalgic evocation of what has been replaced, that modern art has found its greatest subject.

Today, nowhere is change occurring at a quicker pace or on a larger scale than in China's largest cities. Every year sees the emergence of yet another new city that is bigger, stranger and more disconnected from the past than the previous one, whether it be Las Vegas or Dubai. And other economies are also growing quickly, causing massive change. However, no place has had such an extended and pronounced pattern of technological development and economic growth that quickly become fixed in artificial arenas for human activity that did not exist a few years ago as China. This is true not just in the fixed realm of urban environments, but also in the realm of ephemeral media, usually digitally produced and distributed, that traces this development.

Chinese artists and architects as well as photographers, publishers, television producers, video makers and bloggers have responded with vigour to this state of intense and immense change. Trained (at least the elder among them) to make and portray the heroic scale of the building of a new society, they have used their skills to accommodate in built form, trace, track and criticize the ascent of the particular kind of post-capitalist universe that is modern China. They are also building a new world with great speed and on a great scale, but somehow the reality they

samenleving zich afspeelt, en wenden dit vakmanschap aan om de opkomst van het speciale soort postkapitalistische universum dat het moderne China is in een gebouwde vorm te gieten, te volgen en te bekritiseren. Ook zij bouwen met grote snelheid en op grote schaal aan een nieuwe wereld, maar hun realiteit loopt parallel met de realiteit waarin ze leven, zonder er een exacte weerspiegeling van te zijn. Ze maken kunst van en over deze toestand van immense verandering en in hun vaak opzienbarende beelden, vormen en structuren worden onbestendigheid en onzekerheid, nieuwheid en vernietiging zichtbaar. Ze schotelen ons daarmee een visie voor waarin we tot op zekere hoogte onszelf weerspiegeld zien. Want ook onze westerse wereld verandert. Die veranderingen zijn echter niet zo extreem als die welke China overspoelen, en bovendien complexer. De beste Chinese architecten, kunstenaars, ontwerpers en beeldmakers kunnen ons dus een helder beeld geven van immense verandering waaruit wij lering kunnen trekken.

Daarom hebben het Nederlands Architectuurinstituut, Museum Boijmans Van Beuningen en het Nederlands fotomuseum besloten gelijktijdig exposities te wijden aan het fenomeen van de hedendaagse Chinese kunst en architectuur. We hebben ervoor gekozen niet alleen het beste werk van de beste kunstenaars, ontwerpers en architecten te tonen, of te documenteren wat China is of zou kunnen worden. In plaats daarvan hebben we ons geconcentreerd op de vervormende spiegel die de kritische beeldcultuur het moderne China voorhoudt. Het (geconstrueerde of geprojecteerde) beeld, hoe het wordt gemaakt, hoe het wordt ontvangen en hoe het transformeert tot kunst, staat in deze expositie centraal. Dit geldt ook en vooral voor de architectuur, waar de soms wanhopige pogingen het echte te redden en opnieuw met betekenis te bezielen, leiden tot visueel markante plattegronden, ingewikkelde vormen en gevels, die als concrete alternatieven kunnen gelden voor de visies van projectontwikkelaars.

Opgemerkt moet worden dat de generatie Chinese kunstenaars, architecten, ontwerpers en beeldmakers die we voor deze expositie hebben geselecteerd niet zo direct, of beter gezegd zo

are producing runs parallel with, without exactly mirroring, the reality they inhabit. They are making art out of and about this state of immense change, making flux and uncertainty, newness and destruction visible in often startling images. In so doing they are presenting us with a vision in which we can, to a certain degree, see ourselves reflected. For change is occurring here in the Western world as well. It is, however, not as extreme and more complex than that inundating China. And so the best Chinese architects, artists, designers and others working in the visual field can provide us with the clear image of immense change so that we may see it and learn.

That is why the Netherlands Architecture Institute, Museum Boijmans Van Beuningen and the Nederlands fotomuseum have chosen to devote simultaneous exhibitions to the phenomenon that is contemporary Chinese art and architecture. We have chosen not to show just the best work by the best artists alone, or to document what China may be or may be becoming. Instead, we have chosen to concentrate on that warped mirror that is the critical visual culture of contemporary China. The image, how it is made, how it is received, and how it is altered in the act of art making, is what is central in this exhibition. This is true even and especially in architecture, where it is the sometimes desperate attempt to rescue and re-imbue the real with meaning that leads to the striking images, whether in plan or façade, that can stand as concrete alternatives to the visions produced by developers.

It should be noted in particular that the generation of Chinese artists, architects and designers we have chosen to show are not those who play with images directly or, to put it more precisely, ironically, as the first generation whose work became known in the West did. The graphic power of the propaganda industry and the stark monumentality, with its vernacular add-ons, were the base from which many of these first generation of artists and designers started, and these clear images, forms and colours were immediately attractive to Western audiences, even if the irony their use implied was not always clearly understood. A second generation of artists and designers swung towards a highly individual expression, using their bodies as canvasses and building on Western traditions of installation art and performance, often

ironisch, met beelden spelen als de eerste generatie waarvan het werk in het Westen bekend werd. Deze laatsten baseerden zich veelal op de grafische kracht van de propaganda-industrie en de strenge monumentaliteit met haar inheemse stilistische toevoegingen. Hun heldere beelden, vormen en kleuren trokken het westerse publiek onmiddellijk aan, al werd de ironie die erachter schuilging niet altijd even goed begrepen. Een tweede generatie kunstenaars en ontwerpers maakte de ommezwaai naar een uiterst individuele expressie: ze gebruikten hun lichaam als schildersdoek en bouwden voort op de westerse tradities van de installatie- en performancekunst, die ze vaak combineerden met Chinese tradities (of clichés?) als vuurwerkshows.

Inmiddels is een derde en misschien al vierde generatie kunstenaars en een vierde of vijfde generatie architecten volwassen geworden. Ze hebben het academisme en de ironie, en ook het scherpe expressionisme en de gekwelde beelden van hun leermeesters en voorgangers in hun werk geïntegreerd. Ook hebben ze gespit in de vele lagen van de geschiedenis en in de complexiteit van het dagelijks leven, om zo letterlijk een vorm van flexibele weerstand op te bouwen tegen de geestloze producten van de verandering. Voor hen gaat het niet langer om de vraag welke positie ze moeten innemen binnen of tegenover een monolithische staatscultuur, maar om de vraag hoe men in een voortdurend veranderende cultuur een positie kan vinden en opbouwen, hoe onbeduidend die ook mag zijn.

Uiteraard vinden ze daar zeer uiteenlopende antwoorden op, maar wel maken ze allemaal met groot enthousiasme gebruik van nieuwe technologieën. Hun instrumenten zijn het internet, video-opnameapparatuur, de flexibiliteit van computergestuurde constructiemethoden en beperkte oplagen, de snelheid en de grote invloed van de reclame in de massamedia en de opkomst van een nieuwe infrastructuur van wegen, auto's, treinen en vliegtuigen. Ze hanteren de taal van de massacommunicatie – de beelden van de door het Westen beïnvloede consumptiecultuur dan wel de vormentaal en de schaal die we wellicht kennen van het stedelijk erfgoed van China – en de internationale

infusing them with such Chinese traditions (or clichés?) as firework displays.

Now a third and perhaps a fourth generation of artists and a fourth or fifth generation of architects has come of age. They have assimilated the academicism and the irony, as well as the strident expressionism and tortured images of their teachers and elders. They have also been delving into the many layers of history and the complexity of everyday life in order to literally build form of flexible resistance to the mindless results of change. For them, it is no longer a question of defining a position within or against a monolithic state culture, but one of how to find and build a position, however tenuous, in a culture of flux.

Their responses are, of course, highly diverse, but they all make use of and delight in new technologies. The Internet, video recording devices, the flexibility of computer-assisted construction and limited-run production, the speed and high affect of mass media advertising, and the emergence of a new infrastructure of roads, cars, trains and airplanes are their tools. The language of mass appeal – whether the images of the Western-influenced consumer culture or the forms and scales that might be familiar as part of the country's vernacular urban heritage – is their starting point, while the discipline provided by international standards of art as a critical response is (for better or for worse) the framework within which they work.

It is a recourse to a knowing use of craft, an attempt to hold on to the real and the known, and the structuring or chronicling of the everyday that is remarkable in all this work. Whether they are video artists parading with everyday crockery or architects playing with off-the-shelf building components that usually denote 'traditional' Chinese architects, all these art makers are trying to give back to the plethora of objects, images and spaces being thrown up by the new Chinese society some form of critical meaning. They do so not in a nostalgic, but in a knowing manner, finding irony and beauty in the things on the street and in their almost off-hand portrayals of their fellow citizens in their everyday state of flux. At the same time, they find hope not in the images the state or private commerce present to them, but in their ability to make those dreams their own and convert them into something more troubling, more difficult

norm dat kunst kritisch moet reflecteren biedt hun (ten goede of ten kwade) een kader om binnen te werken.
Wat al deze werken opmerkelijk maakt is het intelligente gebruik van ambachtelijkheid, het streven vast te houden aan het echte en het bekende, en het structureren of registreren van het alledaagse. Of het nu gaat om videokunstenaars die pronken met alledaags serviesgoed of architecten die spelen met uit voorraad leverbare bouwcomponenten die men eerder met de 'traditionele' Chinese architecten associeert, al deze makers proberen de overvloed aan objecten, beelden en ruimten waarmee de nieuwe Chinese samenleving hen overstelpt een vorm van kritische betekenis terug te geven. Ze doen dat niet op een nostalgische maar op een intelligente manier, en ontdekken ironie en schoonheid op straat en in hun bijna nonchalante portretten van hun medeburgers, die dagelijks met deze voortdurende veranderingen te maken hebben. Tegelijkertijd vinden ze hoop, niet in de beelden die de staat of de commercie hun voorschotelt, maar in hun vermogen deze dromen tot de hunne te maken en ze tot iets verontrustender, ongrijpbaarder, meer ambivalent om te vormen. Uit dromen creëren ze een visie. Uit verandering maken ze kunst. Uit China maken ze vormen, beelden en ruimten die laten zien hoe ook wij ons verandering eigen kunnen maken.

In deze tentoonstellingen zijn uiteenlopende visies te zien, maar allemaal belichamen ze het huidige China, aan ons gepresenteerd zoals alleen kunstenaars, ontwerpers, architecten en beeldmakers hun wereld kunnen zien. Met deze visies krijgen niet alleen zij, maar ook wij bouwstenen aangereikt om een nieuwe samenleving te maken.

Aaron Betsky
Sjarel Ex
Ruud Visschedijk

to grasp, more ambivalent. Out of dreams, they make vision. Out of change, they make art. Out of China, they make forms, images and spaces that show how we also could make change our own.

This exhibition presents a diversity of visions, but all of these are what China is today, presented to us as only artists, architects and designers can see their world, and providing not just them, but us as well, with building blocks for making a new society.

Aaron Betsky
Sjarel Ex
Ruud Visschedijk

Garrie van Pinxteren

Vrijheid en ongelijkheid

Hoe China in de afgelopen vijfentwintig jaar is veranderd — Is Parijs een mooie stad? Veel Chinezen zijn inmiddels rijk genoeg om naar Europa te reizen, zodat ze dat met eigen ogen kunnen beoordelen. En het valt tegen. 'Ik begrijp niet waar ze zo trots op zijn in Parijs, want er staan vrijwel alleen maar oude gebouwen', vertelde een Chinese vriend me onlangs, nadat hij zijn eerste Europese reis had gemaakt.

Oud is zeker geen aanbeveling in China. Het wordt geassocieerd met achterlijkheid, armoede en stagnatie. Zo voelde een groep artiesten die Amsterdam bezocht zich bijna beledigd toen bleek dat de gastorganisatie ze had ondergebracht in een oud grachtenpand in Amsterdam. Ze verhuisden meteen de volgende dag naar een groot nieuwbouwhotel aan een van de uitvalswegen van Amsterdam, waar ze naar hun gevoel meer op stand zaten.

Die voorkeur voor nieuw en modern is niet zo verwonderlijk als je kijkt naar China's recente verleden. Toen ik in 1982 voor het eerst in Shanghai kwam, was het een verveloze stad waar de sterk uitdijende bevolking een vrijwel gelijk blijvend aantal woningen met elkaar moest delen. De Chinese studente met wie ik aan de universiteit een kamer deelde, bracht de weekeinden door bij haar familie, die een oud huis bewoonde in het centrum van de oude stad. Het huis, ooit gebouwd door buitenlanders, was mettertijd overbevolkt en verwaarloosd geraakt. Je kon de gaten in de muur nog zien waar de oorspronkelijke centrale verwarming van de muur was getrokken, omdat verwarming bourgeois zou zijn. Ze woonde er niet alleen met haar ouders en grootouders, maar ook met haar ooms en tantes en neefjes en nichtjes. Telkens als

Garrie van Pinxteren

Freedom and Inequality

How China has changed in the last twenty-five years — Is Paris a beautiful city? Many Chinese are by now wealthy enough to travel to Europe and judge for themselves. And they're disappointed. 'I don't understand what they're so proud of in Paris, it's mostly just old buildings,' a friend told me recently after his first trip to Europe.

'Old' is definitely not a good quality in China. It's associated with backwardness, poverty and stagnation. A group of performing artists visiting Amsterdam felt almost insulted when it turned out the host organization was putting them up in one of the city's historic canal houses. The first thing next day, they moved to a large new hotel on one of the busy roads on the outskirts, which they felt was more in keeping with their status.

This preference for the new and modern is not so astonishing if you look at China's recent past. When I came to Shanghai for the first time in 1982, it was a colourless city, with a rapidly growing population that had to share a virtually unchanging number of housing units. The Chinese student I shared a dormitory room with at university spent the weekends with her family, who lived in an old house in the centre of the old city. Built by foreigners, the house had in the course of time become overpopulated and had fallen into neglect. You could still see the holes in the wall where the original central heating had been torn out because heating one's house was considered bourgeois. She lived not only with her parents and grandparents, but with her uncles, aunts, nieces and nephews. Whenever one of them was due to marry, a room was divided with a plywood wall so the newlyweds could have a room of their own.

A living situation like this may have resulted in close family ties, but also led to a lack of privacy that

er een neef ging trouwen, werd er een kamer met een triplex wandje in tweeën gedeeld, zodat er een eigen kamer voor het jonge bruidspaar beschikbaar kwam.

Zo'n woonsituatie leidt misschien wel tot nauwe familiebanden, maar toch ook tot veel persoonlijke onvrijheid en al snel tot conflicten. Die persoonlijke onvrijheid was vijfentwintig jaar geleden over de gehele maatschappelijke linie trouwens klemmend voelbaar. 'In China zul je leren wat het verschil is tussen vrijheid en onvrijheid', had een studente Chinees me toevertrouwd nadat ze een jaar in het land had doorgebracht. In China kwam ik erachter dat ze gelijk had.

Het ontbrak destijds niet alleen aan alle politieke vrijheden, vrijwel niemand had de mogelijkheid om over de inrichting van zijn eigen leven te beslissen. Je kon je eigen beroep of studie niet kiezen, dat deed de staat voor je. Na je opleiding kon je naar willekeurig welke plaats in China gestuurd worden om daar de rest van je leven in dienst van de staat door te brengen. Je werd zo een 'klein radertje in de grote machinerie van het socialisme.'

Je kon niet verhuizen, want het huis waar je woonde was van de fabriek of de instelling waarvoor je werkte, op de vrije markt waren geen woningen te koop. Zolang je niet was getrouwd, kwam je helemaal niet in aanmerking voor een woning, dan moest je gewoon bij je ouders blijven wonen, desnoods je hele leven lang. Je had ook geen plaats om alleen te zijn met je vriendje of je vriendinnetje. In Shanghai stonden de verliefde stelletjes in de rij voor de kans om althans een uurtje samen op een van de bankjes in een park bij het water door te brengen. Als je heel dapper was, kon je daar een beetje zoenen, maar meer stond de politie niet toe.

Contact met buitenlanders was taboe, tenzij het functioneel was voor je werk. Het land was in zichzelf gekeerd, verarmd en bang voor de corrumperende invloeden van het buitenland en van ons als buitenlandse studenten. Chinezen die ons kwamen bezoeken, moesten beneden bij de portier eerst een briefje invullen met de reden voor hun bezoek en hun moment van aankomst en vertrek.

Aanpassingsvermogen en onopvallendheid waren belangrijke, positieve eigenschappen, want je moest je altijd schikken naar de groep waar je

soon bred conflict. Twenty-five years ago this lack of privacy was oppressively palpable throughout society. 'In China you'll learn the difference between freedom and the lack of it', someone studying Chinese had confided to me after spending a year there. Once in China, I found out she was right.

At the time, it wasn't only political freedom that was lacking – virtually no-one had a chance to decide the course of their own life. You couldn't choose your own profession or field of study – the state did that for you. After your training, you could be sent anywhere at all in China to spend the rest of your life in the service of the state. You became a 'tiny cog in the great socialist machine.'

You weren't allowed to move house, because the house you lived in was owned by the factory or institution where you worked, and there was nothing for sale on the free market. As long as you were unmarried, you couldn't even qualify for housing, and would simply have to stay with your parents, perhaps for your entire life. Nor was there anywhere to be alone with your girlfriend or boyfriend. In Shanghai, couples stood in line for a chance just to spend an hour together on one of the benches in a park by the water. If you were very brave you could kiss a bit, but the police wouldn't allow anything more.

Contact with foreigners was taboo unless it was a functional part of your job. China was inward-looking, impoverished and afraid of corrupting influences from abroad, and from us as foreign students. Chinese people coming to visit us had first to fill in a form downstairs with the doorkeeper, stating the reason for their visit and their arrival and departure times.

Adaptability and unobtrusiveness were important, positive qualities, for you always had to go along with the group you happened to belong to. You belonged to your family, co-workers and the neighbourhood, and you could not independently change the circumstances of your life. You couldn't fight for anything, but on the other hand you didn't have to fight for anything.

This produced a society in which people with little ambition or only limited abilities felt comfortable and cared for. You didn't have to push yourself. The pace of life and work was so slow that, once I was back in the Netherlands after my studies, I found myself being overtaken by everyone who was cycling toevallig bij hoorde. Je hoorde bij je familie, de collega's op het werk en de buurt en je kon je leefomstandigheden niet zelfstandig veranderen. Je kon nergens voor vechten, maar je hoefde ook nergens voor te vechten. Dat leidde tot een maatschappij waarin mensen met weinig ambities of beperkte vermogens zich prettig en verzorgd voelden. Je hoefde niet op je tenen te lopen, het werk- en leeftempo lag zo laag dat ik, eenmaal terug in Nederland na mijn studie, door iedereen voorbijgelopen en -gefietst werd. Er heerste geen grote armoede in de steden; in de basisbehoeften aan eten, kleding, scholing en medische zorg werd door de staatsfabriek of -instelling waarvoor je werkte voorzien. Je moest zuinig en spaarzaam leven, je had veel tijd om je vrienden en familie te zien. De sociale verbanden waren sterk. Dat voelde voor sommigen als geborgenheid, maar anderen ervoeren de sterke sociale controle als verstikkend.

Van bouwvakker tot aannemer — Toen halverwege de jaren tachtig de mogelijkheid ontstond om het staatsbedrijf waarvoor je werkte te verlaten en zelfstandig ondernemer te worden, zagen velen dat als een buitenkans en als een bevrijding. Ze zouden nu eindelijk de kans krijgen om te laten zien wat ze werkelijk waard waren, er zou een nieuwe, meer gelijke welvaartsverdeling komen die ijver, slimheid en inzet beloonde en luiheid afstrafte. De hele maatschappij raakte op drift. Veel van mijn vrienden begonnen in die tijd voor zichzelf. De bouwvakker werd aannemer, de decorbouwer werd eerst striptekenaar en later ontwerper van pretparken, de toneelschrijver vertrok naar Amerika. Geld ging een steeds belangrijker rol spelen. Iedereen wilde het hebben en iedereen had er ook steeds grotere hoeveelheden van nodig. Onderwijs en gezondheidszorg waren niet langer gratis, je kon er niet meer op rekenen dat de staat je levenslang in dienst zou houden en je moest gaan sparen voor een eigen huis, voor het onderwijs van je kinderen en voor je oude dag.

De maatschappij werd steeds minder egalitair. Waar vroeger elk kind dat heel goed kon leren uiteindelijk op de universiteit kon belanden, is dat langzamerhand steeds moeilijker geworden. Een vrouw die als ingenieur werkte op een van de

or on foot. The people in the cities were not desperately poor; the state factory or institution that you worked for provided basic food, clothing, schooling and medical care. You had to live frugally, but you had plenty of time to see your friends and family. Social ties were strong. To some people this felt like security, but others experienced this powerful social control as stifling.

From construction worker to contractor — In the mid-1980s, when it became possible to leave one's state job and become a self-employed entrepreneur, many saw this as the chance of a lifetime and as a liberation. At last they would be able to show what they were really worth. There would be a new, fairer distribution of wealth that would reward diligence, cleverness and effort, and punish laziness.

Society was in turmoil. Many of my friends started up for themselves at that time. The construction worker became a contractor, the set builder first became a cartoonist and later designed theme parks, and the playwright left for America.

Money played an increasingly important role. Everyone wanted it, and everyone needed more and more of it. Education and health care were no longer free, you could no longer count on the state to keep you employed for the rest of your life and you had to save up for your own house, your children's education and your retirement.

Society became less and less egalitarian. Previously every child who was good at school had been able to go to university, but that gradually became more difficult. A woman who had worked as an engineer in one of China's remote oil fields told me that she'd come from a poor farming family but had been able to study at state expense. 'Now it's not enough

afgelegen olievelden van China vertelde me dat ze van een arme boerenfamilie kwam, maar op kosten van de staat had kunnen studeren. 'Nu is het niet meer genoeg voor een boerendochter om goed te kunnen leren. Je hebt connecties of geld nodig, twee dingen waarover arme boeren nu eenmaal niet beschikken', zei de vrouw, die de toenemende corruptie in China veroordeelde.

Niet alleen ontstonden er binnen de stedelijke bevolking steeds meer, en steeds sterker uiteenlopende sociale groepen en klassen waardoor de eenheid steeds meer verdween, ook het platteland begon zich te roeren. Het werd steeds gebruikelijker dat boeren naar de stad trokken. Vijfentwintig jaar geleden zag je nog geen boer in Beijing, want die kon er eenvoudigweg niet komen. Om binnen China te reizen had elke Chinees toestemming van hogerhand nodig, een toestemming die voor boeren vrijwel niet te verkrijgen was. Probeerde je zonder introductiebrief toch op pad te gaan, dan kon je geen kaartjes kopen voor de trein of het vliegtuig en je kon in een vreemde stad ook niet aan eten komen. Graan en rijst waren alleen verkrijgbaar met rantsoenbonnen, maar die waren alleen geldig voor een bepaalde regio, niet voor het hele land. Dat hield boeren op hun plek. Hoe arm ze het ook hadden, ze trokken niet naar de ook toen al rijkere steden.

Inmiddels zijn vrijwel alle kapsters, serveersters, fabrieksarbeidsters en dienstmeisjes in de steden afkomstig van het platteland, net als de bouwvakkers, de vuilnisophalers en de portiers. Zij zijn de gastarbeiders van China. Enerzijds knappen zij het noodzakelijke werk op waar elke zichzelf respecterende stadsbewoner zich te goed voor voelt, anderzijds wordt ze verweten dat ze de steden onveilig maken en dat ze een te zware druk op de stedelijke voorzieningen als drinkwater en energie leggen. De meeste stadsbewoners behandelen de boeren met een grote neerbuigendheid, of ze kijken dwars door hen heen.

Boeren en stedelingen bewonen ook in de stad verschillende werelden. Boeren doen maar heel gedeeltelijk mee aan het stedelijke leven. Ze kleden en kappen zich als het enigszins kan net zo modern als de jonge stedelingen, maar ze wonen in oude huizen aan de randen van de stad. Ze hebben geen

any more for a farmer's daughter to be good at school. You need connections or money, and those are two things poor peasants simply don't have,' said the woman, who condemned the increasing corruption in China.

Not only were there more, and more diverse, social groups and classes emerging all the time in the cities, eroding people's sense of unity, but things were also changing in the countryside. It became more and more usual for peasants to leave for the city. Twenty-five years ago there wasn't a peasant to be seen in Beijing, because they simply couldn't get there. Every Chinese needed permission from the authorities to travel within China, and for peasants this was practically impossible. If you tried to set out without a letter of introduction, you couldn't buy railway or air tickets. Nor was there any way to get food in a strange city, since cereals and rice were only available with ration coupons, and these were only valid for a given region, not for the whole country. This kept peasants in their place. However poor they were, they did not leave for the cities, which even then were already richer.

These days, practically all the hairdressers, waitresses, female factory workers and maids in the cities are from the countryside, as are the construction workers, dustmen and doorkeepers. They are China's migrant workers. On the one hand they do the essential work that self-respecting Chinese city dwellers consider beneath their dignity; on the other hand, they're blamed for making the cities unsafe and for putting too much strain on urban resources such as drinking water and energy. Most city dwellers either treat the peasants with great condescension, or look right through them.

Even in the city, country and city folk live in different worlds. Peasants are only partly involved in urban life. If they can afford to, they have as modern clothes and haircuts as young city people do, but they live in old houses on the edge of the city. They have no permanent right of residence and cannot take advantage of city subsidies for education or housing. This makes them a new underclass. They earn little and are not protected by unions. Today they are even less able to send large sums of money home than ten years ago, for in the cities the cost of living has risen far more quickly than their wages. They are more permanent verblijfsrecht en kunnen niet profiteren van stedelijke subsidies op onderwijs en huisvesting. Zo vormen zij een nieuwe onderklasse. Ze verdienen weinig en worden niet beschermd door vakbonden. Vandaag de dag zijn ze veel minder in staat dan tien jaar terug om grote sommen geld naar huis te sturen omdat de kosten van levensonderhoud in de steden veel sneller zijn gestegen dan hun lonen. Ze zijn veel geharder dan hun stedelijke leeftijdsgenoten, die in hun ogen zowel arrogant als zwak zijn.

Er is weinig contact, de afstand in ontwikkeling is groot. De jongen stedeling met een baan bij een buitenlands bedrijf staat veel dichter bij een westerse stedeling dan bij een Chinese boer. Tussen boeren en stedelingen heerst geen saamhorigheid.

hardened than city people their age, whom they see as both snobbish and effete.

There is little contact between the two groups; the gap in development is great. The young urban professional with a job at a foreign company is much closer to an urban Westerner than to a Chinese peasant. There is no sense of solidarity between peasants and city dwellers.

Diamanten kopen in Amsterdam — Vandaag de dag zijn de politieke vrijheden nog net zo beperkt als vijfentwintig jaar geleden, maar de persoonlijke vrijheden zijn wel sterk toegenomen. Tegenwoordig kan een jong stel, als het daar tenminste het geld voor heeft of kan lenen, een flat kopen om een eigen gezin te stichten. Je kunt solliciteren op de baan die je het meeste aantrekt, je kunt binnen en buiten China reizen, je kunt zelf kiezen in welke stad en in welk huis je wilt wonen, je kunt je kleden zoals je wilt en je kunt via het internet contact zoeken met vreemden met wie je je meest intieme gevoelens kunt delen.

Er is in de steden niet zozeer een nieuwe middenklasse ontstaan, als wel een kleine groep zeer rijken. Die groep heeft exclusief toegang tot goederen waarop een staatsmonopolie geldt. Zij sluiten overheidscontacten die voor anderen onbereikbaar zijn. Het gaat dan vaak om hoge overheidsambtenaren of voormalige overheidsambtenaren, die van hun netwerk gebruikmaken om elkaar de bal toe te spelen. Zij privatiseren de staatsbezittingen op zo'n manier dat het geld en de productiemiddelen van de staat overgaan in de privé-handen van weinigen. Zij houden er een exclusieve levensstijl op na, ze wonen in villa's en rijden in Audi's en BMW's, ze maken luxe internationale reizen, sturen hun kinderen naar de duurste buitenlandse scholen en zetten hun zwarte geld

Buying diamonds in Amsterdam — Today, although political freedom is just as limited as twenty-five years ago, personal freedoms have increased. These days a young couple can buy a flat in which to start a family, as long as they have the money or can borrow it. You can apply for the job you'd like most, you can travel within China and abroad, you can choose for yourself which city and which house you'd like to live in, you can dress as you like, and you can make contact with strangers over the Internet and share your innermost feelings with them.

It is not so much a new middle class that has arisen in the cities as a small group of very rich people. This group has exclusive access to goods on which the state has a monopoly, and government connections that are inaccessible to other people. They are often high-ranking or retired civil servants who use their networks to benefit each other. They privatize state property in such a way that the money and means of production are transferred to the private hands of a few. They lead an exclusive lifestyle, living in villas and driving Audis and BMWs, taking luxury international trips, sending their children to the most expensive foreign schools and converting their untaxed earnings into diamonds in Amsterdam. This group has the same interests as the Communist Party: stability and a society designed to protect vested interests.

Then there is the group working in management

in Amsterdam om in diamanten. Deze groep heeft dezelfde belangen als de communistische partij: stabiliteit en een maatschappij die op de bescherming van gevestigde belangen is gericht.

Dan is er de groep die werkt in managementfuncties voor multinationals of voor succesvolle Chinese bedrijven, waar ook juristen en in mindere mate artsen onder vallen. Deze 'urban professionals' lijken nog het meeste op een westerse middenklasse. De groep groeit, maar vormt toch nog steeds een vrij beperkt deel van de Chinese bevolking. Zij moeten op hun geld letten, maar kunnen zich wel huizen en hypotheken veroorloven. Ook zij reizen voor vakantie naar het buitenland, ze rijden auto en ze kunnen de studie van hun kind betalen. Ze lijken in oriëntatie en instelling eerder op hun buitenlandse collega's dan op Chinese boeren.

Verder is er de grote stedelijke groep die het met de nodige spaarzaamheid wel redt, maar die geen geld heeft voor extra luxe. Het zijn de mensen met een televisie, een wasmachine en een fiets die nog niet durven denken aan een eigen auto of een vakantie. Ze werken bij China's minder succesvolle bedrijven of in lagere overheidsfuncties. Soms hebben ze een eenmanszaakje dat met moeite overleeft in een zeer concurrerende omgeving. Ze proberen hun kinderen naar goede scholen te sturen, iets wat ze hun hele spaargeld kan kosten.

Daarnaast is er een groep in de steden en de meerderheid van de boeren op het platteland, die geen financiële reserve hebben. Zodra een lid van de familie ziek wordt, kan de hele familie in een armoedeval belanden die de leden ervan niet meer te boven komen. Ze kunnen hun kinderen alleen naar school sturen als de overheid dat subsidieert, en sommigen spreken met weemoed over de tijd dat Voorzitter Mao er in elk geval voor zorgde dat iedereen naar school en naar de dokter kon, ook al waren die van matige kwaliteit. Ook ouderen in de steden die bij staatsbedrijven zijn ontslagen, hebben vaak de grootste moeite om het hoofd boven water te houden. Ze moeten geld van familie en vrienden lenen om hun kinderen naar school te kunnen sturen, medische voorzieningen zijn voor hen vaak gewoon onbetaalbaar.

Wat alle groepen gemeen hebben, is vooral een intieme kennis van de werking van corruptie. Een

positions for multinationals or for successful Chinese companies, as well as lawyers and to some extent doctors. It is these 'urban professionals' that most resemble a Western middle class. The group is growing, but still makes up a rather limited proportion of the Chinese population. They have to watch their money but they can afford houses and mortgages. They too take holidays abroad, drive cars and can pay for their children's education. In orientation and attitude they are more like their foreign colleagues than Chinese peasants.

Then there is the large urban group that just manages to get by but has no extra money for luxuries. These are the people with a TV, a washing machine and a bicycle, who don't yet dare dream of their own car or a holiday. They work for China's less successful companies or in lower government positions. Sometimes they have their own one-man businesses which just manage to survive in the highly competitive environment. They try to send their children to good schools, something that can cost them their entire savings.

In addition, there is a group in the cities, and the majority of peasants in the countryside, with no financial reserves. If a member of the family becomes ill, the entire family may be caught in a poverty trap that they can never get out of. They can only send their children to school if the government subsidizes it. Some speak nostalgically of the time when Chairman Mao at least made sure everyone could go to school and to the doctor, even if the schools and doctors were mediocre. Older people fired from state industries also often have the greatest difficulty keeping their heads above water in the cities. They have to borrow money from family or friends to send their children to school, and they often simply cannot afford medical care.

The main thing all these groups have in common is an intimate knowledge of how corruption works. An opera actor who recently came to Beijing from his native city on the coast to join the country's most famous opera company told me that his friends could hardly believe he'd done this without paying as much as a cent in bribes.

It is precisely because the country's economy is so diverse, with a large state sector alongside a rapidly emerging private sector, that corruption seems

opera-acteur die onlangs van zijn geboortestad aan zee naar Beijing kwam om daar toe te treden tot het beroemdste operagezelschap van China, vertelt dat zijn vrienden nauwelijks kunnen geloven dat hij de overstap heeft kunnen maken zonder ook maar één cent smeergeld te betalen. Juist doordat het land zo'n gemengde economie heeft, waar een grote staatssector naast een opkomende privé-economie functioneert, blijkt corruptie een niet te bestrijden kwaal. Corruptie wordt, veel eerder dan het ontbreken van een meerpartijenstelsel, als China's grote euvel ervaren door de bevolking. Corruptie, niet het streven naar democratie, was de aanleiding voor de studentenopstanden op het Plein van de Hemelse Vrede in 1989, corruptie leidt ook vandaag de dag tot een groeiend aantal rellen in China.

Het gaat bij de meeste protesten niet om de ongelijke verdeling van welvaart, maar om de onredelijke verdeling. Niemand in China misgunt zijn buurman een Mercedes, want het geeft hoop dat je zelf ook een Mercedes kunt krijgen als je maar hard genoeg werkt. Maar als de Mercedes is bekostigd met gemeenschapsgeld of met geld dat door corruptie en afpersing is verkregen, leidt dat tot onvrede en woede. De Chinese regering voelt zich door de volksprotesten bedreigd, en probeert daarom de welvaartsverschillen en de corruptie stevig aan te pakken.

De Chinese maatschappij is er al met al niet in geslaagd om gelijke kansen voor iedereen en een acceptabele welvaartsverdeling te bereiken. De hoop die mijn vrienden midden jaren tachtig hadden dat in de maatschappij de beste, meest talentrijke mensen vanzelf zouden komen bovendrijven, is een desillusie gebleken. China's jongeren in de steden zijn zich daarvan bewust, zij hebben weinig interesse in de maatschappij en in de politiek. Zij richten zich op zichzelf, en op het scheppen van een zo goed mogelijk leven voor zichzelf. Zij proberen een eigen aangename cocon te creëren waarbinnen ze leven, de rest van de maatschappij kan hun in vele gevallen gestolen worden. Waar hun ouders nog opgevoed zijn met het idee van zuinigheid, van gerichtheid op de toekomst en het sparen voor een huis, medische verzorging en ouderdom, durven de kinderen het aan om een hypotheek en een lening

ineradicable. China's people perceive corruption to be the country's great evil, far more than the lack of a multi-party system. It was corruption, not the struggle for democracy, that triggered the student uprising on Tiananmen Square in 1989, and that still leads to a growing number of riots in China today.

Most of the protests are about unreasonable, rather than unequal, distribution of wealth. No-one in China begrudges their neighbour a Mercedes, for it gives them hope that they too can have a Mercedes if they work hard enough. But if the Mercedes is paid for with community funds or money obtained through corruption or extortion, people become discontented and angry. The government feels threatened by this popular protest and is now making serious efforts to tackle corruption and the disparity in wealth.

All in all, Chinese society has not succeeded in achieving equal opportunities for all or an acceptable distribution of wealth. The hope that my friends had in the mid-1980s that the best and the brightest could rise to the top by themselves has evaporated. China's urban youth are fully aware of this, and have little interest in society or politics. They are focused on themselves, and on creating as good a life as possible for themselves. They are trying to spin a pleasant cocoon in which to live, and most of them couldn't care less about the rest of the world.

Whereas their parents were raised with the idea of thrift, thinking about the future and saving up for a house, medical care and retirement, the children are now prepared to take out mortgages or car loans. The richer ones happily squander all the money their parents saved for their education at universities overseas. They want it all, and they want it now.

Young people from more average milieus study like mad from a young age to be admitted to a good university and get a good job. They barely have time to develop friendships. This isolation can lead to feelings of alienation and failure, and to the kind of suicides that have plagued Japan for years.

Many rural children grow up in poverty. They learn that only an education will give them access to the city, and so a better future. Teenager Wang Qi's grandmother does not let her play with friends; she has to help cook and clean, is always being told she's lazy and doesn't dare demand anything for herself. She doesn't eat at table if there are guests, but has to voor een auto te nemen. De rijkere jongeren jagen het geld dat hun ouders voor hun opvoeding hebben gespaard er rustig doorheen aan buitenlandse universiteiten. Ze willen consumeren, en dat willen ze nu. De jongeren uit meer middelbare milieus studeren zich van kindsbeen af suf om later te worden toegelaten tot een goede studie en een goede baan, ze hebben nauwelijks tijd om vriendschappen te ontwikkelen met leeftijdsgenoten. Hun isolement kan leiden tot een gevoel van vervreemding en mislukking, en tot het soort van zelfmoorden dat Japan al veel langer teistert. Op het platteland groeien veel kinderen op in armoede. Ze leren dat alleen een opleiding hun toegang tot de stad, en zo een betere toekomst kan geven. De tiener Wang Qi mag van haar oma niet met vriendinnetjes spelen, ze moet helpen koken en opruimen, ze wordt steeds voor lui uitgemaakt en durft niets voor zichzelf op te eisen. Ze eet niet mee als er gasten zijn, ze eet de restjes achteraf. Zij heeft vrijwel niets gemeen met haar rijke leeftijdsgenoten in de stad, ook al draagt ze net zo goed als zij een namaak-T-shirt van Nike.

make do with the leftovers. She has virtually nothing in common with her rich contemporaries in the city even if, like them, she wears an imitation Nike T-shirt.

Niet langer een radertje — Wat delen al die 1,3 miljard Chinezen verder nog met elkaar? Eigenlijk maar heel weinig, of het zou de gerichtheid op geld moeten zijn. In het communisme als ideologie lijken zelfs de meest verstokte partijleden nauwelijks meer te geloven, het communisme functioneert nog vooral als rechtvaardiging voor de eenpartijstaat. De meeste Chinezen accepteren het gezag van de communistische partij wel, omdat zij net als de overheid geloven dat alleen de partij kan zorgen dat er stabiliteit heerst in China. Zij willen niet dat het land uiteenvalt en dat er chaos ontstaat, zoals eerder in de Chinese geschiedenis regelmatig is gebeurd. Er zijn geen jongeren te vinden die de opstandige studenten op het Plein van de Hemelse Vrede nog zien als hun voorbeeld. Ze spiegelen zich eerder aan studenten die bij internationale bedrijven zijn terechtgekomen en daarmee lid zijn geworden van een nieuwe, internationale elite dan aan de maatschappelijke betrokkenheid van een vorige generatie studenten.

Het Chinese materialisme is misschien ook vergelijkbaar met de Chinese fixatie op eten: voedsel is vrijwel door de hele Chinese geschiedenis

No longer just a cog in a machine — What else do all 1.3 billion Chinese have in common? Actually very little, except a focus on money. Even the most dyed-in-the-wool party members hardly seem to believe in communism as an ideology any more; it now mostly serves as a justification for the one-party state. Most Chinese still do accept the authority of the Communist Party, because, like the government, they believe that only the Party can maintain stability in China. They do not want the country to fall apart and lapse into chaos, as has regularly happened in the past. Young people no longer see the rebellious students on Tiananmen Square as role models. Their heroes are the people who have ended up working for international companies and so become part of a new cosmopolitan elite, rather than a previous generation of socially committed students.

Chinese people's materialism is perhaps rather like their fixation on food. Food has been scarce almost throughout China's history, and no-one knows whether it might become scarce again in the future, so make sure you can get hold of some while the going's good.

Yet many Chinese do still share some spiritual

heen schaars geweest. Niemand weet of het in de toekomst weer schaars wordt, dus je kunt maar beter zorgen dat je het weet te bemachtigen op de momenten dat het kan. Toch delen veel Chinezen nog steeds een aantal geestelijke waarden. In China zie je een flinke dosis diep verankerd nationalisme en een sterk vooruitgangsgeloof. China's ervaringen met buitenlanders waren in de negentiende en twintigste eeuw heel negatief, en noch de overheid noch de bevolking heeft er veel vertrouwen in dat wat goed is voor buitenlandse bedrijven, regeringen en instellingen ook vanzelf goed is voor China.

China gelooft in die zin niet in globalisme, internationale contacten dienen allereerst ter zelfversterking van China als natie. Zowel ouderen als jongeren zijn trots op China, en geloven dat het in China alleen nog maar beter zal worden. Jongeren voelen zich vaak sterk verbonden met China, al hebben ze geen enkele interesse in de politiek. Ze doen heel modern, heel westers aan, en verwachten van de overheid niet meer dat die voor hen zorgt. Ze staan in zekere zin alleen op de wereld: ze moeten en willen zelf hun toekomst inrichten. Het zijn individuen en geen radertjes meer in het socialistische geheel. Dat geeft een gevoel van leegte die de overheid probeert te vullen met nationalisme.

Dat nationalisme neemt merkwaardige vormen aan. Zo kleden veel jongeren zich net als hun westerse, Japanse en Koreaanse leeftijdsgenoten. Ze zien vooral de Japanners en Koreanen als voorbeeld, maar tegelijkertijd zijn ze bereid om tegen Japan te demonstreren als de regering dat stimuleert. Ze blijken dan over sterke anti-Japanse gevoelens en als het zo uitkomt ook over sterke anti-Amerikaanse gevoelens te beschikken. Veel Chinezen zijn er trots op dat China nu eindelijk zijn rechtmatige plaats in de wereld kan opeisen. Ze koesteren een diep wantrouwen tegen Amerika en Japan, landen die er in Chinese ogen op uit zijn om China zijn plaats onder de zon te onthouden. Dat maakt mensen ook vaak erg achterdochtig. Toen de Olympische Spelen in 2004 niet naar China gingen, legden ook Chinezen die zeer kritisch stonden tegenover hun eigen overheid dat uit als een teken dat de wereld China ervan wilde weerhouden om internationaal een rol van betekenis te spelen. Het

values, including a deep-rooted sense of nationalism and a strong belief in progress. China's experience of foreigners in the nineteenth and twentieth centuries was appalling, and neither government nor the people have much faith in the idea that what is good for foreign companies, governments or institutions is by definition good for China.

In that sense, China does not believe in globalization. International contacts must first and foremost benefit China as a nation. Both young and old are proud of China, and are convinced that things there are bound to get better. Young people often feel strongly attached to their country, even if they have no interest in politics. They act very modern and Western, and no longer expect the government to take care of them. In a sense they are alone in the world: they have to, and want to, organize their own future. They are no longer cogs in the socialist machine, but individuals. This creates a feeling of emptiness that the government is trying to fill with nationalism.

And this nationalism comes in remarkable forms. For example, many young people dress just like their Western, Japanese or Korean contemporaries. They see the Japanese and Koreans in particular as role models, but at the same time are willing to demonstrate against Japan if the government encourages it. They then turn out to have strong anti-Japanese and, if appropriate, Anti-American sentiments. Many Chinese are proud that their country can now at last claim its rightful place in the world. They harbour a deep mistrust of America and Japan, countries which in their eyes are bent on keeping China from taking its place in the sun. This mistrust makes people almost paranoid. When the 2004 Olympic Games were not awarded to China, even Chinese critical of their own government interpreted it as a sign that the world wanted to keep China from playing any internationally significant role. Only a very few accepted the Western argument that China did not deserve to be awarded the Games because of its human rights violations.

With the death of communist ideology, religion has become more influential as a philosophy of life and a source of spiritual guidance. Young people are again becoming more interested in Buddhism, and the number of Christians is also increasing. By the

westerse argument dat China de Spelen niet zou verdienen omdat het de mensenrechten schendt, is maar voor zeer weinig Chinezen acceptabel.

Met de dood van de communistische ideologie heeft godsdienst als zingeving en als leidraad voor het leven aan invloed gewonnen. Jonge Chinezen raken weer meer geïnteresseerd in het boeddhisme, en ook het aantal christenen neemt toe. De inmiddels verboden geestelijke beweging de Falun Gong bleek eind vorige eeuw opeens over meer aanhangers te beschikken dan de communistische partij, en de strenge vervolging van de aanhang van de Falun Gong wijst erop dat de Chinese communistische partij dit soort religieuze sentimenten en bewegingen als een grote potentiële bedreiging ziet.

Toch is het sterk de vraag of godsdiensten de verdwenen ideologie van het communisme werkelijk zullen gaan vervangen. Wat mensen geloven is zeer divers, en het aantal gelovigen op de totale bevolking is nog steeds verwaarloosbaar klein.

Wel zie je dat een deel van de mensen, en dan vooral het deel dat geen materiële zorgen heeft, zijn fascinatie verliest met een louter op consumeren gerichte maatschappij. Zij reageren zoals dat in het Westen eind jaren zestig gebeurde: ze pleiten voor het afzweren van het materialisme. Vooral Chinese kunstenaars leveren in hun werk regelmatig ironisch commentaar op de consumptiemaatschappij, op de oppervlakkigheid en op het wangedrag en de smakeloosheid van de nieuwe rijken. Hun werk vindt overigens meer weerklank bij westerse kunstkenners dan onder het brede Chinese publiek. De belangstelling voor moderne kunst in China zelf is nog heel gering, veel Chinese kunstenaars kunnen niet bestaan zonder buitenlandse kopers. Veel films, festivals en projecten komen niet van de grond zonder buitenlandse subsidies. De Chinese overheid subsidieert de moderne kunst niet of nauwelijks.

De cineaste Ning Ying, die een film heeft gemaakt over de trein waarmee boeren als katoenplukkers naar het verre westen van China rijden, verklaart de geringe aandacht voor reflectie uit het hoge tempo van de ontwikkelingen in China. Zij ziet die boeren in haar film als symbool voor de maatschappij als geheel. 'Iedereen is onder-

end of the 1990s the now-banned Falun Gong spiritual movement turned out to have more supporters than the Communist Party, and their harsh persecution reveals just how great a potential threat the Party feels this type of religious sentiment and movement to be.

However, it seems unlikely that religion will actually replace the vanished ideology of communism. What people believe is highly diverse, and the number of truly religious believers in the total population is still negligible. On the other hand, there are signs that a purely consumer-oriented society is starting to lose its appeal for some people, especially those without financial worries. They are reacting as people in the West did in the late 1960s, by calling for the rejection of materialism. In particular, the work of Chinese artists often makes ironic comments on consumer society, its superficiality and the misconduct and tastelessness of the *nouveaux riches*. However, their work resonates more with Western art *cognoscenti* than with the Chinese general public. There is still very little interest in modern art in China, and many Chinese artists could not exist without foreign buyers. Many films, festivals and projects are dependent on foreign subsidies. The Chinese government scarcely subsidizes modern art, if at all.

Film-maker Ning Ying, who has made a film about the train that takes peasants to the far west of China to pick cotton, attributes this lack of interest in reflection to the rapid pace of development in China. She sees the peasants in her film as symbols of society as a whole. 'Everyone is on their way to somewhere, everyone has hopes for a better life, but because the train is always moving, no-one has time to stop and think about where it is actually going,' she said last year during a presentation of her film.

Nor are traditional Chinese art forms very popular. For example, interest in the Beijing Opera has been declining steadily over the last twenty-five years. The government keeps a limited number of groups going, mainly so they can act as showpieces for China abroad. There is little protest at the large-scale demolition of traditional houses and other buildings, since few see any value in them.

weg, iedereen heeft hoop op een beter leven, maar omdat de trein voortdurend in beweging is, heeft niemand tijd om erbij stil te staan waar die trein nu eigenlijk naartoe rijdt', zo stelde zij vorig jaar tijdens een presentatie van haar film.

Ook traditionele Chinese kunstvormen zijn weinig populair. De interesse voor bijvoorbeeld de Beijing Opera is de laatste vijfentwintig jaar steeds verder teruggelopen. De overheid houdt nog maar een beperk aantal groepen overeind, die goeddeels als visitekaartje voor het buitenland moeten functioneren. Er is weinig protest tegen de grootschalige afbraak van traditionele huizen en gebouwen, omdat weinig mensen de waarde ervan in zien.

Verplicht verhuizen — Er is een vrijwel onstilbare honger naar nieuwe vormen, nieuwe producten, nieuwe gebouwen en nieuw amusement. Chinezen kopen veel sneller dan wij de nieuwste mobiele telefoons, de nieuwste flatscreen-televisies en het nieuwste model BMW. Toen ik in Nederland Chinezen op bezoek kreeg, waren ze geschokt door mijn tweedehands televisietoestel. Hoe kon ik, met mijn in Chinese ogen hoge inkomen, nu leven met zo'n ouderwets model?

De nieuwe welvaart in delen van China heeft zich vooral vertaald in een nieuwe gebouwde omgeving. Na ruim zeven jaar in China ziet Nederland er fysiek nog vrijwel precies zo uit als toen ik het land verliet. Iedereen mag dan zeggen dat er wel degelijk erg veel is veranderd, maar zien kan ik dat nauwelijks. In China ligt dat heel anders. Al na een maand in het buitenland zag de straat om de hoek van mijn huis er opeens heel anders uit. Niet alleen waren de bewoners van de zes verdiepingen tellende gebouwen uit de jaren tachtig verdwenen, ook hun huizen waren met de grond gelijkgemaakt. Het prachtige oude stadje Pingyao, dat inmiddels op de lijst van werelderfgoederen staat, is alleen zo goed behouden omdat de bewoners en de gemeente tien jaar terug eenvoudigweg te arm waren om de historische stad tegen de vlakte te gooien er een nieuwe stad te bouwen. Nu levert dat het stadje veel meer toerisme op dan de nieuwe steden in de buurt.

Meestal kunnen de mensen wier huizen wor-

Having to move house — There is an almost insatiable hunger for new forms, new products, new buildings and new entertainment. Chinese people buy the latest mobile phones, flat-screen televisions and BMWs much more readily than we do. When Chinese people came to visit me in the Netherlands, they were shocked to see my second-hand TV set. How could I, with what to them was a high income, bear to have such an old-fashioned model?

In parts of China the new prosperity has mainly been reflected in new building. After more than seven years away in China, the Netherlands looks physically almost exactly as it did when I left. Everyone may tell me that a lot really has changed, but I can hardly see any sign of it. The situation in China is very different. After spending just a month away, I found the street around the corner from my house suddenly looking very different. Not only had the residents of the six-storey buildings from the 1980s gone, their homes had been razed to the ground. The beautiful old city of Pingyao, now on the World Heritage List, is so well preserved only because ten years ago the residents and the city authorities were simply too poor to demolish the historic town and build a new one. Now Pingyao draws more tourists than the new cities in the area.

Most people whose homes are demolished cannot return to live in the new houses built in place of their old ones. They do not receive enough compensation to buy homes in the expensive city centres, and have to move out to cheaper new neighbourhoods on the den afgebroken ook niet terugkeren in de nieuwbouw die ervoor in de plaats komt. Ze krijgen onvoldoende compensatie om een huis in de dure stadscentra te kopen, en waaieren uit naar de goedkopere nieuwbouwwijken aan de randen van de steden. Dat leidt tot veel ontevredenheid en conflicten, ook bij mij om de hoek. Het begon met kleine rode blaadjes die aan de kale struiken bij de oude woonblokken zaten geprikt. Op die blaadjes hadden buurtbewoners anoniem hun protest tegen de aangekondigde afbraak van hun woonwijk geuit. Er stonden teksten op als: 'De communistische partij verkoopt zijn idealen voor geld' en 'De partij vertegenwoordigt niet langer de belangen van het volk, maar heeft de kant van de kapitalisten gekozen.' De bewoners zelf hingen in groepjes op straat rond, in de gaten gehouden door politiemannen in uniform en door 'stillen'. Ze vertelden dat ze onvoldoende compensatie kregen om op hun oude plek in de stad terug te kunnen komen. Ze moesten de wijk uit om plaats te maken voor een uitgaans- en winkelwijk die dezelfde allure moet krijgen als vergelijkbare buurten in Londen, New York en Tokio. Dat is zo bedacht door ambtenaren, en het is de vraag of die hun niet geringe ambities kunnen realiseren met plannen die geen rekening houden met de omgeving.

Inmiddels zijn de bewoners verdwenen, er is geen enkel spoor meer van ze te vinden. Misschien wordt het nieuwe uitgaanscentrum een succes, maar de kans daarop is niet zo groot als je kijkt naar hoe het winkelcentrum is geworden. Dat is een met steeds van kleur verschietend neonlicht gedecoreerde kopie van een plek zoals er al zoveel zijn in Beijing. Het is een zielloos complex, veel minder aantrekkelijk dan de wijk er tegenover. Die is geleidelijk en aanvankelijk half illegaal ontstaan uit de behoefte van het ambassadepersoneel dat er om de hoek werkt om tussen de middag op een terrasje buiten een pizza te kunnen eten.

outskirts. This has led to a great deal of discontent and conflict, including around the corner from where I lived. It started with little strips of red paper pinned to the bare branches of the shrubs near the old housing blocks. On the strips residents had anonymously expressed their protest at the forthcoming demolition of their neighbourhood, with texts such as 'The Communist Party is selling its ideals for cash' and 'The party no longer represents the interests of the people, but has chosen the side of capitalism'. The residents themselves hung about in groups in the street, watched by uniformed and undercover police. They told me they were not receiving enough compensation to return to their old homes in the city. They had to leave the area to make room for a shopping and entertainment district which was planned to be as glamorous as similar parts of London, New York or Tokyo. At least, this was what the bureaucrats had planned, but one could not help wondering whether they could achieve these lofty ambitions without taking some account of local people's feelings.

The inhabitants have since vanished without trace. Perhaps the new entertainment district will be a success, but it seems unlikely, judging by how the shopping centre has turned out. It is a carbon copy of dozens of similar places in Beijing, decorated with flashing coloured neon lights, a soulless complex, far uglier than the neighbourhood opposite, which emerged gradually and semi-illegally because embassy staff working round the corner needed an outdoor café where they could have a pizza at lunchtime.

Seksfilms kijken — Beijing, voorheen een heel karakteristieke stad met een uitgekiende opbouw van wijken en stratenplan, doet nu bij eerste aanblik nog maar weinig anders aan dan Tokio of Kuala Lumpur. Zolang je in je auto over de vijf ringwegen rond de stad blijft rijden, kun je je inbeelden dat de

Watching sex films — Once a city with a character of its own and sophisticated patterns of neighbourhood and street layout, Beijing now looks not very different from Tokyo or Kuala Lumpur – at first glance. As long as you keep driving round the five ring roads, you can imagine it has become a fully-fledged modern stad ook verder een volledig moderne metropool is geworden. Dat beeld verandert als je dieper de stad in gaat. Dan blijken vooral de oudere buurtbewoners een gedrag te vertonen dat veel eerder past bij een oude stad met een sterke samenhang binnen de buurten. Ze hangen bij elkaar op straat en houden de speeltuigen bezet die bedoeld zijn om de conditie van de burgers van Beijing op te vijzelen voor de Olympische Spelen in 2008. Het maakt hen niet uit als die vlak naast een achtbaansweg vol stinkende files liggen. Het lijkt erop dat vooral de oudere bewoners de snelheid van verandering in de stad niet kunnen bijbenen. Ze lijken spelers in de verkeerde film. Als ze hun straatleven opgeven, dan raken ze in een isolement, hetzelfde isolement waarmee jongere stadsbewoners te maken krijgen. Ze kennen hun buren niet meer en ze wonen niet meer als grote familie, maar als klein gezin samen. Dat leidt tot meer vrijheid, maar met een beetje pech ook tot eenzaamheid en tot vervreemding.

Oud is een gebouw in China ook al snel. 'Mijn huis is heel oud', waarschuwde een vriend die me na enige aarzeling wel thuis wilde ontvangen. 'De flat waar ik woon is gebouwd in de jaren tachtig', voegde hij daar waarschuwend aan toe. Ik weet niet of die flat er tegenwoordig nog staat, maar mijn vriend woont er in elk geval allang niet meer. Voor veel boeren moet de aanblik van de nieuwe grote steden schokkend zijn. Zo zag ik laatst een groepje bouwvakkers op een stoepje zitten kijken naar het grote videoscherm op de gevel van een nieuw winkelcentrum dat ze zelf aan het bouwen waren. Op het scherm zag je halfnaakte, zwarte rappers die hun teksten met veel heupbewegingen kracht bijzetten. Beslist geen dagelijkse kost in het gemiddelde Chinese dorp, en het was moeilijk te raden wat er in het rijtje bouwvakkers omging.

Dat China de suggestieve beelden van de rappers toestaat, heeft te maken met een culturele politiek die nog het meeste lijkt op de Romeinse politiek van brood, wijn en spelen. Daardoor kan er in China een aantal dingen die je niet zou verwachten in een communistische eenpartijstaat, maar die toch niet zonder meer te duiden zijn als tekenen dat de maatschappij steeds vrijer wordt. Neem homoseksualiteit. De grote overheidstolerantie en het gegeven dat de Engelstalige staats-

metropolis. That picture changes once you get deeper into the city. Then you find that people, especially the older ones, behave in ways more in keeping with an old city with a strong sense of cohesion within its neighbourhoods. They hang around together in the street, occupying the equipment the authorities have provided in an effort to get Beijing's citizenry physically fit in time for the 2008 Olympic Games. They don't mind if they're next to an eight-lane motorway full of traffic belching exhaust fumes. The older inhabitants, at least, seem unable to keep up with the pace of change in the city; they look like actors in the wrong film. If they stop living out in the street, they risk becoming isolated, just like younger city-dwellers. They no longer know their neighbours, and they no longer live as one big extended family, but as a small nuclear family. This gives them more freedom, but if they're unlucky it also leads to loneliness and alienation.

Buildings age quickly in China. 'My house is very old,' a friend cautioned, inviting me over after some hesitation. 'The block I live in was built in the eighties,' he warned. I don't know if the block is still there, but in any case my friend doesn't live there any more. Many peasants must be shocked by the look of the new cities. I recently watched a group of construction workers sitting on a pavement watching a large video screen on the front of a new shopping centre that they themselves were building. On the screen were half-naked black rappers using plenty of hip movement to underscore what they were saying. Definitely not a daily occurrence in your average Chinese village, and it was hard to imagine what was going through the workers' minds.

The fact that China allows these suggestive images of rappers to be displayed has to do with a cultural policy that most resembles Ancient Rome's policy of bread, wine and circuses. This makes some things possible that one wouldn't normally expect in a one-party communist state but do not necessarily prove that society is becoming freer all the time.

Take homosexuality. Considerable government tolerance and the fact that the English-language *China Daily* newspaper also publishes articles about homosexuality indicate that China understands perfectly well what the Communist Party does and does not need to do in order to survive as the country's

krant de *China Daily* ook gewoon artikelen over homoseksualiteit publiceert, geeft aan dat China heel goed begrijpt wat wezenlijk is voor het voortbestaan van de communistische partij als centraal machtsorgaan en wat niet. Waar in de jaren tachtig seksuele toespelingen en pornografie nog streng verboden waren, wordt daar nu niet meer zo zwaar aan getild.

Toen er in China zo'n tien jaar terug voor het eerst een illegale handel ontstond in vcd's, een voorloper van de dvd, waren de videoavondjes bij mijn vrienden thuis een wonderlijke vertoning. Buitenlandse films werden niet in zijn geheel bekeken, maar iedereen spoelde snel door naar de seksscènes, om zo in één keer de honger te kunnen stillen naar wat daarvoor altijd verboden was geweest.

China geeft de bevolking amusement en een grotere vrijheid op steeds meer gebieden. Dat is niet om geleidelijk aan over te gaan op vrijheid op alle gebieden, maar eerder om te voorkomen dat de bevolking ontevreden wordt over de communistische partij en politieke macht zal opeisen. Het brood komt van de economische groei. De Chinese overheid laat zich bij alles drijven door de vraag of haar daden voldoende economische groei, voldoende banen opleveren. Het gaat niet om een geloof in de vrijemarkteconomie of het kapitalisme als zodanig, maar om een opportunistische inschatting van wat er op het moment de meeste groei, en dus de meeste steun onder de bevolking oplevert. Ook een meer gelijke verdeling van de welvaart wordt sinds kort van wezenlijk belang geacht voor de stabiliteit.

Als je in China maatschappijkritiek wilt leveren, doe het dan niet op schrift. Voor een censor zijn geschreven teksten veel makkelijker te duiden dan beeldende kunst, reden waarom er in China wel veel interessante beeldende kunst en beeldtaal te zien is, maar waarom veel belangrijke schrijvers, zoals Nobelprijswinnaar Gao Xingjian, werken vanuit het buitenland.

Pas als China zijn schrijvers niet meer censureert, zijn China's nieuwe vrijheden niet langer een bijverschijnsel maar een essentieel onderdeel van een veranderende Chinese maatschappij geworden.

central authority. Sexual innuendo or pornography were still strictly forbidden in the 1980s, but there is not so much fuss about it now.

When the illegal trade in VCDs (a forerunner of the DVD) first emerged in China about ten years ago, the screenings at my friends' homes were a remarkable spectacle. Foreign films weren't watched in their entirety – instead, everyone fast-forwarded to the sex scenes, to immediately satisfy their hunger for what had previously always been forbidden.

China is giving its people entertainment and greater freedom in more and more areas – not to provide freedom in all areas, but to prevent the population becoming discontented with the Party and demanding political power.

The 'bread' is economic growth. The government now bases all its decisions on whether they will provide enough economic growth, enough jobs. It does not necessarily believe in the free-market economy or capitalism as such, but makes an opportunistic assessment of what will produce the most growth, and thus the greatest popular support, at that particular moment. More equal distribution of wealth is now considered essential to stability.

If you intend to criticize society in China, don't do it in writing. Written texts are much easier for a censor to interpret than visual arts. This explains why there is such a lot of interesting visual art and other material in China, but also why many important writers, such as Nobel prize winner Gao Xingjian, work from abroad.

Only when China no longer censors its writers will China's new freedoms cease to be a side effect of its changing society and become a key feature of it instead.

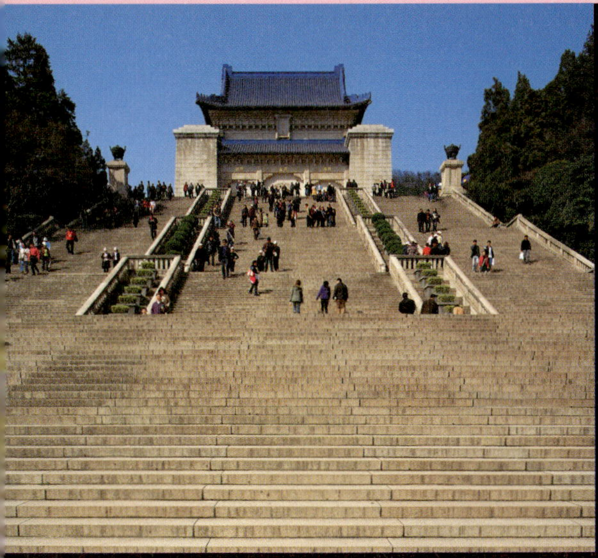

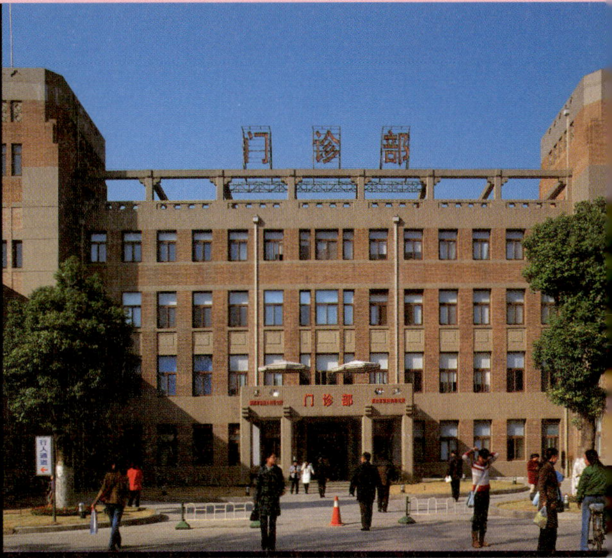

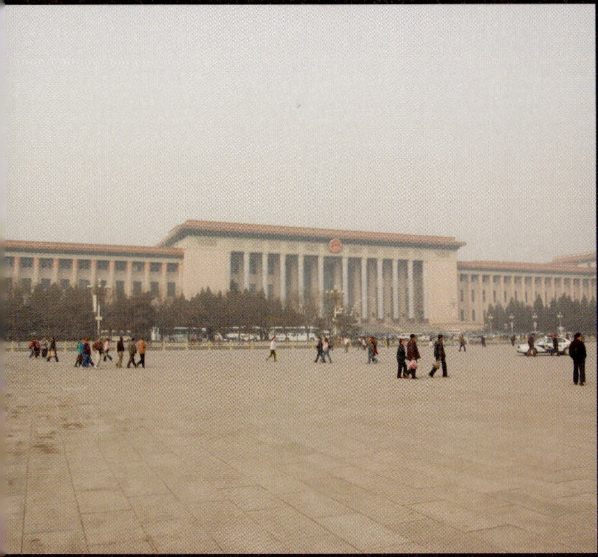

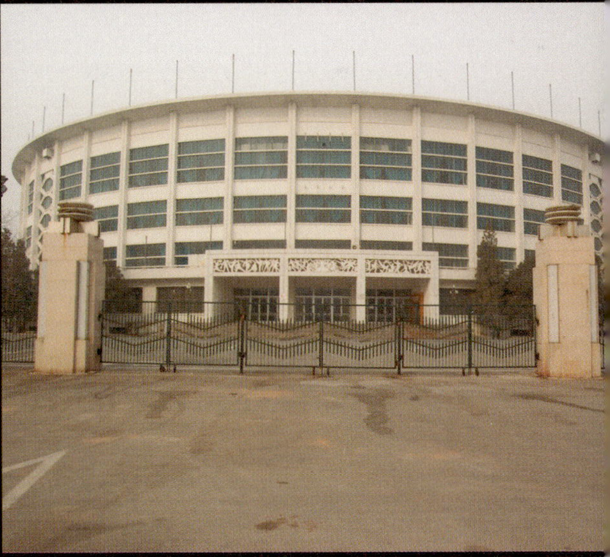

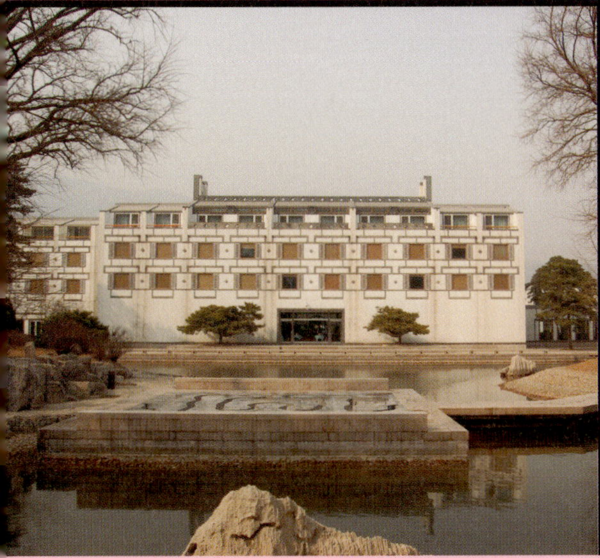

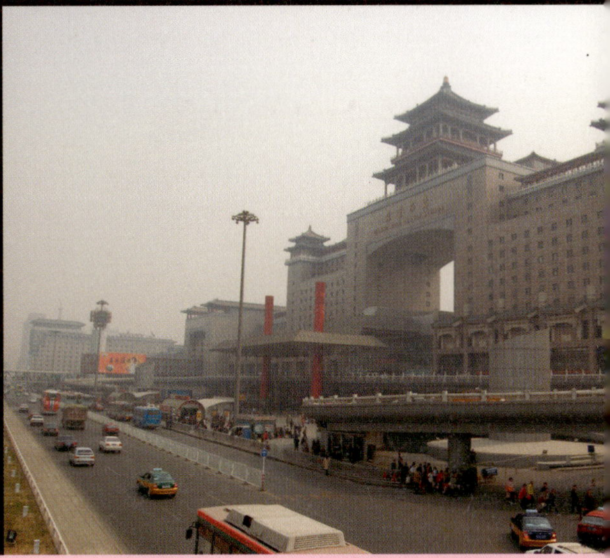

1. Lu Yanzhi, Sun Yat-sen Mausoleum, Nanjing, 1925 (foto/photo Zhong Guanqiu) **2.** Yang Tingbao, Nanjing Central Hospital, Nanjing, 1933 (foto/photo Zhong Guanqiu) **3.** Zhang Bo, The Great Hall of the People, Beijing, 1959 (foto/photo Wopke Schaafstal) **4.** Xiong Ming en/and Sun Bingyuan, Beijing Workers' Gymnasium, Beijing, 1961 (foto/photo Wopke Schaafstal) **5.** I.M. Pei, Fragrant Hill Hotel, Beijing, 1982 (foto/photo Wopke Schaafstal) **6.** Zhu Jialu, Western Railway Station, Beijing, 1996 (foto/photo Wopke Schaafstal)

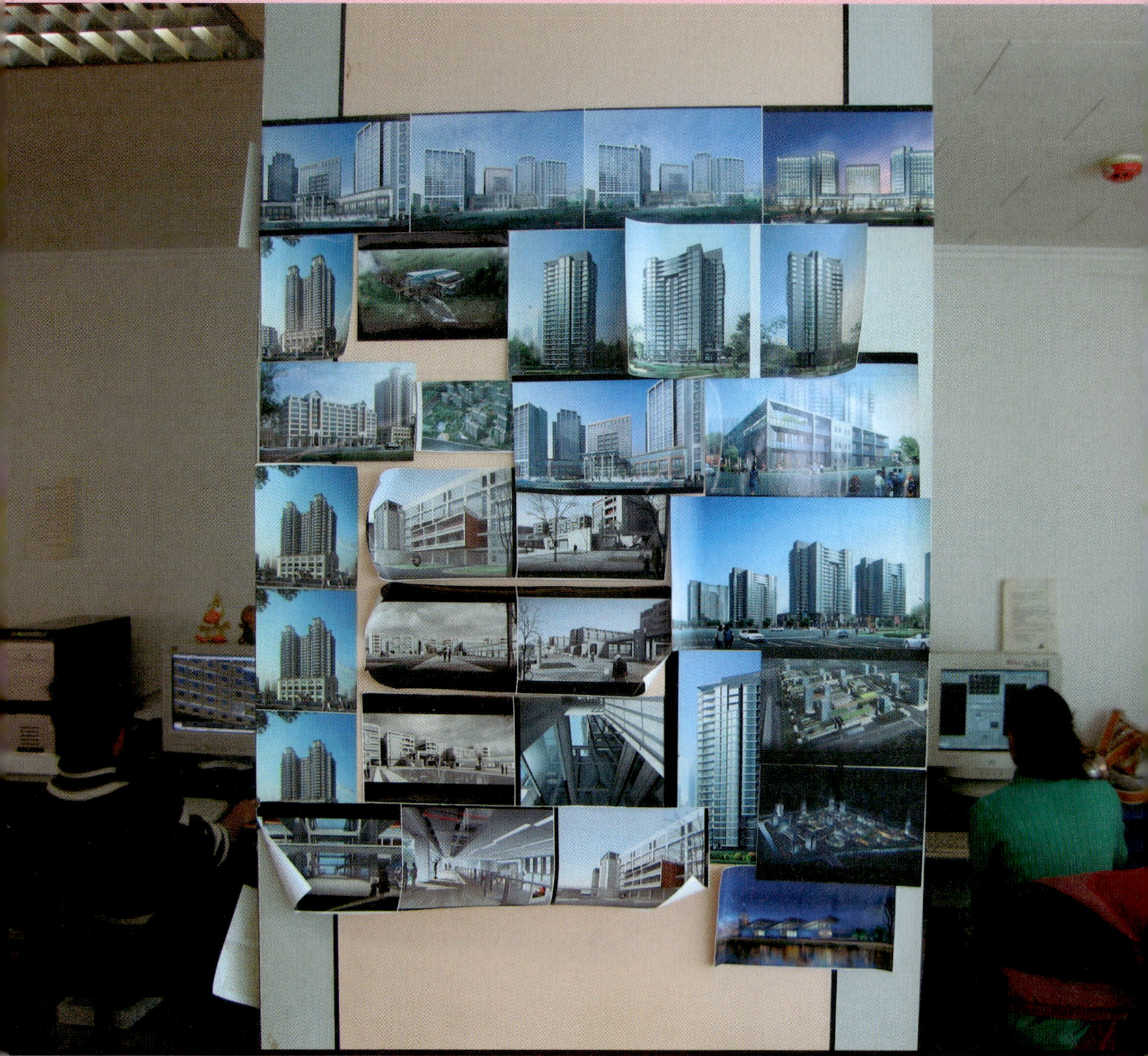

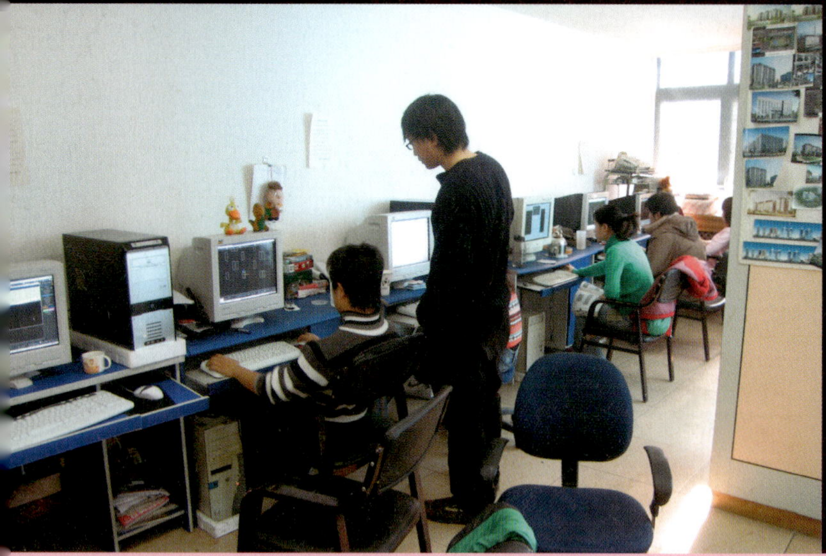

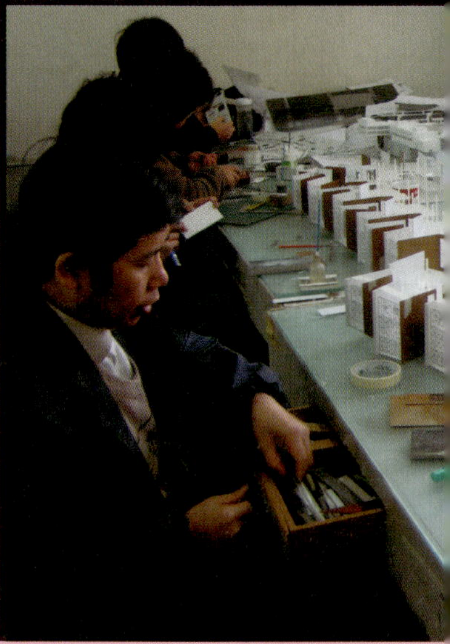

1. Rendering-bureau Tricolor Sky, Beijing
2. Zhou Kai, Feng Ji-cai Literature and Arts Academy van de/of Tianjin University (2001–2005)
3. Rendering-bureau Tricolor Sky, Beijing
4. Maquettewerkplaats/Scale model workshop Benzmodel, Beijing
5. Maquettewerkplaats/Scale model workshop Benzmodel, Beijing (foto's/photos Linda Vlassenrood)

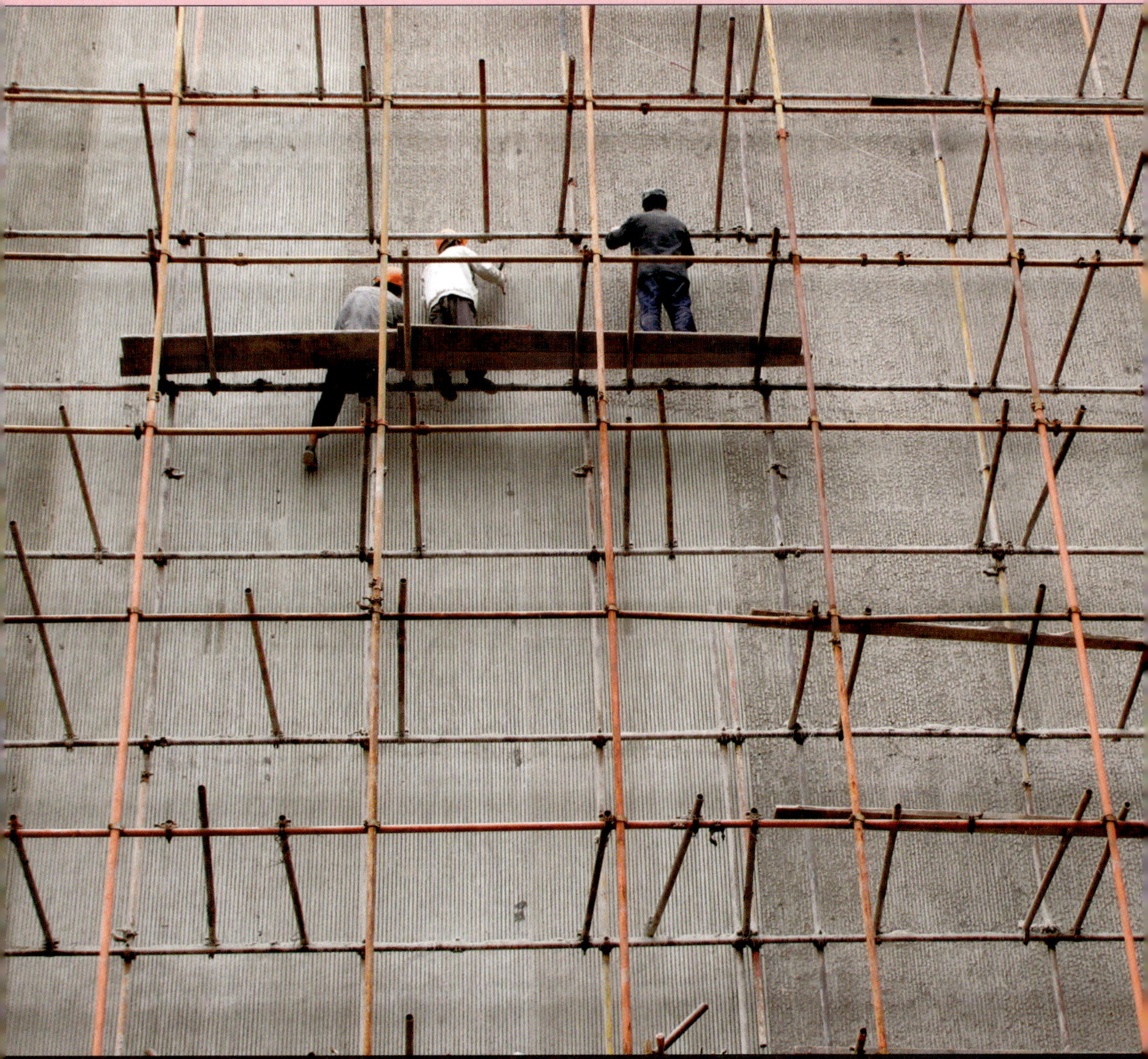

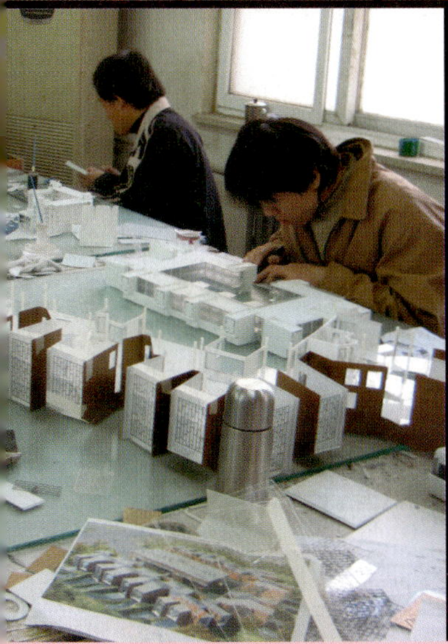

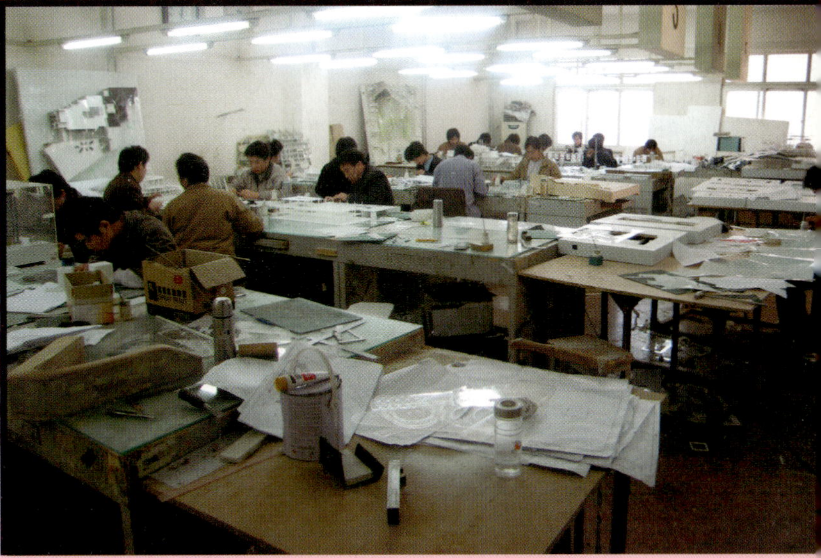

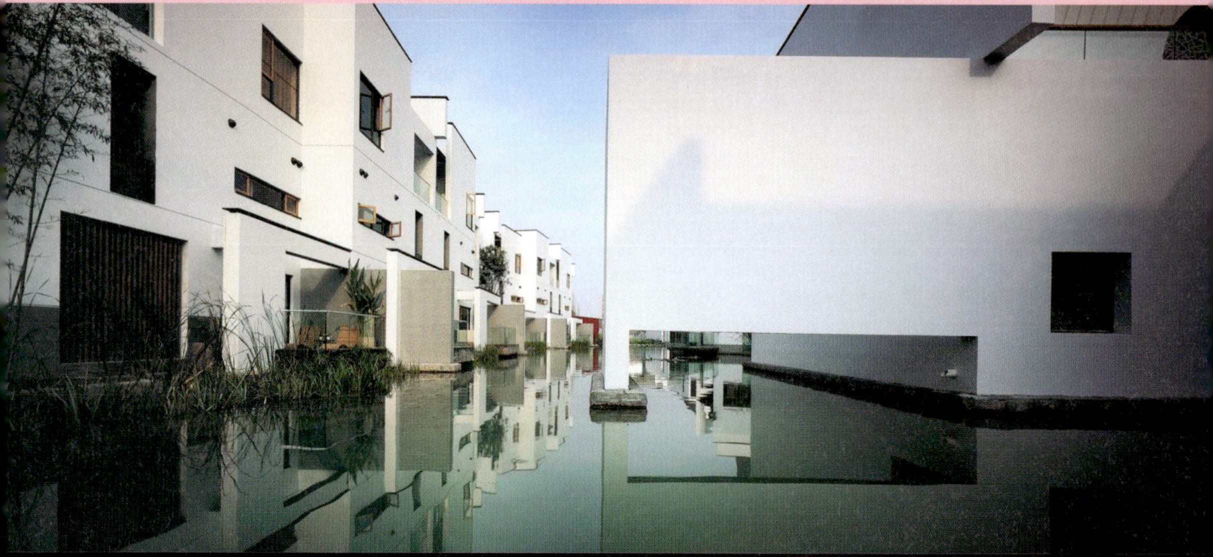

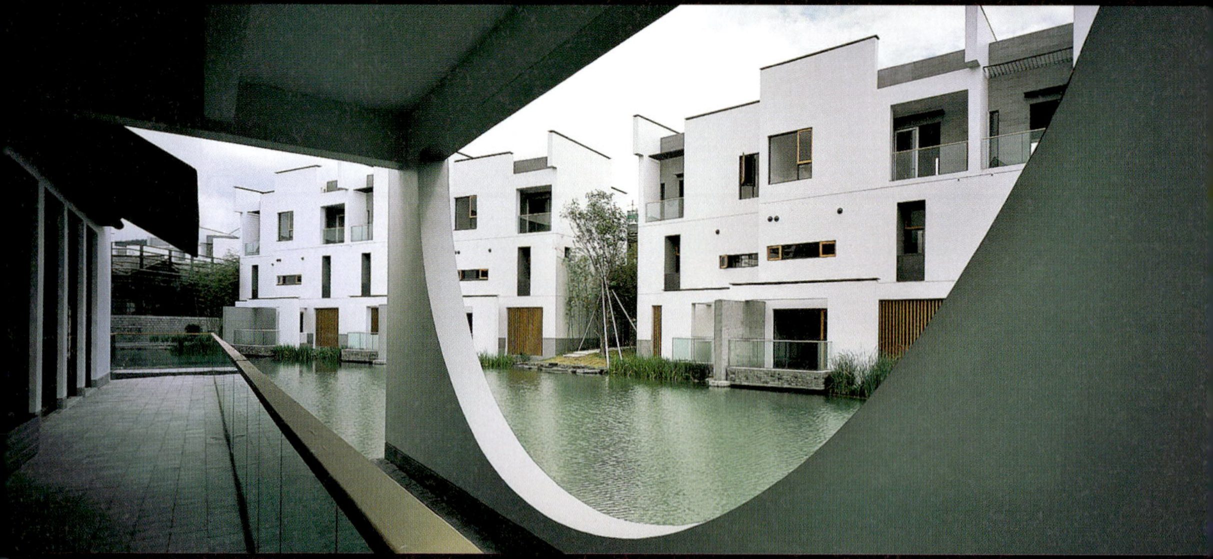

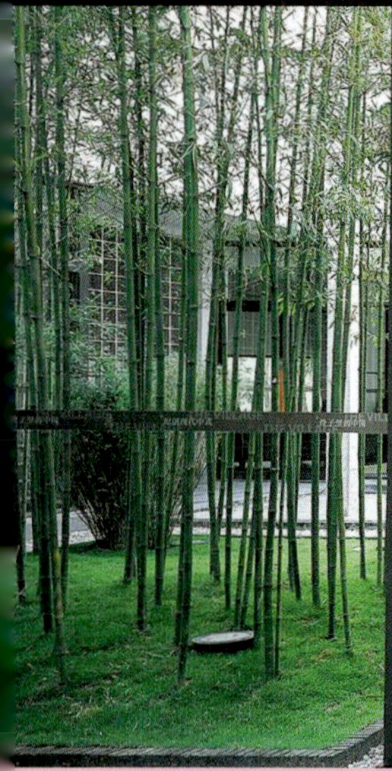

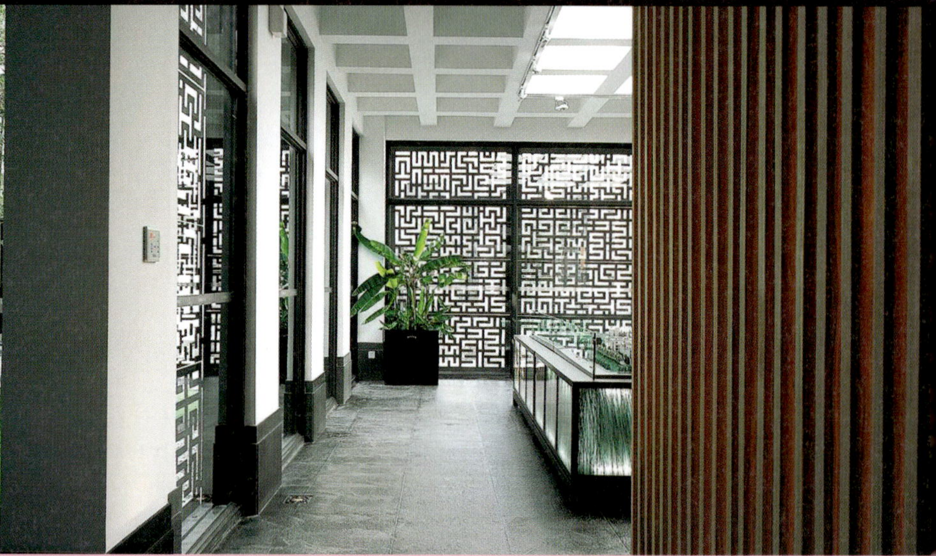

Wang Ge en/and Zhao Xiadong, Fifth Garden, Shenzhen, 2005
Projectontwikkelaar VANKE heeft de minimalistische architectuur van de avant-garde tot een succesvol commercieel product omgevormd/Real estate developer VANKE has turned the minimalist architecture of the avant-garde into a successful commercial product

Linda Vlassenrood

Nieuwe visies op verandering

Droom versus realiteit — In China lijkt het bouwen haast onopgemerkt plaats te vinden. Hoewel duizelingwekkende cijfers getuigen van een ongeevenaarde bouwproductie, sieren maar weinig bouwkranen de skylines van Beijing, Shanghai, Guangzhou, Shenzhen en andere miljoenensteden. De snelheid waarmee een toren uit het niets verschijnt, doet menig bewoner oprecht twijfelen aan wat hij ziet. Kleurige billboards schermen bouwputten netjes af en geven gebouwen pas prijs als ze een onontkoombare hoogte bereikt hebben. Kortom, in geen enkel land verrijzen nieuwe gebouwen en stadsdelen met zo'n onheilspellende snelheid en schijnbaar gemak. De architectonische en stedenbouwkundige ontwikkelingen zijn de afgelopen tien jaar in een stroomversnelling geraakt. Een van de belangrijkste oorzaken hiervan is de verwezenlijking van de nieuwe Chinese droom: een succesvol leven met eigen appartement en auto in een moderne metropool. De steden worden rigoureus aan dit allesoverheersende toekomstbeeld aangepast. Een hoogontwikkelde infrastructuur, luxe winkelcentra, reeksen woontorens en hightech architectuur moeten voor de nieuwe levensstijl garant staan. Een maatschappij die met een dergelijke intensiteit en overtuiging een nieuw toekomstbeeld nastreeft, heeft maar weinig oog voor het heden. Het heden is immers complex, chaotisch en verwarrend, de toekomst daartegen helder, begrijpelijk en probleemloos. De Chinese overheid neemt bij het schetsen van dat toekomstbeeld dan ook een tabula rasa-situatie als uitgangspunt. Het is dé manier om schoon schip te maken.

De aandacht vanuit het Westen voor China is onverminderd groot en wordt vooralsnog beheerst

Linda Vlassenrood

Making Change Sensible

Dream versus reality — In China construction appears to take place almost imperceptibly. Despite mind-boggling statistics attesting to an unparalleled construction output, relatively few cranes adorn the skylines of Beijing, Shanghai, Guangzhou, Shenzhen and other megacities. The speed with which a tower can appear out of nowhere causes many inhabitants to doubt the evidence of their own eyes. Colourful billboards neatly screen building sites from view and only reveal the buildings after they have reached a certain height. In short, in no other country do new buildings and districts spring up with such frightening speed and apparent ease. Construction and town planning have really taken off in the last ten years. One of the main driving forces behind this boom is the realization of the new Chinese dream: a successful life with an apartment and a car in a modern metropolis. The cities are being rigorously adapted to this all-powerful vision of the future. A highly developed infrastructure, upmarket shopping centres, forests of towers and high-tech architecture are the would-be guarantors of the new lifestyle. A society so intent on pursuing a new vision of the future has little interest in the present. After all, the present is complex, chaotic and confusing, whereas the future is clear, comprehensible and unproblematic. Small wonder then that in sketching its vision of the future, the Chinese government should proceed on the basis of tabula rasa. In one fell swoop the troublesome present is erased.

Western interest in China is as great as ever and as yet dominated by fascination with the speed, modernity and gigantic scale of development. Impressive, barely verifiable statistics convince Western architects that they should be part of this scene, but say nothing about the current architectural climate

door een fascinatie voor de snelheid, de moderniteit en de enorme schaal. Indrukwekkende, nauwelijks te controleren statistieken overtuigen westerse architecten ervan dat ze erbij horen te zijn, maar zeggen niets over het huidige architectuurklimaat met zijn vele mogelijkheden én onmogelijkheden. De euforie over het Chinese bouwen laat namelijk een aantal fundamentele belemmeringen en conflicten onbesproken: een extreme kortetermijnplanning, allesbepalende projectontwikkelaars met een zeer commerciële blik, een totale omarming van de westerse architectuur, het ontbreken van auteursrecht, een buitengewoon matige uitvoering van bouwprojecten en totaal verstoorde stedenbouwkundige structuren. Imponerende bouwprogramma's zoals 400 nieuwe steden met één miljoen inwoners in 2020, maar ook de transformatie van Beijing (Olympische Spelen 2008), Shanghai (World Expo 2010) en in hun kielzog iedere andere zichzelf respecterende stad in China, staan tegenover imponerende cijfers over scheefgegroeide maatschappelijke verhoudingen, luchtvervuiling, files en miljoenen migranten die hun heil in de steden moeten zoeken.

Hoewel hun aandeel in de enorme architectuurproductie beperkt is, bevindt een kleine groep getalenteerde jonge Chinese architecten zich midden in een zoektocht naar kritische en pragmatische oplossingen voor bovengenoemde problemen. De tentoonstelling tracht bloot te leggen hoe een selectie van achttien architecten, behorende tot de zogenaamde avant-garde, met een schaars aantal gerealiseerde projecten meer kwaliteit tracht te brengen in de huidige architectuurpraktijk en die tegelijkertijd ter discussie stelt.

In het positief en creatief ombuigen van de vele beperkingen schuilt de kracht en het talent van deze groep architecten. Hiervoor gebruiken ze geen manifesten of een zware retoriek, maar nemen met vaak onopvallende gebouwen nadrukkelijk afstand van een 'city of images'; ze zijn niet geïnteresseerd in het creëren van architectonische iconen en laten dit bewust over aan commerciële of buitenlandse architecten. In hun antwoorden op de huidige ontwikkelingen koesteren de geselecteerde architecten een verantwoordelijkheid ten opzichte van hun cultuur, hun samenleving en de

and its many possibilities and impossibilities. The fact is that the euphoria surrounding Chinese construction sidesteps a number of fundamental obstacles and conflicts: extreme short-term planning, all-powerful developers with an extremely commercial outlook, a wholehearted acceptance of Western architecture, an absence of design rights, a decidedly mediocre standard of execution and totally disrupted spatial structures. Awe-inspiring building programmes – 400 new cities with a million inhabitants by 2020, as well as the transformation of Beijing (2008 Olympic Games), Shanghai (2010 World Expo) and in their wake every other self-respecting city in China – are offset by equally awe-inspiring statistics regarding impaired social relations, air pollution, traffic jams and millions of internal migrants forced to seek salvation in the cities.

Although their part in China's enormous architectural output is limited, a small group of talented young Chinese architects are engaged in a search for critical and pragmatic solutions to the aforementioned problems. The exhibition endeavours to show how a selection of eighteen architects, members of the so-called avant-garde, are attempting to inject greater quality into current architectural practice and at the same time to make it the subject of discussion. While their realized projects are small in number, the strengths and talents of this group of architects lie in their ability to deal positively and creatively with the many limitations they encounter. Not by means of manifestos or ponderous rhetoric, but by distancing themselves from a 'city of images' with often unobtrusive buildings. They are not interested in creating architectural icons, leaving this quite deliberately to commercial or foreign architects. In their response to current developments, the selected architects feel a sense of responsibility vis à vis their culture, their society and the built environment.

However glorious the image of the future may seem, Chinese society today is in a state of great uncertainty and even the avant-garde architects cannot ignore this. Reacting to this uncertainty as well as to the speed of an unprecedented urbanization process, is an integral part of the design. Given these turbulent circumstances it is hardly surprising that the selected designs may not always possess the most effective answer. The architects are quite aware gebouwde omgeving.

Hoe glorieus het beeld van de toekomst ook mag lijken, de huidige Chinese maatschappij verkeert in grote onzekerheid, ook de avant-garde-architect kan zich hier onmogelijk aan onttrekken. Het reageren op deze onzekerheid, maar ook op de snelheid van een ongekend urbanisatieproces maakt intrinsiek onderdeel uit van het ontwerp. Het is gezien de turbulente omstandigheden dan ook niet verwonderlijk dat de geselecteerde ontwerpen misschien niet altijd het meest adequate antwoord in zich hebben. De architecten zijn zich hiervan terdege bewust. Desalniettemin liggen in de ruwheid van hun concepten en ontwerpen al verfrissende oplossingen besloten die met iets meer tijd voor onderzoek en reflectie kunnen doorgroeien. Het hoogtepunt van de Chinese architectuur moet in die zin nog komen.

De tentoonstelling en dit artikel getuigen dan ook slechts van een momentopname. Het essay probeert in eerste instantie het huidige Chinese architectuurklimaat te karakteriseren en de geselecteerde architecten hierbinnen te positioneren. In hoeverre onderscheiden ze zich van de hoofdstroom, wat zijn hun specifieke kwaliteiten en hoe kritisch zijn ze daadwerkelijk? Vervullen ze een voortrekkersrol of is dit een positie die louter in het Westen leeft door alle aandacht voor het werk van deze architecten in boeken en tijdschriften? Meer dan de hoofdstroom lijken de geselecteerde architecten de realiteit als uitgangspunt te nemen, maar hoe bepalend zijn de huidige omstandigheden voor een nieuwe architectuur? Met andere woorden, ervaren zij de chaos, de onzekerheid en de snelheid als vruchtbare omstandigheden en leiden juist deze praktische belemmeringen tot een nieuw idioom? In het Westen heerst vooral de vraag hoe de Chinese identiteit zich in al deze ontwikkelingen staande houdt. En ten slotte, kunnen wij iets van deze ontwerphouding leren?

Modern en eigentijds: poging I — China is het land van de grote stappen voorwaarts en in zijn architectuur is er evenmin sprake van een geleidelijke ontwikkeling. In de twintigste eeuw is meerdere keren naar een moderne, eigentijdse Chinese architectuur gezocht.[1] Niet verwonderlijk viel dit

of this. Nonetheless, behind the roughness of their concepts and designs are refreshing solutions which, with a little more time for research and reflection, are capable of further refinement. In that sense, the high point of Chinese architecture is still to come.

The exhibition and this essay consequently represent no more than a snapshot. The essay attempts first of all to describe the current Chinese architectural scene and to place the selected architects within it. To what extent do they differ from the mainstream, what are their specific qualities and just how critical are they? Do they fulfil a pioneering role or is this a purely Western notion based on the attention their work has received in books and magazines? More so than the mainstream, the selected architects appear to take reality as their starting point, but how decisive are current circumstances for a new architecture? In other words, do they perceive the chaos, the uncertainty and the speed as fruitful conditions and do such practical obstacles actually result in a new idiom? A major concern in the West is how Chinese identity will fare in the face of all these developments. And, finally, can we learn something from this design approach?

Modern and contemporary: attempt I — China is the land of great leaps forward and architecture is no exception: there is no question of a gradual evolution. In the course of the twentieth century, there were several attempts to arrive at a modern, contemporary Chinese architecture.[1] Unsurprisingly, these

steeds samen met de creatie van een 'nieuw' politiek China (1919–1949, 1949–1965, 1979–2006). De ontwikkelingen in de jaren twintig en dertig vertonen daarbij opvallende overeenkomsten met de huidige architectuurpraktijk en zullen hier kort de revue passeren. In beide zoektochten is steeds hetzelfde dilemma aanwijsbaar: in welke mate moeten westerse architectuurstromingen de toekomstige modernisering van de Chinese architectuur en steden bepalen? Iedere periode kent hiervoor zijn eigen uitdrukkingsvormen, maar het is fascinerend vast te stellen dat de discussie steeds dezelfde vraagstukken kent: draagt een totale omarming, en het in veel gevallen kritiekloos overnemen, van de westerse architectuur daadwerkelijk bij aan een nieuwe identiteit? Is een gelijkwaardige uitwisseling niet veel beter, maar hoe moet deze dan gestalte krijgen? Zijn buitenlandse of juist Chinese architecten hiervoor verantwoordelijk? Ligt daarbij de nadruk niet te veel op het beeld en te weinig op de intrinsieke waarde?

In de Chinese filmgeschiedenis spreken historici van oudsher over generaties, ook in de architectuurgeschiedenis een gangbare classificatie. De filmwereld beleefde in de jaren dertig een nieuw creatief hoogtepunt met films van een tweede generatie filmmakers die elementen van Hollywoodfilms met traditionele Chinese podiumkunsten combineerden. De eerste generatie Chinese architecten liet daarentegen pas na 1925 van zich horen en leverde tot in de jaren dertig een reeks gebouwen af die eveneens een combinatie van westerse en Chinese architectonische kenmerken tentoonspreidde. Deze eerste generatie bestond uit jonge architecten (geboren rond de eeuwwisseling) die na hun opleiding in Japan, Europa of de Verenigde Staten begin jaren twintig terugkeerden en vrijwel direct een eigen architectenbureau startten. Sleutelfiguren waren Lu Yanzhi (1894–1929), Liang Sicheng (1901–1972) en Liu Guozhen (1897–1968). Met een schijnbaar onuitputtelijke energie richtte deze generatie in 1923 de eerste architectuurfaculteit van China op, ze lanceerden vaktijdschriften en initieerden bovendien wetenschappelijk architectuurhistorisch onderzoek naar de traditionele Chinese architec-

all coincided with the formation of a 'new' political China (1919–1949, 1949-1965, 1979–2006). The situation in the 1920s displays remarkable similarities to the current architectural scene and will be briefly reviewed here. In both instances there is the same dilemma: to what extent should Western architectural trends determine the modernization of China's architecture and cities? Each period expressed this differently, but it is interesting to note that the debate revolved around the selfsame issues: can a total and often uncritical acceptance of Western architecture really lead to a new identity? Surely a two-way exchange would be far better, but how is this to be achieved? Who should be responsible for it, foreign or Chinese architects? Isn't there too much emphasis on image and too little on intrinsic value?

Historians of Chinese film-making talk in terms of 'generations', a classification that is also used in architectural history. The film world attained a new creative peak in the 1930s, with films by a second generation of film-makers which combined elements from classic Hollywood films with traditional Chinese performing arts. Although the first generation of Chinese architects only started to make a name for themselves after 1925, the buildings they proceeded to design into the 1930s likewise displayed a combination of Western and Chinese architectural characteristics. This first generation consisted of young architects (born around the turn of the century) who, after training in Japan, Europe or the United States in the early 1920s, returned home and almost immediately set up their own architectural practices. The key figures were Lu Yanzhi (1894–1929), Liang Sicheng (1901–1972) and Liu Guozhen (1897–1968). This seemingly tireless generation established China's first architecture faculty in 1923, launched architecture magazines and also initiated academic research into traditional Chinese architecture. The new architectural climate was translated into built form, with the then capital Nanjing (alongside cities like Shanghai, Guangzhou and to a certain extent Beijing) as its main crucible.[2]

Western architectural influences were omnipresent – in the training of the first generation of architects, but also in the presence in China of foreign architects like Henry Murphy (1877–1954), Curt Rothkegel (1876–1946) and Laszlo Hudec tuur. Het nieuwe architectuurklimaat kreeg overduidelijk gestalte met de toenmalige hoofdstad Nanjing (naast steden als Shanghai, Guangzhou en tot op zekere hoogte ook Beijing) als belangrijkste bakermat.[2]

In dit klimaat waren westerse architectuurinvloeden alomtegenwoordig. In de opleiding van de eerste generatie architecten zelf, maar ook in de aanwezigheid van buitenlandse architecten als Henry Murphy (1877–1954), Curt Rothkegel (1876–1946) en Laszlo Hudec (1893–1958), die niet zelden belangrijke opdrachten in de wacht sleepten; alleen al vanuit Shanghai opereerden begin jaren dertig ruim vijftig buitenlandse bureaus. In die periode zijn vier belangrijke architectuuropvattingen aan te wijzen die veel overeenkomsten met de huidige architectuurpraktijk vertonen. Allereerst een architectuur geheel naar westers voorbeeld, die volgens velen het beste uitdrukking kon geven aan voor China nieuwe typologieën zoals publieke gebouwen en commerciële ondernemingen. Daartegenover stond de poging om de traditionele architectuur zo veel mogelijk van binnenuit te moderniseren en invloeden van buitenaf, bijvoorbeeld nieuwe bouwtechnologieën, alleen beperkt toe te laten. De ruimtelijke opbouw, het kleurgebruik en de 'juiste' proporties van de traditionele paleisarchitectuur werden nadrukkelijk nagevolgd; bovendien kregen de gebouwen een gebogen dak aangemeten. Een vrijere herinterpretatie leidde tot bouwwerken die een meer genuanceerde combinatie van de westerse en traditionele bouwstijl tentoonspreidden en daardoor op het eerste gezicht niet Chinees leken. Het gebogen dak kreeg bewust geen navolging, maar andere traditionele elementen zoals de gedecoreerde sokkel, het portaal en een op het zuiden gerichte façade werden gecombineerd met onder meer moderne bouwtechnieken, materialen en een op westerse principes gestoelde compositie. Een vierde belangrijke beweging bekommerde zich om het behoud van de traditionele architectuur; met het bevorderen van de algemene kennis door grondige studie en documentatie hoopten onderzoekers het voortbestaan van deze architectuur te garanderen.[3]

(1893–1958), who not infrequently managed to secure major commissions; in Shanghai alone, over fifty foreign firms were active in the early 1930s. In this period it is possible to identify four main architectural approaches that display many similarities with current architectural practice. Firstly, an architecture modelled entirely on Western architecture, which according to many offered the best means of expressing typologies that were new to China, such as public buildings and commercial enterprises. A second and very different approach aimed to modernize traditional architecture as much as possible from within and to keep the introduction of outside influences, such as new building technologies, to a minimum. Under this approach the spatial composition, use of colour and 'proper' proportions of traditional palace architecture were resolutely imitated; curved roofs were de rigueur. A freer reinterpretation resulted in structures displaying a more nuanced combination of Western and traditional building styles that did not immediately strike the viewer as Chinese. The curved roof was consciously abandoned, but other traditional elements, like the decorated base, the portal and south-facing facade, were combined with more modern building techniques, materials and Western-inspired composition. A fourth important movement was concerned with the preservation of traditional architecture which it hoped to guarantee by promoting public knowledge through rigorous study and documentation.[3]

Modern en eigentijds: poging II — Het debat over in hoeverre traditie en moderniteit moesten integreren, werd onderbroken door de tweede Chinees-Japanse oorlog (1937–1945) en een burgeroorlog (1945–1949). Het was aan de zogenaamde tweede generatie, met architecten als Zhang Bo (1911–1999), Wu Liangyong (geboren 1922) en Dai Nianci (1920–1991), om de discussie nieuw leven in te blazen; niet in het minst omdat ze aan de zojuist uitgeroepen communistische volksrepubliek uitdrukking moesten geven. Monumentaliteit bleek in dit socialistische tijdperk een kernbegrip. De 'nationale stijl' transformeerde al snel naar een architectuur met traditionele elementen zoals dak, poort en toren in opgeblazen proporties. Deze 'big roof'-architectuur kreeg midden jaren vijftig het nodige commentaar van critici die zich afvroegen of deze uitvergroting wel de kern van de Chinese architectuur raakte; bovendien werden in hun beleving de elementen alleen decoratief gebruikt. Een moderne architectuur die gebruik zou maken van nieuwe bouwmaterialen zoals staal en beton, nieuwe constructietechnieken en geïndustrialiseerde bouwmethoden leek hun meer gepast. Een derde en nieuwe architectuurstroming lag in de lijn van het sociaal-realisme, aangezien de invloeden vanuit de Sovjet-Unie onmiskenbaar toenamen. Dit was in de architectuur goed merkbaar met monumentale en van eindeloze rijen kolommen voorziene gebouwen, maar ook de geïndustrialiseerde woningbouw kreeg vorm naar Russisch voorbeeld.

Gelijktijdig met deze stijlperikelen kregen bestaande organisatiestructuren een duidelijk socialistisch karakter aangemeten. Private architectenbureaus gingen op in nationale ontwerpinstituten met veelal duizenden architecten en ingenieurs in dienst en de tien architectuurfaculteiten fuseerden met elkaar. In deze periode eiste de staat ook alle grond in privé-bezit op en werden de steden geïndustrialiseerd, inclusief Beijing. De stedelijke en organisatorische condities waarmee de hedendaagse architectuurpraktijk nog dagelijks geconfronteerd wordt, kregen vorm.[4]

Modern and contemporary: attempt II — The debate about the integration of tradition and modernity was interrupted by the second Sino–Japanese War (1937–1945) and a civil war (1945–1949). It was left to the second generation, with architects like Zhang Bo (1911–1999), Wu Liangyong (b. 1922) and Dai Nianci (1920–1991), to breathe new life into the discussion, not least because it was they who were called upon to give expression to the new communist People's Republic of China. Monumentality proved to be a key concept in the new socialist era. Before long, the 'national style' had become an architecture featuring traditional elements, like the roof, portal and tower, of vastly inflated proportions. This 'big roof' architecture attracted a fair amount of comment in the mid 1950s from critics who wondered whether this magnification actually captured the essence of Chinese architecture; they also felt that the elements were being used in a purely decorative way. A modern architecture that made use of new building materials like steel and concrete, new construction techniques and industrialized building methods struck them as more appropriate. A third and new architectural tendency, that of social-realism, reflected an unmistakable increase in Soviet influences. In architecture this was manifested in monumental buildings replete with endless rows of columns, but industrialized housing construction was also modelled on the Russian example.

Concurrently with these stylistic permutations, existing organizational structures acquired a definite socialist character. Private architecture firms were absorbed by national design institutes often employing thousands of architects and engineers, and the ten architecture faculties merged. In this same period the state laid claim to all privately owned land, and the cities, including the capital Beijing, were industrialized. In this period there emerged the urban and organizational conditions that today's architectural practitioners still have to deal with on a daily basis.[4]

Modern en eigentijds: poging III — De Culturele Revolutie (1965–1969) heeft vanzelfsprekend voor

Modern and contemporary: attempt III — It goes without saying that the Cultural Revolution (1965–

de architectuur weinig goeds betekend. Nationale ontwerpinstituten en architectuuropleidingen werden grotendeels gesloten en hun werknemers werden naar het platteland gestuurd. Het beroep van architect had geen naam en in die jaren belichaamden anonieme gebouwen het non-ontwerp. Hoewel de revolutie in 1969 formeel was voltooid, traden fundamentele veranderingen pas op na de dood van Mao in 1976. Een periode van ruwweg tien jaar rigoureuze leegte maakte dat de architectuurdiscussie opnieuw moest worden aangezwengeld. Met de nieuwe cultuur in wording begon dan ook voor de derde keer een zoektocht naar een eigentijdse, moderne Chinese architectuur. Aanvankelijk vond deze ontwikkeling nog in de luwte plaats, zonder een bombardement aan beelden en ideeën uit het Westen.

New Vernacular — I.M. Pei, de al jarenlang in de Verenigde Staten woonachtige Chinese architect, vormde hierop als semi-buitenlander een uitzondering. In 1977 kreeg hij de opdracht een van de nieuwe hotels net buiten Beijing vorm te geven. Pei wilde met zijn ontwerp voor het Fragrant Hill Hotel de nationale architectuur nieuw leven inblazen en hoopte met zijn teruggrijpen op de traditionele bouwstijlen een voorbeeld te stellen.[5] Het hotel, geïnspireerd op de tuinen van Suzhou, beantwoordde met een reeks binnenhoven, witgepleisterde muren en grijze dakpannen allerminst aan de hoop van de Chinese architectuurwereld op een westerse architectuur. Pei stimuleerde daarentegen de aandacht voor inmiddels vergeten regionale architectuurstijlen. Het leidde tot een 'new vernacular', dat zich in de jaren tachtig over heel China zou verspreiden. Desalniettemin bleek deze architectuurstroming, grotendeels gebaseerd op nostalgische gevoelens en een afkeer van westerse invloeden, niet te passen bij een land dat het globaliseringsproces juist dolgraag wilde ondergaan. Bovendien regeerde bij architecten een formalistische benadering door onvoldoende kennis van de regionale bouwstijlen en vormden hun kleinschalige experimenten geen adequaat antwoord op nieuwe stedenbouwkundige opgaven. In de tweede helft van de jaren tachtig verschoof de aandacht naar de groeiende informatiestroom

1969) betokened little good for architecture. Most national design institutes and architecture schools were closed down and their employees dispersed to the countryside. There was no name for the profession of architect and in these years anonymous buildings epitomized the absence of design. Although the revolution officially ended in 1969, no fundamental changes occurred until after the death of Mao in 1976. After a ten-year intellectual vacuum, the architectural debate had to be ignited all over again. So, with a new culture in the making, the search for a contemporary, modern Chinese architecture began for the third time. Initially this took place away from the limelight, free from any bombardment of images and ideas from the West.

New vernacular — One exception to this was the Chinese-born, US trained architect I.M. Pei, a long-time resident of the United States and as such a semi-foreigner. In 1977 he was commissioned to design one of the new hotels springing up just outside Beijing. Pei wanted to revitalize national architecture with his Fragrant Hill Hotel and hoped that his return to traditional building styles would set an example.[5] With its series of internal courtyards, white-rendered walls and grey roof tiles, the hotel, inspired by the gardens of Suzhou, was not at all the Western architecture hoped for by the Chinese architecture world. Instead, Pei's example stimulated interest in the by then forgotten regional architectural styles. The result was a 'new vernacular' that spread throughout China in 1980s. Ultimately, however, this architectural movement, based on nostalgia and an aversion to Western influences, came to be seen as inappropriate for a country eager to embark on the process of globalization. Besides, scanty knowledge of regional building styles led to a formalistic approach by architects, while their small-scale experiments did not constitute an adequate response to complex new urban planning challenges. In the second half of the 1980s the focus switched to the swelling stream of information from the West and the 'new vernacular' architecture movement faded into the background. However, a small group of architects (mainly academics) never abandoned regionalism; since the late 1990s critics

uit het Westen en verdween 'new vernacular' als architectuurbeweging naar de achtergrond. Het regionalisme is door een kleine kring architecten (voornamelijk academici) echter nooit helemaal losgelaten; sinds eind jaren negentig spreken critici wisselend van een kritisch, experimenteel en zelfs populair regionalisme.

In de jaren tachtig en eerste helft jaren negentig zorgde een extreem oppervlakkige benadering van de uiterlijke verschijningsvorm ervoor dat de vorm volledig van de inhoud werd losgeweekt. Er werden allerhande architectuurstijlen gekopieerd zonder theoretische kennis, vragen over materialisatie en inpassing binnen de lokale omstandigheden werden niet gesteld. Bij de nationale ontwerpinstituten regeerde het pragmatisme. Er ontstond een architectuur van louter modieuze beelden die in tegenstelling tot de 'new vernacular' nu wél visueel aan het razendsnelle moderniseringsproces beantwoordde. Althans in de ogen van de massa. In 2000 schrijft architect Li Xiaodong hierover in zijn artikel 'The celebration of superficiality – Chinese architecture since 1979': 'As the main criterion was mass taste, the quality of design deteriorated correspondingly. The fleeting or uneducated observer understands as little about "decorated sheds" as he/she does about impressionist paintings. He recognizes something.'[6] De gebouwen die gestalte kregen riepen inderdaad herkenning op, maar vooral door een uitbundig kleurgebruik, een overdaad aan ornamenten en een diversiteit aan stijlen.

Hoewel door critici bestempeld als kitsch, deed deze architectuur het bijzonder goed bij de nog onzekere, maar ambitieuze projectontwikkelaars die sinds de commercialisering van de huizenmarkt in 1988 het nodige te veroveren hadden. Het beroep van projectontwikkelaar, dat in China dus nog niet zo lang bestaat, is inmiddels enorm in aanzien gestegen. Het is met deze *building boom* – China hoopt in de periode 2000–2020 zo'n 486 tot 549 miljoen vierkante meter per jaar te realiseren[7] – een van de meest gewilde banen, omdat er in een korte tijd veel geld mee kan worden verdiend, zelfs zonder architectuurkennis of visie. Projectontwikkelaars (oud-fabrieksdirecteuren maar ook energieke dertigers) hebben relatief gezien veel

have spoken variously of critical, experimental and even popular regionalism.

In the 1980s and the first half of the 1990s, an extremely superficial approach to outward appearance led to form being completely detached from content. All manner of architectural styles were copied without any theoretical understanding, questions of materialization and integration with local conditions were never raised. A mood of pragmatism reigned in the national design institutes. There emerged an architecture of purely trendy images which, unlike the 'new vernacular', did cater visually to the breakneck modernization process – in the eyes of the masses at least. Writing in 2000, the architect Li Xiaodong had this to say about it: 'As the main criterion was mass taste, the quality of design deteriorated correspondingly. The fleeting or uneducated observer understands as little about "decorated sheds" as he/she does about impressionist paintings. He recognizes something.'[6] The buildings that took shape did indeed evoke memories, but mainly through an exuberant use of colour, an excess of ornament and a diversity of styles.

Although critics labelled it kitsch, this architecture was very popular with insecure but ambitious property developers who had had to make up quite a lot of ground since the commercialization of the housing market in 1988. The then new occupation of property developer has meanwhile risen enormously in esteem. With the current building boom – China hopes to build some 486 to 549 million square metres a year in the period 2000–2020[7] – it is one of the most sought-after jobs because a lot of money can be made in a short space of time, even by those with no architectural knowledge or vision. Property developers (ex-factory managers, but also go-getting thirty-year-olds) are relatively powerful and they marginalize architects, not least by demanding purely formulaic architecture from them. They are also convinced that architects are not market savvy and are therefore unable to produce marketable designs. For this reason they often hire a market consultant to tinker with the facade. Developers also use competitions to persuade the government to sell them land: once the deal is done, the winning architect, whose dazzling design helped to secure it, is usually sidelined. At best he will be poorly paid for

macht en marginaliseren de architecten met name door weinig innovatieve architectuur van ze te verlangen. Bij de ontwikkelaars heerst daarnaast het idee dat architecten geen marktbesef hebben en daardoor niet adequaat kunnen ontwerpen. Een ingehuurde marktconsulent past de façade om die reden vaak nog even aan. Bovendien hanteren projectontwikkelaars prijsvragen als hét middel om de overheid met flitsende ontwerpen te bewegen grond aan ze te verkopen. Na een succesvolle transactie wordt de winnende architect meestal aan de kant geschoven, hij wordt niet of nauwelijks uitbetaald en in het slechtste geval laat de projectontwikkelaar het ontwerp door een andere partij goedkoper uitvoeren. Bij vooral startende architectenbureaus leiden deze praktijken tot enorme frustraties. Het maakt dat steeds meer architecten niet langer aan in hun woorden 'corrupte' prijsvragen mee willen doen.

Begin jaren negentig omarmden projectontwikkelaars allerlei westerse nationale architectuurstijlen als symbool voor een moderne levensstijl. Als onderdeel van een nieuwe verkoopstrategie kregen soms hele stadsdelen een wel heel Italiaans, Duits, Spaans, Zweeds, Amerikaans of Nederlands uiterlijk aangemeten. Naast vierkante meters gooiden projectontwikkelaars nu ook een westerse levensstijl in de aanbieding en meldden daarbij graag dat het om authentieke kopieën ging. Deze formule bleek financieel bijzonder succesvol. Het merendeel van de architecten speelt om die reden in op de vraag van de markt en produceert architectuur die voldoet aan de commerciële eisen die de opdrachtgever hem stelt. In de woorden van Li Xiaodong: 'Architects had a choice to be either in the fashion or out of the competition.'[8]

his work, at worst the developer will engage someone else to realize the design more cheaply. For young architectural firms in particular such practices are enormously frustrating. More and more architects are consequently refusing to take part in what they see as 'corrupt' competitions.

In the early 1990s, developers embraced a wide range of Western national architectural styles as symbols of a modern lifestyle. As part of a new marketing strategy, entire districts were sometimes given an Italian, German, Spanish, Swedish, American or Dutch appearance. As well as square metres, developers now threw a Western lifestyle into the sales package, blithely noting that they were 'authentic copies'. This formula proved to be a financial winner. Most architects consequently cater to the whims of the market and produce architecture that satisfies the commercial demands of the client. In the words of Li Xiaodong: 'Architects had a choice to be either in the fashion or out of the competition.'[8]

Simchina — **Een preoccupatie met het beeld leidt niet altijd tot de meest originele en best functionerende architectuur, maar het levert wel adembenemende animaties en renderings op die de verwezenlijking van de nieuwe Chinese droom op euforische wijze illustreren: vanuit allerlei onmogelijke posities zien we gebouwen en stadsdelen als paddestoelen uit de grond schieten, nieuwe skylines in het donker oplichten en bossen die als groene tapijten eenvoudig over het landschap**

Simchina — A preoccupation with image may not always result in the most original and efficient architecture, but it certainly gives rise to stunning animations and renderings, euphoric illustrations of the realization of the new Chinese dream: from multiple unlikely viewpoints, we see buildings and districts shoot out of the ground, new skylines light up in the dark and forests roll out over the landscape like green carpets; light shows and balloons regularly proclaim the arrival of the new urban landscape whose

worden uitgerold; met enige regelmaat bejubelen lichtshows en ballonnen de komst van het nieuwe stedelijke landschap en de mensen zijn er, hoe kan het ook anders, zichtbaar rijk en gelukkig. Een verbazingwekkend snel urbanisatieproces is overduidelijk gepaard gegaan met een ongekende groei van het aantal rendering-bureaus. De animatie is een bloeiende industrie, die niet zelden een finishing touch geeft aan ontwerpen: geroutineerde computertekenaars met of zonder architectuurachtergrond zijn namelijk prima in staat om op basis van slechts een premature schets de meest geweldige beelden uit de computer te toveren; een kunst die vaak noodgedwongen eigen is gemaakt en die aangeeft dat de tekenaar zijn persoonlijke ideeën gemakkelijk kan doorvoeren. Het illustreert hoe de volwassenwording van de architectuur en de verbeelding ervan momenteel hand in hand gaan.

Het grootste en meest toonaangevende rendering-bureau is Crystal CG, dat in 1995 werd opgericht. Het bureau heeft nu ruim 800 mensen in dienst met filialen in Beijing, Shanghai, Shenzhen, Nanjing, Hongkong, Hangzhou en Tianjin.[9] In het kielzog van Crystal CG begonnen veel jonge ontwerpers eigen bureaus, die soms 24 uur per dag beelden produceren. Een klein bureau met ongeveer twintig werknemers levert per maand gemiddeld 80 à 90 tekeningen en één animatie af.[10] Het exacte aantal rendering-bureaus is moeilijk te achterhalen, een stad als Beijing kent er hoogstwaarschijnlijk honderden. Dit betekent dat de architectuurproductie op papier nog vele malen groter is dan de daadwerkelijke bouwproductie. Het is een florerende branche, die inmiddels ook zijn weg naar het buitenland heeft gevonden. Hetzelfde geldt voor de maquettewerkplaatsen, die behoren tot de categorie sweatshops aangezien ongeschoolde werknemers er in ongeventileerde ruimten voor bijzonder weinig loon uren achtereen aan maquettes bouwen. Aanvankelijk speelden maquettes in het ontwerpproces nauwelijks een rol van betekenis. De emancipatie hiervan kwam pas vanaf 1999 op gang met de komst van buitenlandse architecten, die ook de laatste trends op het gebied van de maquettebouw meebrachten. Benzmodel in Beijing produceert met zestig werknemers zo'n

residents are – inevitably – visibly rich and happy. The astonishingly rapid urbanization process has quite obviously been mirrored by an unprecedented growth in the number of architectural rendering firms. Animation is a flourishing industry and is quite often responsible for putting the 'finishing touch' to a design: experienced computer artists, with or without an architectural background, are perfectly capable of conjuring the most spectacular images out of the most basic sketch; an art they have often been forced to master and which demonstrates that artists, unlike architects, are easily able to implement their personal ideas. It is a telling illustration of how the coming of age of architecture and its depiction go hand in hand at the moment.

The largest and most authoritative rendering firm is Crystal CG. Founded in 1995, the firm now has over 800 employees and branches in Beijing, Shanghai, Shenzhen, Nanjing, Hong Kong, Hangzhou and Tianjin.[9] Following in Crystal CG's wake, many young designers set up their own studios which sometimes work 24 hours a day turning out images. A small firm with some twenty employees produces on average 80 to 90 drawings and one animation a month.[10] The precise number of rendering firms is difficult to determine; a city like Beijing probably has hundreds. This means that architectural output on paper is many times greater than actual construction output. This thriving business has since found its way abroad, as has model making. The model workshops are nothing short of sweatshops: unskilled workers work for hours on end in unventilated rooms and for very meagre wages turning out architectural models. Models originally played a very minor role in the design process in China. This started to change in 1999 with the arrival of foreign architects who also brought with them the latest trends in model building. Nowadays Beijing-based Benzmodel, which employs sixty people and produces some 500 models a year, has as many international as local clients and its foreign clientele is growing steadily. Animations and models are Chinese architecture's two main export products at the present moment.

vijfhonderd maquettes per jaar, heeft inmiddels evenveel lokale als internationale klanten en ziet deze laatste klantenkring gestaag groeien. Binnen de Chinese architectuur zijn animaties en maquettes momenteel de twee belangrijkste exportproducten.

Internationalisering — Los van de eerder beschreven stijldiscussies is het interessant om na te gaan hoe het proces van internationalisering binnen de informatievoorziening heeft plaatsgevonden. In de tweede helft van de jaren tachtig namen de overheidsrestricties op de import van buitenlandse ideeën af waardoor, na decennia van complete afwezigheid, westerse architectuurboeken en -artikelen in vertaling mochten verschijnen. Een belangrijke vraag hierbij is hoe deze informatie vervolgens werd geïnterpreteerd. In een recent interview zegt architectuurtheoreticus Stan Fung hierover het volgende: 'The most common response on the part of Chinese architects and scholars to Western ideas is radical nominalism. This is a consequence of working in an information-poor country, which does not mean that people are entirely unaware of the terms of Western discussions. Rather, it means the encounter with Western ideas takes place in a general context that is characterized by the desiccation of information, the dissociation of images from texts, the ambiguity of all conceptual terminology, and poor-quality translations. People's interest in specific names and books are often related to the accidents of what is translated into Chinese and also which foreign architects have been given commissions in China.'[11]

Er is echter een onderscheid te maken tussen de informatiestroom uit de jaren tachtig en de jaren negentig. Een architect als Tadao Ando kon in de jaren tachtig in China behoorlijk beroemd worden ondanks of dankzij een minimale berichtgeving. Na 1993 neemt de overheidscontrole verder af en mogen buitenlandse publicaties ook onvertaald worden geïmporteerd. Een betere en meer kritische beoordeling van de informatie lijkt hierdoor mogelijk, maar veel Chinese architecten namen in die periode juist afstand van de westerse architectuurtheorie van de jaren tachtig, aangezien deze in

Internationalization — Leaving aside the aforementioned stylistic debates, it is interesting to follow the internationalization of architectural information in China. In the second half of the 1980s, government restrictions on the import of foreign ideas were eased with the result that after decades of total absence, translations of Western architecture books and articles could now be published. It is relevant to ask how this information was subsequently interpreted. In a recent interview, architecture theorist Stan Fung had this to say: 'The most common response on the part of Chinese architects and scholars to Western ideas is radical nominalism. This is a consequence of working in an information-poor country, which does not mean that people are entirely unaware of the terms of Western discussions. Rather, it means the encounter with Western ideas takes place in a general context that is characterized by the desiccation of information, the dissociation of images from texts, the ambiguity of all conceptual terminology, and poor-quality translations. People's interest in specific names and books are often related to the accidents of what is translated into Chinese and also which foreign architects have been given commissions in China.'[11]

It is necessary, however, to distinguish between the information flows of the 1980s and the 1990s. In the 1980s, an architect like Tadao Ando was able to become fairly famous in spite of or thanks to a dearth of information. After 1993 government control was eased still further and untranslated foreign publications were allowed into the country. On the face of it, this should have led to a better and more critical evaluation of information, but many Chinese architects chose this moment to distance themselves from the Westernized architectural theory of the 1980s because it had resulted in the image being placed above the text in China. The same fate awaited trendy theories when architects realized that they could not readily apply them in practice. Chinese architects 'simply switched off, as if their new state-of-the-art

China het beeld belangrijker had gemaakt dan de tekst. Hetzelfde gebeurde met flitsende theorieën waarvan bleek dat zij ze niet zomaar in praktijk konden toepassen. De Chinese architect 'simply switched off, as if their new state-of-the-art TV sets were not working properly'.[12]

De internationale architectuuruitwisseling is sinds de openstelling van China in 1979 nog nooit zo groot geweest. Het aantal publicaties, tentoonstellingen en lezingen neemt gestaag toe – momenteel zijn er vijf buitenlandse architectuurtijdschriften in het Chinees verkrijgbaar –, het aantal architectuurstudenten in het buitenland groeit exponentieel, om nog niet te spreken van het aantal buitenlandse architecten dat momenteel bij Chinese bureaus werkzaam is. Desondanks blijft een echt kritische analyse achterwege. De gebouwen van architecten zoals Rem Koolhaas, Herzog & de Meuron, MVRDV en Zaha Hadid, op dit moment de grootste helden in China, worden nog steeds alleen op hun visuele impact beoordeeld en niet op de concepten en programma's die eraan ten grondslag liggen. Hoe positief de uitwisseling ook mag zijn, een boek over MVRDV is in heel China misschien bij zeven boekhandels te verkrijgen. Het Chinese tijdschrift *Time + Architecture* heeft weliswaar 15.000 abonnees, maar wat betekent dit voor een architectenscène die vele malen groter is?

Het enige echte platform is misschien wel de bij architecten en studenten zeer populaire site www.abbs.com (Free Architectural Forum). Fung: 'ABBS is a privately-owned independent website with over 880.000 registered usernames [130,000 in 2003[13]] and the total number of posts in the bulletin board is more than 7.5 million arranged in 78 topically divided sections. The most important sections are "chuncui jianzhu" (pure architecture) and the student section, where students can make blunt criticisms of their teachers in a relatively anonymous way. The greatest contribution of ABBS is the democratization of voices in Chinese architectural discussions. It reports new events in Western architecture more quickly than any other medium.' Maar ook hier moet Fung meteen toegeven dat de discussies niet altijd het gewenste niveau bereiken. 'But as one might expect, ABBS

TV sets were not working properly'.[12]

International architectural exchange is greater today than at any time since the opening up of China in 1979. The number of publications, exhibitions and lectures is growing steadily (five foreign architecture magazines are currently available in Chinese), the number of architecture students studying abroad is rising exponentially, not to mention the number of foreign architects currently working for Chinese architectural firms. For all that, genuine critical analysis is lacking. The buildings by architects like Rem Koolhaas, Herzog & de Meuron, MVRDV and Zaha Hadid, the greatest heroes in China just now, are still judged on their visual impact and not on the underlying concepts and programmes. However positive the exchange of information may be, a book about MVRDV is available from perhaps seven bookstores in the whole of China. The Chinese magazine *Time + Architecture* may boast 15,000 subscribers, but what does that signify in an architectural scene many times greater?

The only genuine platform is perhaps among the architects and students of the immensely popular website www.abbs.com (Free Architectural Forum). Fung: 'ABBS is a privately-owned independent website with over 880,000 registered usernames [130,000 in 2003[13]] and the total number of posts on the bulletin board is more than 7.5 million arranged in 78 topically divided sections. The most important sections are "chuncui jianzhu" (pure architecture) and the student section, where students can make blunt criticisms of their teachers in a relatively anonymous way. The greatest contribution of ABBS is the democratization of voices in Chinese architectural discussions. It reports new events in Western architecture more quickly than any other medium.' But in this case, too, Fung is quick to admit that the discussions are not always of a very high standard. 'But as one might expect, ABBS also propagates and reflects the great limits of "vox populi." The posts are almost never self-reflexive; they trumpet assumptions, opinionated declarations and personal attacks without much concern for argument or retribution.'

also propagates and reflects the great limits of "vox populi." The posts are almost never self-reflexive; they trumpet assumptions, opinionated declarations and personal attacks without much concern for argument or retribution.'

Opleidingsklimaat — Het is duidelijk dat de architectuurdiscussie nog een kwaliteitssprong te maken heeft, maar hoe doeltreffend zijn de architectuuropleidingen bij het bestrijden van een gebrekkige kritische analyse, een fascinatie voor het beeld en de ondergeschikte positie van de architect? Na de Culturele Revolutie lag de nadruk bij het aantal overgebleven architectuurfaculteiten op kennis van historische architectuur, tekenvaardigheid en het onder grote druk kunnen presteren. Hoewel het aantal opleidingen inmiddels flink is toegenomen en de lesprogramma's zijn gemoderniseerd, zijn de meningen over de kwaliteit van het huidige onderwijs niet positief; studenten missen op theoretisch gebied een stimulans van hun kritisch en conceptueel denkvermogen. Er vindt nauwelijks tot geen onderzoek plaats, zodat de snel veranderende stedelijke omgeving met alle bijbehorende sociaal-maatschappelijke dilemma's geen onderwerp van discussie wordt. Bovendien worden studenten niet voor de dagelijkse architectuurpraktijk klaargestoomd, maar blijft het gechargeerd gezegd bij goede ontwerptechnieken en mooie presentaties.

Hoewel de hervormingen binnen het onderwijs duidelijk nog niet in hun laatste fase beland zijn, mag de beoogde kwaliteitssprong wel van twee nieuwe postuniversitaire opleidingen worden verwacht: het Graduate Center of Architecture van Peking University (1999) en het Research Institute of Architecture & Planning van Nanjing University (2000). Het driejarig architectuurprogramma in Beijing is opgezet door architect Yung Ho Chang, de opleiding in Nanjing door architecten Ding Wowo, Zhang Lei en Zhao Chen, die elkaar aan de ETH Zürich hebben ontmoet. Beide instituten streven ernaar om een volwaardige meerjarige opleiding aan te bieden met daarin speciaal aandacht voor onderzoek en de praktijk.[14] Het RIAP beschrijft het nastreven van kwaliteit onomwonden: 'RIAP encourages its architects to

Educational climate — It is obvious that the quality of the architectural debate still leaves a lot to be desired, so just how effective are the architecture schools in combatting a lack of critical analysis, a fascination with image and the subordinate position of the architect? After the cultural revolution, the surviving architecture faculties concentrated on training students in historical architecture, drawing skills and performing under enormous pressure. Although the number of schools has grown considerably and the syllabuses have been modernized, opinions as to the quality of current training are not positive. There is no theoretical stimulus of students' critical and conceptual faculties. Little or no research is being done, so that the rapidly changing urban environment, and its attendant social and community problems, is not a subject of discussion. What is more, students are not being prepared for everyday architectural practice. With some exaggeration it can be said that architectural training does not go beyond good design techniques and pretty presentations.

Although architectural education is still in the process of being reformed, the desired rise in standards may well come from two new post-graduate institutions: Peking University's Graduate Center of Architecture (1999) and the Research Institute of Architecture & Planning at Nanjing University (2000). The three-year architecture course in Beijing was established by architect Yung Ho Chang, the course in Nanjing by architects Ding Wowo, Zhang Lei and Zhao Chen, who met one another while studying at the ETH Zurich. Both schools aim to offer a full-fledged, multi-year course with particular focus on research and practice.[14] The RIAP describes its pursuit of excellence in no uncertain terms: 'RIAP encourages its architects to meet the reasonable design requirements of the owners with creative and original design works. Exaggerations and copies are strictly prohibited. It is emphasized that the design works are not classified by the scale, but by the design quality. ...The current design market of

meet the reasonable design requirements of the owners with creative and original design works. Exaggerations and copies are strictly prohibited. It is emphasized that the design works are not classified by the scale, but by the design quality. (...) The current design market of China is rather chaotic. For some, creation of high-quality original design work is not taken seriously and has fallen into a mere slogan. After several years of exploration, RIAP has established a set of effective methods and measures to successfully avoid this phenomenon.'[15]

Het is met de huidige welvaartsgroei niet verwonderlijk dat het aantal buiten China opgeleide studenten exponentieel is gestegen; van de achttien voor de tentoonstelling geselecteerde architecten(bureaus) hebben er dertien in de jaren tachtig en negentig in het buitenland gestudeerd en zijn daar vaak ook jaren werkzaam geweest. Hierbij golden de Verenigde Staten als belangrijkste uitvalsbasis, maar ook Duitsland en Zwitserland bleken geliefd. Met de bloei van de bouwproductie zijn veel architecten teruggekomen om een bijdrage te leveren, maar ondergingen daarbij na een afwezigheid van soms tien jaar een even grote cultuurshock als menig buitenlander.

Avant-garde — Er zijn momenteel drie architectengroepen te onderscheiden: de architecten die werken voor de overheid, architecten verbonden aan de universiteiten en een groeiend aantal kleine zelfstandige architectenbureaus. In 1981 ging Yung Ho Chang als eerste architectuurstudent in het buitenland studeren, in 1993 startte hij wederom als eerste een eigen bureau, Atelier Feichang Jianzhu, in Beijing. De oprichting van dit bureau vormt een zeer belangrijk omslagpunt in de Chinese architectuur en criticus Zhou Rong geeft in een recent interview aan waarom: 'Before 1993, all projects were designed by the national design institutes. Because of that monopoly, the design quality was always hovering at a very depressed level. Chang's projects and the organization of his office inspired many young architects and students and prompted them to practise in a similar way. Many of the newcomers influenced by him went on to become the elite of today's avant-garde. For

China is rather chaotic. For some, creation of high-quality original design work is not taken seriously and has fallen into a mere slogan. After several years of exploration, RIAP has established a set of effective methods and measures to successfully avoid this phenomenon.'[15]

Given the increase in prosperity it is not surprising that the number of foreign-trained students should have risen dramatically in recent times; of the eighteen architects/practices selected for the exhibition, thirteen studied overseas in the 1980s and '90s and often worked there as well. The main base of operations was the United States, but Germany and Switzerland were also popular. When construction output started to expand in China, many architects returned home in order to make their own contribution, but after an absence of in some cases ten years the culture shock was as great as that experienced by many a foreigner.

Avant-garde — At the present moment it is possible to distinguish three architectural groupings: the many thousands of architects in government employ, architects attached to the various universities and a growing number of small independent architecture firms. In 1981 Yung Ho Chang was the first architecture student to study abroad; in 1993 he was also the first to set up his own practice, Atelier Feichang Jianzhu, in Beijing. The founding of this practice marks a crucial turning point in Chinese architecture as critic Zhou Rong explained in a recent interview: 'Before 1993, all projects were designed by the national design institutes. Because of that monopoly, the design quality was always hovering at a very depressed level. Chang's projects and the organization of his office inspired many young architects and students and prompted them to practise in a similar way. Many of the newcomers influenced by him went on to become the elite of today's avant-garde. For about five or six years, however, avant-garde archi-

about five or six years, however, avant-garde architecture was an undercurrent in Chinese architectural practice .'[16]

In 1999 kreeg deze onderstroom langzaamaan bekendheid door een tentoonstelling tijdens het UIA congres in Beijing. In 2001 volgde een eerste tentoonstelling in het buitenland: 'TU MU – Young Architecture of China' in galerie Aedes in Berlijn.[17] Het zijn overigens Chinese en daarna pas westerse architectuurcritici die deze groep architecten als avant-garde bestempelen. Zhou: 'They used this term to describe a small circle of young architects who prefer pure modern styles, which is very different from the popular eclectic approach to style.' Het doel van de avant-garde (geboren na 1949 en daarmee de vierde generatie architecten) was een jaar of tien jaar geleden glashelder: het bieden van een alternatief door zowel ruimtelijk als technisch kwalitatief hoogstaande gebouwen te realiseren. Daarbij hielden ze zo veel mogelijk afstand van de commerciële architectuur en hadden aanvankelijk bevriende galeriehouders, kunstenaars en een kleine groep vooruitstrevende projectontwikkelaars als opdrachtgever. Zhou: 'The experimental architects looked for every opportunity, no matter how small the project, to build their ideal buildings. In their projects, one can discern the characteristics of the basic principles of modern architecture, such as functionalism, rationalism, minimalism, and the ordered logic of architectural syntax.'

De eerste gerealiseerde projecten waren galeries, villa's en kantoorinterieurs. Hoewel niet iedereen de behoefte had om aan een zogenaamde Chinese identiteit te refereren, speelde ook bij de avant-garde de vraag in hoeverre traditie onderdeel zou moeten zijn van de hedendaagse Chinese architectuur. Pasten nieuwe levensstijlen met bijbehorende programma's en een op traditie gestoelde architectuur überhaupt bij elkaar? Konden materialen zoals aarde en hout in moderne bouwtechnieken worden opgenomen? Het was echter voor iedereen meteen duidelijk dat de essentie van de traditionele architectuur in haar constructie en ruimtelijke verhoudingen gezocht moest worden en niet in haar uiterlijke verschijningsvorm. Een aantal gerealiseerde projecten illustreert daarbin-

tecture was an undercurrent in Chinese architectural practice.'[16]

This undercurrent gradually gained wider recognition as a result of an exhibition held during the UIA congress in Beijing in 1999. It was followed in 2001 by the first foreign exhibition, 'TU MU – Young Architecture of China', in the Aedes gallery in Berlin.[17] As it happens, it was Chinese rather than Western architecture critics who first labelled this group of architects 'avant-garde'. Zhou: 'They used this term to describe a small circle of young architects who prefer pure modern styles, which is very different from the popular eclectic approach to style.' The aim of this avant-garde (born after 1949 and thus the fourth generation of architects) was crystal clear ten years ago: to offer an alternative by realizing buildings that were both spatially and technically superior. In so doing they kept their distance from commercial architecture; their clients were sympathetic gallery owners, artists and a small group of progressive developers. Zhou: 'The experimental architects looked for every opportunity, no matter how small the project, to build their ideal buildings. In their projects, one can discern the characteristics of the basic principles of modern architecture, such as functionalism, rationalism, minimalism, and the ordered logic of architectural syntax.'

The first realized projects were galleries, villas and office interiors. Although not everyone felt the need to refer to a so-called Chinese identity, the question of the extent to which tradition should be part of contemporary Chinese architecture, concerned the avant-garde as well. Was a combination of the new lifestyles and their corresponding programmes and an architecture based on tradition really feasible? Could materials like earth and wood be incorporated into modern building techniques? It was clear to everyone, however, that the essence of traditional architecture had to be sought in its construction and spatial proportions and not in its outward appearance. A number of realized projects illustrate the differing views on this subject: first of all a very precise translation of tradition into a modern architecture with special attention to feng shui, yin yang and to traditional forms. Alongside this a more conceptual reinterpretation that integrates traditional architecture less obviously, and finally a critical regionalism

nen verschillende opvattingen: allereerst een zeer nauwgezette vertaling naar een moderne architectuur met aandacht voor feng shui, yin yang en toch ook traditionele vormen. Daartegenover staat een meer conceptuele herinterpretatie die de traditionele architectuur minder opvallend integreert, en ten slotte een kritisch regionalisme waarbij expliciet op lokale bouwstijlen wordt voortgeborduurd. Hoezeer de intenties ook mogen verschillen, alle ontwerpen tonen een vergelijkbaar minimalisme. Dit ligt zonder meer besloten in de algemene afkeer van de gebruikelijke overdaad aan kleur en onnodige decoraties, maar ook in het herhaaldelijk gebruik van (goedkope) materialen als bamboe, hout, grijze leisteen, beton en metaal.

Lokale materialen en bouwtechnieken zijn hierbij vaak belangrijke inspiratiebronnen. Dit heeft soms als gevolg dat delen van het ontwerp pas vorm krijgen op het bouwterrein, na overleg met de ambachtslieden. Het uitvoeringsniveau ligt in China overigens beduidend lager dan in het Westen: enerzijds moeten constructiebedrijven nog een behoorlijke inhaalslag maken omdat ze decennialang alleen in beton hebben gebouwd, anderzijds zijn duizenden ongeschoolde en laagbetaalde plattelanders, met nauwelijks gereedschap voorhanden, verantwoordelijk voor de uitvoering. Een enigszins innovatieve architect besteedt om die reden verhoudingsgewijs veel aandacht aan de constructie, omdat hier, misschien nog meer dan in de architectuur zelf, vernieuwingen kunnen worden doorgevoerd. Daartegenover staat dat in de arbeidsintensieve bewerking van materialen alles mogelijk is. Een interessant voorbeeld hiervan is de Feng Ji-cai Literature and Arts Academy van Tianjin University (2001–2005) van architect Zhou Kai. Er bleek niet genoeg geld voor een speciale deklaag beschikbaar, maar meer dan voldoende om arbeiders de hele betonnen buitengevel en delen van het interieur om de twee centimeter van handmatig gehouwen groeven te laten voorzien, zodat toch een bijzondere textuur kon worden gerealiseerd. Hier geen experimenten met kunststoffen of andere modieuze materialen, maar gewoon met cementgebonden houtvezelplaat, bamboe en beton. Het pragmatisme regeert, maar leidt ondertussen tot een bijzonder materiaalge-

that explicitly elaborates on local building styles. However much the intentions may differ, all designs reveal a similar minimalism. This is undoubtedly inherent in the general aversion to the usual excess of colour and superfluous decorations, but also in the frequent use of (inexpensive) materials like bamboo, wood, grey slate, concrete and metal.

Local materials and building techniques are often important sources of inspiration, which sometimes results in parts of the design only taking shape on the building site, after consultation with the relevant craftsmen. The standard of execution in China is significantly lower than in the West: on the one hand, construction companies used to building only in concrete still have a lot to learn about other forms of construction, on the other hand, thousands of unskilled, low-paid and poorly equipped peasants are responsible for the actual construction. A reasonably innovative architect consequently pays proportionately more attention to the construction because it is here, more perhaps than in the architecture itself, that innovations can be implemented. By the same token, a lot can be achieved with labour-intensive material treatments. An interesting example is the Feng Ji-cai Literature and Arts Academy at Tianjin University (2001–2005) by architect Zhou Kai. It turned out that there was not enough money for a special finishing coat, but more than enough labourers to carve grooves two centimetres apart into the concrete external and parts of the internal wall and so provide it with a special texture. No experiments with plastics or other trendy materials in this case, just cement-bonded fibreboard, bamboo and concrete. Pragmatism reigns, but meanwhile leads to a unique handling of materials. Although many avant-garde architects devote a lot of attention to detailing as a result of their foreign training, the buildings reveal a certain roughness that is clearly unintended but illustrative of current building practices in China. It is all the more remarkable, therefore, that architects like Wang Shu and Liu Jiakun, neither of whom studied abroad, should take this roughness as their departure point.

During the past five years minimalism has gained public popularity and has even been adopted as a trademark by the commercial market. Zhou: 'It became a kind of commercial unique selling point, because people started to think it represented modern

bruik. Hoewel menig avant-garde architect door zijn opleiding in het buitenland bijzonder veel waarde aan de detaillering hecht, getuigen de gebouwen van een zekere ruwheid die overduidelijk onbedoeld is, maar illustratief is voor de huidige bouwpraktijk in China. Het is des te opvallender dat architecten zoals Wang Shu en Liu Jiakun – geen van beiden heeft in het buitenland gestudeerd – in hun ontwerpen juist deze ruwheid als vertrekpunt nemen.

De afgelopen vijf jaar heeft het minimalisme bij het publiek aan populariteit gewonnen en is het door de commerciële markt zelfs als beeldmerk omarmd. Zhou: 'It became a kind of commercial unique selling point, because people started to think it represented modern culture. For example, five to eight years ago, the most popular building style in the real estate field was the so-called European Style, but now fewer and fewer developers adopt it. The first minimalist-style apartment complex appeared in Beijing in 2004 (designed 2002). Since then, more and more developers have adopted minimalism. Property developers commission designs from avant-garde architects, but on the other hand, a large group of commercial architects are learning to change their taste from Western classic to avant-garde. But although they won the battle of taste, avant-garde architects didn't feel happy because it was not their victory. They felt embarrassed about their situation and ambivalent about their future.' Kortom, de architectuur van de avant-garde werd als allesbehalve antiformalistisch beoordeeld.

culture. For example, five to eight years ago, the most popular building style in the real estate field was the so-called European Style, but now fewer and fewer developers adopt it. The first minimalist-style apartment complex appeared in Beijing in 2004 (designed 2002). Since then, more and more developers have adopted minimalism. Property developers commission designs from avant-garde architects, but on the other hand, a large group of commercial architects are learning to change their taste from Western classic to avant-garde. But although they won the battle of taste, avant-garde architects didn't feel happy because it was not their victory. They felt embarrassed about their situation and ambivalent about their future.' In short, the architecture of the avant-garde was regarded as everything but anti-formalist.

Learning from uncertainty — Het is duidelijk dat de avant-garde de twee eerdere pogingen om modern en eigentijds te bouwen heeft geprolongeerd en in staat is gebleken een eigen idioom te ontwikkelen. De meeste architecten denken echter dat er nog minstens tien jaar nodig zullen zijn om het gewenste niveau te bereiken. Hierbij wordt de architectuur van buurland Japan vaak als prototype van een succesvolle transformatie aangehaald: modern, eigentijds én Japans. Hoe belangrijk de ontwerpoplossingen van de avant-garde voor de ontwikkeling van de architectuurpraktijk ook zijn, in essentie biedt de antiformalistische

Learning from uncertainty — It is clear that the avant-garde has extended the two earlier attempts at modern and contemporary architecture and has proved capable of developing its own idiom. However, most architects think that it will take another ten years at least to reach the desired standard. They often cite the architecture of neighbouring Japan as the prototype of a successful transformation: modern, contemporary and Japanese. However important the avant-garde's design solutions may be for the development of architectural practice, the anti-formalist architecture of the avant-garde does not yet provide a critical response to the rapidly changing city and

architectuur nog geen kritisch antwoord op de extreem snel veranderende stad en de ontwrichtende gevolgen daarvan voor de samenleving. Het zelfbewustzijn van de avant-garde is echter groeiende. Hierin speelt de vijfde generatie architecten (dertigers die in de jaren negentig in het buitenland hebben gestudeerd) een belangrijke rol. Deze architecten ervaren het identiteitsvraagstuk veel minder zwaar; ze beschouwen zowel het Westen als China als hun achtertuin en combineren beide architectuurstijlen op een meer spontane manier. In de afgelopen jaren is heel bewust met traditie omgegaan, maar inmiddels bepalen snelheid, verwarring en onzekerheid net zo goed de Chinese identiteit. Een cruciale vraag is in hoeverre deze factoren het ontwerpproces zouden moeten beïnvloeden. Moeten juist de belemmeringen en het hier en nu niet de belangrijkste uitgangspunten zijn voor architectonische interventies? Een tweede belangrijke vraag is hoe architectuur een bijdrage kan leveren aan het oplossen van sociaal-maatschappelijke en stedenbouwkundige conflicten. Hoe moet bijvoorbeeld worden omgegaan met de enorme versnippering van de openbare ruimte? Zijn er oplossingen denkbaar voor stadsdelen die razendsnel verpauperen en hoe zal de woonomgeving van de armste bevolkingsgroepen eruit gaan zien?

In deze vraagstukken ligt meer dan ooit tevoren de uitdaging. Een aantal Chinese architectuurcritici vraagt in vergelijkbare bewoordingen om een meer kritische ontwerphouding, een duidelijker sociale agenda en misschien ook om meer daadkracht bij de avant-garde. Desalniettemin staat vast dat deze groep wel degelijk ambities op dit gebied heeft en hieraan, weliswaar voorzichtig, invulling probeert te geven. In het positief en creatief ombuigen van de vele beperkingen schuilt namelijk de kracht en het talent van deze groep architecten. Het groeiende zelfbewustzijn leidt tot een betere analyse van typisch Chinese karakteristieken zoals massa en schaal. Het gaat echter om een langdurig proces met evenzoveel mogelijkheden als onmogelijkheden, zoals Yung Ho Chang in zijn artikel 'Learning from Uncertainty' treffend beschrijft.[18] In de afgelopen vijf jaar is de aandacht van de avant-garde steeds meer uitge-

the socially disruption this is causing. The self-awareness of the avant-garde is growing, however, thanks in no small part to the fifth generation of architects (thirty-somethings who studied abroad in the 1990s). These architects are more relaxed about the identity issue; they regard both the West and China as their playground and combine both architectural styles in a more spontaneous manner. In the recent past architects deliberately looked to tradition, nowadays Chinese identity is just as much determined by speed, confusion and uncertainty. A crucial question is to what extent these factors should influence the design process. Shouldn't the obstacles and the here and now be the main starting points for architectural interventions? A second important issue is how architecture can contribute to solving the aforementioned social and urban planning conflicts. For example, how should the enormous fragmentation of public space be tackled? Can anything be done to halt the rapid deterioration of some urban districts and what will the living environment of the poorest sections of the population look like? It is issues like these that constitute the challenge for Chinese architecture. A number of Chinese architecture critics use similar terms in calling for a more critical design approach, a clearer social agenda and perhaps also greater decisiveness on the part of the avant-garde.

It is nonetheless clear that this group already entertains ambitions in this direction and is trying, albeit cautiously, to realize them. It is in their ability to deal with the many obstructions positively and creatively that the strength and talent of this group of architects lie. Their growing self-awareness is leading to a better analysis of typically Chinese characteristics such as mass and scale. But this will be a lengthy process with as many impossibilities as possibilities, as Yung Ho Chang so tellingly explains in his article 'Learning from Uncertainty'.[18] In the past five years the focus of the avant-garde has turned increasingly to the role of architecture in the transformation of the urban fabric. China's cities are turning into 'cities of objects' (collections of iconic high-rise buildings that have no connection with their immediate surroundings) containing few surviving historical structures and beset by creeping suburbanization. This makes them the ideal focus of renewed demands for differentiation, small-scale development, the

gaan naar de rol die architectuur in de transformatie van het stedelijk weefsel kan spelen. De steden veranderen in 'cities of objects' (verzamelingen iconische hoogbouw zonder enige relatie met de directe omgeving) met nog maar weinig overgebleven oude structuren en een voortschrijdende suburbanisatie. Hierdoor zijn ze hét terrein om opnieuw aandacht te vragen voor differentiatie, kleinschaligheid, de invulling van de openbare ruimte en het behoud van landschap en historie.

In de tentoonstelling en in deze catalogus staan architectonische projecten centraal die reflecteren op de eigen identiteit en die met nieuwe concepten het veranderlijke stedelijk landschap trachten te verbeteren. Hierbij regeert een pragmatische ontwerphouding: alleen door daadwerkelijk te bouwen kan het 'gevecht' met de huidige omstandigheden worden aangegaan. Er is in de ontwerpoplossingen die de architecten bieden geen sprake van allesbepalende concepten en diepgaande onderzoeken, maar van een directe aanknoping op de aangetroffen werkelijkheid. In hun praktijkgerichte en maatschappijkritische ontwerphouding ligt dan ook een voorbeeldfunctie besloten.

Met dank aan alle gesprekspartners, in het bijzonder Zhou Rong en Stan Fung.

1. In het boek **Architectural Encounters with Essence and Form in Modern China** (2002), uitgegeven door MIT Press, geven auteurs Peter G. Rowe en Seng Kuan van deze zoektocht een indrukwekkend overzicht. 2. http://www.citymayors.com/culture/nanjing_architecture.html. 3. Peter G. Rowe, Seng Kuan, op. cit. (noot 1), p. 50-84. 4. Idem, p. 87-104. 5. I.M. Pei: 'Maybe it is a little immodest for me to say this but I really wanted to find an alternative to the architecture of Hong Kong and Singapore. I did the OCBC Building in Singapore in the late sixties, but I did not think it was the right style for China. At Fragrant Hill, I wanted to find a new vernacular for China.' http://hcs.harvard.edu/~hapr/summer97_culture/roots.html. 6. Li Xiaodong, 'The celebration of superficiality: Chinese architecture since 1979', **The Journal of Architecture** (2000) 5, p. 400. 7. http://www.china-window.com/china_market/china_real_estate/index.shtml. 8. Li Xiaodong, op. cit. (noot 6), p. 402. 9. www.crystalcg.com. 10. Informatie afkomstig van het renderingbureau Tricolor Sky, Beijing (www.tricolorsky.com.cn). 11. Dit citaat en de hierna volgende zijn afkomstig uit een e-mailinterview met Stan Fung in februari 2006. 12. Stan Fung, 'Towards a new Chinese architecture', **Domus** november 2003, p. 47. 13. Idem. 14. http://web.mit.edu/sap/www/plan/plan_issues/62/Chang/article_bottom.html. 15. http://www.cin.gov.cn/quality/com/00036/default.htm. 16. Dit citaat en de hierna volgende zijn afkomstig uit een e-mailinterview met Zhou Rong in februari 2006. 17. In de tentoonstelling werd werk van zes jonge bureaus getoond: Ai Weiwei, Wang Shu, Ma Qingyun, Liu Jiakun, Jianzhu NANDA (Zhang Lei, Ding Wowo, Wang Jun-Yang, Zhu Jingxiang) en Yung Ho Chang. 18. Yung Ho Chang, 'Learning from Uncertainty', **AREA** (2005) 78, p. 6-11.

design of public space and the preservation of landscape and history.

The exhibition and this catalogue focus on architectural projects that reflect on the Chinese identity and that attempt to improve the changeable urban landscape using new concepts. The architects take a pragmatic approach to design: only by actually building is it possible to do 'battle' with current conditions. In the design solutions they offer there is no question of comprehensive concepts and in-depth research, but rather of a direct response to the found reality. Their practice-oriented and socio-critical design approach contains an example for others.

With thanks to all my informants, in particular Zhou Rong and Stan Fung.

1. In **Architectural Encounters with Essence and Form in Modern China** (2002), published by MIT Press, authors Peter G. Rowe and Seng Kuan provide an impressive overview of this quest. 2. http://www.citymayors.com/culture/nanjing_architecture.html 3. Peter G. Rowe, Seng Kuan, op. cit. (note 1), pp. 50-84. 4. Idem, pp. 87-104. 5. I.M. Pei: 'Maybe it is a little immodest for me to say this but I really wanted to find an alternative to the architecture of Hong Kong and Singapore. I did the OCBC Building in Singapore in the late sixties, but I did not think it was the right style for China. At Fragrant Hill, I wanted to find a new vernacular for China.' http://hcs.harvard.edu/~hapr/summer97_culture/roots.html. 6. Li Xiaodong, 'The celebration of superficiality: Chinese architecture since 1979', **The Journal of Architecture** (2000) 5, p. 400. 7. http://www.china-window.com/china_market/china_real_estate/index.shtml. 8. Xiadong Li, op.cit. (note 6), p.402 9. www.crystalcg.com. 10. Information from rendering firm Tricolor Sky, Beijing (www.tricolorsky.com.cn). 11. This and the following quotation come from an e-mail interview with Stan Fung in February 2006. 12. Stan Fung, 'Towards a new Chinese architecture', **Domus** (2003) November, p. 47. 13. Idem. 14. http://web.mit.edu/sap/www/plan/plan_issues/62/Chang/article_bottom.html. 15. http://www.cin.gov.cn/quality/com/00036/default.htm. 16. This and the following quotation come from an e-mail interview with Zhou Rong in February 2006. 17. The exhibition presented the work of six young practices: Ai Weiwei, Wang Shu, Ma Qingyun, Liu Jiakun, Jianzhu Nanda (Zhang Lei, Ding Wowo, Wang Jun-Yang, Zhu Jingxiang) and Yung Ho Chang. 18. Yung Ho Chang, 'Learning from Uncertainty', **AREA** (2005) 78, pp. 6-11.

De tentoonstelling en catalogus kennen vijf thema's: Informal China, Chineseness, Urbanscape, Public Domain en Critical Urban Renewal. De thema's problematiseren conflicten in de huidige architectonische en stedenbouwkundige ontwikkelingen.

INFORMAL CHINA

Een team onder leiding van ontwerper, fotograaf en criticus Jiang Jun (Underline Office) deed in opdracht onderzoek naar het gebruik van de architectuur en van de stedelijke omgeving waaraan geen ontwerper te pas is gekomen. Het onderzoek richtte zich op situaties waarbij het zelforganiserende vermogen van de bewoners leidt tot een innovatief gebruik van de gebouwde omgeving. Deze vorm van architectuur, waarin de grenzen tussen publiek en privaat vaak volledig zijn verdwenen, kan als 'informeel' worden omschreven.

Het onderzoek werd gedaan in een aantal steden in het Chinese achterland die in de afgelopen decennia hun politieke, industriële of historische functie hebben verloren en daarmee ook hun formele status. De vraag stond centraal in hoeverre er sprake is van een specifiek Chinees gebruik van de stad en hoe dit informele gebruik toekomstige ontwerpen zou kunnen inspireren.

Een belangrijke conclusie is dat de complexe realiteit en flexibiliteit meer onderdeel moeten uitmaken van de ontwerpen. Daarnaast moet er meer aandacht uitgaan naar de armste en meest verwaarloosde bevolkingsgroepen. Het onderzoek stelt impliciet vragen bij de huidige bouwpraktijk en kan bijdragen aan de discussie over hoe de architectuur en stedenbouw voor een maatschappij in wording eruit zouden moeten zien.

CHINESENESS

Hoe Chinees is de Chinese architectuur? Het is een vraag die al decennialang speelt in de stijlontwikkeling van de Chinese bouwkunst. Een herinterpretatie van de traditionele architectuur en stedenbouw is de afgelopen tien jaar nadrukkelijk gezocht in de ruimtelijke verhoudingen, de constructie en het gebruik van lokale materialen en bouwtechnieken. Hierbij zijn ook feng shui, yin yang, de Chinese schilderkunst, poëzie en

The exhibition and catalogue are structured on the basis of five themes: Informal China, Chineseness, Urbanscape, Public Domain and Critical Urban Renewal. These topics primarily call into discussion the conflicts in the current architectural and urban developments.

INFORMAL CHINA

A team under the leadership of designer, photographer and critic Jiang Jun (Underline Office) was commissioned to investigate the use of architecture and the urban environment where a designer was no longer involved. The team concentrated on situations where the self-organizing ability of the residents leads to an innovative use of the built environment. This form of architecture, in which the boundaries between public and private have often completely disappeared, can be described as 'informal'.

The investigation was carried out in a number of cities in the Chinese hinterland that in the last decades have lost their political, industrial or historical function and hence their formal status as well. The main issue was whether there is evidence of a specifically Chinese use of the city and how this informal use could inspire future designs.

One important conclusion is that the designs should incorporate more of the complex reality and flexibility. In addition, more attention should be devoted to the poorest and most neglected sections of the population. By implicitly questioning current building practices the investigation can contribute to the discussion about what architecture and urban planning should look like for a society in the making.

CHINESENESS

How Chinese is Chinese architecture? It is a question that has been pertinent for decades in terms of the stylistic development of Chinese architecture. A reinterpretation of traditional architecture and urban planning has been expressly sought during the last ten years in spatial relationships, tectonics and use of local materials and building techniques. Feng shui, yin yang, Chinese painting, poetry and the Chinese garden have also been important sources of insp-

tuinkunst belangrijke inspiratiebronnen. Deze architectuur heeft een zeer ingetogen karakter, alle ontwerpen tonen een vergelijkbaar minimalisme. Dit ligt zonder meer besloten in de door de ontwerpers gedeelde afkeer van de gebruikelijke overdaad aan kleur en onnodige decoraties, maar ook in het herhaaldelijk gebruik van (goedkope) materialen als bamboe, hout, grijze leisteen, beton en metaal. Ruimtelijk spelen binnenplaatsen, gangen, de relatie binnen–buiten en met name de volledige omkadering van de ruimte een belangrijke rol. In Nederland staan gebouwen doorgaans midden op het perceel; in China ontstaan gebouwen vanuit de ommuring en zijn daardoor zeer naar binnen gekeerd.

Een verschil in benadering tussen de vierde (geboren na 1949) en de vijfde generatie (dertigers) architecten is inmiddels zichtbaar. Voor de jongere generatie is het vraagstuk van de Chinese identiteit veel minder zwaarwegend: ze beschouwen zowel het Westen als China als een belangrijke inspiratiebron, gebruiken de traditionele Chinese architectuur op een meer spontane manier en experimenteren nog meer met materialen. De herinterpretatie heeft echter vooral betrekking op relatief kleine opgaven zoals een villa, een galerie of een museum; de stap naar de grotere bouwopgaven of stedenbouwkundige projecten is duidelijk nog niet gemaakt.

iration. It is an architecture with a modest, almost minimalistic character, that clearly stems from the designers' shared aversion to the customary excess of colour and unnecessary decorations, as well as from the repeated use of (cheap) materials like bamboo, wood, grey slate, concrete and metal.

Courtyards, corridors, the relation between indoors and outdoors and in particular the complete framing of space play a crucial role in determining the spatial order. In the Netherlands, buildings usually stand in the middle of the parcel of land; in China, buildings are created from within a surrounding wall so that they are very inward-looking.

A difference in approach between the fourth (born after 1949) and the fifth generation (in their 30s) of architects has meanwhile become noticeable. The issue of Chinese identity weighs much less for the younger generation; they orient themselves towards both the West and China. They use traditional Chinese architecture in a more spontaneous manner and experiment even more with materials. The reinterpretation of tradition, however, has mainly to do with relatively small assignments like a villa, a gallery or a museum. The step to larger building assignments or urban projects has clearly not yet been made.

URBANSCAPE

In deze architectonische projecten staat een goede inbedding in het stedelijk weefsel centraal als een reactie op een 'city of objects': een verzameling iconische hoogbouw zonder enige relatie met de directe omgeving. Binnen de gegeven bouwlocatie mondt de gewenste dichtheid niet uit in een standaardtoren, maar in een volume waarin architectuur en openbare ruimte optimaal geïntegreerd zijn. De ambitie bestaat uit het verbeteren van bestaande stedelijke condities, het verlevendigen van de buurt en het aandragen van een oplossing voor een toenemende versnippering van de openbare ruimte. Hiervoor is een flexibel, veelzijdig en dynamisch programma noodzakelijk. De openbare ruimte rondom het gebouw krijgt speciale aandacht door goede overgangen met de directe

URBANSCAPE

The main feature of these architectural projects is that they are well embedded in the urban fabric, as a reaction to a 'city of objects': a collection of iconic high-rise bearing no relation to the direct surroundings. Within the given building site the desired density is not expressed in a standard tower, but in a volume in which architecture and public space are optimally integrated. The ambition consists in improving existing urban conditions, enlivening the neighbourhood and coming up with solutions for the increasing dissipation of public space. This requires a flexible, many-sided and dynamic programme. Special attention is devoted to public space around a building by creating good transitions to the immediate surroundings and allowing a public character to become part of the building. Uniformity has been

omgeving te creëren en het openbare karakter onderdeel te laten uitmaken van het gebouw. De eenvormigheid heeft plaatsgemaakt voor een stad in een stad met daarin speciale aandacht voor routes in en door het gebouw.

replaced by a city in the city with special attention to routes in and through the building.

PUBLIC DOMAIN

Openbare ruimte is in China relatief nieuw als stedenbouwkundig begrip, aangezien het nooit onderdeel uitmaakte van de traditionele Chinese stad: de openbare ruimte bestond simpelweg uit straten en hun directe omgeving. Na de oprichting van de Chinese Volksrepubliek in 1949 nam het aantal parken en pleinen weliswaar toe, maar openbare ruimte won pas echt aan belang na de openstelling van het land in 1979. In een snel veranderende maatschappij waarin vrije tijd, winkelen en sporten steeds belangrijker worden, ontstaan logischerwijs ook nieuwe behoeften op het gebied van het publieke domein. De openbare ruimte ondergaat in het algemeen een steeds grotere versnippering door het razendsnelle verstedelijkingsproces. Desalniettemin is momenteel een duidelijk onderscheid te maken tussen politieke publieke ruimte en commerciële publieke ruimte. In het eerste geval gaat het om enorme pleinen die niet ontworpen zijn als verblijfsplek. Het Plein van de Hemelse Vrede (880 bij 500 meter) is hiervan het prototype en is in veel kleinere Chinese steden letterlijk zo gekopieerd. De commerciële publieke ruimte bestaat uit winkelcentra, restaurants en cafés. Een groot deel van de bevolking is meteen van gebruik uitgesloten, aangezien ze simpelweg het geld hiervoor niet heeft. Het is om die reden dat een aantal architecten het als hun taak zien om voor iedereen toegankelijke en goed geïntegreerde publieke ruimten te ontwerpen die als platform voor de samenleving kunnen dienen. Andere architecten nemen juist de commerciële ruimte als uitgangspunt voor nieuwe concepten.

PUBLIC DOMAIN

Public space is a relatively new urban concept in China, seeing as it was never part of the traditional Chinese city; public space simply consisted of streets and their immediate surroundings. After the establishment of the People's Republic of China in 1949, the number of parks and squares indeed grew, but it was only after the opening up of the country in 1979 that public space became important. In a rapidly changing society, in which leisure, shopping and sport are becoming more and more important, it is logical that new needs are also being created in the area of the public domain. Public space in general is becoming increasingly fragmented as a result of the rapid process of urbanization. Nevertheless, a clear distinction can currently be made between political public space and commercial public space. In the former case it is a question of enormous squares that were not designed as places to sojourn in. The prototype of this is the 880 by 500 metres Square of Heavenly Peace, which has been literally copied in many smaller Chinese cities. Commercial public space consists of shopping centres, restaurants and cafés. A large part of the population is immediately prevented from using these, for the simple reason that they cannot afford it. It is for this reason that a number of architects see it as their task to design well-integrated public spaces accessible to all, and which can serve as social platforms. Other architects are interested in taking commercial space as the starting point for new concepts.

CRITICAL URBAN RENEWAL

Als antwoord op de *tabula rasa*-methode worden in deze architectuur bestaande stedelijke en sociale structuren daadwerkelijk geanalyseerd en juist grotendeels behouden. Het garanderen van continuïteit staat hierbij steeds voorop. Het onderzoek

CRITICAL URBAN RENEWAL

As an answer to the method of *tabula rasa*, this architecture actively analyses existing urban and social structures, but generally retains them since the main point is to guarantee continuity. Research into the conditions of 'villages amidst the city' is a relatively

naar de condities van dorpen in steden ('villages amidst the city') is in China een relatief nieuw onderwerp, evenals het behoud van cultureel erfgoed. Nieuwe gebouwen in een bestaande stedelijke context of bestaande gebouwen met nieuwe functies katalyseren het behoud van bijvoorbeeld oude fabrieksterreinen en fungeren als verbindende schakels tussen oud en nieuw. De zogenaamde stedelijke dorpen die het gevolg zijn van een razendsnel urbanisatieproces, nemen in deze ontwikkelingen door hun schaal en sociale problematiek een bijzondere plaats in.

Architectenbureau Urbanus deed bijvoorbeeld onderzoek naar vier wijken in Shenzhen, een van de snelst groeiende steden van China. In 1978 kreeg het vissersdorp, dat direct naast Hongkong ligt, de status van Speciale Economische Zone en het inwonertal groeide in slechts 25 jaar tijd van 30.000 naar officieus ruim tien miljoen. De stad heeft in haar expansiedrift inmiddels tientallen dorpen opgeslokt; de dorpsdelen die zijn blijven bestaan, zijn door de verwaarlozing door de overheid en hun afwijkende structuren in rap tempo verpauperd. In deze dichtbevolkte buurten wonen de armste lagen van de bevolking, waaronder immigranten, in zeer erbarmelijke omstandigheden. De regering ervaart deze wijken, die in China op grote schaal voorkomen, als zeer problematisch en ziet ze dan ook graag verdwijnen.

new concept in China, as is the preservation of the cultural heritage. New buildings in an existing urban context or existing buildings with new functions catalyse the preservation of old factory sites, for example, and function as connecting links between old and new. Because of their scale and social problems, the so-called urban villages resulting from an accelerated process of urbanization occupy a special place here.

The architectural office Urbanus investigated for instance four neighbourhoods in Shenzhen, one of China's fastest growing cities. This fishing village, which lies right next to Hong Kong, was given the status of Special Economic Zone in 1978 and in only 25 years the number of inhabitants has grown from 30,000 to an unofficial count of more than ten million. In its urge for expansion the city has in the meantime swallowed up dozens of villages; the surviving village parts have rapidly become impoverished as a result of government neglect and their anomalous structures. The poorest layers of the population, including immigrants, live in these densely populated districts in wretched circumstances. The government regards these districts, which are widespread in China, as highly problematic and would like to see them disappear.

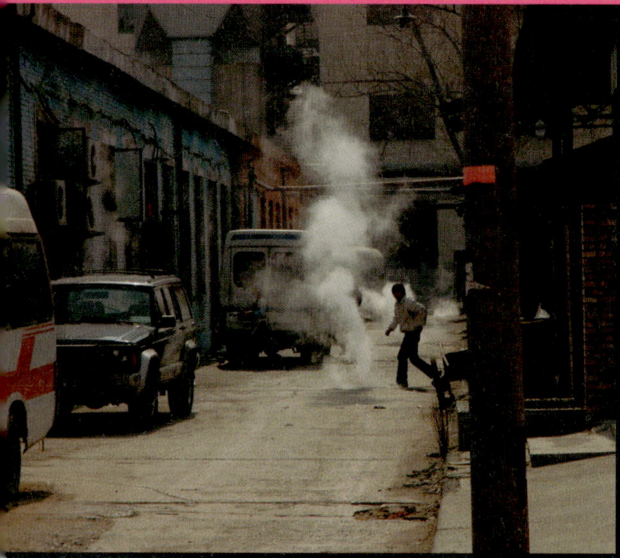

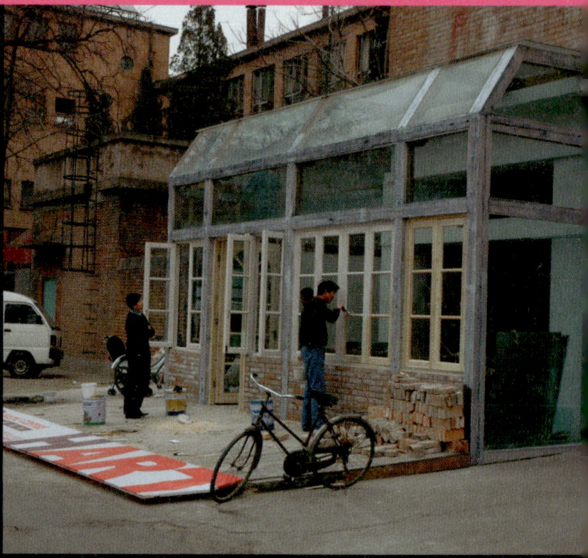

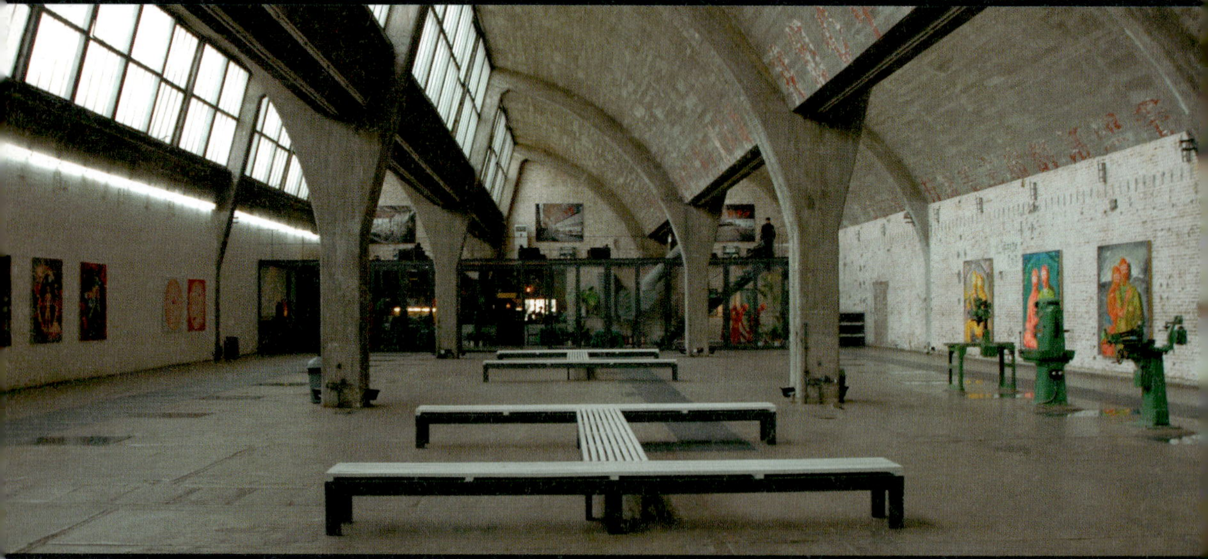

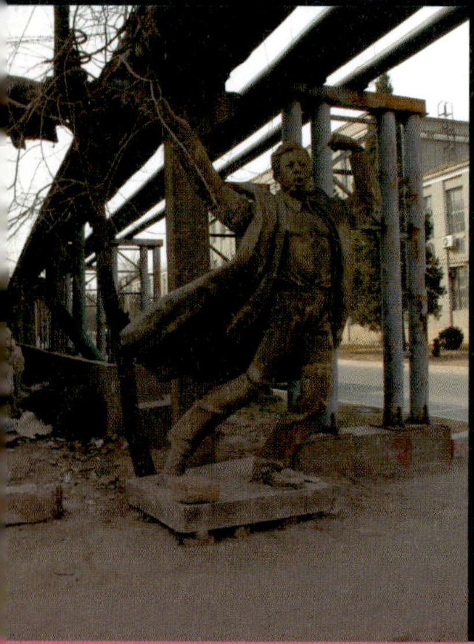

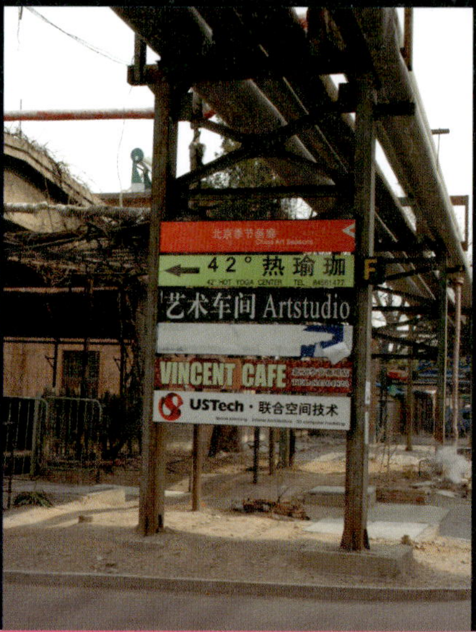

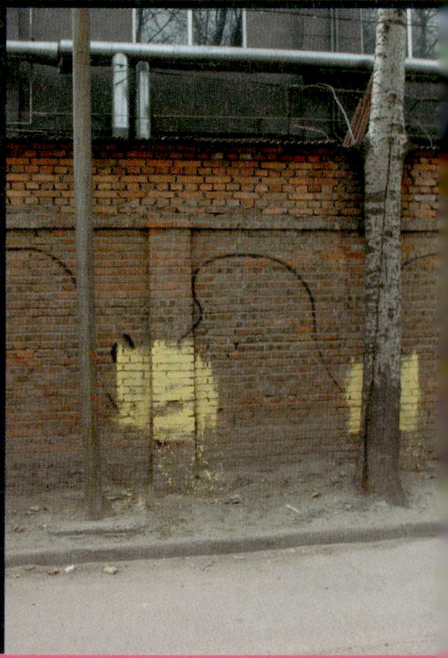

Beijing, Factory 798, 2005 (foto's/photos Tijl Akkermans)

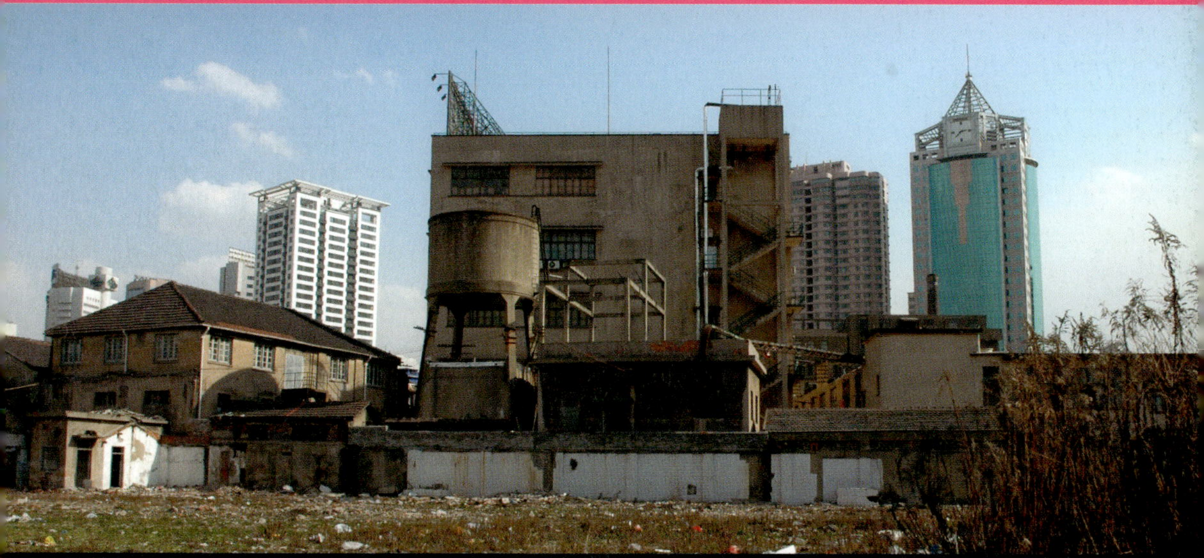

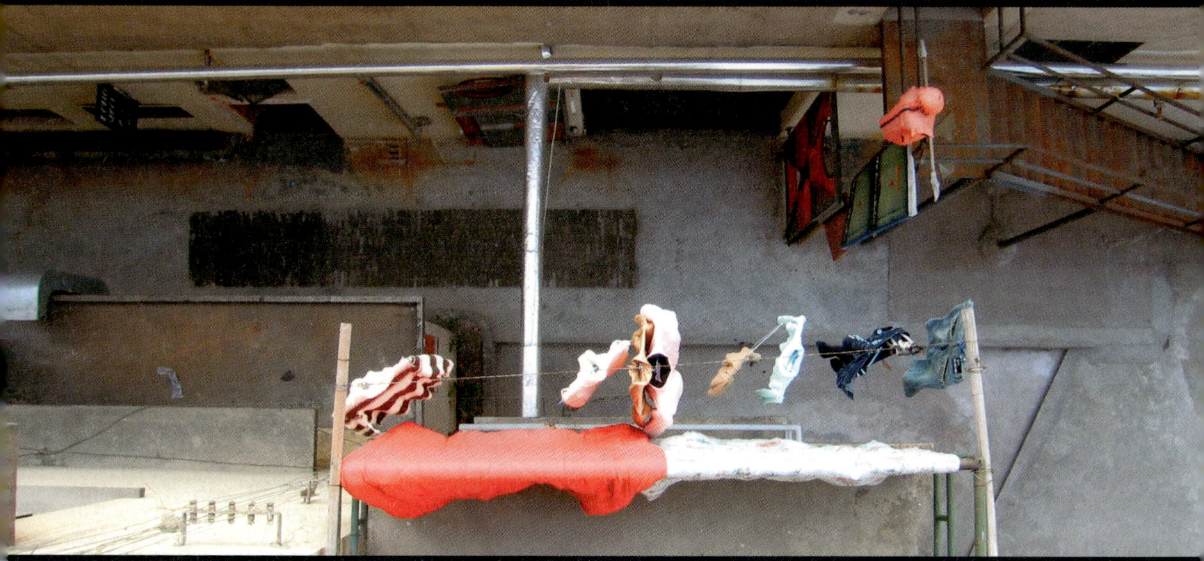

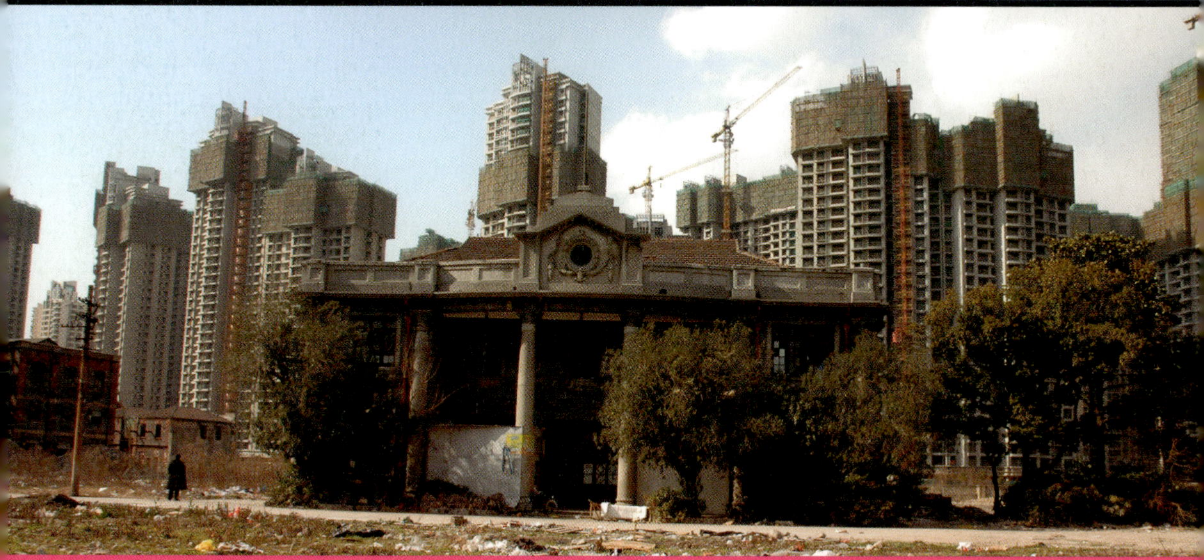

Shanghai, Mogenshan Road Complex, 2005
(foto's/photos Tijl Akkermans, Emile de Cock)

Jaap Guldemond

Nieuwe urbane realiteit

De globalisering van de samenleving maakt het interessant en ook – beter gesteld – noodzakelijk kennis te nemen van belangrijke ontwikkelingen elders in de wereld, vooral wanneer het gaat om ontwikkelingen die medebepalend lijken te worden voor de directe toekomst van onze eigen maatschappij. De veelgehoorde opmerking dat de eenentwintigste eeuw de eeuw van China zal zijn, dwingt ons als het ware tot het analyseren van en het reflecteren op datgene wat daar gebeurt. Het culturele leven is een van de vele gebieden waarop in de huidige Volksrepubliek onder invloed van de globalisering ingrijpende veranderingen plaatsvinden. Binnen de dynamiek van een zich razendsnel ontwikkelende en expanderende economie ontstaan in China unieke vormen van hedendaagse kunst, architectuur en aan beeldcultuur gerelateerde vormen van urbane cultuur. Vormen die interessant zijn juist door het hybride karakter dat ze aannemen voortkomend uit een mix van Chinese traditie, vijftig jaar communisme, westers kapitalisme en een Aziatische variant hierop.

Tot halverwege de jaren tachtig van de vorige eeuw bestond er geen noemenswaardige hedendaagse Chinese kunst. Debet hieraan was de strenge censuur en de strikte voorwaarden waaronder de kunstproductie plaatsvond. Pas met de (pseudo-) liberalisering van het politieke, maar vooral van het economische klimaat ontstonden er mogelijkheden om tot een meer eigen en individuele kunst te komen. De eerste vorm van hedendaagse Chinese kunst die het Westen bereikte, was de zogenaamde politieke pop (Political Pop) met in zijn kielzog het cynisch realisme (Cynical Realism).

Politieke pop is een richting in de schilder-

Jaap Guldemond

New Urban Realities

The ongoing globalization in today's society makes it interesting, perhaps even imperative, to become acquainted with important developments elsewhere in the world, especially when it comes to developments that seem to be contributing to how our own society will evolve in the near future. The frequently heard comment that the 21st century will be China's compels us, as it were, to analyse and reflect on what is happening there. Cultural life is one of the many areas in the modern People's Republic where radical changes are taking place under the influence of globalization. Within the dynamics of an economy that is growing at breakneck speed, unique forms of contemporary art, architecture and forms of urban culture related to visual culture are emerging in China. These forms are intriguing because of their hybrid nature, drawing from a mix of Chinese tradition, 50 years of Communism, western capitalism and its Asian variant.

Until the mid-1980s, there was no appreciable contemporary Chinese art. One of the reasons for this was the strict censorship and the rigorous restrictive conditions under which art could be produced. It was only with the liberalization, pseudo and real, of the political and, above all, the economic climate that opportunities arose to develop more personal and individual art forms. The first form of contemporary Chinese art to reach the West was the so-called Political Pop movement, with Cynical Realism in its wake.

Political Pop is a school of painting based on the official visual idiom of Communist China, which is undermined in its erstwhile authority by means of repeating and mixing its imagery with the advertising symbols and logos of western businesses. This

kunst gebaseerd op de officiële beeldtaal van Communistisch China, waarvan de voormalige autoriteit onderuitgehaald werd door middel van repetitie en vermenging met reclamesymbolen en logo's van westerse bedrijven. Ze wordt als het ware ontmaskerd als ideologische marketing en/of als massaproduct. De ontwikkeling van politieke pop loopt vrijwel parallel aan de eerste 'vrije' sovjetkunst aan het begin van de perestrojka onder Gorbatchov. Het cynisch realisme presenteert – zoals de benaming al aangeeft – een beeld van China met een cynische ondertoon, het laat de repressie van de menselijke natuur binnen de Chinese maatschappij zien.

Begin jaren negentig krijgen veel jonge kunstenaars belangstelling voor het persoonlijke als een reactie op het voorheen verplicht heroïsche en gemeenschappelijke ideaal. Zij vertalen dit in een interesse voor het eigen lichaam. Halverwege de jaren negentig ontstaan hieruit heel heftige en soms extreme performances waarin de kunstenaar zich blootstelt aan grote fysieke ontberingen. Voor veel van deze performancekunstenaars is hun werk ook een reactie op de voortschrijdende vercommercialisering van de Chinese kunst in die jaren, op de verwording van de kunst tot een verhandelbaar object.

Een andere interessante vorm van hedendaagse Chinese kunst ontwikkelde zich grotendeels in het Westen zelf. Uit China vertrokken kunstenaars als Chen Zhen en Huang Yongping werkten in de loop van de jaren negentig aan een eigen vorm van hedendaagse Chinese kunst. Deze kan het beste gekarakteriseerd worden als een vermenging van traditionele, pre-ideologische vormen van Chinese cultuur met westerse installatiekunst. Deze drie 'stromingen' – de extreme performances lieten zich inderdaad moeilijker naar het Westen transporteren – stonden aan de basis van de doorbraak van de Chinese hedendaagse kunst in het Westen. Ze werden dan ook overal op de wereld getoond, bewonderd en commercieel uitgevent.

Anno 2006 zijn deze 'stromingen' voor een nieuwe generatie Chinese kunstenaars echter volledig passé. De eerste, de politieke pop, aangezien het communisme in zijn strenge vorm van de Culturele Revolutie voor hen onbekend is en

unmasks the official visual idiom as ideological marketing and/or as mass product. The development of Political Pop proceeded almost in parallel with the first 'free' Soviet art following Gorbachev's introduction of perestroika. As its name implies, Cynical Realism represents a portrait of China with a cynical undertone, showing the repression of human nature within Chinese society.

In the early 1990s, many young artists became interested in the personal in reaction to the heroic, communal ideal that used to be obligatory. They translated this into an interest in their own bodies. By the middle of the decade, this had evolved into very violent and sometimes extreme performances in which the artists subjected themselves to tortuous ordeals. For many of these performance artists their work was also a reaction to the advancing commercialization of Chinese art at that time, to art's degeneration into a marketable product.

Another interesting form of contemporary Chinese art developed to a large extent in the West itself. In the course of the 1990s, artists who had left China, such as Chen Zhen and Huang Yongping, worked on a personal form of contemporary Chinese art. This can best be characterized as a hybridization of traditional, pre-ideological forms of Chinese culture and western installation art. These three 'movements' – it was, however, more difficult to transport the extreme performances to the West – were the basis of Chinese contemporary art's breakthrough in the West. Since then the works have been exhibited all over the world, widely admired and commercially exploited.

However, anno 2006, these 'movements' are totally passé in the eyes of a new generation of Chinese artists. For the first, Political Pop, this is because the rigid form of Communism following the Cultural Revolution is no longer even familiar to them, and its visual idiom no longer plays a role of any import. In the eyes of the new generation, the second 'movement', Cynical Realism, has been totally commercialized. And the third 'movement', originating from the Chinese diaspora, is no longer topical because harking back to historic, traditional forms of Chinese culture is seen as an overly romantic and regressive manner of relating to the much more urgent issues in modern-day China.

The main issue in modern China is, of course, the

de beeldtaal ervan daarom geen rol van betekenis meer speelt. De tweede 'stroming', het cynisch realisme, omdat ze in de ogen van de nieuwe generatie volledig vercommercialiseerd is. En de derde 'stroming', afkomstig uit de Chinese diaspora, is niet meer actueel omdat het teruggrijpen op historische, traditionele vormen van Chinese cultuur gezien wordt als een te romantische en regressieve manier om je te verhouden tot de veel urgentere problematiek van hedendaags China.

Hét issue van het moderne China is natuurlijk de snel veranderende sociale, geografische en demografische werkelijkheid van de stedelijke omgeving. De (ook voor het Westen) ongekende dynamiek van de gebouwde omgeving met de daaraan gekoppelde veranderingen van nagenoeg ieder aspect van het dagelijkse leven, maakt dit niet alleen het belangrijkste thema van architecten en stedenbouwers, maar evenzeer van veel hedendaagse kunstenaars, fotografen en filmers. De meest interessante hedendaagse kunst uit China reflecteert op deze snel veranderende sociale realiteit.

Enigszins cerebraal geformuleerd zou je kunnen zeggen dat de grootste uitdaging van de Chinese maatschappij schuilt in het herformuleren van nieuwe, richtinggevende centrale waarden. Sinds het economisch pragmatisme van Deng Xiaoping is er in China, dat zo gewend was aan duidelijk geformuleerde richtlijnen over de zin van het leven, geen eenduidige politieke ideologie meer die richting geeft aan het leven; enkel markteconomie, kapitalisme, materiële vooruitgang en commercie. De ongetwijfeld verwarrende, snelle veranderingen van het dagelijks bestaan maakt dat de meeste kunstenaars diezelfde directe realiteit als uitgangspunt nemen voor hun werk. Vaak wordt het werk bepaald door een onderzoek naar de 'waarde' of de betekenis van deze realiteit in de vorm van installaties, performances, video's, foto's en site specific werken. De kunstenaars analyseren, reconstrueren en leggen hun omgeving vast, waarmee zij deze direct of indirect becommentariëren. In de kern zijn hun werken gericht op de vraag hoe een connectie te leggen met de wereld van vandaag. Daarbij is, grosso modo, de voormalige anti-establishmenthouding van de

rapidly changing social, geographic and demographic reality of the urban environment. The unprecedented dynamism of the built environment – even by Western standards – along with the attendant changes in almost every aspect of everyday life means that this is not only the most important theme for architects and urban planners, but likewise for many contemporary artists, photographers and filmmakers. The most intriguing contemporary art from China reflects on this rapidly changing social reality.

Phrased somewhat cerebrally, you could say that the biggest challenge for Chinese society lies in the formulation of new, directional core values. Since the dawn of economic pragmatism under the paramount leader Deng Xiaoping, the people of China, who were so accustomed to clearly formulated guidelines about the meaning of life, no longer have an unequivocal political ideology that gives their lives direction; now it is just the market economy, capitalism, material progress and commerce. The undoubtedly confusing, swift changes in their everyday existence mean that most artists take that same immediate reality as the starting point for their work. The work is often typified by an investigation into the 'value' or the meaning of this reality in the guise of installations, performances, videos, photos and site-specific works. The artists analyse, reconstruct and document their surroundings, thus commenting on them directly or indirectly. In essence their work addresses the question of how to establish a connection with today's world. At the same time, the earlier anti-establishment stance of the artists has, by and large, shifted towards an interest in the personal, individual relationship with society and the changes in their immediate surroundings.

kunstenaars verschoven naar een interesse in de eigen, individuele relatie tot de maatschappij en de veranderingen in hun directe omgeving.

Deng en verder — Al in 1978 – twee jaar na de dood van Mao – zet Deng Xiaoping zich in om de Chinese economie te hervormen. Te beginnen met de honderden miljoenen boeren die hij het land in eigen beheer geeft. In diezelfde tijd creëert Deng vier Speciale Economische Zones waarin alvast geëxperimenteerd kan worden met kapitalistische vormen van productie en verkoop. 'To get rich is glorious', luidt in 1984 het onwaarschijnlijke appèl van Deng aan miljoenen, voorheen door de geplande staatseconomie murw gemaakte, Chinezen. In 1992 houdt Deng uiteindelijk zijn beroemde rede waarin hij openlijk pleit voor een algehele hervorming van de Chinese economie en het op grote schaal toelaten van buitenlands kapitaal. China moet – in de woorden van Deng – het kapitalisme op een eigen, Chinese manier omarmen. Deze politieke uitspraken en gebeurtenissen staan aan de basis van de huidige veranderingen.

In een land dat zich vanaf dat moment, weliswaar van hogerhand aangemoedigd, vol overgave stort op een bijna ongebreideld kapitalisme en consumentisme ontstaat een andere werkelijkheid. Ongetwijfeld hebben de gebeurtenissen op het Tiananmenplein (Plein van de Hemelse Vrede) op 4 juni 1989 de leiders van China ertoe aangezet deze nieuwe stap te nemen. Daarmee de aandacht verleggend van de politieke ideologie naar de meer directe leefomstandigheden van de eigen burgers. Wie tegenwoordig in Chinese metropolen als Shanghai, Beijing of Guangzhou verblijft, kan zich nauwelijks voorstellen dat deze steden vijftien jaar geleden nog aan een strenge staatsgeleide planeconomie gebonden waren. De dynamiek van het kapitalisme is van dien aard dat het lijkt alsof de Chinezen ervoor geschapen zijn, alsof ze het systeem zelf uitgevonden hebben. En misschien is dit ook wel zo, maar dan eeuwen geleden.

Waren aan het begin van de jaren tachtig een horloge, een fiets en een naaimachine nog symbolen van het 'goede' leven, aan het eind van de jaren tachtig waren dat inmiddels een kleurentelevisie, een wasmachine en een koelkast. De echte veran-

Deng and beyond — As early as 1978 – two years after the death of Mao – Deng Xiaoping turned his attention to reforming the Chinese economy. He started with the hundreds of millions of farmers, to whom he handed land to manage as they wished. At the same time, Deng established four Special Economic Zones where it was possible (and permitted) to experiment with capitalist forms of production and selling. 'To get rich is glorious' was Deng's improbable appeal to the millions in 1984, a Chinese populace that had previously been constrained by the state-run planned economy. In 1992 this culminated in Deng giving the renowned speech in which he openly called for a complete overhaul of the Chinese economy and for allowing the influx of foreign capital. In Deng's words, China had to embrace capitalism in a distinctly Chinese way. These political statements and events also provided the foundations of present-day changes.

In a land that, since that point in time, has abandoned itself to a well-nigh unbridled capitalism and consumerism – spurred on by the powers that be, to be sure – a different reality is emerging. The events on Tiananmen Square (Square of Heavenly Peace) on 4 June 1989 undoubtedly prompted China's leaders to take this new step. This has shifted attention from political ideology to the more immediate concern of the living conditions of its own citizens. Nowadays, anyone who visits Chinese metropolises like Shanghai, Beijing or Guangzhou can hardly imagine that these cities were still subject to a rigid, state-controlled planned economy only 15 years ago. The dynamics of capitalism are such that it seems as if the Chinese were created for it, as if they had invented the system themselves. And perhaps that is the case, but then centuries ago.

While a watch, a bike and a sewing machine were still symbols of the 'good' life in the early 1980s, by the end of the decade it was a colour television, a washing machine and a fridge. However, the real changes came in the 1990s, with the advent of the mobile telephone, cable television, the video recorder and, most especially, the Internet. They bring about a completely different way of communicating and deringen kwamen echter in de loop van de jaren negentig, toen de mobiele telefoon, de kabeltelevisie, de videorecorder en met name internet hun intrede deden. Ze veroorzaken een geheel andere wijze van communicatie en zorgen uiteindelijk ook voor een andere sociale structuur. Voor het eerst is het mogelijk om – binnen de nog steeds geldende beperkingen opgelegd door de Chinese staat – verschillende soorten van informatie binnen handbereik te hebben, om zelf actief in je eigen informatie te voorzien.

De groeiende economische mogelijkheden (en de gevolgen daarvan) maken dat de Chinezen zich in de jaren negentig steeds minder met de politiek en steeds meer met de economie gaan bezighouden. De officiële omarming van het consumentisme, als een noodzakelijke stap op de weg naar een nieuw soort Chinees socialisme, brengt een aardverschuiving teweeg in een land dat tot voor kort het kapitalisme en het consumentisme nog verwierp als een kwaad van de bourgeoisie. De 'depolitisering' van het dagelijks leven zorgde ook binnen de beeldende kunsten voor een andere houding en andere keuzen.

In de tweede helft van de jaren tachtig hadden de kunstenaars van de politieke pop zich nog gedefinieerd door een kritische houding aan te nemen ten opzichte van de staat en zich te verzetten tegenover de autoriteiten. In de jaren negentig wordt niet alleen de ideologische pressie van de staat minder, maar verandert het dagelijks leven van de Chinezen zodanig dat het de kunstenaars als het ware dwingt zich te gaan bezighouden met die nieuwe context, en met de waarden die daarmee gepaard gaan. Het is voor de kunstenaars de uitdaging zich te definiëren in relatie tot het nieuwe kapitalisme, het consumentisme en de nieuwe stedelijke omgeving die gecreëerd wordt.

ultimately result in an altered social structure. For the first time it was possible – within the restrictions still imposed by the Chinese state – to have different kinds of information at one's fingertips, to be actively determine one's own sources of information.

The growing economic opportunities (and their consequences) mean that in the 1990s the Chinese people were less and less interested in politics but increasingly preoccupied with the economy. The official embrace of consumerism, as a necessary step on the path towards a new kind of Chinese socialism, brought about an upheaval in a country that until recently still renounced capitalism and consumerism as a bourgeois evil. The 'depoliticization' of everyday life also brought about a different attitude and different choices in the visual arts.

In the second half of the 1980s the Political Pop artists had still profiled themselves by adopting a critical stance towards the state and by resisting the authorities. In the 1990s there was not only less ideological pressure from the state, but the everyday life of the Chinese changed so much that it compelled the artists, as it were, to engage with that new context, and with the values associated with it. The challenge for the artists was to define themselves in relation to new capitalism, consumerism and the new urban environment that was being created.

Nieuwe media — Hedendaags China wordt misschien nog het best gekarakteriseerd door een staat van permanente verandering, van permanente transformatie, van permanente beweging. Steden die zonder pardon voor de helft gesloopt worden om plaats te maken voor duizenden nieuwe huizenblokken, woontorens en wolkenkrabbers. Honderden geheel nieuw uit de grond te stampen

New media — Modern-day China is perhaps still best described as being in a state of permanent change, of enduring transformation, of perpetual flux. Cities have been ruthlessly half-demolished to make way for thousands of new housing blocks, residential towers and skyscrapers. Hundreds of completely new cities were erected in no time. And that's without mentioning the massive infrastructure projects that this

steden. Om nog niet eens te spreken van de enorme infrastructurele werken die daarvoor noodzakelijk zijn: wegen, viaducten, rioleringsstelsels, elektriciteitsnetwerken, watervoorzieningen, etc.

Miljoenen Chinezen uit andere regio's van het land die naar de grote steden trekken om werk en geld te vinden. Een sociale omgeving die daardoor voortdurend aan verandering onderhevig is. Een verschuivende demografische indeling waarin de sociale klassen transformeren en zich opnieuw profileren. Een nieuwe *way of life* die zich op alle mogelijke wijzen aanpast aan de toegenomen welvaart. En – *last but not least* – de snelle opkomst van de nieuwe massamedia.

Televisie, video, digitale fotografie, computer en internet zijn typische representanten van de nieuwe urbane realiteit in China. Tezamen met een stortvloed aan nieuwe tijdschriften vormen ze de parameters waarbinnen de huidige generatie Chinezen zich begeeft. Het is dan ook niet verwonderlijk dat, vanaf het midden van de jaren negentig, er ook bij kunstenaars een grote interesse ontstaat voor fotografie en video in combinatie met het gebruik van de computer. Niet alleen brengt de toegenomen welvaart deze digitale beelden genererende apparatuur binnen het bereik van de kunstenaars, het zijn ook bij uitstek de media van een moderne maatschappij. Media die gebruikt worden om geïdealiseerde beelden van welvaart, prestige, sociale klasse, liefde en macht te produceren. Beelden om het nieuwe ethos te formuleren van een maatschappij gericht op jeugd, consumptie en vrije tijd.

Het feit dat televisie en nagenoeg alle gefilmde en gefotografeerde beelden in de recente Chinese geschiedenis geladen waren met politiek en ideologie, maakt de ontdekking van het gemediatiseerde beeld voor een nieuwe generatie kunstenaars alleen maar aantrekkelijker. Tegelijkertijd laat het ongeschonden staatsmonopolie van de Chinese televisie zien dat de staat zelf ook de mogelijkheden wil blijven benutten om middels dit medium invloed op zijn burgers uit te oefenen. Niet zozeer met sterk gekleurde ideologische programma's, maar meer in de zin van het weghouden van voor de staat onwelgevallige informatie en voor het creeren van een zogenaamd ongevaarlijke

necessitates: roads, viaducts, sewer systems, electricity networks, water supply, and so on. Millions of Chinese people from the rural regions are migrating to the big cities to find work and earn money. The social environment is therefore in the unstoppable throes of transformation, creating a shifting demographic in which the social classes are transforming and repositioning themselves. It is a new way of life that adapts to the increasing prosperity in every way imaginable and – last but not least – to the rapid rise of the new mass media.

Television, video, digital photography, computer and the Internet are typical representatives of the new urban reality in China. Together with a deluge of new newspapers, these media define the parameters in which the current generation of Chinese people exists and operates. It is therefore hardly surprising that, since the mid-1990s, there has also been great interest among artists for photography and video in combination with the use of the computer. Increasing prosperity not only brings the equipment to generate these digital images within reach, but these are also the ideal media of a modern society. These media are used to propagate idealized images of prosperity, prestige, social status, love and power. Images that serve to formulate and shape the new ethos of a society fixated on youth, consumption and free time.

The fact that television and practically all the cinematic and photographic images in recent Chinese history were pregnant with politics and ideology makes the discovery of the mediatized image even more attractive to a new generation of artists. At the same time, the state's intact monopoly of Chinese television demonstrates how the state itself wishes to exploit the opportunities to exercise influence over its citizens via this medium. Not so much by broadcasting programmes that are strongly ideologically tinted, but more in the sense of keeping out information that is displeasing to the state and for the creation of so-called harmless recreation and entertainment industry.

The Chinese state is also faced with a dilemma as regards other new media. On the one hand it is convinced that information technology is the driving (and necessary) force behind a flourishing global economy and that the growth of the Chinese economy is to a large extent dependent on the country being vrijetijdsindustrie.

Ook wat betreft andere nieuwe media bevindt de Chinese staat zich in een spagaat. Enerzijds is ze er van doordrongen dat informatietechnologie de drijvende (en noodzakelijke) kracht is achter een florerende globale economie en dat de expansie van de Chinese economie voor een belangrijk deel afhankelijk is van de verankering ervan in globale informatienetwerken. Anderzijds vrezen de machthebbers een te grote vrijheid van de burgers via deze informatienetwerken, een vrijheid die – naar ze menen – de positie van de Partij in gevaar brengt.

Een goed voorbeeld van dit dilemma is de aansluiting van China op het internet in 1994. Gelijktijdig hiermee probeerde de Chinese regering een systeem te installeren waarmee het mogelijk zou zijn voor hen ongewenste informatie tegen te houden. Dit systeem werd al snel bekend als de 'Great Firewall'. Ook nu nog is er een voortdurende strijd in de Chinese regering tussen openheid naar de rest van de wereld en controle over wat er aan informatie China binnenkomt.

De nieuwe media zijn belangrijke elementen in het bewerkstelligen van een op consumptie gerichte maatschappij, terwijl ze er tegelijkertijd zelf deel van uitmaken. Met andere woorden, nieuwe media zijn niet alleen een informatiebron, maar behoren ook tot de dragers van de exploderende economie, waarin de burger niet langer een (binnen de marxistische leer) historische taak heeft, maar enkel bestaat om te consumeren. Kunstenaars die zich bedienen van deze nieuwe media zijn zich enerzijds heel bewust van de politieke en ideologische implicaties, anderzijds proberen zij daar aan te ontkomen door te kiezen voor de 'gewone' realiteit in hun directe omgeving

Kunst en verder — Soms zijn kunstenaars een goede graadmeter voor processen die zich in de maatschappij afspelen. Kunstenaars zijn immers vanwege hun beroepsuitoefening direct afhankelijk van het beschikken over werk- en expositieruimte en moeten daarom in steden als Beijing, Shanghai en Guangzhou wel meebewegen met de snelle urbanisatie. Als 'klasselozen' of 'outcasts' namen ze in de jaren tachtig en negentig hun toevlucht tot in

firmly anchored in global information networks. On the other hand, the ruling powers fear excessive freedom of its citizens via these information networks, a freedom that – they believe – compromises the position of the Party.

The hooking up of China to the Internet in 1994 serves as a good example of this dilemma. The Chinese government simultaneously attempted to install a system that would make it possible for them to block undesirable information. This system soon became known as the 'Great Firewall'. Even now there is an ongoing struggle in Chinese government between openness vis-à-vis the rest of the world and control over what information is available in China.

The new media are important elements in establishing a consumption-driven, materialistic society, while it is intrinsically also a constituent part of it. In other words, new media are not merely a source of information but are also among the vectors of the booming economy, in which the citizen no longer fulfils an historic task (as in Marxist ideology) but exists only to consume. Artists who make use of these new media are, on the one hand, fully aware of the political and ideological implications, while on the other they try to escape this by opting for the 'everyday' reality in their immediate surroundings.

Art and beyond — Artists are sometimes a good indicator of processes that are going on in society. Because of their professional practice, artists are directly dependent on the availability of space to work and exhibit and in cities like Beijing, Shanghai and Guangzhou they must therefore move along with the waves of rapid urbanization. In the 1980s and '90s, as 'classless' or 'outcast' individuals, they sought refuge at factory sites that had fallen into disuse and in the onbruik geraakte fabrieksterreinen en half verlaten dorpen aan de periferie van Beijing, zoals Yuan Ming Yuan en de later berucht en beroemd geworden East Village. Sinds een aantal jaren heeft zich een grote kunstenaarsgemeenschap gevestigd in het Dashanzi-district, ook wel 798 Space geheten. Het gebied ontwikkelt zich razendsnel van een aftands en halfverlaten fabriekscomplex tot een steeds hipper en commerciëler wordende semi-toeristische attractie met snelle restaurants, Italiaanse cappuccinobars, filialen van westerse galeries en dergelijke. In Shanghai bevindt zich – na enkele omzwervingen elders – een cluster aan ateliers, galeries, restaurants, coffeeshops en andere vormen van de 'creative industries' in het Moganshan-district. Dit samengaan van kunstenaarsstudio's en commercieel ingestelde voorzieningen is veelbetekenend voor de ontwikkelingen binnen de huidige Chinese kunstwereld.

Snelle urbanisatie, speculatie en gestegen grondprijzen dwingen de kunstenaars om steeds weer te verkassen. Sinds eind jaren negentig is de status, de 'waarde', van hedendaagse kunst echter dusdanig gestegen dat zogenaamde kunstenaarsgemeenschappen – nog steeds in de periferie van de stad – het stijgen van de huren en grondprijzen ongewild over zichzelf afroepen. Projectontwikkelaars zien het neerstrijken van grote aantallen kunstenaars of het zelf beschikbaar stellen van tentoonstellingsruimte als een middel om interesse te wekken voor hun bouwprojecten. Natuurlijk moeten de kunstenaars wanneer de tijd rijp is om de grond of het gebouwde te verzilveren weer uitkijken naar iets nieuws. Een proces dat zich niet alleen in Beijing voltrekt, maar zeker ook in Shanghai en andere grote steden met een substantiële kunstenaarsgemeenschap.

Met deze wetenschap zou je bijna kunnen stellen dat het anno 2006 goed gaat met de kunst en kunstenaars in China. Veel van de kunstenaars die ik in het kader van dit project bezocht, hadden inderdaad net een nieuw appartement betrokken, stonden op het punt te verhuizen naar een nieuw appartement, of waren op korte termijn van zins om een appartement te kopen. Ofwel hadden zij net een prachtig nieuw atelier betrokken. Ateliers die moeiteloos kunnen wedijveren met die van kunste-

half-deserted villages on the outskirts of Beijing, such as Yuan Ming Yuan and the East Village, which would later become notorious and renowned. For a number of years, a large community of artists has been based in the Dashanzi district, also known as the 798 Space. The area developed at breakneck speed from a dilapidated and half-abandoned factory complex into an increasingly hip and commercial semi-tourist attraction with fast-food restaurants, Italian cappuccino bars, branches of western galleries and so on. Even in Shanghai there is now a cluster of ateliers, galleries, restaurants, cafés and other forms of 'creative industry' in the Moganshan district – albeit after a few peregrinations elsewhere. This grouping of artists' studios and commercially driven facilities is telling for developments within the Chinese art world of today.

Rapid urbanization, speculation and higher land prices compel the artists to keep on moving on. Since the late 1990s, the status, the 'value' of contemporary art has increased to such an extent that so-called artists' communities – still in the urban periphery – have unwittingly brought down rising rents and land prices on their own heads. Project developers regard the invasion of an artistic community or making exhibition space available on their own initiative as a means to generate interest for their construction projects. When it is time for the project developers to cash in on their investment, then the artists must go hunting for something new yet again. This is a process that is not only evident in Beijing, but also in Shanghai and other big cities with a substantial artistic community.

With that knowledge you might conclude that things are going well for art and artists in China in the year 2006. Many of the artists I visited in the context of this project had indeed just moved to a new apartment, were about to move to a new apartment, or were intending to buy an apartment in the near future. Or they had just found a wonderful new atelier; ateliers that could easily rival those of artists in the West. I was also shown plans of an artists' village that was to be built from scratch in the hills just outside Beijing; a rural district for which the artists designed their own houses or villas.

The economic worth of the contemporary Chinese artist – to speak in general terms – is also made clear by a recently completed 'studio district', once naars in het Westen. Ook kreeg ik plannen te zien van een geheel nieuw te bouwen kunstenaarsdorp in de heuvels iets buiten Beijing; een soort landelijke villawijk waarvoor de kunstenaars hun eigen huizen/villa's ontwerpen. Een Chinees Laren een eeuw na dato!

Het economisch gewicht van de hedendaagse Chinese kunstenaar – generaliserend gesteld – wordt ook duidelijk aan de hand van een recent opgeleverde 'atelierwijk', wederom aan de buitenkant van Beijing. Enkele boeren die hier tot voor kort de grond bewerkten, hadden berekend dat het voor hen profijtelijker zou zijn om hun landbouwgronden te bebouwen met grote (300 à 400 vierkante meter) ateliers, die zij vervolgens voor goede bedragen aan kunstenaars konden verhuren.

Voorwaarde voor deze voorspoed is wel dat de desbetreffende kunstenaar een buitenlandse of internationaal opererende galerie heeft. Een binnenlandse afzetmarkt voor hedendaagse Chinese kunst is er nog nauwelijks, ook al zijn de verwachtingen bij vooral buitenlandse galeriehouders hooggespannen. Het is voor de hedendaagse Chinese kunstenaar een ware *balancing act* om zijn weg te vinden in de enorme mogelijkheden die China momenteel op financieel, materieel en economisch gebied biedt, en om tegelijkertijd scherp en kritisch te blijven ten opzichte van diezelfde ontwikkelingen.

Een opvallend gegeven is dat veel hedendaagse Chinese kunstenaars in verschillende stijlen en verschillende technieken werken. Vaak gelijktijdig, soms in een snelle opeenvolging. Een van de redenen hiervan zou kunnen zijn dat een zekere pragmatiek de Chinese kunstenaar – net als veel andere kunstenaars – niet vreemd is. Iets minder bekend met de regels en gebruiken van de westerse kunsthandel, die vaak een herkenbare stijl verlangt, wordt vrij gemakkelijk geswitcht tussen het produceren van een schilderij, een foto of een videowerk. Waarbij de populariteit en/of verkoopbaarheid van een bepaald genre een rol kan spelen. Een andere reden zou kunnen zijn dat veel actieve kunstenaars van dit moment als schilder zijn opgeleid. De Chinese kunstacademies kenden tot voor

again on the outskirts of Beijing. A few farmers, who until recently had been ploughing the fields there, worked out that it would be more profitable for them to develop large ateliers (300 to 400 square metres) on their agricultural land, which they could then rent to artists for considerable sums of money.

A precondition for this prosperity among artists is that they have a foreign or internationally active gallery or representative. There is hardly any sign of a domestic market for contemporary Chinese art, even though there are high expectations among foreign gallery owners. The contemporary Chinese artist must perform a veritable balancing act in order to forge a path through the mass of possibilities currently on offer in China in financial, material and economic terms, while simultaneously remaining sharp and critical with regard to those same developments.

A remarkable fact is that many contemporary Chinese artists work in a range of different styles and techniques; often simultaneously, sometimes in rapid succession. One of the reasons for this could be that Chinese artists – like many other artists – are no strangers to a certain pragmatism. Since the artists are somewhat less familiar with the modus operandi of the Western art trade, which often demands a recognizable style, they switch fairly fluidly between the production of a painting, a photo or a video work – the popularity and/or marketability of a particular genre might also influence what artists actually create.

Another reason for the freedom in the media that artists use might be that many of the artists active at present were trained only as painters. Until recently the Chinese art academies had no departments of new media, installation art, photography or the like. The training of students was primarily focused on the mastery of traditional techniques like painting, calligraphy, sculpture and ceramics. This means that the artists are not only accustomed to searching independently for a personal vision or concept of contemporary art, but that they are also have to master new techniques such as photography and video on their own, something in which they are surprisingly adept. This initial lack of familiarity with different media means that they ultimately move easily from one discipline to another.

They also pay due attention to examples of West-

kort geen afdelingen voor nieuwe media, installatiekunst, fotografie en dergelijke. Ze leidden op tot een voornamelijk ambachtelijke beheersing van traditionele technieken als schilderkunst, kalligrafie, sculptuur en keramiek. Dit heeft weer tot gevolg dat de kunstenaars gewend zijn om niet alleen hun visie/concept van wat hedendaagse kunst is zelf uit te zoeken, maar ook om zich nieuwe technieken als fotografie en video zelf eigen te maken. Iets wat hun opvallend gemakkelijk lijkt af te gaan. Deze initiële onbekendheid met verschillende media maakt dat zij zich uiteindelijk juist gemakkelijk van de ene discipline naar de andere bewegen.

Tegelijkertijd wordt natuurlijk ook goed naar westerse voorbeelden gekeken. Westerse kunst is echter nog steeds mondjesmaat te zien in China en de meeste informatie komt via internet binnen. Ook deze relatieve onbekendheid met moderne westerse kunst lijkt te resulteren in een heel vrije omgang met bepaalde – vaak formele – aspecten van westerse kunst zonder daar direct de betekenis en geschiedenis ervan in hun werk te betrekken. Met als resultaat een, typisch Chinese, bijzondere en verfrissende omgang met het westerse kunstidioom.

Tot voor kort waren verhalen over op last van de overheid gesloten tentoonstellingen heel normaal en gangbaar. Ze stonden in een lange traditie van 'clandestiene' (zonder overheidstoestemming tot stand gekomen) presentaties, die dikwijls op de dag van de opening alweer gesloten werden. De kunstenaars die aan dergelijk tentoonstellingen deelnamen, wisten dat dit kon gebeuren en hielden er rekening mee. Niet door middel van zelfcensuur, maar in de zin dat zij de geïnteresseerden informeerden nog eerder te komen kijken.

Momenteel zijn er nog weinig geluiden over op last van de overheid gesloten tentoonstellingen. Heeft dit te maken met een gewijzigd overheidsbeleid in het zicht van de Olympische Spelen in Beijing in 2008? Heeft het te maken met een grotere mate van zelfcensuur van de kant van de kunstenaars? Heeft het te maken met een depolitisering van een nieuwe generatie kunstenaars? Of is het wellicht een combinatie van deze drie factoren?

ern art. However, Western art is still exhibited only sporadically in China, and artists get most information from the Internet. This relative lack of familiarity with contemporary Western art seems to result in a very free treatment of certain aspects of Western art – often formal ones – without making direct reference to its significance or history, or perhaps without even being aware of it. The result is a typically Chinese approach to the Western art idiom, one that is unusual and refreshing.

Until recently, stories about exhibitions that were closed down by government order were the norm. These shows continued a long tradition of 'clandestine' presentations (i.e., staged without government permission), which were often closed down on the day of the opening. Artists who participated in such exhibitions were fully aware that this could happen and took this in their stride. Rather than engage in self-censorship, they simply told interested parties to come and take a look at their show even earlier.

At the moment there are few reports about exhibitions being closed by government order. Does this have something to do with a modified government policy in the light of the Olympic Games in Beijing in 2008? Does it indicate a greater degree of self-censorship on the part of the artists? Is it linked to the depoliticization of a new generation of artists? Or is it perhaps a combination of these three factors?

Video en fotografie — De geschiedenis van Chinese videokunst begint volgens sommigen in 1986, volgens anderen in 1988, en volgens weer anderen in 1991 met een werk dat pas in 1994 in het openbaar getoond wordt. Wel is men het erover eens dat de Chinese videokunst begint met een werk van de kunstenaar – momenteel professor – Zhang Peili. Hij staat aan de basis van de jongste generatie videokunstenaars. De interesse in en het gebruik van video en fotografie in de hedendaagse Chinese kunst neemt een enorme vlucht vanaf halverwege de jaren negentig. Gelijktijdig met het beschikbaar komen van digitale beelden genererende apparatuur (digitale video- en fotocamera's, digitale bewerkingsprogramma's voor computers) en de exponentiële toename en aanwezigheid van de massamedia. Video en fotografie zijn – zoals eerder al vastgesteld – bij uitstek verbonden met de nieuwe urbane realiteit.

Beide media geven de kunstenaars de mogelijkheid zich op een directe wijze te verhouden tot de snel veranderende omstandigheden binnen de Chinese maatschappij. Dit is ook een nieuwe situatie in politieke zin, omdat men voor het eerst kan loskomen van de met politiek en ideologie geladen mediabeelden die men gewend was. Veel videokunst van het eerste uur kenmerkt zich door een bijna verbaasde blik naar het hedendaagse leven. Een blik gespeend van iedere heroïek, die in de loop van de tijd veelal een kritisch-ironische ondertoon krijgt.

Een belangrijk werk in dit verband is de video *Spring Story* uit 2003 van **Yang Zhenzhong**. Het is een werk gebaseerd op een beroemde rede van Deng uit 1992 waarin hij het kapitalisme en consumentisme bezingt. Yang Zhenzhong is naar de Siemens-fabriek iets buiten Shanghai gegaan – een symbool van het nieuwe China – en heeft daar aan vijftienhonderd arbeiders gevraagd ieder één woord van deze beroemde rede te declameren. Vervolgens heeft hij de woorden en beelden achter elkaar gezet waardoor de gehele speech weer te horen is. Op deze wijze geeft Yang Zhenzhong niet alleen een beeld van vijftienhonderd anonieme arbeiders, maar geeft hij tegelijk commentaar op de situatie. Het laten reproduceren van de rede van Deng loopt immers parallel aan het laten uitvoe-

Video and photography — The beginnings of Chinese video art can be traced back to 1986, according to some commentators, though others date it to 1988. A third group of commentators believes that Chinese video art dates back to a seminal work of 1991, though it was not shown in public until 1994. This work by Zhang Peili shows a chicken that the artist washes and re-washes meticulously. Everyone does agree, however, that this artist – now a professor – was one of the progenitors of the youngest generation of video artists. The interest in and use of video and photography in modern Chinese art really took off from the mid-1990s. This coincided with the increasing availability of equipment to generate digital images (digital video and photo cameras, image-processing software for computers) and the exponential growth and availability of mass media. Video and photography are – as mentioned earlier – ideal allies of the new urban reality.

Both media provide artists with the possibility of establishing a direct relationship with the rapidly changing circumstances in Chinese society. This is also a new situation in the political sense, because people are for the first time able to break free from politically and ideologically charged media images to which they were accustomed. Typical of a great deal of the earliest video art is the well-nigh startled look at contemporary life. It is a view devoid of all heroism, and over the course of time it often acquired a critical or ironic undertone.

An important work in this respect is the video *Spring Story* from 2003 by **Yang Zhenzhong**. It is a work based on a renowned 1992 speech by Deng in which he sang the praises of capitalism and consumerism. Yang Zhenzhong went to the Siemens factory just outside Shanghai – a symbol of the new China – and asked 1,500 workers to declaim a single word from this famous address. He then spliced together the words and images, thus recreating the whole speech. Yang Zhenzhong is therefore not only presenting a portrait of 1,500 anonymous workers, but at the same time passes comment on the situation. His reproduction of Deng's speech finds a parallel in the performance of a single, repetitive act in the factory, without which half the world would not own a Siemens mobile phone. To what extent Yang's work can be characterized as critical depends on the audience's viewpoint.

ren van een zich repeterende enkelvoudige handeling in de fabriek, zonder welke de halve wereld geen mobiele Siemens-telefoon zou bezitten. In hoeverre Yangs werk als kritisch gekenmerkt kan worden, hangt af van het standpunt van de beschouwer.

Hetzelfde geldt voor het werk van **Xiang Liqin**. Hij maakte onder andere grote fotoreeksen van wolkenkrabbers, die bij nader inzien opgebouwd blijken uit honderden gefragmenteerde foto's van Chinese woonkazernes. Foto's die ondanks hun quasi-uniforme architectuur toch steeds net anders zijn. Is het een kritiek op de eenvormigheid van de nieuwe Chinese appartementsgebouwen en het verlies aan identiteit van de bewoners, of is het om te laten zien dat de zogenaamde veranderingen in het nieuwe China in wezen meer van hetzelfde betekenen?

De foto's en videowerken van **Song Tao** lijken een ode aan het dynamische stadsleven in zijn woonplaats Shanghai. *The Floor – Life is Wonderful* (2003) bestaat uit honderden snapshots van het 'urbane' leven in de stad die verwerkt zijn tot een vloer waarop weer gewoon gelopen, gedronken en geslapen kan worden. Ook zijn videowerk *Three Days Ago* (2002) roept met bijna grafische zwartwitopnamen een fascinerend beeld op van de stad bij nacht. Een stad waar herinneringen aan vroeger opgeslokt worden door de realiteit van beton, wegen en voorbijflitsende auto's.

Het werk van **Liang Yue** is daarentegen vrij introvert. Het zijn video-installaties – vaak vanuit een monologue interieur – of fotoreeksen waarin zij de stedelijke werkelijkheid om haar heen beschouwt. Meestal kiest zij momenten van de dag of camerastandpunten die een zekere mate van afzijdigheid suggereren ten opzichte van het leven dat zich voor haar ogen voltrekt. Momenten die het breekpunt vormen tussen dag en avond, of momenten waarop de stad in een mantel van mist of smog zijn scherpe contouren verliest. Of de nacht zelf waarin zij haar camera richt op onpretentieuze details van de stad die als stille getuigen fungeren. Liang Yues werk is een goed voorbeeld van een zeer individuele getuigenis van de snel veranderende omstandigheden in China. Het laat zien hoe een individu betekenis probeert te vinden

The same applies for the work of **Xiang Liqin**. His oeuvre includes various series of large-format photos of skyscrapers, which on closer inspection turn out to be composed of hundreds of photos of Chinese residential barracks. Despite the quasi-uniform architecture these fragments of the composite work are always slightly different. Is it a critique of the uniformity of the new Chinese apartment buildings and the loss of identity experienced by their inhabitants, or is it meant to show that the so-called changes in the new China essentially mean 'more of the same'?

The photos and video works by **Song Tao** seem like an ode to the dynamic, metropolitan life in his home city of Shanghai. *The Floor – Life is Wonderful* (2003) is composed of hundreds of snapshots of 'urbane' life in the city that are incorporated into a floor that people can simply walk across, drink on or sleep on. His video *Three Days Ago* (2002) also evokes a fascinating impression of the city at night with black-and-white shots that are almost graphic. It is a city where memories of the past are swallowed up by the reality of concrete, roads and cars speeding by.

By contrast, the work of **Liang Yue** is fairly introverted. In her video installations – often based on her internal monologue – and her series of photos she contemplates the urban reality surrounding her. She usually chooses times of day or camera angles that suggest a certain aloofness from the life she sees going on in front of her eyes. She chooses moments at the cusp of day and night, or when the city is losing its sharp contours in a cloak of mist or smog. Or the night itself, when she turns her camera on the city's unpretentious details, which serve as its silent witnesses. Liang Yue's work provides a good example of a highly personal account of the rapidly changing circumstances in China. It demonstrates how an individual strives to find meaning in a world that offers little purchase, a world that is eons away from the age when the media still broadcast politically and ideologically tainted heroes.

In the work of **Zhou Xiaohu**, the appropriation of media images takes an unusual turn. In his video *Utopian Machine* (2002) he recreates the Chinese television's evening newscast, including its theme tune, in the guise of an animation using clay puppets. Zhou's news programme follows the usual sequence of varied news reports: an official delegation of

in een wereld die weinig houvast biedt, een wereld die mijlenver verwijderd is van de tijd waarin de media nog politiek en ideologisch gekleurde helden toonden.

Het zich toe-eigenen van mediabeelden vindt op een bijzondere manier plaats in het werk van Zhou Xiaohu. In zijn video *Utopian Machine* (2002) recreëert hij het Chinese acht-uurjournaal, inclusief herkenningsmelodie, op basis van een animatie van kleipoppetjes. Zhous journaal volgt de gebruikelijke opeenvolging van de verschillende nieuwsfeiten: een officiële delegatie Chinese hoogwaardigheidsbekleders brengt een bezoek aan het buitenland, een buitenlandse president landt met zijn vliegtuig in Beijing, een rechtzaak, lokale berichtgeving, de opvoering van een musical over Che Guevara, et cetera. Door het gebruik van kleipoppetjes verwordt Zhous journaal echter tot een parodie van het officiële journaal. Daarmee lijkt Zhou de 'officiële' waarheid op een geestige manier in diskrediet te brengen, of tenminste ter discussie te stellen.

Yang Fudong, waarschijnlijk China's bekendste (film- en) videokunstenaar, kan gezien worden als een Chinese Antonioni, of dichter bij huis als een Chinese Tsai Ming-liang de Taiwanese filmregisseur van onder meer *Vive l'amour* en *The River*. Zijn personages – veelal intellectuelen of andere goed opgeleiden – bevinden zich in een wereld waarvan zij geen deel uit lijken te maken. Ook al gedragen zij zich net als ieder ander mens, toch zijn zij losgezongen van de realiteit. Het zijn mise-en-scènes van verliefdheid, samenzijn of vakantieviering die enerzijds de idealen van de reclame parafraseren, maar ook laten zien hoe leeg of moeizaam deze begrippen zijn. In ieder geval voor de sociale klasse die Yang Fudong ten tonele voert. Een klasse die – in zíjn werk tenminste – probeert vast te houden aan bepaalde idealen en een zeker vertrouwen in de maatschappij. Net als bij Antonioni of Tsai Ming-liang kijken de personages die Yang Fudong opvoert elkaar nimmer aan, zij leven langs elkaar en niet met elkaar. Begrip van het ene individu voor het andere individu is uitgesloten, met als gevolg een totale vervreemding in een maatschappij louter gericht op consumptie. Yang Fudongs oeuvre toont hoe het

Chinese dignitaries makes a visit to a foreign country, a foreign president and his jet land at the airport in Beijing, a court case, local coverage, the performance of a musical about Che Guevara and so on. However, thanks to his use of clay puppets, Zhou's newscast degenerates into a parody of the official news. It seems as if Zhou – tongue in cheek – is bringing the 'official' truth into discredit, or at least calling it into question.

Yang Fudong, probably China's most famous film director and video artist, could be seen as a Chinese Antonioni or, from closer to home, as a Chinese Tsai Ming-liang, the Taiwanese film director whose work includes *Vive l'amour* and *The River*. Yang Fudong's characters – mostly intellectuals or other well-educated individuals – are placed in a world to which they do not seem to belong. Even though they behave just like everyone else, they are completely estranged from reality. In one respect these scenes of loving affection, gatherings or holiday celebrations paraphrase the ideals of advertising, but they also reveal how vacuous or difficult these concepts actually are, at least for the social class that Yang Fudong is capturing on film. It is a class that – in Fudong's work, at least – is striving to hold onto certain ideals and a certain faith in society. As in work by Antonioni or Tsai Ming-liang, Yang Fudong's characters never look at one another; they live without any real contact rather than with each other. There is no possibility of sympathy for one's fellow human beings, resulting in utter estrangement in a society that is purely focused on consumption. Yang Fudong's oeuvre shows how the individual, within the new parameters of a China based on a capitalist model, attempts to relate to these developments.

While Yang Fudong's characters operate in a modern urban context or in a romantic, natural environment, the characters who populate Lu Chunsheng's work exist in an undefined no-man's land, a wasteland of abandoned factory complexes and landscapes. This is the backdrop for inimitable happenings that test the boundary between reality and imagination to the extreme. Shoot-outs and pursuits alternate with pseudo-interviews with project developers and moments of existential reflection, resulting in a humorous amalgam of all the possible relationships between individuals and the urban reality that surrounds them.

The artist Chen Shaoxiong tries to get a handle

individu, binnen de nieuwe parameters van een op kapitalistische leest geschoeid China, zich tot deze ontwikkelingen probeert te verhouden.

Bevinden de personages van Yang Fudong zich in een moderne stedelijke context of in een romantische natuurlijke omgeving, de personages die het werk van Lu Chunsheng bevolken figureren in een ongedefinieerd niemandsland. Een *wasteland* van verlaten fabriekscomplexen en dito landschappen. Hier spelen zich onnavolgbare geschiedenissen af waarbij de grens tussen werkelijkheid en verbeelding ver is opgerekt. Schietpartijen, achtervolgingen, afgewisseld met pseudo-interviews met projectontwikkelaars en momenten van existentiële reflectie, zorgen voor een humoristisch amalgaam van alle mogelijke relaties tussen individuen en de hen omringende stedelijke realiteit.

Chen Shaoxiong probeert op zijn manier grip te krijgen op de stad. Hij fotografeert elementen uit de stedelijke realiteit die hij vervolgens tot een driedimensionale collage omvormt. Soms presenteert hij deze als kleine sculpturen, andere keren fotografeert hij ze weer op straat, zodat de twee situaties vermengen. In *Ink City* (2005) probeert Chen Shaoxiong op een andere wijze de snel transformerende en bijna vloeibare wereld om hem heen te bevatten. In dit werk transformeert hij snapshots van zijn eigen leven tot inkttekeningen, daarmee deze indrukken vertragend en zich eigen makend. Vervolgens zet hij ze achter elkaar op video, zodat een korte impressie van zijn leven ontstaat.

In het werk van Hu Jieming krijgt de beschouwer zelf de mogelijkheid geboden zich met de door de kunstenaar geproduceerde mediabeelden te bemoeien. Hu Jieming maakt interactieve videoinstallaties waarin het beeld reageert op de nadering van de bezoeker. Bijvoorbeeld in een werk voor de Shanghai Biennale van 2004, waarin vijfentwintig opeengestapelde monitors een persoon tonen die met een ladder omhoog probeert te klimmen en die iedere keer dat iemand luid zijn stem verheft, een paar treden terugvalt op de monitors. 'Talking back to the media' zogezegd. Ook maakte Hu Jieming een klein intiem videowerk waarin hij middels een *split screen* traditionele Chinese architectuur koppelt aan westerse architectuur.

on the city in his own distinctive way. He photographs elements from urban reality that he then transforms into a three-dimensional collage. Sometimes he presents these as small sculptures, on other occasions he photographs them again against the backdrop of the street, so that the two situations fuse. In *Ink City* (2005), Chen Shaoxiong uses a different technique in his attempt to capture the rapidly transforming and almost fluid world around him. In this work he transforms snapshots of his own life into ink drawings, a manner of slowing down these impressions and appropriating them as his own. He then films them in sequence on video, resulting in a brief impression of his life.

In the work of **Hu Jieming**, the public is given the opportunity to interfere with the media images produced by the artist. Hu Jieming makes interactive video installations in which the image reacts to the approach of a member of the public. In a work for the 2004 Shanghai Biennale he stacked up 25 monitors that show a video of someone who is trying to climb up a ladder. However, when someone raises their voice he falls back a couple of rungs on the monitors: talking back to the media, so to speak. Hu Jieming has also made a small, intimate video work in which he contrasts traditional Chinese architecture with Western architecture by means of a split screen. He superimposes a blank piece of manuscript paper and combines the two types of architecture with a typically Chinese musical idiom and a typically Western musical idiom, using a note that traces the contours of the buildings to create two different pieces of music.

In *Lash* (2004), **Chen Xiaoyun** uses the sound and rhythm of hard cracks of a whip to link together images of personal fantasies and fears. For him, too, the new urban reality plays a leading role. 'Everyone is a prisoner – no exceptions,' he says. 'This is a city built according to the model of electrical flow. Each feedback and loop of the electrical wave will serve to delineate its silhouette against the twinkling skyline. From an open vista seen through the thinly diluted suburban air, each expansive breath of the metropolis can be observed to be thriving on the desires of every one of its inhabitants.' Chen Xiaoyun's characters are wandering souls who are searching for meaning, seeking a way in which they are able and willing to relate to the new reality.

Hier overheen legt hij een lege partituur van notenbalken, terwijl hij de verschillende soorten architectuur combineert met een typisch Chinees klankidioom en een westers klankidioom. In de video ten slotte laat Hu Jieming een muzieknoot de contouren van de verschillende gebouwen volgen, waardoor twee uiteenlopende muziekstukken ontstaan.

Chen Xiaoyun gebruikt in *Lash* (2004) het geluid en het ritme van harde zweepslagen om beelden van persoonlijke fantasieën en angsten met elkaar te verbinden. Ook bij hem speelt de nieuwe urbane realiteit een hoofdrol. Zelf zegt hij erover: 'Everyone is a prisoner – no exceptions. This is a city built according to the model of electrical flow. Each feedback and loop of the electrical wave will serve to delineate its silhouette against the twinkling skyline. From an open vista seen through the thinly diluted suburban air, each expansive breath of the metropolis can be observed to be thriving on the desires of every one of its inhabitants.' De personages van Chen Xiaoyun zijn dolende figuren op zoek naar betekenis, op zoek naar een wijze waarop zij zich kunnen en willen verhouden tot de nieuwe realiteit.

Jiang Zhi beschouwt het leven in Chinese metropolen als Shanghai en Shenzhen als een oneindig potentieel aan menselijke geschiedenissen en gebeurtenissen. Miljoenen mensen, uit alle windstreken afkomstig, samengebracht in een stedelijke omgeving en dromend van een beter leven vormen tezamen het decor, de acteurs en de inspiratie voor Jiang Zhi's videofilms. Jiang Zhi heeft een goed oog voor de absurditeit van het gewone menselijke bestaan. Hij ziet geen verschil tussen 'gevonden' situaties en door hemzelf in scène gezette gebeurtenissen. Het 'echte' leven is net zo goed gestuurd in de ogen van Jiang Zhi. In veel van zijn videofilms laat hij de werkelijkheid en de gedroomde werkelijkheid door elkaar lopen.

Fotografe en videokunstenaar Xing Danwen fotografeert de Chinese droom. De droom om een eigen appartement te bezitten in een van de tienduizenden flatgebouwen die overal in en rond de grote Chinese steden gebouwd worden. Zij fotografeert de enorme maquettes die projectontwikkelaars gebruiken om de Chinese droom aan

Jiang Zhi regards life in Chinese metropolises like Shanghai and Shenzhen as a boundless potential of human stories and events. Millions of people, originally from all points of the compass, are brought together in an urban environment and dream of a better life, thus forming the scenery, the actors and the inspiration for Jiang Zhi's videos. Jiang Zhi has a keen eye for the absurdity of humdrum human life. He sees no difference between 'found' situations and happenings that he himself has staged. For Jiang Zhi, 'real' life is 'guided' by outside forces to the same degree. In many of his videos he mingles reality and dreamed reality.

The photographer and video artist Xing Danwen captures the Chinese dream on film; the dream of owning one's own apartment in one of the tens of thousands of blocks of flats that are being built in and around the big Chinese cities. She photographs the massive maquettes that project developers use to market the Chinese dream. They are perfect maquettes of the ideal apartment buildings in which every Chinese citizen would surely be happy to live. Xing Danwen very subtly introduces cracks into this ideal world. In her large-format photos she captures little human dramas that upset the idyll: a bride runs away from her bridegroom, a girl is about to commit suicide, someone commits a crime of passion, and so on.

In an earlier series, Xing Danwen photographed the flip side of this same coin. In Dongguang, a city in the Pearl River Delta that consists of nothing but factories and already accounts for 75 percent of the country's total production of computer accessories and a similar percentage of all the toys produced in China, she fills the frame with the tens of thousands of separate components needed for this mass production process. She also photographed the hundreds of thousands of separate, re-sorted components that are dismantled from computers discarded by the West.

The focus in the work of Yang Yong is the life of young people in new cities like these. These cities were either built from scratch or were razed to form an urban tabula rasa before being built anew. Like a Chinese Nan Goldin, he photographs the youth of Shenzhen, one of the first places in China where an experiment with a form of Western capitalism was introduced in the early 1980s. Despite or perhaps because of the unrivalled economic success of this

de man te brengen. Perfecte maquettes van ideale appartementsgebouwen waar iedere Chinees gelukkig moet zijn. Heel subtiel voegt Xing Danwen barstjes toe aan deze ideale wereld. Op haar grote foto's laat zij kleine menselijke drama's de idylle verstoren: een bruid die wegrent voor haar bruidegom, een meisje dat op het punt staat zelfmoord te plegen, een crime passionel, etc.

In een eerdere serie fotografeerde Xing Danwen de andere kant van dezelfde medaille. In Dongguang, een slechts uit fabrieken bestaande stad in de Pearl River Delta die alleen al 75 procent van de totale productie van computeraccessoires en een gelijkaardig percentage van al het in China geproduceerde speelgoed voor zijn rekening neemt, fotografeerde zij beeldvullend de tienduizenden losse onderdelen voor deze massaproductie. Ook fotografeerde zij de honderdduizenden losse en weer gesorteerde onderdelen, afkomstig uit door het Westen afgedankte computers.

Het leven van de jongeren in dergelijke nieuwe steden is het onderwerp waarop Yang Yong zich met zijn werk focust. Steden die ofwel geheel nieuw ontstaan zijn oftewel een urbane tabula rasa hebben meegemaakt. Als een soort Chinese Nan Goldin fotografeert hij de jeugd van Shenzhen, de eerste plaats in China waar al sinds begin jaren tachtig geëxperimenteerd wordt met een vorm van westers kapitalisme. Ondanks, of misschien dankzij, het ongeëvenaarde economische succes van deze Speciale Economische Zone, hebben jongeren moeite zich binnen een dergelijk hard kapitalistisch systeem staande te houden. Niet zozeer in materieel opzicht, maar meer in mentale zin. Wat zijn de waarden in een dergelijke maatschappij, en wat de idealen?

Ook Miao Xiaochun fotografeert de nieuwe stedelijkheid in China. Hij bedient zich echter van een meer afstandelijke blik. Hij maakt stadspanorama's van veelal enorme afmetingen, vaak opgebouwd uit meerdere opnames van dezelfde plek, die een beeld geven van de enorme veranderingen die in de Chinese steden plaatsvinden; straatscènes waarbij de overweldigende aanwezigheid van reclame-uitingen zichtbaar is, gigantische bouwputten waar – als een soort omgekeerde toren van Babel – aan een nieuw metrostation

Special Economic Zone, youngsters have difficulty finding their feet within such a harsh capitalistic system; not so much in the material sense, but mentally. What are the values in such a society, and what are its ideals?

Miao Xiaochun also photographs the new urbanity in China, but making use of a more detached gaze. He makes city panoramas, usually in massive formats and often composed of several shots of the same spot, which creates an impression of the enormous changes sweeping across Chinese cities: street scenes in which the overwhelming presence of advertising is exaggeratedly evident, gigantic building sites where – like an upside-down Tower of Babel – a new metro station is under construction, the celebration of the completion of yet another new apartment complex in Beijing, the changing skyline of Chengdu, and so on. In some of these photos Miao Xiaochun has placed a replica of himself in traditional Chinese attire, casting doubt on those steamrolling transformations of urban reality. What is gained and what is lost?

In the video works *Spider 1* and *Spider 2*, the multimedia artist and theatre director **Wang Jiangwei** provides an answer to this question. The video shows a typical Chinese apartment where a man and woman live together without any form of communication. However, there is a second couple present in the apartment doing exactly the same actions, but they seem to be invisible to the first couple.

Hu Yang is a true anthropologist of the private lives of the residents of Shanghai. To make the photo series *Shanghai Living* (2004-2005) he visited hundreds of apartments over a number of years and documented their occupants in their home environment with his camera. This not only provides a fascinating impression of the private homes of these residents, but also offers insight into the new and rapidly developing class consciousness of present-day China. By regularly inserting a couple of comments from the occupants, Hu Yang also manages to introduce the expectations, dreams for the future and the contentment – or otherwise – of this sample of Shanghai's population in his 'research'.

The urban environment has been a dominant factor in **Zhu Jia's** work for many years. Initially he was an observer of city life, but later also an interpreter. His most recent works reveal the flipside of all those gewerkt wordt, de viering van de oplevering van weer een nieuw appartementencomplex in Beijing, de veranderende skyline van Chengdu, etc. In sommige van deze foto's heeft Miao Xiaochun een replica van zichzelf in traditionele Chinese kledij geplaatst. Op deze wijze zet hij vraagtekens bij die snelle veranderingen van de stedelijke realiteit; wat levert het op en wat gaat er verloren?

Multimediakunstenaar en theatermaker Wang Jiangwei geeft in de videowerken *Spider 1* en *Spider 2* alvast een antwoord op deze vraag. De video toont een Chinees doorsneeappartement waar een man en een vrouw samenleven zonder enige vorm van communicatie. Op hetzelfde moment is echter ook een tweede stel in het appartement aanwezig dat precies dezelfde handelingen uitvoert, maar onzichtbaar lijkt voor het eerste koppel.

Hu Yang is de ware antropoloog van het private leven van de bewoners van Shanghai. Voor zijn *Shanghai Living* (2004-2005) heeft hij jarenlang honderden appartementen bezocht en de bewoners daarvan in hun eigen omgeving met zijn fotocamera vastgelegd. Niet alleen geeft dit een fascinerende beeld van de persoonlijke leefwereld van deze bewoners, maar het biedt ook inzicht in het zich nieuw en snel ontwikkelende klassenbewustzijn van het huidige China. Door steeds een paar opmerkingen van de bewoners toe te voegen, weet Hu Yang ook de verwachtingen, toekomstdromen en mate van tevredenheid van deze dwarsdoorsnede van de Shanghaise bevolking in zijn 'onderzoek' te betrekken.

Zhu Jia ten slotte houdt zich in zijn werk al jaren bezig met de stedelijke omgeving. Eerst als observator van het stadse leven, later ook als interpretator. Zijn meest recente werken tonen de keerzijde van al die snelle veranderingen. De enorme kaalslag van de traditionele Chinese woningbouw, waarbij de op gemeenschappelijkheid gebouwde woonvormen vervangen worden door anonieme appartementsgebouwen, gekoppeld aan de gigantische immigratiestromen en de gerichtheid op geld verdienen en consumptie, doet de sociale structuur van het land en met name die in de grotere steden radicaal veranderen. Enerzijds levert deze omslag meer materiële welstand op, meer relatieve vrijheid, maar anderzijds heeft het

rapid changes. The wholesale demolition of traditional Chinese housing, which means the residential forms based on collectivity are being replaced by anonymous apartment blocks, in combination with the massive waves of immigration and the focus on earning and spending money is causing radical change in the country's social structure, and most especially in the bigger cities. On the one hand this shift represents greater material comfort and more relative freedom, but on the other, as we have already seen with several of the aforementioned artists, it also results in a dismantling of existing values and norms, without any new ones being available to replace them. Estrangement, anonymity and isolation are aspects that play an important role in many works by these artists. Zhu Jia recently exhibited his most socially engaged work at the Guangzhou Triennial. He built a life-size copy of the living quarters of one of the millions of migrants from the Chinese countryside. These masses of migrants form the inexhaustible arsenal of cheap labour that underpins China's development as an economic superpower. Is this work a monument to the anonymous worker or a political indictment of the living conditions of these migrants and the disinterest they endure? The Chinese art of today is unsurpassed in its ability to play out this ambiguity and represents a fascinating insight into a new urban reality.

ook, zoals we al bij meerdere van bovengenoemde kunstenaars gezien hebben, een onttakeling van bestaande waarden en normen tot gevolg, zonder dat daar direct nieuwe voor in de plaats worden gesteld. Vervreemding, anonimiteit en eenzaamheid zijn aspecten die in veel werken van bovengenoemde kunstenaars een belangrijke rol spelen. Zhu Jia's meest sociaal-geëngageerde werk toonde hij onlangs op de Guangzhou Triënnale. Op ware grootte bouwde hij het onderkomen na van een van de miljoenen migranten van het Chinese platteland. Migranten die met zijn allen het onuitputtelijk arsenaal aan goedkope arbeidskrachten vormen dat aan de basis ligt van China's ontwikkeling als economische grootmacht. Een monument voor de anonieme arbeider of een politieke aanklacht tegen de leefomstandigheden van of de desinteresse voor deze migranten? De Chinese kunst van dit moment weet als geen ander deze ambiguïteit uit te spelen en daarmee een fascinerend beeld te geven van een nieuwe urbane realiteit.

Huang Du

De implosie van de Chinese stadsontwikkeling

In brede kring wordt aanvaard dat het fenomeen van de snelle groei van de Chinese steden nauw verbonden is met talrijke zogenaamd 'niet verwante' ontwikkelingen in binnen- en buitenland. Door de Aziatische financiële crisis van 1997 zag de Chinese overheid zich gedwongen haar macroeconomische reguleringsbeleid aan te passen en de aandacht te verleggen naar binnenlandse behoeften en een economisch beleid gericht op een krachtige ontwikkeling van de infrastructuur en de stedelijke gebieden. Tegelijkertijd streefde China er in zijn buitenlands beleid naar zich met de hulp van internationale organisaties aan te sluiten bij het internationale netwerk. Ook de toetreding van China tot de WTO, de uitverkiezing van Beijing als gastheer voor de Olympische Spelen van 2008 en van Shanghai als locatie voor de Wereldtentoonstelling van 2010, hebben het verstedelijkingstempo versneld.

Door de snelle economische groei in China, die gepaard ging met diverse grote nationale campagnes, zijn Beijing en Shanghai uitgegroeid tot metropolen waarvan de stedenbouwkundige planning gebruikt wordt als model voor de uitbreiding van andere steden. De golf van stadsontwikkelingsprojecten die hieruit voortkwam veranderde steden in heel China in gigantische bouw- en experimenteerterreinen. Deze 'grote sprong voorwaarts' op stedenbouwkundig gebied stelt de functionele capaciteit van de steden zwaar op de proef, niet alleen door de onophoudelijke 'sloop' en 'wederopbouw' van oude stadswijken, maar ook door de uitbreiding van de stadscentra in de richting van de periferie, waarbij dikwijls de typische lokale culturele elementen van een stad verloren gaan.

Huang Du

The Implosion of Urbanization in China

As is widely known, the phenomenon of Chinese urbanization is intimately connected with numerous supposedly 'unrelated' events, both at home and abroad. The 1997 Asian financial crisis made the Chinese government change its policy of macroeconomic regulation and instead address internal economic policy demands by means of vigorous infrastructural and urban development. At the same time, the main aim of China's foreign policy was to join the international system, with support from major international organizations. Events such as China's admission to the WTO and the selection of Beijing for the 2008 Olympics and Shanghai for the World Fair Expo in 2010 have all increased the pace of urbanization.

Following China's rapid economic growth, accompanied by major national campaigns, the metropolitan centres of Beijing and Shanghai have become unequivocal models for new urban planning and construction in other cities, triggering a nationwide wave of urbanization and effectively turning China's cities into huge building and experimentation sites. This urban Great Leap Forward has also severely tested the functional capacities of cities, with not only constant demolition and reconstruction of old urban districts but also expansion of the city centre towards the periphery, thereby destroying distinctive local cultural and other features.

If it is true that globalization is accompanied by global standardization of urban space, then China's overall experience of urbanization is the most persuasive instance of this phenomenon. In other words, urbanization increasingly tends towards homogenization. Specific manifestations of this have been the initial pursuit of Hong Kong-style transformation, followed by Singapore-style transformation and finally Euro-American-style transformation. Such

Als het klopt dat de globalisering gepaard gaat met een wereldwijde 'standaardisering' van de stedelijke ruimte, dan is de ontwikkeling in China een van de meest overtuigende voorbeelden van dit fenomeen. Met andere woorden: door de huidige stadsontwikkeling gaan de verschillende Chinese steden steeds meer op elkaar lijken. Treffend voor dit beeld van de moderne Chinese stadsontwikkeling is de wijze waarop het aanvankelijke streven naar een transformatie in 'Hongkong-stijl' veranderde in een streven naar transformatie in 'Singapore-stijl' en daarna in 'Amerikaans-Europese stijl'. Dit blinde en grillige stadsontwikkelingsbeleid heeft in mijn ogen geleid tot culturele fragmentatie: terwijl een echte 'transformatie in Euro-Amerikaanse stijl' nooit is bereikt, is er wel grote schade toegebracht aan de lokale culturele tradities van de stad, de karakteristieke elementen en het historische erfgoed. Het patroon van de stedelijke ontwikkeling gaat gepaard met een doorgaande verkaveling en herverkaveling in privé-percelen waardoor, in een maatschappij die nog steeds geen echte middenklasse kent, de opkomst van een nieuwe klasse van welgestelden wordt gestimuleerd. Uiteindelijk zal dit leiden tot nieuwe vormen van sociale en economische vervreemding en een groeiende maatschappelijke kloof tussen arm en rijk. Uit dit soort irrationele ontwikkelingsvormen is een nieuwe hybride stedelijke realiteit ontstaan.

Juist vanwege de constante toevloed van allerlei vormen van vlottend kapitaal naar de steden, waardoor het verlangen naar consumptie en de explosieve groei van de steden werd aangewakkerd, werd de aantrekkingskracht van de steden op de bevolking steeds groter. Als gevolg hiervan is de stad een belangrijk discussieonderwerp geworden, waarover zowel in officiële als informele kring hevig wordt gedebatteerd. Binnen de context van een nieuwe stedelijke cultuur wordt de Chinese sociale structuur omgevormd van een traditionele boerensamenleving in een maatschappij die volop in een modern verstedelijkingsproces is verwikkeld. Deze verandering is van invloed op de leefwijze van 1,3 miljard Chinezen. Zo confronteert de verstedelijking 800 miljoen boeren met de mogelijkheid hun geïsoleerde leefwijze achter zich te

blind, capricious urban development leads me to conclude that it has resulted in cultural fragmentation. No such Euro-American-style transformation has in fact occurred, nor have cities' cultural traditions been preserved – instead, typical local features and historical legacies have disappeared. The pattern of urban development now recalls the enclosure period, with its continuous partition and subdivision into parcels of private property, encouraging the rise of a parvenu social stratum, while society as a whole still lacks a genuine middle class. This ultimately produces new forms of social and economic alienation, as well as a widening gulf between rich and poor. Consequently, such irrational development creates a new, hybrid urban reality.

With the constant influx of all kinds of floating capital into the cities, prompting consumer demand and further urban growth, the numbers of people being absorbed into the cities is constantly increasing. As a result, cities have become 'hot' topics of debate at both official and popular level. In such a context of new urban culture, China is evolving from a traditional agricultural society into an increasingly urbanized one. This is transforming the lives of 1.3 billion Chinese. In particular, it has allowed 800 million peasants to envisage breaking out of their insular patterns of living. Among those who are participating in the urbanization process are migrant peasant workers. Were it not for the urban construction work carried out by these migrants, there would be none of the signs of flourishing development that we see today.

In fact, urbanization is the major generator of the spaces and practices of everyday life, and the process of producing cities is also the process of shaping political and economic space. At the same time, the production of cities does not always proceed entirely in accordance with people's expectations, let alone with the intentions of the city authorities. Urban space has a distinctive vitality, a life of its own – it emerges from the social production of space. Cities are not merely symbols of power, they are also instruments of power. Consequently, their expansion transforms space from its potentially egalitarian state into relationships of superiority and inferiority; at the same time, it creates constant conflict and contradiction, thereby exacerbating and intensifying the divisions

laten. Tot de plattelanders die bij het stedenbouwproces zijn betrokken, behoort de migrantengroep die als 'boerenarbeiders' wordt aangemerkt. Juist deze groep migrerende boerenarbeiders draagt in grote mate bij aan het urbanisatieproces. Zonder hun bijdrage aan de stedenbouw zou geen van de florerende ontwikkelingsgebieden die we nu zien ooit zijn gerealiseerd.

In feite is de verstedelijking de belangrijkste drijvende kracht achter het ontstaan van nieuwe stedelijke ruimten en leefwijzen. Ditzelfde proces genereert ook politieke en economische ruimten. Tegelijkertijd verloopt de ontwikkeling van de stad niet altijd geheel volgens de verwachtingen van de bevolking en zijn de resultaten niet altijd in overeenstemming met de bedoelingen van de stedelijke overheid. De stedelijke ruimte kent een eigen dynamiek, een eigen vitaliteit die voortkomt uit de sociale productie van ruimte. De stad is niet alleen een symbool, maar ook een instrument van macht. De stadsontwikkeling transformeert immers een potentieel egalitaire ruimte tot een ruimte van overheersing en onderwerping en roept bovendien voortdurend conflicten en tegenstellingen op waardoor de scheidslijnen tussen de sociale klassen steeds scherper worden. In deze zin is de stedelijke ruimte van de macht ook een gebied waarbinnen gedrag en activiteiten worden gereguleerd. Daarom manifesteert de strijd tussen de stadsbewoners zich in iedere Chinese stad onvermijdelijk als een subtiele concurrentiestrijd om posities en macht in het gebied tussen de enorme ruimten van de machthebbers en de kleine ruimten van de ondergeschikten. Hierdoor zijn twee fenomenen in het Chinese stadslandschap verschenen: aan de ene kant is de machtigen er alles aan gelegen hun ruimten bezet te kunnen blijven houden, ook al gaat dat ten koste van de natuurlijke ontwikkeling; aan de andere kant zijn de overheersten voortdurend op zoek naar ingenieuze methoden om de regels stukje bij beetje af te breken en hun ruimte te vergroten. Wat de stadsbewoners betreft verhogen deze tactieken, die het midden houden tussen rationaliteit en irrationaliteit de glamourachtige aantrekkingskracht van de stad, waardoor nieuwe tegenstellingen en conflicten aan het licht komen en een soort hybride stadscul-

between social classes. In this sense, urban power spaces in cities are zones in which human behaviour and activity are regulated. Therefore, in any Chinese city, struggles between city-dwellers invariably express themselves as subtle vying for position and power in between the vast spaces available to those who govern and the small ones available to those who are governed. As a result, two new phenomena have emerged in China's urban landscape: those who govern are using their power to violate the principles of nature so that they can continue to occupy their space, while those who are governed are constantly seeking ingenious ways to circumvent the regulations and increase the space available to them. As far as city-dwellers are concerned, such semi-rational, semi-irrational stratagems simply enhance the glamorous appeal of the city, producing new urban contradictions and conflicts and a hybrid urban culture.

The urban demolition and construction process can be seen as a process of redistributing benefits. Particularly interesting is the way in which the former natural shape of residential neighbourhood life has disappeared and the traditional communal space of contact and interaction between people has been replaced by industrialized mass production of box-like high-rise buildings, since new construction constantly increases the density and height of architectural structures and encourages the expansion of neighbourhoods and public highways. Just as the spread of modern industrial production has destroyed the hybrid democratic system of neighbourly relations that once existed in Beijing's old courtyard dwellings, the system of streets, lanes and alleyways in the old city districts has gradually been replaced by a transportation system based on main roads and side streets. Just as the manufactured dense concentration of more and more high-rise buildings has engulfed the harmonious spaces that once existed in Shanghai's alley neighbourhoods, skyscrapers have supplanted the unique, distinctive features of Guangzhou's covered walkways and arcades. In the course of this process, the mass of people on the streets gradually grows more diffuse. This inevitably leads to the disappearance of the kind of 'public communication' that is essential to civil society because it is the only kind of long-term, everyday experience of (and emotional relationship with) urban space that

tuur wordt geweven.

Het stedelijke sloop- en bouwproces kan worden gezien als een herverdelingsproces. Van bijzonder belang is hierbij de manier waarop de ooit natuurlijke leefwijze in de woonwijken is verdwenen en de traditionele 'gemeenschappelijke ruimten' voor onderling contact zijn vervangen door in massaproductie vervaardigde betonnen hoogbouwdozen. Door het nieuwbouwproces wordt de bebouwing dichter en hoger, groeit het openbare wegennet en neemt de omvang van woonwijken toe. Zoals de opkomst van moderne industriële productiemethoden een verwoestende uitwerking heeft gehad op het hybride democratische systeem van burenrelaties dat ooit was gebaseerd op de rond binnenplaatsen gebouwde woongebouwen van het oude Beijing, zo werd ook het oude systeem van wegen, straten en stegen van de oude stadswijken gaandeweg vervangen door een verkeersstelsel van hoofdwegen en zijstraten. Zoals de dichte concentraties van hoogbouw in steeds sterkere mate de harmonieuze ruimten overspoelden die ooit in de smalle straatjes van Shanghai waren ontstaan, zo hebben wolkenkrabbers de unieke overdekte promenades en arcades verdrongen die ooit kenmerkend waren voor Guangzhou. Dit leidt onvermijdelijk tot het verdwijnen van bepaalde vormen van communicatie in de openbare ruimte waaraan de burger behoefte heeft; immers, alleen via het dagelijks leven en op de langere termijn ontstaan de ervaringen en affectieve banden met de stedelijke ruimte die mensen gemakkelijk accepteren en begrijpen.

In feite ligt de grondslag voor communicatie van mens tot mens in de publieke sfeer die gevormd wordt door de *civil society* en de publieke ruimte. Volgens Jürgen Habermas is de kenmerkende eigenschap van de publieke sfeer dat die is samengesteld uit individuele burgers die samen als publiek uitdrukking geven aan de behoeften van de gemeenschap, die duidelijk is onderscheiden van de behoeften van de staat.[1] Wil het begrip publieke sfeer betekenis hebben, dan moet er een plek zijn waar zich een publieke opinie kan vormen, een ruimte van vrije en open kritiek waarin het publiek uitdrukking kan geven aan allerlei meningen, ideeën en standpunten. Vanuit dit cul-

people can readily accept and understand.

In fact, the basis for communicative interaction between individuals is a public sphere composed of civil society and public space. According to Jürgen Habermas, the public sphere is made up of private people who gather as a public and articulate the needs of society within the state.[1] Consequently, the public sphere depends on the existence of a place where, in a spirit of free and open criticism, the public can express all kinds of opinions, ideas and views. In cultural terms, China's urbanization process has failed to establish such a public sphere. If a public sphere based on both the individual and collective neighbourhood is not established, it will be difficult for a proper civil society to emerge.

So what is responsible for this current state of affairs? This is related to China's linear conception of development, in which the state has basically pursued a 'tomorrow things will be better' policy based on the notion of mechanical progress and Darwinist social thinking. Urbanization in China has taken the Hong Kong and US models of development as reference systems, using methods of mechanical application and direct translation. As a result, individual cities fail to take account of their own history and differences, and so lose their uniqueness and authenticity. Of course, China's urbanization is not genuinely internationalized, but instead is built on imaginary foundations – an ongoing process of repeated 'misreadings and misunderstandings', lacking rational, scientific proof and without practical investigation and research. In other words, the urbanization process has ultimately lost sight of the existential principles and harmonious ideals of building public space on the basis of an urban civil society.

It goes without saying that Beijing, Shanghai, Guangzhou and Shenzhen, cities that typify the ongoing urbanization process, are currently undergoing a dramatic transformation in their patterns of thinking, social consciousness, social norms, ethics, morals, lifestyle and aesthetic consciousness. In such a developmental situation, it is hard for artists to escape being caught up in these huge changes. Although being unable to ward off urbanization makes people feel extremely helpless, they still consciously try to resist the changes wrought by the avant-garde. They are always able to find their own living spaces

turele perspectief bekeken heeft de verstedelijking in China niet geleid tot het ontstaan van zo'n publieke ruimte of een *civil society*. Als een dergelijke publieke ruimte, die zowel de individuele als de gemeenschappelijke omgeving als basis heeft, niet tot stand komt, dan zal het ook moeilijk zijn de cultuur van een *civil society* te ontwikkelen.

Maar hoe heeft de huidige situatie kunnen ontstaan? Dit heeft alles te maken met het lineaire ontwikkelingsconcept dat in China wordt gehanteerd. In de grond genomen komt het binnenlands beleid van de staat voort uit de gedachte 'morgen zal alles beter worden', gebaseerd op een theorie van mechanische vooruitgang en een sociaal-darwinistische denkwijze. Voor de ontwikkeling van de Chinese steden werden Hongkongse en Amerikaanse ontwikkelingsmodellen als uitgangspunt genomen, rechtstreeks vertaald en op mechanische wijze toegepast, zonder rekening te houden met de eigenheid en de geschiedenis van de stad in kwestie, die daardoor zijn unieke karakter en authenticiteit verliest. Natuurlijk is de stadsontwikkeling in China niet echt geïnternationaliseerd, maar stoelt ze eerder op denkbeeldige internationale concepten, op een aaneenschakeling van misvattingen en misinterpretaties zonder enige rationele, wetenschappelijke onderbouwing en zonder praktisch onderzoek. Uiteindelijk is de stadsontwikkeling losgeraakt van de bestaande principes en eensgezinde idealen van het bouwen van een publieke ruimte op de fundamenten van een *civil society* en een *civil city*.

Het spreekt vanzelf dat steden als Beijing, Shanghai, Guangzhou en Shenzhen, als belangrijkste vertegenwoordigers van het ingrijpende urbanisatieproces op dit moment een enorme transformatie ondergaan in hun denkprocessen, sociaal bewustzijn, sociale, etnische en morele normen, manier van leven en esthetisch bewustzijn. Tegen de achtergrond van deze ontwikkelingen is het voor kunstenaars moeilijk te voorkomen dat ze worden meegezogen in de realiteit van deze gigantische veranderingen. Hoewel het gebrek aan macht om de stadsontwikkeling tegen te gaan de bevolking een hulpeloos gevoel geeft, blijven kunstenaars actief een geest van verzet uitdragen in de pioniersgeest van de 'avant-garde'. In steden

in cities that never stop moving, sometimes in the grey area between city and country (such as Feijiacun and Suojiacun in Beijing)[2] or in the enclaves that have emerged in abandoned urban factories (such as Factory 798, the *Erguotou* Distillery and Shanghai's Mogenshan Road factory site).

Owing to the rapidly increasing commercialization of urban space, cities are in a constant state of flux. As far as artists are concerned, such spaces are always indeterminate and temporary. Artists seem more like nomads, always mentally prepared to move on. It is precisely such spaces, characterized by indeterminate processes of fusion and fission, that trigger their artistic energies, constantly spurring them to construct new alternative spaces.

Given the blurred relationship between the destruction and creation of urban space in China today, artists have no choice but to re-examine the cultural issues of the self and the other, the new and the old, tradition and modernity, chaos and order. Their artistic conceptions have begun to shift from the grand narratives of the collective to the microscopic expressions of the individual. They are borrowing a global vision to re-examine their own living conditions, rediscovering their 'indigenous' values and contributing more variegation and difference to the globalizing world. They are using the methods of micro-sociology and micro-politics to observe and analyse cultural issues in and outside metropolises. Resisting the new totalitarian forces of capitalism and the power discourses propagated by the urban environment, they are calling for new freedoms and demanding that society's elites rethink our social structure and system of law and order.

Without doubt, artists are the most appropriate social grouping to shoulder this burden of insight into and involvement in social change and return to close observation of reality. Artists are playing a pioneering role in China's urbanization process. They have not only shaken off the post-colonial discourse, but are also bravely challenging the orthodox discourse with an independent critical consciousness, revealing the complex – and hitherto obscured – issues raised by the urbanization of social space and everyday life.

It is precisely within this scenario of urban implosion, in which cities superficially appear to develop in a remarkably tranquil and stable manner, die constant in beweging zijn, zijn ze altijd in staat eigen bestaansruimten te vinden, die soms in het grijze gebied tussen de stad en het platteland liggen (zoals Feijiacun en Suojiacun in Beijing),[2] of in de enclaves die zijn opgebouwd in verlaten stedelijke fabriekscomplexen (zoals Factory 798, de Erguotou-destilleerderij en het Mogenshan Road-complex in Shanghai).

Door de snelle commercialisering van de stedelijke ruimte zijn de steden voortdurend in beweging. Voor de kunstenaars is dit soort ruimten altijd onbepaald en tijdelijk. Kunstenaars zijn als nomaden, altijd mentaal voorbereid om te verkassen. Juist zulke ruimten, die gekenmerkt worden door onbestemde processen van vermenging en splitsing, stimuleren de uitbarsting van artistieke energie, waardoor de kunstenaars worden aangespoord om nieuwe, alternatieve ruimten te construeren.

Met het verstoorde evenwicht tussen afbraak en opbouw in de stedelijke omgeving, worden Chinese kunstenaars gedwongen na te denken over culturele tegenstellingen als die tussen ik en de ander, nieuw en oud, traditie en moderniteit, chaos en orde. Hun artistieke opvattingen zijn gaan schuiven van de grote verhalen van het collectief naar het kleine persoonlijke verhaal van het individu. Ze heroverwegen hun individuele bestaan aan de hand van een soort geleende mondiale visie, herontdekken hun oorspronkelijke waarden en dragen bij aan variatie en differentiatie in de 'globaliserende' wereld. Ze analyseren en observeren met behulp van kleinschalige sociologische en politieke methoden culturele kwesties en problemen binnen en buiten de metropool. Om tegenwicht te bieden aan de nieuwe totalitaire krachten van het kapitalisme en het machtsdiscours van de stad, pleiten ze voor nieuwe vrijheden en doen ze een beroep op de sociale elites om opnieuw na te denken over de bestaande maatschappelijke structuur.

Ongetwijfeld zijn kunstenaars de meest geschikte sociale groep om nieuwe inzichten te verkrijgen en deel te nemen aan sociale veranderingen, alvorens weer terug te keren naar het observeren van de werkelijkheid. Kunstenaars hebben een voorhoederol in de ontwikkeling van

that people's views of life and values have undergone tremendous change – change that lies just beneath the surface, filling the air with desires for materialism. People have not only lost all sense of social responsibility and moral precepts, but have also failed to establish idealistic convictions in their stead. In this situation, Chinese artists, with their distinctive approaches, are creating artworks that tackle the contentious issues of urbanization. Our selection of artworks for this exhibition is mainly comprised of photographs and videos. Some of these works critically examine the influence of Chinese urbanization on social artifice, while others dissect the relationship between supra-metropolitan cities and personal anxiety. Some describe the life attitudes and stances of the self and others, while others reveal hidden hegemonic discourses of urban society. Some re-examine the relationship between artistic production and real life, while others reflect a kind of utopian idealism.

At a time when expressions of ideology are in crisis, the cultural politics of globalism and expositions on post-colonialism are reaching the point of exhaustion, becoming a kind of broad cultural experience. Against this background, a tendency to eliminate superficial (historical and political) symbols from contemporary Chinese art is beginning to emerge. It is not that artists do not have their own historical and political consciousness, but rather that their independence, freedom and individuality have come to the fore. Artists have consciously extricated themselves from the symbolic grand narratives, and are now using microcosmic views and methods of observation to uncover more complex, more hidden realities. In a society that is undergoing profound transformation, they have firmly seized the critical issues raised by urbanization: what kind of city is this, who made it, and how can one live in it? Whether in terms of visual language or in terms of their conceptual excavation and analysis of the structure of everyday life, their works all provide concrete responses to these issues.

1. Jürgen Habermas, **The Structural Transformation of the Public Sphere: An Inquiry into a Category of Bourgeois Society**. Trans. Thomas Burger with Frederick Lawrence. Cambridge, MA: MIT Press, 1991, p. 176.
2. At the end of 2004 a company used 3,3 ha of land in Suojiacun, Chaoyang District, Beijing, to build the Suojiacun International Art Camp, which consisted of artists' studios and workshops. In mid-June 2005, the Beijing government, using illegal construction as a pretext, demanded that the complex be torn down. Hundreds of artists signed a petition appealing for its preservation, but after several months of consultations they were unable to prevent the complex from being demolished and were expelled from their 'artistic space'.

de Chinese steden. Ze hebben niet alleen het postkoloniale discours van zich afgeschud, maar ook de moed gehad vanuit een onafhankelijk kritisch bewustzijn vraagtekens te plaatsen bij het 'orthodoxe' discours. Ze durven onverbloemd te spreken over kwesties die te maken hebben met de invloed van de verstedelijking van de sociale ruimte op het dagelijks leven, iets wat lange tijd in het verborgene was gehouden.

Juist in het kader van deze stedelijke implosie, waarbij de stad zich oppervlakkig gezien op een buitengewoon rustige en stabiele wijze lijkt te ontwikkelen, ondergaat de blik van de bevolking op het leven en de moraal ingrijpende veranderingen, veranderingen die vlak onder de oppervlakte liggen en de lucht vullen met materialistische verlangens. Men heeft niet alleen ieder gevoel voor sociale verantwoordelijkheid en moreel besef verloren, maar die ook niet vervangen door nieuwe ideële overtuigingen. In reactie op de confrontatie met dit soort situaties bedenken Chinese kunstenaars vanuit hun eigen positie kunstwerken die ingaan op de controversiële problemen die met de verstedelijking gepaard gaan.

De selectie van kunstwerken voor de tentoonstelling 'China Contemporary' en deze publicatie bestaat voornamelijk uit foto- en videowerken. In bepaalde werken wordt kritisch gekeken naar de invloed van de Chinese verstedelijking op sociale omgangsvormen, terwijl in andere werken de relatie tussen de megametropool en persoonlijke angsten wordt ontleed. Sommige kunstenaars belichten levenshoudingen en opvattingen van zichzelf en anderen, anderen belichten verborgen machtsvertogen in de stedelijke maatschappij, onderzoeken de relatie tussen het kunstzinnig proces en het werkelijke leven, of weerspiegelen in hun werk een utopisch idealisme.

In deze tijden waarin het uitdragen van een ideologie niet langer vanzelfsprekend is, raken cultuurpolitieke stellingen van het postkolonialisme en het globalisme uitgeput en vervagen tot een soort algemene culturele ervaring. Tegen de achtergrond van een dergelijke cultuur lijkt er een tendens te groeien om 'oppervlakkige (historische en politieke) symbolen' los te maken van de hedendaagse Chinese kunstpraktijk. Het is niet zo dat kunstenaars geen eigen (historisch en politiek) bewustzijn meer hebben, maar ze laten hun onafhankelijkheid, vrijheid en individualisme prevaleren. Kunstenaars hebben zich bewust losgemaakt van de grote verhalen, en richten zich steeds meer op microkosmische ideeën en methoden om complexere en dieper verborgen realiteiten te ontcijferen en aan de oppervlakte te brengen. Onder sterk veranderende maatschappelijke omstandigheden bijten ze zich vast in kritische vragen over de werkelijkheden die de verstedelijking met zich meebrengt: Wat voor soort stad is dit? Wie heeft deze stad gemaakt? Hoe kunnen we in dit soort stad leven? In hun werken proberen ze een concreet antwoord te geven op deze vragen, door de beeldtaal of door de structuur van het alledaagse leven te analyseren en bloot te leggen.

1. Jürgen Habermas, **Strukturwandel der Öffentlichkeit. Untersuchungen zu einer Kategorie der bürgerlichen Gesellschaft**. Frankfurt a.M., 1990. Oorspr. 1962.
2. Aan het eind van 2004 richtte een bedrijf een 3,3 ha groot terrein in Suojiacun, in de wijk Chaoyang in Beijing in met kunstenaarsateliers en werkplaatsen: het Suojiacun International Art Camp. Half juni 2005 eiste het stadsbestuur van Beijing dat het complex zou worden afgebroken omdat het illegaal zou zijn gebouwd. Honderden kunstenaars tekenden een petitie voor het behoud van het kunstcentrum, maar ondanks maandenlang overleg wisten ze niet te voorkomen het complex werd gesloopt en de machteloze kunstenaars op straat stonden.

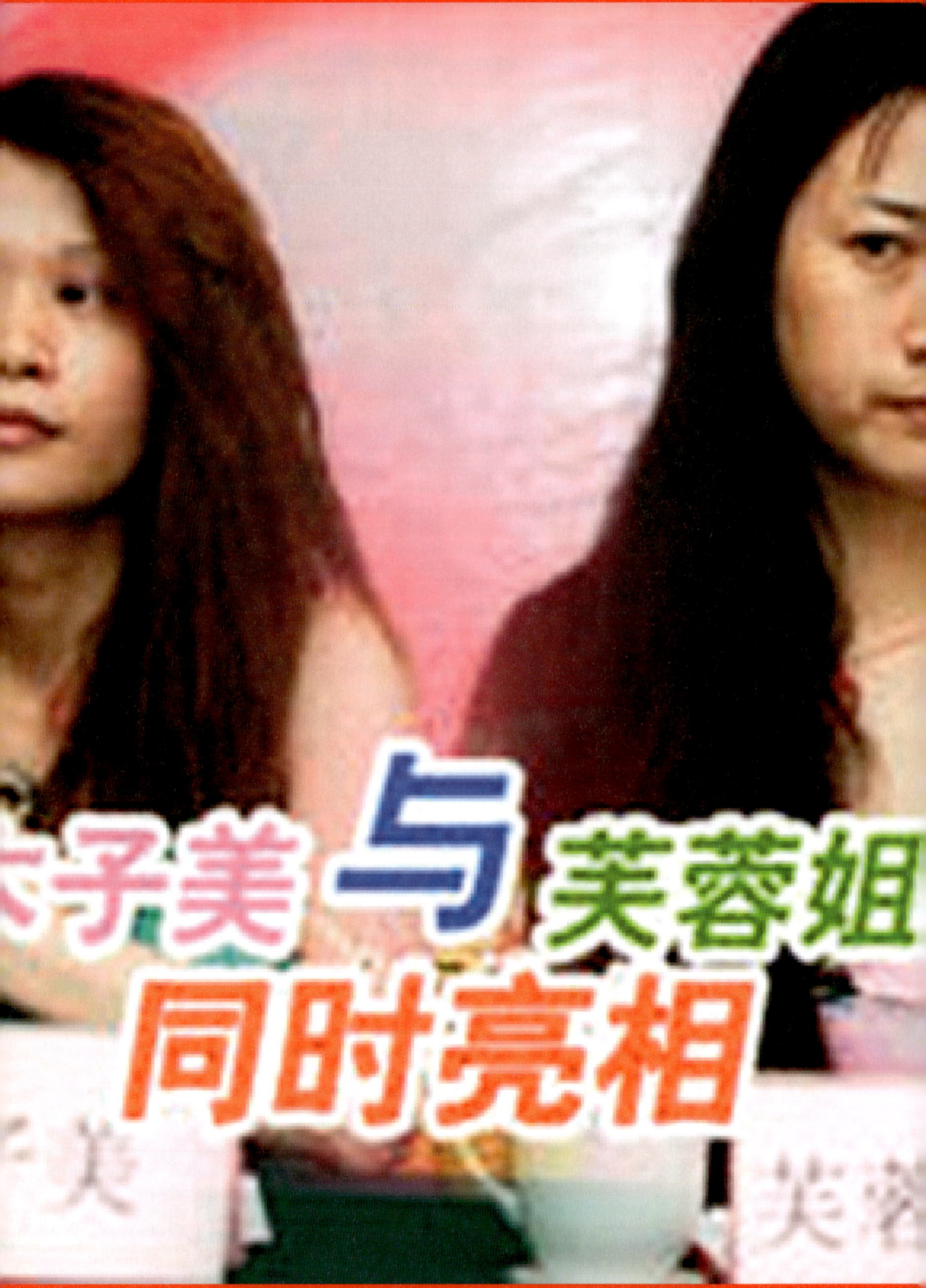

Twee internetberoemdheden: columniste Mu Zimei (links) en 'seksbom' Fu Rong Jiejie (bron: internet)

Two Internet celebrities: columnist Mu Zimei (left) and 'sex bomb' Fu Rong Jiejie (source: internet)

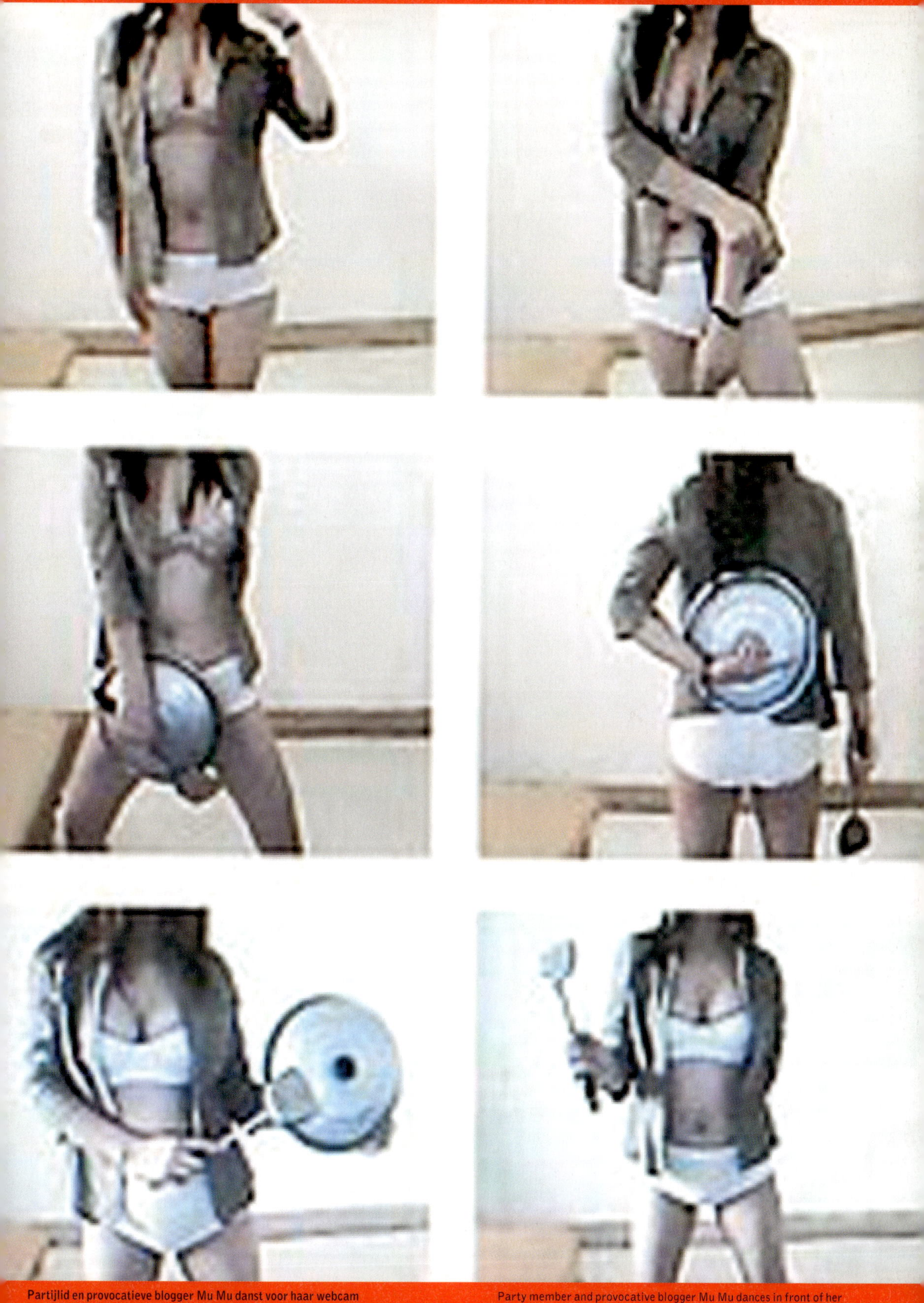

Partijlid en provocatieve blogger Mu Mu danst voor haar webcam (bron: internet)

Party member and provocative blogger Mu Mu dances in front of her webcam (source: internet)

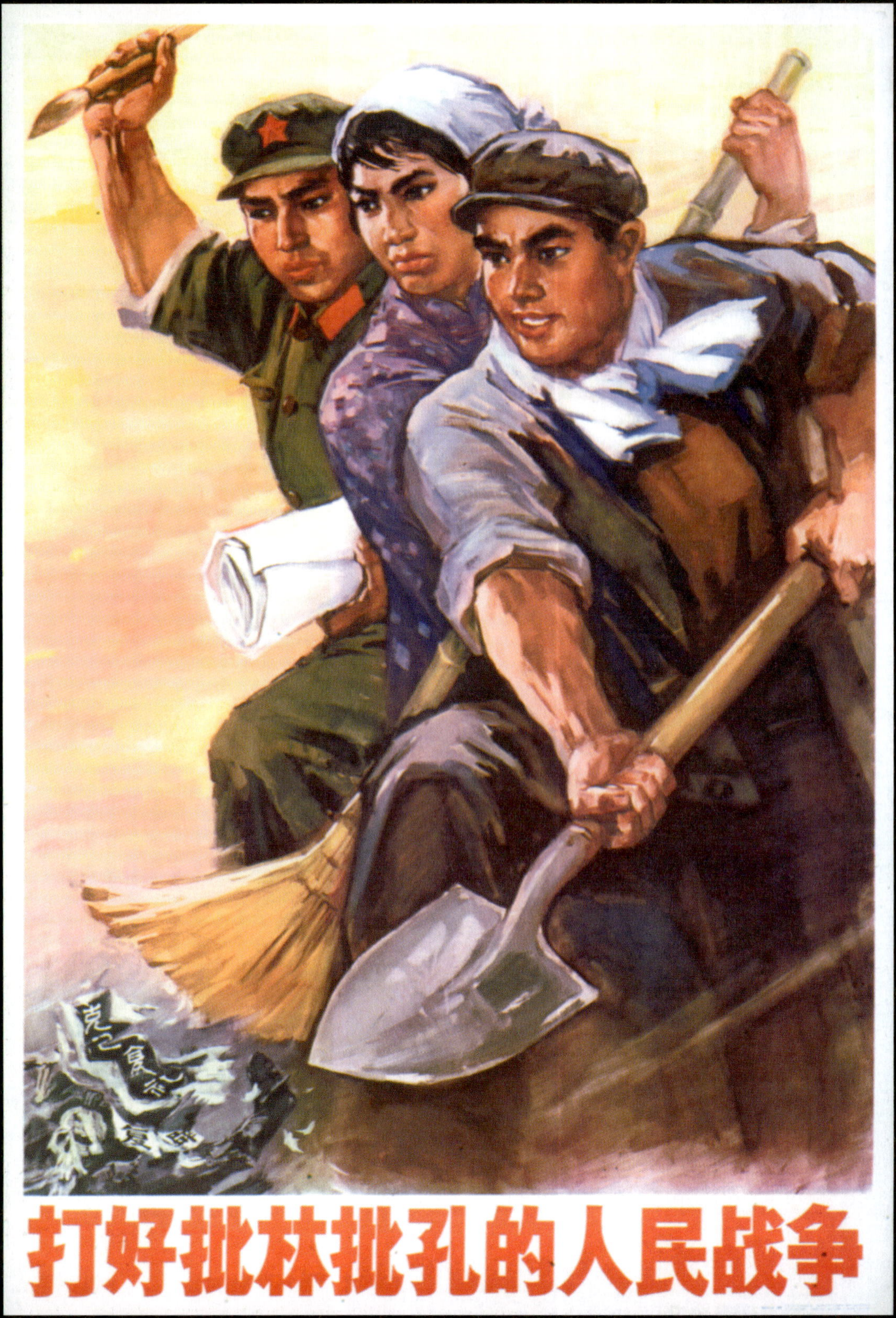

Culturele Revolutie-campagne voor kritiek op Liu Biao en Confucius, met soldaat, boerin en arbeider
(Coll. Stefan Landsberger/Internationaal Instituut voor Sociale Geschiedenis, Amsterdam)

Cultural Revolution campaign for criticism of Liu Biao and Confucius, with soldier, peasant girl and worker

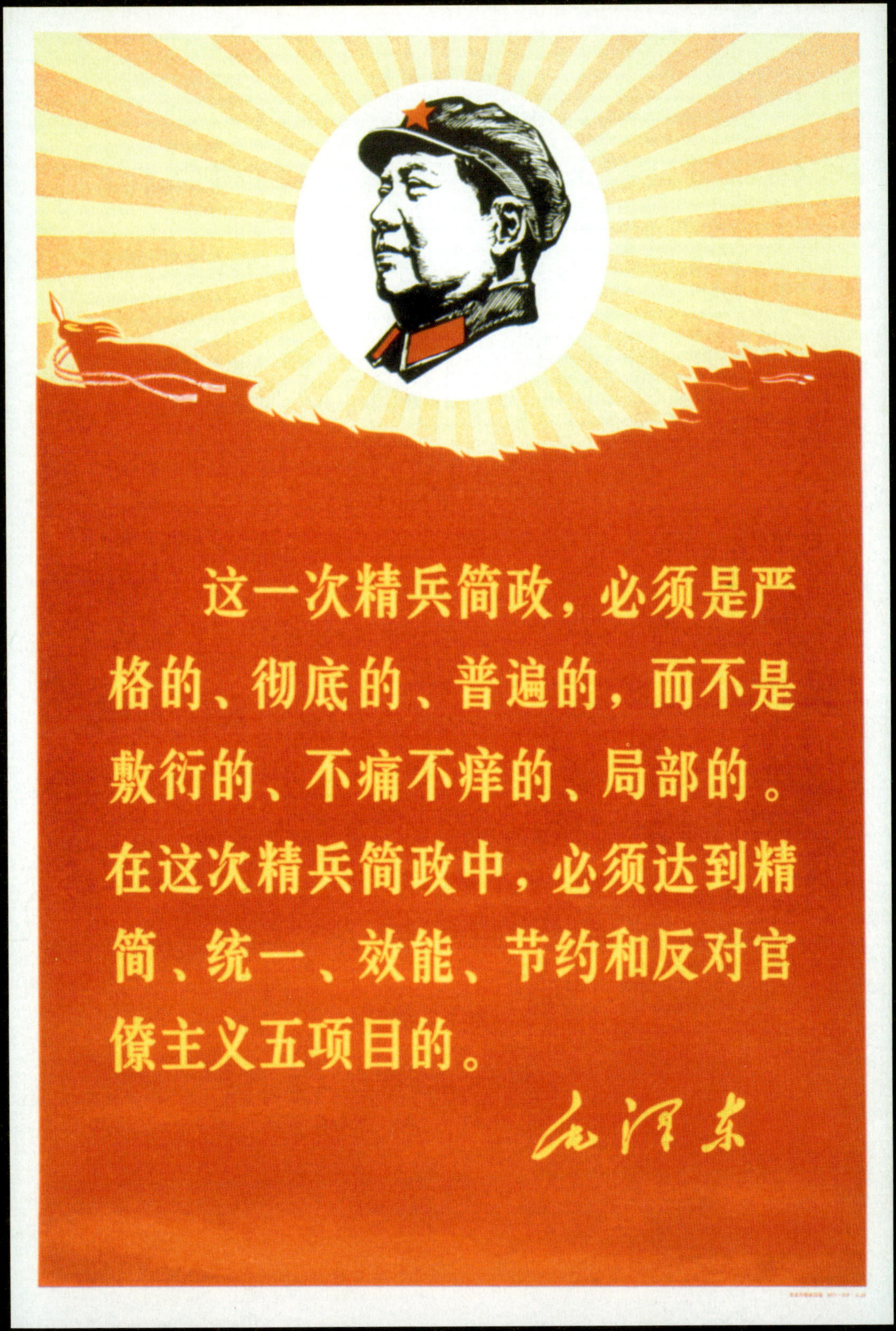

Culturele Revolutie-poster met 'Voorzitter Mao's Nieuwste Instructies' over legerhervormingen
(Coll. Stefan Landsberger/Internationaal Instituut voor Sociale Geschiedenis, Amsterdam)

Cultural Revolution poster with 'Chairman Mao's Latest Instructions' about army reforms

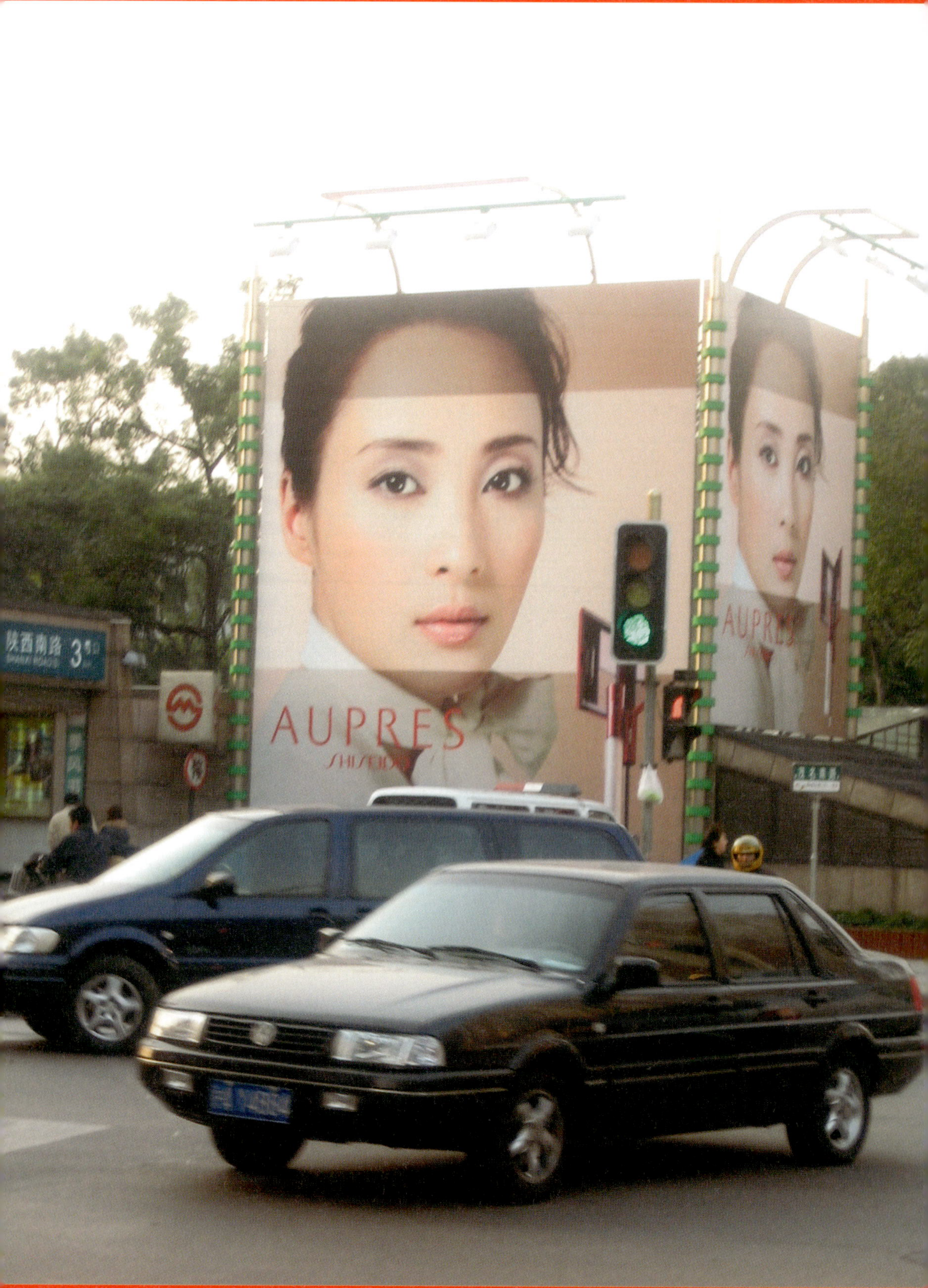

Straatbeeld/Street in Shanghai, December 2005

Christine de Baan

Freeze Frame

Nieuwe gezichten — Wie door de straten van de oude Franse concessie in Shanghai loopt en omhoogkijkt, weet zich gadegeslagen door dromerig kijkende vrouwen, met bleke huid, ovale gezichten en lichtgeplooide donkere ogen. Met deze mix van Chinese en westerse gelaatstrekken, het nieuwe schoonheidsideaal, maken ze op gigantische billboards reclame voor Shiseido, L'Oréal, Motorola en Nescafé. Het mannelijke gezelschap van de schoonheden is steevast Yao Ming: langste basketballer ter wereld, spelend voor de Houston Rockets maar geboren en getogen in Shanghai, met afstand China's grootste idool van het moment. Dat maakt zijn vierkante hoofd zowel geschikt om Apple, Visa, Pepsi en McDonald's mee aan te prijzen, als de diensten van Chinese technologiebedrijven als China Unicom en internetportal SOHU. De verpersoonlijkte globalisering.

Slechts een zuivelreclame met stevige Chinese meid in ruimtepak – 'special milk voor China's astronauts' – herinnert nog enigszins aan de tijd waarin de grote affiches bevolkt werden door stoere mannelijke en vrouwelijke kameraden. Soldaten, boeren en arbeiders, zij-aan-zij met fiere blik gericht op een glorieuze communistische toekomst, beheersten in de jaren zeventig het straatbeeld. Nu zijn er in Shanghai hippe T-shirts te koop waarop de boerin zich heeft omgedraaid om de arbeider een zoen te geven, terwijl de soldaat nurks voor zich uit blijft kijken. Welkom in hedendaags China.

In de zomer van 2005 brachten miljoenen Chinese jongeren voor het eerst hun stem uit. Op een meisje. Via sms. Terwijl westerse journalisten de 'Supergirl'-verkiezing verwelkomden als de eerste

Christine de Baan

Freeze Frame

New faces — Anyone looking up as they walk through the streets of the old French concession in Shanghai is aware of being watched by dreamy looking, pale-skinned women with oval faces and dark eyes with lightly folded lids. With this mix of Chinese and Western features – the currently fashionable ideal of beauty – they advertise Shiseido, L'Oréal, Motorola and Nescafé on giant billboards. The male companion of these beauties is invariably Yao Ming: the world's tallest basket ball player, who plays for the Houston Rockets but was born and bred in Shanghai, and by a long chalk China's greatest idol of the moment. This makes his square features equally suitable to promote Apple, Visa, Pepsi and McDonald's, as the services of Chinese technology firms like China Unicom and internet portal SOHU. Globalization personified.

One single advertisement for dairy products showing a sturdy Chinese girl in a spacesuit – 'special milk for China's astronauts' – recalls the time when the huge posters were peopled with stalwart male and female comrades. In the 1970s the street-scene was dominated by soldiers, farmers and workers, side-by-side gazing proudly out towards a glorious communist future. Today in Shanghai you can buy cool T-shirts showing the farm girl turning round to kiss a soldier, while the worker looks on ahead with a surly stare. Welcome to present-day China.

In the summer of 2005 millions of young Chinese voted for the first time. For a girl. Via sms. While Western journalists welcomed the 'Supergirl' election as the first national democratic event in China, local intellectuals derisively wrote it off as a 'democracy fantasy'. Nonetheless Supergirl – an Idols-style contest organized by the television station of the southern province of Hunan and sponsored by 'Mon-

nationale democratische gebeurtenis in China, werd de verkiezing door intellectuelen ter plaatse spottend afgedaan als een 'democratiefantasie'. Niettemin was Supergirl, een Idols-achtige wedstrijd georganiseerd door het televisiestation van de zuidelijke provincie Hunan en gesponsord door 'Mongoolse Koe Zure Yoghurt', in meerdere opzichten betekenisvol. De show brak alle kijkersrecords en demonstreerde de nieuwe verhoudingen in het Chinese televisielandschap. Naar de slotuitzending op 26 augustus keken ruim 400 miljoen mensen, meer kijkers dan ooit zijn gehaald door de jaarlijkse nieuwjaarsuitzending, het populairste programma van de staatsomroep CCTV. Laat staan door de talentenjachten van CCTV, waarvan de winnaar bij voorbaat al vastligt. Uniek aan Supergirl was juist de ongewisse uitslag. In de weken voor de laatste uitzending bediscussieerden Chinese jongeren in internetfora fanatiek de verdiensten van de mededingsters.

Voor de oudere generatie Chinezen was de winnares een complete verrassing, die vooral bij mannen woede en wantrouwen opriep: Li Yuchun is een spichtig, jongensachtig type met piekhaar en een lage, weinig melodieuze stem. Ze is in alles het tegenovergestelde van het ideale Chinese vrouwbeeld en lijkt in niets op haar zusters van de billboards. Supergirl danst hoekig, draagt meestal jongenskleren en kijkt brutaal uit haar ogen. Van alle mededingsters heeft ze verreweg de meest uitgesproken persoonlijkheid. Dat lijkt ook haar aantrekkelijkheid te verklaren voor de horden meisjes die haar hysterisch toejuichten: assertiviteit, zelfverzekerdheid en afwijkend gedrag wonnen het van de gangbare zoete bedeesdheid. Die houding, en het gegeven dat ze vanuit het niets plotseling beroemd kon worden, maakt Li Yuchun tot een rolmodel voor veel jonge Chinese vrouwen. Velen van hen voelen zich ook direct betrokken bij haar succes: zíj hebben tenslotte op haar gestemd.

China TV — Vanaf de vroege jaren tachtig is het Chinese televisienetwerk snel uitgegroeid van enkele tientallen stations tot de huidige omvang van ruim 700 zenders en 3000 televisiekanalen. De inhoudelijke vernieuwing verloopt echter traag. Statistisch gezien heeft ieder Chinees huishouden

golian Cow Sour Yoghurt' – was significant in several ways. The show broke all viewers records and demonstrated the new state of affairs in the Chinese television landscape. Some 400 million people watched the final transmission on 26 August, more viewers than ever clocked up by the annual new year broadcast, the most popular programme of the state broadcasting network CCTV (China Central Television). To say nothing of CCTV's talent search, the winner of which is predetermined. What made Supergirl unique was the fact that the result was uncertain. In the weeks preceding the final transmission, young people in China fanatically discussed the relative merits of the contestants on internet forums.

The winner came as a total surprise to the older generation of Chinese and provoked anger and mistrust, particularly among the men: Li Yuchun is a lanky tomboy with spiky hair and a deep, rather unmelodious voice. She is in every way the opposite of the ideal Chinese female image and bears no resemblance whatever to her billboard sisters. Supergirl dances in an angular fashion, usually wears boys clothes and has a brazen look in her eyes. Of all the contestants she has by far the most forceful personality, which seems to be what attracted the hordes of young girls who hysterically cheered her on: assertiveness, self-assurance and unconventional behaviour triumphed over the usual sweet timidity. Her bold personality, coupled with the fact that she was catapulted into fame from nothing, turned Li Yuchun into a role model for many young Chinese women. Huge numbers of them felt personally caught up in her success: after all, it was they who voted for her.

China TV — Since the early 1980s the Chinese television network has mushroomed from a few dozen stations to the current volume of some 700 stations and 3000 television channels. Renewing the content however is a slow process. Statistically speaking each Chinese household has at least one television, although

ten minste één televisie, al hebben stedelingen er verhoudingsgewijs meer dan plattelandsbewoners. Gemiddeld kunnen zij daarop vijfendertig zenders ontvangen met een doorgaans weinig afwisselend menu van soaps, historische series, showprogramma's, sport en staatsnieuws. Van die zenders is CCTV, dat uitzendt op zestien kanalen, de enige met landelijke dekking, maar ook de stedelijke en provinciale zenders zijn nauw gelieerd aan de staat. Ze zijn verplicht het CCTV-avondnieuws – gecontroleerd door de propaganda-afdeling van de communistische partij – uit te zenden en de staatszender heeft het monopolie op de aanschaf van buitenlandse programma's. Ondanks deze overmacht heeft CCTV slechts een marktaandeel van dertig procent, omdat lokale zenders beter aansluiten bij de specifieke interesses van de diverse bevolkingsgroepen in het uitgestrekte China.

Een enkel provinciaal station als HunanTV heeft een bovenlokaal bereik. De exploderende populariteit van deze zender wordt in Beijing met lede ogen aangezien – het succes van *Supergirl* leidde zelfs tot openlijk protest in gebieden waar HunanTV niet ontvangen werd – mede omdat CCTV door flinke subsidiekortingen afhankelijker wordt van advertentie-inkomsten en dus van marktaandeel. HunanTV lijkt de weg naar de harten van de nieuwe generatie Chinezen te hebben gevonden door een programmering waar Talpa nog eer mee kan inleggen. Eenzijdig gericht op het vergroten van marktaandeel en regelmatig langs de grenzen van het toelaatbare scherend, maken de Hunan-televisiemakers veelbekeken Chinese versies van westerse dating shows, stuntwedstrijden en spelletjesprogramma's, gepresenteerd door hip bebrilde presentatoren. Maar met een goede antenne voor wat Chinezen bezighoudt weten ze ook te scoren met de dramaserie *Absolute Macht*, een aanklacht tegen corruptie.

Tot nu toe worden buitenlandse zenders slechts mondjesmaat en onder strenge voorwaarden in China toegelaten. De vanuit Hong Kong opererende nieuws- en entertainmentzender Phoenix leek aanvankelijk een vernieuwende en onafhankelijke bijdrage te gaan leveren aan het Chinese

city dwellers own relatively more TV sets than people in rural areas. On average they can receive thirty-five stations showing a generally unvarying diet of soaps, historical series, show programmes, sport and state news. Of those stations CCTV, which broadcasts on sixteen channels, is the only one with national coverage, but municipal and provincial stations are also closely linked to the state. They are obliged to show the CCTV evening news – controlled by the Communist Party propaganda department – and the state broadcasting station has the monopoly over acquisition of foreign programmes. Despite this supremacy, CCTV has only a thirty-per-cent share of the market because local stations more closely reflect the specific interests of China's diverse population groups.

Some provincial stations such as HunanTV have a larger-than-local reach. This station's exploding popularity is regarded with envy in Beijing - the success of *Supergirl* even led to open protest in areas where HunanTV cannot be received – partly because substantial subsidy cuts have meant that CCTV is becoming more dependent on income from advertising and, therefore, also on market share. HunanTV appears to have found the way into the hearts of the new generation of Chinese with a highly populist type of programming. One-sidedly targeted at increasing market share, and regularly skirting the boundaries of the permissible, the Hunan television producers make hugely popular Chinese versions of Western dating shows, stunt contests and games shows, presented by hip bespectacled hosts. But with an eye to current Chinese concerns, they also score with the drama series *Absolute Power*, an indictment of corruption.

Up to now only a very few foreign broadcasting stations have been allowed into China and, those that have, are bound by strict conditions. The Hong Kong-based entertainment and news station Phoenix initially looked as though it might produce an innovative and independent contribution to the range of Chinese television. But the STAR group, to which the station belongs, has become so deeply entangled with the Beijing censors that the station is now mockingly called the second CCTV. Competition for their music station V-Channel comes from Viacom, one of the few foreign companies to have broadcasting rights inside

televisieaanbod. De STAR-groep waar de zender toe behoort is inmiddels echter zo verweven geraakt met de censors in Beijing dat het station spottend een tweede CCTV genoemd wordt. Concurrentie voor hun muziekzender V-Channel komt van Viacom, een van de weinige buitenlandse maatschappijen met uitzendrechten binnen China. Sinds 2003 mag het bedrijf 24 uur per dag MTV en Nickelodeon uitzenden in het aan Hong Kong grenzende Guangdong, als vanouds de provincie die het eerst aan invloeden van buitenaf wordt blootgesteld. Elders zijn de programma's een paar uur per dag onderdeel van het aanbod van CCTV of lokale zenders. Ze vertonen weinig gelijkenis met hun westerse versies: Nickelodeons wedstrijden in boeren en winden laten worden ongeschikt geacht voor Chinese kinderen en MTVChina zendt hoofdzakelijk brave Aziatische synthopop uit.

Alle programma's hebben zich te houden aan het rijtje ongeschreven regels dat de Chinese media domineert, met bovenaan 'de drie T's': verwijzingen naar Taiwan, Tibet of Tiananmen zijn taboe. Evenals seks, geweld of bloederige scènes, vulgair taalgebruik, politieke grapjes of sociale problematiek. Niets anti-Chinees, antisocialistisch of tegen de Chinese communistische partij. Geen beelden van vroegere Chinese leiders als Mao, Deng Xiaoping of Jiang Zemin. Ook verboden: het Vrijheidsbeeld. Verwijzingen naar Falun Gong, 'bijgelovige' of religieuze inhoud: niet doen. En ten slotte mag een kus of een tatoeage niet langer dan drie seconden in beeld zijn. Vergeet Madonna maar, of Robbie Williams, laat staan 50 Cent en Eminem.

Doe-het-zelftelevisie — Sinds april 2005 is er echter een alternatief voor al die jongeren aan wie de Chinese televisie niets te bieden heeft. De website Toodou.com is een platform voor 'vodcasting', waarbij audiovisuele bestanden direct vanaf internet gedownload kunnen worden naar pc, iPod of mobiele telefoon. Opgericht door Gary Wang en Marc van der Chijs, een Chinees-Nederlands duo van internetondernemers, is Toodou een onafhankelijk digitaal tv-station met meer dan honderdduizend verschillende kanalen. De 'uitzendingen' worden verzorgd door jonge Chinezen, gewapend

China. Since 2003 the company has been allowed to broadcast MTV and Nickelodeon 24-hours a day in the province of Guangdong, which borders on Hong Kong and is traditionally the province first exposed to foreign influences. Elsewhere the programmes form part of CCTV or local stations' programming for a couple of hours a day. They display little similarity to their Western versions: Nickelodeon's burping and farting contests are deemed unsuitable for Chinese children, and MTVChina predominantly broadcasts tame Asian synthopop.

All programmes have to adhere to the set of unwritten rules that dominates Chinese media. Topping the list are 'the three Ts': references to Taiwan, Tibet or Tiananmen are taboo. As are sex, violence or bloody scenes, vulgar language, political jokes or social issues. Nothing anti-Chinese, antisocial or against the Communist Party. No images of former Chinese leaders such as Mao, Deng Xiaoping or Jiang Zemin. Also banned: the Statue of Liberty. References to Falun Gong or content of a 'superstitious' or religious nature are out of bounds. And finally a kiss or a tattoo cannot be depicted for longer three seconds. Forget Madonna or Robbie Williams, let alone 50 Cent and Eminem.

DIY TV — Since April 2005, however, there is an alternative for all young people for whom Chinese television has nothing to offer. The website Toodou.com is a platform for 'vodcasting', which allows audio-visual files to be downloaded direct from the internet to a PC, iPod or mobile phone. Founded by Gary Wang and Marc van der Chijs – a Chinese-Dutch duo of internet entrepreneurs – Toodou is an independent digital TV station with more than a hundred-thousand different channels. The 'broadcasts' are provided by young Chinese armed with digital video cameras or mobile phones with video functions. Every day

met digitale videocamera of mobiele telefoon met videofunctie. Dagelijks sturen honderden Toodou-leden korte zelfgemaakte films naar de site, die door duizenden kijkers worden gedownload en gerecenseerd. De populairste filmpjes krijgen een reputatie tot ver over de grenzen, zoals de Back Dorm Boys met hun perfect getimede playback-persiflages.

De combinatie van digitale video en internet biedt in principe de ultieme vrijheid aan de makers: ze zijn niet alleen hun eigen regisseur, scriptschrijver en cameraman, maar ook de baas van hun eigen 'zender'. Niets let hun om hun wildste fantasieën uit te leven, liefdesverklaringen te doen of hun visie op de Chinese maatschappij de wereld in te sturen. Behalve de groep vrijwilligers bij Toodou die de filmpjes screent op politieke onwelgevalligheden, zelfcensuur die het voortbestaan van dit platform voor openbare individuele uitingen moet waarborgen. Daarbij gaan ze overigens vrijer te werk dan de officiële censors en soms niet zonder gevolgen: een tv-journalist uit Hunan plaatste een door zijn chef geweigerde reportage op Toodou, over een vrouw die door haar man verlaten was nadat zij zich over twintig op straat levende kinderen had ontfermd. Dit leidde tot geldinzamelingen, heftige discussies in webforums en uiteindelijk alsnog bezoek van een televisieploeg uit Shanghai. Nu wordt de vrouw ondersteund door de plaatselijke overheid.

Virtueel China — Het voorval maakt duidelijk dat de virtuele wereld van internet in China meer ruimte biedt voor kritische uitingen dan de reguliere media – laat staan de openbare ruimte – in de 'werkelijke' wereld, maar daar wel degelijk invloed op kan uitoefenen. Dat de Chinese overheid die invloed niet onderschat is bekend. De 'Great Firewall of China' blokkeert buitenlandse nieuwssites, waaronder die van de BBC en TIME magazine, informatieve sites als de online encyclopedie Wikipedia en natuurlijk alle sites die informatie bevatten over verboden onderwerpen of openlijk kritiek leveren op de Chinese regering. Vanzelfsprekend is het in China onmogelijk de drie T's als zoekterm in te voeren of in discussies te gebruiken. Dat geldt voor een schier eindeloos

hundreds of Toodou members send short home-made films to the site, which are downloaded by thousands of viewers and reviewed. The most popular films acquire a reputation that reaches far beyond China, such as the Back Dorm Boys with their perfectly timed playback parodies.

In principle, the combination of digital video and internet gives the makers the ultimate freedom of being not only their own director, scriptwriter and cameraman, but also boss of their own 'station'. There is nothing to stop them from playing-out their wildest fantasies, making declarations of love or sending their vision of Chinese society out to the world. Nothing except for the group of volunteers at Toodou who screen the films for things that are politically unacceptable; a form of self-censorship that safeguards the continuation of this platform for public individual expression, and which they apply more liberally than the official censors. Sometimes this is not without consequences: a TV journalist from Hunan placed a report on Toodou, which had been refused by his supervisor, about a woman whose husband had left her after she had taken pity on twenty homeless children. This provoked a fund-raising campaign, heated discussions on web forums and, finally, a visit from a television team from Shanghai. The woman is now supported by the local authorities.

Virtual China — The above occurrence shows that the virtual world of the internet in China offers much more scope for critical expression than the regular media – to say nothing of public spaces – in the 'actual' world, but can nonetheless exert a substantial influence on it. As is well known, the Chinese authorities do not underestimate that influence. The 'Great Firewall of China' blocks foreign news sites, including that of the BBC and TIME magazine, information sites such as the online encyclopaedia Wikipedia and, of course, all sites that contain information on prohibited subjects, or which openly criticize the Chinese government. It goes without saying that it is impossible in China to enter the three Ts as a search term or to use them in discussions. The same applies to a virtually endless list of words including 'democracy', lijstje woorden, waaronder 'democratie', 'vrijheid' en 'mensenrechten'. 'Demonstratie' is ook verboden, maar 'protest', 'anarchie' en 'revolutie' mogen weer wel, wat laat zien hoe moeilijk het is om een sluitend systeem voor censuur te ontwerpen. Dat overigens te omzeilen is door de verboden woorden met leestekens te verhaspelen. Naar verluidt heeft de overheid 30.000 waakhonden ingezet die met geavanceerde software het Chinese internet en e-mailverkeer controleren. Of ze dat ook werkelijk kunnen, is minder belangrijk dan de dreiging die van een dergelijk wijdverspreid gerucht uitgaat. Net als de voorbeeldwerking van arrestaties: in januari 2006 zaten volgens Amnesty International 64 Chinese cyberdissidenten in de gevangenis.

Westerse kranten berichten regelmatig over de sluiting van websites en het oppakken van webloggers. De bereidheid van een bedrijf als Yahoo om persoonlijke gegevens van zijn gebruikers te verstrekken aan de Chinese overheid, leidend tot de arrestatie en tienjarige gevangenisstraf van een van hun klanten, wordt daarbij terecht gehekeld. Maar ook Microsoft heeft filters voor politiek onwelgevallige begrippen in zijn MSN spaces geïnstalleerd en Google China blokkeert bepaalde zoektermen, overigens niet zonder dit ook te vermelden. In februari 2006 werden Yahoo, Microsoft, Google en technologiebedrijf Cisco Systems door het Congres van de Verenigde Staten aan de tand gevoeld over hun activiteiten in China. Daarnaast deden Congresleden een wetsvoorstel voor het straffen van Amerikaanse bedrijven die vertrouwelijke informatie over hun gebruikers doorgaven aan repressieve regimes en in het buitenland de toegang beperkten tot Amerikaanse overheidsinformatie als het mensenrechtenrapport van het Congres.

Zhao Jing, alias Michael Anti, een bekende dissidente weblogger wiens site in december 2005 op verzoek van de Chinese autoriteiten door Microsoft werd afgesloten, schreef als reactie hierop een column onder de kop 'De vrijheid van Chinese internetgebruikers is geen zaak van de Amerikanen'. Net als veel Chinese intellectuelen ervaart Anti bemoeienis van buitenlandse overheden met de Chinese mensenrechtensituatie als beschamend voor zijn land. Hij vindt het de taak

'freedom' and 'human rights'. 'Demonstration' is also prohibited, but not 'protest', 'anarchy' or revolution', which illustrates the difficulty of designing a watertight system for censorship. To obviate that, prohibited words are garbled by means of punctuation marks. According to reports, the government is deploying 30,000 watchdogs to monitor the Chinese internet and email traffic with advanced software. Whether or not they really can do this is less important than the threat implicit in such a widespread rumour. Analogous to the warning effects of arrests: according to Amnesty International there were 64 Chinese cyber dissidents in jail in January 2006.

Western newspapers regularly report on the closing of websites and the arrest of webloggers. The willingness of companies such as Yahoo to disclose their users' personal details to the Chinese authorities, resulting in the arrest and a ten-year jail sentence of one of their clients, has been rightly criticized. But Microsoft has also installed filters for politically unacceptable words in its MSN spaces, and Google China blocks certain search terms, though not without making clear that it does. In February 2006 Yahoo, Microsoft, Google and the technology company Cisco Systems were cross-examined by the United States Congress about their activities in China. In addition, Congress members proposed legislation that would punish American companies that turn over confidential information about their users to a repressive government or restrict access abroad to American government information, such as the Congressional Human Rights Report.

Zhao Jing, alias Michael Anti, a well-known dissident weblogger whose site was closed in December 2005 by Microsoft at the request of the Chinese authorities, responded by writing a column headed 'The Freedom of Chinese Netizens is not up to the Americans'. In common with many Chinese intellectuals, Anti views interference by foreign governments in the Chinese human rights situation as ignominious for his country. He considers it the task of his fellow countrymen to keep on pushing back the boundaries: freedom in China is a matter for the Chinese. Anti put it to Congress members that the proposed legislation might well protect the freedom of American government information, but would lead to even less freedom for Chinese internet users if it van zijn landgenoten om de grenzen te blijven verleggen: vrijheid in China is een zaak van de Chinezen. Anti legt de congresleden voor dat de voorgestelde wetgeving misschien wel de vrijheid van Amerikaanse overheidsinformatie beschermt, maar zal leiden tot grotere onvrijheid van Chinese internetgebruikers als Amerikaans bedrijven zich daarom terugtrekken uit China. Hij pleit er juist voor dat bedrijven als Microsoft en Google – voor Yahoo heeft hij geen goed woord over – die de vrijheid van informatie voor Chinezen de afgelopen jaren aanzienlijk hebben vergroot, in China blijven en hun economische belang voor de Chinese overheid inzetten om ruimere condities af te dwingen.

Schuivende grenzen — Dat de grenzen in China verschuiven, ondanks openlijke repressie en verborgen zelfcensuur, lijdt geen twijfel. Evenmin dat de belangrijkste motor voor deze ontwikkeling de economie is. Vergeleken met vijf jaar geleden is de beschikbaarheid in China van informatie en kritisch commentaar op internet onvoorstelbaar. In een globaliserende wereld is ook het gekkenwerk te denken dat de expressiemogelijkheden van 1,3 miljard Chinezen tot in eeuwigheid beperkt kunnen worden. Alleen volledige afsluiting van het landelijke internet, zoals in Birma gebeurt, zou dit mogelijk maken. De Chinese overheid beseft maar al te goed dat dit tevens het einde van de economische ontwikkeling zou betekenen, gezien het belang van internet voor zakelijk verkeer en kennisvergaring. Net zoals een te grote beperking van de vrijheid van informatie en meningsuiting de mondige, goed opgeleide middenklasse die China zo nodig heeft zou kunnen doen besluiten om het land te verlaten, in opstand te komen, of gewoon de boel erbij neer te gooien. Met een combinatie van wortel en stok probeert Beijing, zoals op zo veel terreinen, ook op internet de zaak in de hand te houden.

Overigens raakt het merendeel van de Chinese internetgebruikers zelden aan de grenzen van de mogelijkheden op het web. Binnen de bestaande beperkingen is de ruimte voor individuele expressie, ontspanning en kennisvergaring nog altijd groter dan ze ooit is geweest. Anderen weten de

prompts American companies to pull out of China. He therefore advocates that companies such as Microsoft and Google – for Yahoo he has nothing but scorn – that have considerably increased Chinese freedom of information in the last few years, stay in China and use their economic clout with the Chinese authorities to demand more liberal conditions.

Shifting boundaries — Despite all the open repression and covert self-censorship, there is no doubt that the boundaries are being pushed back in China. The driving force behind this development is patently economic. Compared with five years ago, the availability in China of information and critical comment on the internet is incredible. It is, of course, insane to imagine in a world of rapid globalization that the freedom of expression of 1.3 billion Chinese could be controlled for ever. The only way of achieving this would be to seal off the national internet, as happened in Burma. The Chinese government is only too aware that this would also spell the end of economic development, given the importance of the internet for commercial traffic and the dissemination of knowledge. Equally, an over-restriction of freedom of information and speech could induce the emancipated and well-educated middle classes – so vital to China – to leave the country, rise up in revolt, or simply chuck it all in. With this carrot-and-stick approach Beijing is trying, as it does in so many fields, to keep control of the internet.

However, the majority of Chinese internet users rarely encounter the limits of what is permissible on the web. Within the existing restrictions the opportunities for individual expression, relaxation and the accumulation of knowledge are still much greater than ever before. For the others, it is simple to bypass censorship by employing coded or symbolic language, or by sending texts as pictures, or by email attachments.

censuur eenvoudig te omzeilen door symbolisch taalgebruik, of door tekst te versturen als plaatje of e-mailbijlage.

De schrijver en mensenrechtenactivist Liu Xiaobo kwam in 1999 na drie jaar gevangenschap vrij. Met enige argwaan maakte hij toen kennis met internet. Nu noemt hij dit medium het grootste geschenk voor China, dat uiteindelijk het einde van de onderdrukking zal bewerkstelligen. Hij geeft daarvoor een aantal redenen. Open brieven schrijven en verspreiden, handtekeningen verzamelen en burgerbewegingen organiseren, het gaat allemaal veel makkelijker dan vroeger. De meningsvorming van burgers ontwikkelt zich dankzij de snelheid en openheid van digitale communicatie. Stilgehouden schandalen – een explosie op een school, de SARS-epidemie, dodelijke ongelukken in kolenmijnen, de vervuiling van de Songhua-rivier – vinden via internet hun weg naar het publiek en vervolgens alsnog naar reguliere media, waarna overheidsdienaren zich gedwongen zien om in het openbaar excuses aan te bieden. Internet kan vlug steun mobiliseren voor onbekende onderdrukte burgers en heeft daardoor internet volgens Liu Xiaobo het vermogen om 'publieke helden' te creëren: de intellectuelen, artsen, ondernemers, docenten, journalisten en advocaten die zich sterk maken voor waarheid en mensenrechten.

The writer and human rights' activist Liu Xiaobo was released from a three-year prison sentence in 1999 and with some trepidation he set about learning to use the internet. Now he refers to the medium as the greatest gift China could have, one that will eventually bring about the end of oppression. To underline his point he describes how much easier it has become to write and circulate open letters, collect signatures, and organize citizens pressure groups than it used to be. The speed and openness of digital communication shapes public opinion. Suppressed scandals – an explosion at a school, the SARS epidemic, fatal accidents in coalmines, the pollution of the Songhua river – become public knowledge through the internet and are then taken up by the regular media, after which government officials feel obliged to make a public apology. The internet can also swiftly mobilize support for unknown and repressed citizens, which, in Liu Xiaobo's opinion, gives it the potential to create 'public heroes': intellectuals, doctors, entrepreneurs, teachers, journalists and lawyers who stand up for truth and human rights.

Chinablogs — De artikelen van Liu Xiaobo en Michael Anti zijn te lezen op EastSouthWestNorth, de website van Roland Soong die van onschatbare waarde is als brug tussen China en de rest van de wereld. De in 1949 in Shanghai geboren Soong woonde dertig jaar in de Verenigde Staten, waar hij onder meer werkte als vertaler voor de DEA. Na zijn pensionering vestigde hij zich in Hongkong, van waaruit hij sinds 2003 vrijwel dagelijks Engelstalige artikelen op het web plaatst die hij in een ongelooflijk tempo vanuit het Chinees vertaalt. De artikelen zijn afkomstig van Chinese weblogs, kranten en tijdschriften en dankzij ESWN is het mogelijk de politieke discussie in China vrijwel op de voet te volgen, wat de site een belangrijke bron maakt voor buitenlandse journalisten. Opvallend genoeg is zijn website ook gewoon vanuit China te lezen. Een andere essentiële bron voor wie de

Chinablogs — Liu Xiaobo and Michael Anti's articles can be read on Roland Soong's website ESWN (EastSouthWestNorth), which is invaluable as a bridge between China and the rest of the world. Born in 1949 in Shanghai, Soong lived for thirty years in America where, among other things, he worked as a translator for the Drug Enforcement Administration (DEA). After his retirement he settled in Hong Kong where, since 2003, he puts English-language articles - which he translates from the Chinese at lightning speed - on the internet almost everyday. The articles are taken from Chinese weblogs, newspapers and magazines and, thanks to ESWN, it is possible to keep a close track of political discussion in China, making the site an important source for foreign journalists. Remarkably his website can also be read in China. Another essential source for those who wish to keep abreast of developments in Chinese media, politics and

ontwikkeling van media, politiek en cultuur in China wil bijhouden is Danwei, Chinees voor werkeenheid, online sinds 2003 en onderhouden door Zuid-Afrikaanse reclamemaker Jeremy Goldkorn, die al ruim tien jaar in Beijing woont en werkt. De berichtgeving van Danwei varieert van artikelen over arrestaties van journalisten, waarheid en dichting in Chinese en buitenlandse media, mediarellen en internetrumoer, tot de lancering van de nieuwste glossy. Altijd intelligent, snel en geestig geschreven, door Goldkorn of andere contributanten, en met links naar andere weblogs en relevante artikelen op het net. Voor beide weblogs geldt dat ze ook door Engelssprekende Chinezen gelezen worden.

De persoonlijke weblog heeft in China vanaf 2002 een stormachtige ontwikkeling doorgemaakt. Eind 2005 waren er tussen de vijf en tien miljoen actieve blogs in China. In november van dat jaar vond in Shanghai zelfs de eerste Chinese bloggersconferentie plaats, georganiseerd door blogger van het eerste uur Isaac Mao. Sommige Chinese journalisten gebruiken hun weblogs om vrijuit te schrijven waar ze in hun door censors en schrijversassociaties beperkte beroepspraktijk niet aan toekomen. Hun columns vormen de dagelijkse nieuwsberichten voor jonge, stedelijke Chinezen. Lang niet alle weblogs hebben echter een kritische of politieke inhoud. Het simpele gegeven dat Chinezen hun privé-mening over van alles en nog wat aan een groot publiek kenbaar kunnen maken, is al revolutionair. De openlijke discussies over landelijke en lokale gebeurtenissen, beroemdheden, het dagelijks leven, persoonlijke verlangens en frustraties, en het levendige en uitgesproken taalgebruik van de bloggers, benadrukken de dorre taal en holle inhoud van de staatsgedomineerde media. Toen de vijf mascottes voor de Olympische Spelen 2008 in Beijing werden gepresenteerd, prees de reguliere pers het ontwerp in gloeiende bewoordingen. Online werden de poppetjes echter meteen zo volstrekt belachelijk gemaakt dat hun namen weer nieuwe verboden zoektermen hebben opgeleverd.

Webgrrrls — De jongste ontwikkeling is het bloggen door celebrities op uitnodiging van Sina, een

culture is Danwei (Chinese for 'work unit'), online since 2003 and kept up by South African advertising agent Jeremy Goldkorn, who has lived and worked in Beijing for some ten years. Danwei's news items vary from articles about arrests of journalists, truth and fabrication in Chinese and foreign media, media scandals and internet tumult, to the launch of the latest glossy. Always clever, quick and witty, written by Goldkorn and other contributors, Danwei has links to other weblogs and relevant articles on the net. Both weblogs are also read by English speaking Chinese.

Since 2002 the personal weblog has taken off like wildfire in China. At the end of 2005 there were between five and ten million active Chinese blogs. That November one of the earliest bloggers in China, Isaac Mao, organized the first Chinese webloggers conference in Shanghai. Several Chinese journalists use their weblogs to write openly and freely, which they are unable to do in their professional practice, dominated as it is by censorship and writers associations. Their columns form the daily news items for young urban Chinese. Far from all weblogs, however, have a critical or political content. But the very fact that the Chinese can air their private opinions on all and sundry to a wide public is in itself revolutionary. The open discussions about national and local events, celebrities, daily life, personal desires and frustrations, and the lively and unrestrained language of the bloggers, highlight the dull language and hollow content of the state-dominated media. When the five mascots for the 2008 Olympic Games in Beijing were presented, the regular press praised the design in glowing terms. Online the dolls were immediately so highly ridiculed that their names quickly became new prohibited search terms.

Webgrrrls — The latest development is blogging by celebrities invited by Sina, one of China's biggest

van China's grootste internetproviders. In het voorjaar van 2006 is Xu Jinglei, actrice en filmmaakster, China's populairste blogger en ook Li Yuchun, alias Supergirl, houdt sinds kort een weblog bij. Vrouwelijke bloggers zijn echter al langer een fenomeen in China. Een van China's eerste internetberoemdheden was Fu Rong Jiejie, of 'Zuster Hibiscus', die begin 2005 geheel gekleed maar in suggestieve houdingen op internet begon te poseren. Dat was wellicht al een provocatie in het preutse China, maar ze dankte haar faam vooral aan het feit dat men haar in webfora belachelijk maakte, omdat ze zo hoog opgaf van haar eigen, middelmatige schoonheid. Een sterkere claim to fame heeft Mu Zimei, een tijdschriftcolumniste die op internet uitgebreid verslag deed van haar veroveringen, inclusief kritische beoordelingen van de seksuele vermogens van haar minnaars, die door haar beschrijving ook nog eens voor velen herkenbaar waren. Op het hoogtepunt van haar roem eind 2003 trok haar site tien miljoen bezoekers per dag. Provocatief is ook de blog van Mu Mu, die 's avonds schaars gekleed voor haar webcam danst met potten en pannen in de hand, en humoristisch schrijft over de dilemma's van het verenigen van een actief partijlidmaatschap met het vrije seksuele bestaan van de moderne Chinese vrouw. De internetdames hebben tegenhangers in de gedrukte media: schrijfsters als Wei Hui ('Shanghai Baby') en Mian Mian ('Candy') schreven boeken over hun seksuele escapades, die binnen China onmiddellijk verboden werden, en ook de teksten van Mu Zi Mei gingen in de ban zodra ze in druk verschenen, wat weer laat zien hoeveel meer er mogelijk is op internet.

Het is opvallend dat juist deze jonge vrouwen – allen twintigers – zo openlijk tornen aan de grenzen van de Chinese seksuele moraal, maar niet verwonderlijk omdat zij op dat terrein – en vele andere – weinig te verliezen en veel te winnen hebben. Naar verluidt ondergaat ruim een derde van de afgestudeerde vrouwen in China cosmetische chirurgie, omdat dit de kans op een baan vergroot. Hersens of diploma's lijken er niet toe te doen. Het fenomeen is zelfs zo populair dat de eerste 'Miss Plastic Surgery'-verkiezing inmiddels heeft

internet providers. In the spring of 2006 actress and filmmaker Xu Jinglei became China's most popular blogger, and recently Li Yuchun, alias Supergirl, has also started to keep a weblog. Female bloggers have been a phenomenon for some time in China. One of China's earliest internet celebrities was Fu Rong Jiejie, or 'Sister Hibiscus' who, in early 2005, began posing on the internet entirely clothed but in suggestive poses. Though this may be deemed slightly provocative for prudish China, she mainly owed her fame to the people who made fun of her on webforums for rating her own mediocre looks so highly. Magazine columnist Mu Zimei, however, has a stronger claim to fame. She placed a detailed report of her conquests on the internet, including critical evaluation of the sexual prowess of her lovers who, moreover, were recognizable to many as a result of her descriptions. At the height of her fame at the end of 2003, her site received 10 million hits a day. Another provocative site is that of Mu Mu who dances scantily clad in front of her webcam, waving pots and pans, and writes humorously about the dilemmas inherent in reconciling active party membership with the free sexual existence of a modern Chinese woman. These internet ladies have their counterparts in the printed media; writers such as Wei Hui ('Shanghai Baby') and Mian Mian ('Candy') wrote books about their sexual escapades which were immediately banned in China, as were Mu Zimei's texts as soon as they appeared in print, which again proves how much more is possible on the internet.

It is striking that it is particularly these young women – all in their twenties – who are so openly tampering with the boundaries of Chinese sexual morality. But not surprising, because in that field, as in many others, they have little to lose and much to gain. More than a third of all female graduates in China are reported to undergo cosmetic surgery as this increases their chances of a job. Brains or a diploma seem to be irrelevant. Indeed the popularity of this form of enhancement is so great that the first Miss Plastic Surgery election has already been held. Communist China, where women carried out men's jobs, may have learnt from Chairman Mao the emancipatory adage 'women hold up half the sky', but like every repressive regime it also typically revealed extreme prudish-

plaatsgevonden. Communistisch China, waarin vrouwen mannenberoepen gingen uitoefenen, leerde weliswaar van voorzitter Mao het emancipatoire adagium 'vrouwen dragen de helft van de hemel', maar kende zoals ieder repressief regime ook een extreme preutsheid. Deze richtte zich niet alleen tegen openheid over seks, maar verbood op het hoogtepunt van de Culturele Revolutie ook iedere vorm van uitgesproken vrouwelijkheid. In de periode voor 1949 hadden de Chinese vrouwen, met uitzondering van bemiddelde stadsbewoonsters, een zeer ondergeschikte positie, die ertoe leidde dat sommige vrouwen hun leven lang zelfs geen eigen naam kregen. Nog steeds worden zonen hoger gewaardeerd in China dan dochters en zowel overheidskringen als de reguliere media worden door mannen gedomineerd. Hoe banaal het misschien ook lijkt, dat vrouwen vrijuit en publiekelijk schrijven over een leven dat naar eigen inzicht wordt geleid, ook al gaat het daarbij vooral om vrije seksuele keuzes, is een dubbele vorm van emancipatie.

Lifestyle China — Het Franse modetijdschrift *Elle* heeft sinds 1988 een Chinese editie, *Cosmopolitan* vanaf 1998 en *Vogue* sinds 2005. Vóór de opkomst van internet vormden buitenlandse tijdschriften in China de belangrijkste vensters op het Westen en nog steeds spelen ze daarin een belangrijke rol, maar een Chinees tijdschrift dat expliciet met dat doel werd opgericht is *Vision*, verreweg de dikste en duurste glossy in de Chinese kiosken. Het meer dan 400 pagina's dikke blad staat bol van voornamelijk Europese mode, kunst, cultuur, architectuur en technologie. Aan de wieg van *Vision* stond de beroemde Chinese schilder Chen Yifei, een voormalig staatskunstenaar die in 1980 naar de Verenigde Staten was vertrokken en begin jaren negentig naar Shanghai terugkeerde, toen zijn werk miljoenen begon op te brengen op internationale veilingen. Daar richtte hij fondsen op voor liefdadigheid en kunst, begon een loopbaan als filmregisseur, trad op als impresario voor modellen en lanceerde in 1999 de succesvolle kledinglijn LaYefe, later uitgebreid met winkels voor woninginrichting.

Ten grondslag aan LaYefe lag de constatering

ness, which not only targeted sexual openness but, at the height of the Cultural Revolution, also prohibited every form of pronounced femininity. Prior to 1949, Chinese women – with the exception of the well-to-do city dweller – occupied a very subordinate position, so much so that some women never even had their own name. Even today sons are more highly valued than daughters in China, and both government circles and the regular media are dominated by men. However banal it may seem, the fact that women write freely and publicly about a life that is led according to their own lights – even if it mainly centres on freedom of sexual choice – is a double form of emancipation.

Lifestyle China — The French fashion magazine *Elle* has published a Chinese edition since 1988, *Cosmopolitan* since 1998 and *Vogue* since 2005. Before the arrival of the internet, magazines provided the most important window onto the West in China, and they still fulfil an important role in that respect. But *Vision* – a Chinese magazine launched specifically with that aim in mind – is by far the most expensive and thickest glossy in the Chinese kiosks. Its more than 400 pages are full of mainly European fashion, art, culture, architecture and technology. Vision was the brainchild of the famous Chinese painter Chen Yifei, a former state artist who went to America in 1980 and returned to Shanghai in the early 1990s when his work began to fetch millions at international auctions. In Shanghai he set up funds for charity and art, started a career as a film director, acted as an impresario for models and, in 1999, launched the successful fashion label

LaYefe, which later expanded to include shops selling home furnishings. LaYefe was motivated by Chen Yifei's observation that at that moment, as he said: 'There were one billion people living in China without any real sense of lifestyle, and my

van Chen Yifei dat op dat moment, zoals hij zei, 'in China meer dan een miljard mensen leefden zonder enig gevoel voor smaak, en het mijn droom was esthetiek in de Chinese samenleving te introduceren'. De LaYefe-kleding, bestemd voor 'urban professionals' in de grote steden, is voor Chinese begrippen opvallend sober en strak gesneden. In 2001 presenteerde Chen Yifei het concept voor *Vision* aan het Chinees Jeugdmagazine, dat onder auspiciën staat van het Centraal Comité van de Chinese Jeugdliga en voor de benodigde vergunning zorgde. Zelf was hij partner en eerste art director van *Vision*, tot de vergunninghouder in augustus 2003 besloot het tijdschrift inclusief redactie, maar zonder Chen Yifei, naar Beijing te verhuizen. Chen Yifei overleed in april 2005 op 59-jarige leeftijd en wordt in Chinese culturele kringen zeer betreurd. Sinds de verhuizing staat *Vision* onder directere invloed van de partij en is de druk om winst te maken gegroeid. Veel oudgedienden hebben de redactie inmiddels verlaten en de resterende groep heeft moeite om de oorspronkelijke redactionele koers te bewaren.

Geen tijdschrift in China kan bestaan zonder verbintenis met een bedrijf dat gelieerd is aan de partij en de noodzakelijke, niet overdraagbare vergunning kan verschaffen. Alle tijdschriftredacties hebben ook een 'huiscensor'. De verhouding tussen tijdschriftredactie, eigenaar en vergunninghouder kent verschillende gradaties van zelfstandigheid, die voor buitenstaanders lastig te doorgronden zijn. Duidelijk is wel dat de mediawereld in Beijing onder strenger toezicht staat dan die in Guangzhou, hoofdstad van de zuidelijke provincie Guangdong. Na de benoeming van Shenzhen tot Speciale Economische Zone in 1979 verhuisde het merendeel van de Hongkongse drukkerijen naar de Pearl River Delta, waardoor de provincie een sterke mediacultuur ontwikkelde. De afstand tot het regeringscentrum, de nabijheid van Hongkong en een historische traditie van onafhankelijkheid hebben Guangzhou een liberaler klimaat bezorgd.

De Nanfang (Zuidelijke) Dagblad Persgroep in Guangzhou geeft zeven kranten en drie tijdschriften uit. De uitgeverij staat bekend om zijn

dream was to bring aesthetics to Chinese society.' By Chinese standards LaYefe clothes – intended for urban professionals in the large cities – are remarkable for their sobriety and austere cut. In 2001 Chen Yifei presented the concept for *Vision* to the Chinese Youth Magazine, which comes under the auspices of the Central Committee of the Chinese Youth League and also provided the necessary licence. Chen Yifei himself became a partner and *Vision's* first art director, until the licence holder decided in August 2003 to move the magazine, including the editorial staff but without Chen Yifei, to Beijing. Chen Yifei died in April 2005 at the age of 59 and is greatly mourned in Chinese cultural circles. Since the move *Vision* has come under closer control of the party and the pressure to augment its profits has grown. By now, many veterans have left the editorial staff and it is becoming increasingly difficult for the remaining group to maintain the original editorial policy.

No magazine can exist in China without a connection to a company that is affiliated to the Party and can provide the indispensable non-transferable licence, and every magazine's editorial staff includes a 'house censor'. The relationship between the editorial office, the owner and the permit holder can have varying levels of independence, which are difficult for outsiders to fathom. But clearly the media world in Beijing is subject to stricter supervision than it is in Guangzhou, the capital of the southern province of Guangdong. After Shenzhen was designated a Special Economic Zone in 1979, the majority of the Hong Kong printers moved to the Pearl River Delta and the province developed a thriving media culture. The distance from the centre of government, the proximity to Hong Kong, and an historical tradition of independence meant that Guangzhou developed a more liberal climate.

The Nanfang (Southern) Daily Press Group in Guangzhou publishes seven newspapers and three magazines. The publishing house is known for its independent thinking and for its courageous editors, who are regularly dismissed or given long-term prison sentences for publishing the truth about contagious diseases, demonstrations, corruption, or fatal police violence. Since 1999 the Nanfang Group has brought out the twice-weekly youth newspaper

eigenzinnige koers en moedige redacteuren, die geregeld worden ontslagen of langdurig gevangengezet, omdat zij de waarheid publiceren over besmettelijke ziektes, demonstraties, corruptie, of dodelijk politiegeweld. Sinds 1999 publiceert de Nanfang-groep het tweewekelijkse jongerenblad *City Pictorial*, dat in tegenstelling tot *Vision* vrijwel uitsluitend bericht over Chinese onderwerpen: trends, cultuur en stedelijke transformatie in Guangzhou, Shanghai en Beijing. *City Pictorial* wordt gemaakt door een klein groepje zwart bebrilde redacteuren, waaronder schrijver Li Wen en fotograaf Zeng Han, en heeft een reputatie voor oorspronkelijke inhoud, bijzondere fotografie en uitgesproken columnisten, waaronder ooit Mu Zimei. De redactieleden, allen geboren in de jaren zeventig, willen de consumptiegeneratie van de jaren tachtig niet alleen informeren over alles wat er gaande is in het nieuwe China, maar ook culturele waarden bijbrengen en laten nadenken over hun leven. Begin 2006 wijdden zij een geheel nummer aan een portret van deze generatie.

In Guangzhou zetelt ook uitgeverij Modern Media, opgericht in 1993 en geleid door Thomas Shao. Sinds 1998 heeft het magazine op krantenformaat Modern Weekly een nieuwe formule, zeer succesvol op de advertentiemarkt, gericht op de zakenwereld en hogere middenklasse van de drie grote steden en expliciet bedoeld als 'venster op de wereld'. De redactie ploegt zich wekelijks door tientallen internationale kranten, tijdschriften en websites om hun lezers op de hoogte te brengen van het laatste business- en lifestylenieuws uit het buitenland. Verder publiceert de uitgeverij sinds 2002 het trendy mannenblad Outlook en lanceerde hij eind 2005 de 'vastelandversie' van het Hongkongse-tijdschrift City Magazine, een überglossy die in formaat, dikte, uitvoering en prijs alle andere Chinese tijdschriften overtreft. Dat geldt ook voor de culturele ambities: de beroemde hedendaagse componist Tan Dun is aangesteld als muziekredacteur en de even beroemde kunstenaar Xu Bing als redacteur beeldende kunst. Nog steeds 'lifestyle', maar in een bredere betekenis dan we gewend zijn en dat is precies de bedoeling van Thomas Shao.

Met het financiële succes van *Modern Media*

City Pictorial which, in contrast to *Vision*, almost exclusively reports on Chinese subjects: trends, culture and urban transformation in Guangzhou, Shanghai and Beijing. *City Pictorial* is produced by a small group of black-bespectacled editors, among whom the writer Li Wen and the photographer Zeng Han, and has a reputation for original content, exceptional photography and outspoken columnists, including at one time Mu Zimei. The members of the editorial staff – all born in the 1970s – aim to keep the 1980s consumer-generation informed on everything that is going on in the new China, but they also seek to foster cultural values and encourage reflection about their lives. In early 2006 they devoted an entire edition to a portrait of this generation.

The publishing company Modern Media – founded in 1993 and headed by Thomas Shao – is also established in Guangzhou. Since 1998 the newspaper-format magazine Modern Weekly has a new formula that is highly successful on the advertising market, targeted at the business world and the upper-middle classes of the three large cites, and explicitly intended as a 'window on the world'. Each week the editorial staff trawl through dozens of international newspapers, magazines and websites to keep their readers up to date with the latest business and lifestyle news from abroad. In addition since 2002 the company publishes the trendy male magazine Outlook and, at the end of 2005, it launched the 'mainland' version of the Hong Kong magazine City Magazine, a 'super glossy' that tops all other Chinese magazines in its format, thickness, finish and price. The same holds true of its cultural ambitions: the famous contemporary composer Tan Dun has been appointed music editor, and the equally famous artist Xu Bing is the visual arts editor. Still 'lifestyle', but in a broader sense than we are used to, and that is precisely Thomas Shao's intention.

With the financial success of Modern Media Shao aims to play a vital cultural role. For five years, Shao gave the designer, writer, filmmaker and music promoter Ou Ning a free hand to make special supplements for *Modern Weekly*. Strikingly designed and covering subjects such as club culture in China, alternative Chinese film, 'pure' fashion photography, Dutch architect Rem Koolhaas, and the power of the media, these supplements have become collectors

wil hij nadrukkelijk een culturele rol spelen. Vijf jaar lang gaf Shao de vrije hand aan ontwerper, publicist, filmmaker en muziekpromotor Ou Ning voor het maken van speciale bijlagen voor *Modern Weekly*. Opvallend vormgegeven en met onderwerpen als clubcultuur in China, alternatieve Chinese film, 'pure' modefotografie, Rem Koolhaas, of de macht van media, zijn de bijlagen inmiddels collectors items in Chinese cultuurkringen. Ze waren echter bedoeld om het vaste lezerspubliek van *Modern Weekly* voor iets anders te interesseren dan geld verdienen en uitgeven. Thomas Shao is ervan overtuigd dat verandering in China van de zakenwereld moet komen en wil zijn collega's daarom cultureel bijspijkeren. Nieuwste middel daartoe is galerie 111, in maart 2006 geopend in het gebouw van Modern Media, midden in het business district van Guanghzou.

items in Chinese cultural circles. Yet they were originally intended to interest *Modern Weekly's* regular readers in subjects other than making and spending money. Thomas Shao is convinced that change in China must come from the business world, and to that end he seeks to raise the cultural level of his colleagues. His latest medium for this is the gallery 111 that opened in March 2006 in the *Modern Media* building, that is located in the heart of Guanghzou's business district.

Conceptueel China — *Urban China* is een tijdschrift als geen ander in China. Het is te beschouwen als een doorlopend cultureel onderzoeksproject onder leiding van hoofdredacteur, vormgever en architect Jiang Jun, gemaakt met een bescheiden team in een piepklein flatje op de campus van Tongji University in Shanghai. *Urban China* is analytisch, eigengereid, kritisch en gebaseerd op massa's eigen onderzoek naar het veranderende stedelijke landschap in China. Prachtig vormgegeven, met een grote visuele rijkdom, spreidt het blad een bijna maniakale analyseerdrift tentoon. Het eerste nummer in november 2004 was geheel gewijd aan de geschiedenis van tijdschriften in China en hun buitenlandse tegenhangers, vermoedelijk omdat de redactie zich eerst de fundamentele vraag wilde stellen wat dat nu eigenlijk is, een tijdschrift. Volgende nummers nemen een voorschot op de toekomst van verstedelijkend China, documenteren wat verdwijnt door modernisering en globalisering, analyseren de Chinese planningspolitiek of onderzoeken het fenomeen 'Made in China': de relatie tussen de wereldmarkt en kleinschalige productie op het Chinese platteland.

Jiang Jun ontwierp ook de inrichting van de tentoonstelling 'Get It Louder', een mijlpaal in de geschiedenis van Chinese vormgeving, gepro-

Conceptual China — The magazine *Urban China* is unique in China. It can be seen as a continuous cultural research project directed by editor in chief, designer and architect Jiang Jun, and produced by a modest team in a tiny flat on the campus of Shanghai's Tongji University. *Urban China* is analytical, headstrong, critical, and based on a massive amount of research into China's changing urban landscape. Beautifully designed and outstandingly rich visually, the magazine exhibits an almost manic passion for analysis. The first edition, launched in November 2004, was entirely devoted to the history of magazines in China and their foreign counterparts, presumably because the editor wanted to start by asking the fundamental question of what a magazine actually is. Subsequent editions have taken a predictive look at the future of urbanized China and documented what is disappearing as a result of modernization and globalization, analysed Chinese planning politics, and researched the phenomenon 'Made in China': the relationship between the world market and small-scale production in China's rural areas.

Jiang Jun was also responsible for the design of the exhibition 'Get it Louder', a milestone in the history of Chinese design. The show was instigated by Ou Ning and produced by *Modern Media*, with a catalogue that came in the form of a Modern Weekly

duceerd door Modern Media op initiatief van Ou Ning, met als catalogus een bijlage bij *Modern Weekly*. In de vroege zomer van 2005 reisde het werk van ruim honderd ontwerpers en kunstenaars van Guangzhou via Shanghai naar Beijing. De deelnemers, grotendeels Chinees, deels buitenlands, waren uitgenodigd door vier jonge Chinese ontwerpers: Jiang Jian in Sydney, Qian Qian in de Verenigde Staten, Ji Ji in Shanghai en Ou Ning. De tentoonstelling was bedoeld als luidruchtig debuut van een generatie en toonde een mix van grafische vormgeving, webdesign, mode, animatie, video, fotografie, multimedia-installaties en geluidskunst. Het werk uit China bevatte geen referenties aan traditionele Chinese stijlen, maar toonde een enthousiaste omhelzing en bewerking van invloeden uit het Westen en naburig Azië (Japan, Korea, Hong Kong, Taiwan) naast enkele meer conceptuele benaderingen.

In een interview met *Modern Weekly* beschrijft Ou Ning de ontwikkeling van grafische vormgeving in China. Het vak kende een grote bloei in de openheid van vooroorlogs China, maar moest zich vanaf 1949 dertig jaar lang conformeren aan de heersende stijl. De liberalisering na 1979 zorgde voor een opleving van de discipline, hoewel de eerste ontwerpers eind jaren tachtig nog een traditionele kunstopleiding volgden en geen computer hadden. De volgende generatie werkte met Apple Macintosh en sprak beter Engels, wat informatie uit het buitenland binnen bereik bracht. De derde generatie, vertegenwoordigd in 'Get It Louder', is opgegroeid met internet, heeft vaak in het buitenland gestudeerd, is technisch goed onderlegd en hanteert verschillende stijlen. Ou Ning noemt hen de 'Nieuwe Nieuwe Ontwerpers', refererend aan de 'Nieuwe Mens' van de communistische revolutie.

In hetzelfde interview noemt Ou Ning de ontwerpers Liu Zhizhi en Guang Yu, die inmiddels samen met He Jun de groep MEWE hebben opgericht. Typerend voor hun werk is een conceptuele benadering die Nederlanders vertrouwd voorkomt, maar niettemin is gebaseerd op de Chinese kalligrafische en filosofische traditie. Bij hen gaat het niet om beeld of stijl, maar om innerlijke logica en verfijning van het concept, waardoor een terughoudende, bijna onzichtbare vormgeving

supplement. In the early summer of 2005 the work of some 100 designers and artists went on tour from Guangzhou to Beijing via Shanghai. The participants – mainly Chinese, with some foreigners – had been invited by four young Chinese designers: Jiang Jian in Sydney, Qian Qian in America, Ji Ji in Shanghai and Ou Ning. Intended to make a visual noise and spotlight the debut of a generation, the exhibition showcased a mix of graphic design, web design, fashion, animation, video, photography, multimedia installations and sound art. The Chinese work was devoid of references to traditional Chinese styles, instead it enthusiastically espoused and adapted influences from the West and neighbouring Asia – Japan, Korea, Hong Kong, Taiwan – alongside a number of more conceptual approaches.

In an interview with *Modern Weekly* Ou Ning outlined the development of graphic design in China. The profession had flourished in prewar China's open climate, but after 1949 it was forced to conform to the prevailing style for thirty years. The more liberal climate that came after 1979 saw a revival of the discipline, although the first few designers in the late 1980s still received a traditional art education and did not have computers. The next generation worked with Apple Macintosh and spoke better English, which enabled them to access information from abroad. The third generation, represented in 'Get It Louder', grew up with the internet, has often studied abroad, and is technically proficient with a broad variety of styles. Ou Ning has dubbed them the 'New New Designers', referring to the 'New Human Being' of the Communist revolution.

In the same interview Ou Ning mentioned the designers Liu Zhizhi and Guang Yu, who, together with He Jun, went on to found the group MEWE. Their work is hallmarked by a conceptual approach – familiar to the Dutch - but nonetheless based on the Chinese calligraphic and philosophical tradition. Their work is not about image or style, instead they focus on refining the concept until a restrained, almost invisible, design emerges.

The fusion of conceptual thinking and drawing on their own Chinese culture is also typical of several other participants in 'Get it Louder'. Fashion designer Wang Yiyang's approach recalls that of Martin Margiela, but he draws his inspiration from entirely

ontstaat.

Die combinatie van conceptueel denken en putten uit de eigen Chinese cultuur typeert ook enkele andere deelnemers aan de 'Get It Louder'-tentoonstelling. Modeontwerper Wang Yiyang heeft in zijn werk een benadering die herinnert aan die van Martin Margiela, maar zijn inspiratiebronnen zijn volstrekt anders: kleding, accessoires en winkel refereren aan het leven van gewone Chinezen in de jaren zeventig. Het typerende blauw van de boerenstand bepaalt de eerste collectie, terwijl de tweede grijs is als de muren van de stedelijke volkswijken, of hutongs. Zijn couturelijn heet Cha Gang, Chinees voor de bekende witte emaillen mok met blauwe rand.

Dat veel Chinese kleding zich kenmerkt door platte patronen zonder coupnaden is het uitgangspunt van ontwerper Zhang Da, terwijl de cirkels en vierkanten van zijn kledingstukken in ongedragen toestand verwijzen naar de traditionele Chinese symbolen voor hemel en aarde. Ook al lijken zijn strakke geometrische vormen vertrouwd in westerse ogen, de plotselinge transformatie van plat naar volume om een lichaam vertegenwoordigt een typisch Chinese manier van denken, te vergelijken met de snelle schop in het kalme tai chi.

Beide modeontwerpers laten hun collecties fotograferen door Peng&Chen, die een heldere, ingehouden stijl hebben met een krachtige, soms rauwe sfeer. Tot in 2004 werkte het duo voor *Vision*, als redactieleden en makers van reportages in Wenen, Liverpool en Edinburgh. Daarvoor werkte Peng voor het Yifei-concern, net als ooit beide modeontwerpers. In hun vrije werk richten Peng Yangyun & Chen Jiaojiao, of Moon Chen, zich op het vastleggen van het veranderende dagelijks leven van China en zijn inwoners.

Beelden van veranderend China, rauwheid en helderheid kenmerken ook het werk van Jiang Haiqing en Fu Yu. Onder de naam 8gg maakt het duo elektronische muziek, video, installaties, theaterbeeld en webkunst. De taal van hun beelden is internationaal, maar de gezichten, straatscènes en tekeningen komen uit China. 8gg ontwikkelde een eigen systeem voor real-time audiovisuele performances en treedt daarmee over de hele wereld op.

different sources: clothes, accessories and shop all refer to the life of the ordinary Chinese in the 1970s. The characteristic blue of the farming community defines the first collection, while the grey of the second reflects the walls of the urban working-class districts, or hutongs. His couture line is called Cha Gang, Chinese for the ubiquitous white enamel mug with a blue rim.

Many Chinese clothes are made from flat patterns without darts, and the designer Zhang Da takes this aspect as his point of departure, while the circles and squares of his garments, when not worn, allude to the traditional Chinese symbols for heaven and earth. Although his rigorous geometric forms might seem familiar to Western eyes, the sudden transformation from flat to volume around the body encapsulates a typically Chinese way of thinking, like the swift kick in the calm of Tai Chi.

Both fashion designers' collections are photographed by Peng&Chen, whose style of working is clear and subdued, with a powerful, at times, raw atmosphere. Up to 2004 the duo worked for *Vision*, as members of the editorial staff and the authors of photo-reportages in Vienna, Liverpool and Edinburgh. Prior to that Peng worked for the Yifei concern, as had both fashion designers at one time. In their independent work Peng Yangyung & Chen Jiaojiao, or Moon Chen, focus on documenting the way daily life is changing both for China and its inhabitants.

Images of changing China, rawness and clarity are also the hallmarks of the work of Jiang Haiqing and Fu Yu. Under the name 8gg the duo make electronic music, video, installations, images for the theatre and webart. The language of the images is international, but the faces, street scenes and drawings come from China. 8gg developed their own system for real-time audiovisual performances with which they appeared the world over.

Ji Ji, co-curator of 'Get it Louder' and director of the firm Poledesign, is the linchpin of the Shanghai design world. Alongside the work the firm does for Nike, Kodak and L'Oréal, he is a much sought-after curator who also personally puts on experimental music events as well as promoting the work of his colleagues. His gallery in the art complex on Moganshan Road showcases photography, art and design,

Ji Ji, medecurator van 'Get It Louder' en directeur van ontwerpbureau Poledesign, is de spil van de Shanghaise ontwerpwereld. Naast het werk van zijn bureau voor Nike, Kodak en L'Oréal is hij een veelgevraagd curator, die ook op eigen initiatief experimentele muziekevenementen organiseert en het werk van zijn collega's promoot. Zijn galerie in het kunstcomplex aan de Moganshanstraat toont fotografie, kunst en vormgeving en in de aangrenzende winkel verkoopt hij kleding van Wang Yiyang, Zhang Da en andere ontwerpers, boeken van Hou Hanru, het tijdschrift Urban China en natuurlijk zijn eigen merk Shirtflag. Voor de T-shirts en accessoires van Shirtflag maakt Ji Ji gebruik van de beeldtaal van de Culturele Revolutie, die door lichte aanpassingen en de toevoeging van eigentijdse elementen als skateboards en McDonald's logo's een hedendaagse draai krijgt. Hij noemt het merk een 'experiment in communicatie', waarmee hij op een lichtvoetige manier commentaar wil geven op de verandering van waarden sinds het einde van de jaren zeventig.

Generatiekloof — Deze nostalgische verwijzing naar een gruwelijke periode in de Chinese geschiedenis mag verbazingwekkend lijken, Ji Ji staat hierin niet alleen. Tijdschriftredacteuren, modeontwerpers en grafisch vormgevers die geboren zijn in de jaren zeventig, maken zich zorgen over de oppervlakkigheid en het egoïsme van hun opvolgers uit de jaren tachtig. Die horen tot de verwende generatie van de eenkindpolitiek, zijn na de Culturele Revolutie geboren en meestal te jong om de tragedie van zomer 1989 op het Tiananmenplein bewust te hebben meegemaakt. Vooral stedelijke jongeren kennen alleen de huidige consumptiemaatschappij en ervaren weinig beperkingen in hun bestaan. Gretig kopen ze de laatste mode en nieuwste gadgets, waarbij vooral mobieltjes als statussymbool gelden, liefst met zo veel mogelijk functies.

Natuurlijk genieten de dertigers ook van de nieuwe verworvenheden, maar zij herinneren zich tevens nog hoe het was om het weinige dat er was te delen, samen naar westerse muziek te luisteren en verboden boeken rond te laten gaan. Toen droeg iedereen dezelfde kleding en besteedde zijn

and in the adjoining shop he sells clothes by Wang Yiyang, Zhang Da and other designers, books by Hou Hanru, the magazine *Urban China* and, of course, his own label Shirtflag. For the Shirtflag T-shirts and accessories, Ji Ji employs the visual language of the Cultural Revolution, giving it a present-day twist by means of slight adaptations and the addition of contemporary elements such as skateboards and McDonald's logos. He calls the label an 'experiment in communication', with which he seeks to comment on the change of values since the end of the 1970s.

Generation gap — This nostalgic reference to a horrifying period of Chinese history may seem astonishing, but Ji Ji is not alone in this. Magazine editors, fashion designers and graphic designers, who were born in the 1970s, are concerned about the superficiality and egoism of their 1980s successors. These youngsters belong to the pampered generation of one-child-politics, were born after the Cultural Revolution and are mostly too young to have been consciously aware of the Tiananmen Square tragedy of the summer of 1989. The urban youth in particular knows only the current consumer society and experiences few restrictions in their life, avidly buying the latest fashion and newest gadgets, of which the ultimate status symbol is the mobile phone, preferably with as many functions as possible.

Naturally the people in their thirties also enjoy the new possibilities, but they still remember what it was like to have to share the little there was, to listen to Western music together, and to pass round forbidden books. At that time everyone wore the same clothes and spent their time in reading and acquiring knowledge, today there is fashion and television. Indeed, it is as though they have been transported in one

tijd aan lezen en kennis vergaren, nu is er mode en televisie. Inderdaad, alsof ze van de jaren vijftig in één klap naar de eenentwintigste eeuw zijn getransporteerd. Hoewel hun jeugd een tamelijk beklemmende indruk maakt, claimen de dertigers dat het ze een groter politiek bewustzijn en besef van collectieve verantwoordelijkheid heeft bijgebracht.

Wellicht dat dergelijke herinneringen de verklaring vormen voor de Chinese variant op 'Ostalgie' die zich uit in het verzamelen van Culturele Revolutie-souvenirs, het openen van Culturele Revolutie-restaurants compleet met onhebbelijke bediening, en het ontstaan van musea voor de Culturele Revolutie, onder andere te bouwen door het vooraanstaande architectenbureau fcjz. Maar het speelt ongetwijfeld mee dat de beeldtaal van die periode zo krachtig is dat hij een nieuw leven en nieuwe lading aankan. Voorbeeld daarvan is de modelsoldaat Lei Feng, die aan generaties Chinese kinderen ten voorbeeld is gehouden en nu vooral voortleeft in een gestileerde afbeelding met bontmuts. Hij is een posterboy geworden zoals Che Guevara dat ooit was, maar zijn beeltenis behoudt op vergelijkbare wijze iets van zijn vroegere betekenis.

Een kunstenaar die geboren is op de grens van beide generaties en wellicht daarom het inzicht van de oudere generatie paart aan affiniteit met de jongere, is Cao Fei uit Guangzhou. In haar foto's, video's en installaties weet ze feilloos de vinger te leggen op de eigenaardigheden van globaliserend China. Een verarmde provincie die bij haar vader, officieel staatsbeeldhouwer, een ongeautoriseerd beeld van Deng Xiaoping bestelt om 'rode' toeristen te trekken. Gewone Chinezen, die in Guangzhou, Fukuoka en Chinatown New York hiphoppen voor de camera van Cao Fei. En jongeren in uitzinnige kostuums die verdiept zijn in 'COSplay', een rollenspel uit de online gamecultuur, poses aannemend in een overweldigende stedelijke omgeving, of thuis ineengedoken op de bank naast een niet-begrijpende ouder.

Deze jongeren vluchten niet zomaar in een fantasiewereld. Ogenschijnlijk hebben ze het beter dan

fell swoop from the 1950s into the 21st century. But although their experiences while growing up sound rather depressing, the people in their thirties claim that they instilled in them a greater sense of political awareness and understanding of collective responsibility.

Perhaps those memories explain the Chinese version of 'Ostalgia', reflected in the collecting of Cultural Revolution souvenirs, the launching of Cultural Revolution restaurants complete with ill-mannered service, and the emergence of Cultural Revolution museums built by the leading architectural firm fcjz, among others. But undoubtedly another contributory factor is that the visual language of the period was so strong that it can take on a new life and a new appeal. A good example is Lei Feng, the archetypal soldier who was held up as a role model to generations of Chinese children and who now mainly lives on in a stylized portrayal wearing a fur hat. He has become a poster-boy like Che Guevara and, similarly, his image retains something of its former significance.

An artist who was born on the cusp of both generations, which perhaps accounts for her ability to combine the insight of the older generation with an affinity with the younger, is Cao Fei from Guangzhou. In her photographs, videos and installations she unfailingly knows how to put her finger on the singularities of globalizing China. An impoverished province that commissions an unauthorized sculpture of Deng Xiaoping from her father, official state sculptor, to attract 'red' tourists. Ordinary Chinese who in Guangzhou, Fukuoka and Chinatown New York perform a hip-hop dance in front of Cao Fei's camera. And exuberantly dressed young people who are absorbed in 'COSplay' – a role play derived from online gaming culture – posing in an overwhelming urban jungle, or sitting at home slumped on the sofa next to a bewildered parent.

These young people, however, are not retreating into a fantasy world for no reason. Ostensibly they are better off than their predecessors, but at the same time they feel under great pressure to achieve, they are unsure of their future and lonely in a city full of individualists. They have swiftly acquired the modern Western urbanite's existential fear, with little to

hun voorgangers, maar tegelijkertijd voelen ze een grote druk om te presteren, zijn ze onzeker over hun toekomst en eenzaam in een stad vol individualisten. In korte tijd hebben ze de existentiële angst van de moderne stedeling uit het Westen overgenomen en daar staat weinig tegenover: voor de verworpen oude waarden zijn geen nieuwe in de plaats gekomen. China gaat op volle kracht vooruit, maar niemand weet waarheen.

Veel jongeren brengen hun tijd door in de virtuele wereld van internet, om te chatten en om computerspelletjes te spelen. In januari 2006 telde China meer dan 25 miljoen online gamers. Amerikaanse en Japanse online games met rollenspellen, waaraan duizenden spelers tegelijk kunnen meedoen, winnen snel aan populariteit. Chinese jongeren kunnen nachten, soms weken achtereen doorbrengen in de 'wang ba', goedkope internetcafés, en raken soms zo verslaafd dat ze ieder contact met de werkelijkheid verliezen. Het aantal gamegerelateerde zelfmoorden neemt toe en er is zelfs al iemand vermoord om een virtueel zwaard.

De games die de jongeren spelen zijn overigens lang niet altijd langs legale weg verkregen. Hetzelfde geldt voor de software die ze gebruiken en de films die ze zien. De handel in goedkope bootleg-cd's en -dvd's is in China buitengewoon levendig en de overheid treedt er nauwelijks tegen op. *Sex and the City* was een tijdlang de populairste serie onder stedelingen, hoewel hij vanzelfsprekend nooit op televisie is uitgezonden. Hoe ergerlijk het fenomeen ook mag zijn voor de producenten, voor de creatieve ontwikkeling van China is de piraterij voorlopig onontbeerlijk. Experimentele cinema en undergroundmuziek zijn zonder deze kopiecultuur vrijwel onbereikbaar voor Chinese liefhebbers.

Tot slot — Bootleg dvd's, playbackfilmpjes, Supergirls, het lijken oppervlakkige verschijnselen maar ze zijn misschien wel even belangrijk als kritische weblogs en toegenomen informatievrijheid. Bij elkaar representeren ze een ontwikkeling die de Chinese overheid misschien wel hier en daar kan tegenhouden, maar niet meer volledig kan terugdraaien zonder alles te verliezen wat de afgelopen decennia op economisch gebied is opgebouwd.

set against it: no new values have emerged to take the place of the rejected old beliefs. China is going ahead at full steam, without anyone knowing where to.

Many young people spend their time in the virtual world of the internet, chatting or playing computer games. In January 2006 there were more than 25 million online gamers in China. American and Japanese online role playing games, in which thousands of people can participate at the same time, are swiftly gaining in popularity. Young people in China often spend whole nights, sometimes even weeks, in the 'wang ba' – cheap internet cafes – occasionally becoming so addicted that they lose all contact with reality. The number of game-related suicides is on the increase, and someone has even been murdered for a virtual sword.

The games that these young people play are frequently illegally acquired, as is the software they use and the films they watch. The market in cheap bootleg CDs and DVDs is extremely buoyant in China and the government does precious little about it. For a while *Sex and the City* was the most popular series among urbanites, although of course is was never relayed on television. And although this piracy may be extremely trying for the producers, it is for the time being essential to the creative development of China. Without this 'culture of the copy', experimental cinema and underground music would be virtually inaccessible to Chinese enthusiasts.

In conclusion — Bootleg DVDs, playback films, Supergirls: these may all seem superficial phenomena, but they may prove just as important as critical weblogs and increased freedom of information. All told, they represent a development that the Chinese government may be able to stem here and there, but will never be able to reverse entirely without losing all the economic advances of the last couple of decades. Through the internet, increasing numbers of

Door internet krijgen steeds meer Chinezen toegang tot de rest van de wereld en kunnen zij in een semi-openbaar domein van gedachten wisselen over zowel triviale als cruciale zaken. Ondanks de beperkingen die hieraan worden gesteld zullen nieuwe generaties Chinezen onontkoombaar wereldwijzer en mondiger zijn. En terwijl oudere generaties in China bezorgd zijn over het maatschappelijk bewustzijn van deze jongeren, doen sommigen, waaronder de ontwerpers, redacteuren en uitgevers in deze tentoonstelling, hun best dit bewustzijn te vergroten met de middelen die hun ter beschikking staan. En dat zijn er steeds meer.

Een beschrijving van hedendaagse beeldcultuur in China is uit de aard der zaak een momentopname. Het Chinese medialandschap verandert nog sneller dan het stedelijke landschap, al lijkt dat nauwelijks voorstelbaar. Deze tekst en de tentoonstelling in het Nederlands fotomuseum zetten het beeld slechts even stil. *Freeze Frame.*

Bronnen: Deze tekst is gebaseerd op gesprekken met deelnemers aan de tentoonstelling en op internetbronnen, waaronder Danwei (www.danwei.org), ESWN (www.zonaeuropa.com), Rconversation, (http://rconversation.blogs.com/rconversation/china/index.html), Global Voices Online China (http://www.globalvoicesonline.org/-/world/east-asia/china), Virtual China (www.virtual-china.org), Alternative Archive (www.alternativearchive.com/en/main.htm), en websites van media als BBC News, BBC World Asia-Pacific, The Guardian, New York Times, Washington Post, International Herald Tribune, Newsweek, etc., geraadpleegd tussen november 2005 en maart 2006. Met dank aan Stefan Landsberger voor zijn adviezen.

Chinese have access to the rest of the world and can exchange ideas – on both trivial and crucial matters – in a semi-public forum. Despite all the restrictions, new generations of Chinese will inevitably be more worldly-wise and emancipated. And while the older-generation Chinese are concerned about the social awareness of this younger generation, others, including the designers, editors and publishers in this exhibition, employ all the steadily proliferating means available to increase this awareness.

By its very nature, any account of contemporary Chinese visual culture can be no more than a snapshot. The Chinese media landscape is changing even more rapidly than the urban landscape, however incredible that may seem. This article and the exhibition in the Netherlands fotomuseum can only arrest the image for a moment. *Freeze Frame.*

Sources: This text is based on conversations with participants in the exhibition and on internet sources, including Danwei (www.danwei.org), ESWN (www.zonaeuropa.com), Rconversation, (http://rconversation.blogs.com/rconversation/china/index.html), Global Voices Online China (http://www.globalvoices-online.org/-/world/east-asia/china), Virtual China (www.virtual-china.org), Alternative Archive (www.alternativearchive.com/en/main.htm), and the websites of media such as BBC News, BBC World Asia-Pacific, The Guardian, New York Times, Washington Post, International Herald Tribune, Newsweek, etc., consulted between November 2005 and March 2006. With thanks to Stefan Landsberger for his advice.

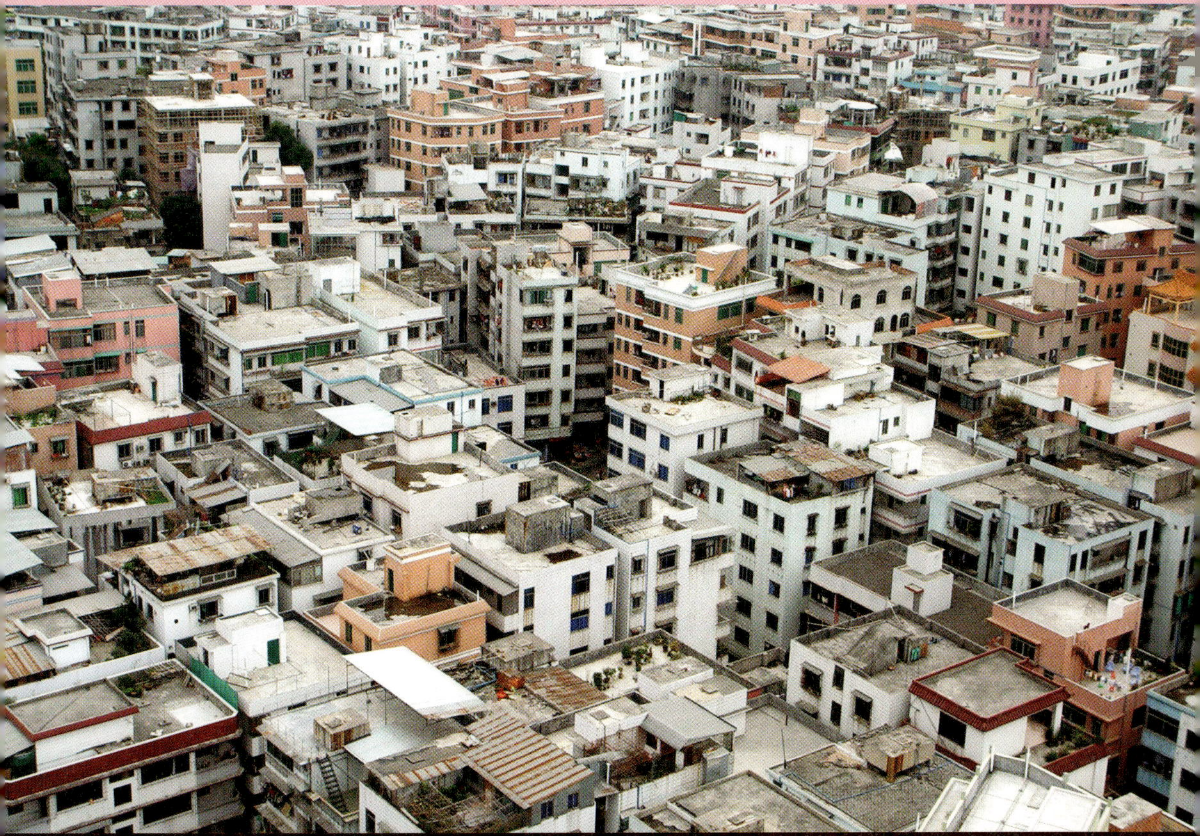

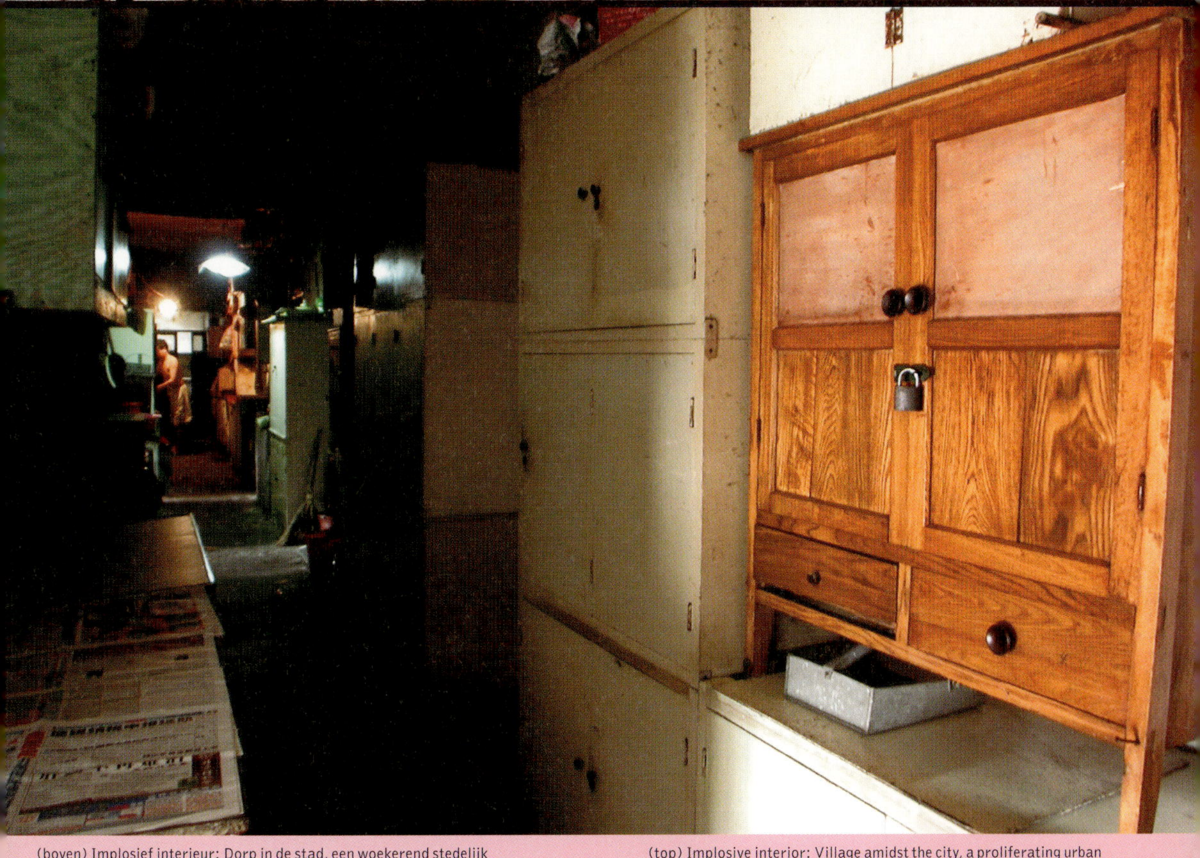

(boven) Implosief interieur: Dorp in de stad, een woekerend stedelijk interieur, Guangzhou (onder) Implosief interieur: In het communistische bouwblok staat de gang vol met keukens in kasten, ter vervanging van de opgeheven openbare eetzalen, Beijing

(top) Implosive interior: Village amidst the city, a proliferating urban interior, Guangzhou (bottom) Implosive interior: Inside the Communist mansion, a corridor occupied by kitchens inside cupboards to replace the abandoned public dining rooms, Beijing

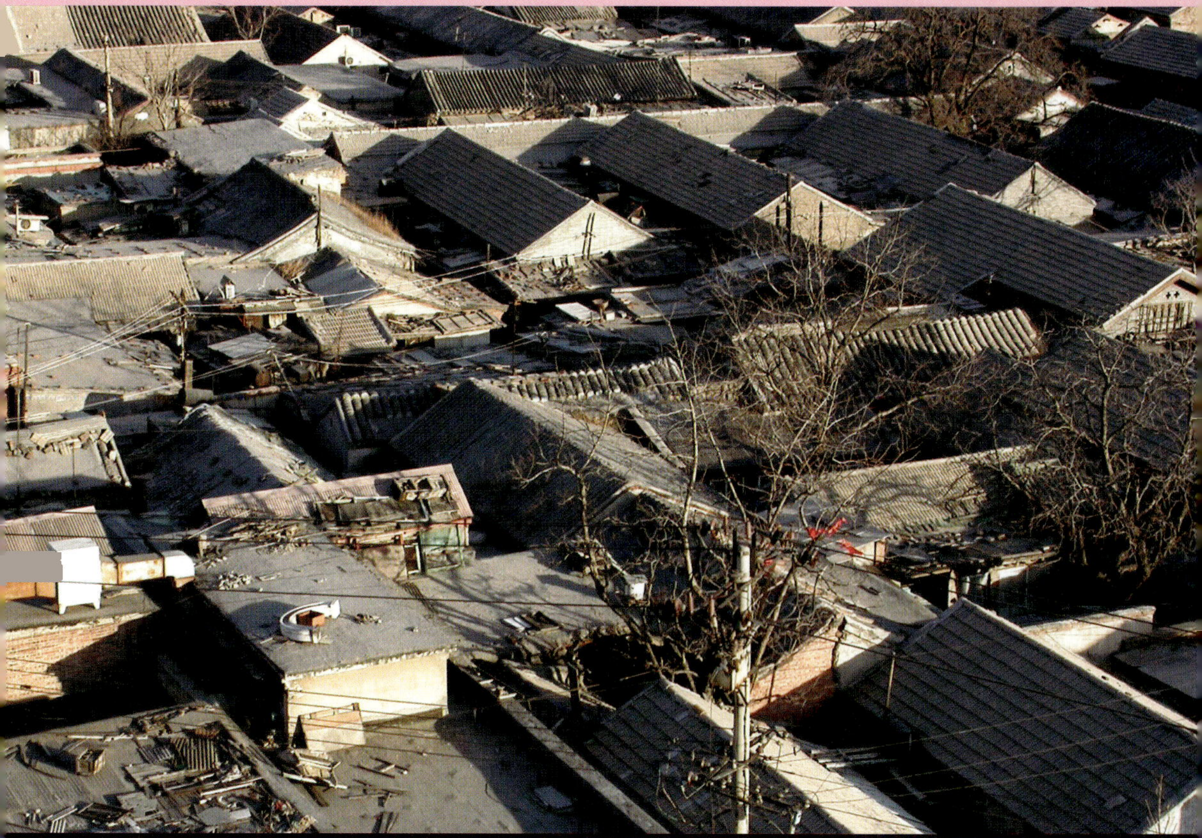

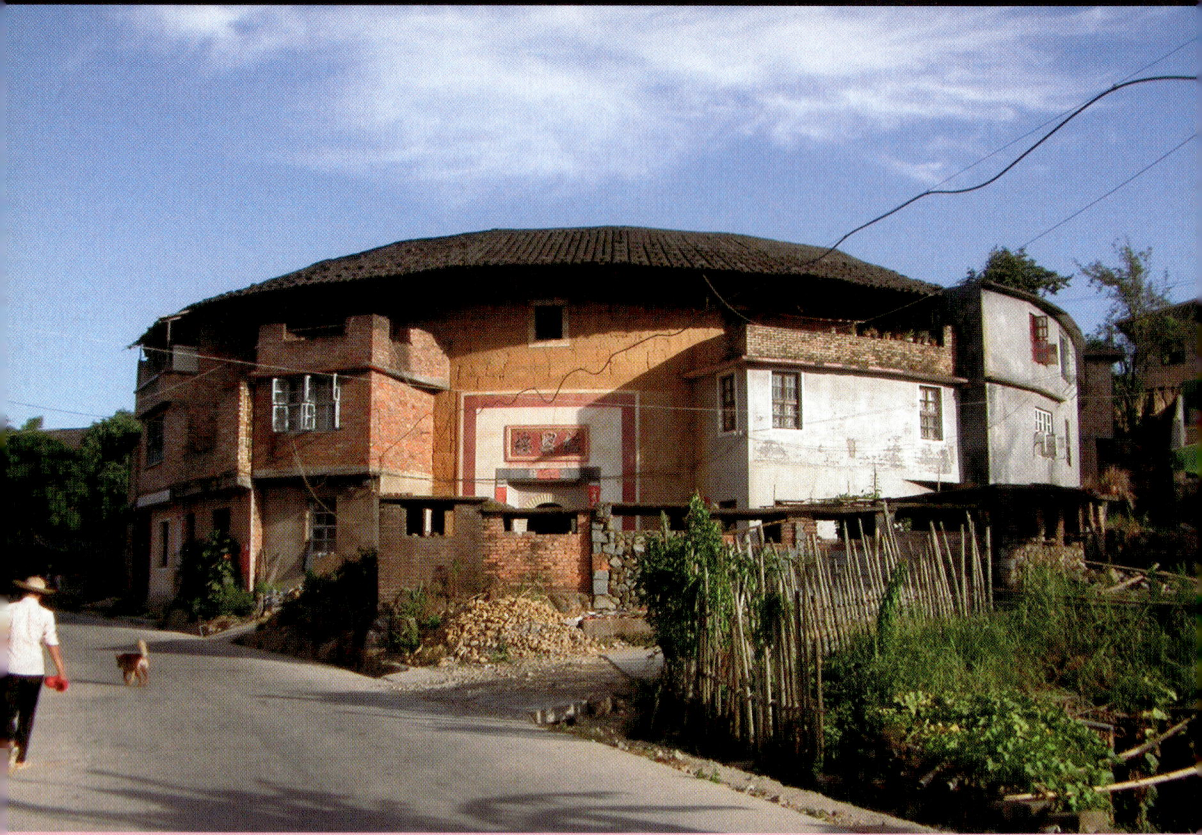

(boven) Implosief interieur: De binnenplaatsen zijn ingenomen door woningen van gezinnen die na de jaren vijftig over de binnenplaatshuizen in Beijing zijn verspreid (onder) Implosief interieur: Een traditioneel tu lou (aarden huis), opengebroken door de woningen die van binnenuit zijn uitgebreid, Yongding

(top) Implosive interior: Courtyards occupied by huts built by the families that were distributed among the courtyard houses after the 1950s, Beijing (bottom) Implosive interior: A Tu Lou (Mud House) penetrated by the houses extending from inside, Yongding

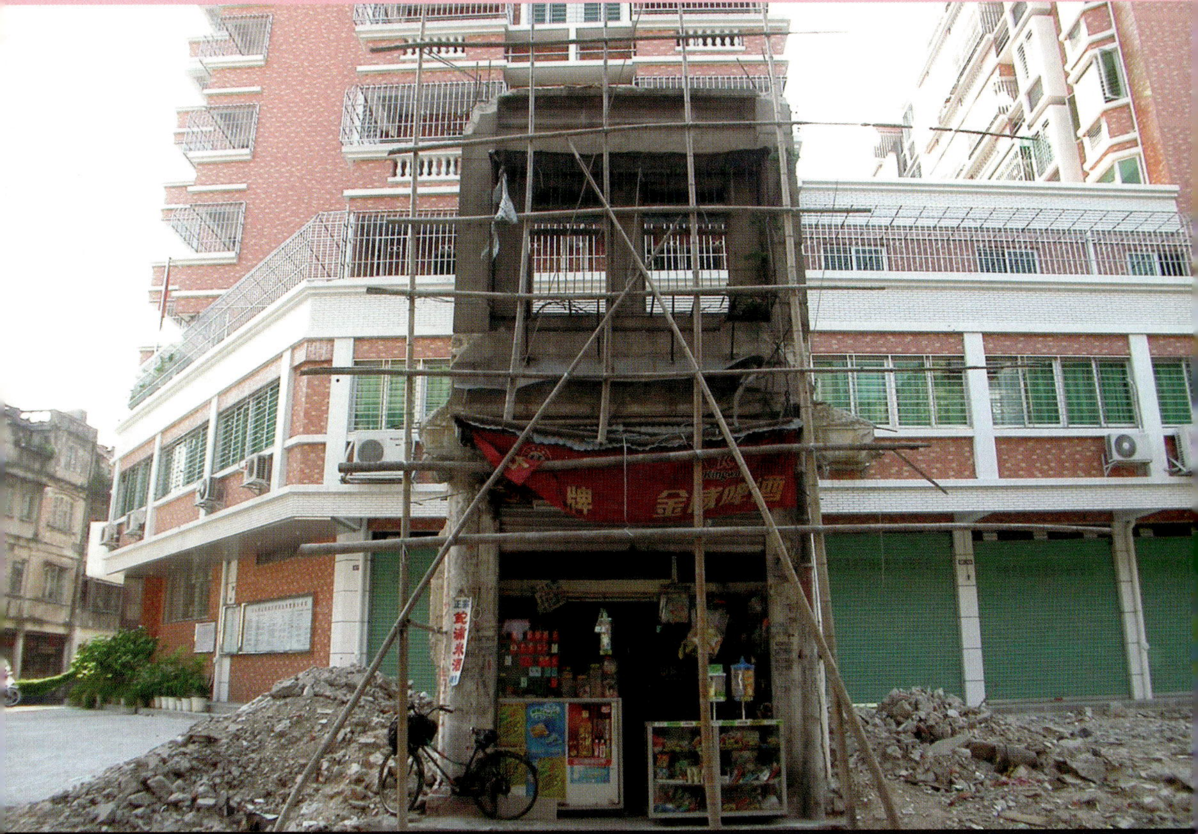

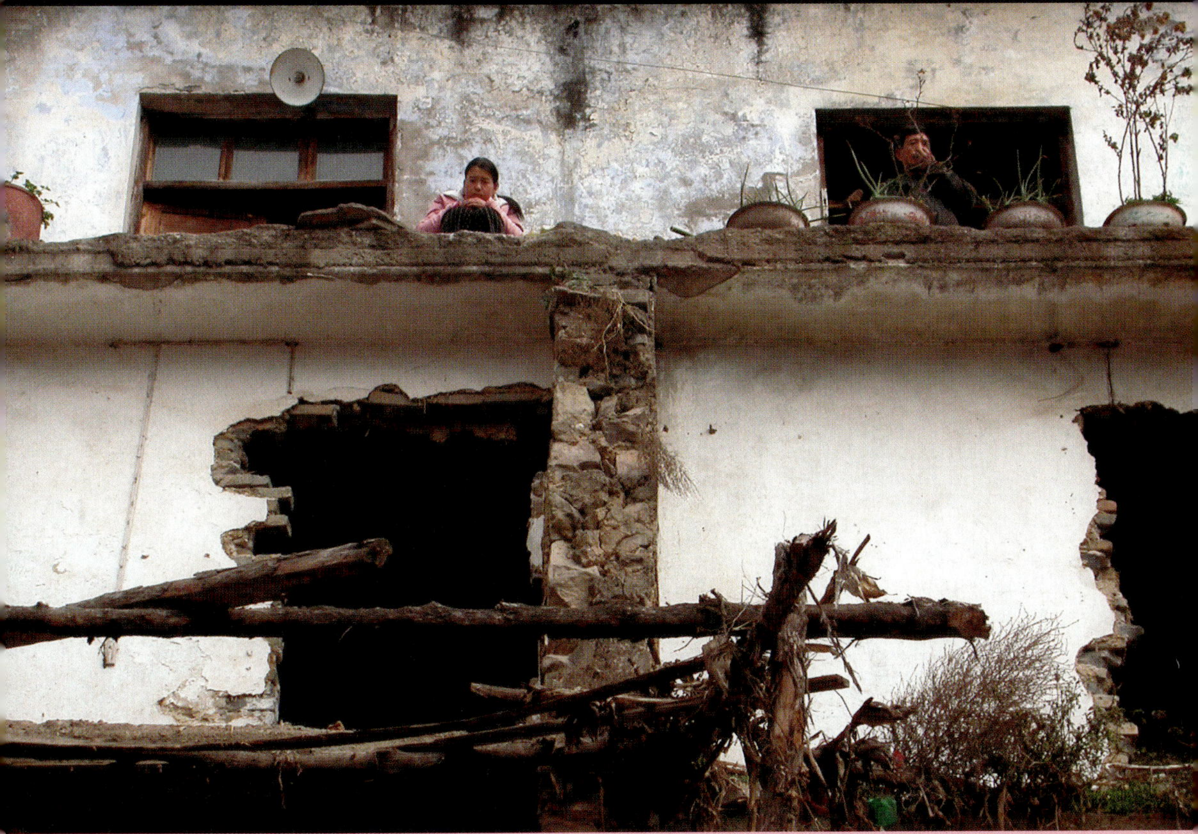

(boven) Overleven: Een klein en fragiel gebouw blijft hardnekkig in bedrijf in afwachting van een hogere schadevergoeding, terwijl de hele omringende buurt gesloopt wordt, Shantou (onder) Overleven: In het half gesloopte huis gaat het leven gewoon door, Guizhou

(top) Survival: A 'nail-house' insists on doing business as usual and waiting for more compensation while the whole of its neighbourhood is being pulled down, Shantou (bottom) Survival: Life goes on in the half-demolished house, Guizhou

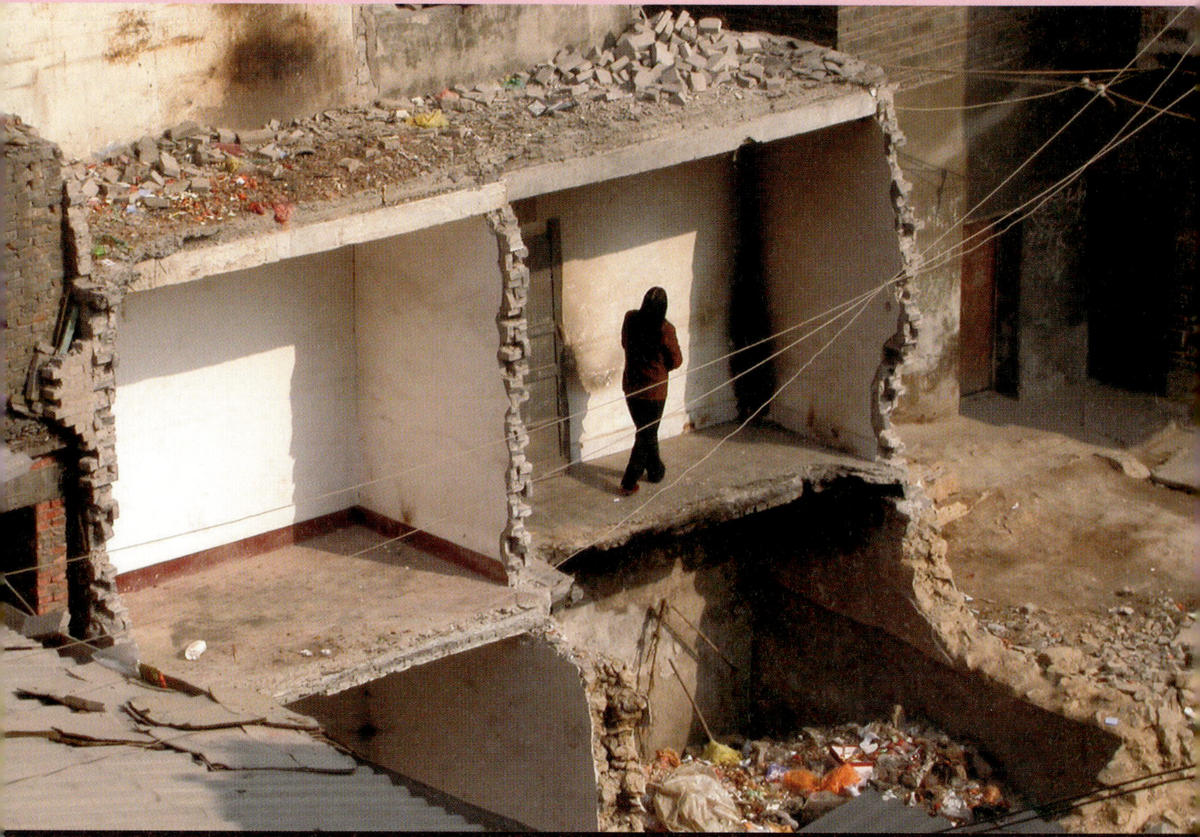

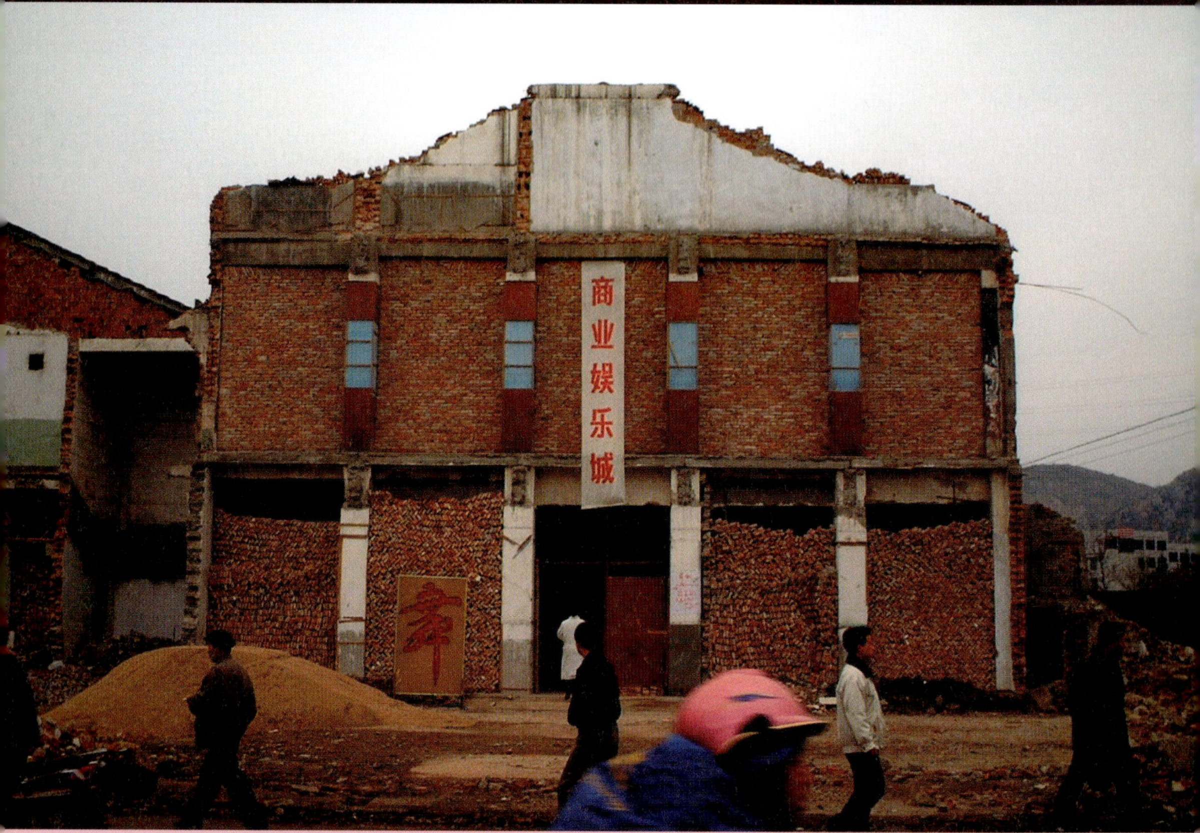

(boven) Overleven: In het half gesloopte huis gaat het leven gewoon door, Wushan (onder) Overleven: Een huis dat is uitgekleed tot een kaal casco wordt nog altijd als vermaakscentrum gebruikt, Huangshi

(top) Survival: Life goes on in the half-demolished house, Wushan (bottom) Survival: A house, reduced to a bare shell, is still used as an entertainment centre, Huangshi

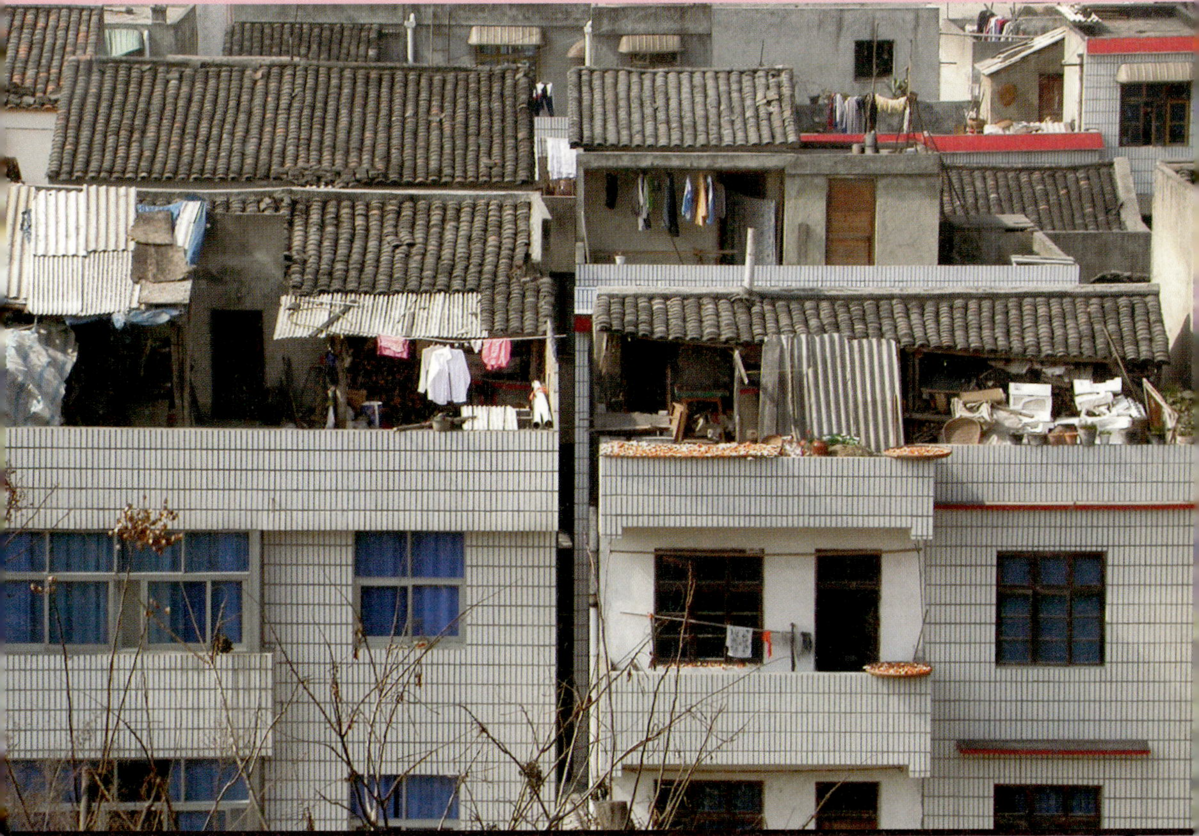

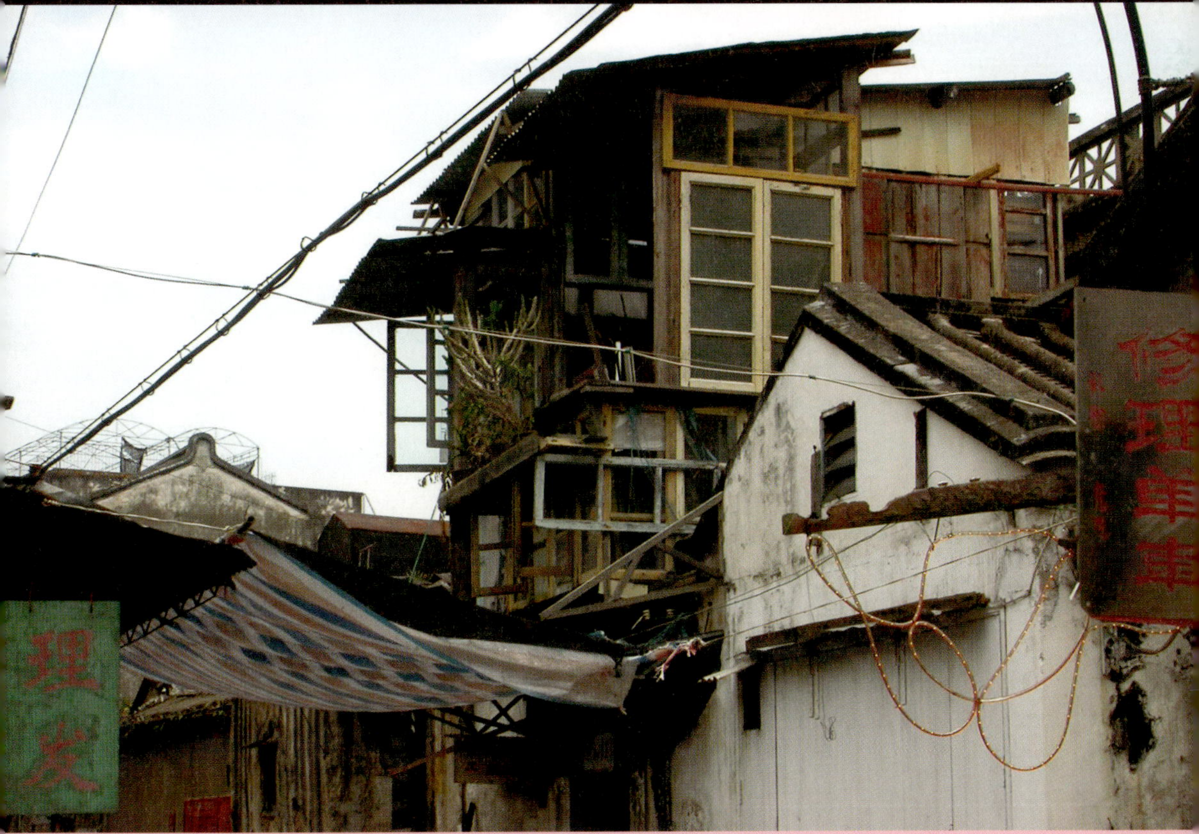

(boven) Gevonden materialen: Woningen gebouwd op het dak van bestaande gebouwen met materialen uit de oude stad Zigui als gevolg van een migratiebeweging; deze stad is verdwenen door de aanleg van de Drieklovendam (onder) Gevonden materialen: Woningen gebouwd van gebruikte ramen, Chaozhou

(top) Ready found material: A new layer of houses has been built on top of existing buildings as a result of a migration movement; all the materials came from the old city of Zigui that was being demolished because of the Three Gorges Dam. (bottom) Ready found material: Houses built with used windows, Chaozhou

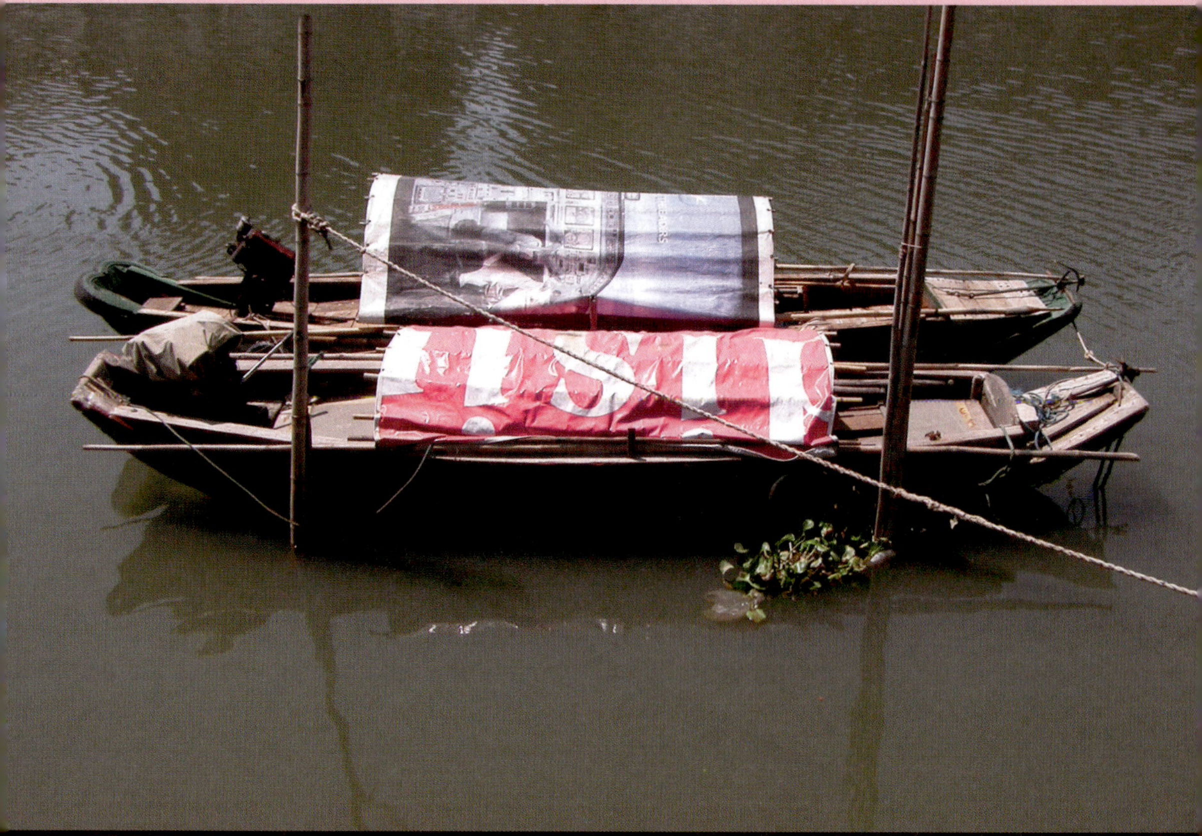

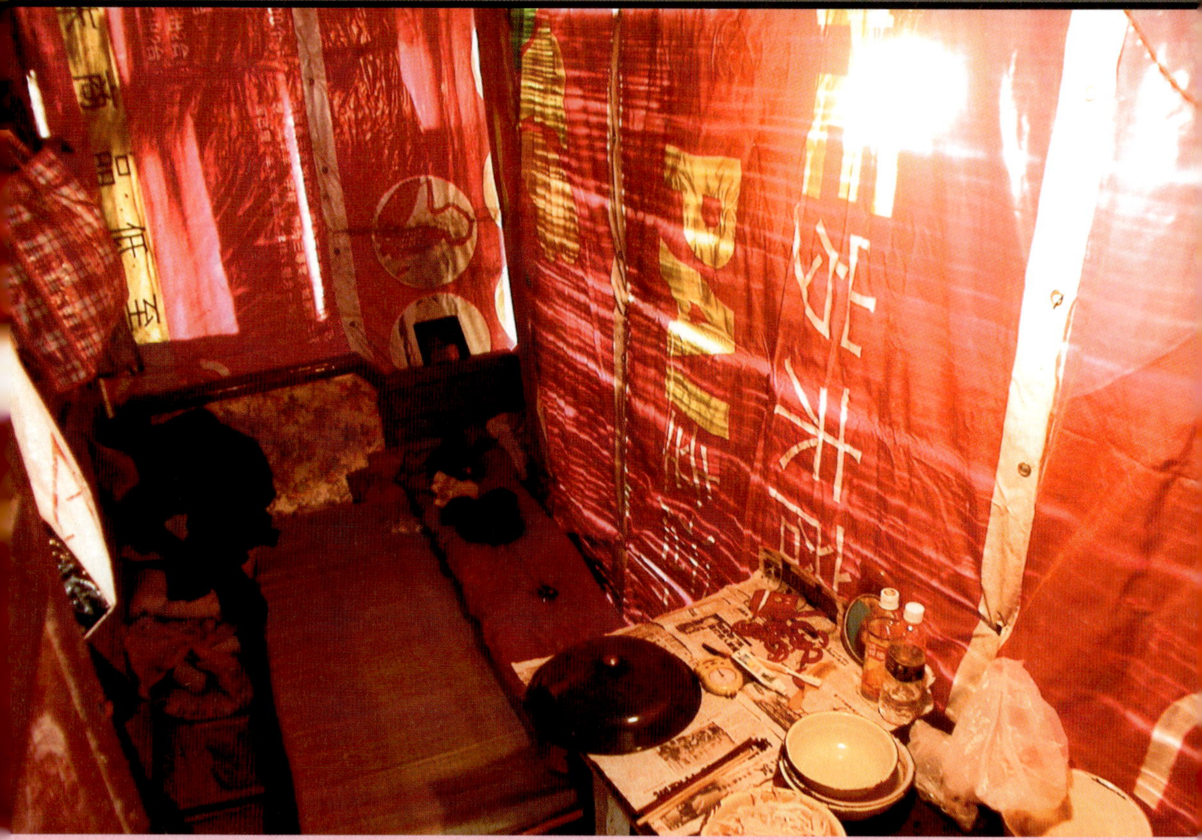

(boven). Gevonden materialen: Boten met daken gemaakt van gevonden reclamemateriaal, Shantou (onder) Gevonden materialen: Een migrantenarbeider heeft in een verlaten gebouw een woning ingericht met gevonden reclamemateriaal, Changsha

(top) Ready found material: Boats roofed with ready found advertising material, Shantou (bottom) Ready found material: A migrant worker has made a house in an abandoned building with ready found advertising material, Changsha

MAP Office is een onderzoeksbureau dat in 1997 door de Franse architecten Laurent Gutierrez en Valérie Portefaix in Hongkong is opgezet. MAP Office analyseert 'afwijkende' architectonische en ruimtelijke structuren en documenteert de diverse manieren waarop mensen hun leefomgeving naar eigen behoeften invullen. Met de drie videowerken **Underneath, City of Production** en **City of Consumption** (alle drie uit 2004) stellen ze kritische vragen bij de hedendaagse architectuurpraktijk en de fascinatie van zowel westerse als Chinese architecten voor iconische gebouwen en grootschalige structuren. www.map-office.com

MAP Office is a research platform that was set up by the French architects Laurent Gutierrez and Valérie Portefaix in Hongkong in 1997. MAP Office analyses 'anomalous' architectural and spatial structures and documents the various ways in which people adapt their environment to their own needs. Their three video works **Underneath, City of Production** and **City of Consumption** (all from 2004) raise critical questions about contemporary architectural practice and the fascination of both Western and Chinese architects for iconic buildings and large-scale structures. www.map-office.com

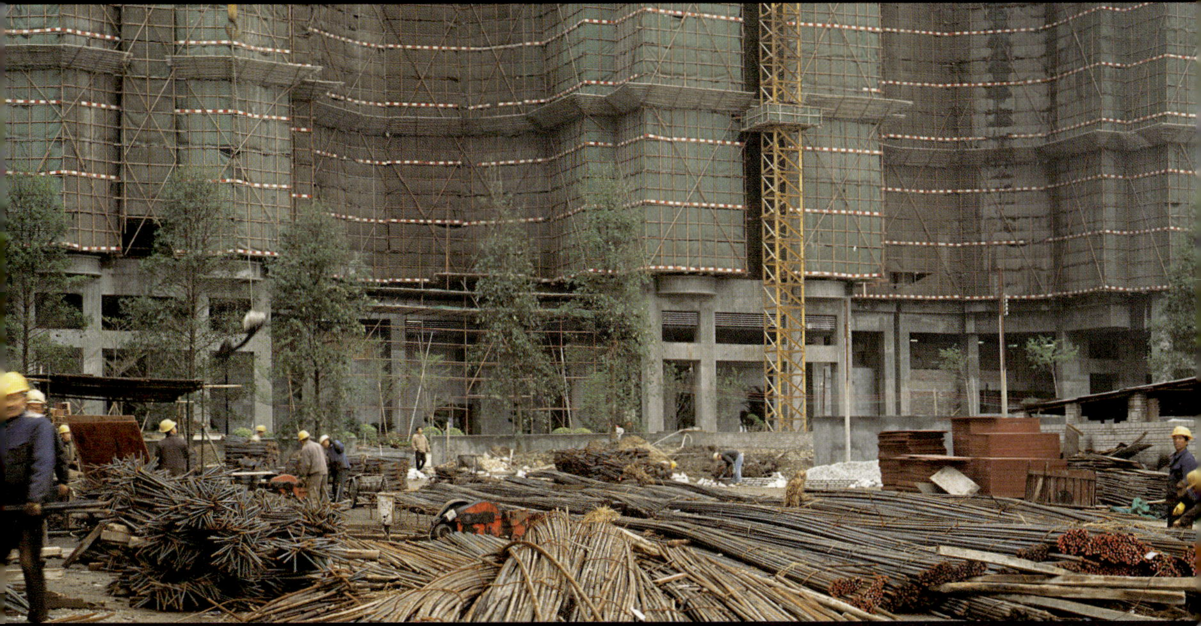

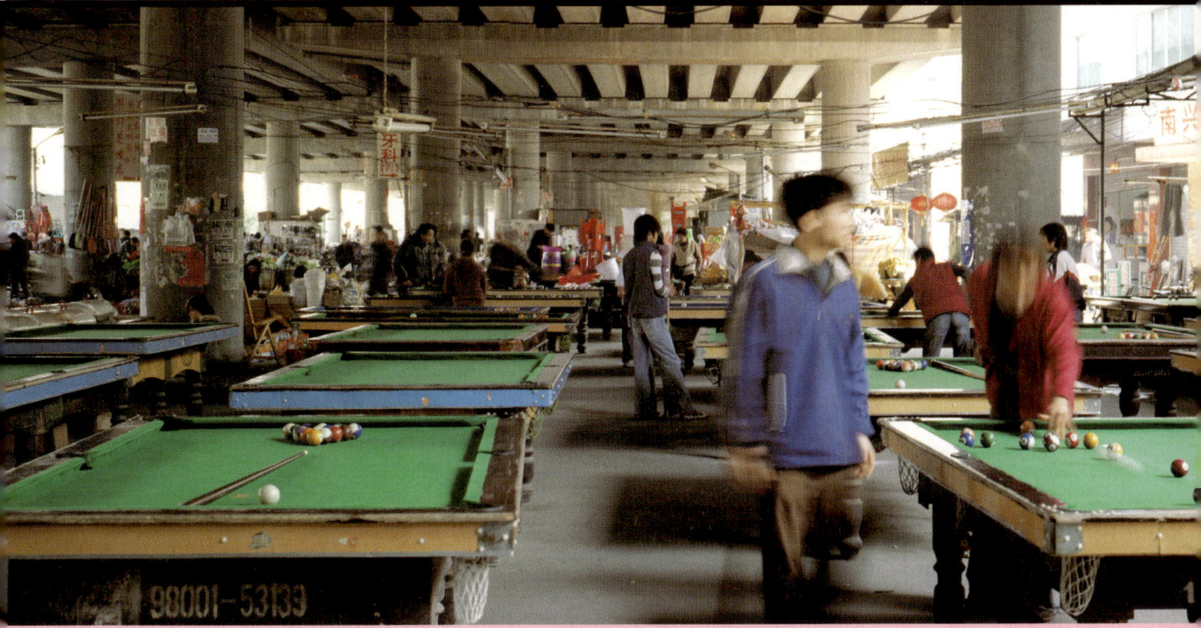

(boven/top) **City of Production**, 2004, video, 10 min.
(onder/bottom) **Underneath**, 2004, video, 7 min.

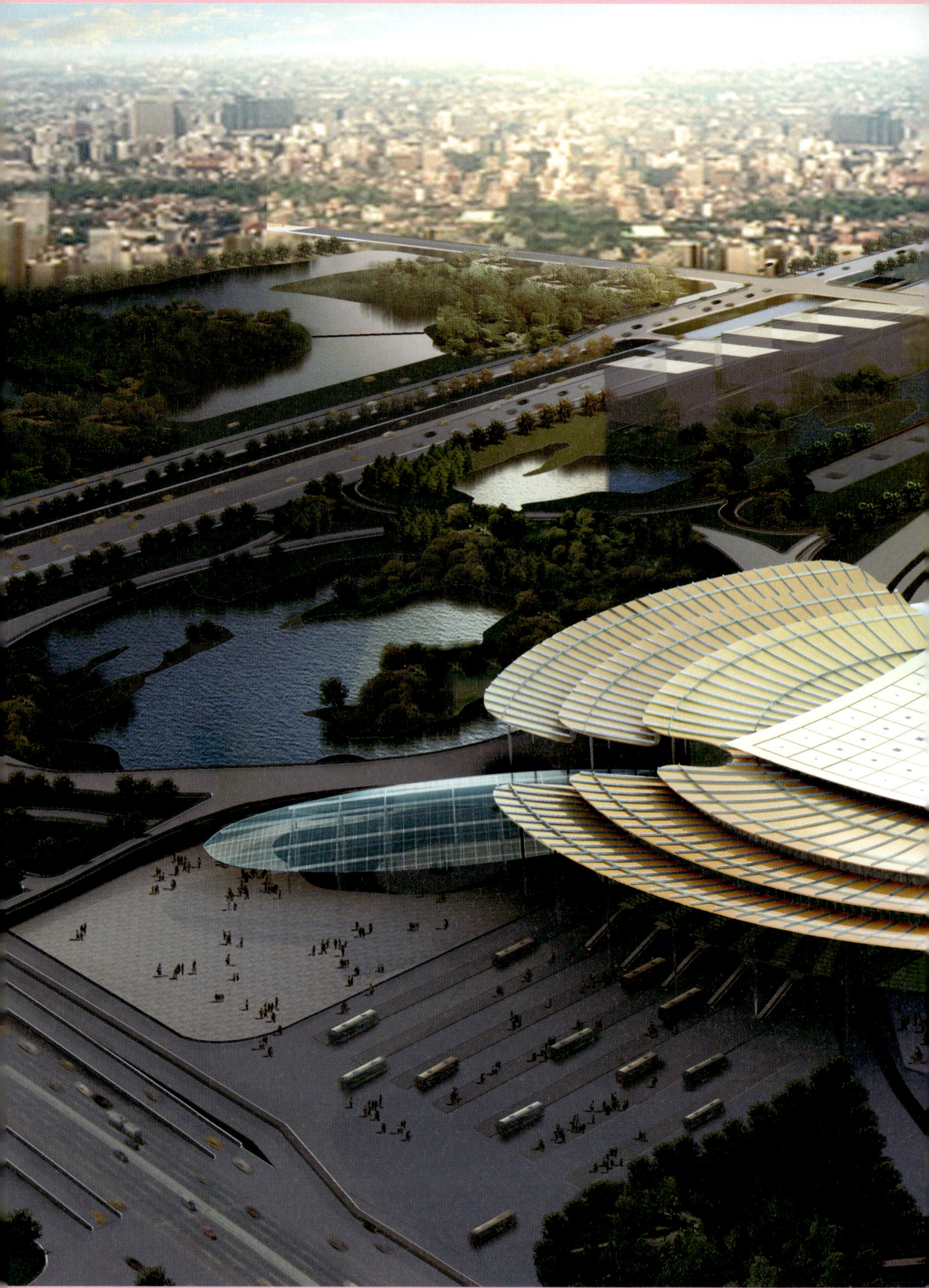

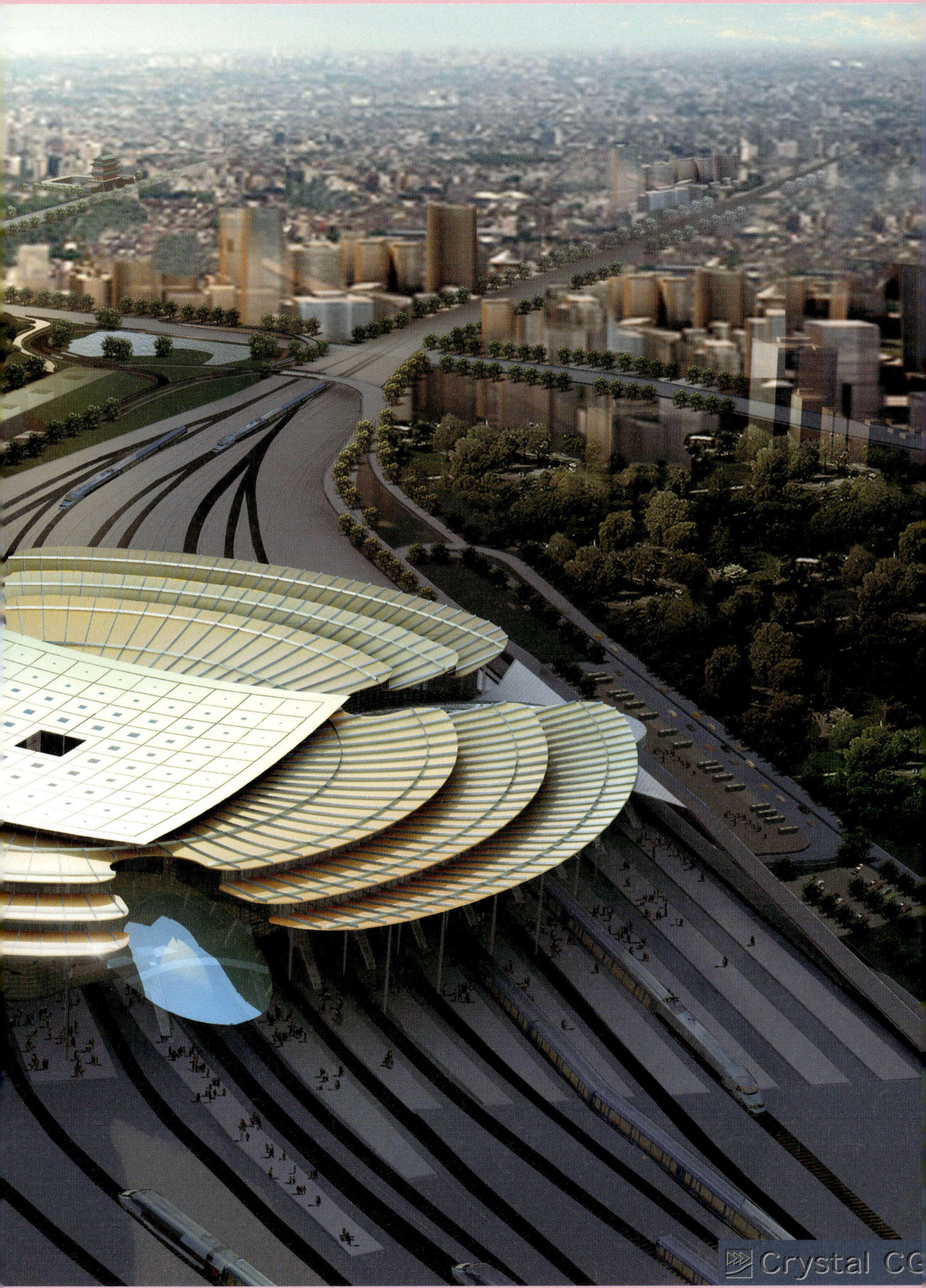
Crystal CG

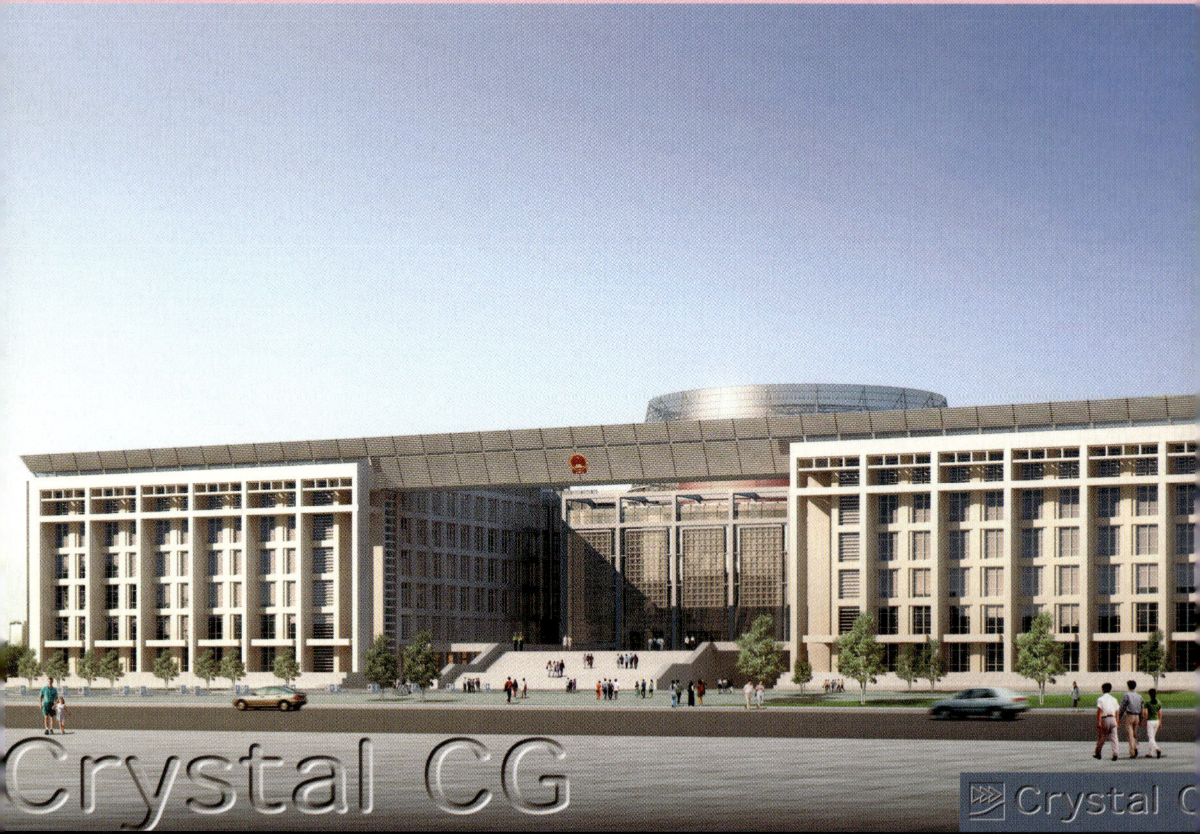
Crystal CG
Crystal C

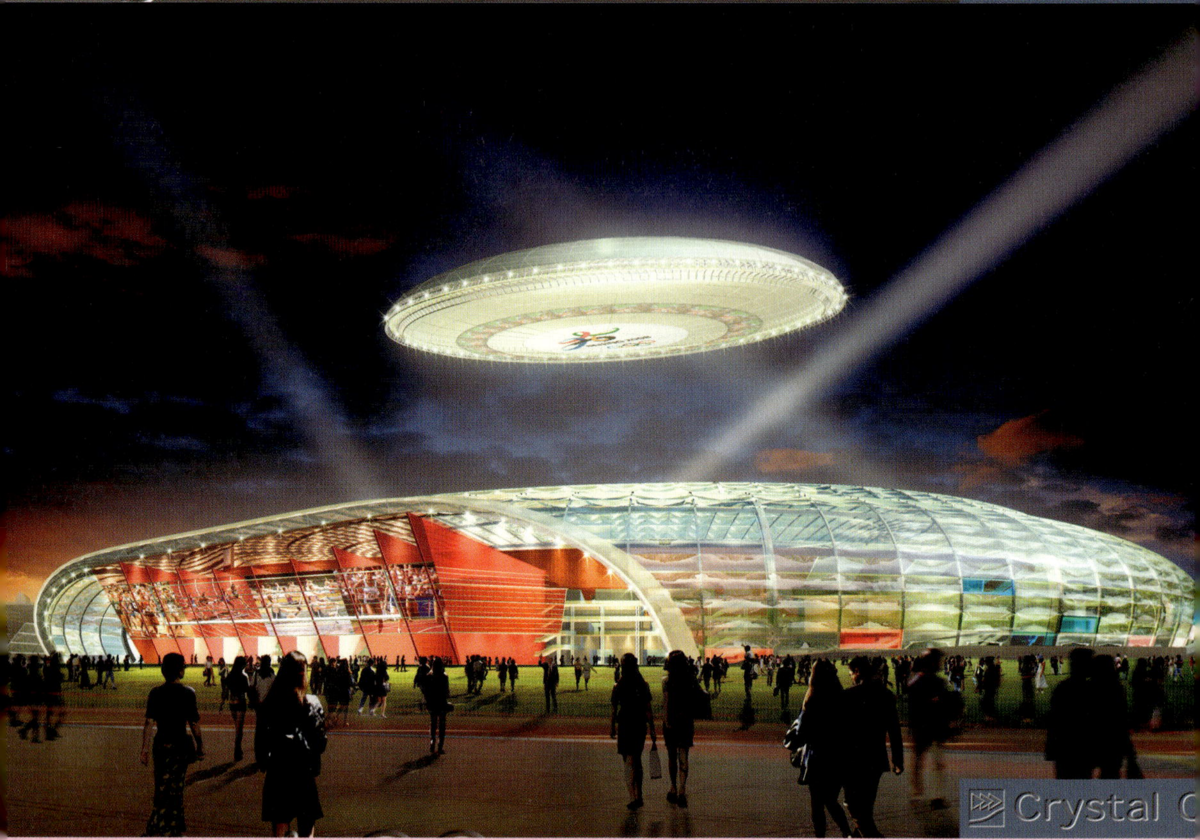
Crystal C

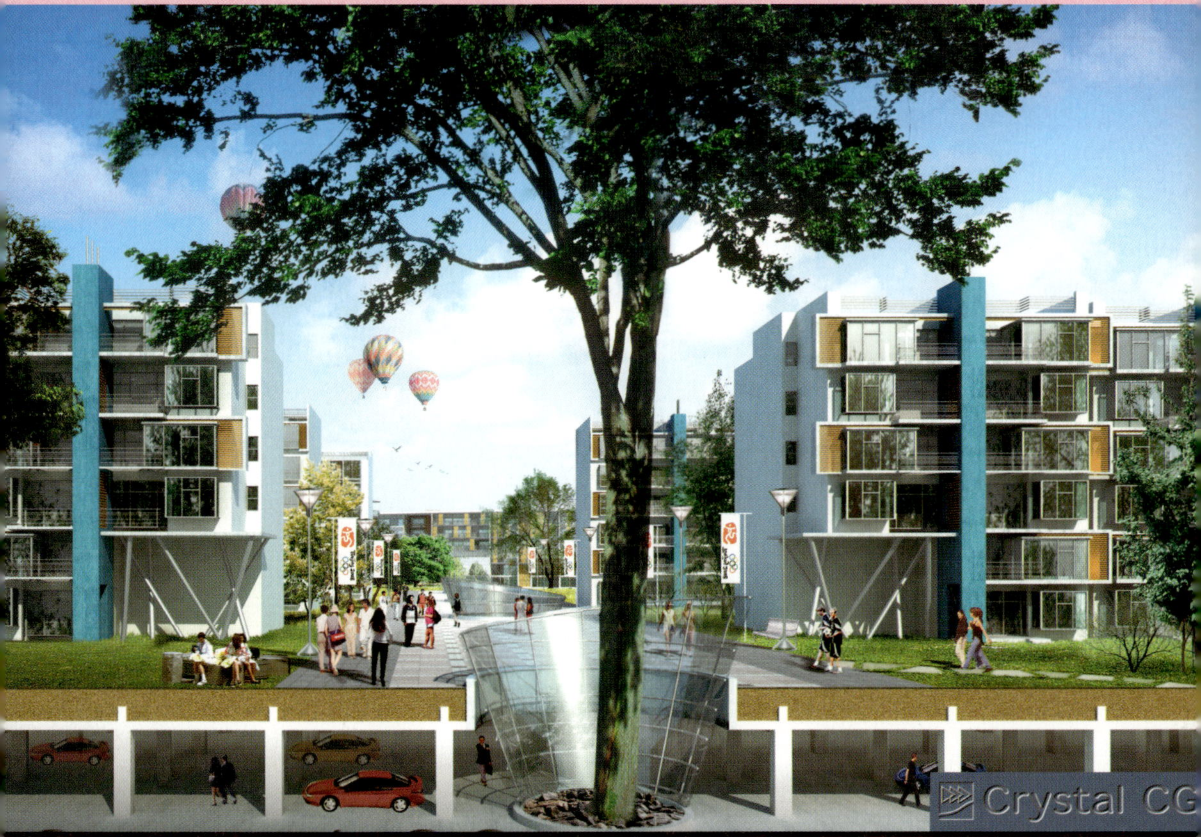
Crystal CG

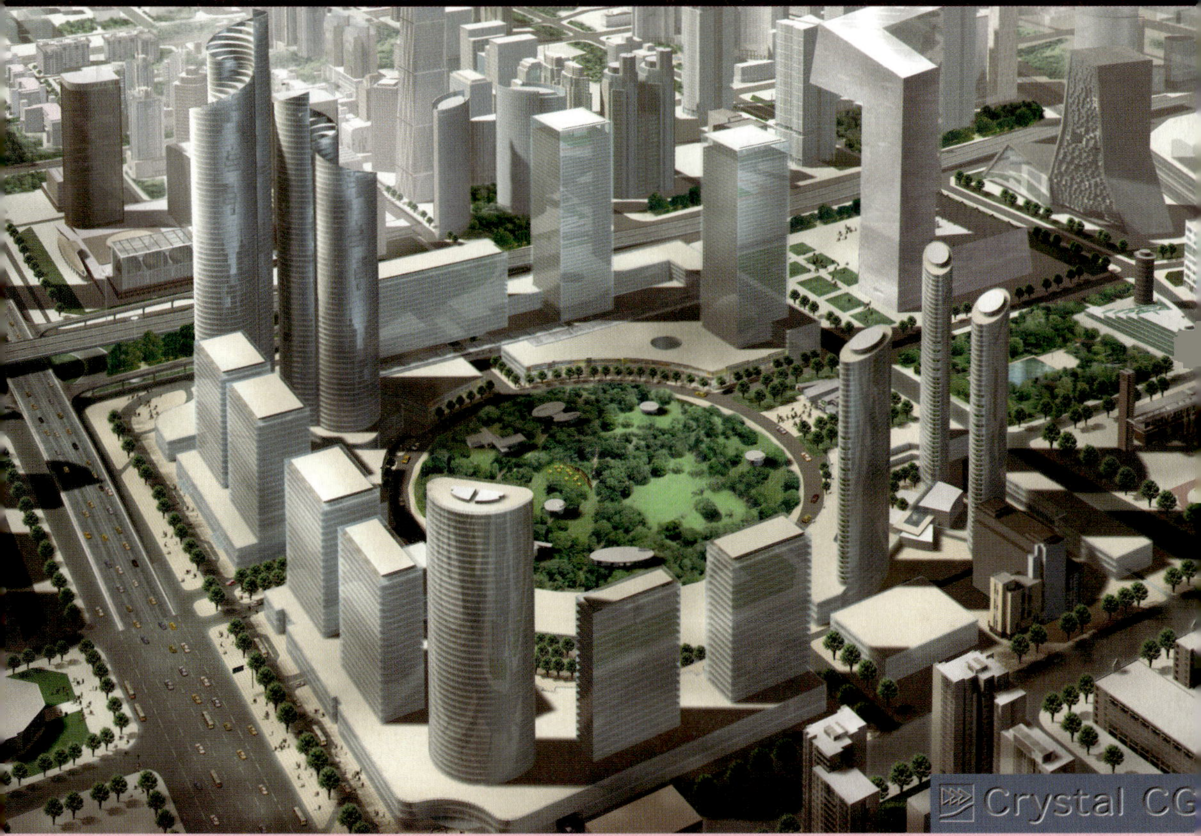
Crystal CG

Peng&Chen — In het eerste boek over hun werk, **Peng&Chen** (september 2004, Shanghai), beschrijft vriend en modeontwerper Zhang Da hoe Peng Yangjun een jaar eerder een keer te laat is voor het eten, omdat hij die dag Chen Jiaojiao heeft ontmoet. Uit dat jaar, 2003, stamt hun liefde en samenwerking. Het werk van Peng&Chen (www.peng-cheng.com) is nauw verweven met dat van anderen in deze publicatie: JiJi was in 2004 curator van de tentoonstelling **Peng&Chen**, MEWE ontwierp de catalogus en behalve Zhang Da schrijven modeontwerper Wang Yiyang en kunstenaar/modetycoon Chen Yifei over werk en leven van het duo, dat voor hen alledrie de modereportages maakt. De sobere fotografische stijl van Peng&Chen en hun aandacht voor het alledaagse is sterk verwant aan het werk van deze ontwerpers.

Aanvankelijk werken ze beiden voor het tijdschrift Vision, Peng (1977) als fotograaf en Jiaojiao, ofwel Moon Chen (1980), als redacteur. In 2004 maken Peng&Chen voor Vision, dat 'de wereld aan China' wil laten zien, reizen naar Liverpool, Wenen en Edinburgh, die ze vastleggen in een serie boeken. Als ze het tijdschrift in 2005 verlaten, besluiten ze voortaan 'China aan China' te laten zien. Peng&Chen blijven modereportages maken, maar daarnaast beginnen ze hedendaags China vast te leggen. Het doorlopende project **CHINA NEWS** toont niet het China van de blinkende torens en luxe shopping malls, maar evenmin een geromantiseerd platteland. We zien terloopse beelden van Chinezen (vaak van veraf gefotografeerd in lege, alledaagse omgevingen), onaanzienlijke details van interieurs, snapshots van vrienden, een stukje lucht, een fragment van een struik, in een stijl die herinnert aan die van Wolfgang Tillmans.

In het verlengde hiervan staat het project **SUIT** (2005) over het westerse mannenpak, dat sinds de jaren tachtig in China weer gedragen mag worden. Het kledingstuk werd snel populair en onderging vele gedaanteveranderingen en functiewijzigingen, tot zelfs de boeren het gingen gebruiken als werkkleding voor op het land. De geschiedenis van dit voor China vreemde cultuurgoed symboliseert voor Peng&Chen de wijze waarop hun landgenoten zich toe-eigenen wat van buiten komt, maar ook de razendsnelle inhaalslag die China aan het maken is.

Peng&Chen — In the first book about their work, **Peng&Chen** (September 2004, Shanghai), their friend the fashion designer Zhang Da describes how Peng Yangjun arrived late for dinner one day the year before because he had just met Chen Jiaojiao. Their love and cooperation date from that year, 2003. The work of Peng&Chen (www.peng-cheng.com) is closely connected with that of others in this publication: Ji Ji curated the exhibition **Peng&Chen** in 2004, MEWE designed the catalogue, and not only Zhang Da but also the fashion designer Wang Yiyang and the artist/fashion tycoon Chen Yifei write about the work and life of the duo, who make fashion reports for all three of them. The sober photographic style of Peng&Chen and their interest in the everyday is closely akin to the work of these designers.

Initially they both worked for the magazine **Vision**, Peng (1977) as a photographer and Jiaojiao, or Moon Chen (1980), as editor. In 2004 Peng&Chen travelled to Liverpool, Vienna and Edinburgh for **Vision**, which wanted 'to show the world to China', and recorded their observations in a series of books. When they left the magazine in 2005, they decided from now on to show 'China to China'. Peng&Chen still do fashion reporting, but in addition they are beginning to record contemporary China. The ongoing project **CHINA NEWS** shows neither the China of the shiny tower blocks and luxurious shopping malls, nor a romanticized countryside. We see casual shots of Chinese (often photographed from a distance in empty, everyday surroundings), unpretentious details of interiors, snapshots of friends, a shot of the sky, a fragment of a bush, in a style that is reminiscent of Wolfgang Tillmans.

The project **SUIT** (2005) is an extension of **CHINA NEWS**. It is about the Western man's suit, which was readmitted to China in the 1980s. It rapidly became popular and underwent many changes of appearance and function, until even the farmers started to wear it on the land as work clothing. The history of this foreign item of culture in China symbolizes for Peng&Chen the way in which their fellow Chinese appropriate things from abroad, as well as the lightning overtaking manoeuvre that China is in the process of making.

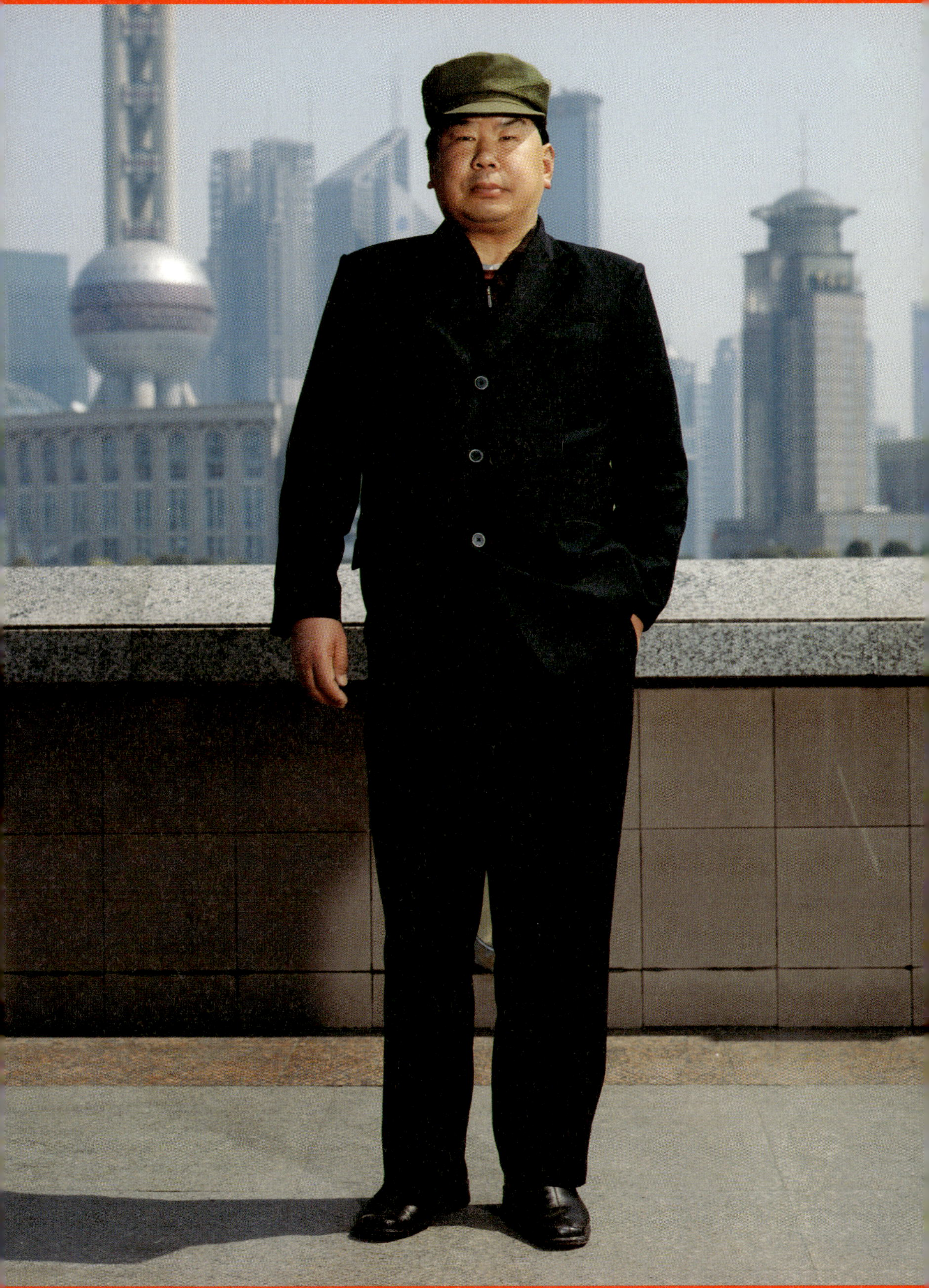

Suit project, 2005

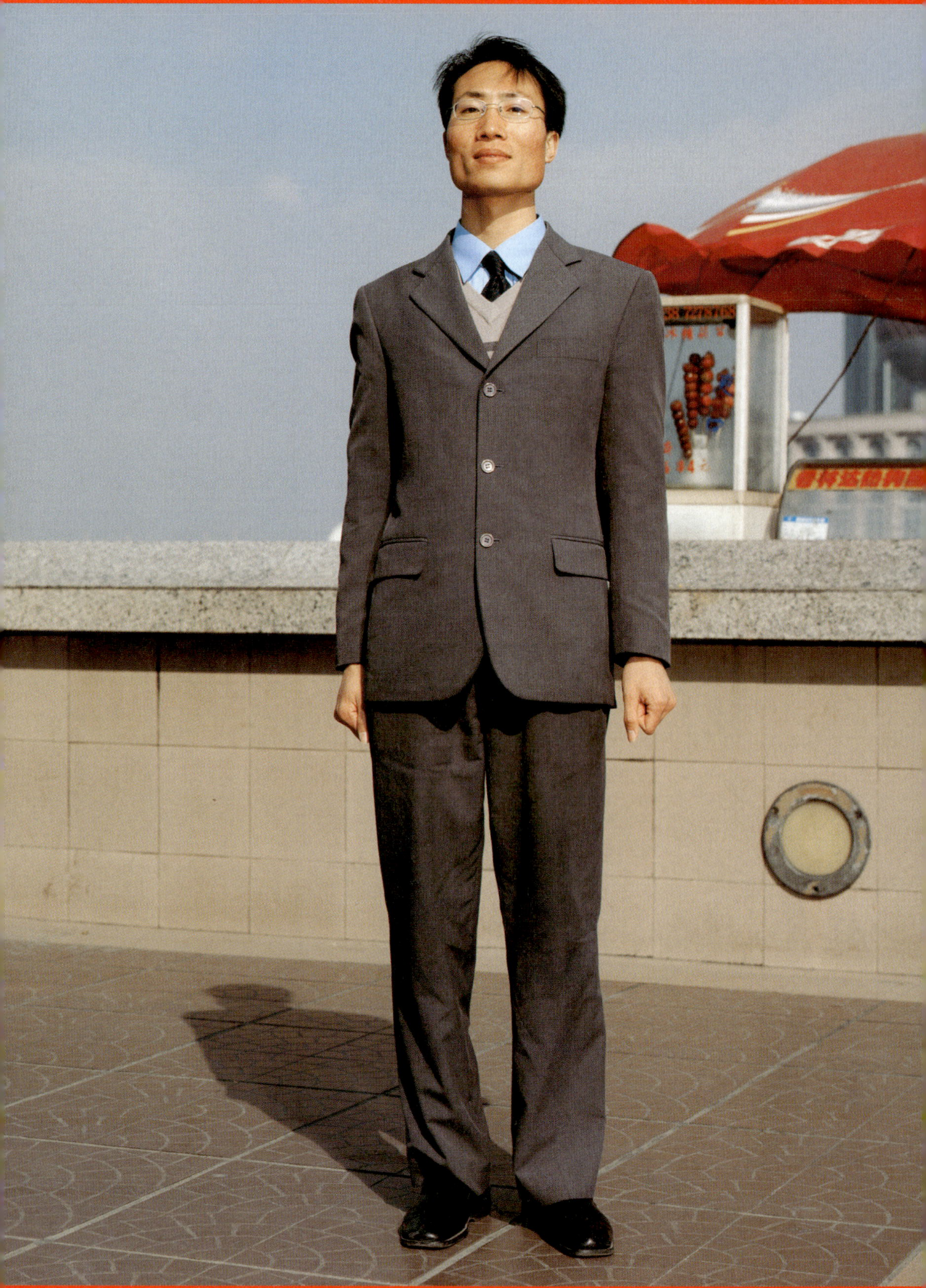

Suit project, 2005

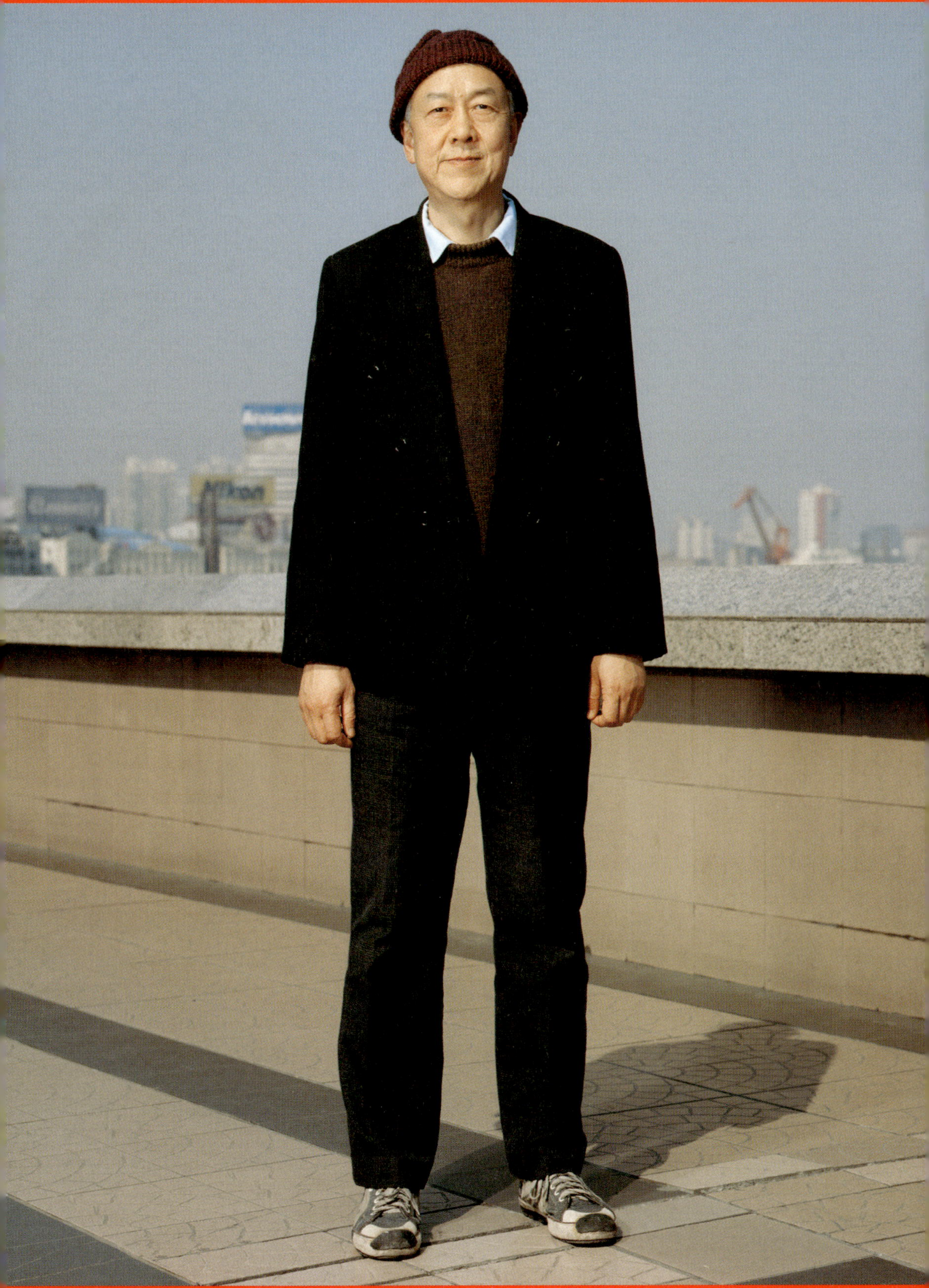

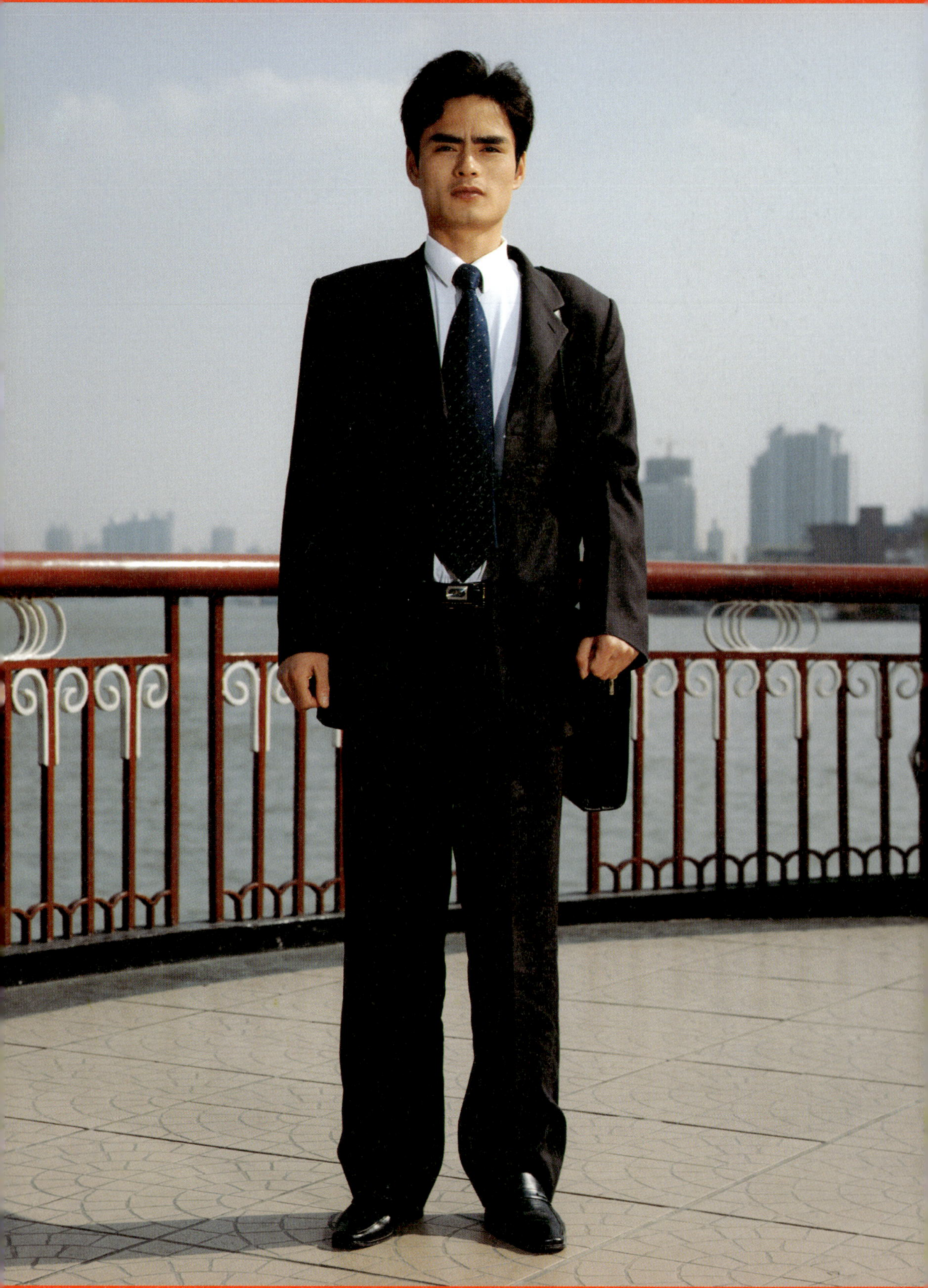

Suit project, 2005

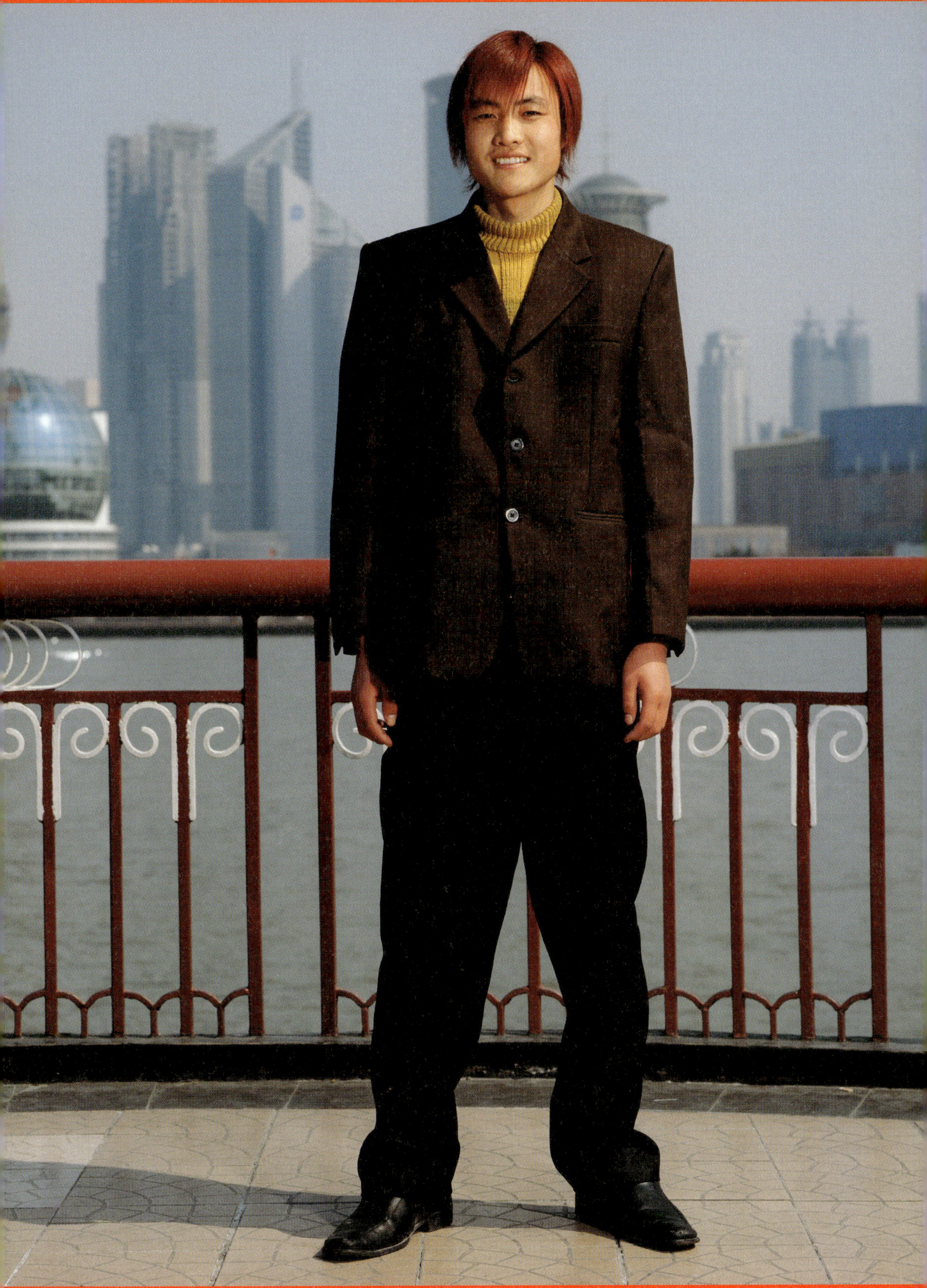

Cao Fei — In november 2005 opent de tweede Triënnale van Guangzhou met een lange theaterperformance in een absurdistisch bordkartonnen decor, dat traditionele Chinese vormelementen verenigt met moderne stadsbeelden en tv-show props. **PRD Anti-Heroes** is een werk van de jonge kunstenares Cao Fei (1978). Merendeels niet-professionele acteurs in kleurrijke kostuums vertellen de onofficiële geschiedenis van de bevolking in de Pearl River Delta, gebaseerd op anekdotes, internetlegendes en schandalen in de plaatselijke pers. Moderne reïncarnaties van oude Chinese volkshelden delen het podium met bedelaars, tabaksverkopers, schoenpoetsers en andere vertegenwoordigers van de informele economie. De verhalen gaan over de groeiende groep mensen die buiten bereik blijft van de lokale overheid, in een gebied dat een abnormale economische, stedelijke en sociale groei ondergaat. Deze 'antihelden', die diep doordringen in de haarvaten van de samenleving, zijn volgens Cao Fei medeverantwoordelijk voor de grote vitaliteit van de Pearl River Delta.

Cao Feis oog voor de randverschijnselen van de snelle modernisering en globalisering in China blijkt ook uit haar werk **Cosplayers** (2004). De video en kleurenfoto's tonen Chinese jongeren die verdiept zijn in een rollenspel uit de Japanse game-cultuur. In bizarre kostuums poseren zij in stoere houdingen tegen de achtergrond van een overweldigend stedelijk decor. Even later zien we dezelfde jongeren terug, ineengedoken op de bank naast een niet-begrijpende ouder. Hun vluchtwereld van ridders en geesten staat ver af van de dagelijkse realiteit, waarvan de jongeren zich vervreemd voelen. Met **PRD Anti-Heroes** en **Cosplayers** wil Cao Fei de aandacht vestigen op de maatschappelijke gevolgen van de veranderingen in China.

Ook **Father** (2005) stelt dit aan de orde, maar is tegelijkertijd een zeer persoonlijk werk. In een video van 88 minuten volgt Cao Fei haar vader tijdens het maken van een gigantisch standbeeld van Deng Xiaoping, in opdracht van de zuidelijke provincie Guangxi. De verarmde provincie wil met het beeld 'rode toeristen' trekken en vraagt Cao Feis 73-jarige vader, een erkend staatsbeeldhouwer die inmiddels in Vancouver woont, om het te maken. Wat volgt is een fascinerend portret van een eigenzinnige, jeugdige oude man in een conformistisch beroep, van de 'kleine' lokale macht in China en van het veranderende Chinese landschap, waar het beeld in een soort roadmovie doorheen wordt vervoerd. Maar bovenal is het een gesprek tussen twee kunstenaars uit generaties met compleet verschillende ideologieën, die elkaar liefhebben en trachten te begrijpen als vader en dochter.

Cao Fei — The second Guangzhou Triennial opened in November 2005 with a long theatre performance in an absurdist cardboard décor that combined traditional Chinese elements of form with modern urban images and TV show props. **PRD Anti-Heroes** is a work by the young artist Cao Fei (1978). Mostly non-professional actors in colourful costumes tell the unofficial history of the population of the Pearl River Delta, based on anecdotes, internet legends and scandals in the local press. Modern reincarnations of traditional Chinese popular heroes share the stage with beggars, tobacco sellers, shoe shiners and other representatives of the informal economy. The stories are about the growing group of people who remain out of reach of the local government in an area that is undergoing an abnormal economic, urban and social growth. According to Cao Fei, these anti-heroes, which penetrate deep into the capillary system of society, are partly responsible for the great vitality of the Pearl River Delta.

Cao Fei's eye for the side effects of the rapid modernization and globalization of China can also be seen in her work **Cosplayers** (2004). The video and colour photographs show young Chinese engrossed in a role game from Japanese game culture. Dressed in bizarre costumes, they strike tough poses against the background of an overwhelming urban décor. Soon afterwards we see the same figures huddled on a sofa next to an uncomprehending parent. Their escapist world of knights and ghosts is far removed from the everyday reality from which they feel alienated. Cao Fei intends **PRD Anti-Heroes** and **Cosplayers** to focus on the social consequences of the changes in China.

Father (2005) tackles the same theme, but is at the same time a highly personal work. During the 88-minute video Cao Fei follows her father while he is making a gigantic statue of Deng Xiaoping commissioned by the southern province of Guangxi. The impoverished province hopes to attract 'red tourists' with the statue and asks Cao Fei's 73-year-old father, a recognised state sculptor who lives in Vancouver now, to create it. What follows is a fascinating portrait of a stubborn, youthful old man in a conformist profession, of 'small-scale' local government in China, and of the changing Chinese landscape through which the statue is transported in a kind of road movie. But it is above all a discussion between two artists from generations with completely different ideologies, who love and try to understand one another as father and daughter.

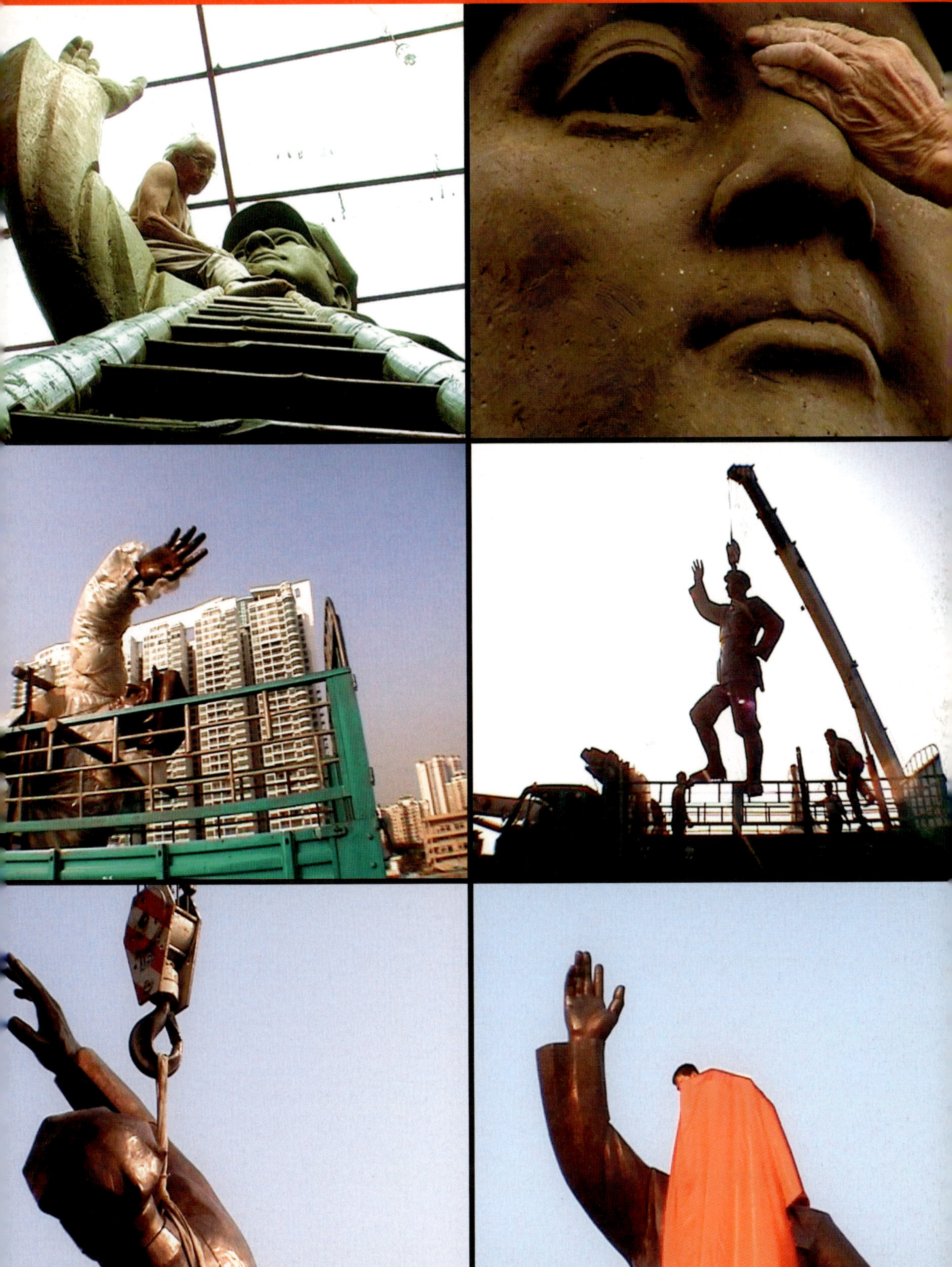

Father, 2005
documentaire op digitale video, sculpturen/documentary on digital video, sculptures, 88 min.

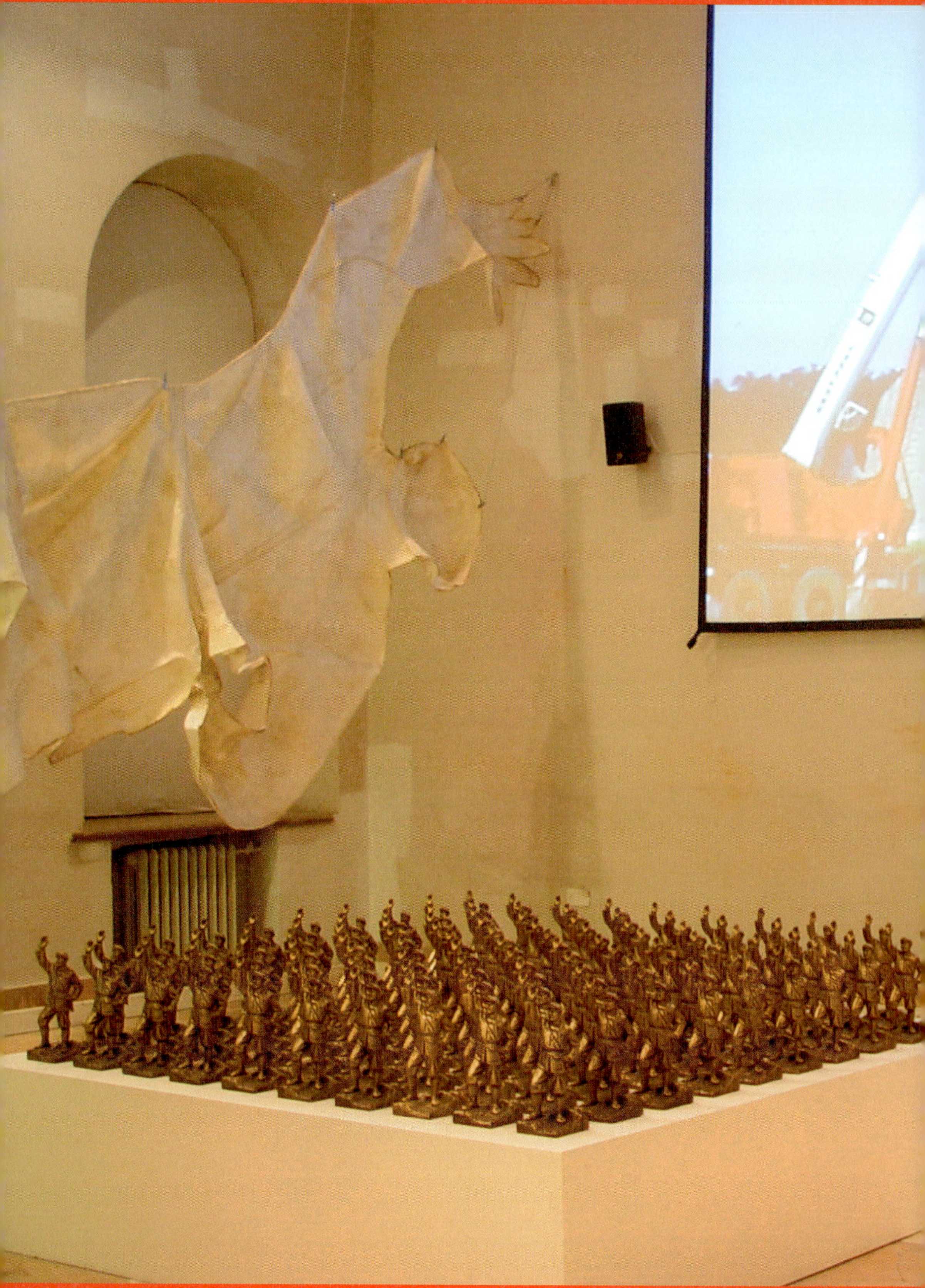

Father, 2005
documentaire op digitale video, sculpturen/documentary on digital video, sculptures, 88 min.

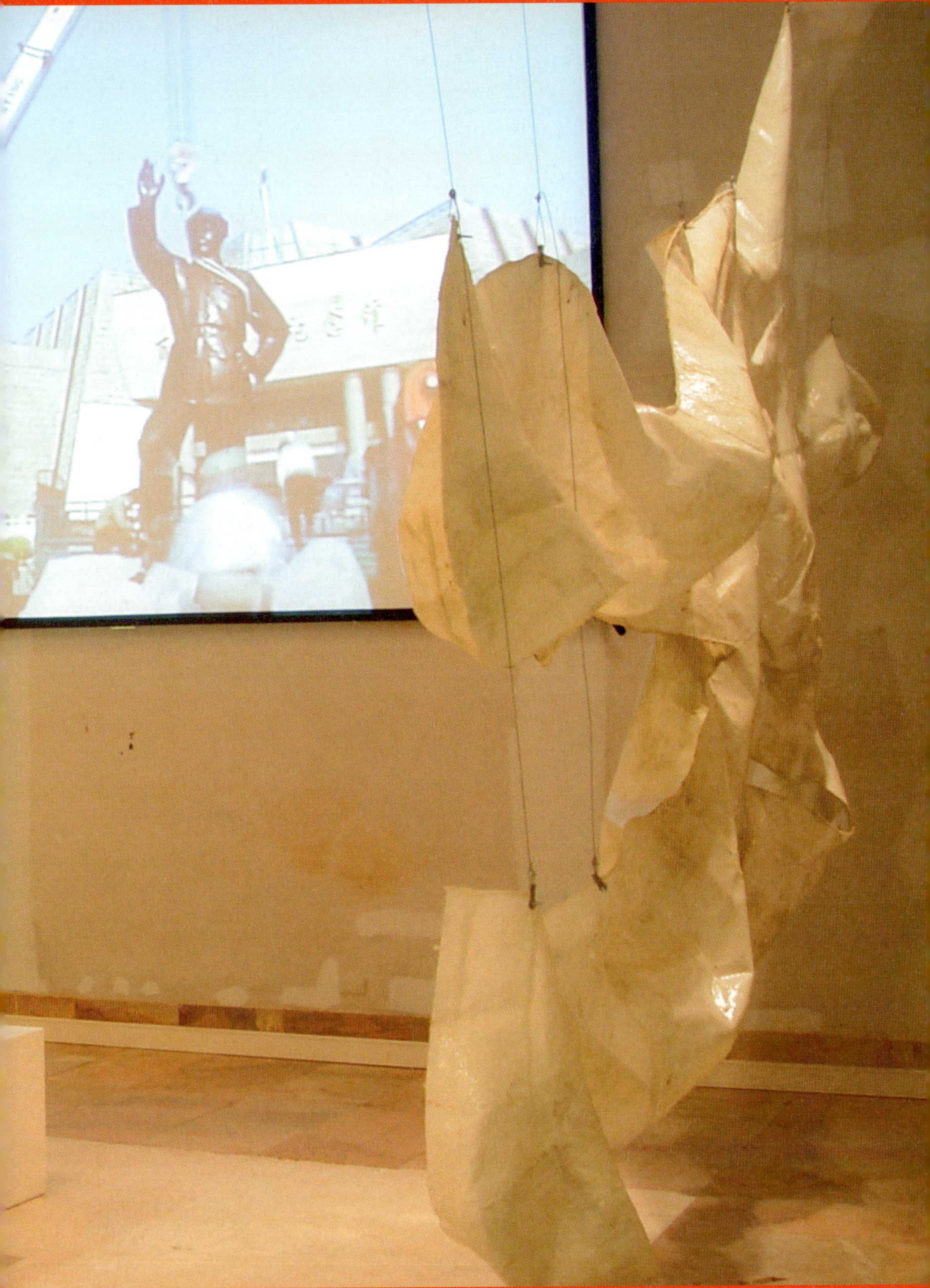

Basisschool Yuhu — Aan de voet van de Jaden Draak Sneeuw Berg ligt op 3.000 meter hoogte het dorp Yuhu, dat behoort tot de etnische minderheid de Naxi. Het dorp kent enige bekendheid doordat Joseph F. Rock (1884–1962), een Oostenrijks-Amerikaans ontdekkingsreiziger, geograaf, linguïst en botanist, hier in de periode 1922–1949 woonde en diverse bevolkingsgroepen in Zuidwest-China (waaronder de Naxi) bestudeerde. Het nieuwe complex bestaat uit een basisschool voor 160 leerlingen en een gemeenschapscentrum. Aan het ontwerp is eerst een grondige studie naar de culturele en sociale tradities, lokale bouwmaterialen en bouwtechnieken voorafgegaan om zo tot een kritisch regionalisme te komen. Bovendien vond tussen de ontwerper en de dorpsbewoners nauw overleg plaats. Het complex bestaat uit drie kleine gebouwen met twee binnenplaatsen die allebei met de klaslokalen in verbinding staan. Midden in een van de binnenplaatsen ligt vrij prominent – zeer ongewoon volgens de lokale traditie – een trap als verbindende schakel tussen de klaslokalen. Het gebouw is voornamelijk opgetrokken uit kalksteen, hout en kiezelstenen uit de nabijgelegen rivier. Deze materialen zijn op de traditionele manier ingezet, maar er is ook gebruikgemaakt van beton en de daarbijbehorende technische mogelijkheden. Alle traditionele decoratievormen, zoals de gebogen daken, zijn geabstraheerd.

Yuhu primary school — The village of Yuhu, which belongs to the Naxi ethnic minority, lies at an altitude of 3,000 metres at the foot of the Jade Dragon Snow Mountain. The village has achieved some fame because Joseph F. Rock (1884-1962), an Austro-American explorer, geographer, linguist and botanist, lived here in the period 1922–1949 and studied several of the different ethnic groups in South-West China, including the Naxi. The new complex consists of a primary school for 160 pupils and a community centre. The design has been preceded by a thorough study of the cultural and social traditions, local building materials and building techniques in order to achieve a critical regionalism. There were also close consultations between the designer and the villagers. The complex consists of three small buildings with two courtyards, both connected with the classrooms. In the middle of one of the courtyards is a staircase in a fairly prominent position — this is very unusual according to the local tradition — which forms the link between the different classrooms. The building is composed mainly of limestone, wood and pebbles from the nearby river. These materials have been deployed in the traditional way, but concrete and the corresponding technical possibilities have also been used. All the traditional decorative shapes, such as the curved roofs, are stylized.

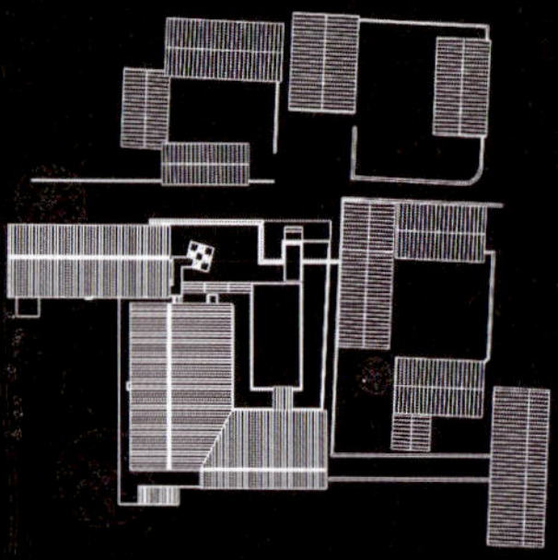

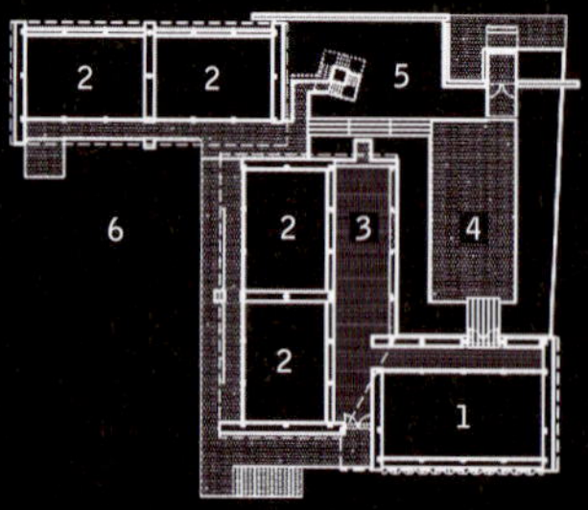

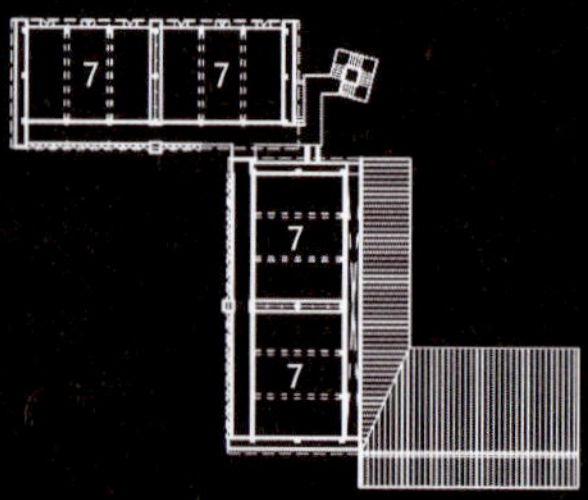

Project: Basisschool Yuhu / Yuhu primary school **Architect:** Li Xiaodong **Locatie/Location:** Lijiang, Provincie Yunnan **Programma/Programme:** Basisschool en gemeenschapscentrum/Primary school and community centre **Ontwerp-Oplevering/Design-Completion:** 2003–2004 **Bouwterrein/Site specifications:** 900 m² **Bouwoppervlakte/Building surface area:** 800 m² **Foto's/Photos:** Melvin Tan

Li Xiaodong, Beijing (1963)
Opleiding/Education: PhD in Architecture Theory TU Delft, TU Eindhoven 1993; BArch, Tsinghua University, Beijing 1984 **Oprichting bureau/Start of practice:** 1999 **Bureau/Practice:** Ontwerpbureau verbonden aan/Design office connected to Tsinghua University, Beijing **Medewerkers/Members of staff:** 5 **Gerealiseerde projecten/Completed projects:** 6 **Projecten in aanbouw/Projects under construction:** 2 **Aantal prijsvragen/Number of competitions:** 20 **Aantal ontworpen projecten/Number of designed projects:** 25 **Website:** under construction

(links/left) situatie/site plan
(midden/middle) begane grond/first floor
(rechts/right) eerste verdieping/second floor

1 museum 2 klaslokaal/classroom 3 tentoonstellingsruimte/exhibition area 4 gemeenschappelijke binnenplaats/community courtyard 5 vijver/reflecting pool 6 speelplaats/playground 7 personeelskamer/staff room

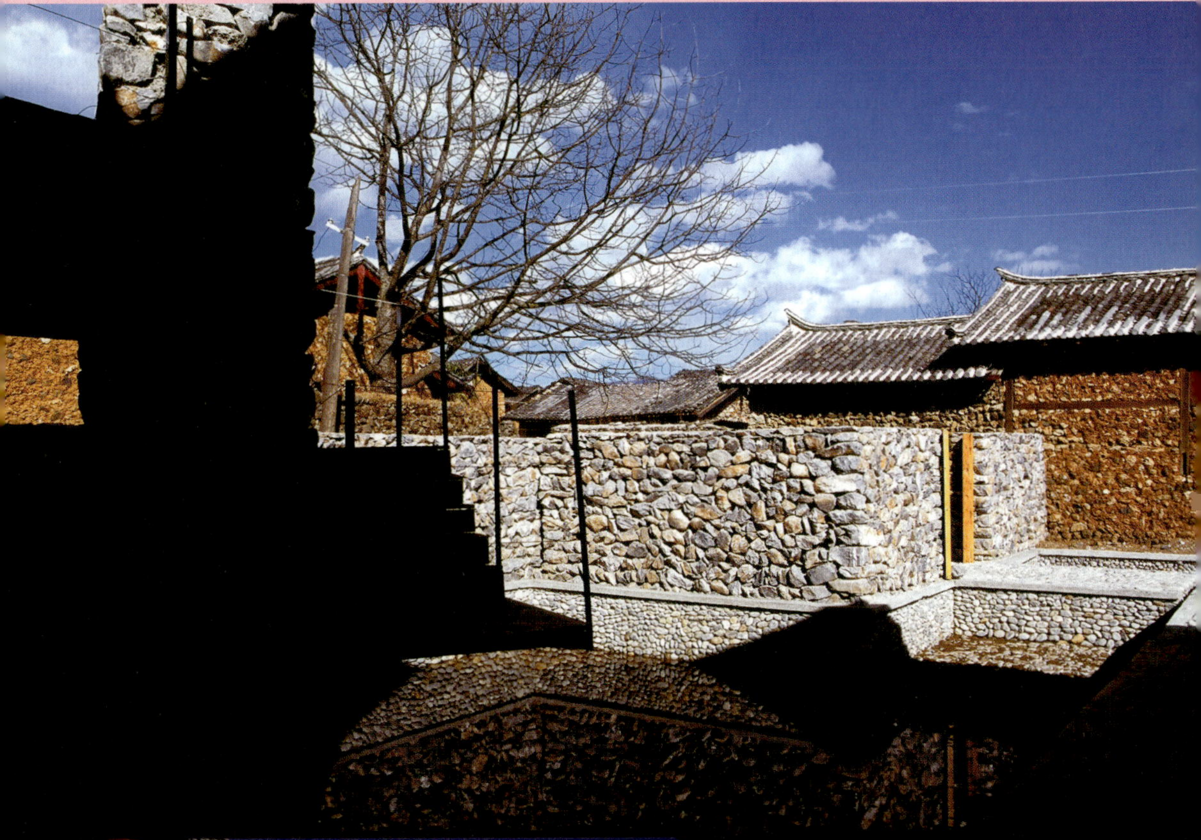

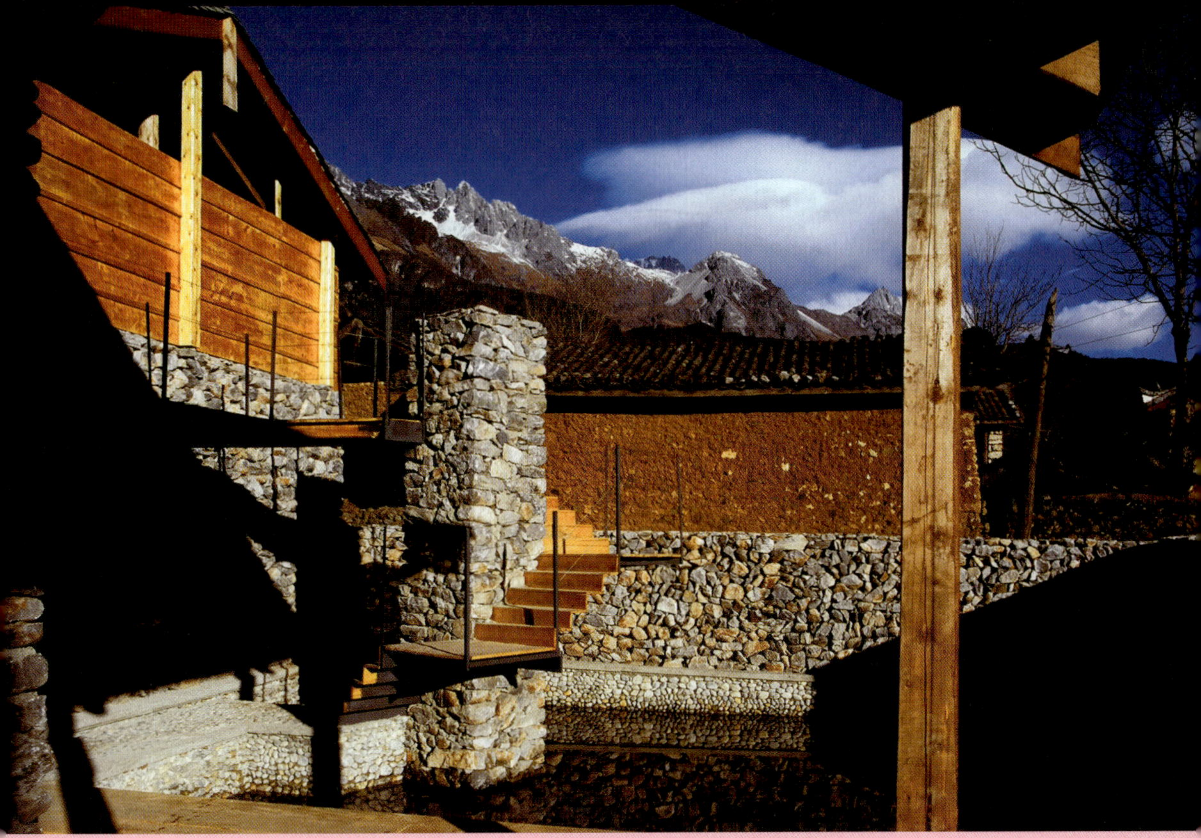

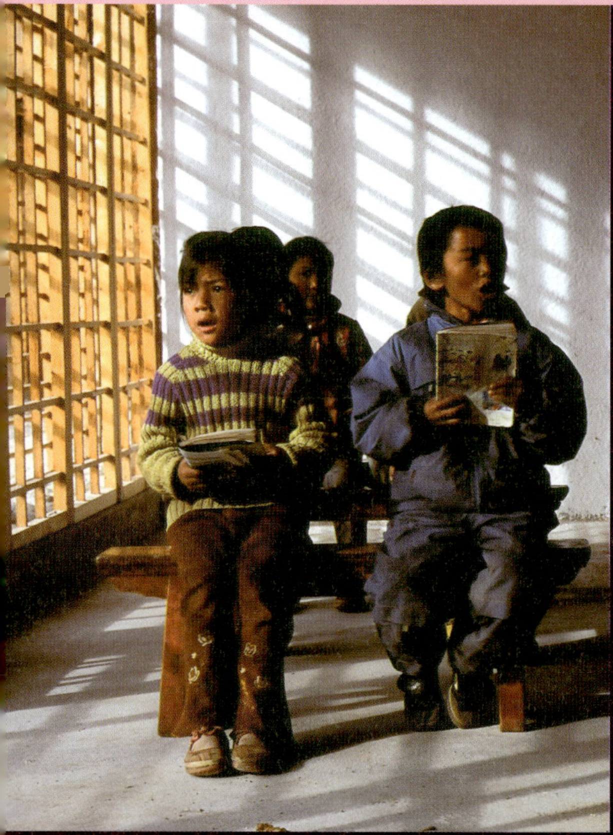

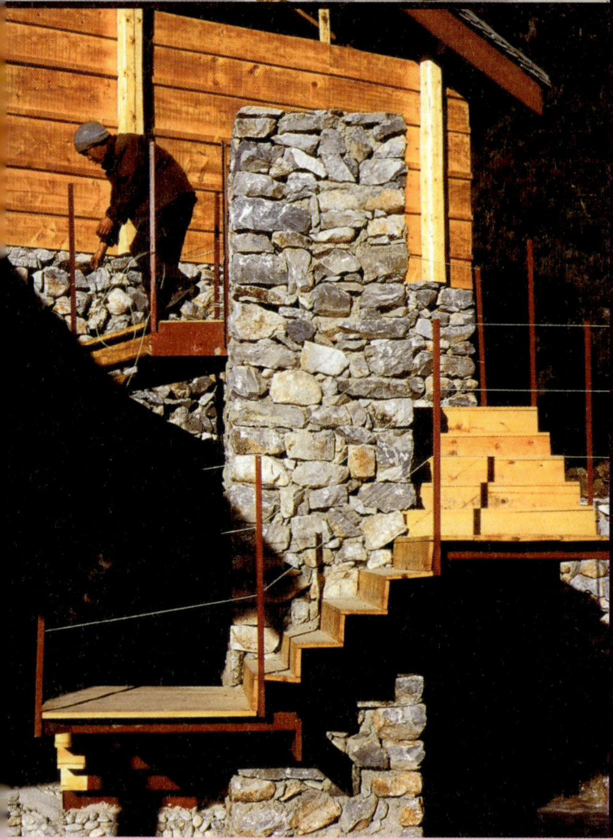

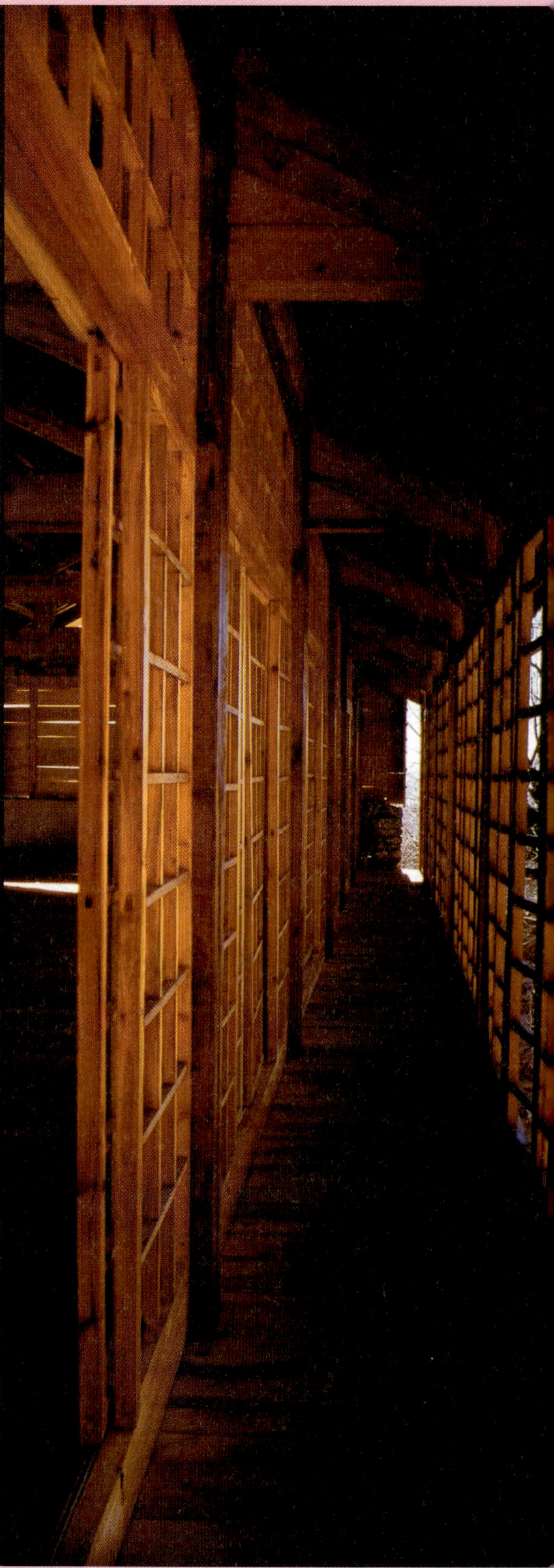

Tiantai Museum — Tiantai is een duizenden jaren oud cultuurlandschap met bergen die zijn bezaaid met boeddhistische, taoïstische en confucianistische kloosters. In de gelijknamige stad moest een nieuw museum komen, gewijd aan de cultuur van het gebied. Lange discussies met overheidsvertegenwoordigers over de 'stijl' van het gebouw gingen aan de voltooiing vooraf. Het museum van Wang Lu is een elegante bijdrage aan de vernieuwing van de regionale architectuur. Het museum bestaat uit een gebouwengroep op een smal, licht omhoog lopend perceel tussen een straat en een beekloop ten noorden van de stad. Een lange stenen muur schermt het terrein af van de chaotische stadsbebouwing en het verkeer. Het gebouwencomplex ontvouwt zich net als de klassieke tempelcomplexen langs de noord-zuidas en volgt de vorm van het landschap. Aan de straatzijde liggen vier ongelijke, twee verdiepingen hoge gesloten kubusvormen van natuursteen. Aan de landschapszijde rijgen kleinere bouwlichamen met een opener karakter zich aaneen. Het gebruik van lokale materialen en lokale bouwtechnieken in een moderne context stelt de bouwarbeiders in staat hun ambachtelijke kennis op een nieuwe manier toe te passen. De afzonderlijke kubussen zijn via binnenplaatsen en gangen met elkaar verbonden. De gebouwengroep voegt zich door zijn materiaalgebruik en zijn ruimtelijke geleding gemakkelijk naar het landschap.

Tiantai Museum — Tiantai is an old cultural landscape that goes back for thousands of years. The mountains are strewn with Buddhist, Taoist and Confucian monasteries. A new museum for the culture of the region was planned for the city of Tiantai. Long discussions were held with government representatives on the style of the building before it could be completed. The museum designed by Wang Lu is an elegant contribution to the renewal of the regional architecture. The museum consists of a group of buildings on a small, slightly sloping plot of land between a street and a brook to the North of the city. A long stone wall separates the site from the chaotic city buildings and traffic. Like the classical temple complexes, the complex of buildings is orientated along a North-South axis and follows the shape of the landscape. Facing the street are four different, two-storey, closed, cube-like volumes in natural stone, while on the side facing the natural surroundings smaller buildings with a more open character are linked to one another. The use of local materials and local building techniques in a modern context enables the builders to apply their skills in a new way. The separate cubes are linked with one another by means of patios and corridors. The choice of materials and the spatial articulation of the group of buildings enable them to blend easily into the landscape.

Project: Tiantai Museum **Architect:** Wang Lu met/with Jia Lianna, Chen Long **Medewerker/Contributor:** Zhejiang Jiajing Design & Research Institute **Locatie/Location:** Tiantai, Zhejiang **Programma/Programme:** Museum **Ontwerp-Oplevering/Design-Completion:** 1999–2003 **Bouwterrein/Site specifications:** 17.400 m^2 **Bouwoppervlak/Building surface area:** 5.070 m^2 **Foto's/Photos:** Gao Hongqi, Wang Lu

Wang Lu, Beijing (1963)
Opleiding/Education: Dr. Ing. Institute of Regional Architecture and Settlement Planning, Hannover University 1992–1997; MArch Tsinghua University, Beijing 1979–1987 **Oprichting bureau/Start of practice:** 1998 **Bureau/Practice:** Ontwerpbureau verbonden aan/Design office connected to Tsinghua University, Beijing **Medewerkers/Members of staff:** 10 **Gerealiseerde projecten/Completed projects:** 7 **Projecten in aanbouw/Projects under construction:** 7 **Aantal prijsvragen/Number of competitions:** 16 **Aantal ontworpen projecten/Number of designed projects:** 39 **Website:** under construction

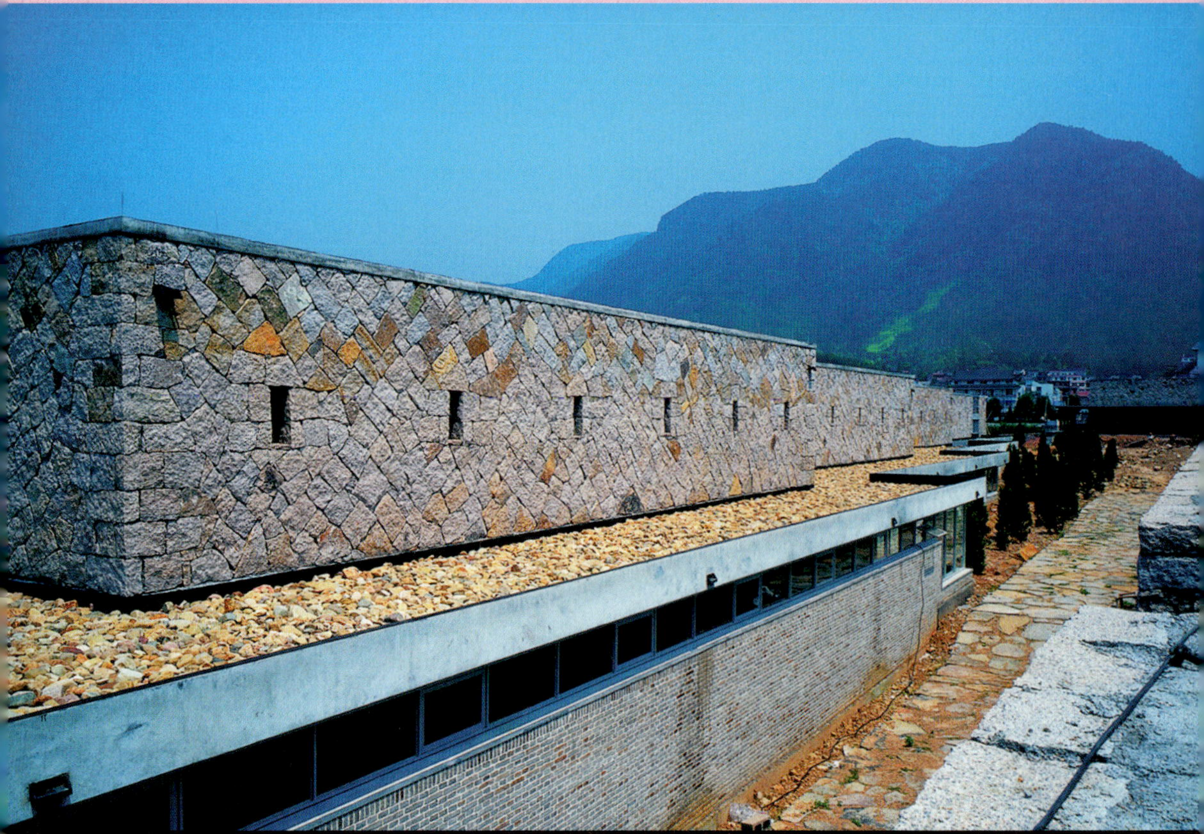

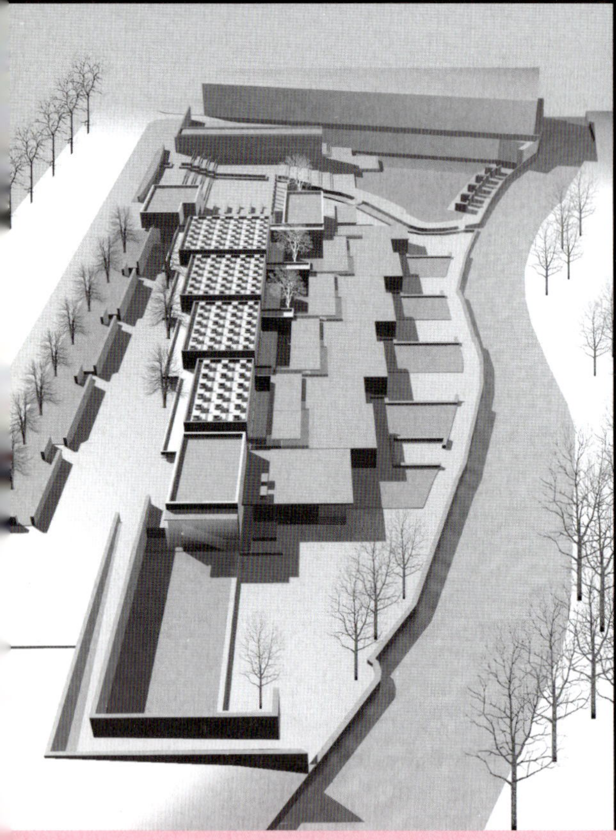

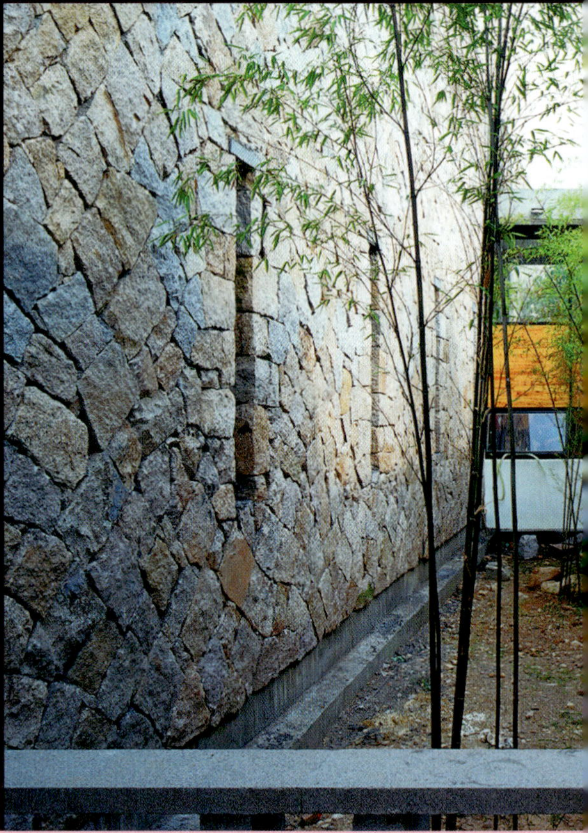

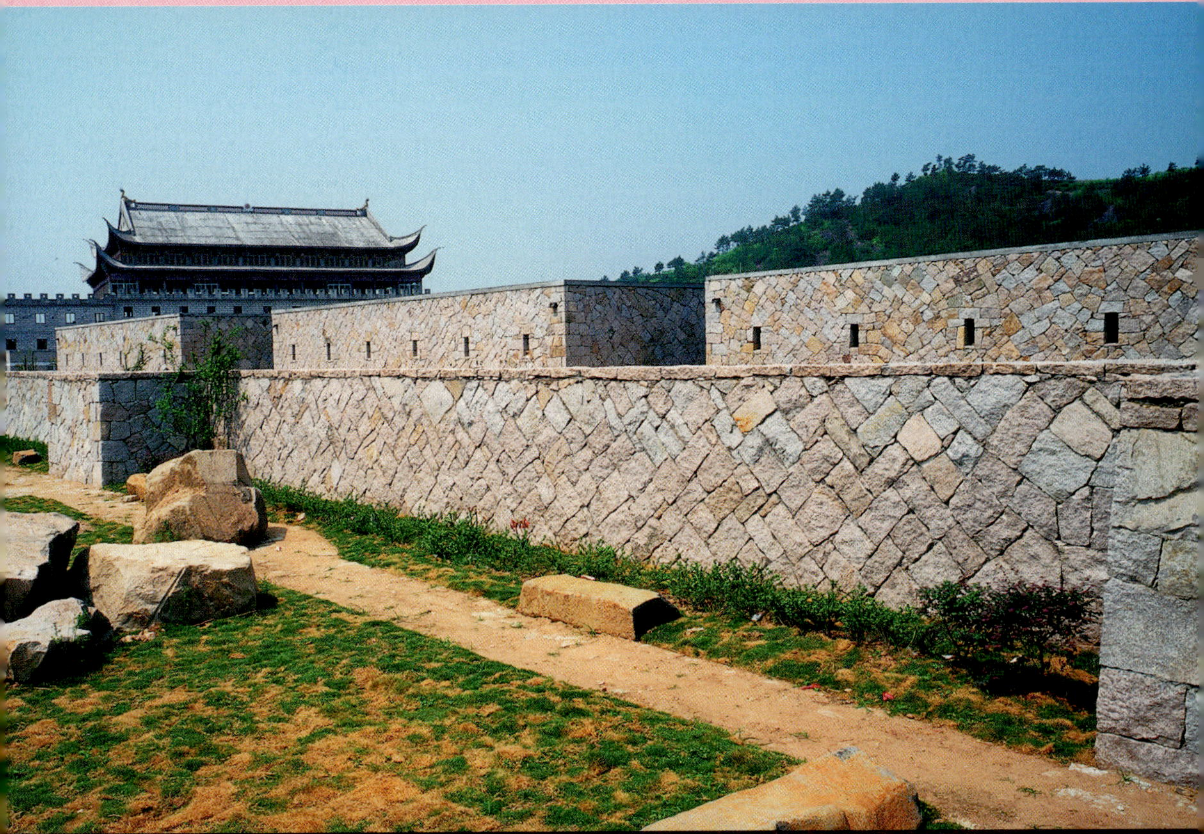

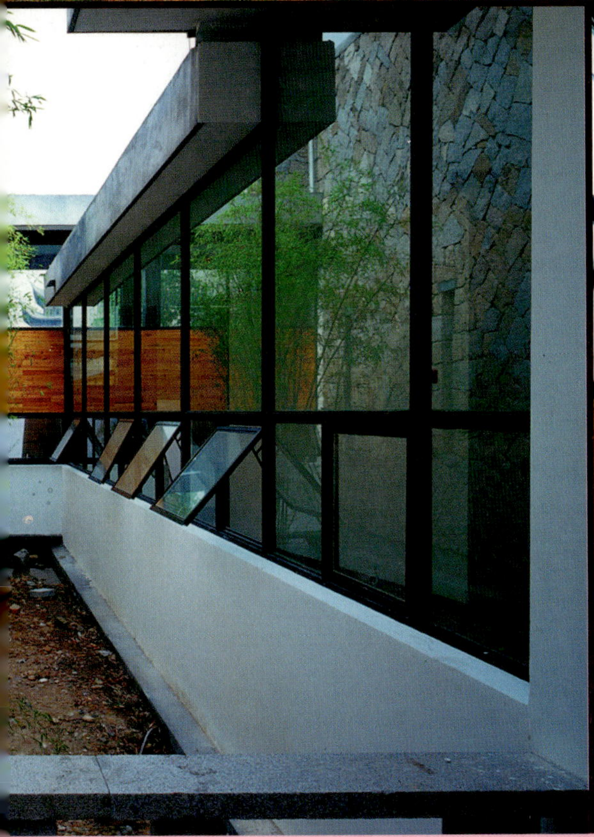

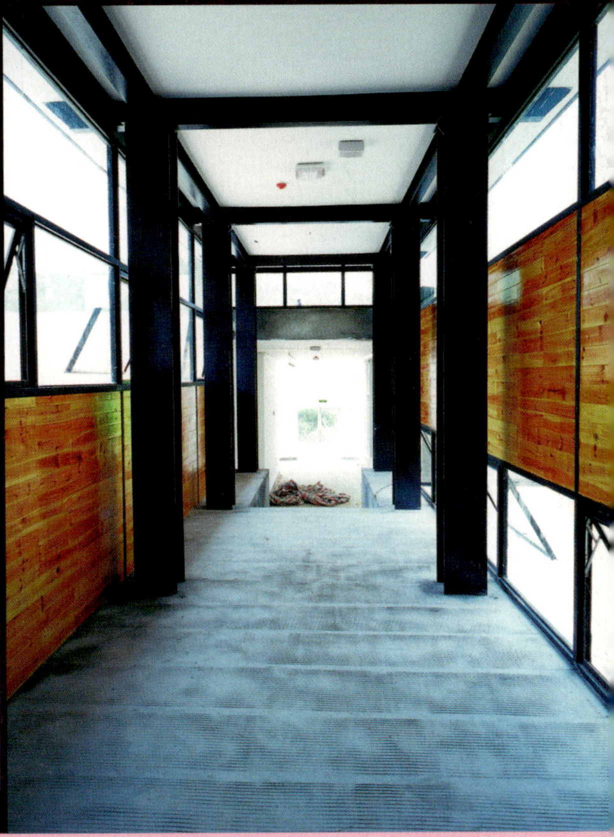

Jadedorp — Architect Ma Qingyun werkt behalve aan ambitieuze, vaak grootschalige stedelijke projecten, ook aan meer ideële, zelf geïnitieerde ontwerpen in de luwte. Evenals Father's House (p.250) ligt dit project in het dorp Lantian zo'n 35 km ten zuidoosten van Xi'an. Lantian staat bekend om zijn belangwekkende archeologische vondsten, maar ook om zijn grote voorraad jade. Met tarwevelden tot aan de horizon is de Jadevallei een schilderachtige omgeving. Het nieuwe dorp ligt op de top van een heuvel met aan de noordzijde een groot rijstveld en aan de zuidkant een lange smalle vallei. Het project begon met de bouw van het Well House, een huis gebouwd rondom twee binnenplaatsen, gebaseerd op een traditionele typologie. Het ontwerp kwam op de bouwlocatie tot stand met behulp van slechts een aantal schetsen en veel discussies met vier lokale ambachtslieden. Alle bakstenen zijn geproduceerd in een steenfabriek onder aan de heuvel, die door Ma voor dit project werd opgekocht. In navolging van dit experiment tekende hij in 2005 een masterplan met daarin vier programmaonderdelen: een streekmuseum in het westen, vijf villa's, hotels en vakantiewoningen (te koop en te huur) deels in de stijl van het Well House en een wijnproductiehuis met bezoekerscentrum in het zuidoosten.

Jade Village — Architect Ma Qingyun works not only on ambitious, often large-scale urban projects, but also on more idealistic designs that he initiates himself. This project, like Father's House (p.250) is situated in the village of Lantian, some 35 km South-East of Xi'an. Lantian has a reputation not only for its remarkable archaeological finds, but also for its large supply of jade. The Jade Valley, with wheat fields stretching to the horizon, is a picturesque setting. The new village is located on the top of a hill with a large rice field on the Northern side and a long narrow valley on the Southern side. The project began with the building of the Well House, a house built around two courtyards, based on a traditional typology. The design was carried out on the building location with only a few sketches and many discussions with four local craftsmen. All the bricks were produced in a brickworks at the bottom of the hill, which Ma purchased specially for the project. As a follow-up to this experiment, in 2005 he drew a master plan with four differentiated locations: a local museum in the West, five villas, hotels and holiday homes (for letting and for sale) partly in the style of the Well House, and a house to produce wine with a visitors centre in the South-East.

Project: Jadedorp/Jade Village **Architect:** MADA s.p.a.m. (Ma Qingyun, Ninomi, Wang Shan, Wang Yinghui, Zhili Li) **Locatie/Location:** Lantian, Xi'an **Programma/Programme:** hotels, vakantiewoningen, villa's, museum, wijnproductiehuis, bezoekerscentrum/hotels, holiday homes, villas, museum, house to produce wine, visitorscentre **Ontwerp-Oplevering/ Design-Completion:** 2003– **Bouwterrein/Site specifications:** 26.000 m² **Bouwoppervlak/Building surface area:** 21.073 m² **Foto's/Photos:** Sunny Chen

Ma Qingyun (MADA s.p.a.m.), Shanghai (1965)
Opleiding/Education: Master Degree, University of Pennsylvania 1990; BSc Architecture, Tsinghua University, Beijing 1988 **Oprichting bureau/Start of practice:** 2000 **Bureau/Practice:** Particuliere onderneming/Private firm **Medewerkers/Members of staff:** 42 **Gerealiseerde projecten/Completed projects:** 38 **Projecten in aanbouw/Projects under construction:** 10 **Aantal prijsvragen/Number of competitions:** 42 **Aantal ontworpen projecten/Number of designed projects:** 240 **Website:** www.madaspam.com

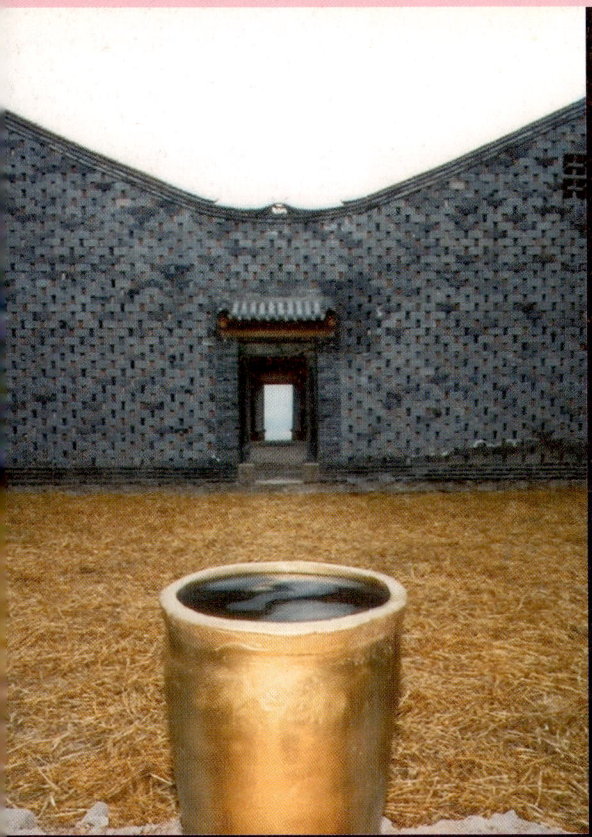

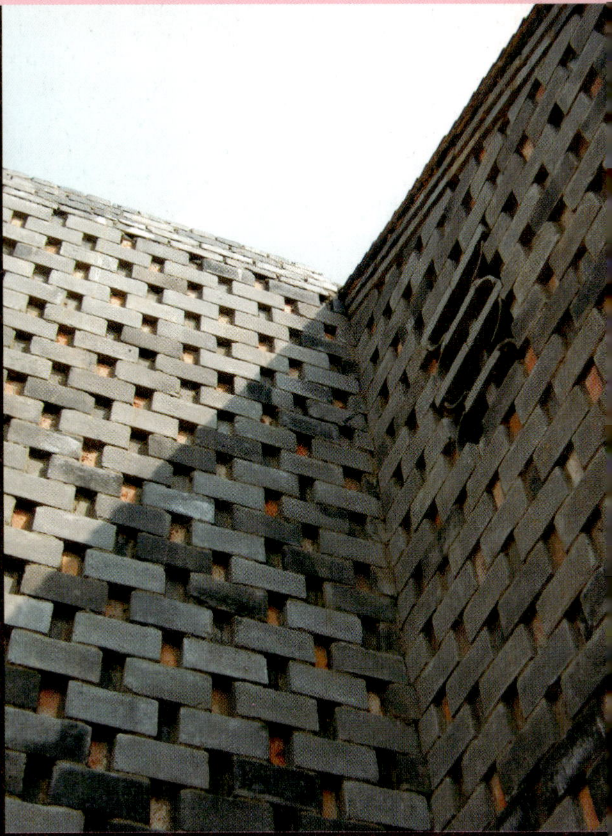

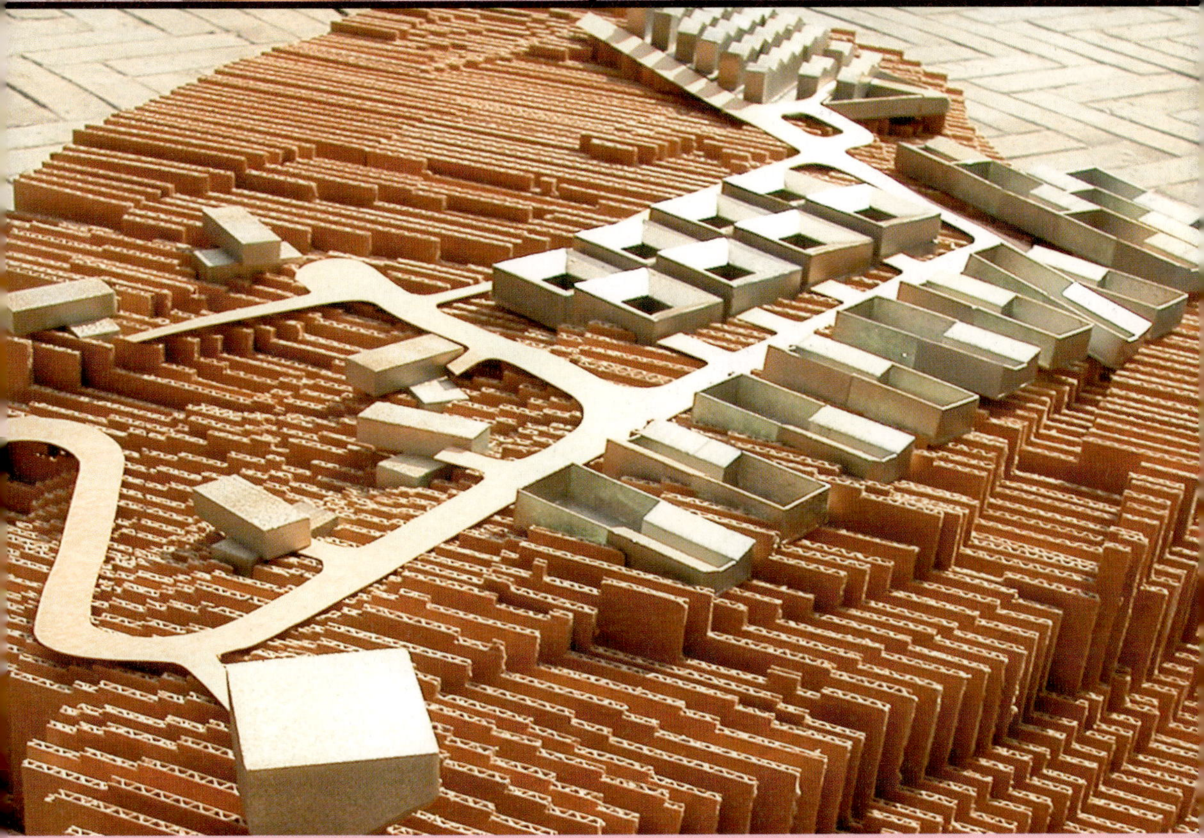

Maquette Jadedorp met linksvoor het streekmuseum en direct daarboven de vijf villa's/Scale model of Jade Village with the local museum in the front on the left and immediately above it the five villas

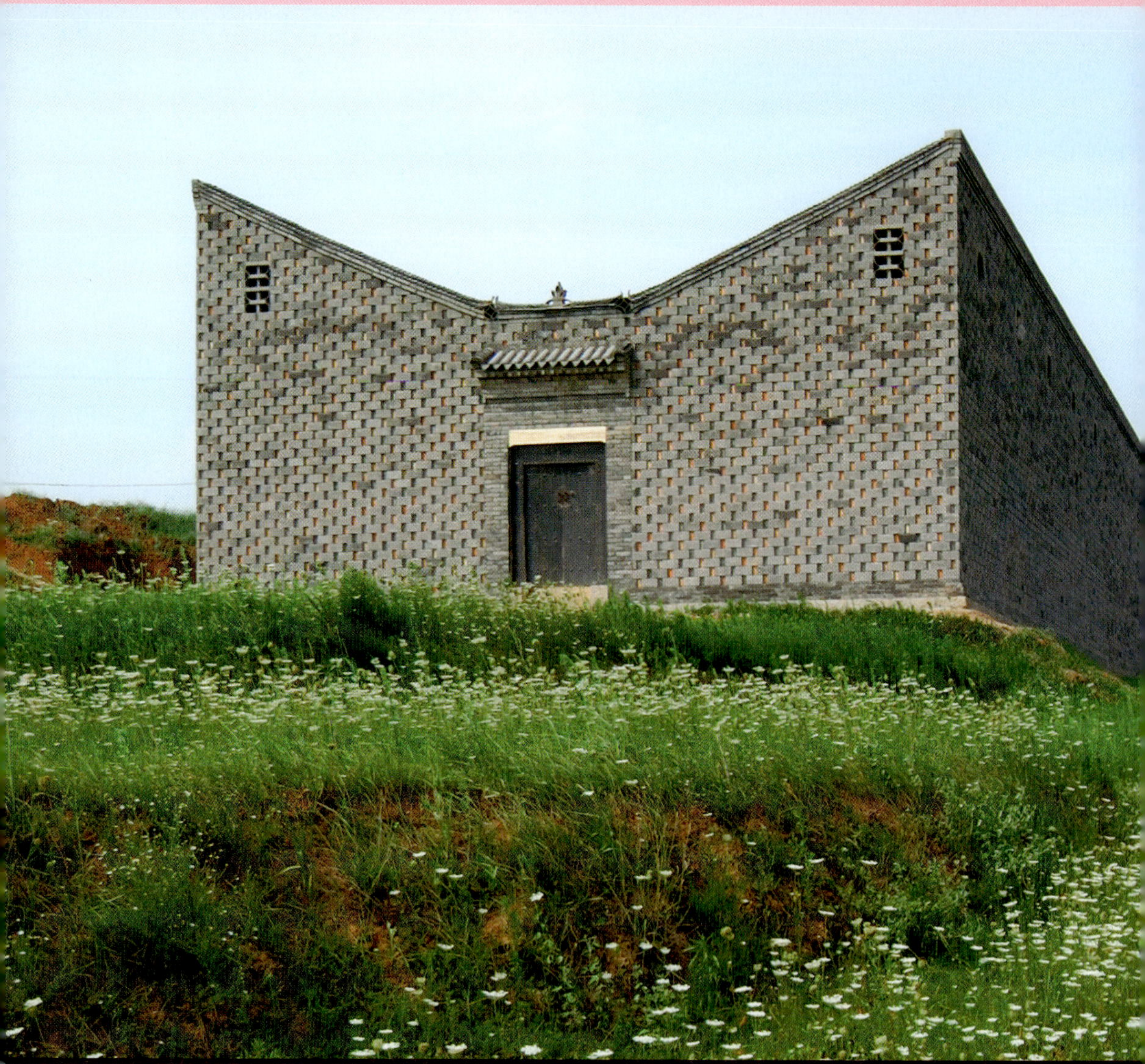

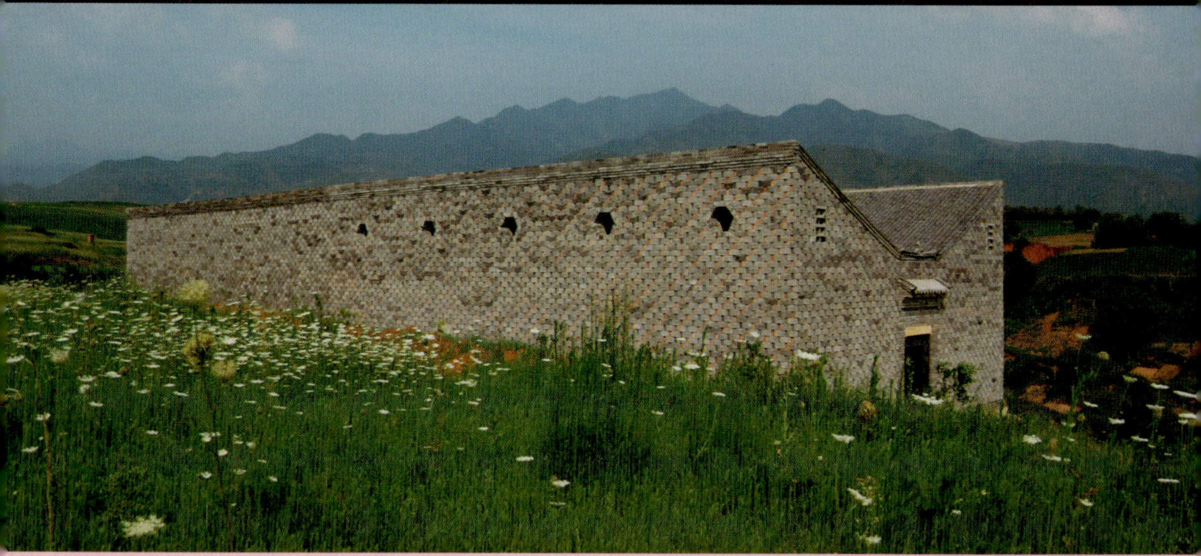

Well House

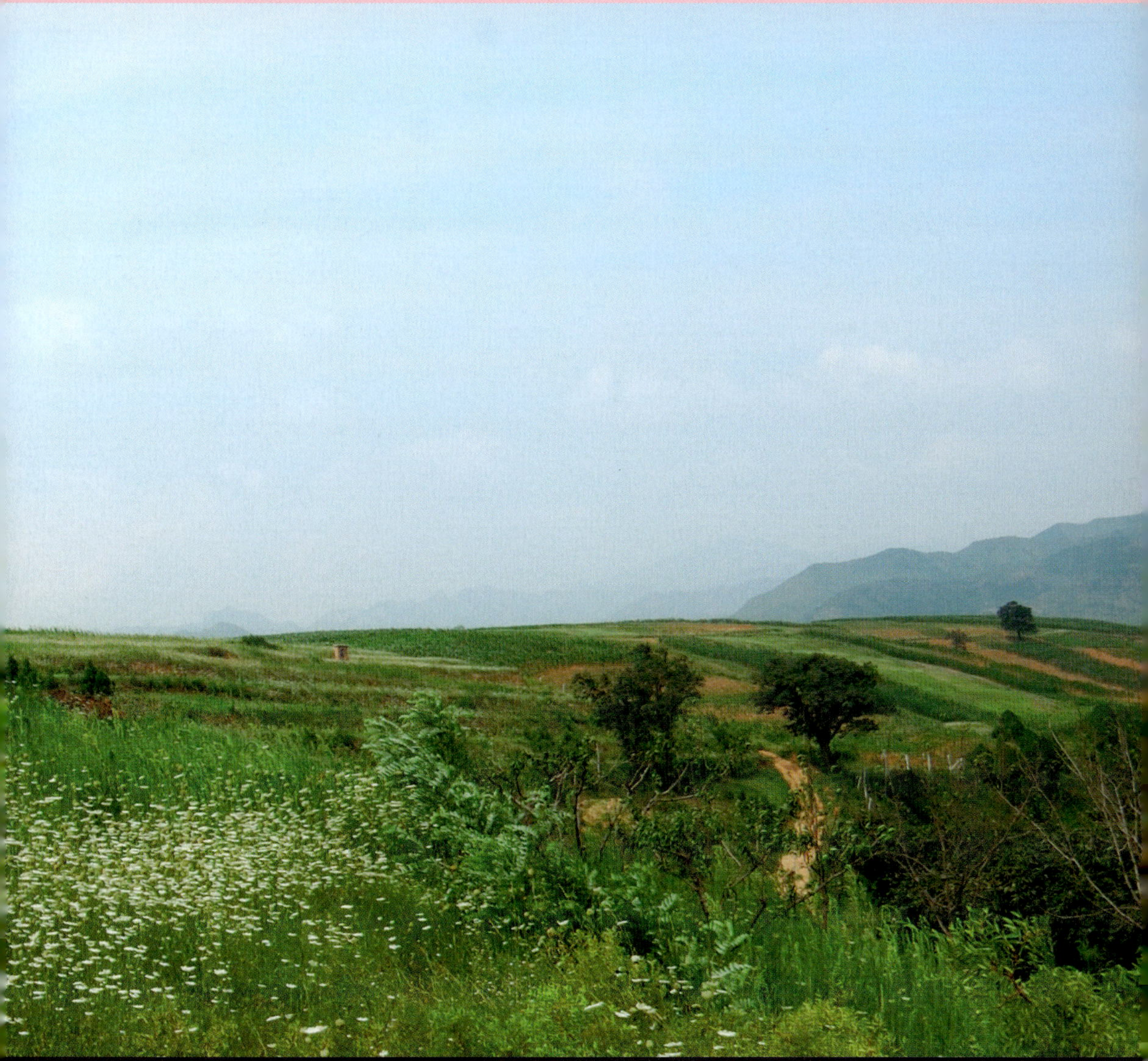

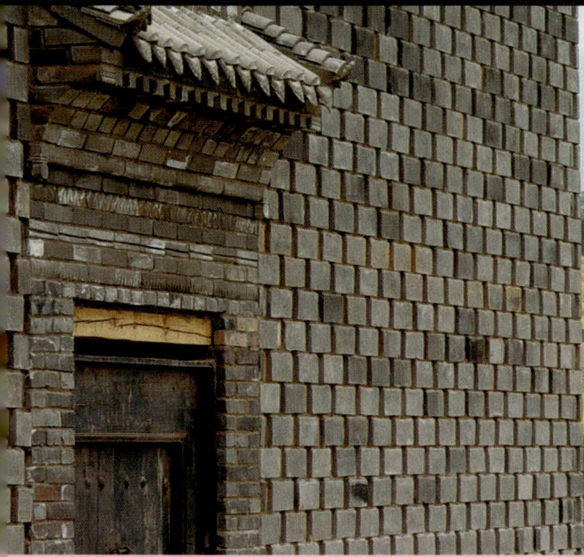

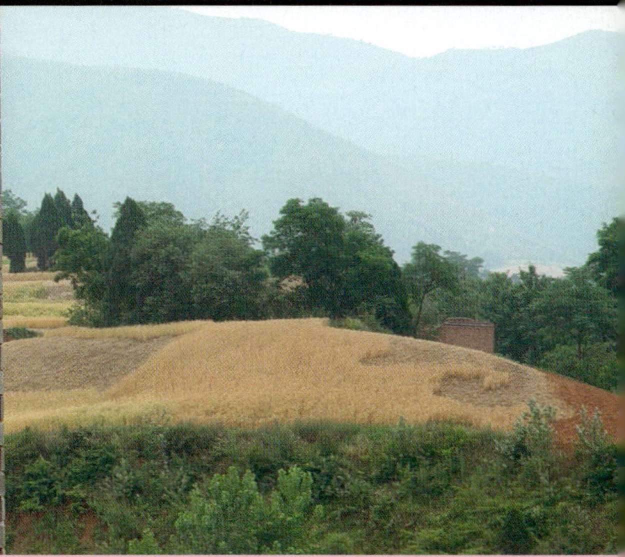

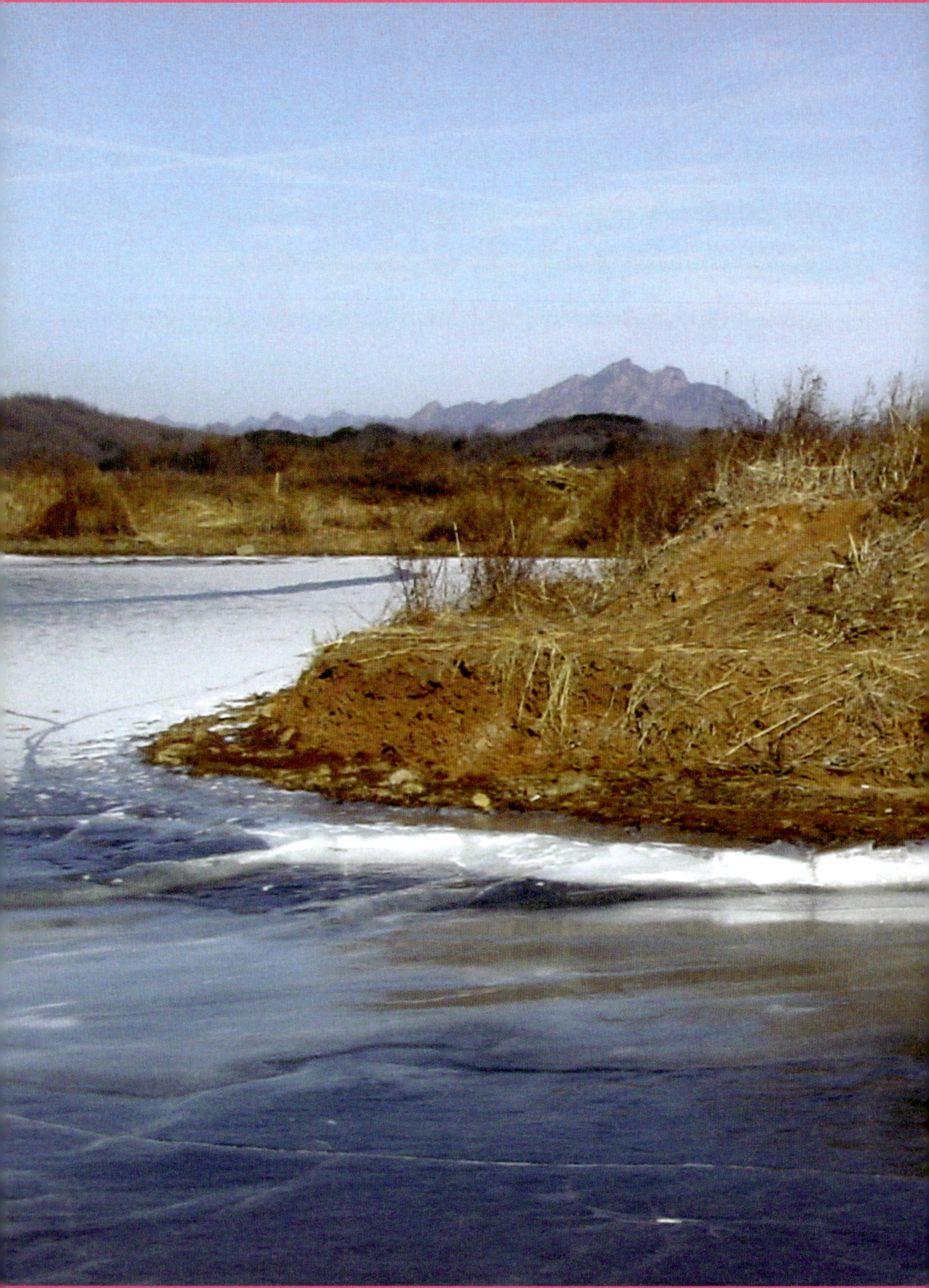

The Revival of the Snake, 2005 (stills)
video-installatie met tien schermen/ten screen video installatie, 8 min.

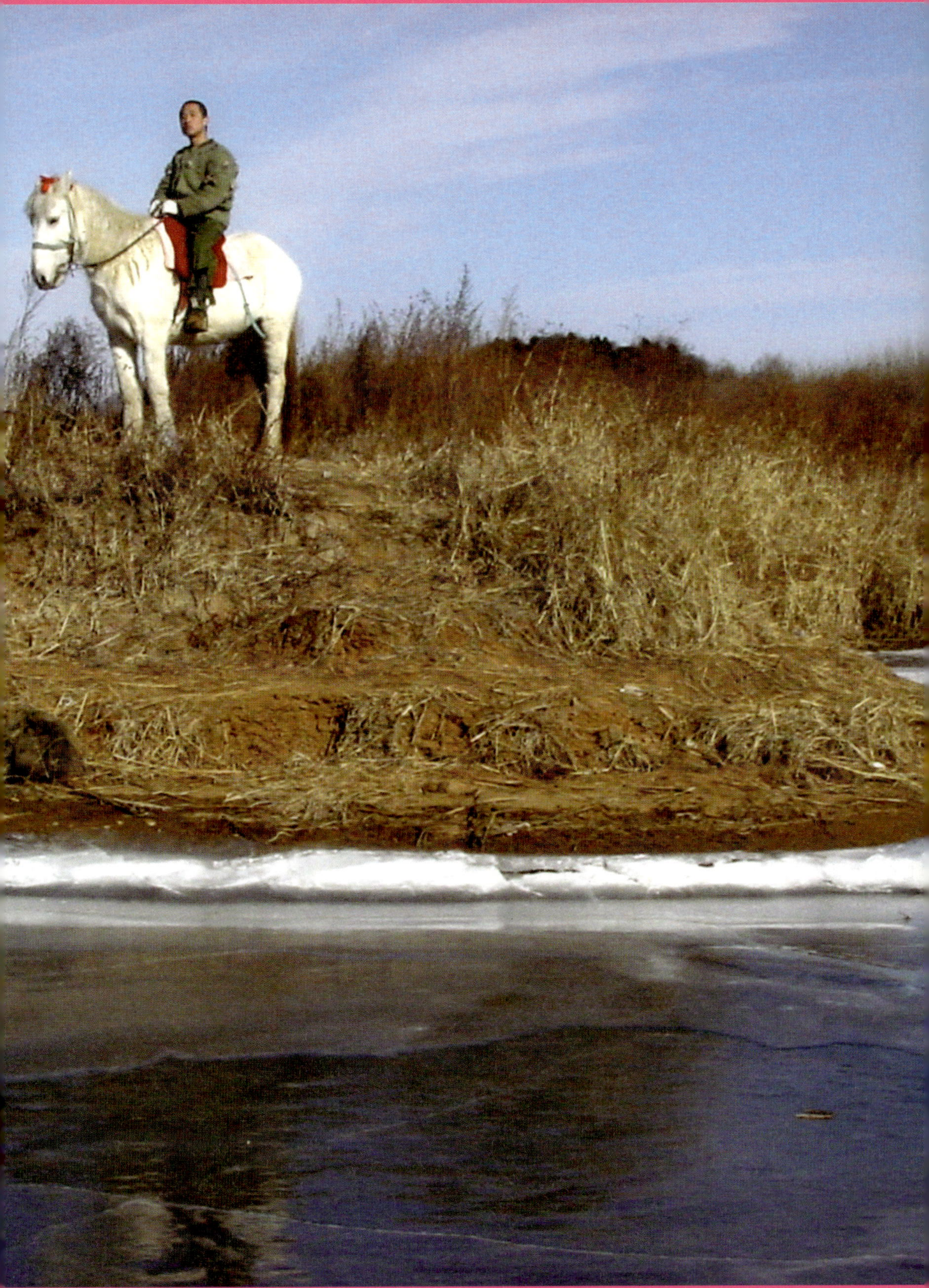

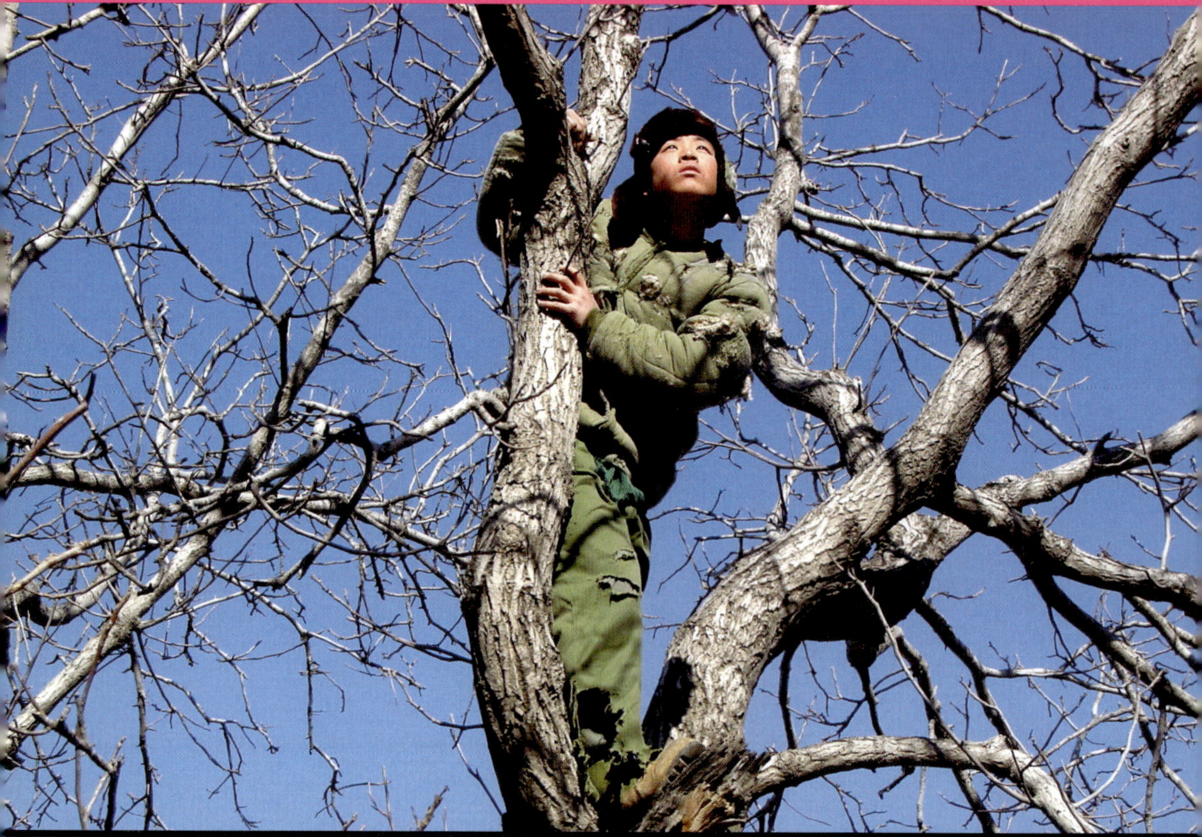

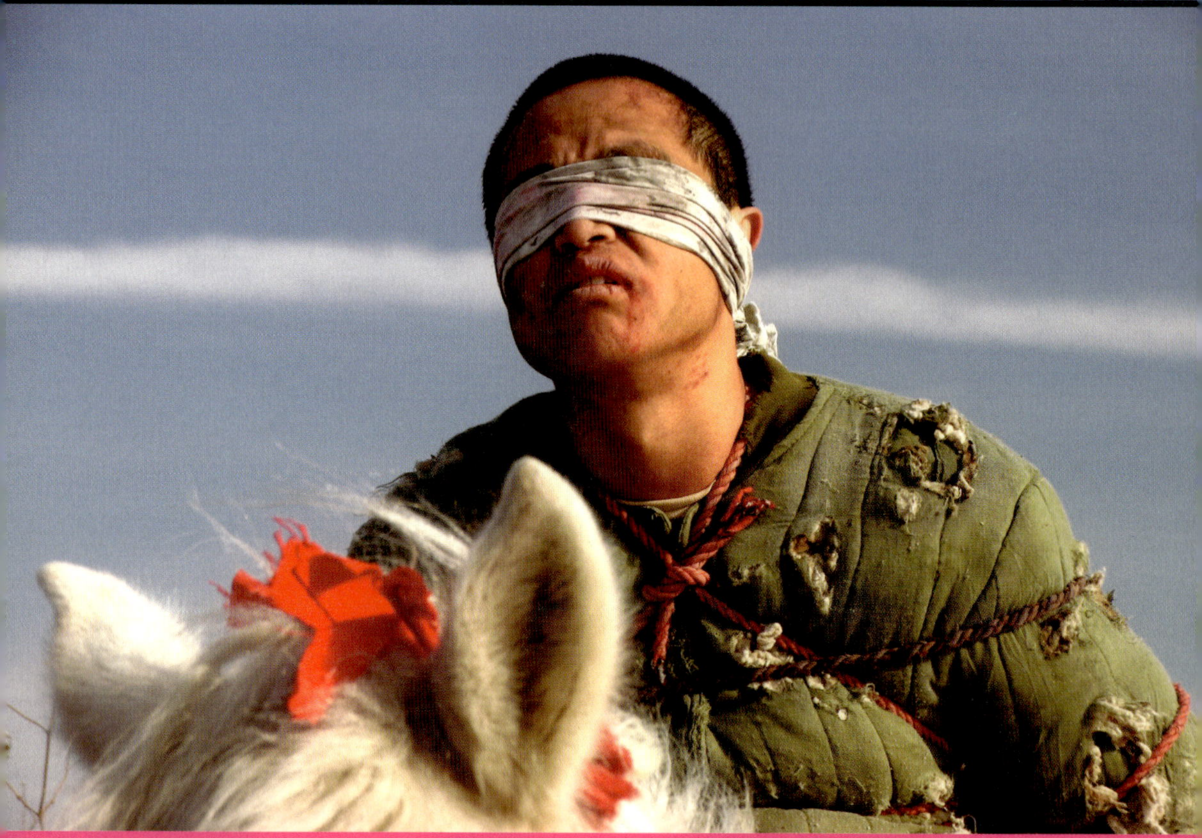

The Revival of the Snake, 2005 (stills)
video-installatie met tien schermen/ten screen video installatie, 8 min.

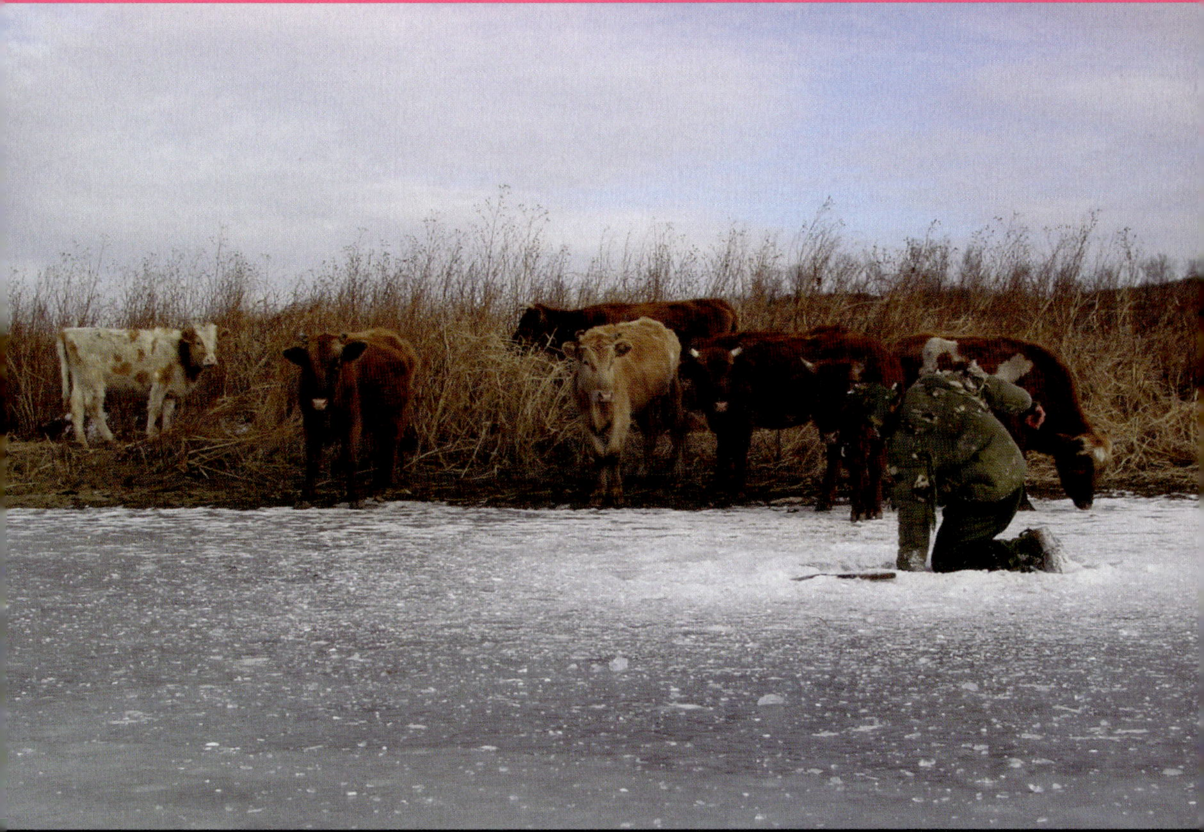

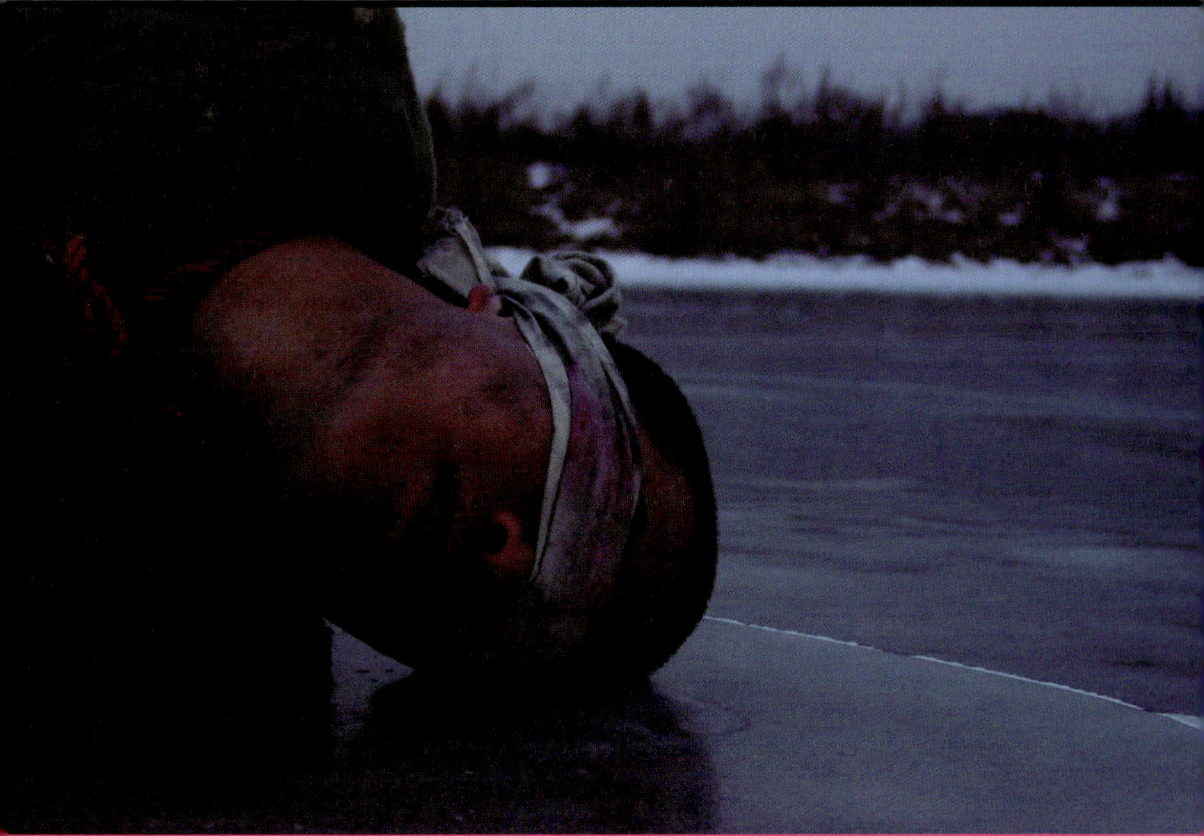

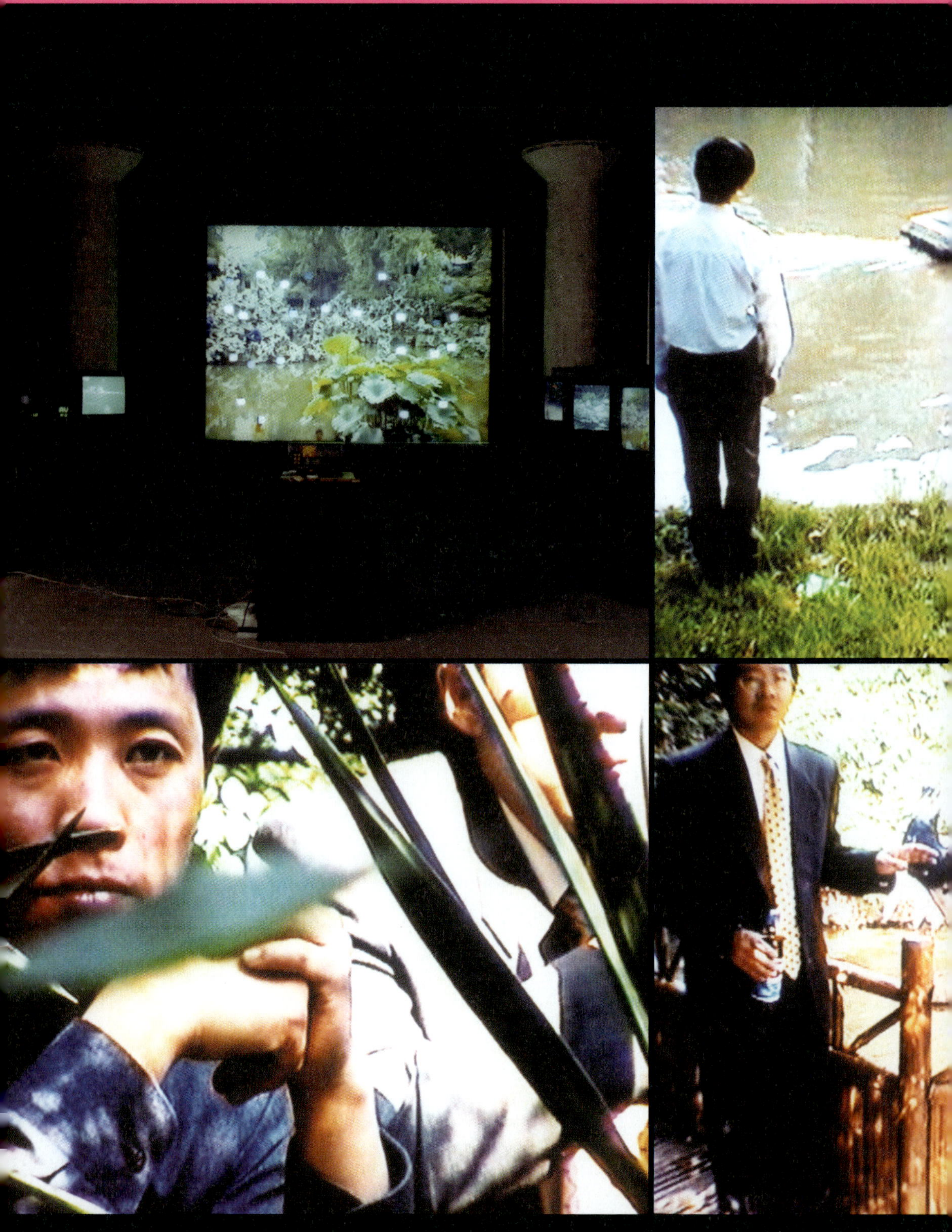

Moon Tonight, 2000 (stills)
video-installatie/video installation

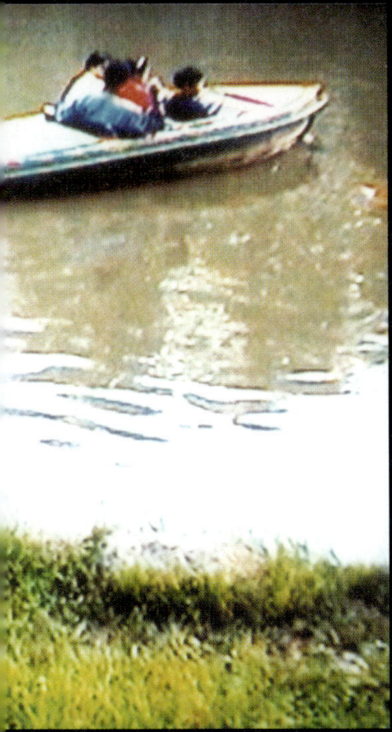

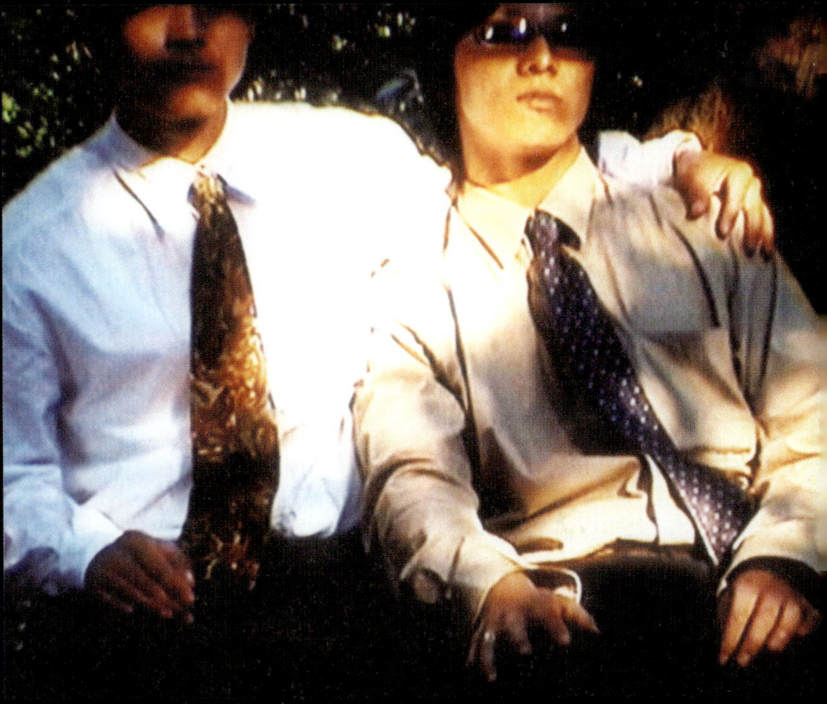

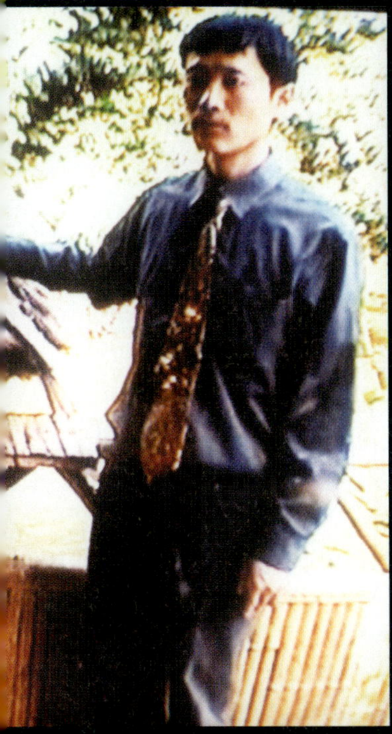

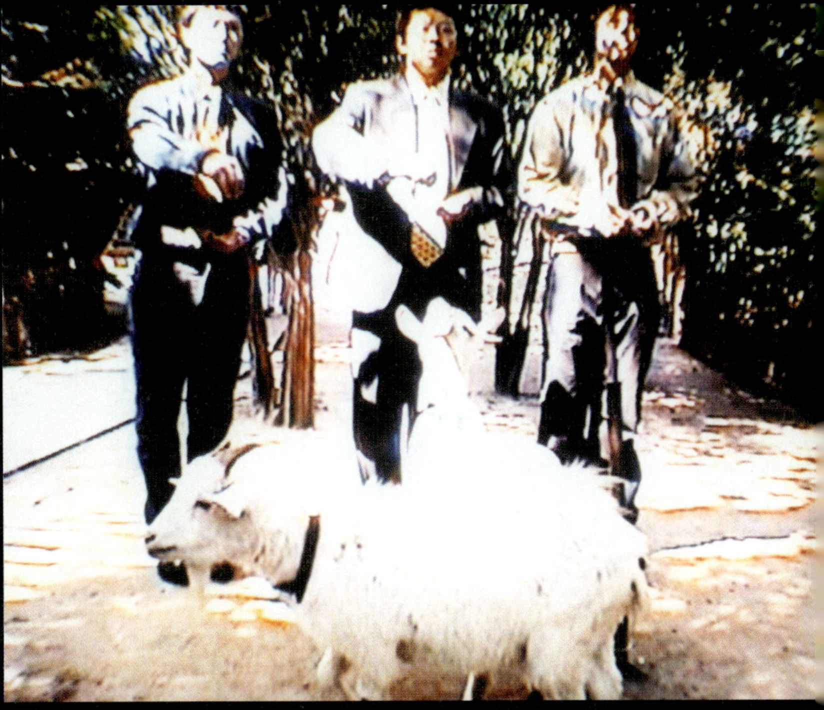

Yang Fudong — De films van Yang Fudong zijn te omschrijven als 'geletterde films'. 'Geletterde schilderkunst' is een concept in de traditionele Chinese schilderkunst dat wordt gebruikt voor werk, waaronder kalligrafie, dat gemaakt is door intellectuelen, dichters, monniken, keizers, dus anderen dan beroepskunstenaars.

Anders dan de meeste traditionele filmmakers drukt Yang Fudong zijn persoonlijke stempel op elke stap in de richting van het eindproduct, zoals het schrijven van het scenario, fondsenwerving, casting, regie, cameravoering enzovoort. Enkele films van zijn hand zijn **An Estranged Paradise** (1999), **City Light** (2000), **Backyard – Hey! Sun is Rising** (2001) en **Seven Intellectuals in a Bamboo Forest** (2003), een film in vijf afleveringen. Yang presenteert de emotionele worstelingen van de jongere generatie in een realistische stijl. Zijn personages hebben de geestelijke en emotionele instelling van jonge mensen in Noord-China, waar Yang Fudong zelf werd geboren. Later bracht hij zijn school- en studietijd door in Beijing en Hangzhou.

Sinds hij zich in Shanghai heeft gevestigd, een stad waar de waarde van het individu wordt erkend, is het werk van Yang Fudong regelmatig te zien in tentoonstellingen van hedendaagse kunst over de hele wereld. Hij is naast filmmaker ook fotograaf en videokunstenaar, maar in vrijwel al zijn werk staan jonge stedelingen, met hun typische nukken en stemmingen, centraal. Communicatie tussen jongeren in de wereld van vandaag: Yang Fudongs onderwerpen in een notendop. Zowel in zijn films als zijn foto's ensceneert hij zorgvuldig ontworpen taferelen en omgevingen, op dezelfde manier als de traditionele schilder de 'toon' van zijn doek bepaalt.

Yang Fudong — 'Literati film' is a term that defines Yang Fudong's motion pictures. 'Literati painting' is a concept in traditional Chinese painting used to describe work, including calligraphy, that is done by intellectuals, poets, monks, empires and such, as opposed to that created by professional artists.

Unlike more traditional filmmakers, Yang Fudong puts his personal stamp on each step leading to the finished product, such as scriptwriting, fund-raising, casting, directing, cinematography and so forth. His films include **An Estranged Paradise** (1999), **City Light** (2000), **Backyard – Hey! Sun is Rising** (2001) and **Seven Intellectuals in a Bamboo Forest** (2003), a film in five instalments. Yang Fudong presents the emotional struggle of the younger generation in realistic terms. His characters have the mental and emotional make-up of young people from northern China, where he was born, who attended schools and universities in Beijing and Hangzhou.

Now based in Shanghai, a city that recognizes the value of the individual, Yang Fudong frequently exhibits his work at contemporary art shows worldwide. Not only a filmmaker, he is also a photographer and video artist, but young urbanites – with their particular quirks, traits and moods – feature in virtually all his work. Interaction among the young in today's world: Yang Fudong's subject matter in a nutshell. Whether making films or photos, he crafts carefully designed scenes and environments in the same way that the traditional painter influences the tone of his canvas.

Tekst/Text: Zhang Li

Chen Xiaoyun — Chen Xiaoyun is dichter, kunstcriticus, fotograaf en videokunstenaar, maar ook verzamelaar en maker van slagzwaarden. Als kind van de cultuur van de rivierdelta van de Yangtze bewaart Chen Xiaoyun liefst een veilige afstand tot internationale trends en de verschillende aspecten van de hedendaagse maatschappij. Zijn video *Lash* uit 2004, een serie dia's met soundtrack, is te omschrijven als een aanhoudende aanval op de zintuigen. Dia's schieten voorbij in het donker en bombarderen het oog als bliksemflitsen. Ondertussen pulseert, beukt en dreunt de ritmische beat op de achtergrond. In een continue stroom van droomachtige beelden zien we een jongeman, naakt vanaf het middel, die een boomstam achter zich aan een helling op sleept. Ook zien we flitsen van een wit paard, lichtbundels, een vlinder, een slang, fruit en vlammen, en daar doorheen al die tijd het lichaam en gezicht van de jongeman die zwoegt om de boomstam de berg op te krijgen, vastgedrukt onder een lichtbundel die schijnt te impliceren dat we hier de plaats van een delict zien. Dan vervaagt alles plotseling, maar de lange reeks beelden blijft nog een tijdlang in de geest hangen, samen met de ritmische muziek die de visuele impact van de video versterkt en verbreedt. Een menselijke ziel danst met volle overgave, in een wanhopige poging te ontsnappen aan zichzelf, aan pijn en angst.

Chen Xiaoyun — Chen Xiaoyun is a poet, art critic, photographer, video artist and collector and manufacturer of cold-steel swords. An adherent of the Yangtze River Delta culture, Chen Xiaoyun prefers to view international trends and the various aspects of contemporary society at a safe distance. His 2004 video *Lash*, which features still slides and a soundtrack, can be described as a constant attack on the viewer's senses. Slides flash by in the dark, bombarding the eye like bolts of lightning. Meanwhile, the strong rhythmic beat of the background music pulses, lashes and roars. A continuous flood of dreamlike images depicts a young man, naked from the waist up, as he climbs a slope, dragging a trunk. The viewer watches as a white horse, streaks of light, a butterfly, a snake, fruit and flames flash before him – and all the while, the body and face of the young man, toiling to pull the trunk up the hill, are pinned beneath a beam of bright light that seems to imply that this is the scene of a crime. Suddenly, everything fades away, leaving the long series of images momentarily imprinted in the mind of the viewer, along with the rhythmic sound of the music, augmenting and expanding the visual impact of the video. A human soul dances with lively abandon in a desperate struggle to escape from self, from pain and from fear.

Tekst/Text: Zhang Li

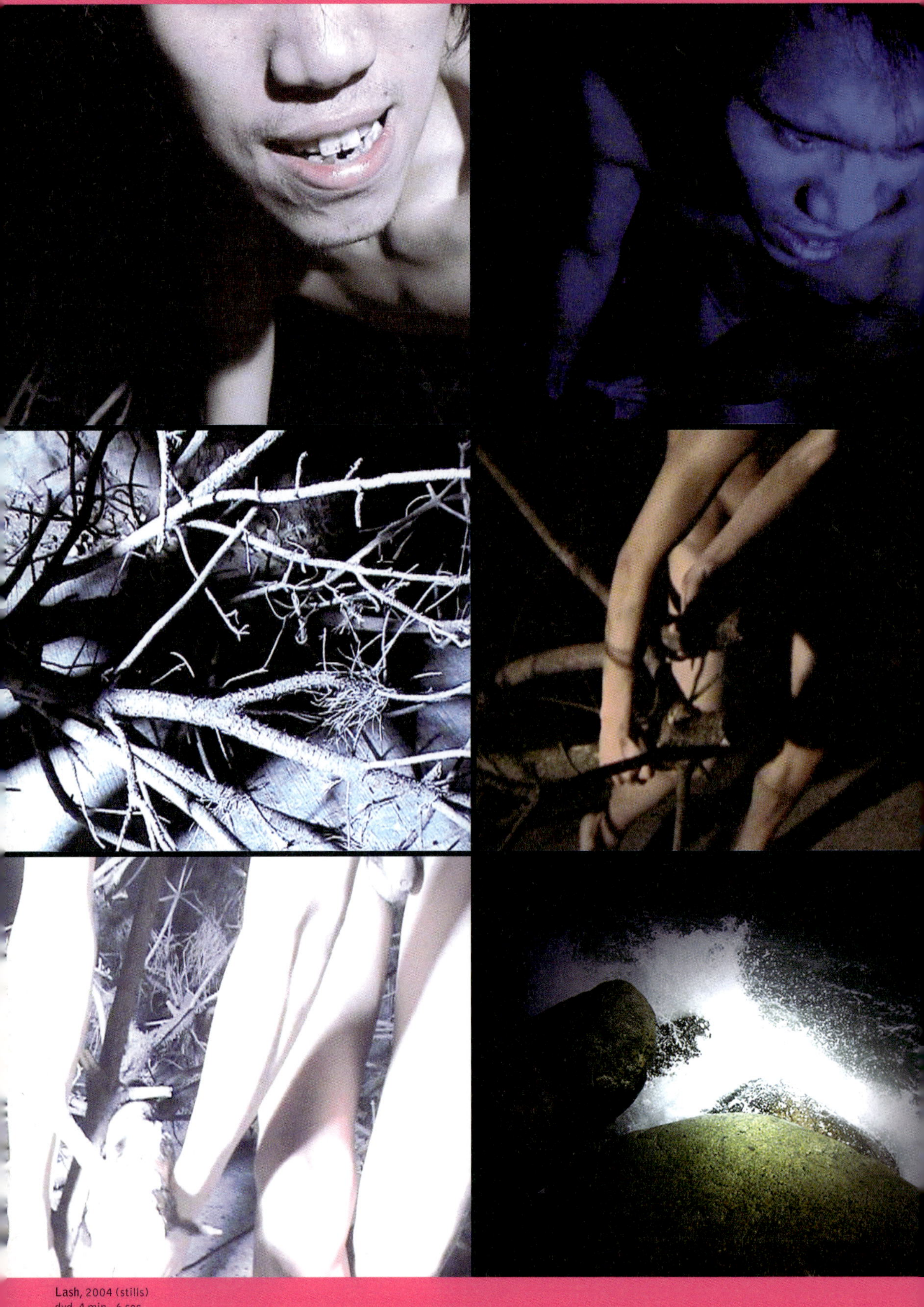

Lash, 2004 (stills)
dvd, 4 min., 6 sec.

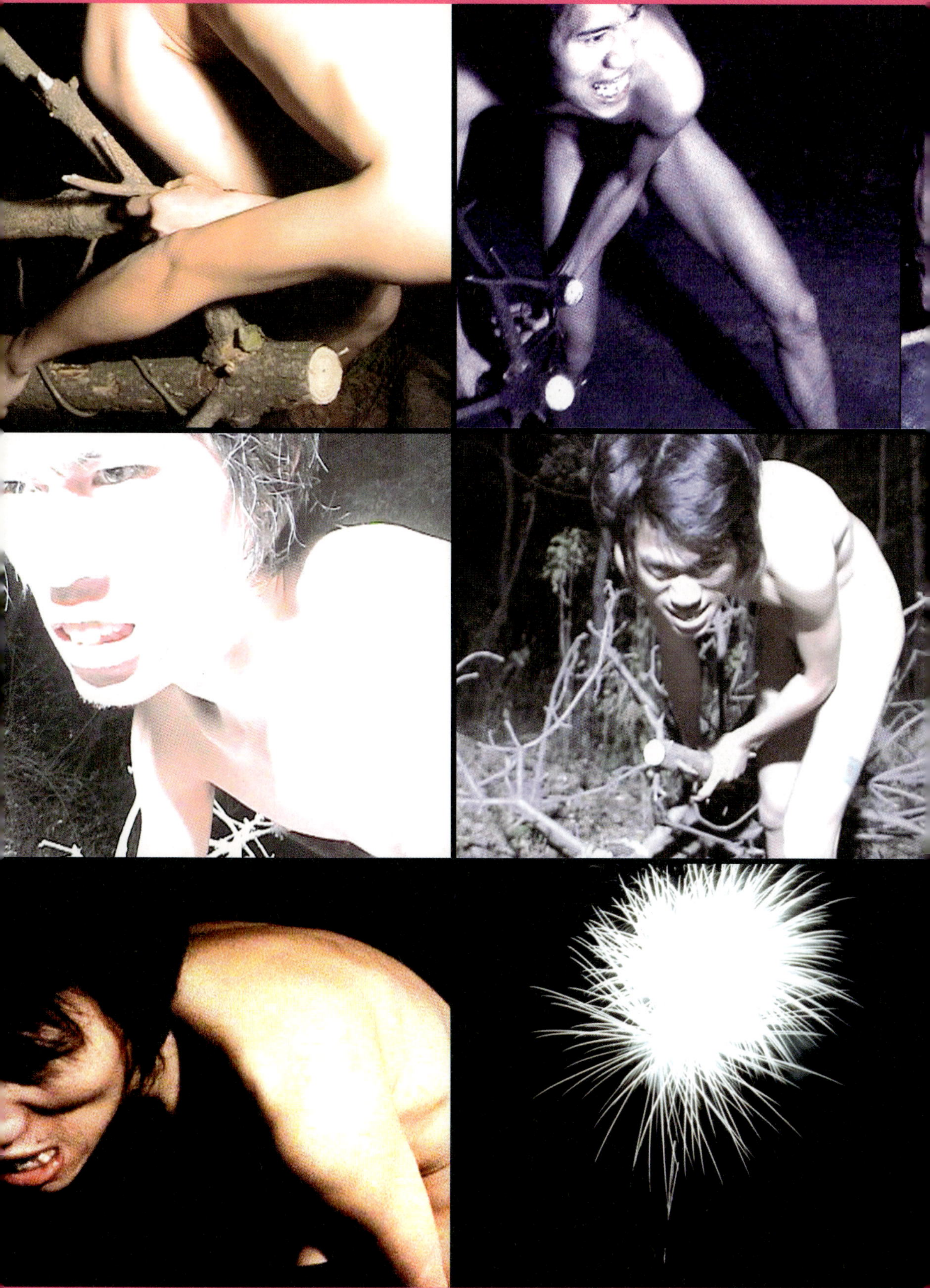

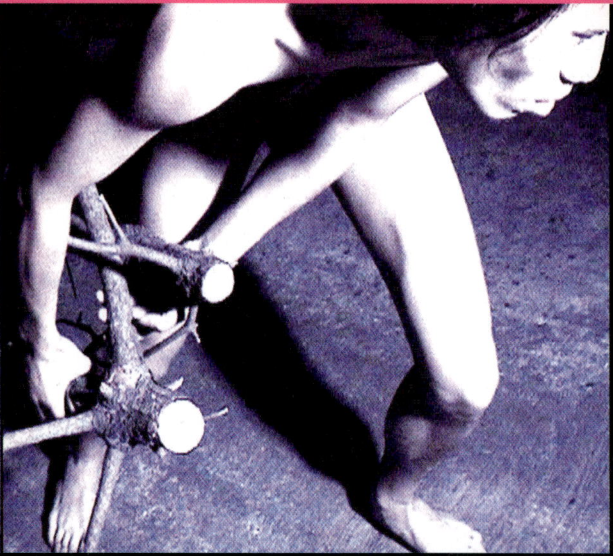

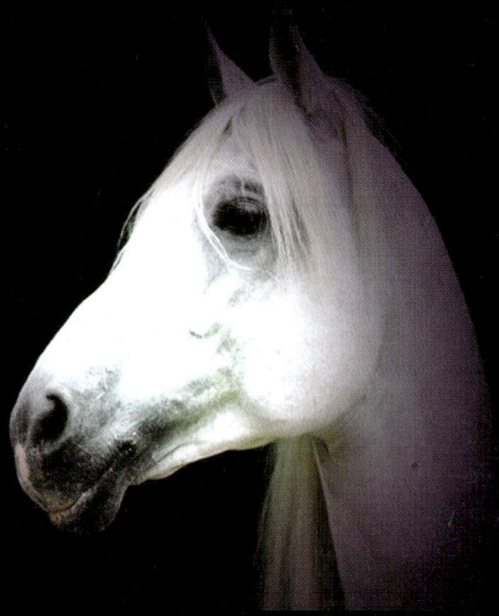

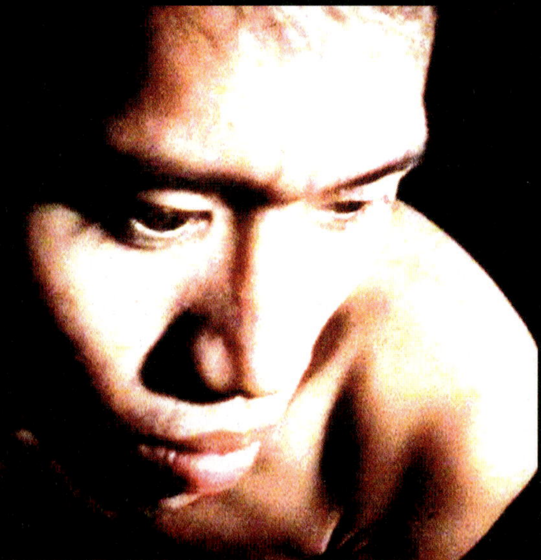

Ou Ning — Volgens zijn collega Ji Ji wekt de in Guangzhou gevestigde grafisch ontwerper, schrijver, filmmaker en muziekkenner Ou Ning (1969) de jaloezie op van ontwerpers, de interesse van intellectuelen en het vertrouwen van kunstenaars. Zijn energie en veelzijdigheid zijn dan ook groot, bovendien is hij een van de zeldzame theoretici op zijn vakgebied in China. In 1996 richt Ou Ning Sonic China op (www.sonicchina.org), een netwerk voor grafische vormgeving en uitgeefactiviteiten, in 1999 U-theque (www.u-theque.org.cn), een non-profitorganisatie voor onafhankelijke film en video, en in 2004 de website Alternative Archive (www.alternativearchive.com), een platform voor hedendaagse kunst, film, muziek, theater, vormgeving, stedelijk onderzoek en publicaties. De website archiveert ook de activiteiten van Ou Ning en kunstenares Cao Fei.

In 2006 documenteert de site bijvoorbeeld de voortgang van hun gezamenlijke, gefilmde research naar de eeuwenoude wijk Da Zha Lan in Beijing, die voor de Olympische Spelen van 2008 een ingrijpende transformatie zal ondergaan. Eerder, in 2003, werkten zij samen aan de poëtische zwart-witfilm **San Yuan Li** over een traditioneel dorp dat is opgeslokt door de oprukkende stad Guangzhou. Alternative Archive bevat ook links naar de eigen website van Cao Fei, naar Ou Nings blog over kunst, muziek en media, en naar de website van de tentoonstelling 'Get It Louder', die Ou Ning in 2005 met drie collegaontwerpers maakte.

'Get It Louder' was het eerste grote overzicht van de nieuwe generatie ontwerpers in China: vertrouwd met computers en internet, op de hoogte van de laatste buitenlandse ontwikkelingen op designgebied, op weg naar een hedendaagse Chinese stijl. Het werk van de honderd deelnemers was achtereenvolgens te zien in Guangzhou, Shanghai en Beijing. In hetzelfde jaar was Ou Ning, evenals in 2003, samensteller van het filmprogramma 'Moving Images of Pearl River Delta' voor de Guangzhou Triennale.

De catalogi van beide overzichten verschenen als bijlage bij het tijdschrift **Modern Weekly.** Tussen 2000 en 2005 maakt Ou Ning hiervoor dertig zogenaamde 'alternative issues'. Hij kiest de onderwerpen meestal zelf, schrijft de teksten en ontwerpt de nummers in een eclectische, kleurrijke en heldere stijl. 'Storage Box' rekent af met de trends van 2000, 'China the Global Gaze' verkent de Chinese culturele invloed in het Westen, 'Tense City' combineert een speciaal geschreven gedicht met beelden van Chinese verstedelijking, terwijl 'Media Monsters' werk van kunstenaars bevat die kritiek uiten op media in China.

Ou Ning — According to his colleague Ji Ji, the Guangzhou-based graphic designer, writer, film director and music expert Ou Ning (1969) is envied by fellow designers, watched by intellectuals and relied upon by artists. His energy and versatility are great, and he is also one of the few theoreticians in his field in China. Ou Ning set up Sonic China (www.sonicchina.org), a network for graphic design and publishing activities, in 1996, U-theque (www.u-theque.org.cn), a non-profit organization for independent film and video, in 1999, and the website Alternative Archive (www.alternativearchive.com), a platform for contemporary art, film, music, theatre, design, urban research and publications, in 2004. The website also archives the activities of Ou Ning and the artist Cao Fei.

For instance, in 2006 the site is documenting the progress of their joint filmed research on the ancient Da Zha Lan district of Beijing, which will undergo a drastic transformation for the Olympic Games of 2008. In 2003 they also cooperated on the poetic black-and-white film **San Yuan Li** about a traditional village that is swallowed up by the expansion of Guangzhou. Alternative Archive also contains links to Cao Fei's own website, as well as to Ou Ning's blog on art, music and the media and to the website of the exhibition 'Get It Louder', which Ou Ning and three other designers organized in 2005.

'Get It Louder' was the first large retrospective of the new generation of designers in China: familiar with computers and Internet, informed about the latest developments abroad in the field of design, aiming for a contemporary Chinese style. The work of the one hundred participants was successively exhibited in Guangzhou, Shanghai and Beijing. In the same year, as in 2003, Ou Ning compiled the film programme 'Moving Images of Pearl River Delta' for the Guangzhou Triennial.

The catalogues of both retrospectives were published as a supplement to the magazine **Modern Weekly**. Ou Ning created thirty so-called alternative issues for the magazine between 2000 and 2005. He usually chooses the themes himself, and writes the texts and designs the supplements in an eclectic, colourful and clear style. 'Storage Box' writes off the trends of 2000, 'China the Global Gaze' explores Chinese cultural influence in the West, 'Tense City' combines a specially written poem with images of Chinese urbanization, and 'Media Monsters' shows work by artists who are critical of the media in China.

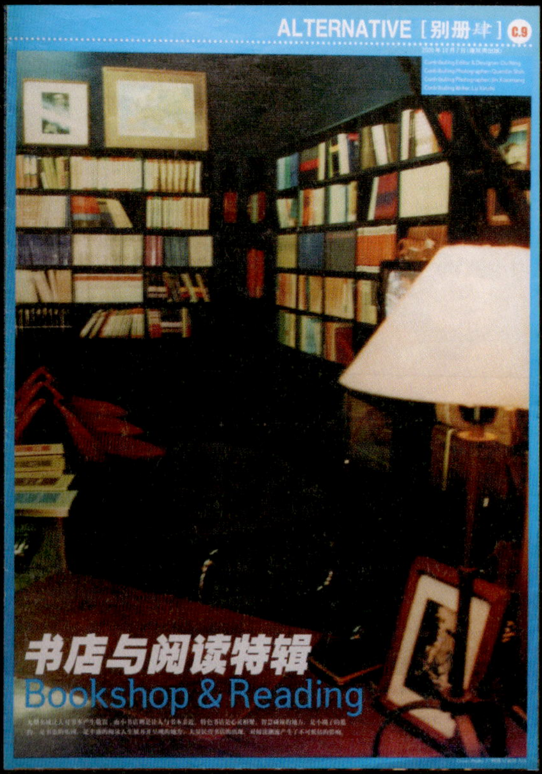

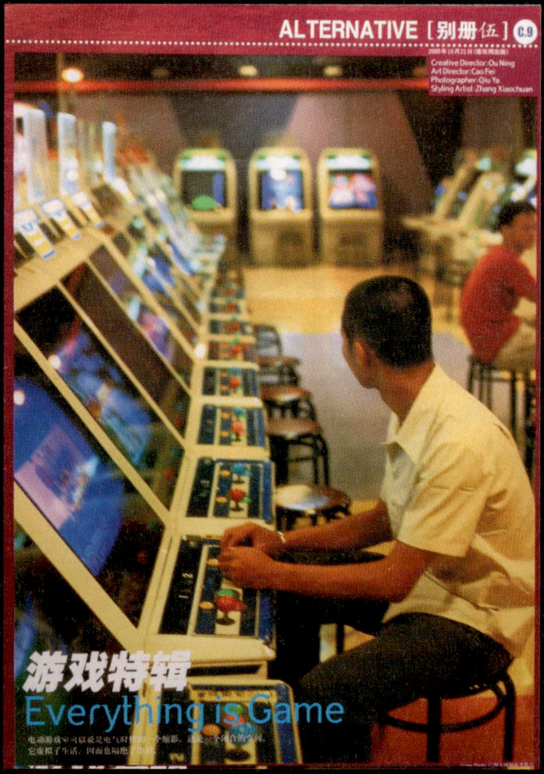

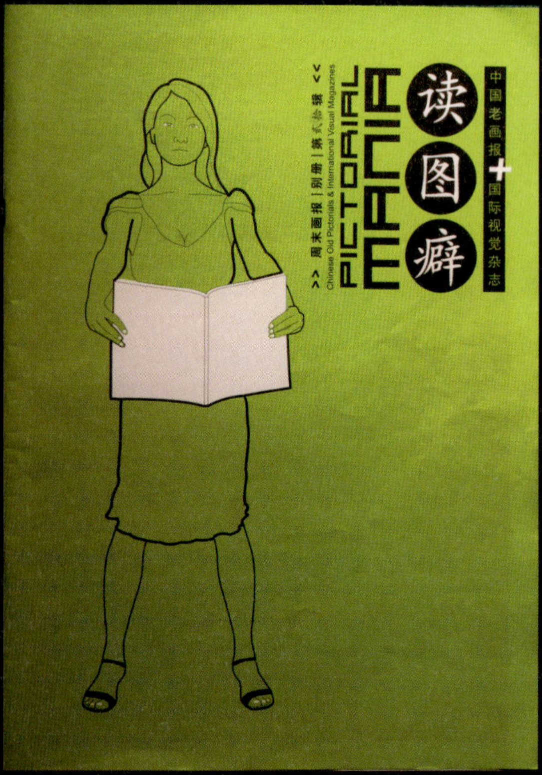

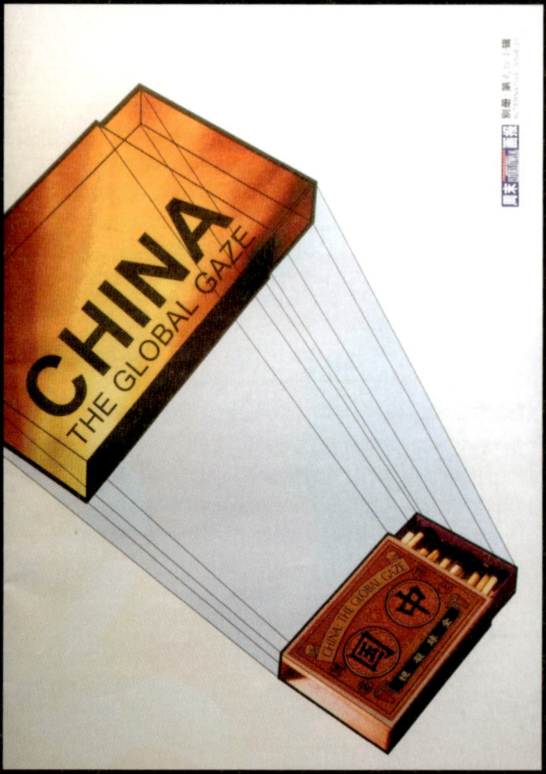

Modern Weekly Alternative Issues
#04 Bookshops & Reading, 2000
#20 Pictorial Mania, 2002
#05 Everything is Game, 2000
#21 China – The Global Gaze, 2003

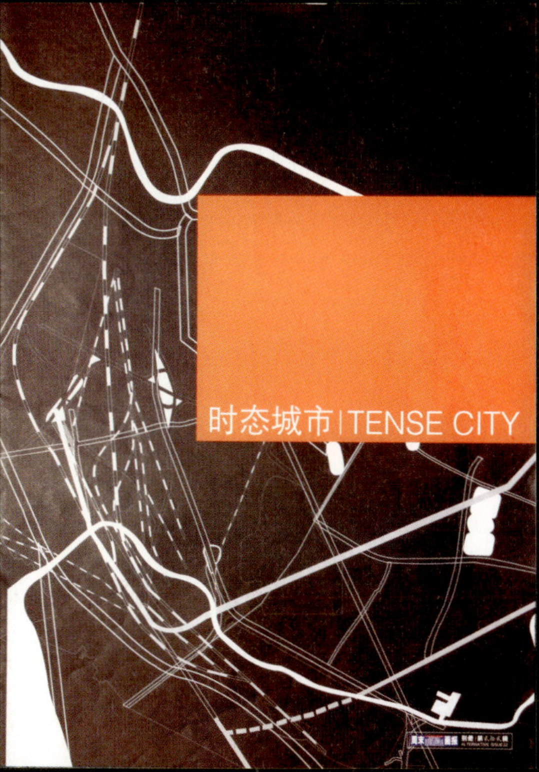

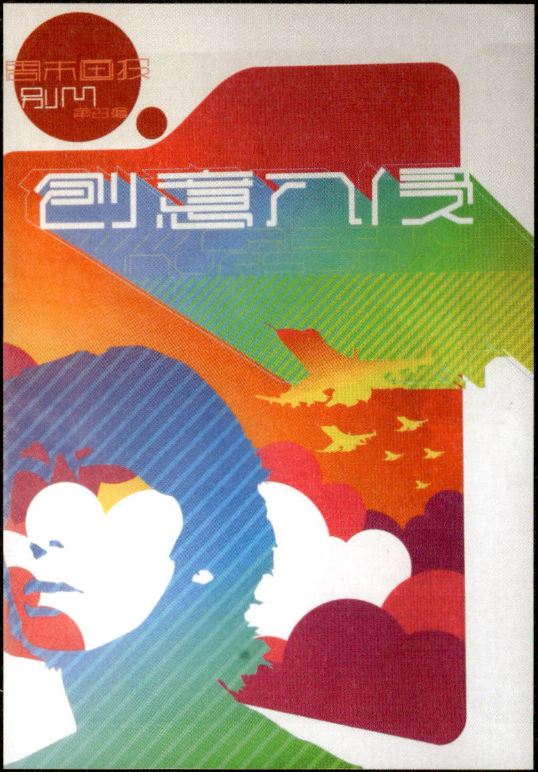

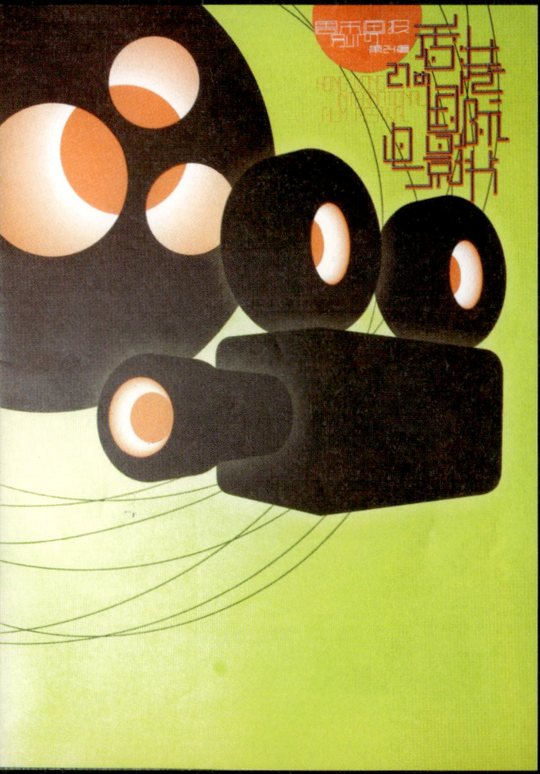

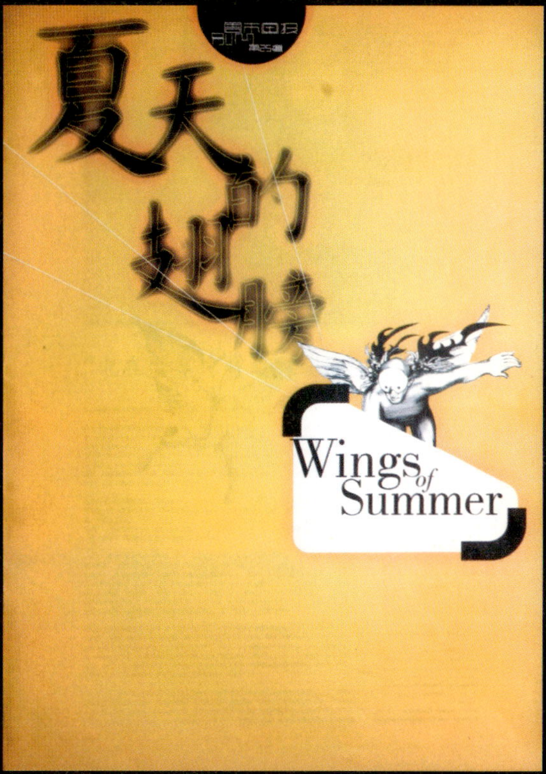

#22 Tense City, 2003
#24 The 27th Hong Kong International Film Festival, 2003

#23 Creative Invasion, 2003
#25 Wings of Summer, 2003

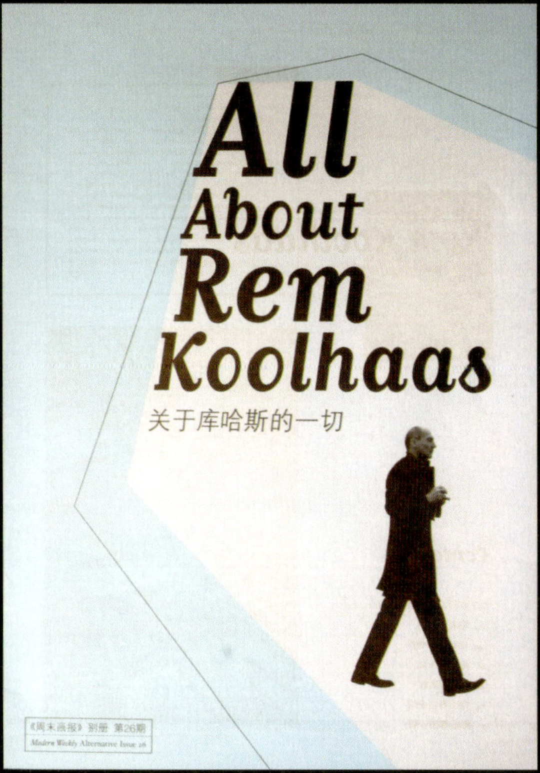

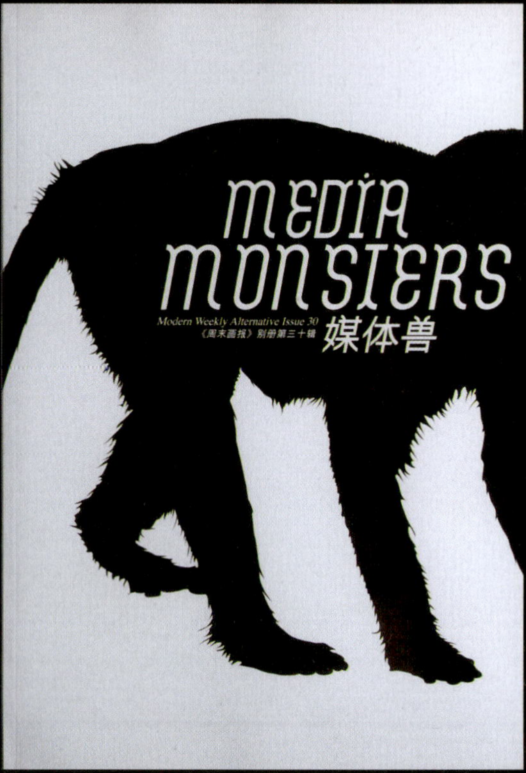

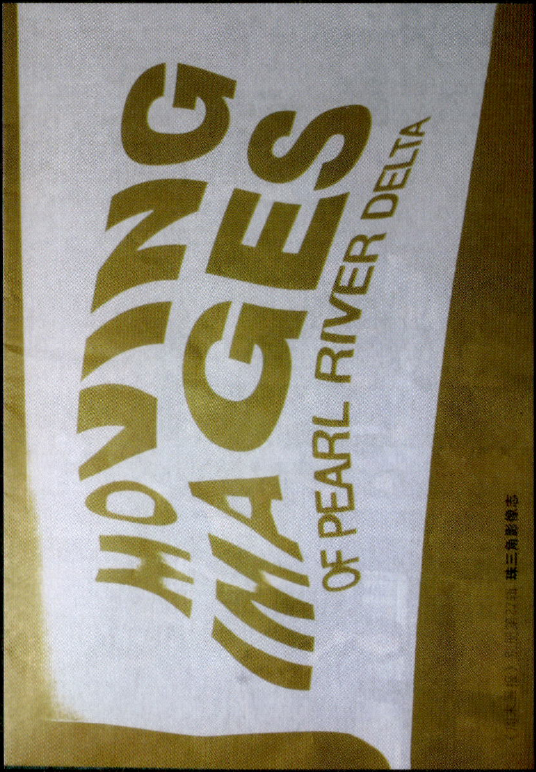

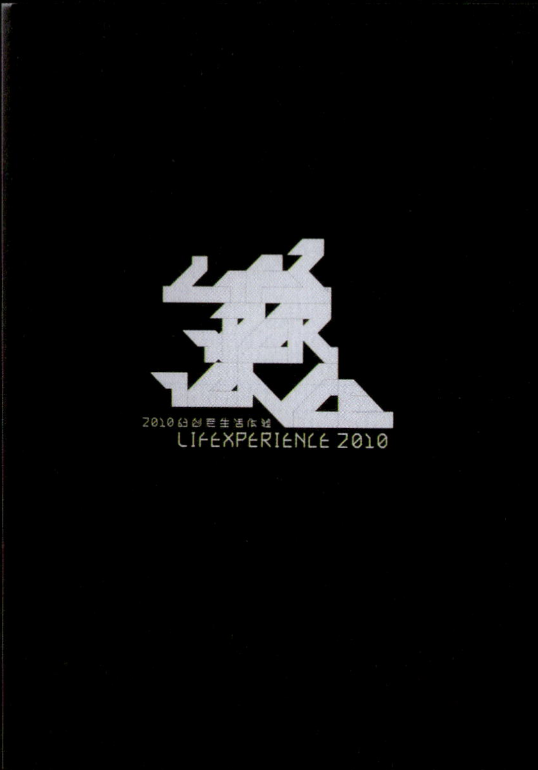

Modern Weekly Alternative Issues
#26 All about Rem Koolhaas, 2003
#27 Moving Images of Pearl River Delta, 2003
#30 Media Monsters, 2004;
#32 Get it Louder vol 1, 2005

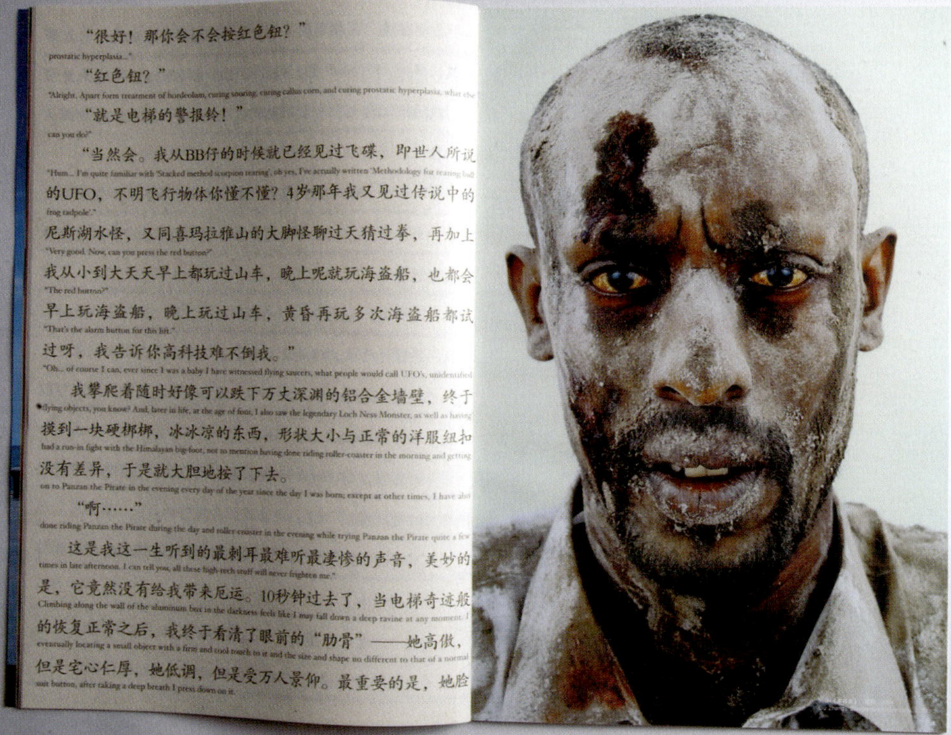

"很好！那你会不会按红色钮？"
prostatic hyperplasia..."
"红色钮？"
"Alright. Apart form treatment of hordeolum, curing snoring, curing callus corn, and curing prostatic hyperplasia, what else
"就是电梯的警报铃！"
can you do?"
"当然会。我从BB仔的时候就已经见过飞碟，即世人所说
"Hum... I'm quite familiar with 'Stacked method scorpion rearing', oh yes, I've actually written 'Methodology for rearing bull
的UFO，不明飞行物体你懂不懂？4岁那年我又见过传说中的
frog tadpole'."
尼斯湖水怪，又同喜玛拉雅山的大脚怪聊过天猜过拳，再加上
"Very good. Now, can you press the red button?"
我从小到大天天早上都玩过山车，晚上呢就玩海盗船，也都会
"The red button?"
早上玩海盗船，晚上玩过山车，黄昏再玩多次海盗船都试
"That's the alarm button for this lift."
过呀，我告诉你高科技难不倒我。"
"Oh... of course I can, ever since I was a baby I have witnessed flying saucers, what people would call UFO's, unidentified
我攀爬着随时好像可以跌下万丈深渊的铝合金墙壁，终于
flying objects, you know? And, later in life, at the age of four, I also saw the legendary Loch Ness Monster, as well as having
摸到一块硬梆梆，冰冰凉的东西，形状大小与正常的洋服纽扣
had a run-in fight with the Himalayan big-foot, not to mention having done riding roller-coaster in the morning and getting
没有差异，于是就大胆地按了下去。
on to Panzan the Pirate in the evening every day of the year since the day I was born; except at other times, I have also
"啊……"
done riding Panzan the Pirate during the day and roller coaster in the evening while trying Panzan the Pirate quite a few
这是我这一生听到的最刺耳最难听最凄惨的声音，美妙的
times in late afternoon. I can tell you, all these high-tech stuff will never frighten me."
是，它竟然没有给我带来厄运。10秒钟过去了，当电梯奇迹般
Climbing along the wall of the aluminum box in the darkness feels like I may fall down a deep ravine at any moment. I
的恢复正常之后，我终于看清了眼前的"肋骨"——她高傲，
eventually locating a small object with a firm and cool touch to it and the size and shape no different to that of a normal
但是宅心仁厚，她低调，但是受万人景仰。最重要的是，她脸
suit button, after taking a deep breath I press down on it.

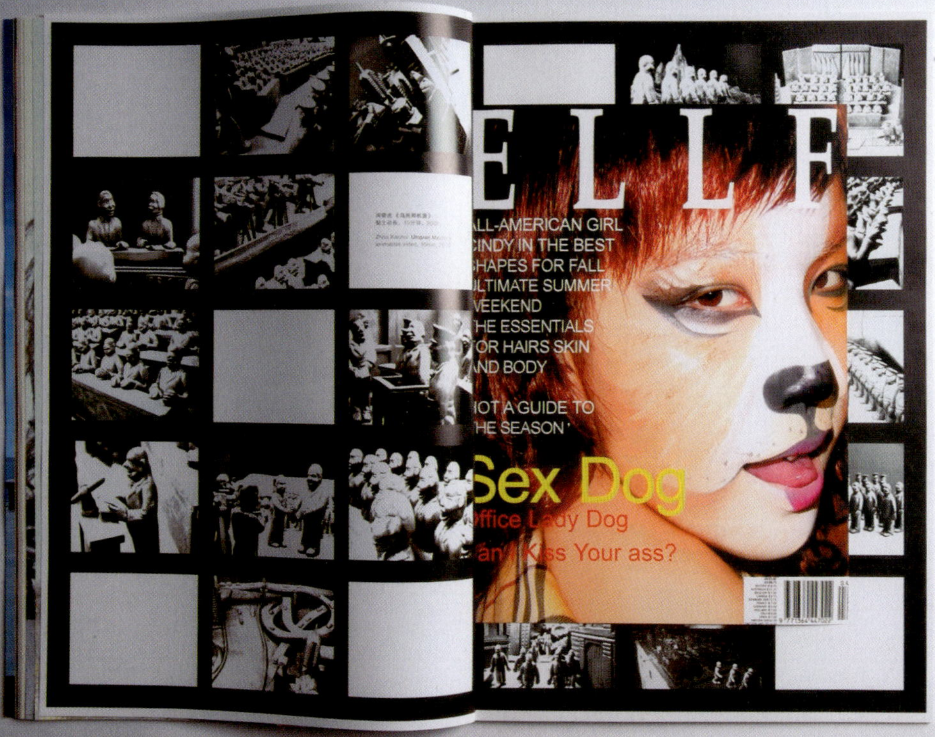

Modern Weekly Alternative Issue
#30 Media Monsters, 2005, spreads

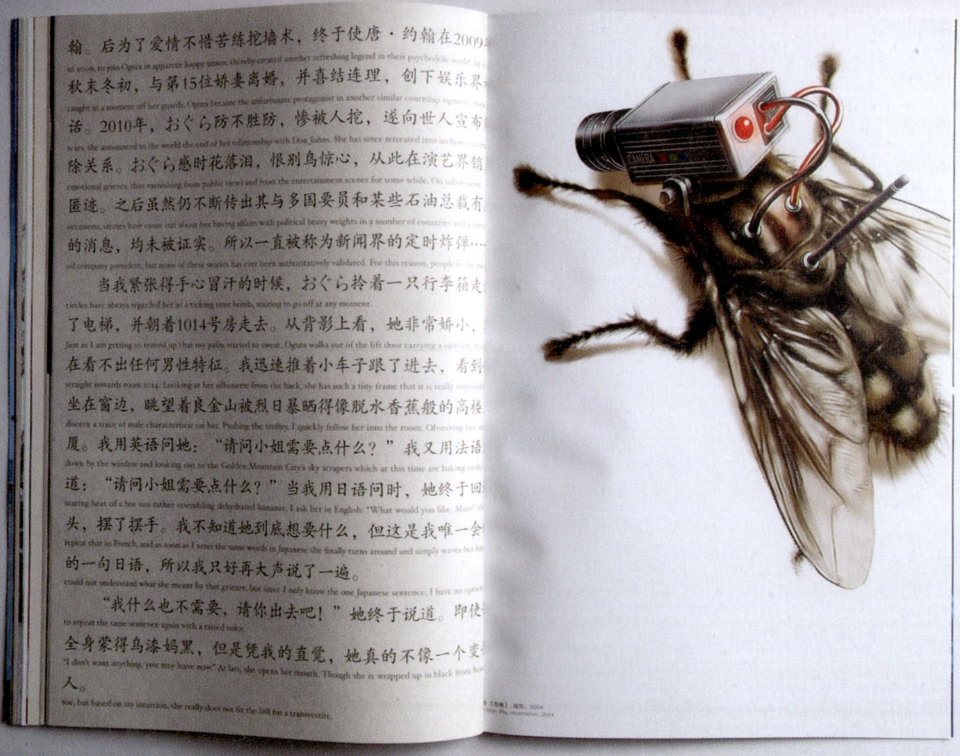

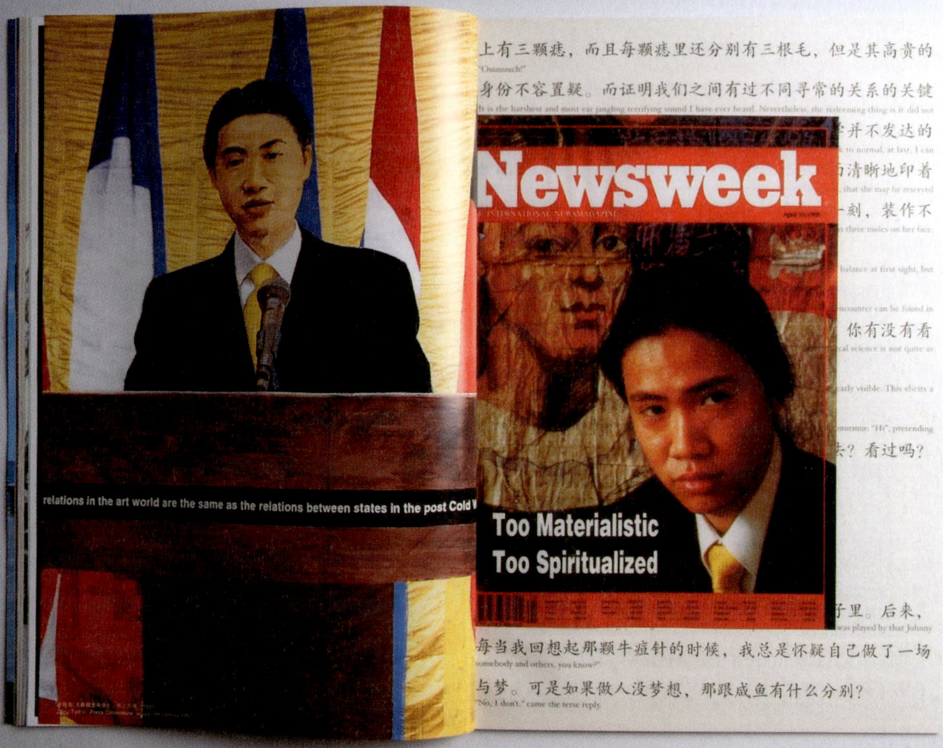

Modern Weekly Alternative Issue
#30 Media Monsters, 2005, spreads

Modern Media — In 1993 richt de jonge dertiger Thomas Shao uitgeverij Modern Media op. Hij trekt al snel de aandacht met oorspronkelijke formats, zoals het in 1998 gelanceerde **Modern Weekly,** een eigenzinnig vormgegeven, laaggeprijsde glossy op tabloidformaat. De eerste drie katernen met internationaal nieuws, business en lifestyle zijn aantrekkelijk voor zakenlieden en adverteerders. Het vierde, 'city' katern, over cultuur en stedelijke transformatie, richt zich op een intellectueler publiek. De inhoud wisselt in de drie steden waar **Modern Weekly** verschijnt – tekst voor Beijing, beeld voor Shanghai, dagelijks leven voor Guangzhou – maar het omslagverhaal is overal gelijk. Dat bespreekt gevoelige kwesties als door verstedelijking verzwolgen dorpen, onvrijheid en commercialisering van de Chinese openbare ruimte, en de verminking van de Chinese tuincultuur door projectontwikkelaars. Verder besteedt het katern aandacht aan Chinese architecten, kunstenaars en kunstenaarsdorpen, terwijl de globalisering haar intrede doet met items als 'Loft Living', 'Slow is More' en 'Speed Dating'.
Dankzij het financiële succes van **Modern Weekly** kan Shao nieuwe tijdschriften beginnen als het trendy mannenblad **Outlook** (2002), maar ook kunstenaars ondersteunen. Zo financiert hij **The World** van filmmaker Jia Zhangke en het online kunsttijdschrift voor jongeren coldtea.cn. Ook draagt hij bij aan de eerste overzichtstentoonstelling van Chinese vormgeving, 'Get it Louder', een initiatief van ontwerper Ou Ning, die van 2000 tot 2005 bijzondere culturele bijlagen maakt voor **Modern Weekly**.
Eind 2005 introduceert Shao het voor China ongekend dure, omvangrijke en luxueuze **City Magazine.** De culturele ambities zijn groot: de befaamde componist Tan Dun is muziekredacteur en zijn evenknie Xu Bing redacteur beeldende kunst. Het motto van **City Magazine** is 'Zen van het Leven, Scholing in het Zijn', met submotto's als 'van het materiële naar het spirituele', 'van witte boorden naar geen boorden', 'van verwarring naar verlichting' en 'van hebzucht naar onbaatzuchtigheid'. Deze aansporingen zijn bestemd voor de bovenlaag van de Chinese samenleving. Thomas Shao is ervan overtuigd dat verandering in China alleen van de zakenwereld kan komen en wil zijn collega's daarom in cultureel en maatschappelijk opzicht opvoeden. Naast literatuur en kunst bevat het blad reportages over mijnwerkers en over het arme en vervuilde platteland. In het kader van dezelfde missie opent Shao in maart 2006 galerie 111, gevestigd in het gebouw van Modern Media, midden in de zakenwijk van Guanghzou.

Modern Media — The Modern Media publishing house was established by Thomas Shao, then in his thirties, in 1993. He soon attracted attention with his original formats, such as **Modern Weekly**, an unusually designed, low-priced, glossy tabloid, which he launched in 1998. The first three sections, with international news, business and lifestyle, are attractive to business people and advertisers. The fourth section, 'city', about culture and urban transformation, is aimed at a more intellectual public. The content varies in the three cities in which **Modern Weekly** is available — text for Beijing, pictures for Shanghai, everyday life for Guangzhou — but the cover story is the same in all three. It discusses such sensitive issues as villages that have been swallowed up by urbanization, the lack of freedom and the commercialization of Chinese public space, and the mutilation of Chinese garden culture by project developers. This section also pays attention to Chinese architects, artists and artists' villages, while globalization makes its entrance with items such as 'Loft Living', 'Slow is More', and 'Speed Dating'.
Thanks to the financial success of **Modern Weekly,** Shao has been able to start up new magazines like the trendy magazine for men **Outlook** (2002), as well as support artists. For instance, he has funded **The World** by the film director Jia Zhangke and the online art magazine for young people coldtea.cn. He also supported the first retrospective of Chinese design, 'Get it Louder', an initiative of the designer Ou Ning, who made cultural supplements for **Modern Weekly** from 2000 to 2005.
At the end of 2005 Shao introduced **City Magazine**, an expensive, large and luxurious magazine of a kind never seen before in China. The cultural ambitions are high: the famous composer Tan Dun is the music editor, and his counterpart Xu Bing is art editor. The motto of **City Magazine** is 'Zen of Life, an Education in Being', with sub-mottos such as 'from the material to the spiritual', 'from white collar to no collar', 'from confusion to enlightenment', and 'from greed to altruism'. These exhortations are aimed at the upper strata of Chinese society. Thomas Shao is convinced that change in China can only come from the world of industry and commerce, which is why he wants to provide cultural and social education for his colleagues. Besides literature and art, the magazine includes reports on miners and on the poor and polluted countryside. Within the framework of the same mission, Shao opened gallery 111 in the Modern Media building, right in the middle of the business quarter of Guangzhou, in March 2006.

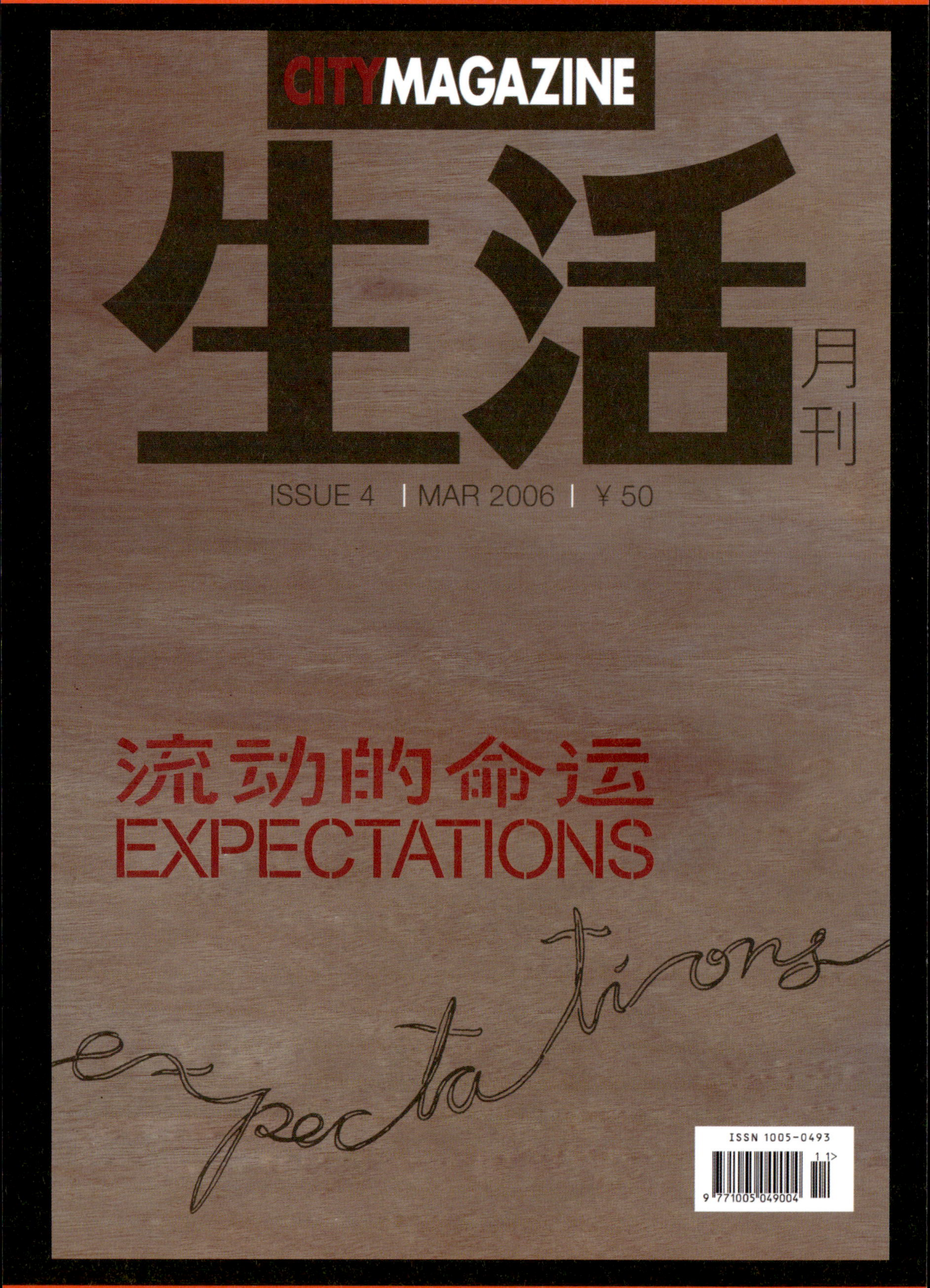

City Magazine #04, Maart/March 2006, cover

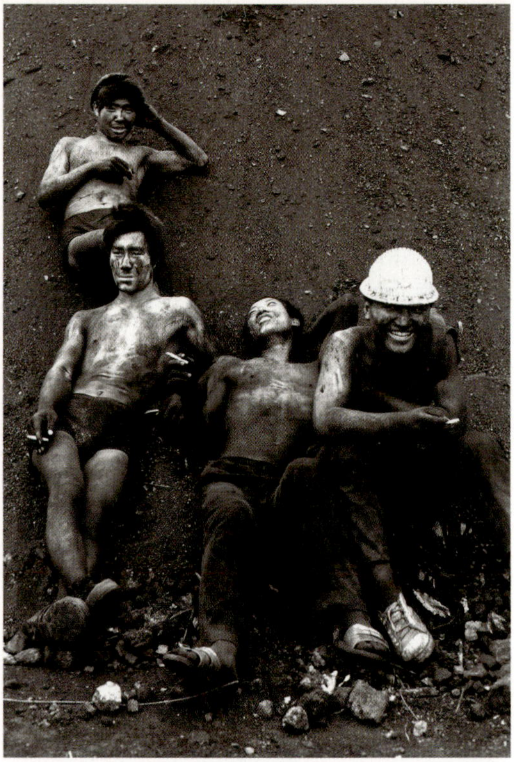

真

[truth]

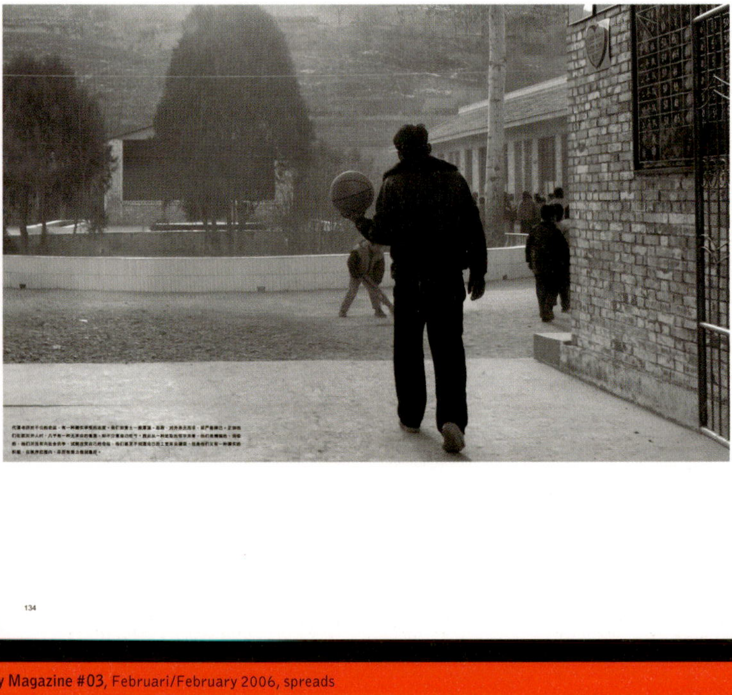

人

[people]

134

135

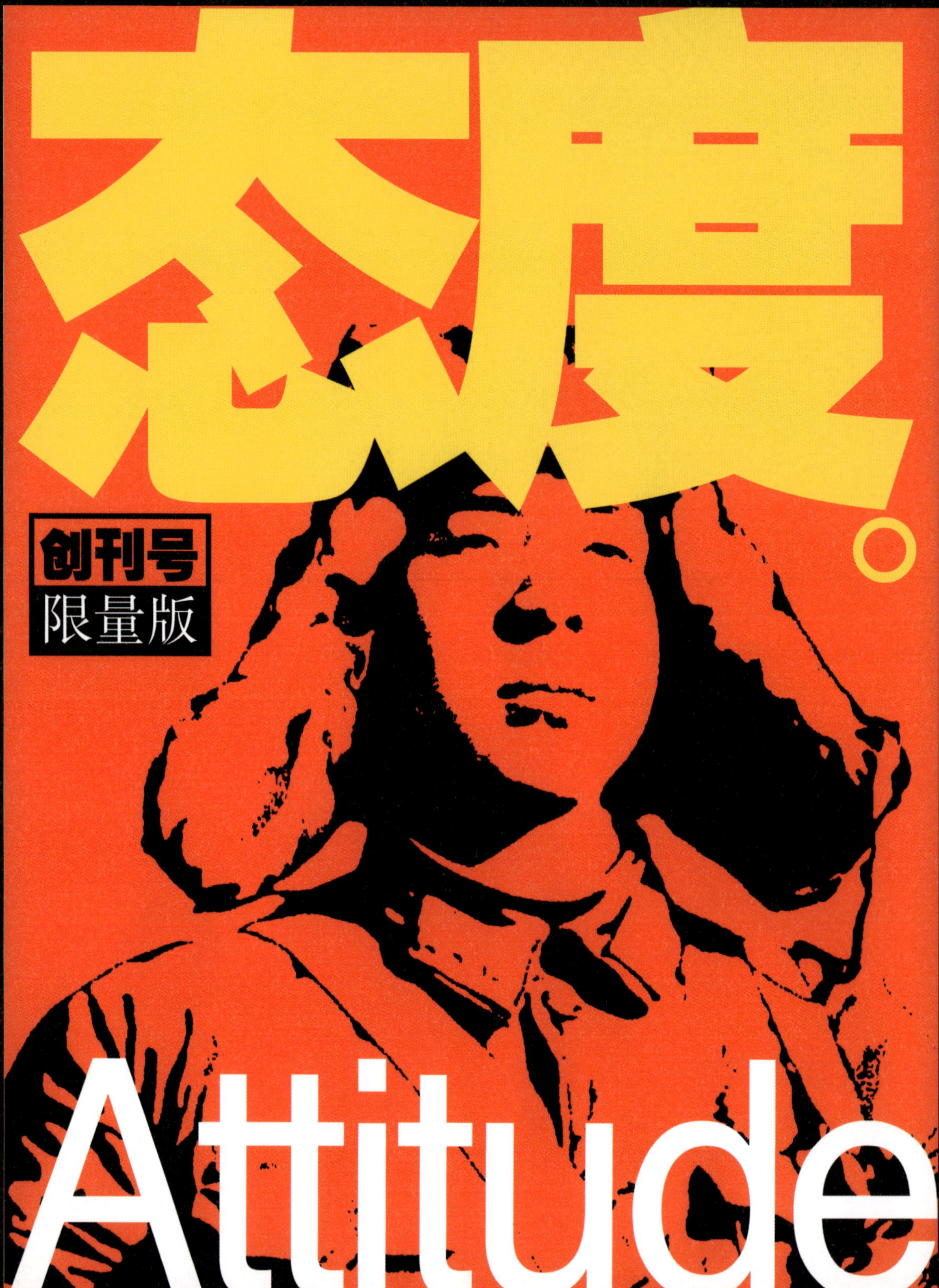

Attitude #01
Modern Media intern bedrijfsblad/internal staff magazine, 2003
met beeld van/with image of Lei Feng

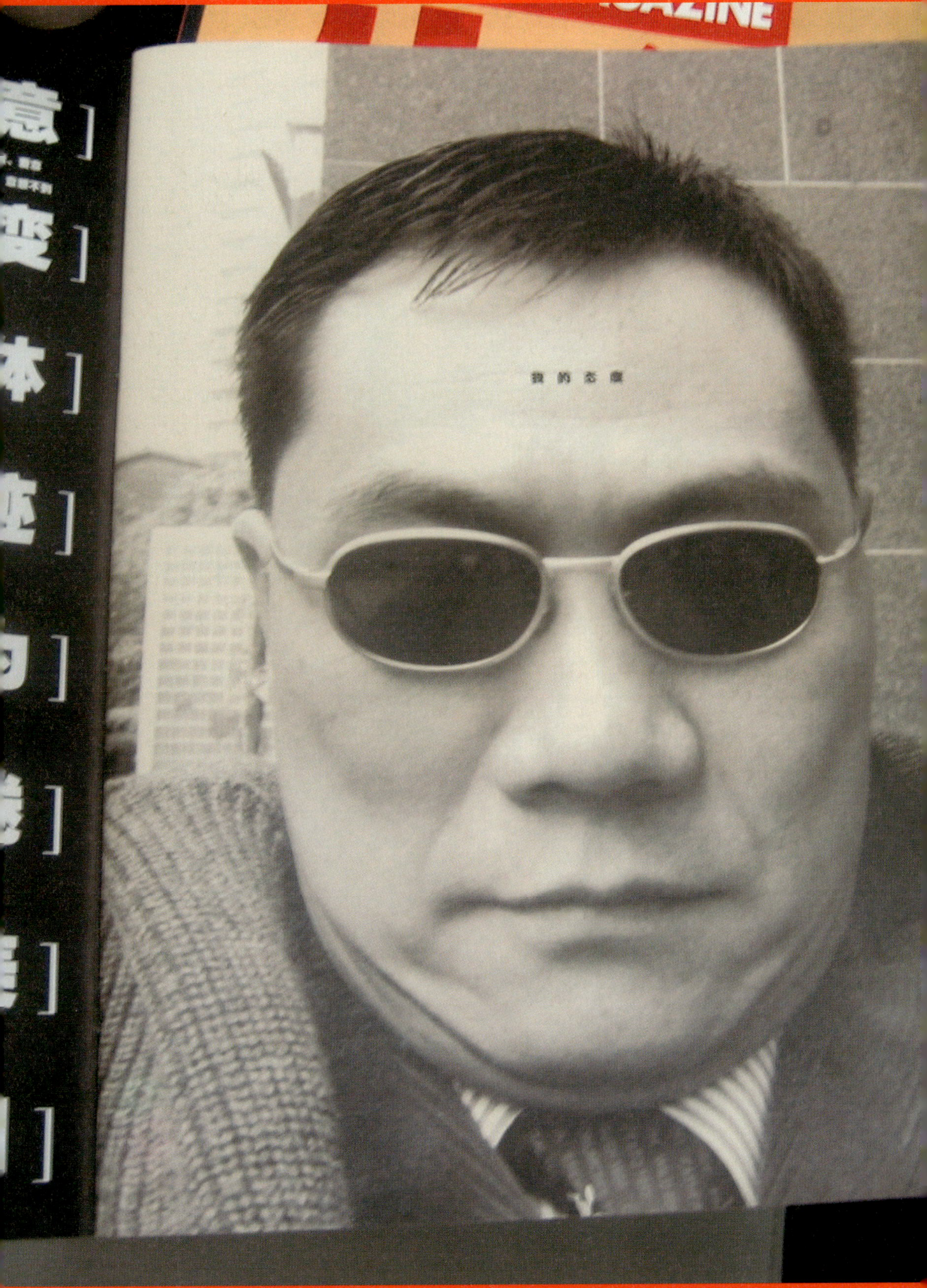

Thomas Shao in Attitude #01

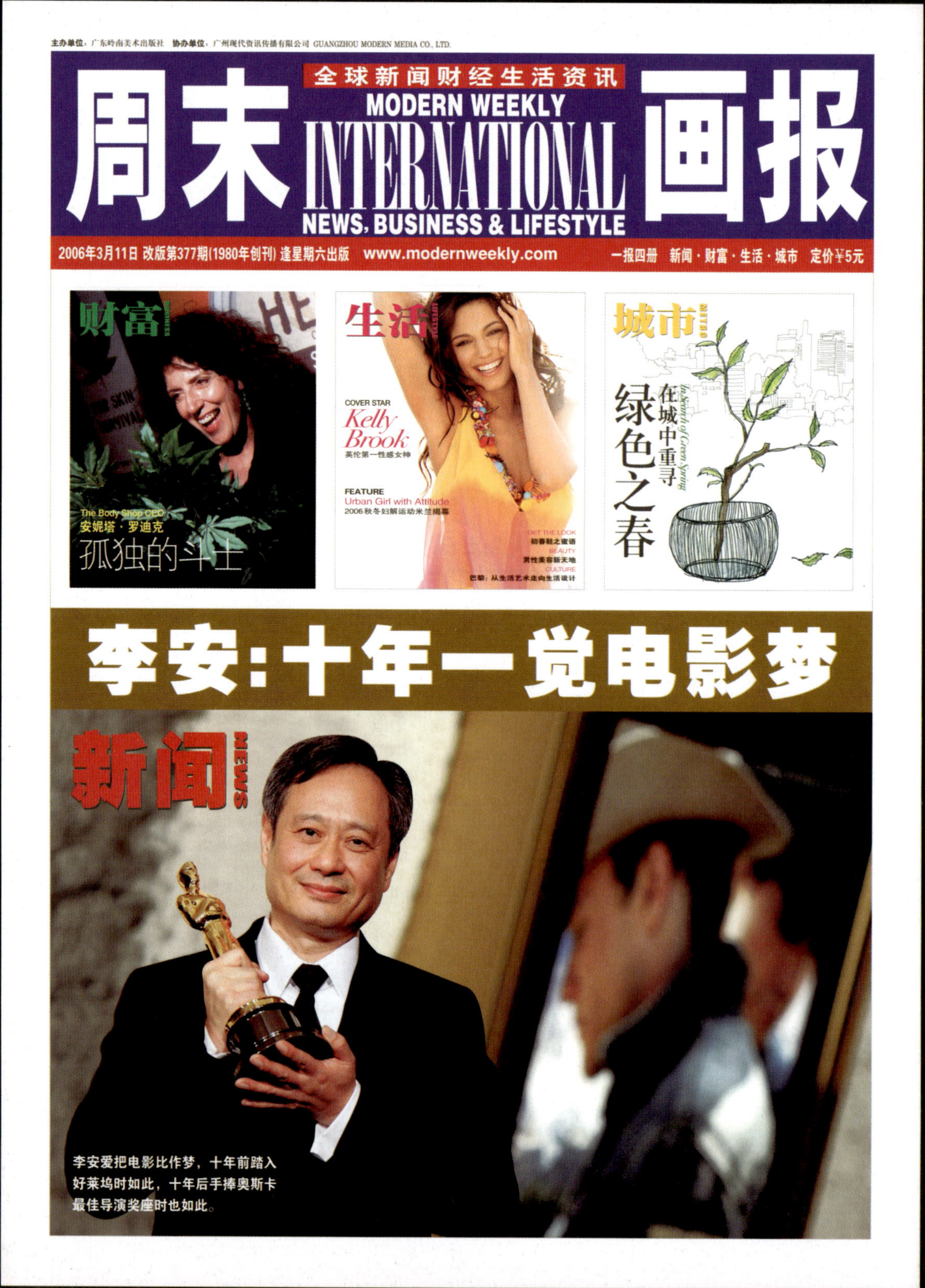

主办单位：广东岭南美术出版社　协办单位：广州现代资讯传播有限公司 GUANGZHOU MODERN MEDIA CO., LTD.

周末画报

全球新闻财经生活资讯

MODERN WEEKLY INTERNATIONAL

NEWS, BUSINESS & LIFESTYLE

2006年3月11日 改版第377期(1980年创刊) 逢星期六出版　www.modernweekly.com　一报四册　新闻·财富·生活·城市　定价¥5元

李安：十年一觉电影梦

李安爱把电影比作梦，十年前踏入好莱坞时如此，十年后手捧奥斯卡最佳导演奖座时也如此。

Yang Zhenzhong — Yang Zhenzhong, geboren en opgeleid in Hangzhou, kent onder zijn leermeesters verschillende kunstenaars uit de Nieuwe Kunstbeweging 1985, waarvan de leden via de kunst hun politieke opvattingen uitdrukten. Na zijn aankomst in Shanghai sloot Yang Zhenzhong zich aan bij een groep kunstenaars die de omstandigheden voor het maken van hedendaagse kunst wilden verbeteren. Hij was een vroege voorvechter van de beweging voor verbetering van de omstandigheden voor de kunst, en de meest charismatische ervan.

In 2003 maakte hij de video **Spring Story**, opgenomen in het Chinese hoofdkwartier van een multinational. Hij vroeg vijftienhonderd werknemers elk één woord uit een politieke verklaring voor de camera voor te lezen. Aan elkaar gemonteerd in de video brengen de werknemers de kijker zo de 'officiële sentimenten' van de Chinese overheid over. De persoonlijkheid van de deelnemers overstijgt echter de politiek en de wijze waarop Yang Zhenzhong hun bijdrage manipuleert.

Een korte video uit 2000 is **922 Rice Corns**, met in de hoofdrol een haan en een hen die pikken naar op de grond gestrooide rijstkorrels. Een teller op het scherm houdt de aantallen rijstkorrels bij die door de haan en de hen afzonderlijk worden opgepikt. Ook hoort men een mannen- en een vrouwenstem die de stand bijhouden. Uiteindelijk wint de hen en loopt met een volle maag weg. Hoe kan een simpele scène als deze zo ironisch zijn en parodiërend werken? Misschien komt het doordat de beeldspraak zo beheerst en geconcentreerd wordt gepresenteerd.

Een serie digitale foto's uit 2002 getiteld **Light as Fuck** toont de Oriental Pearl Tower in de wijk Pudong in Shanghai, een wolkenkrabber die de ontwikkeling van die stad symboliseert. Met geavanceerde digitale technologie creëerde Yang Zhenzhong een dynamisch beeld: de toren is ondersteboven gekeerd en balanceert op zijn vingertop.

Het werk aan zijn video **I Will Die** greep Yang Zhenzhong zozeer aan dat hij er drie jaar (2000–2003) over deed om het werk af te maken. In de film kijken mensen van verschillende leeftijden en maatschappelijke achtergronden in de camera en herhalen de woorden 'I will die' [Ik zal sterven] in acht talen. De jongeren spreken over het algemeen op een luchthartige toon, bijna alsof het een spelletje is, maar de woorden van de ouderen hebben een geheel andere lading. Er zijn ook andere verschillen, toe te schrijven aan culturele en nationale kenmerken.

Yang Zhenzhong — Born and educated in Hangzhou, Yang Zhenzhong numbers among his tutors several artists belonging to the New Art Movement 1985, whose members expressed their political opinions through art. After arriving in Shanghai, Yang Zhenzhong joined fellow artists in an attempt to improve the context surrounding contemporary art. He was an early proponent of cultivating a better environment for art and the most charismatic of the lot.

In 2003 he made **Spring Story**, a video shot in the Chinese headquarters of a multinational. He asked 1500 employees to read one word from a political statement in front of the camera. Strung together on the video, the words present the viewer with the official sentiments of the Chinese government. Politics aside, however, the personality of each participant transcends Yang Zhenzhong's manipulation of his contribution to the video.

A short video from 2000 is **922 Rice Corns**, which features a cock and a hen pecking at grains of rice scattered on the ground. A counter on the screen keeps track of the number of grains pecked at by the cock and the hen, individually. In addition, male and female voices are heard counting the number of pecks. Eventually, the victorious hen walks away, replete with rice. How can such a simple scene communicate such a strong feeling of irony and burlesque? Perhaps because the metaphor is presented in a controlled and concentrated manner.

A 2002 series of digital photographs, **Light as Fuck**, features the Oriental Pearl Tower in the Pudong district of Shanghai, a building that symbolizes the development of Shanghai. Advanced digital technology allowed Yang Zhenzhong to create a dynamic image by turning the tower upside down and balancing it on the tip of his finger.

Deeply moved during the creation of his video **I Will Die**, Yang Zhenzhong spent three years (2000–2003) completing the work. In it, people of different ages and social backgrounds look into the camera and repeat the words 'I will die' in eight languages. In general, young people speak in a light-hearted tone of voice, almost as if playing a game, while the words of the elderly convey a completely different impression. Other distinctions can be attributed to cultural and national characteristics.

Tekst/Text: Zhang Li

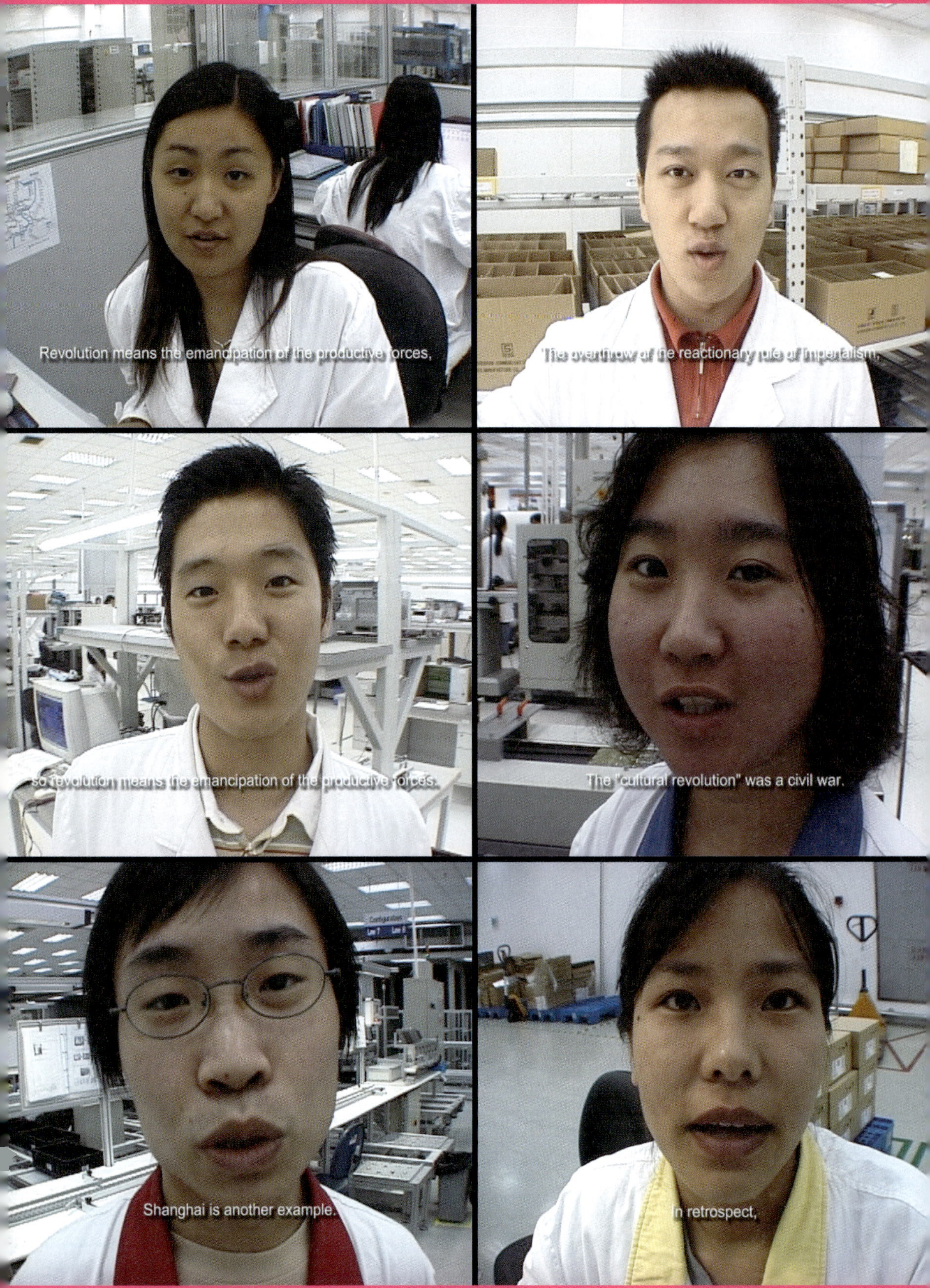

Spring Story, 2003 (stills) dvd, 13 min.

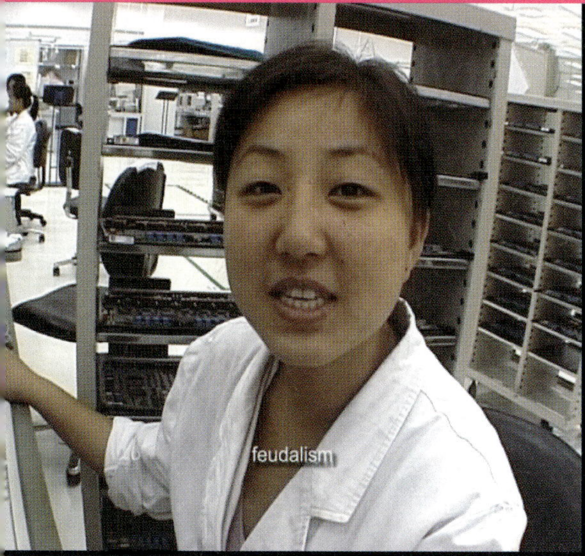
feudalism

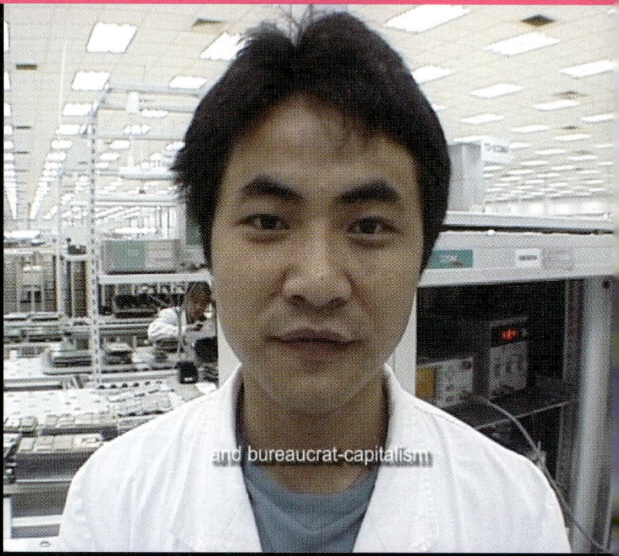
and bureaucrat-capitalism

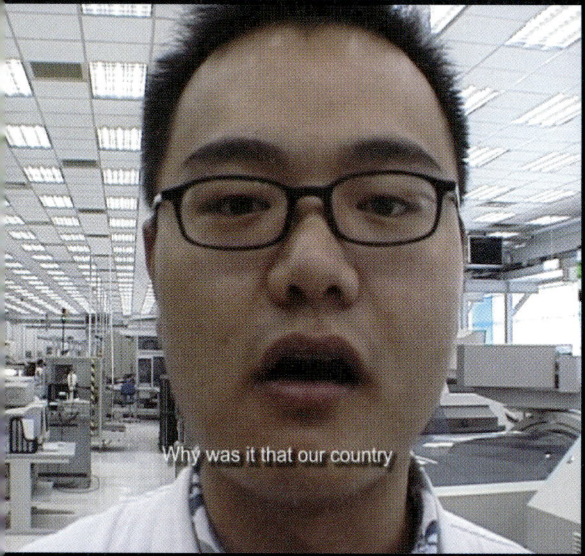
Why was it that our country

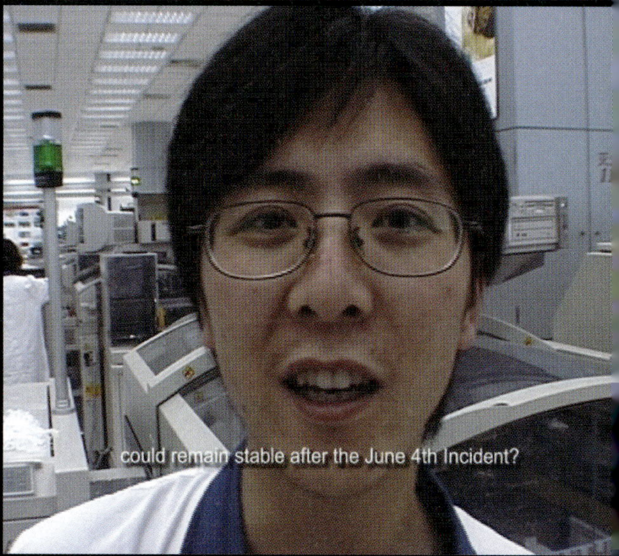
could remain stable after the June 4th Incident?

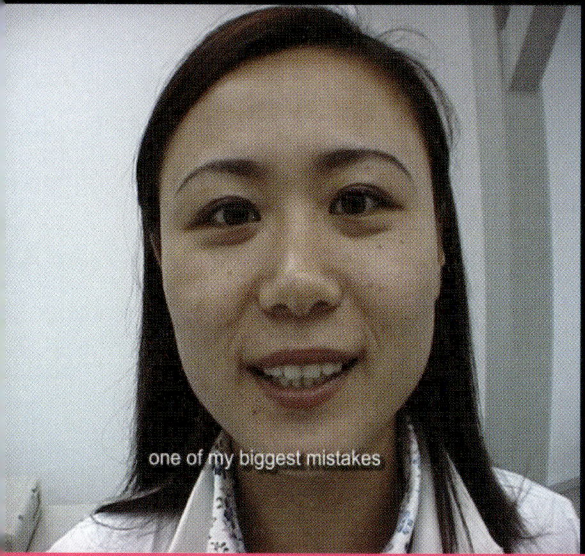
one of my biggest mistakes

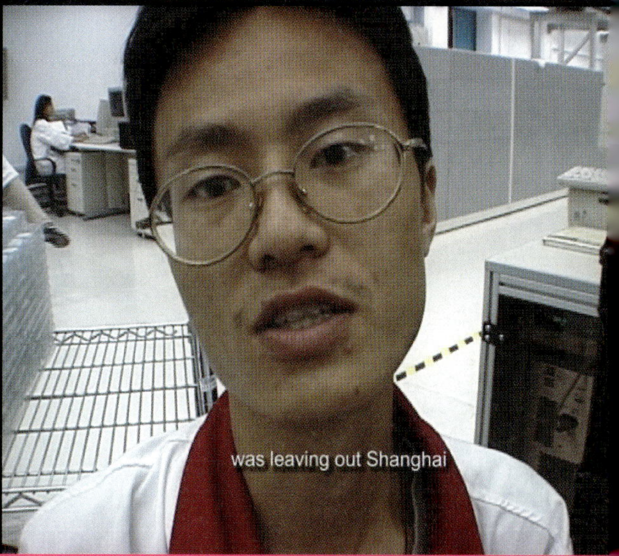
was leaving out Shanghai

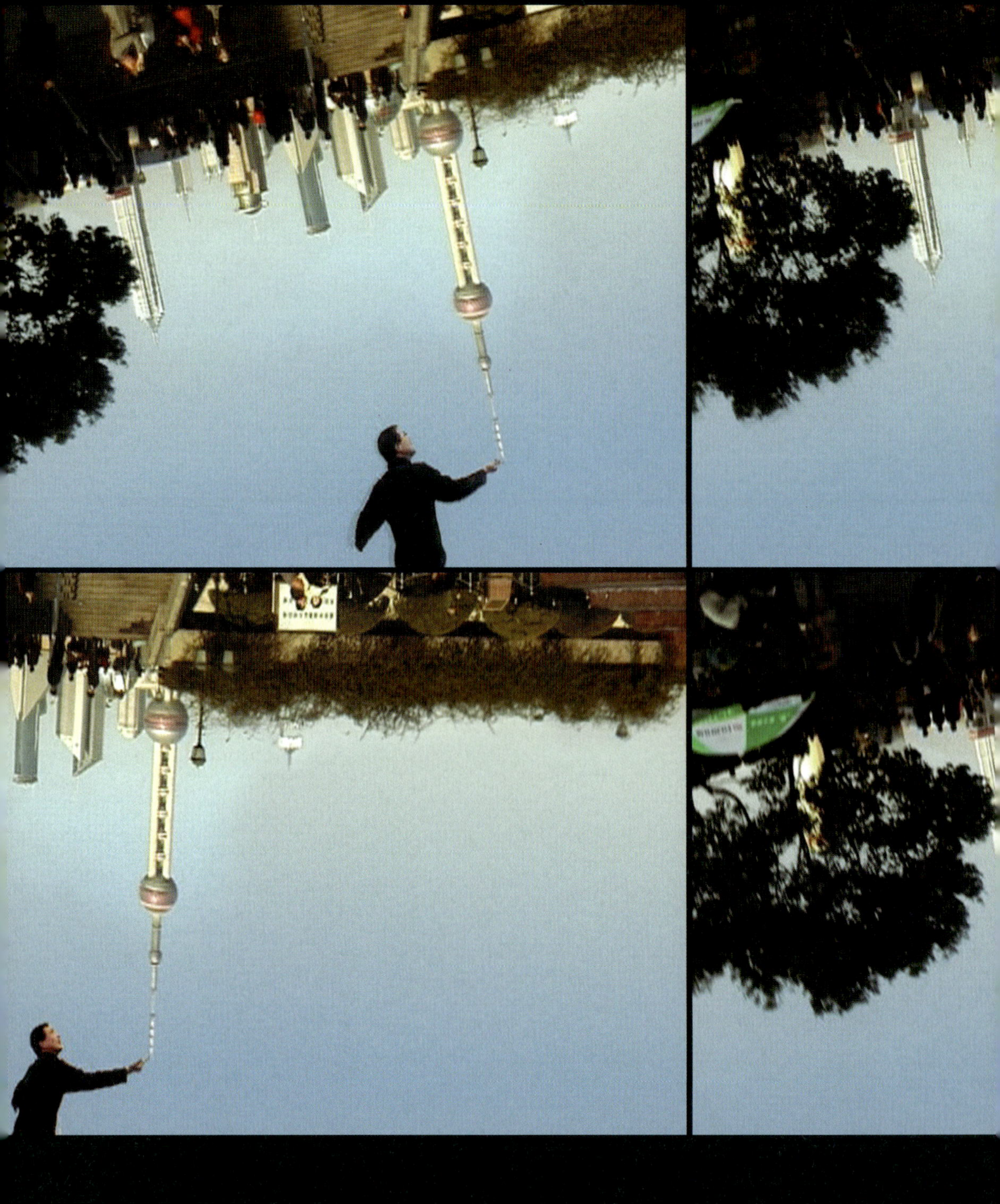

Light as Fuck, 2002 (stills) dvd, 1 min.

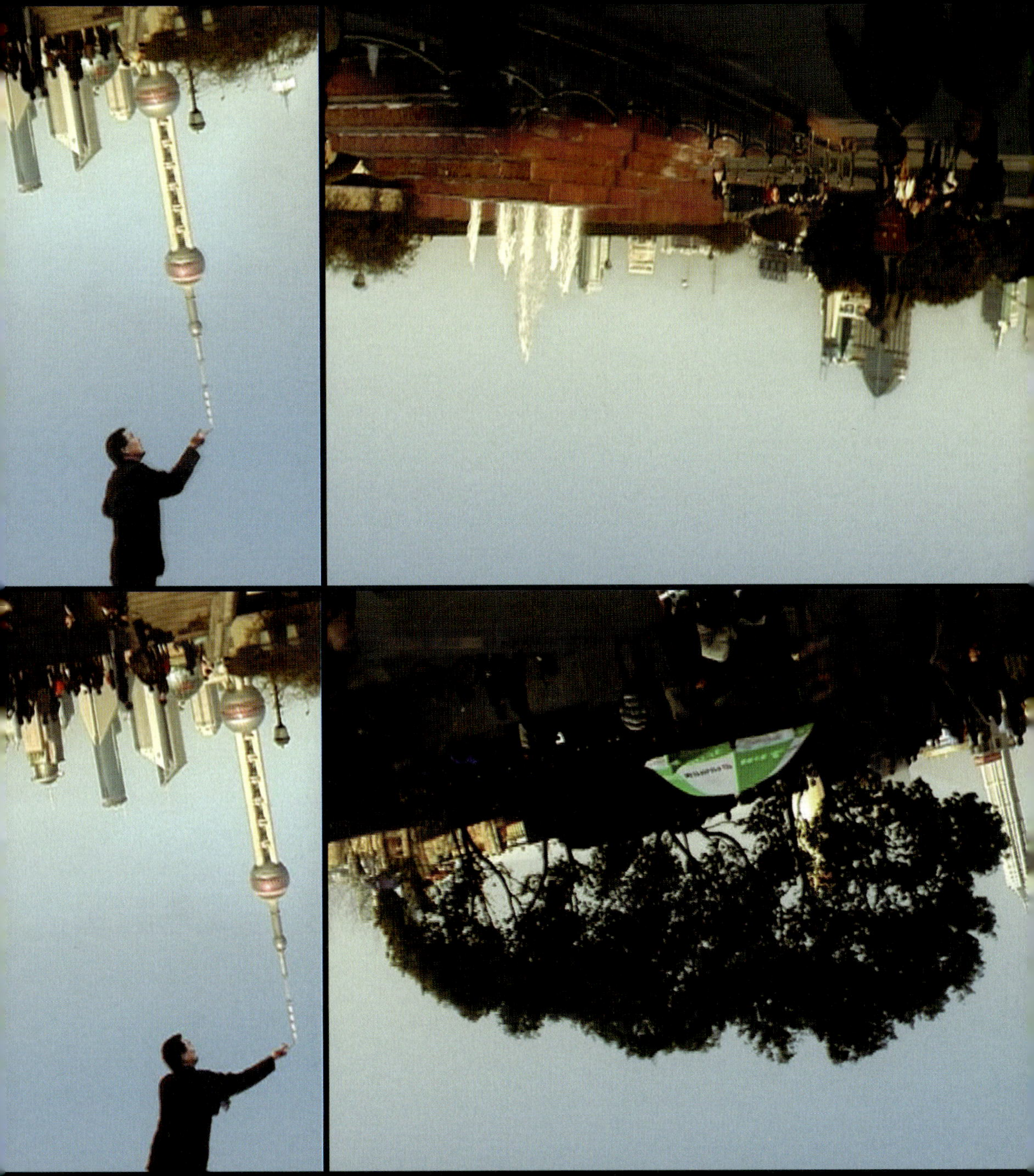

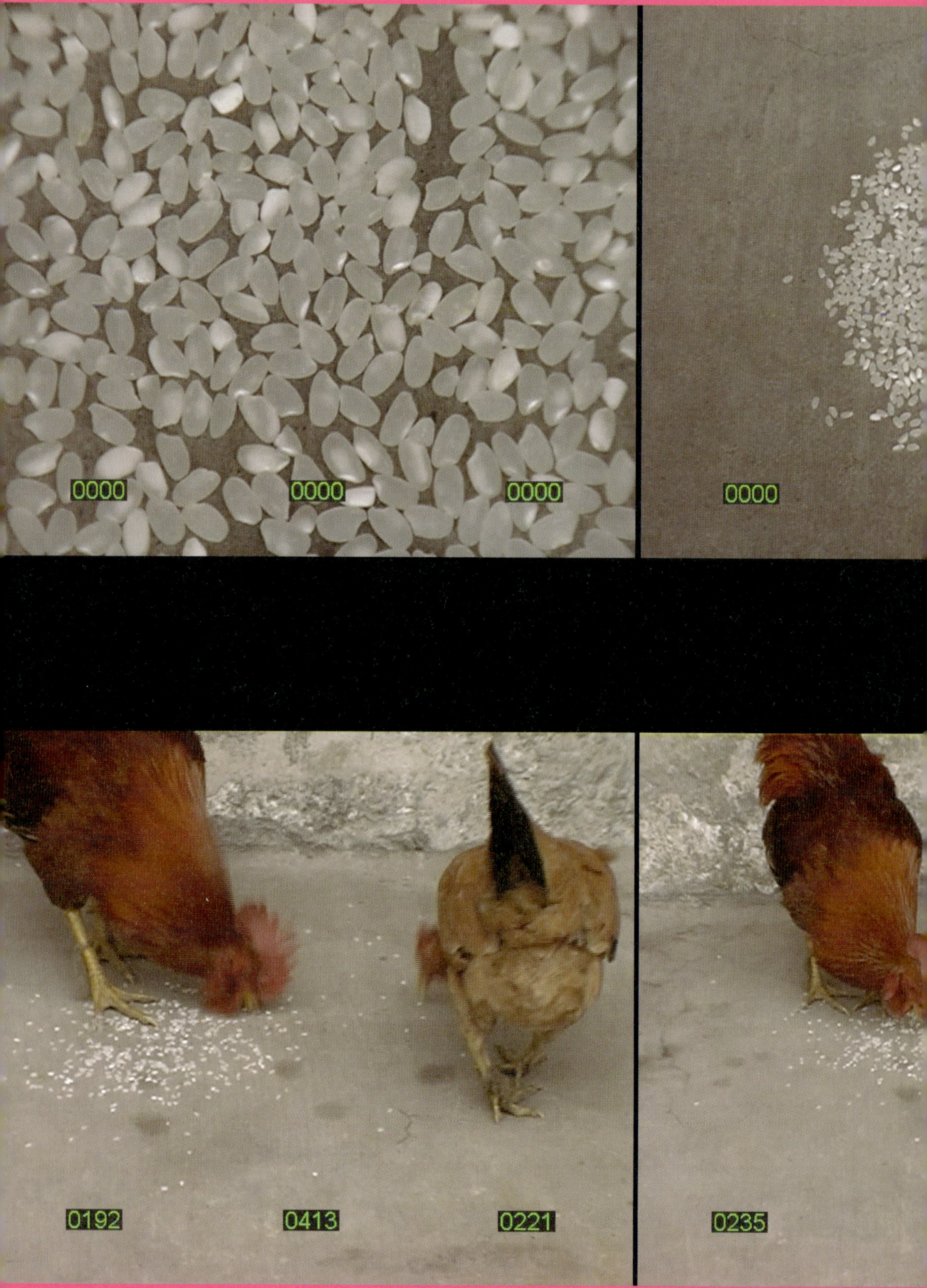

922 Rice Corns, 2000 (stills) dvd, 8 min.

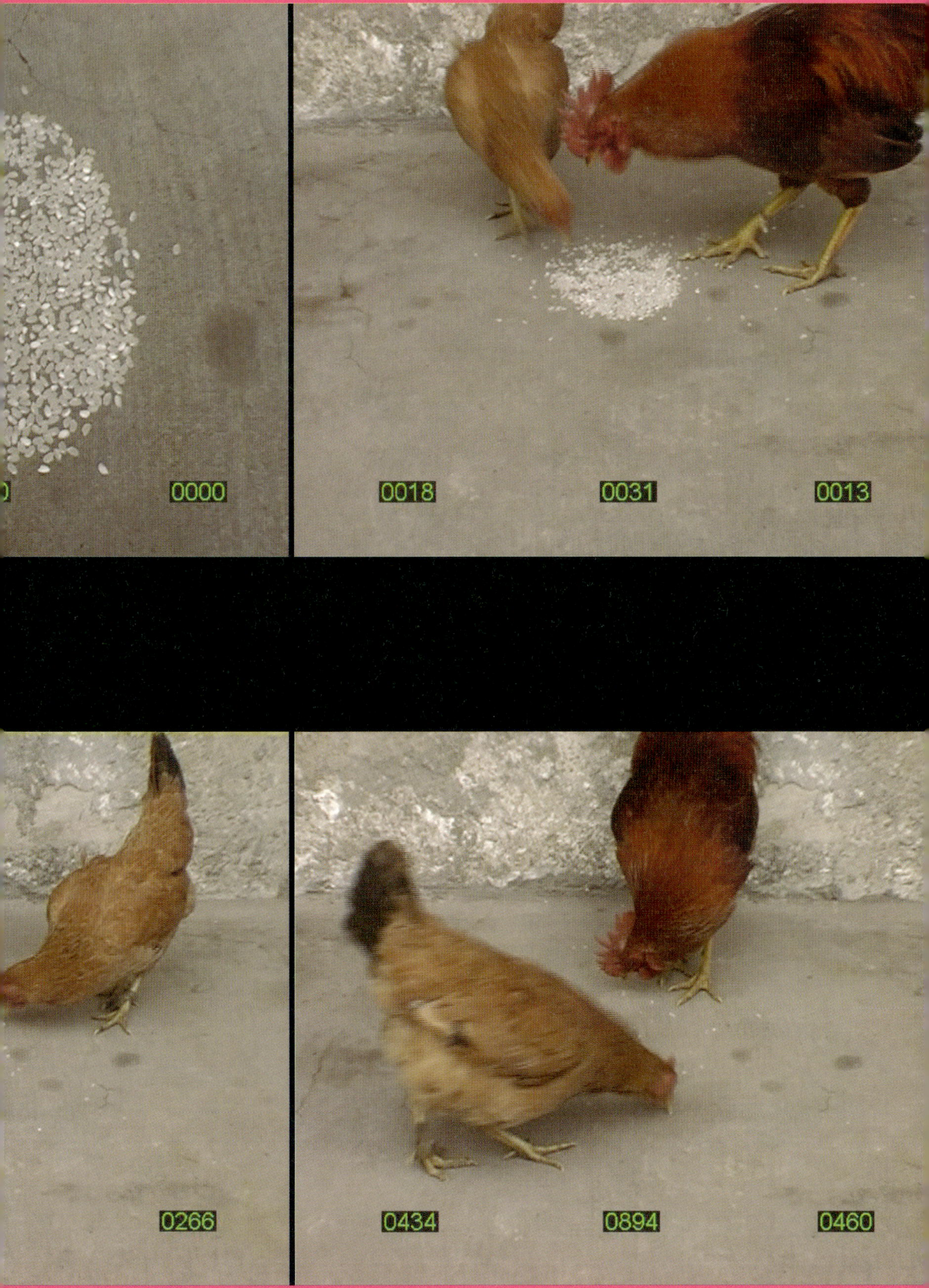
0000
0018
0031
0013
0266
0434
0894
0460

Zhou Xiaohu — Zhou Xiaohu woont en werkt in Beijing en Changzhou, een stad in de provincie Jiangsu. Hij is een van de succesvolste multimediakunstenaars van Zuid-China. Vanaf de jaren negentig toont hij zijn werk op diverse tentoonstellingen, zowel in China als daarbuiten. Tot zijn videowerk behoort de 3-D animatie **Beautiful Cloud.**

In **Utopian Machine** (2002), een klei-animatie met beeld voor beeld opgenomen 3-D objecten, gebruikt Zhou Xiaohu het **format** van een Chinees tv-journaal en dramatiseert hij een reeks uiteenlopende plaatselijke en mondiale gebeurtenissen. Door kleifiguurtjes te gebruiken in plaats van echte mensen en machines, en door op subtiele wijze incidenten uit het echte leven en kunst met elkaar te vermengen, weet Zhou Xiaohu een geestige satire op culturele consumptie te creëren.

In tegenstelling tot een groot deel van de huidige schilderijen en sculpturen met de televisie als thema, impliceert Zhous werk een culturele realiteit. Hij houdt zich niet alleen bezig met de werkelijkheid, maar ook met de manier waarop die wordt overgebracht. Hij zorgt ervoor dat het publiek het bestaan van de video vergeet, net zoals we, als we televisie kijken, Utopia worden binnengelokt.

In feite gaat Zhou Xiaohu's **Utopian Machine** ook over de hete hangijzers van de moderne maatschappij – over geweld en communicatie, zoals die voortdurend door de massamedia worden gecreëerd en gepubliceerd. Het onophoudelijke geweld, en de dialoog die nodig is om voor een oplossing te zorgen, lijken een drama dat steeds opnieuw wordt opgevoerd in de maatschappij, waarbij publiek en betrokkenen onwillekeurig in levende poppen veranderen.

Zhou Xiaohu — Zhou Xiaohu lives and works in Beijing and Changzhou, a city in Jiangsu Province. He is one of the more successful multi-media artists in Southern China. Starting in the 1990s, he staged various art shows in China and overseas. His video work includes the 3-D animation **Beautiful Cloud.**

In **Utopian Machine** (2002), a 'claymation' or start-stop animation epic, Zhou Xiaohu employs the format of a Chinese TV newscast, dramatizing a series of diverse local and global events. By using clay figures and machines instead of real ones, and subtly combining real-life incidents and art, Zhou Xiaohu created a witty satire on cultural consumption.

Unlike some of the current paintings and sculptures that deal with the theme 'TV', Zhou's work implies cultural reality. What he's challenging is not only reality, but the way of narrating as well, making the audience forget the existence of the video, just as we're lured into Utopia when we watch television.

In fact, Zhou Xiaohu's **Utopian Machine** also takes on the issues of modern society – violence and communication, constantly created and publicized by the mass media. Ongoing violence and the dialogue necessary to solve it seem to be a drama repeatedly performed in human society, the audience and performers of which absolutely become real dolls.

Tekst/Text: Yi Ying

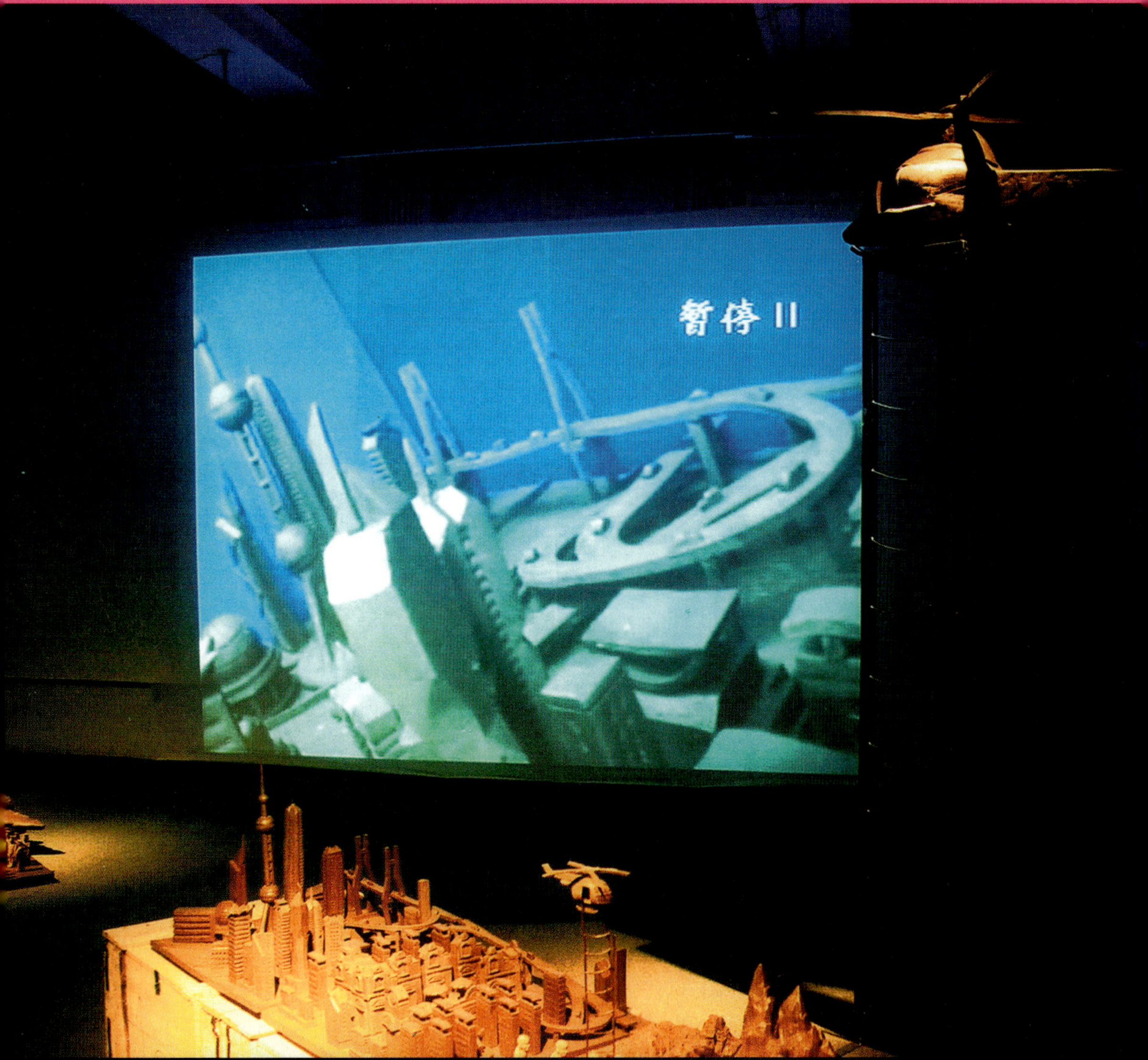

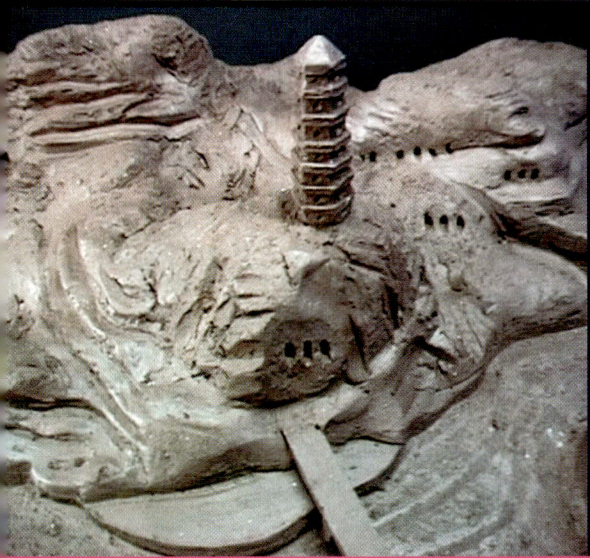

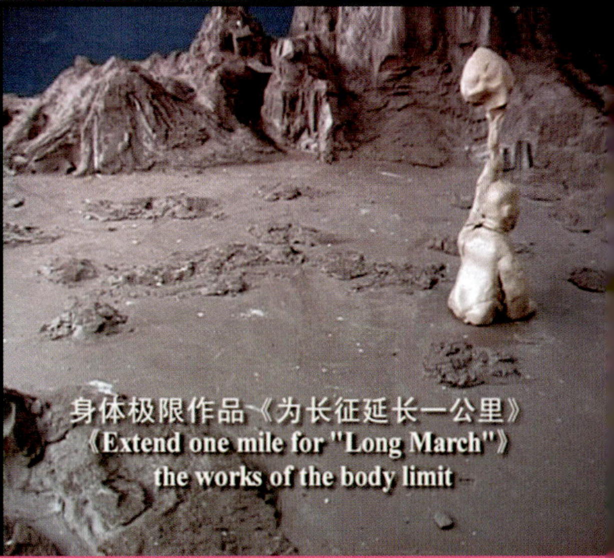

Utopian Machine, 2002 (stills)
video-installatie/video installation

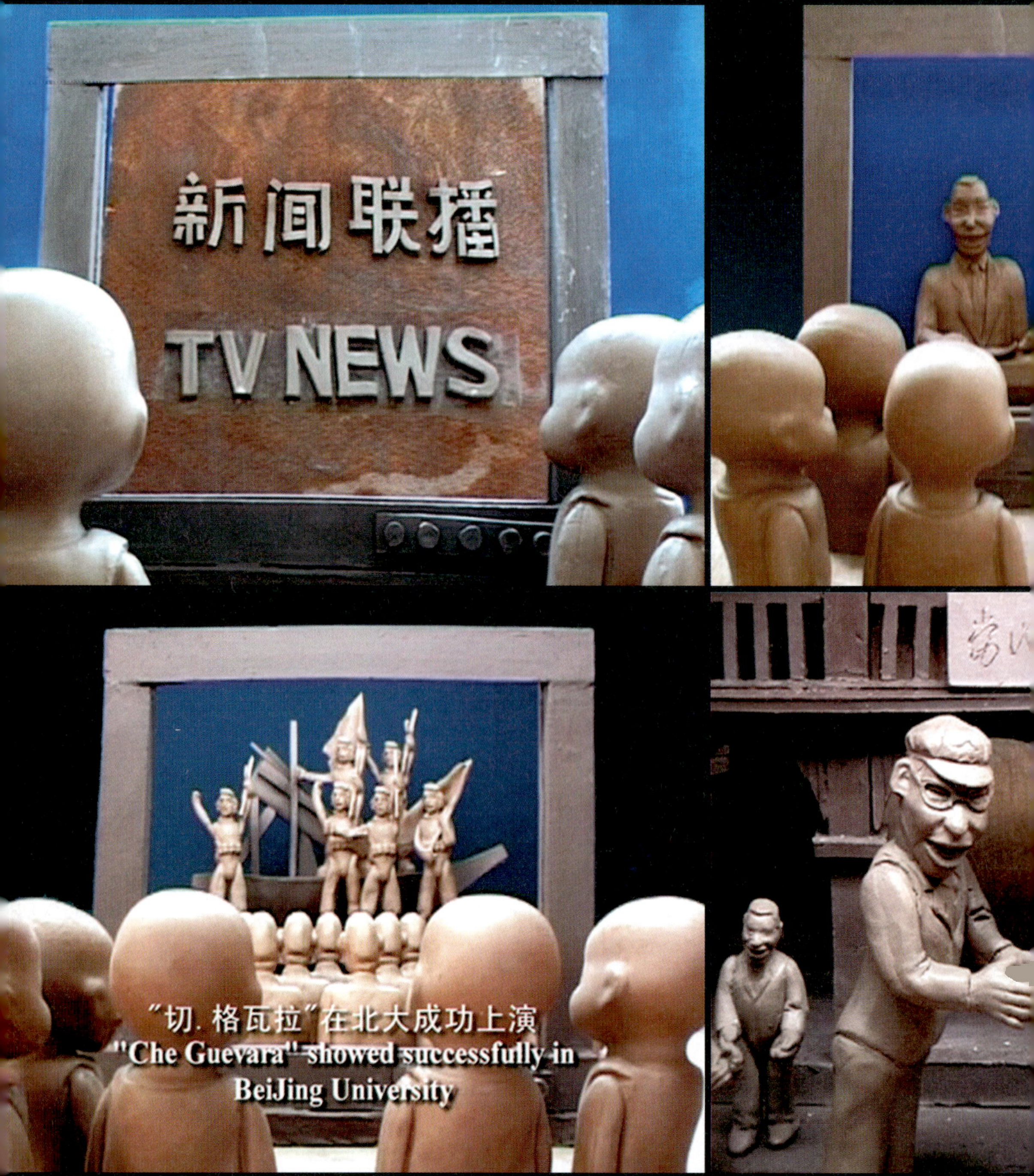
新闻联播
TV NEWS
"切.格瓦拉"在北大成功上演
"Che Guevara" showed successfully in BeiJing University

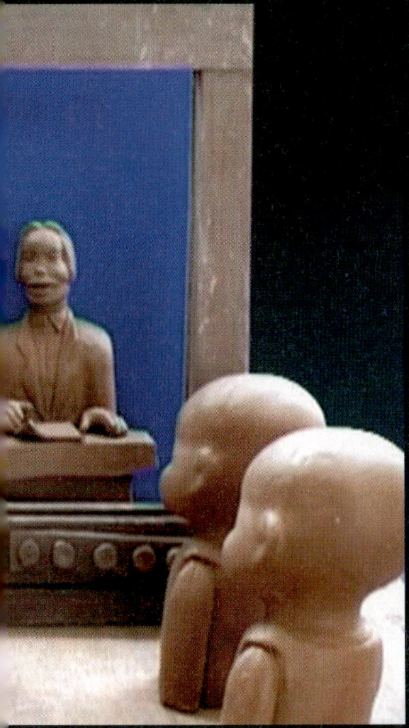

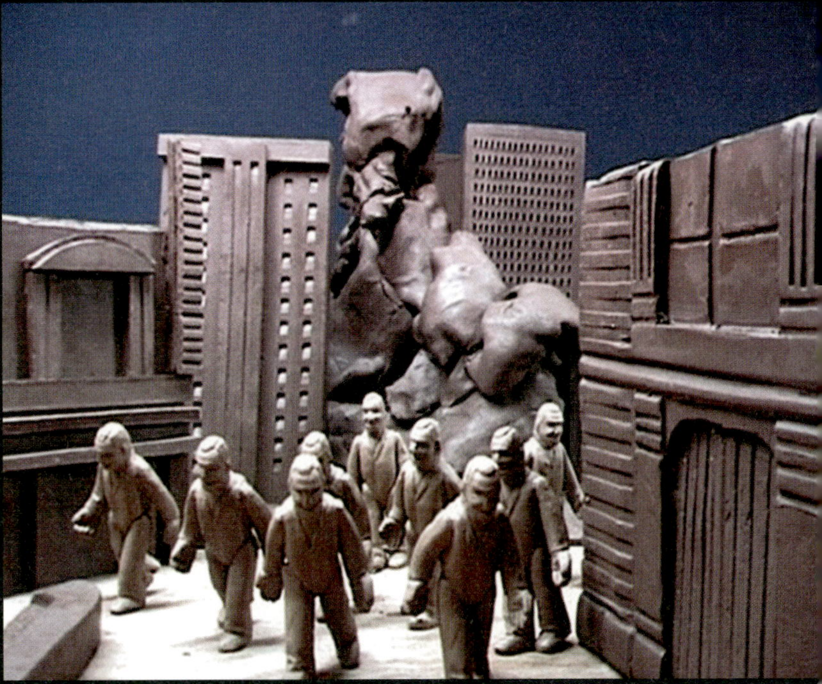

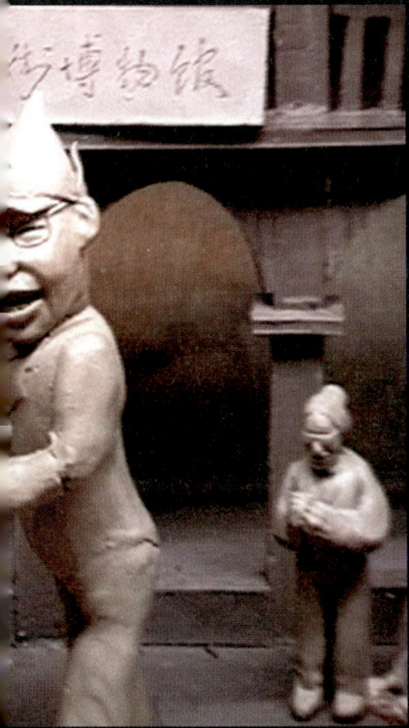

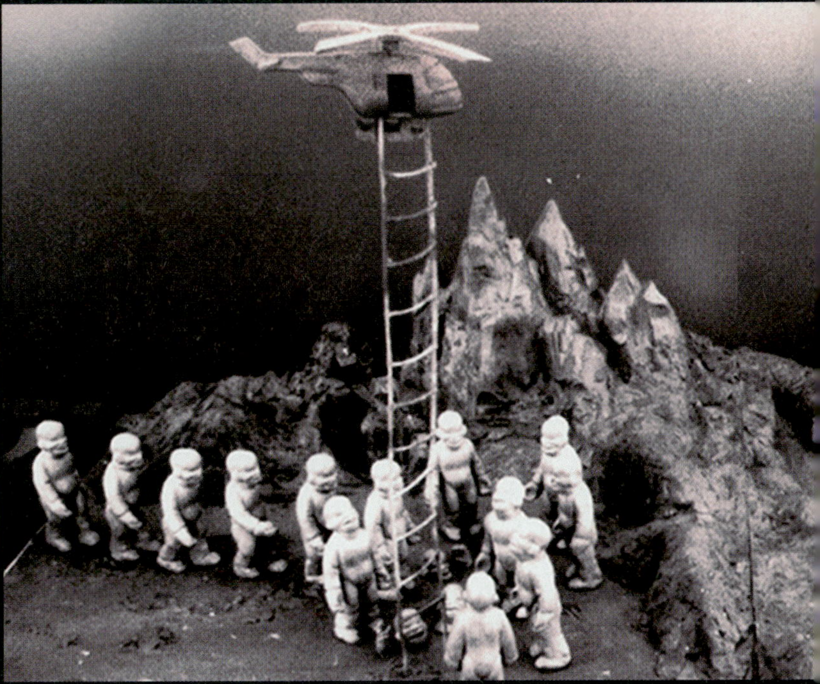

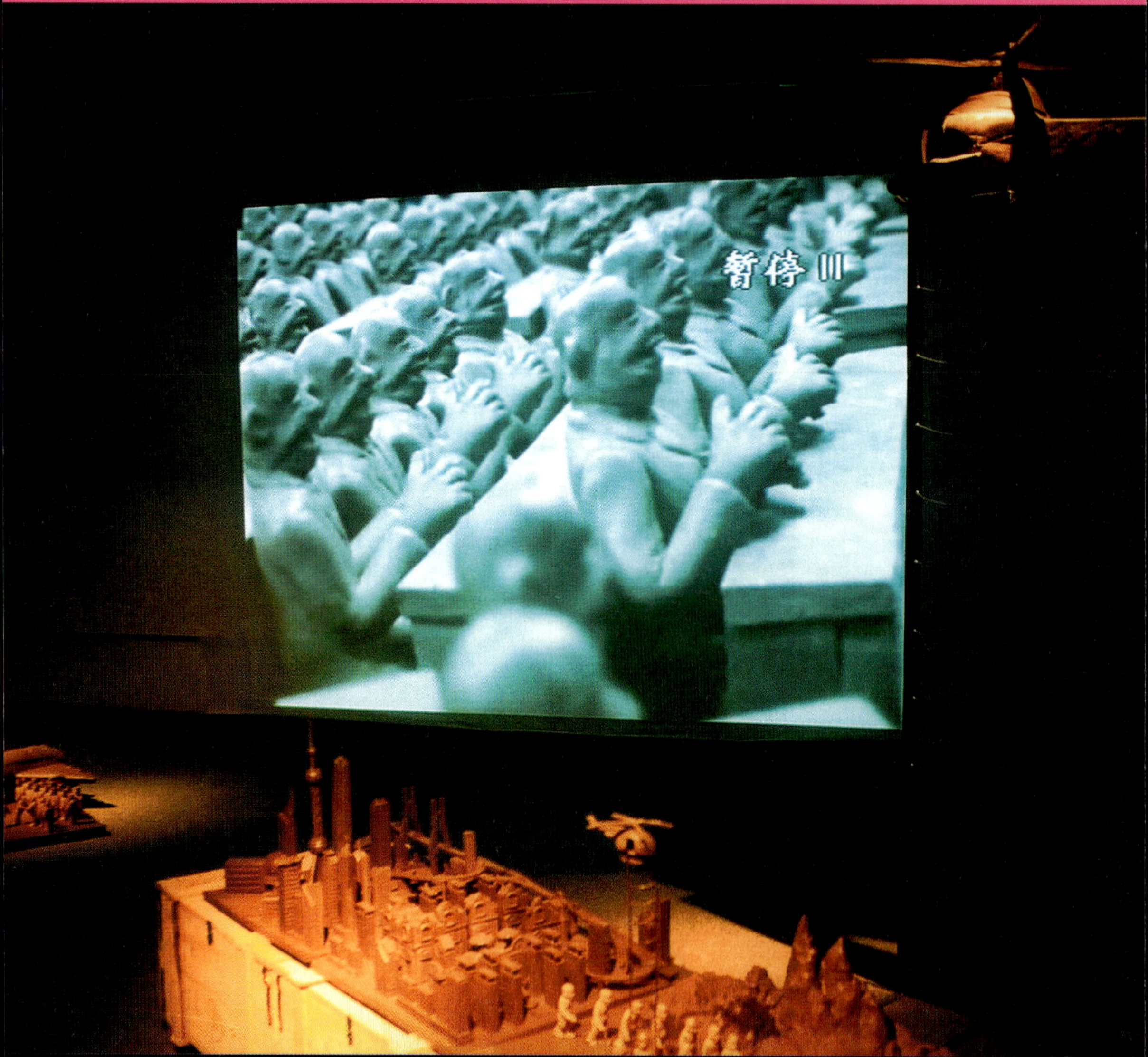
暂停

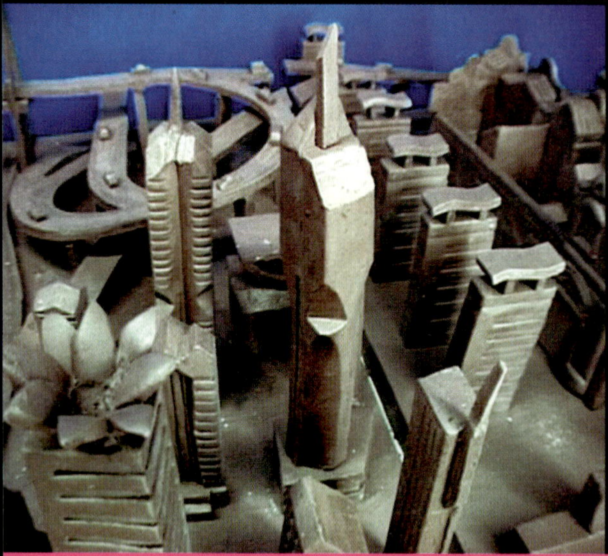

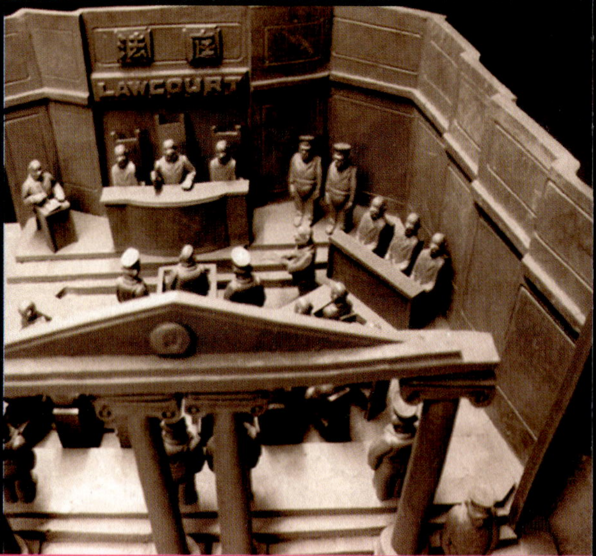
LAWCOURT

Basisschool Pingod — De hoogvlakte van Ngari in het westen van Tibet wordt ook wel het dak van de wereld genoemd. Het schrale landschap en de geringe bevolkingsdichtheid zijn kenmerkend. De verspreide ligging van de kleine nederzettingen en het deels nomadische bestaan van de lokale bevolking maken het kinderen moeilijk regelmatig naar school te gaan. De kleine dorpsscholen zijn daarnaast niet aantrekkelijk voor goed opgeleide leerkrachten. Het Amerikaanse computerbedrijf Apple heeft daarom besloten een internaat te sponsoren. De kinderen wonen gedurende de zomer in het internaat en brengen de winter thuis door. Behalve met de culturele bijzonderheden moest architect Wang Hui ook rekening houden met de ruige klimatologische omstandigheden op een hoogte van 4.800 meter en de beperkte materiële middelen. De krachtige wind wordt met muren die in noordzuidelijke richting lopen tegengehouden. Tussen de muren zijn paviljoens geplaatst die tezamen overzichtelijke binnenhoven vormen. De hoven zijn onderling met poorten verbonden, zodat de verschillende afdelingen via een netwerk van voetpaden toegankelijk zijn. Alle paviljoens zijn aan de zuidzijde voorzien van grote glasvlakken die voor een passieve energieopname zorgen. Aangezien ter plaatse alleen losse keien beschikbaar waren, werd besloten deze in de muren te verwerken. De architecten hebben met eenvoudige middelen de lokale architectuur geherinterpreteerd en een voor de onderwijsfunctie zinvolle constructie ontwikkeld.

Pingod primary school — The Ngari plateau in the West of Tibet is also known as the roof of the world. The bare landscape and low population density are characteristic. The scattered location of the small settlements and the partly nomadic life of the local population make it difficult for the children to attend school regularly. Moreover, the small village schools are not attractive for well-trained teachers. The US computer firm Apple has therefore decided to sponsor a boarding school. The children spend the summer months in the boarding school and the winter at home. The architect Wang Hui had to take into account not only the cultural peculiarities but also the harsh climatological conditions at an altitude of 4,800 m and the limited material resources. The walls that run along a North-South axis offer shelter from the strong wind. Pavilions have been set between the walls and they combine to form orderly inner courtyards. These courtyards are interconnected with gateways, so that the different areas are accessible via a network of footpaths. All of the pavilions have large surfaces of glass on the South side to provide a passive absorption of energy. As only loose boulders were locally available, it was decided to use these in the walls. The architects have deployed simple resources to reinterpret the local architecture and have developed a clever construction that meets the educational requirements.

Project: Basisschool Pingod/Pingod primary school **Architect:** NENO 2529 Design Group (Wang Hui, Dai Changjing, Ma Fei, Yu Lu), Beijing **Locatie/Location:** A Li, Tibet **Programma/Programme:** Internaat/Boarding School **Ontwerp-Oplevering/Design-Completion:** 2003–2005 **Bouwterrein/Site specifications:** 20.000 m² **Bouwoppervlakte:** 1.850 m² **Foto's/Photos:** Cao You Tao, Estelle Yong, Wang Hui

Wang Hui (NENO 2529 Design Group), Beijing (1969)
Opleiding/Education: Northwestern Polytechnical University, Xian 1988–1997 **Oprichting bureau/Start of practice:** 1993 **Bureau/Practice:** Particuliere onderneming/Private firm **Medewerkers/Members of staff:** 8 **Gerealiseerde projecten/Completed projects:** 15 **Projecten in aanbouw/Projects under construction:** 7 **Aantal prijsvragen/Number of competitions:** 2 **Gerealiseerde projecten/Completed projects:** 28 **Website:** under construction

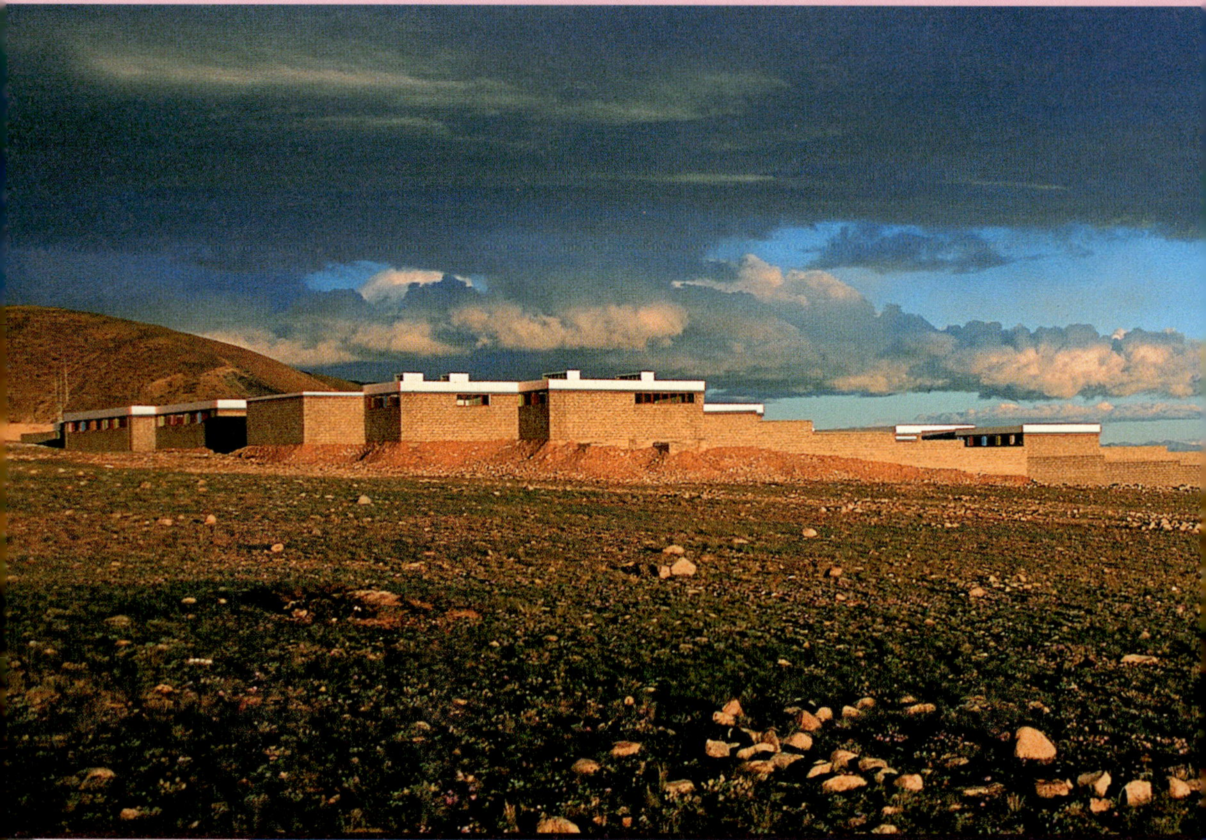

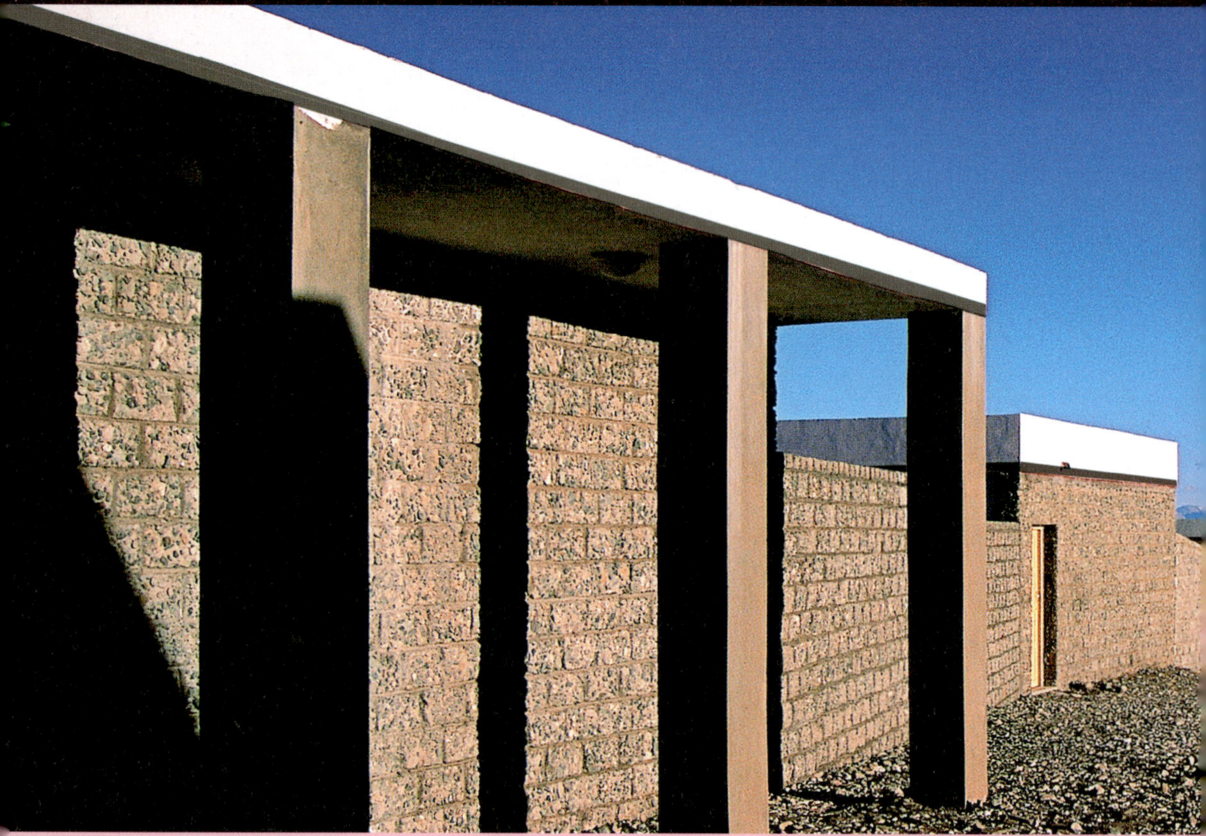

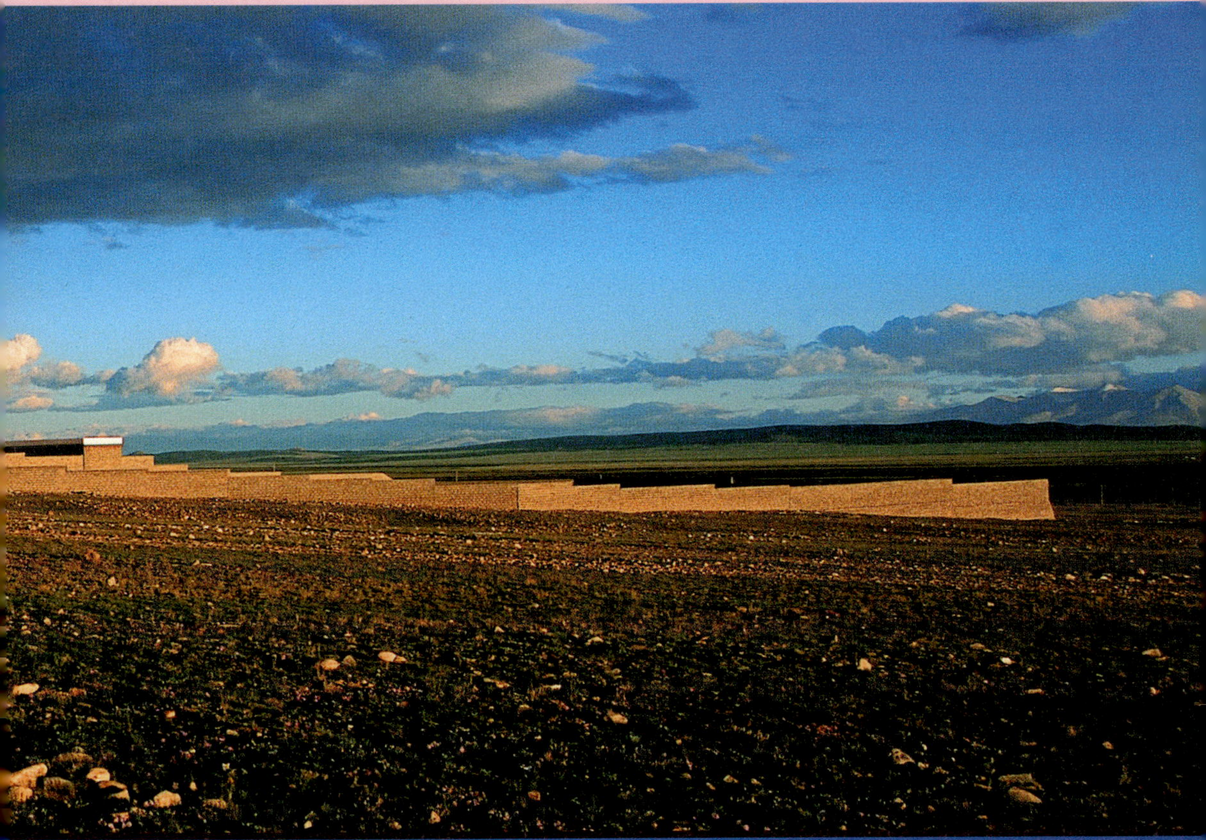

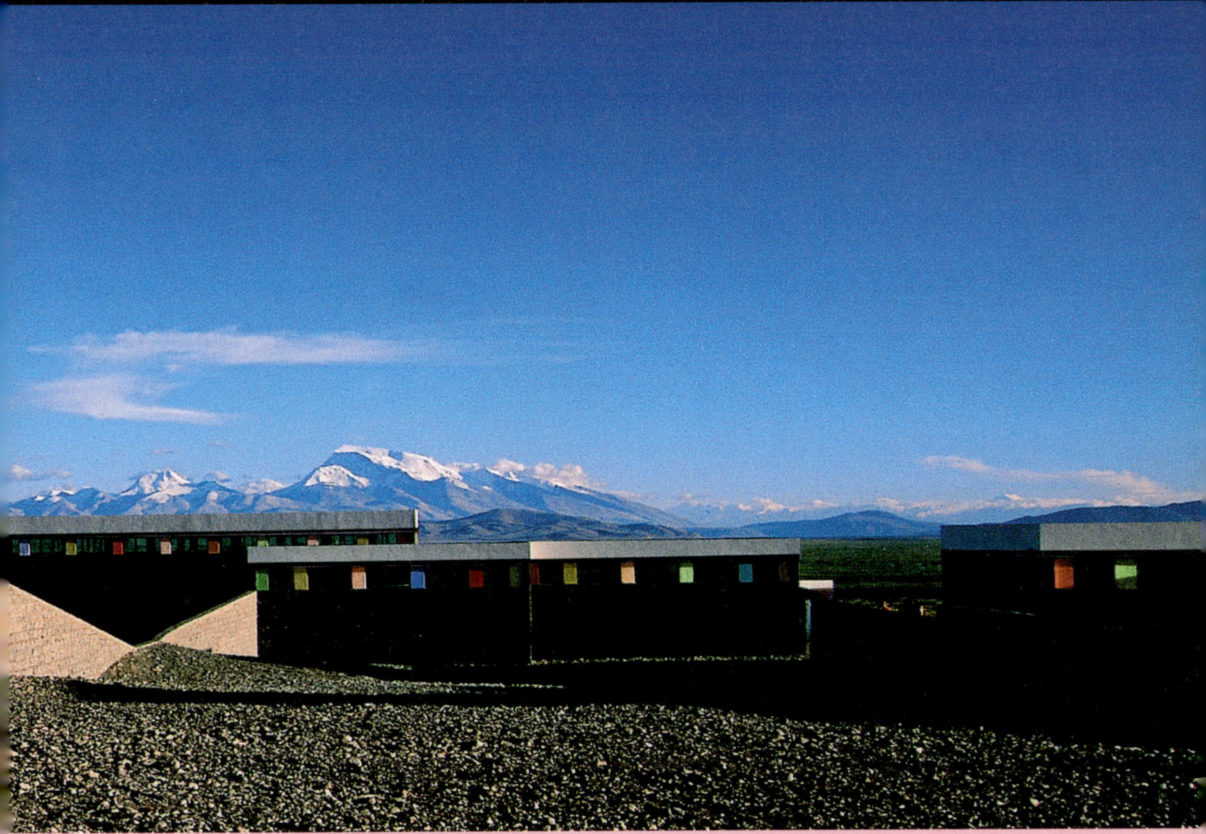

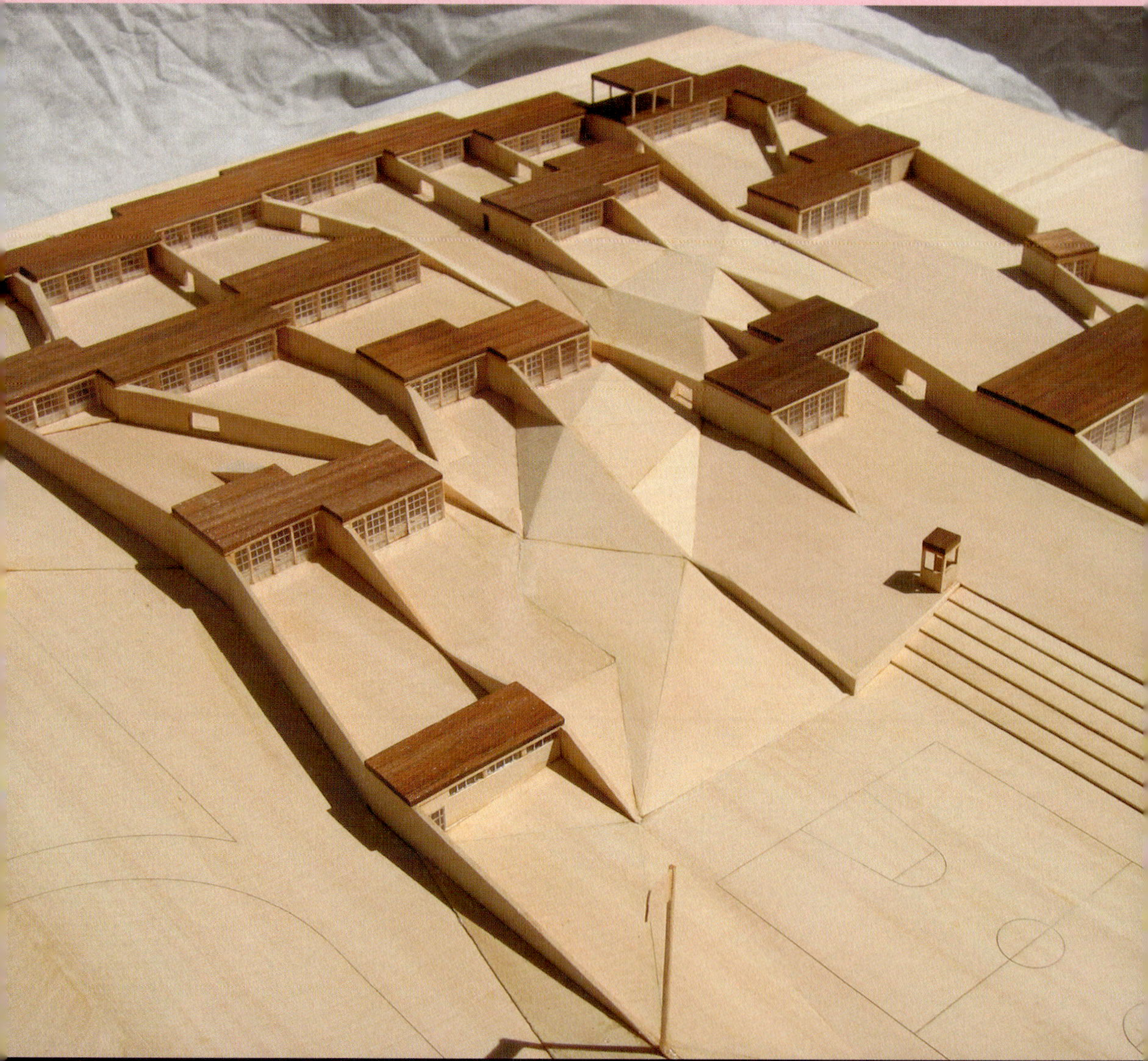

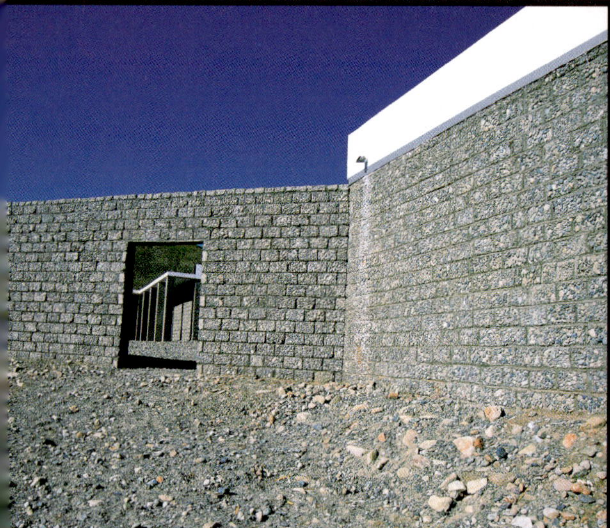

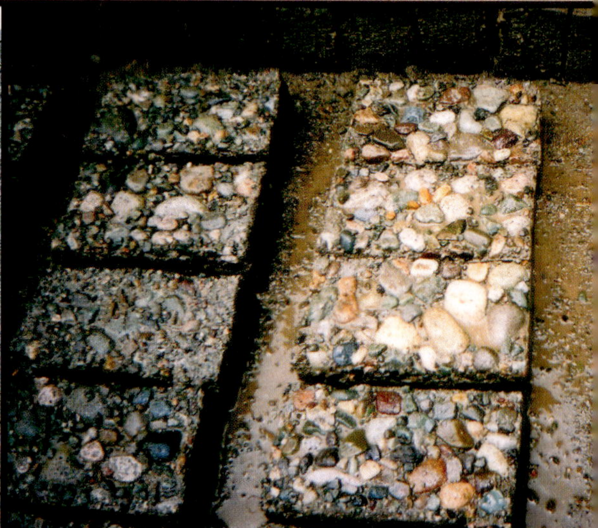

Kleuterschool Xiayu — In het samenspel van muren en paviljoens is een duidelijke overeenkomst aan te wijzen met het ontwerp voor het internaat in Tibet van architectenbureau NENO 2529 Design Group (p. 169). De klaslokalen en de kantoren voor de docenten zijn functioneel van elkaar gescheiden en liggen in twee clusters. De kleuterschool heeft vijftien klassen die ieder beschikken over een eigen woonkamer, eetkamer, slaapkamer en buitenspeelplaats. Alle woonkamers en speelplaatsen zijn op de begane grond gevestigd, de slaapkamers in verschillende felgekleurde blokken liggen daarboven. Deze paviljoens volgen hun eigen ritme en lijken daardoor enigszins boven de eerste bouwlaag uit te zweven. Drie slaapkamers zijn steeds door middel van een houten looppad met elkaar verbonden. De klaslokalen liggen binnen een gesloten muur, zodat met de vijftien individuele paviljoens als het ware een ministad ontstaat. In de verschillende binnenplaatsen zijn hoge bomen geplant, die de verstrooiing van het bouwvolume benadrukken.

Xiayu Kindergarten — The interaction between walls and pavilions betrays a clear similarity to the design for the boarding school in Tibet by NENO 2529 Design Group (p. 269). The classrooms and offices for the teachers are functionally separated and lie in two clusters. The kindergarten has fifteen classes, each of which has its own living room, dining room, bedroom and playground. All the living rooms and playgrounds are on the ground floor, while the bedrooms in different brightly coloured blocks are situated above them. These pavilions follow their own rhythm, which makes them appear to float slightly above the ground floor buildings. Every three bedrooms are connected by a wooden walkway. The classrooms are situated inside a closed wall, so that the fifteen individual pavilions come to form a mini-city. Tall trees are planted in the different patios to emphasize the diffusion of the building volume.

Project: Kleuterschool Xiayu/Xiayu Kindergarten **Architect:** Atelier DeSHaus **Locatie/Location:** Hua-Le Road, Qingpu, Shanghai **Programma/Programme:** Kleuterschool/Kindergarten **Ontwerp-Oplevering/Design-Completion:** 2003–2005 **Bouwterrein/Site specifications:** 17.628 m² **Bouwoppervlak/Building surface area:** 6.328 m² **Foto's/Photos:** Zhang Siye

Atelier DeSHaus, Shanghai: Liu Yichun (1969); Zhuang Shen (1971); Chen Yifeng (1972)
Opleiding/Education: Liu Yichun, MArch, Tongji University Shanghai, 1991; **Zhuang Shen**, MArch, Tongji University Shanghai, 1997; **Chen Yifeng**, MArch, Tongji University Shanghai, 1998 **Oprichting bureau/Start of practice:** 2001 **Bureau/Practice:** Particuliere onderneming/Private firm, 3 partners **Medewerkers/Members of staff:** 9 **Gerealiseerde projecten/Completed projects:** 8 **Projecten in aanbouw/Projects under construction:** 5 **Aantal prijsvragen/Number of competitions:** 3 **Aantal ontworpen projecten/Number of designed projects:** 20 **Website:** www.deshaus.com

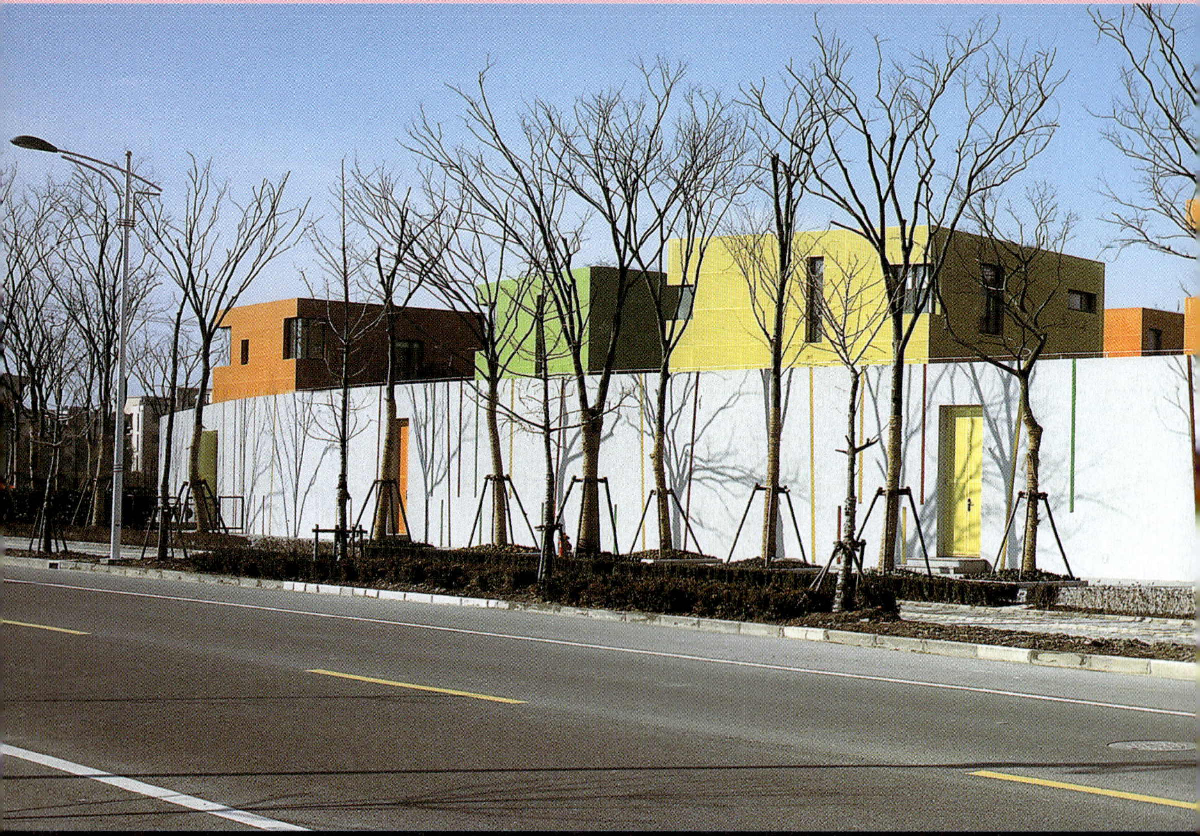

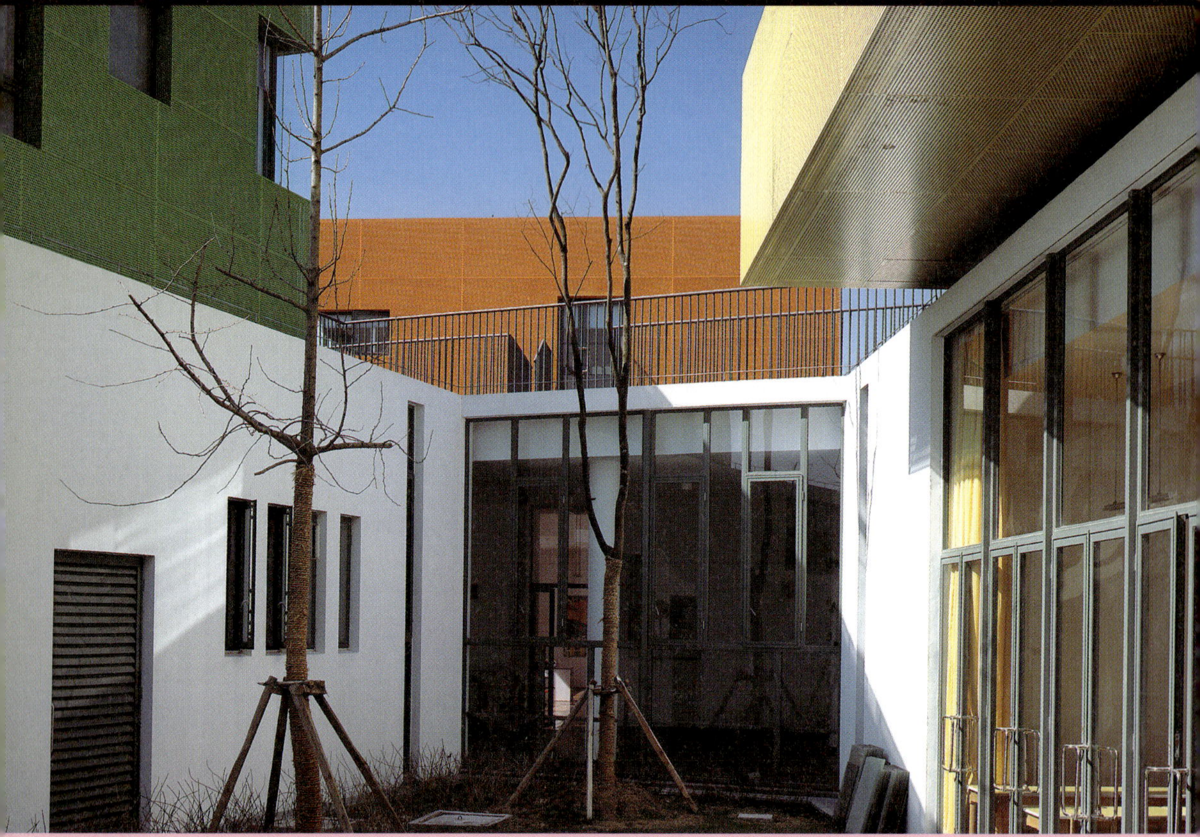

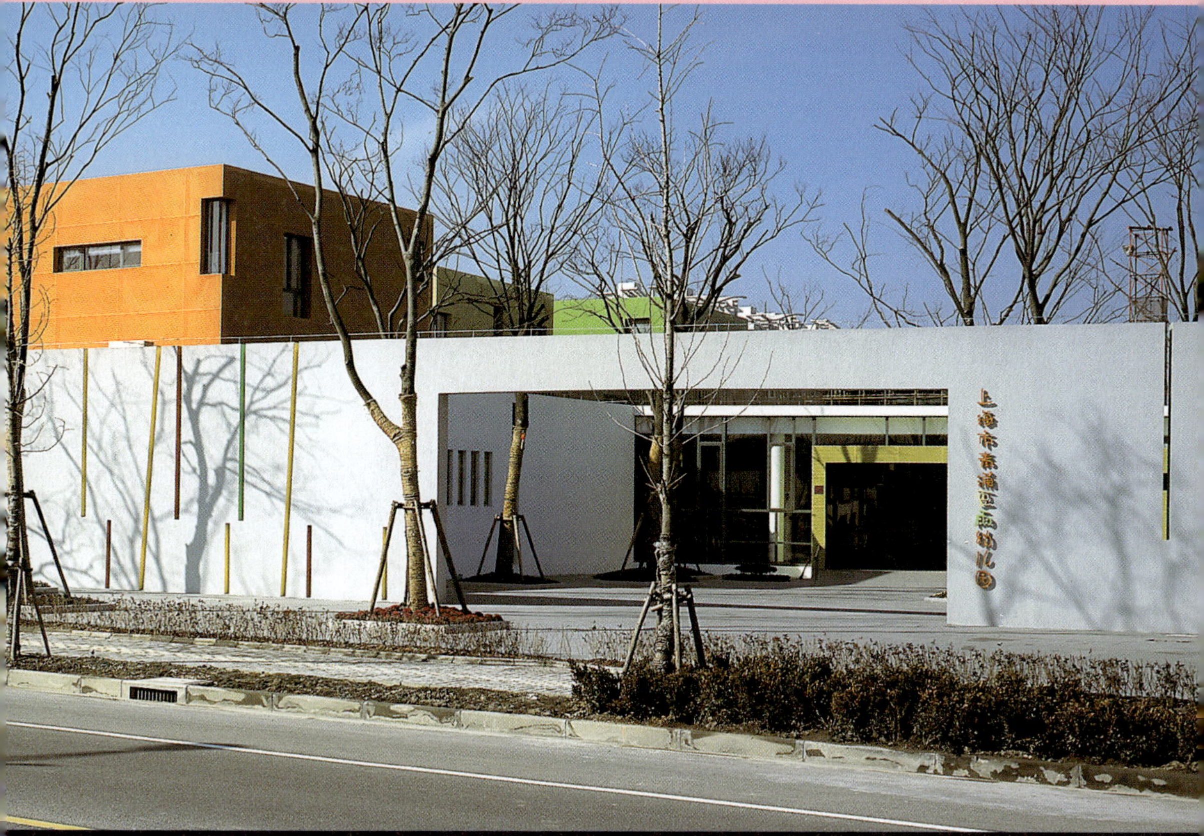

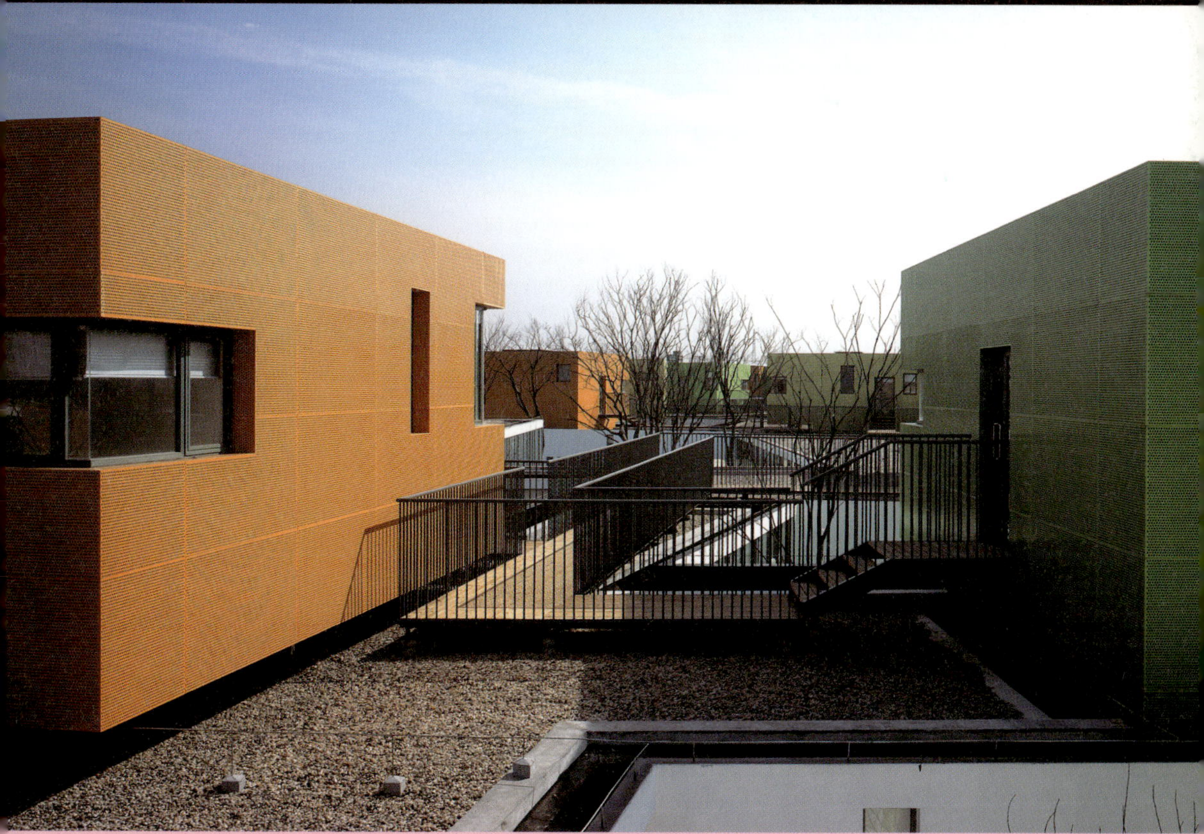

(links/left) situatie/site plan (rechts/right) begane grond en eerste verdieping/first floor and second floor: 1 ingang binnenplaats/entrance courtyard 2 gang/corridor 3 onderzoekskamer/check-up room 4 verzorgingskamer/health care room 5 quarantainekamer /isolation room 6 speelkamer/play room 7 klaslokaal/classroom 8 eetkamer/class dining room 9 speelplaats/playground 10 keuken/kitchen 11 bijzonder klaslokaal/special classroom 12 bibliotheek/library 13 docentenkamer/staff room 14 slaapkamer /bedroom 15 vide/void

Nieuwe campus voor de Nationale Kunstacademie — De eerste door de staat opgerichte Nationale Kunstacademie opende eind jaren twintig van de vorige eeuw haar deuren in Hangzhou. In het ontwerp voor de nieuwe campus heeft architect Wang Shu zijn kritische interpretatie van de traditie in de moderne architectuur tot uitdrukking gebracht. Inmiddels is het noordelijke deel van het complex gereed. Het zuidelijke deel zal in 2007 voltooid zijn en ligt aan de andere kant van de heuvel die volgens de feng shui-traditie het centrum van de nieuwe campus vormt. In het noorden liggen een bibliotheek, een galerie, zes gebouwen, een vrijstaande toren met daarin de werkruimten van de studenten en docenten, twee ateliers en twee bruggen die naar de heuvel en naar het sportcentrum leiden.

Het ontwerp grijpt terug op thema's uit de tuincultuur, feng shui, de traditionele architectuur en op het hergebruik van bestaande materialen. Het hoofdthema is de binnenplaats, die enerzijds door de architectuur en anderzijds door de natuur wordt omsloten. De bouwvolumes volgen het landschap en verspringen licht ten opzichte van elkaar, zodat een dynamische buitenruimte ontstaat. De zonweringen karakteriseren het beeld van de drie tot vier verdiepingen hoge gebouwen. In maatvoering en proportie volgen de gebouwen de heuvel. Een glazen toren van twaalf verdiepingen vormt de stedenbouwkundige afsluiting.

New campus for the National Academy of Art — The first National Academy of Art to be set up by the state opened its doors in Hangzhou in the late 1920s. Architect Wang Shu has expressed his critical interpretation of tradition in modern architecture in his design for the new campus. The Northern part of the complex has already been completed. The Southern part, which will be completed in 2007, is situated on the other side of the hill which forms the centre of the new campus in accordance with the Feng Shui tradition. The Northern section contains a library, a gallery, six buildings, a free-standing tower with working spaces for students and teachers, two workshops, and two bridges leading to the hill and to the sports centre.

The design draws on themes from garden culture, Feng Shui, traditional architecture and the reuse of existing materials. The main theme is the courtyard, which is enclosed by both the architecture and the natural surroundings. The building volumes follow the landscape and are slightly staggered, resulting in a dynamic outdoor space. The awnings characterize the look of the three-floor or four-floor buildings. The dimensions and proportions of the buildings follow the hill. A twelve-storey tower block concludes the urban design.

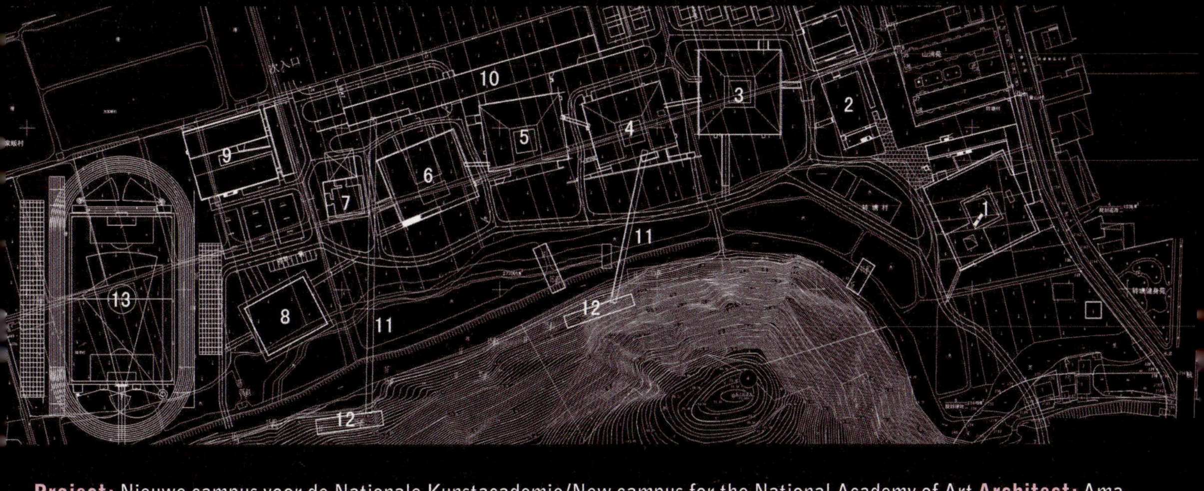

Project: Nieuwe campus voor de Nationale Kunstacademie/New campus for the National Academy of Art **Architect:** Amateur Architecture Studio (Wang Shu, Chen Wenyu), Hangzhou **Locatie/Location:** Hangzhou **Programma/Programme:** Campus **Ontwerp-Oplevering/Design-Completion:** 2002–2004 **Bouwterrein/Site specifications:** 200.000 m^2 **Bouwoppervlak/Building surface area:** 67.000 m^2 **Foto's/Photos:** Wang Shu, Lu Wenyu

Wang Shu (Amateur Architecture Studio), Hangzhou (1963)
Opleiding/Education: PhD from Tongji University, Shanghai, 2000; Graduated from Nanjing Institute of Technology, Nanjing, 1985 **Oprichting bureau/Start of practice:** 1986 **Bureau/Practice:** Ontwerpbureau verbonden aan/Design studio connected to the China Academy of Art in Hangzhou **Medewerkers/Members of staff:** 4-6 **Gerealiseerde projecten/Completed projects:** 23 **Projecten in aanbouw/Projects under construction:** 5 **Aantal prijsvragen/Number of competitions:** 2 **Aantal ontworpen projecten/Number of designed projects:** 33

situatie/site plan: 1 bibliotheek/library 2/3/4/5/6/9 academiegebouw en werkplaatsen/academic and workshop building 7 werkruimten van docenten en studenten en atelier toren/management office and art studio tower 8 sportcentrum/sports centre 10 galerie/gallery 11 brug/bridge 12 atelier tegen de heuvel/hillside art studio 13 atletiekbaan/sports field

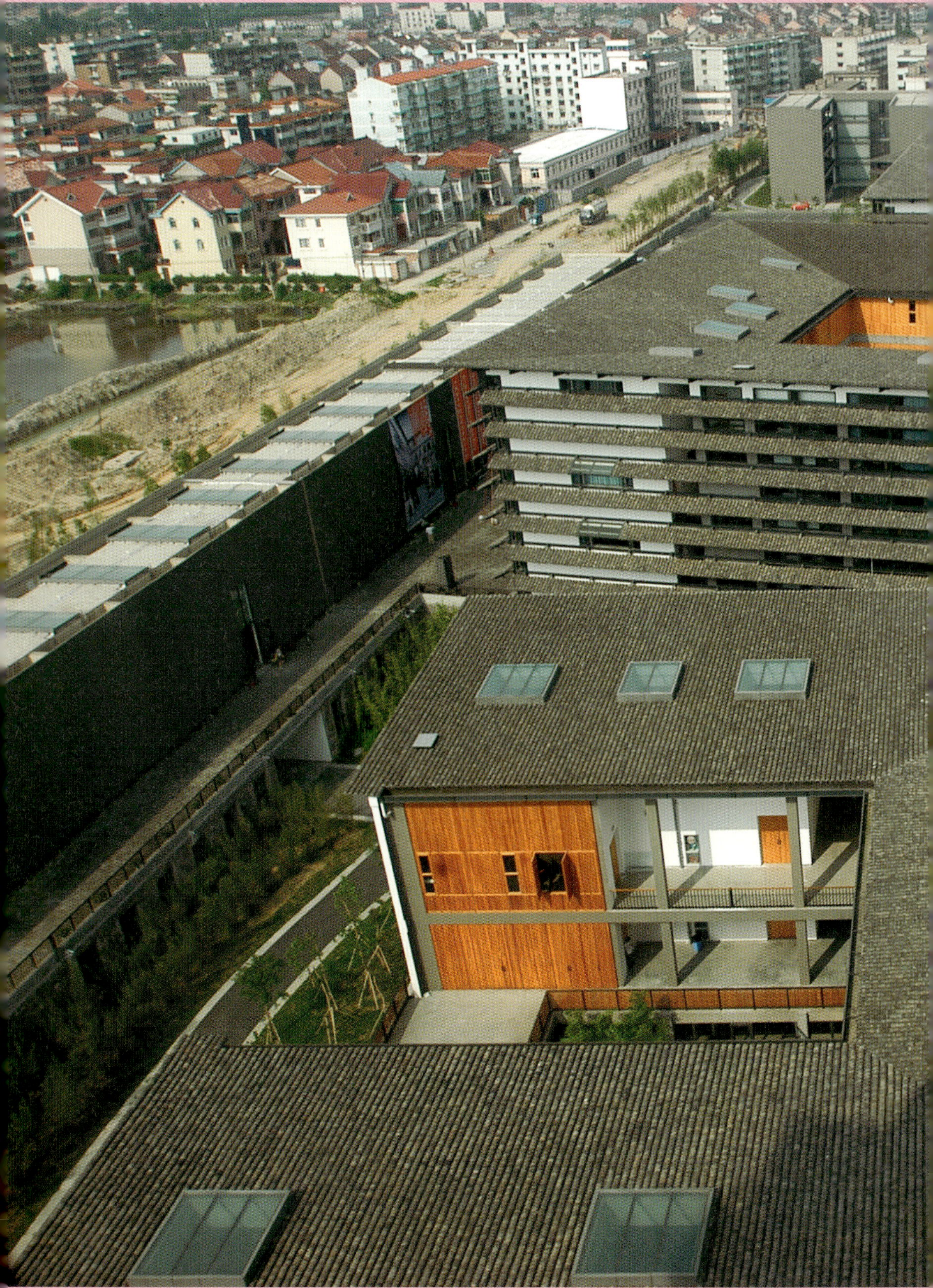

Uitzicht vanuit de glazen toren richting de bibliotheek met rechts de centraal gelegen heuvel / View from the glass tower towards the library, with the centrally located hill on the right

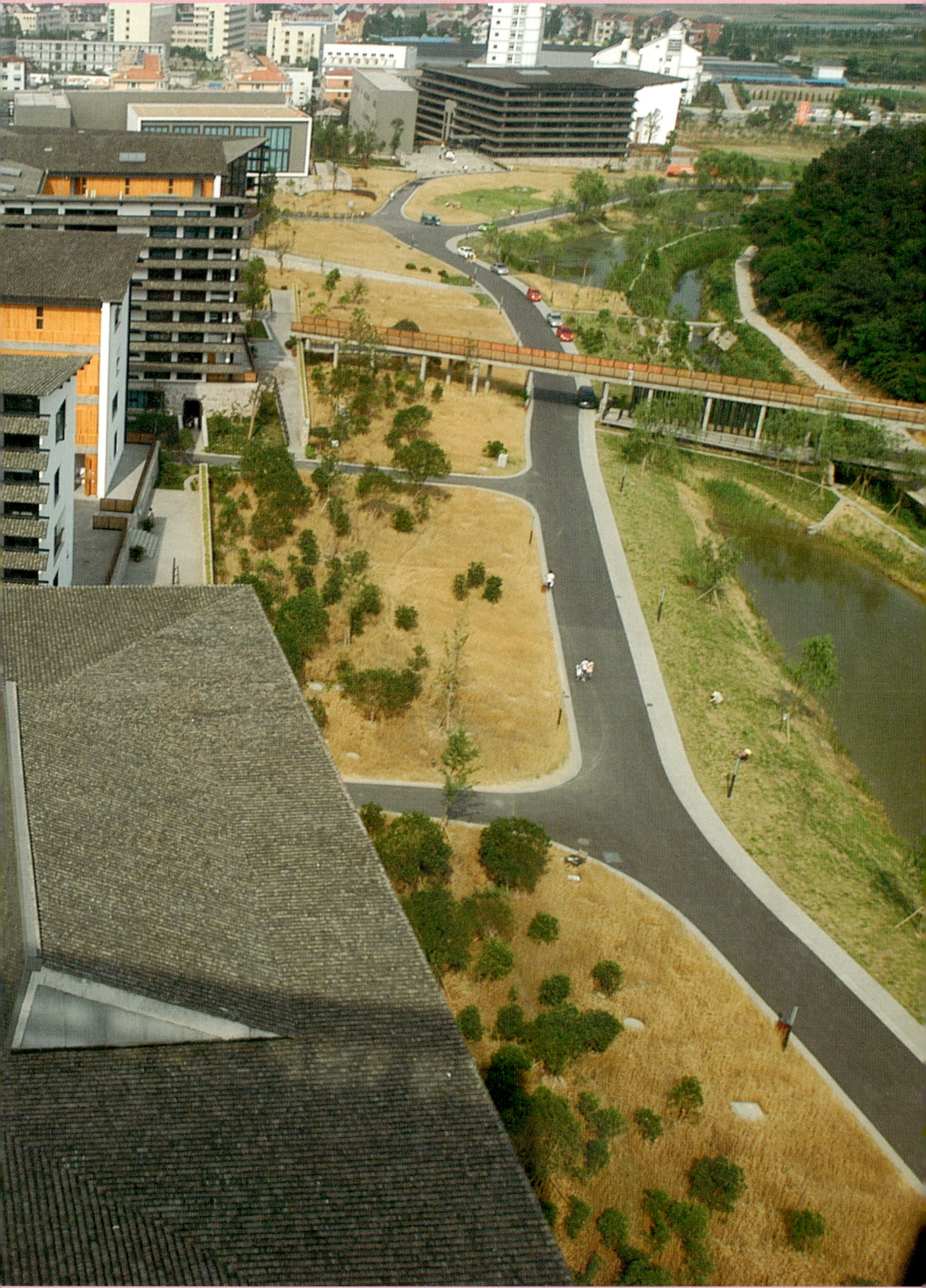

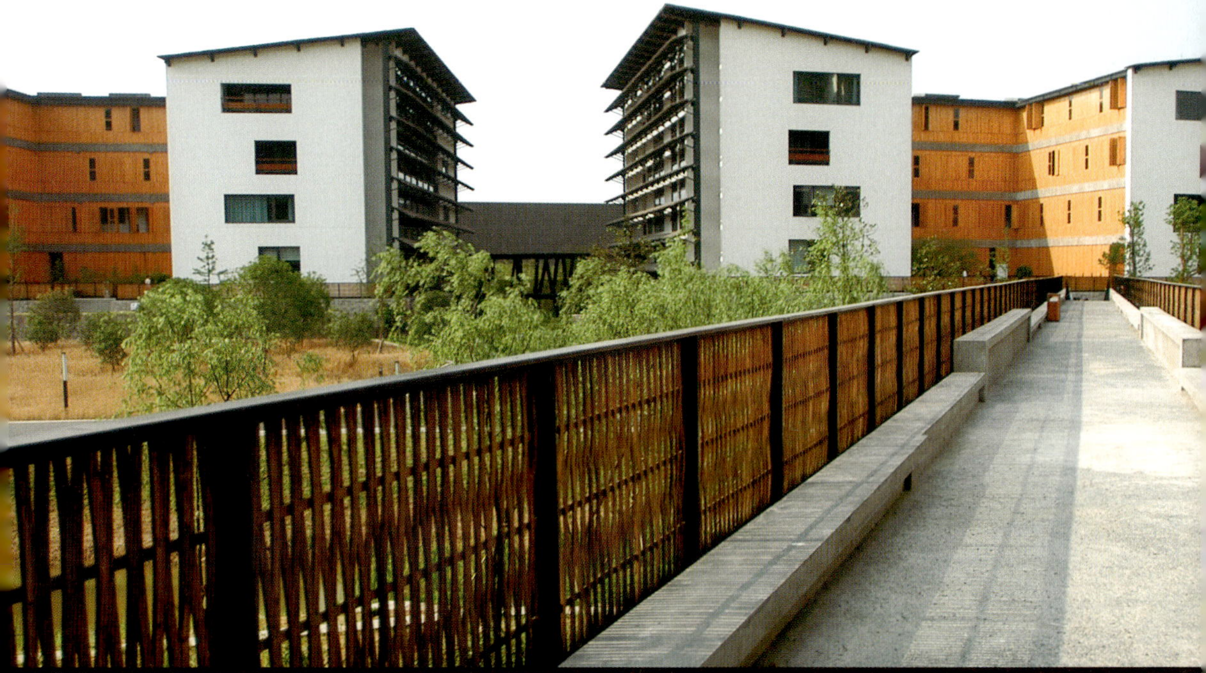

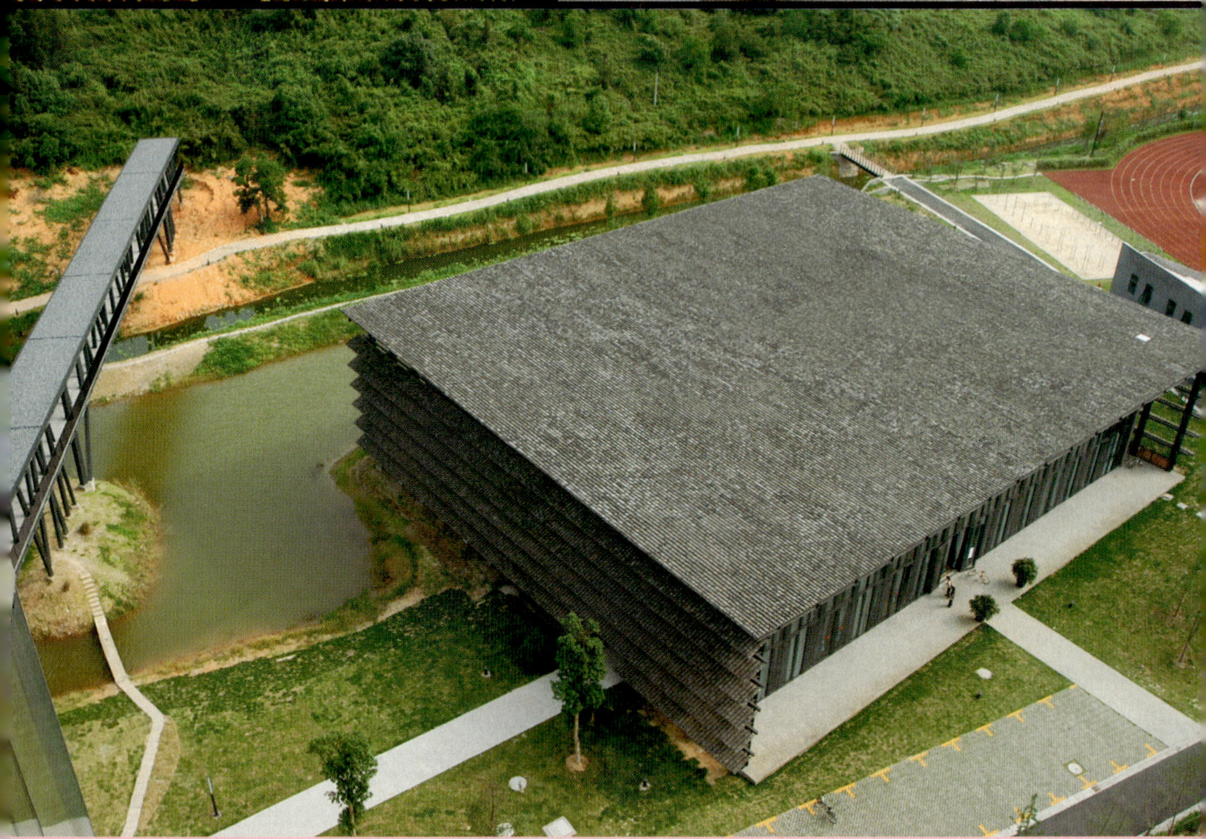

(boven/top) Een brug verbindt de centraal gelegen heuvel met één van de academiegebouwen / A bridge links the central hill with one of the academy buildings

(onder/bottom) sportcentrum / sports centre

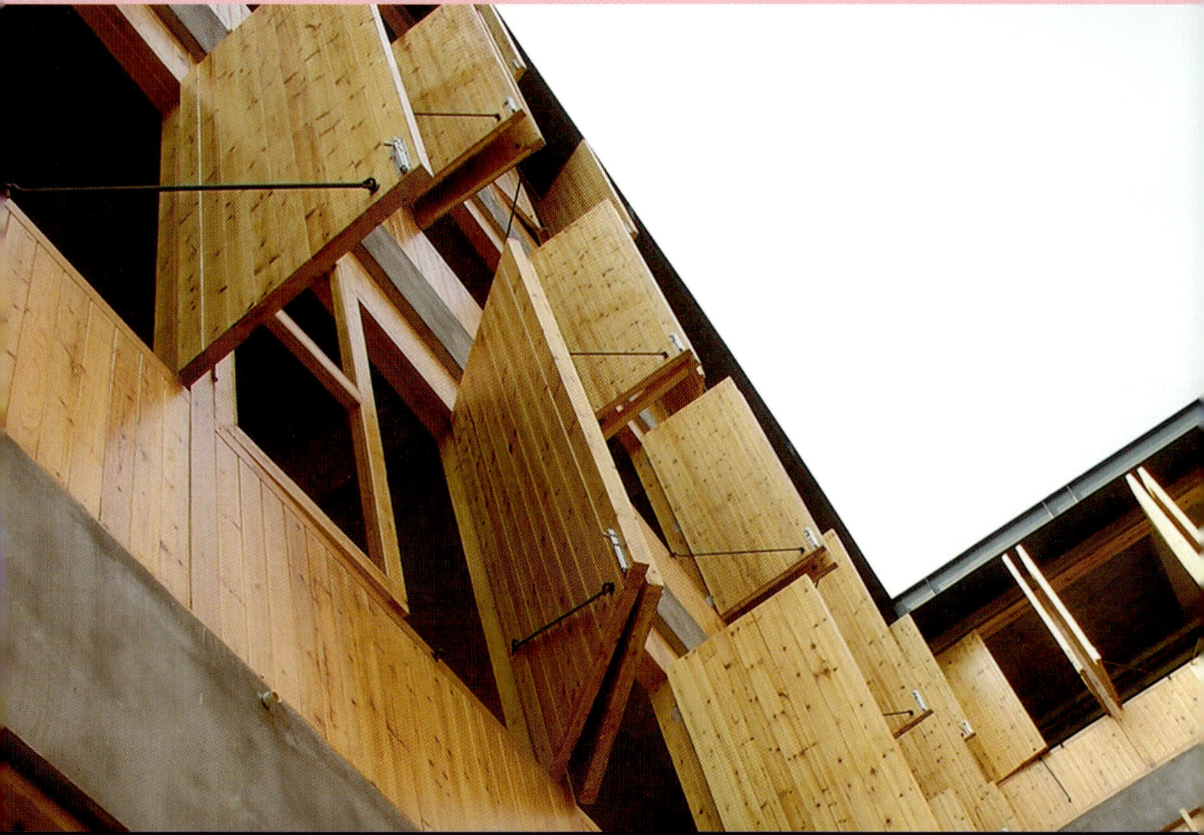

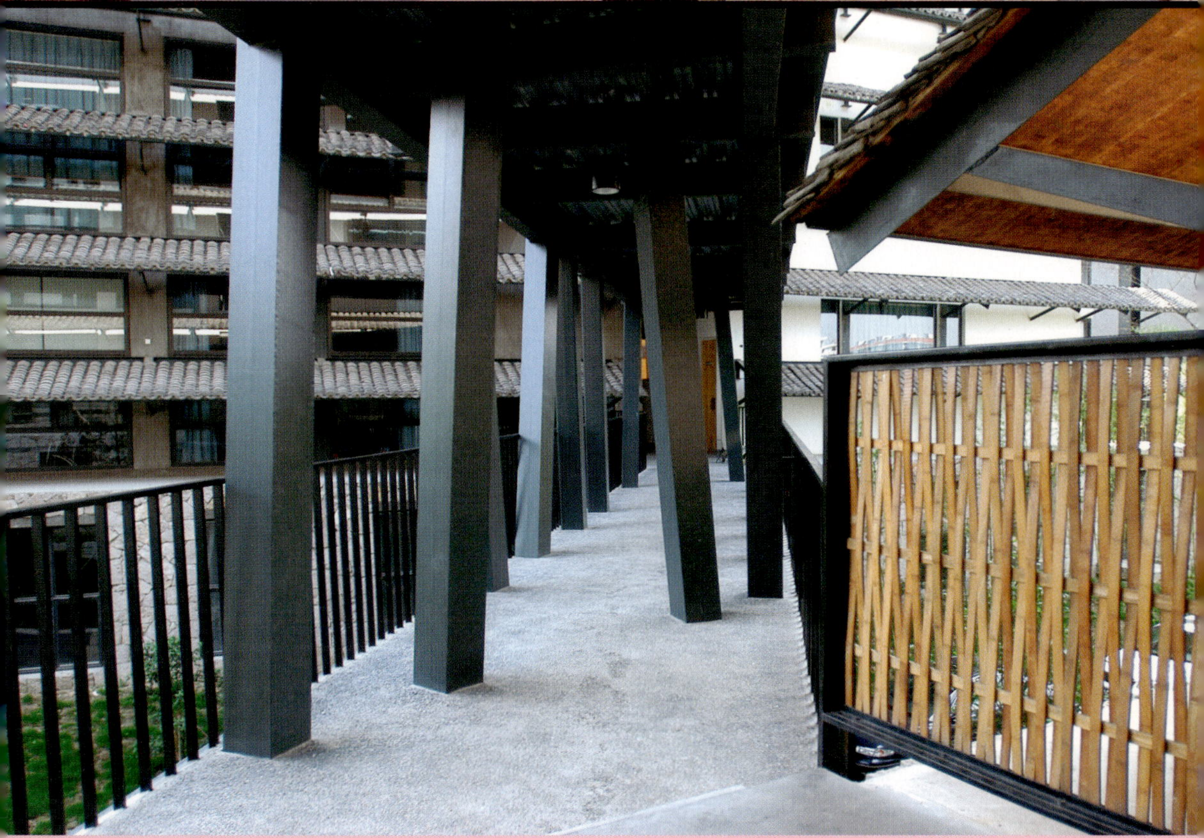

(boven/top) Houten luiken sieren de binnenplaatsen van de academiegebouwen/ Wooden shutters enhance the courtyards of the academy buildings

(onder/bottom) De plaatsing van de kolommen is geïnspireerd op bamboe/ The positioning of the pillars is inspired by bamboo

Liuyeyuan Museum voor boeddhistische sculptuur — Het museum voor boeddhistische beeldhouwwerken en inscripties ligt te midden van de velden aan een rivier buiten de stad Chengdu. Bomen geven articulatie aan het terrein. Een hellingbaan voert de bezoeker vanuit een bamboebos over een lotusvijver, het boeddhistische symbool van reiniging, naar de entree op de eerste verdieping. Binnen loopt de hellingbaan als een brug door naar de eerste grote expositieruimte. Hier opent zich een atrium met uitzicht op de rivier en een open een trap die naar een uitkijkplaats leidt. Een smalle, donkere trap voert vanaf dit niveau omlaag naar de begane grond. Deze afdaling onderstreept de historische status van de objecten als opgegraven vondsten, zonder dat daarvoor een (kostbaar) onderaards gebouwdeel hoefde te worden aangelegd. Het daglicht valt via verschillende openingen op de tentoongestelde objecten.

Aangezien het met ongeschoolde bouwvakkers en eenvoudige technische hulpmiddelen moeilijk is zichtbeton met gladde vlakken te construeren, experimenteerde Liu Jiakun met de textuur van de buitenhuid. Met een bekisting van smalle latten bereikte hij een reliëfachtige betonstructuur die alle onzuiverheden aan het oog onttrekt. De wanden zijn in meerdere lagen opgebouwd, met aan de binnenkant eenvoudige gepleisterde bakstenen, die tegelijkertijd als bekisting voor het gietbeton van het exterieur dienen. De enscenering van de looproute, de eenvoudige materialen en de bijzondere lichttoevoer creëren een boeiende ruimte.

Liuyeyuan Museum for Buddhist Sculpture — The museum for Buddhist sculpture and inscriptions is situated amid the fields beside a river outside the city of Chengdu. The site is articulated by trees. A ramp leads the visitor from a bamboo wood over a lotus pool, the Buddhist symbol of purification, to the entrance on the first floor. Once indoors, the ramp leads like a bridge to the first large exhibition area, where an atrium opens up with a view on the river and an open staircase to a lookout post. A narrow, dark staircase leads from this level to the ground floor. This descent emphasizes the historical status of the objects as archaeological finds without the need to construct an (expensive) underground part of the building for that purpose. The daylight falls on the objects on display through various openings.

Given the difficulty of constructing concrete with smooth surfaces when unskilled builders and simple technical resources are used, Liu Jiakun experimented with the texture of the outer skin. Using a formwork made of narrow strips of wood, he achieved a relief-like concrete structure that conceals any defects from sight. The walls are constructed in several layers with simple plastered bricks on the inside, which also function as formwork for the cast concrete of the exterior. The setting of the route, the simple materials and the unusual lighting create a fascinating space.

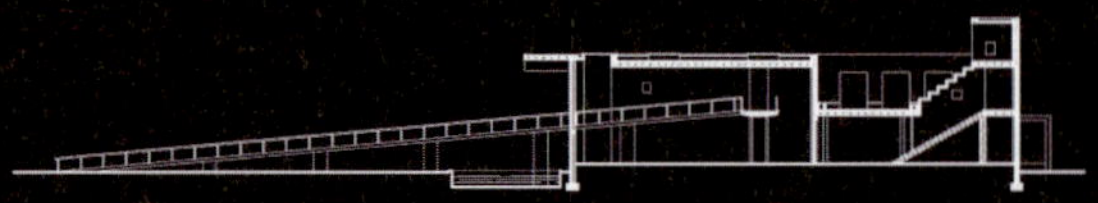

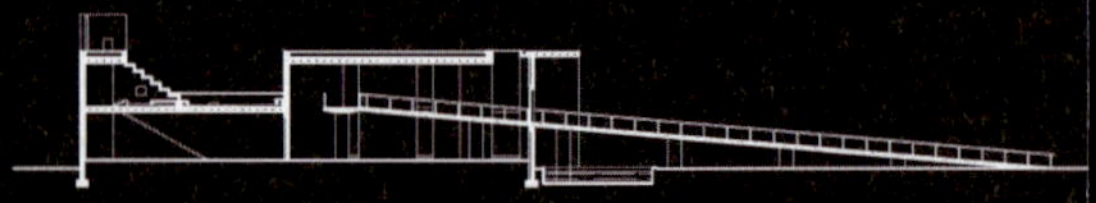

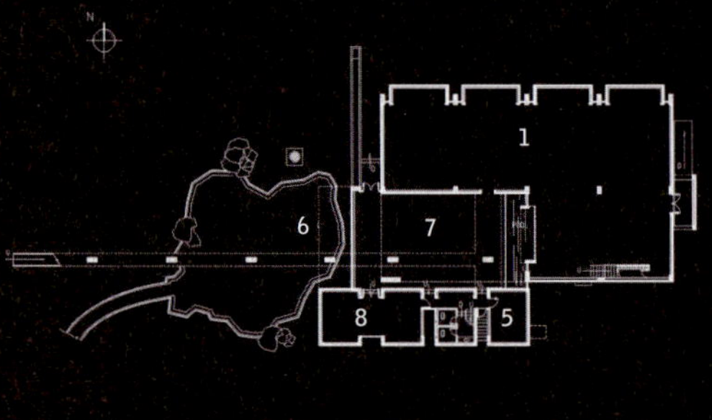

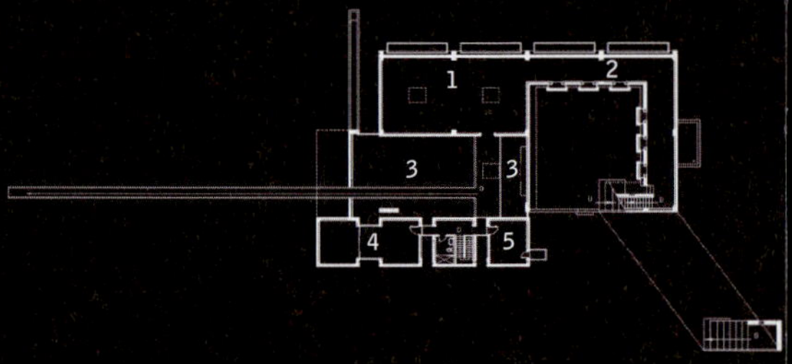

Project: Liuyeyuan Museum voor boeddhistische sculptuur/ Liuyeyuan Museum for Buddhist Sculpture **Architect:** Jiakun Architect & Associates (Liu Jiakun, Wang Lun) **Locatie/Location:** Xinmin, Chengdu **Programma/Programme:** Museum **Ontwerp-Oplevering/Design-Completion:** 2001 **Bouwterrein/Site specifications:** 6.670 m² **Bouwoppervlak/Building surface area:** 800 m² **Foto's/Photos:** Bi Kejian

(boven/top) doorsneden/sections (onder/bottom) beganegrond en eerste verdieping/first floor and second floor; 1 tentoonstellingszaal/exhibition room ; 2 tentoonstellingsgalerij/exhibition gallery; 3 vide/void; 4 kantoor conservator/curator's office; 5 kantoor/office; 6 lotusvijver/lotus pool; 7 atrium; 8 multifunctionele zaal/multifunctional hall

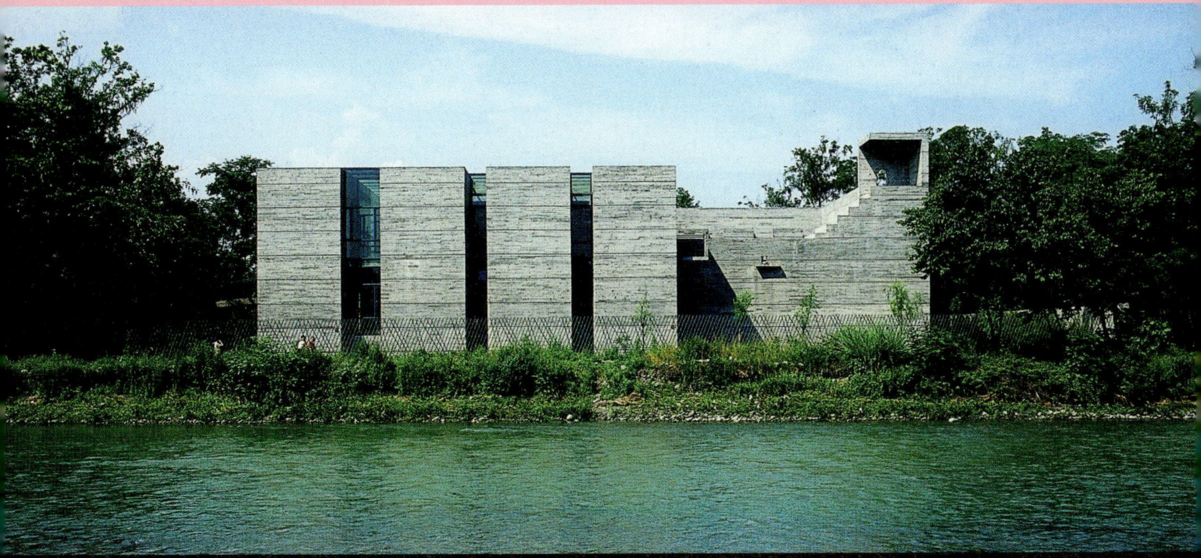

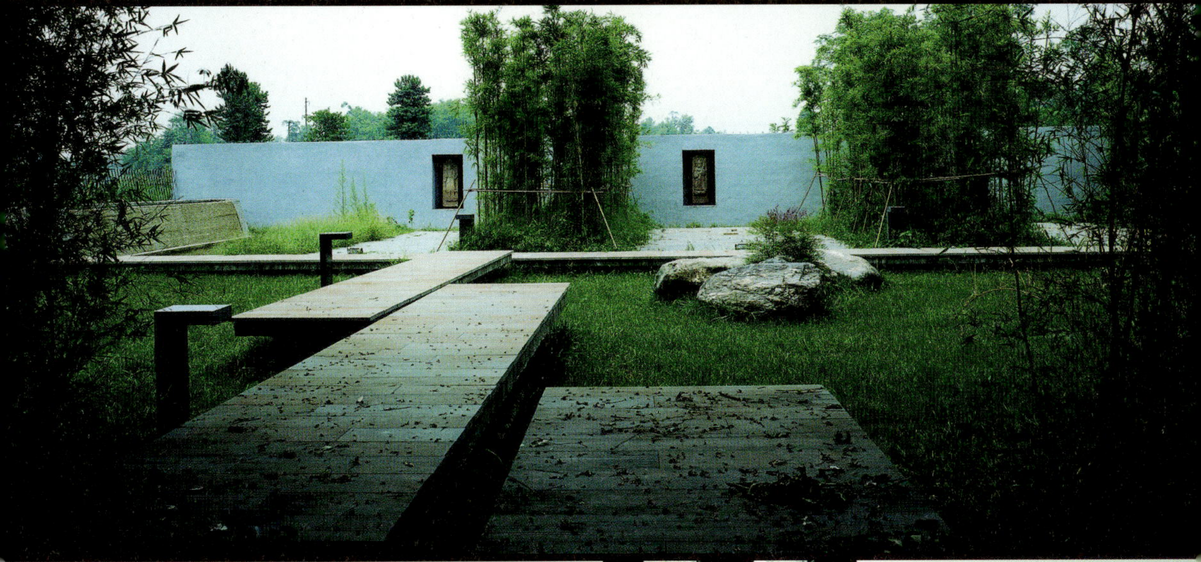

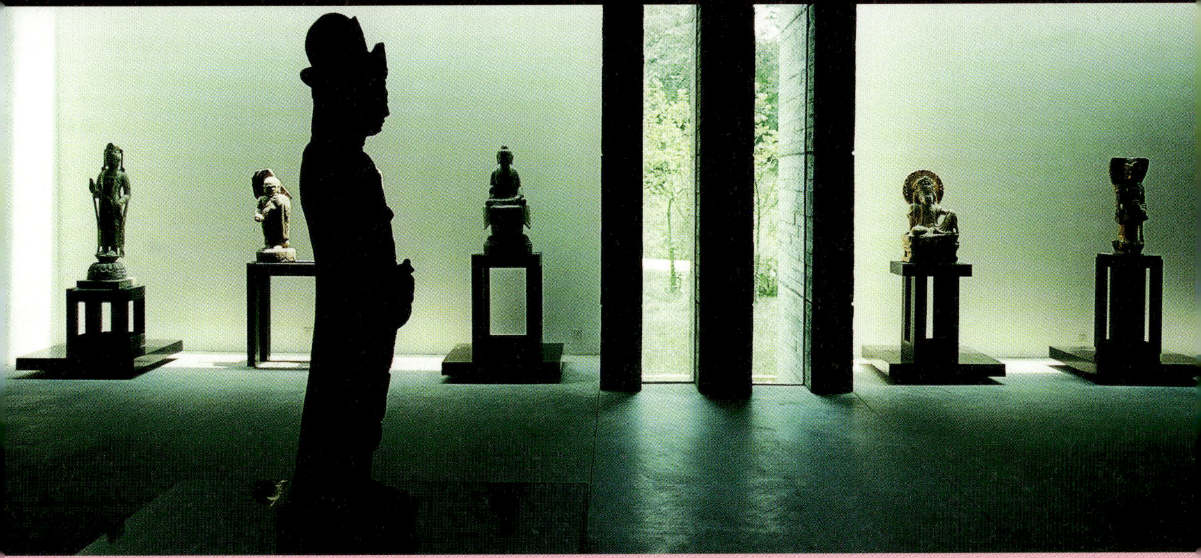

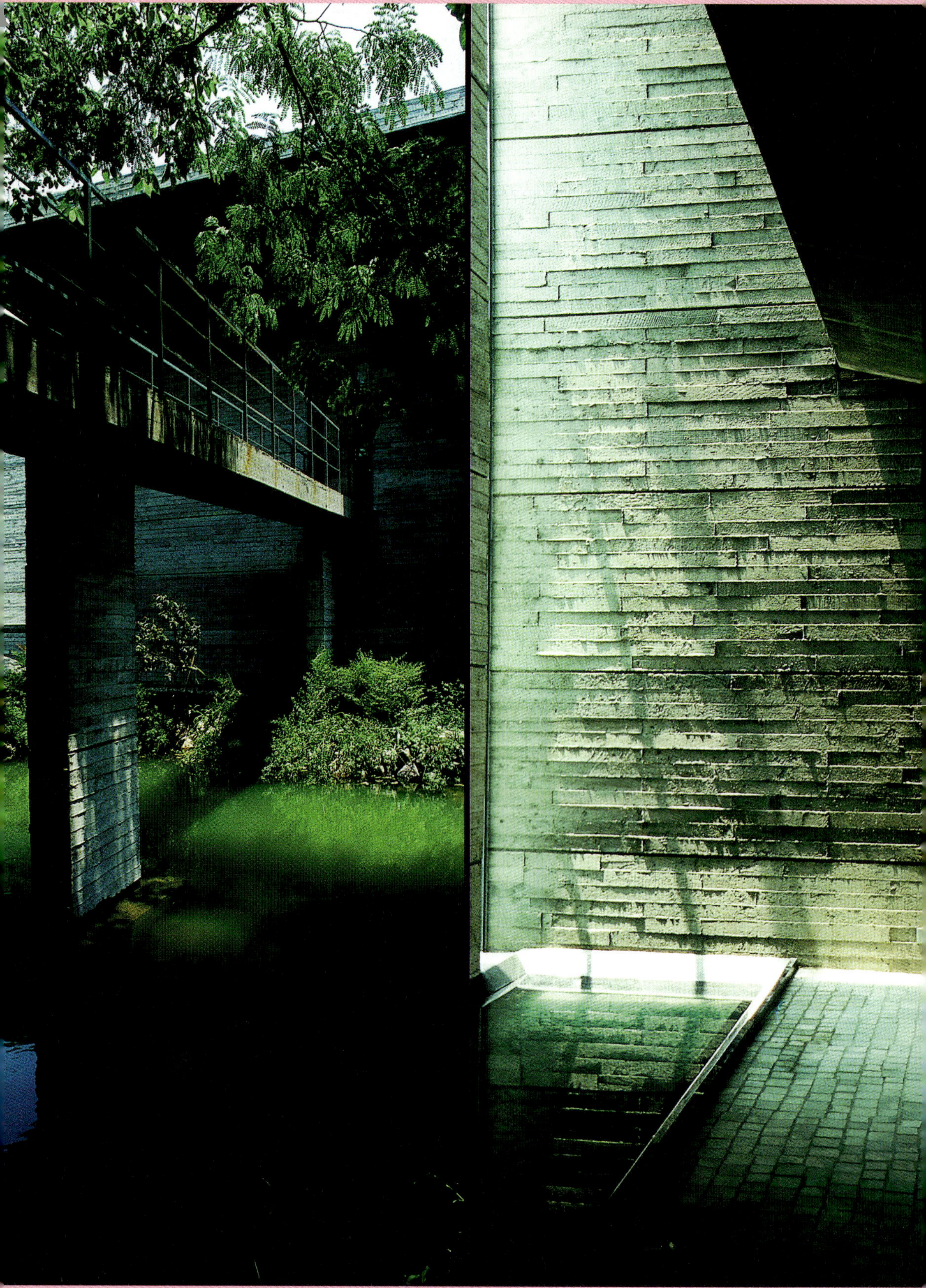

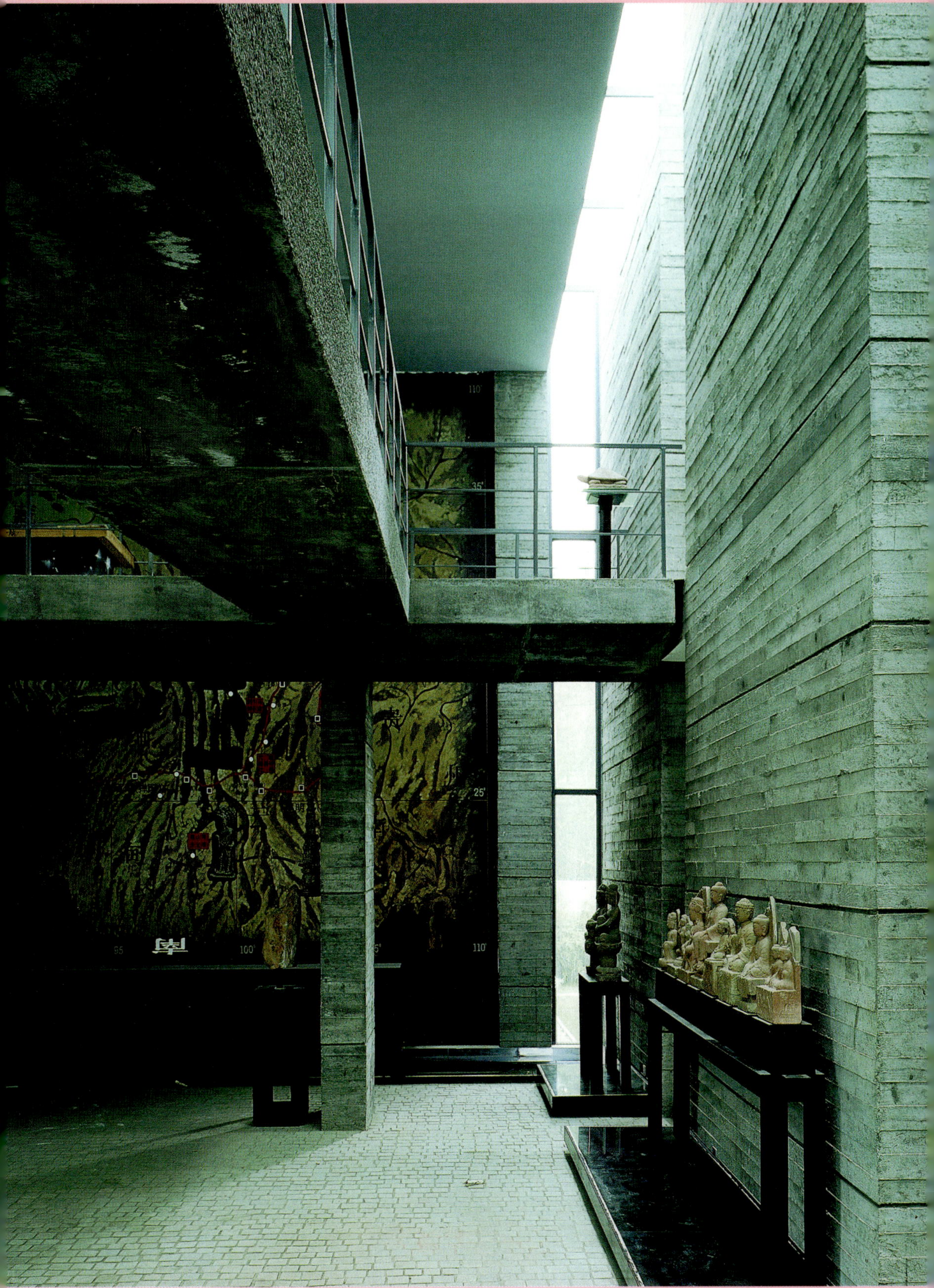

Restaurant 'Go Where' — Het restaurant van beeldend kunstenaar en architect Ai Weiwei is een voorbeeld van vindingrijk materiaalgebruik. Het project bestaat uit een renovatie van een bestaand gebouw en een uitbreiding in de vorm van een restaurant. De uitbreidingsmuur is opgebouwd uit smalle stroken gelamineerd cementgebonden houtvezelplaat die ieder 10 millimeter dik en 30 centimeter breed zijn. In combinatie met even brede glazen en stalen stroken is de ruwe grijze muur zowel exterieur als interieur. Het licht komt via de glazen repen gefilterd binnen. De bouw duurde slechts veertig dagen.

Restaurant 'Go Where' — The restaurant by artist and architect Ai Weiwei is an example of the inventive use of material. The project consists of the renovation of an existing building and an extension in the form of a restaurant. The extension wall is composed of narrow strips (10 mm thick and 30 cm wide) of laminated fibreboard set in cement. In combination with glass and steel strips of the same width, the rough grey wall is both an indoor and an outdoor wall. The daylight is filtered through the glass strips. It took a mere forty days to build.

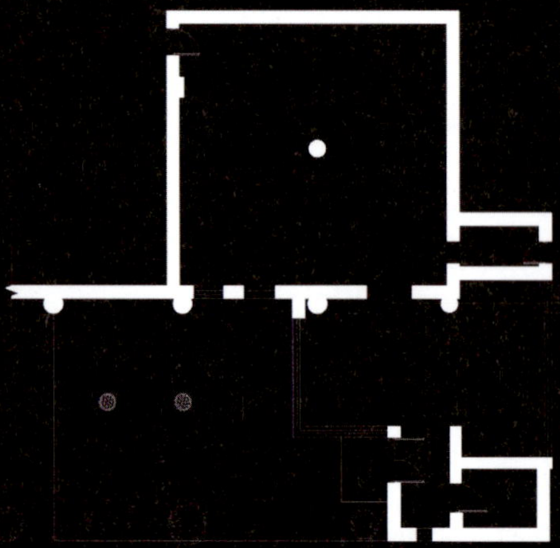

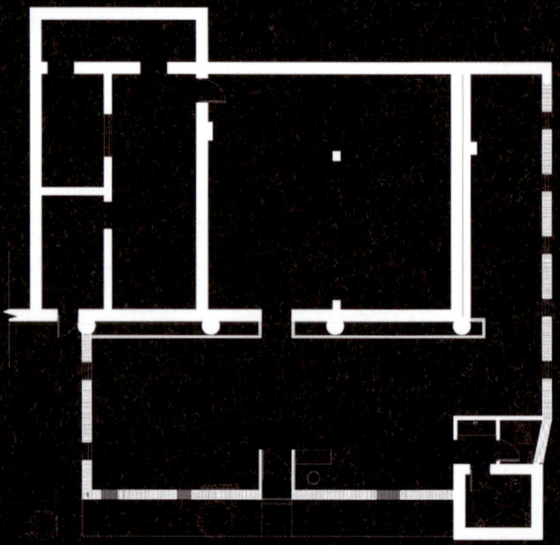

Project: Restaurant 'Go Where' **Architect:** Ai Weiwei (FAKE Design), Beijing **Locatie/Location:** Beijing **Programma/Programme:** Restaurant **Ontwerp-Oplevering/Design-Completion:** 2004 **Bouwterrein/Site specifications:** 126 m² (bestaand terrein/existing site) **Bouwoppervlak/Building surface area:** 236 m² (110 m² uitbreiding/extension) **Foto's/Photos:** Zhao Zhao

(links/left) Plattegrond voor de renovatie en uitbreiding/Plan for the renovation and extension
(rechts/right) Plattegrond / Plan

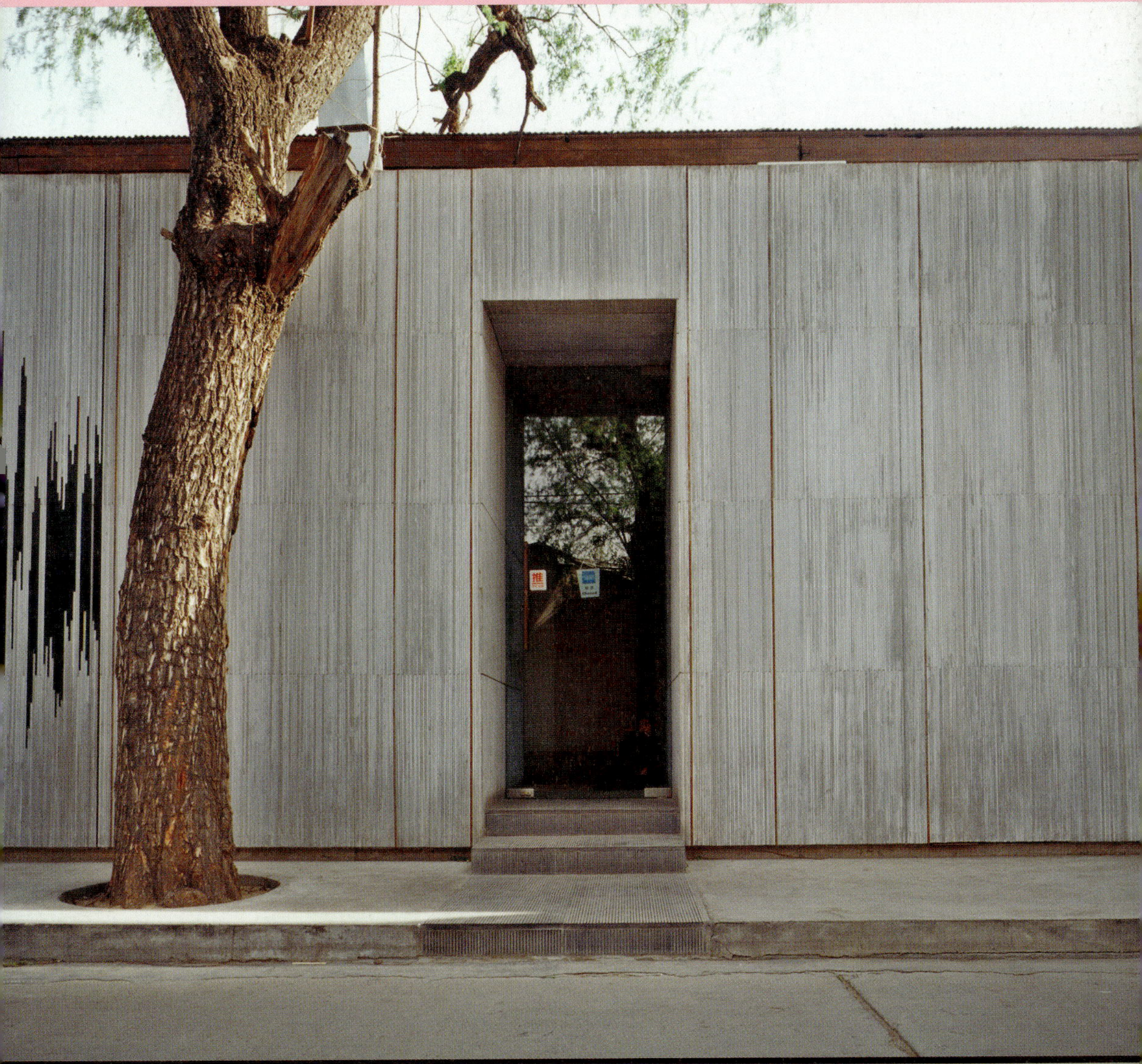

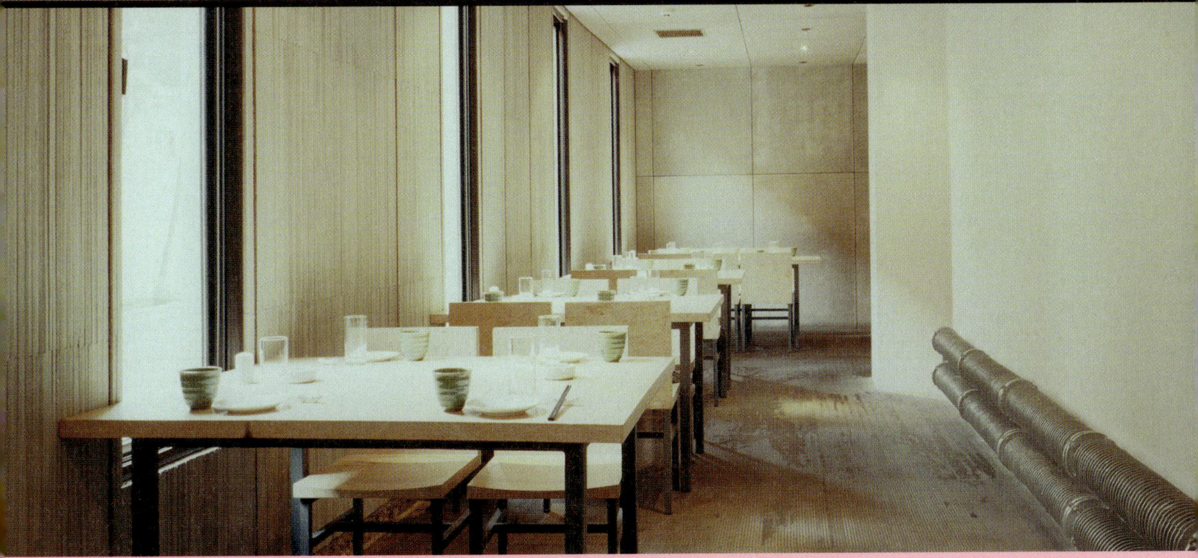

Wang Yiyang — Wanneer modeontwerper Wang Yiyang (1970) het onderscheid tussen hedendaagse Japanse en Chinese mode typeert – herkenbare stijl tegenover onhelder beeld – noemt hij verschillen in kennis en ontwikkeling, maar ook iets anders: Japanse lichamen hebben volgens hem een duidelijke vorm, terwijl het lichaam van Chinezen, zowel rijk als arm, ongedefinieerd is. Dat verklaart wellicht Wang Yiyangs voorliefde voor kleding en accessoires die hij 'stom' noemt, een beetje lomp en vormeloos. Maar die voorkeur komt ook voort uit zijn belangrijkste inspiratiebron: het leven van gewone Chinezen in de jaren zeventig van zijn jeugd en op het huidige platteland. Zijn winkel in Shanghai staat vol stapels blauwe plastic teilen en blauwgerande witte emaillen mokken, ofwel CHA GANG, waar zowel de winkel als zijn belangrijkste collectie naar vernoemd is.

Na in 1992 te zijn afgestudeerd, werkt Wang Yiyang van 1997 tot 2001 voor de Yifei-modegroep als hoofdontwerper van de Layefe-lijn. In 2002 start hij met bevriende investeerders de ZUCZUG-lijn, nadat gesprekken met buitenlandse modejournalisten zijn ideeën hadden aangescherpt. ZUCZUG is toegankelijker dan zijn hoofdcollectie, maar heeft niettemin een sobere, uitgesproken conceptuele uitstraling. Het merk is te koop in twintig Chinese steden. CHA GANG is extremer van maatvoering, stofgebruik en vorm. Zijn eerste collectie, zomer 2005, heet 'Blauw', de kleur van kleding en vrachtwagens op het platteland. De kleding is ruim en ruw gesneden, van stugge blauwe katoen en gekreukeld kunststof. De 2005–2006 wintercollectie 'Grijs' is gebaseerd op de traditionele platte Chinese kledingpatronen en zowel afgeleid van Amerikaanse sweatshirts als van een boerenjas, nu in gewatteerde uitvoering met grote knopen van stof. Die twee thema's komen samen in de grote zwarte leren tassen met CHA GANG-logo. Ze zijn geïnspireerd op Chinese reistassen van de jaren zeventig met daarop de naam van een stad, die weer waren afgeleid van Amerikaanse jaren-vijftig-sporttassen met merknaam.

De invloed van globalisering maakt het voor veel jongere ontwerpers in China verleidelijk om klakkeloos buitenlandse invloeden te omarmen, terwijl anderen weer op een oppervlakkige manier de Chinese traditie kopiëren. Maar voor Wang Yiyang ligt de uitdaging van de huidige tabula rasa-situatie er juist in om op grond van een sterke eigen opvatting en persoonlijke inspiratiebronnen beide vormen van kennis te benutten voor het ontwikkelen van een nieuwe Chinese stijl.

Wang Yiyang — When fashion designer Wang Yiyang (1970) characterizes the difference between contemporary Japanese and Chinese fashion — recognizable style versus unclear image — he mentions differences in knowledge and development, but something else too: according to him, Japanese bodies have a clear form, while Chinese, whether rich or poor, have undefined bodies. That probably explains Wang Yiyang's preference for clothing and accessories that he calls 'dumb', a bit awkward and shapeless. But that preference is also a product of his main source of inspiration: the lives of ordinary Chinese in the 1970s when he was growing up and of the countryside today. His shop in Shanghai is full of piles of blue plastic bowls and white enamel mugs with a blue border, that is, CHA GANG, after which both his shop and his major collection are named.

After graduating in 1992, Wang Yiyang worked from 1997 to 2001 for the Yifei fashion group as head designer of the Layefe line. In 2002, after discussions with foreign fashion journalists had sharpened his ideas, he started the ZUCZUG line with some investor friends. ZUCZUG is more accessible than his main collection, but still has a sober, emphatically conceptual look. The brand is on sale in twenty Chinese cities. CHA GANG is more extreme in size, use of material and form. His first collection, summer 2005, is called 'Blue', the colour of clothing and lorries in the countryside. The clothes are baggy and roughly cut, using coarse blue cotton and crumpled plastic. The 2005-2006 winter collection, 'Grey', is based on the traditional flat Chinese clothing patterns and is derived from both American sweatshirts and peasant coats, now padded and with large textile buttons. Both themes converge in the big black leather bags with the CHA GANG logo. They are inspired by Chinese travelling bags of the 1970s bearing the name of a city, which were in turn derived from American 1950s sports bags with a brand name.

The influence of globalization seduces many younger Chinese designers into an indiscriminate embrace of foreign influences, while others just superficially copy the Chinese tradition. But to Wang Yiyang, the present clean slate situation offers the challenge of using both forms of knowledge to create a new Chinese style, based on strong personal convictions and personal sources of inspiration.

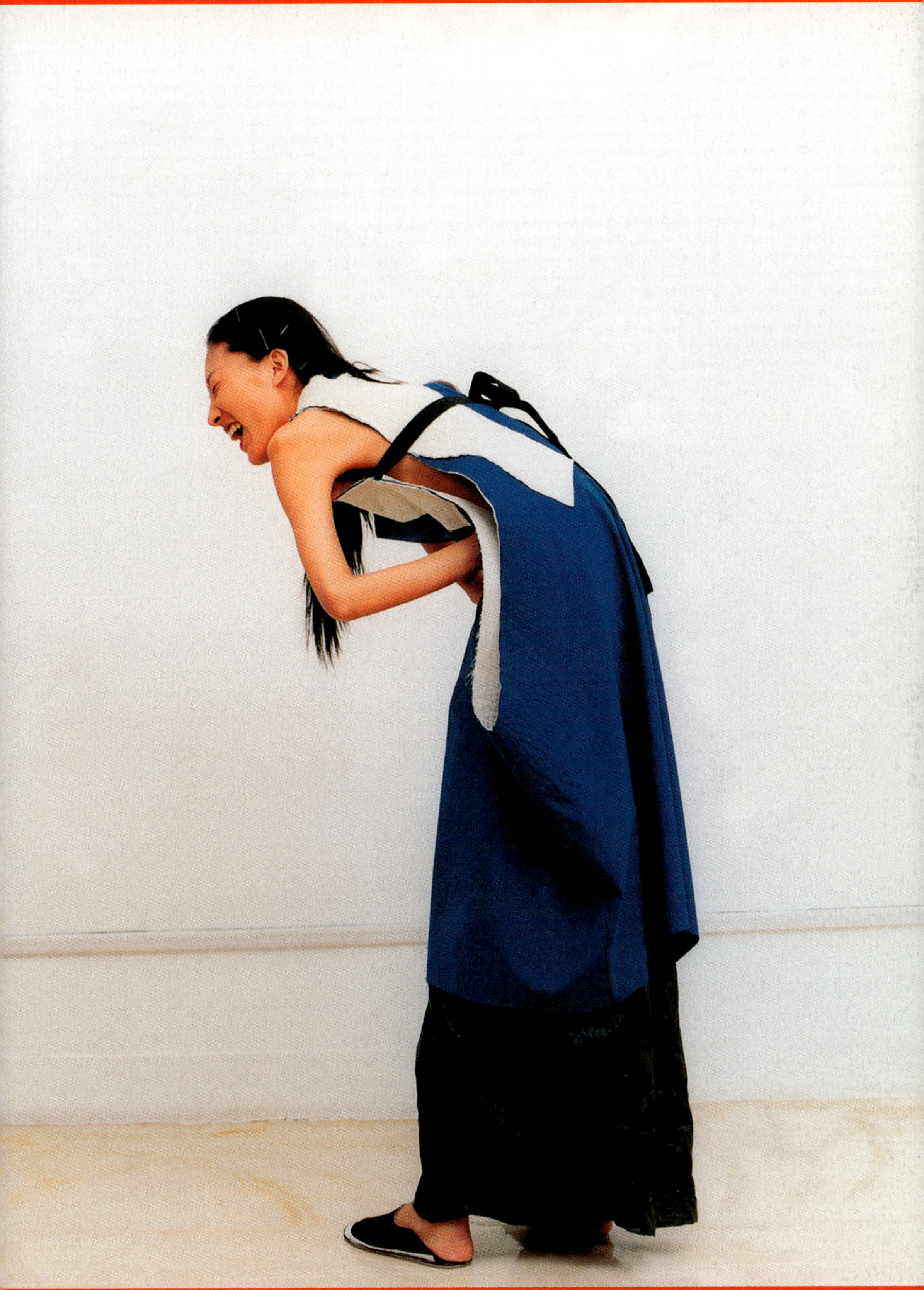

CHA GANG, Blauw, zomercollectie 2005/Blue, summer collection 2005
(foto/photo Peng&Chen)

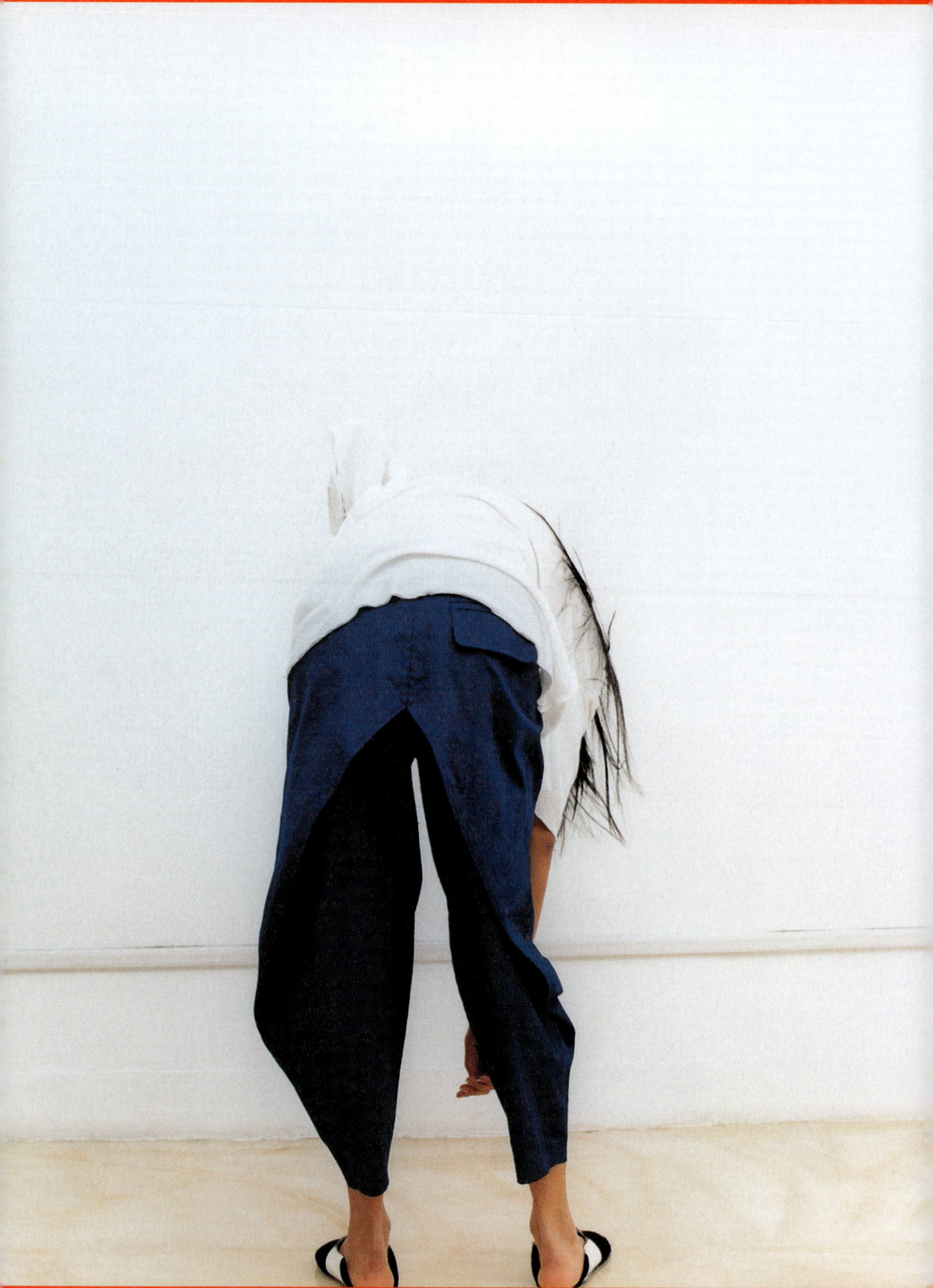

CHA GANG, Blauw, zomercollectie 2005/Blue, summer collection 2005
(foto/photo Peng&Chen)

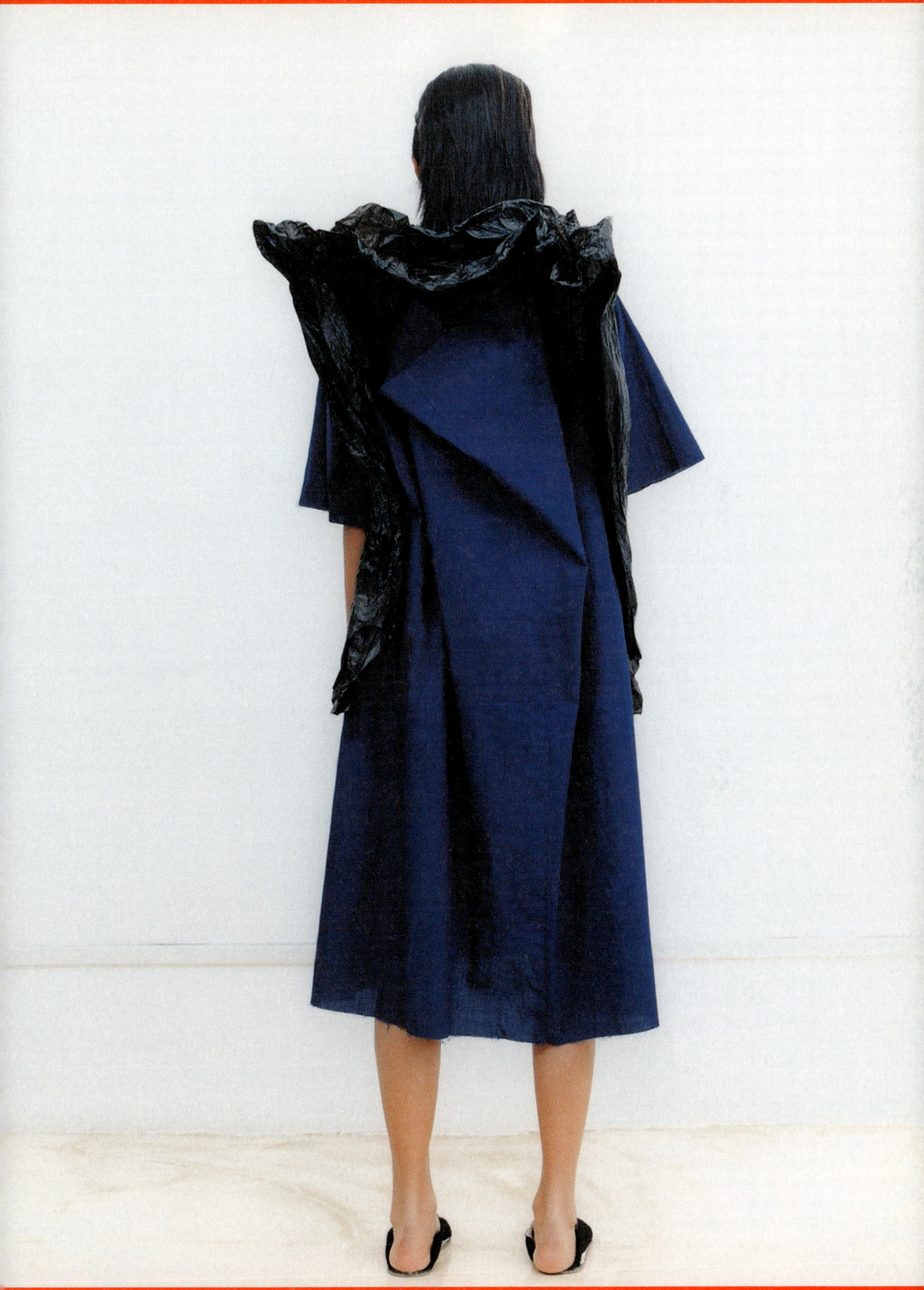

CHA GANG, Blauw, zomercollectie 2005/Blue, summer collection 2005
(foto/photo Peng&Chen)

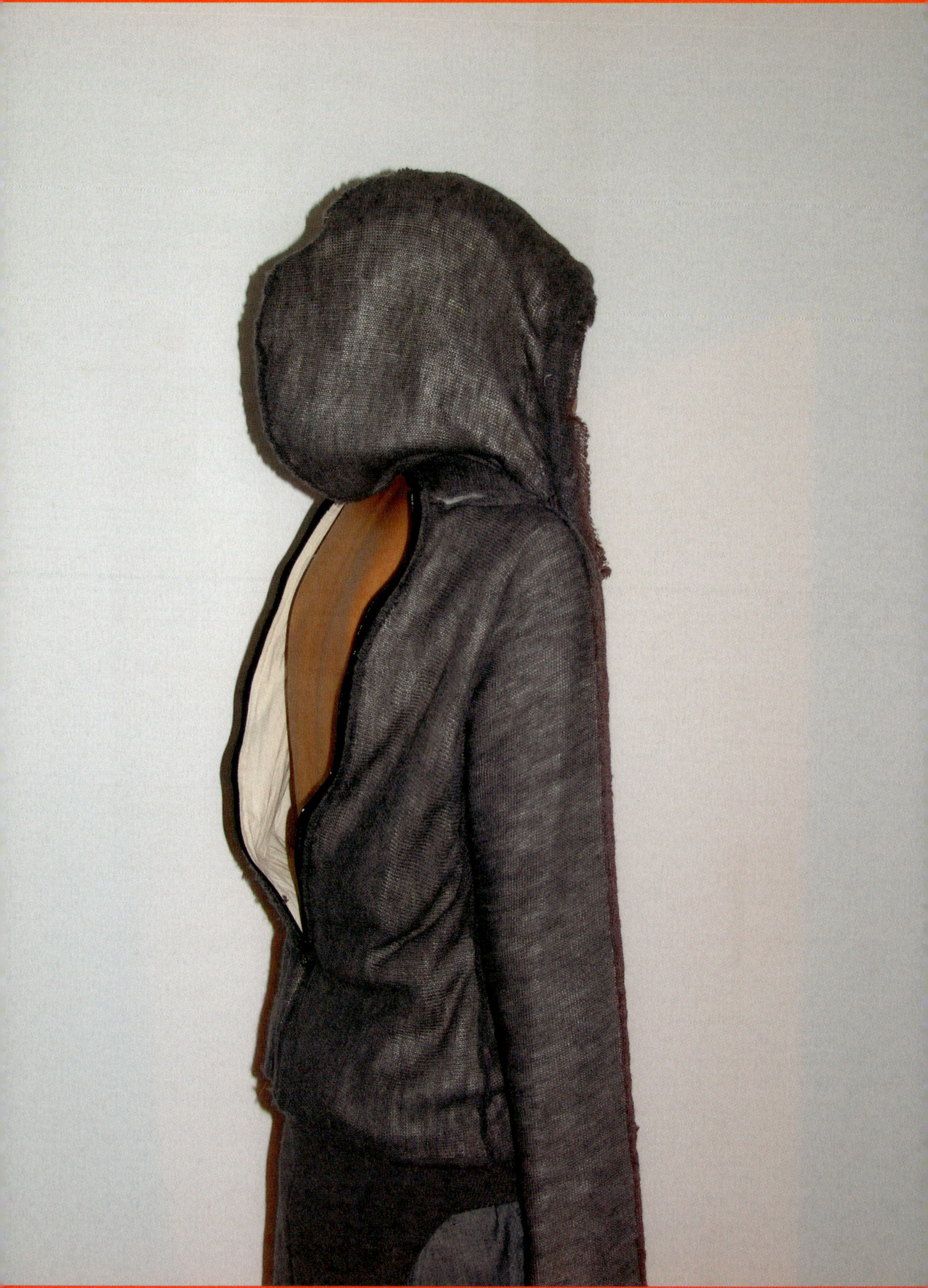

CHA GANG, Grijs, wintercollectie 2005–2006/Grey, winter collection 2005–2006 (foto/photo Peng&Chen)

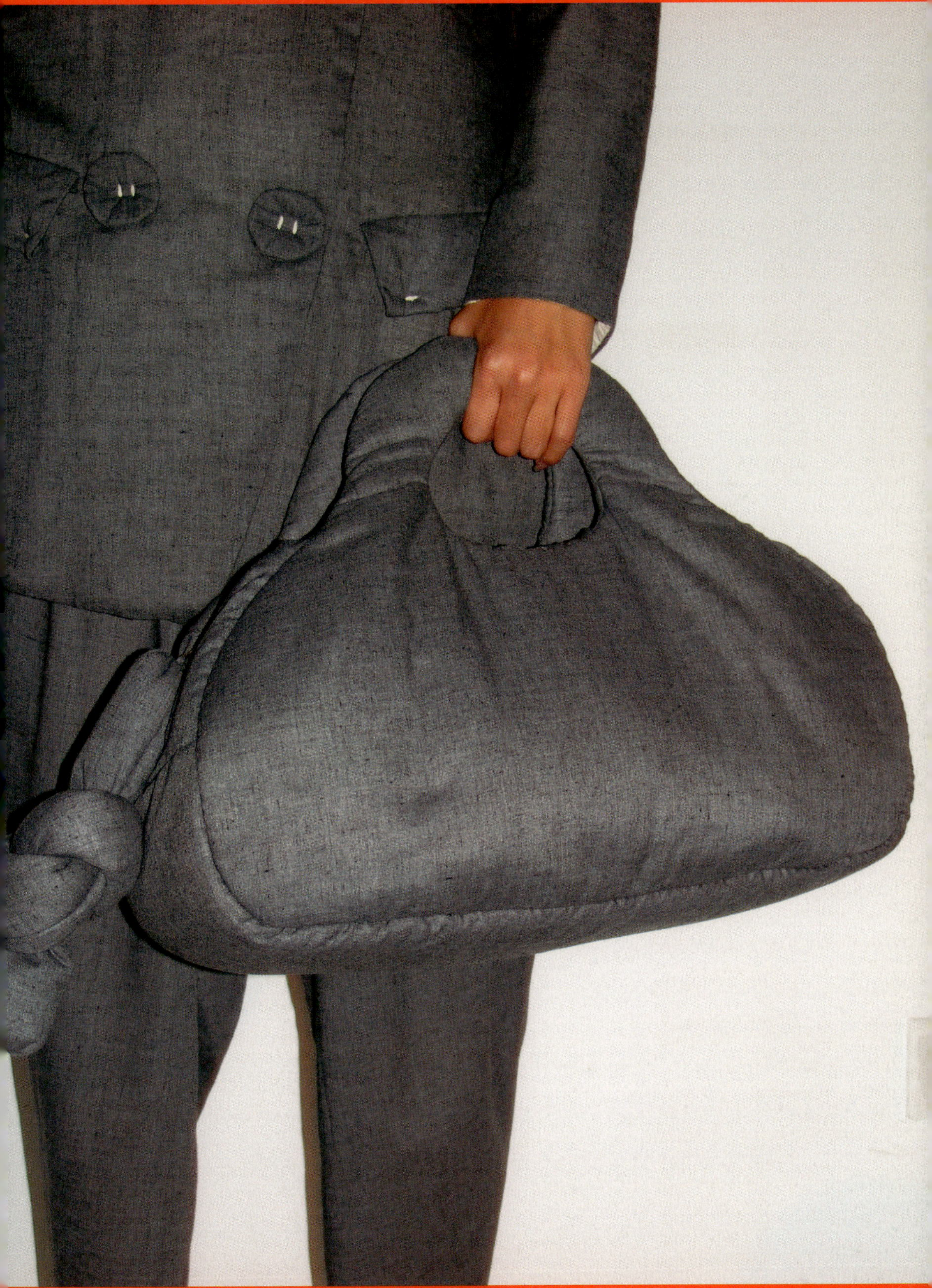

CHA GANG, Grijs, wintercollectie 2005–2006/Grey, winter collection 2005–2006 (foto/photo Peng&Chen)

Zhang Da — 'plat', de eerste eigen collectie van de in Shanghai gevestigde Zhang Da (1967) voor de zomer van 2005 heeft diepe wortels in de Chinese cultuur. De grote cirkels en vierkanten verwijzen zowel naar de Chinese symbolen voor hemel en aarde als naar de Chinese kleermakerstraditie, die uitgaat van platte patronen zonder coupenaden. Kleine sneden in de stof maken de T-shirts, rokken en broeken draagbaar. Eén T-shirt, bedrukt met het ronde CCTV testbeeld, vormt een commentaar op officiële berichtgeving.

Opgegroeid in de jaren zeventig met het geloof in de communistische revolutie, ziet hij zijn wereldbeeld na 1979 onderuitgehaald als blijkt dat het Westen niet alleen slechts heeft voortgebracht. Een uitwisselingsprogramma (1995–1998) van de school waar hij lesgeeft brengt Zhang Da in contact met de 'Antwerpse school', wat voor hem een keerpunt betekent. In 1997 stelt een Italiaanse prijs voor jonge modeontwerpers hem in staat een tijd in Europa te verblijven. Vervolgens werkt hij van 1999 tot 2002 als hoofdontwerper voor de Yifei-modegroep in Shanghai.

Zhang Da heeft zijn collectie zelfstandig opgezet. Hij wordt in drie winkels in Shanghai verkocht wordt onder het merk 'grenzeloos', wat staat voor een open geest en een informele benadering. Informeel wil niet zeggen slordig: Zhang Da streeft in zijn kleding naar de perfecte detaillering van Japanse en westerse couture. Dat levert een voortdurend gevecht op met de ambachtelijke Chinese 'traditie van imperfectie', waarbij het 'meestersoog' van de kleermaker belangrijker wordt geacht dan een meetlint.

In Zhang Da's tweede collectie, 'pakket', voor de winter van 2005–2006, krijgen de cirkels en vierkanten van 'plat' volume. Rokken draperen zich als zachte dozen om het lichaam. De collectie van zomer 2006 heet 'boog' en gaat uit van cirkelvormige patronen en naden in soepel vallende jersey stof. Met deze 'tijdloze' kleding wil Zhang Da zich afzetten tegen de trendy mode die China overspoelt. Tegelijkertijd ervaart hij de lelijkheid en wilde stijlenmix in hedendaags China als bevrijdend, omdat het alle regels doorbreekt en de weg vrijmaakt voor nieuwe concepten.

Zhang Da — 'flat', the first collection of his own by the Shanghai-based Zhang Da (1967) for the summer of 2005 has deep roots in Chinese culture. The big circles and squares refer to the Chinese symbols for heaven and earth and to the Chinese tailoring tradition based on flat patterns without darts. Small incisions in the material make the T-shirts, skirts and trousers wearable. One T-shirt, printed with the round CCTV test card is a comment on official news reporting.

Having grown up in the 1970s with the belief in the Communist revolution, Zhang Da saw the disintegration of his worldview after 1979 when not everything the West had created proved to be bad. An exchange programme (1995-1998) of the school where he was teaching brought Zhang Da into contact with the Antwerp School and marked a turning-point in his development. In 1997 an Italian award for young fashion designers enabled him to spend some time in Europe. After that he worked from 1999 to 2002 as chief designer for the Yifei fashion group in Shanghai.

Zhang Da developed his collection independently. It is sold in three shops in Shanghai under the brand name 'boundless', which stands for an open mind and an informal approach. But informal does not mean untidy: Zhang Da's clothing reflects the search for the perfect detailing of Japanese and Western tailoring. This results in an ongoing battle with the time-hallowed Chinese 'tradition of imperfection', in which the 'master's eye' of the tailor is considered more important than a tape measure.

Zhang Da's second collection, 'package', for the winter of 2005–2006, gives volume to the circles and squares of 'flat'. Skirts are draped around the body like soft boxes. The summer 2006 collection is called 'arc' and is based on circular patterns and seams in soft jersey material. Zhang Da intends this 'timeless' clothing as an alternative to the trendy fashion that is flooding China. At the same time, he regards the ugliness and wild mix of styles in China today as liberating, because it breaks all the rules and clears the way for new concepts.

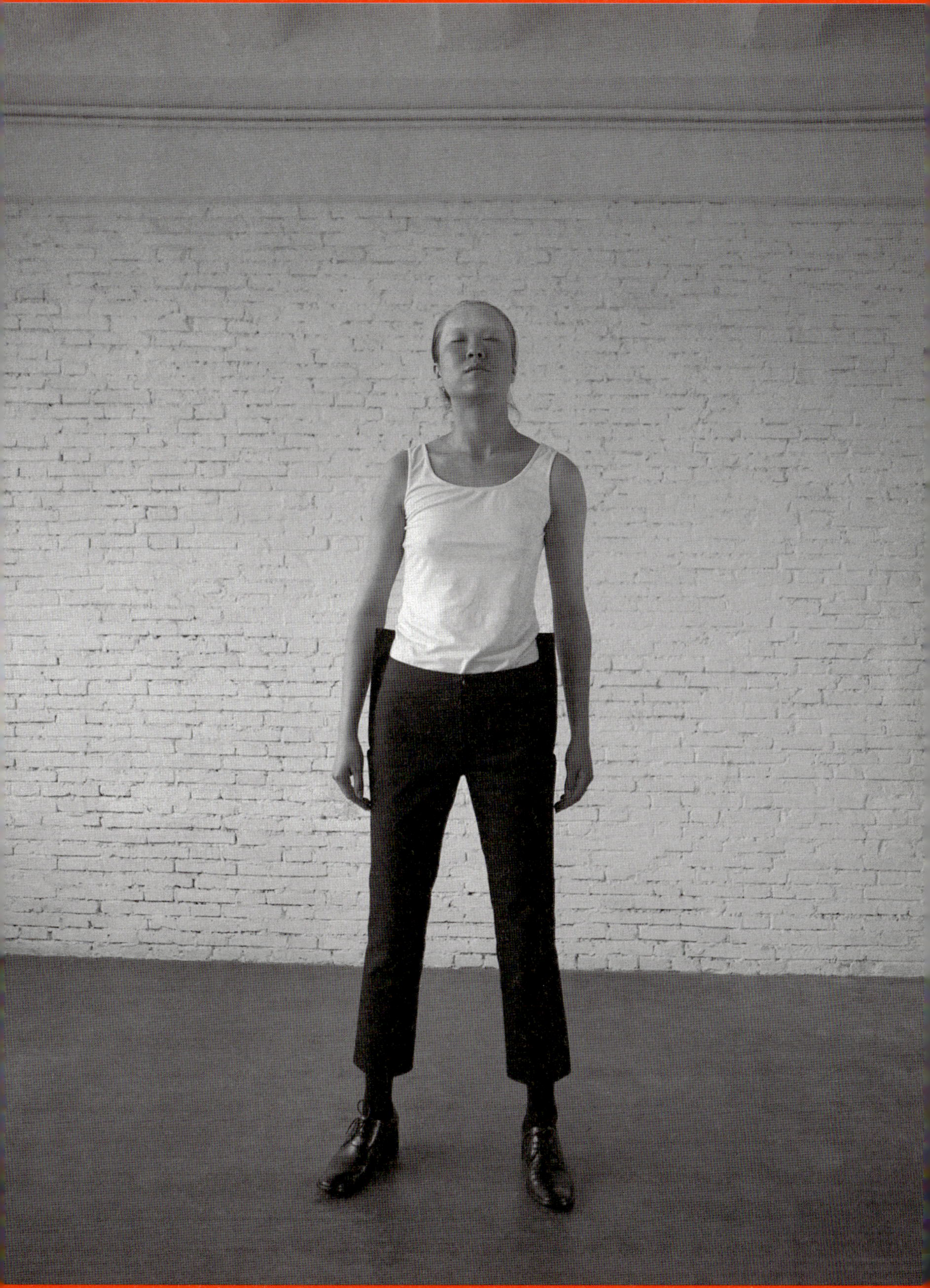

'grenzeloos', plat, zomercollectie 2005/**'boundless', flat**, summer collection 2005 (foto/photo Peng&Chen)

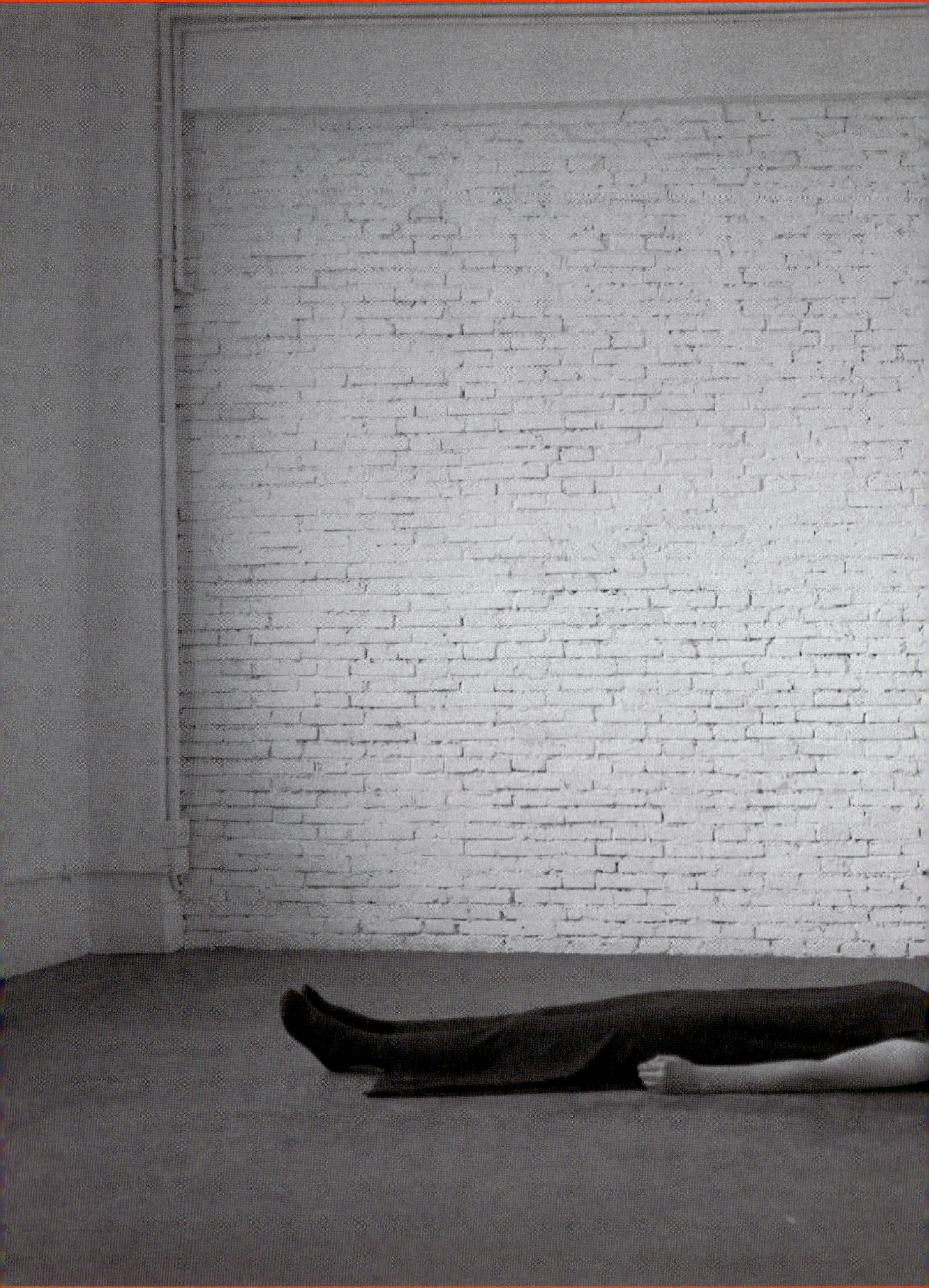

'grenzeloos', plat, zomercollectie 2005/'boundless', flat, summer collection 2005 (foto/photo Peng&Chen)

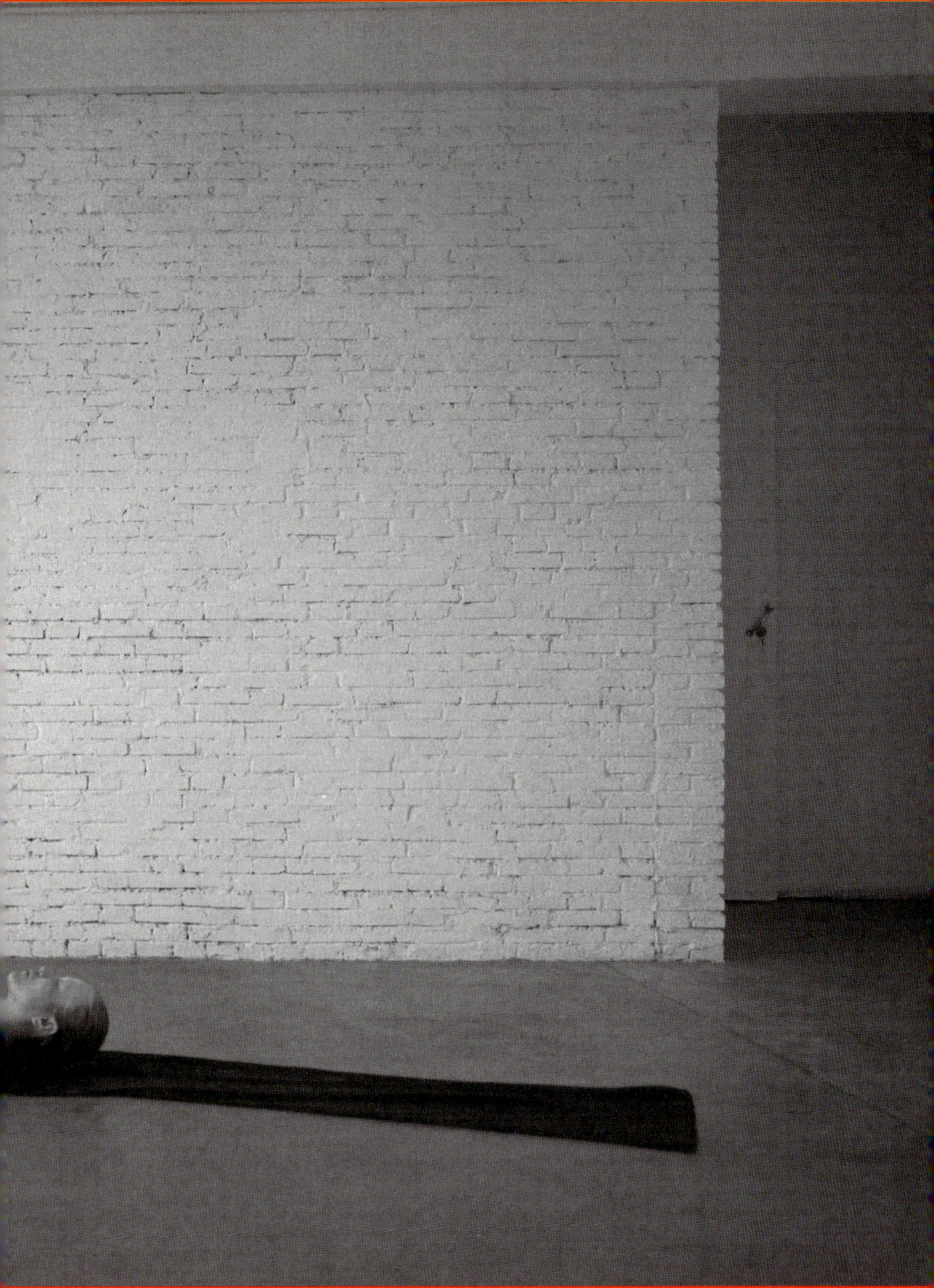

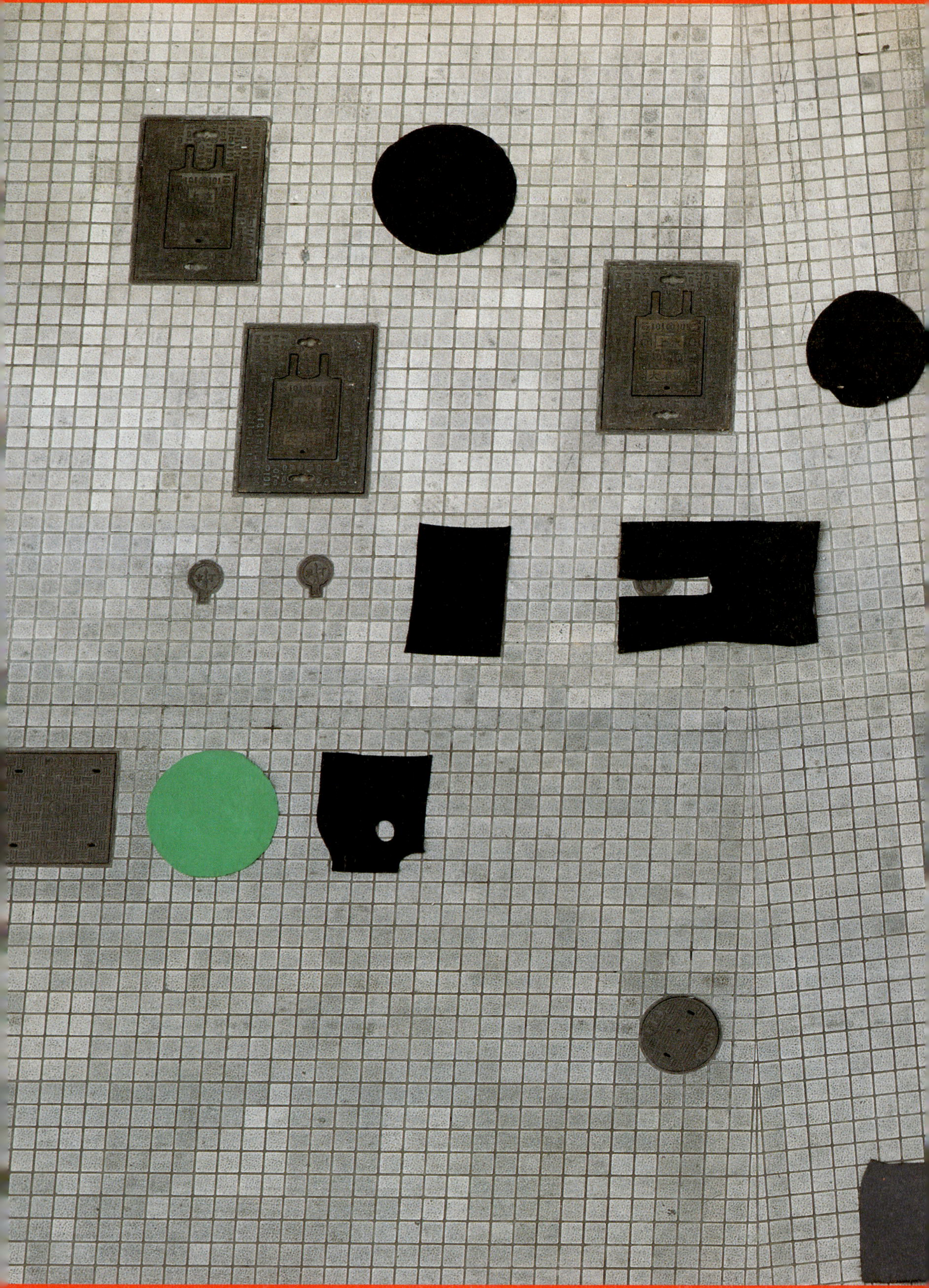

'grenzeloos', plat, zomercollectie 2005 / 'boundless', flat, summer collection 2005 (foto/photo Peng&Chen)

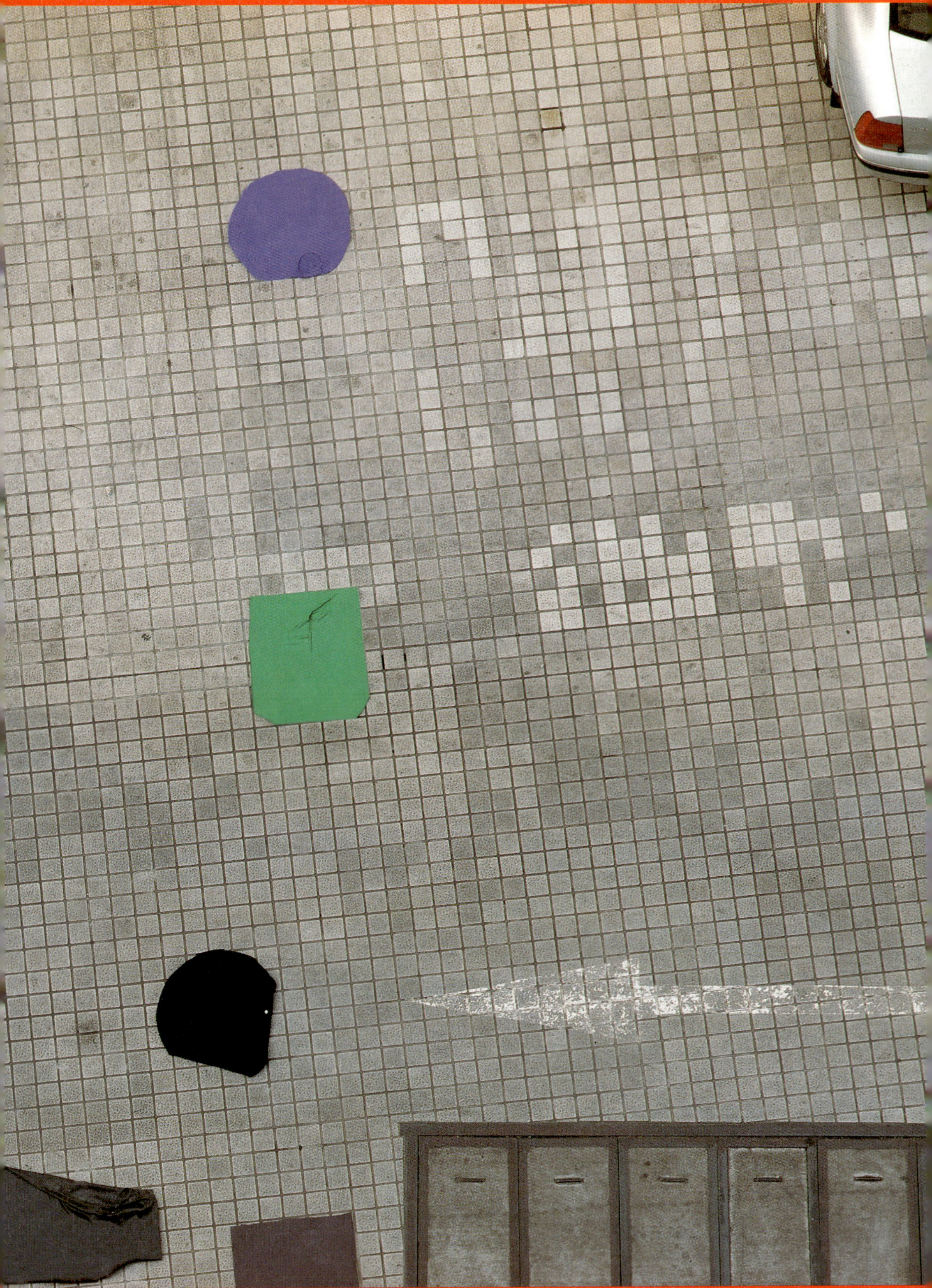

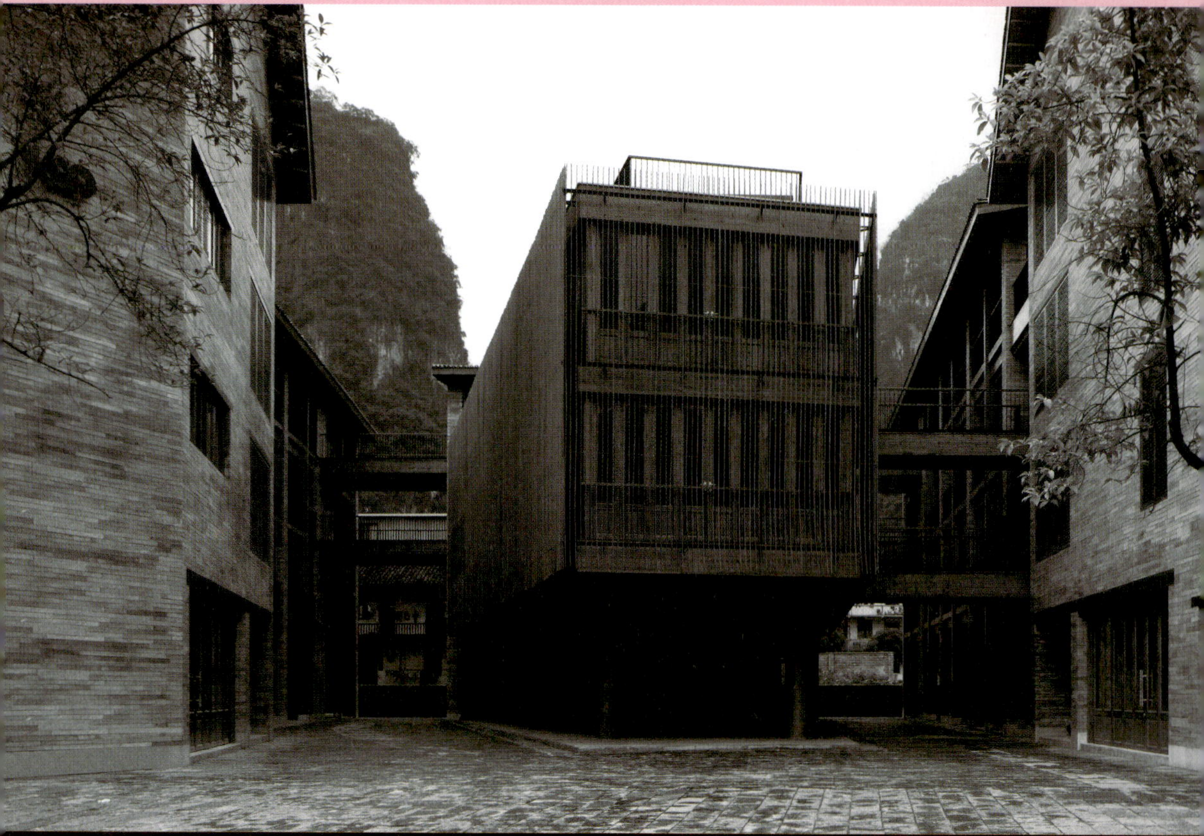

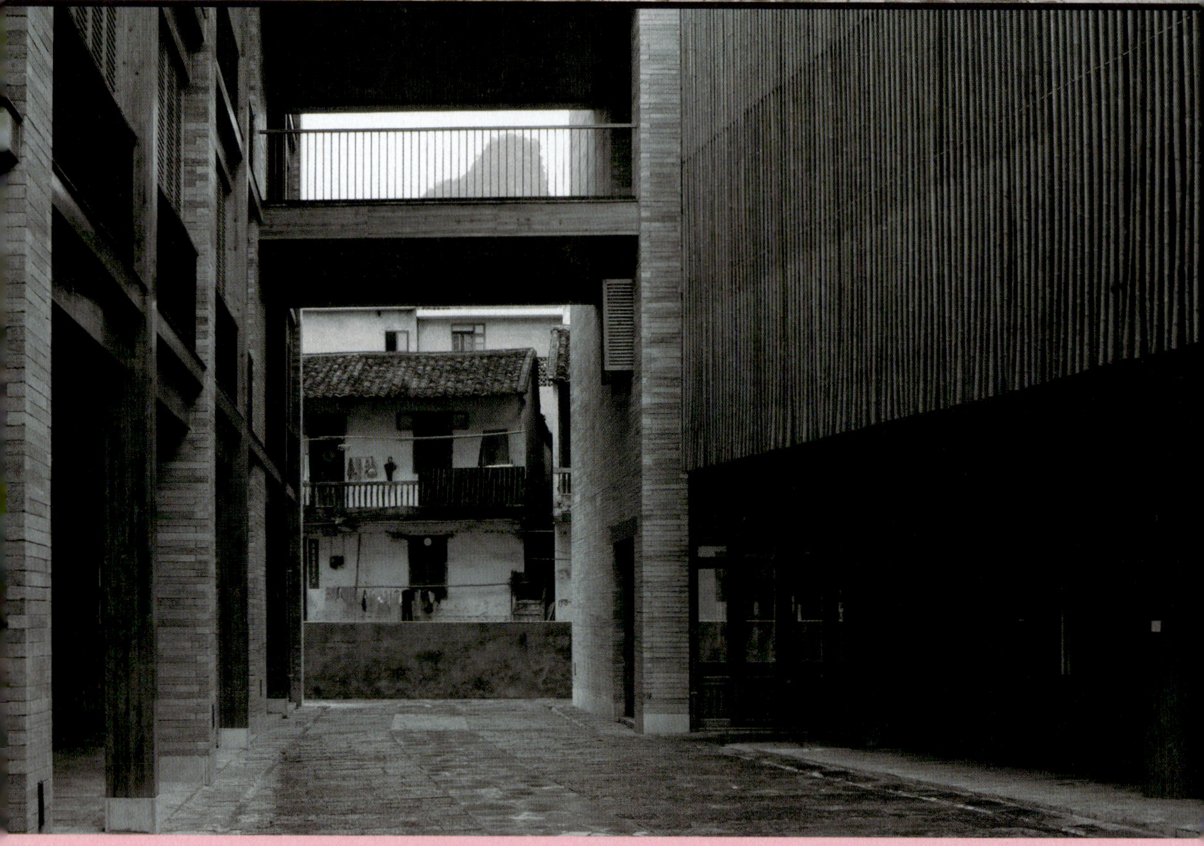

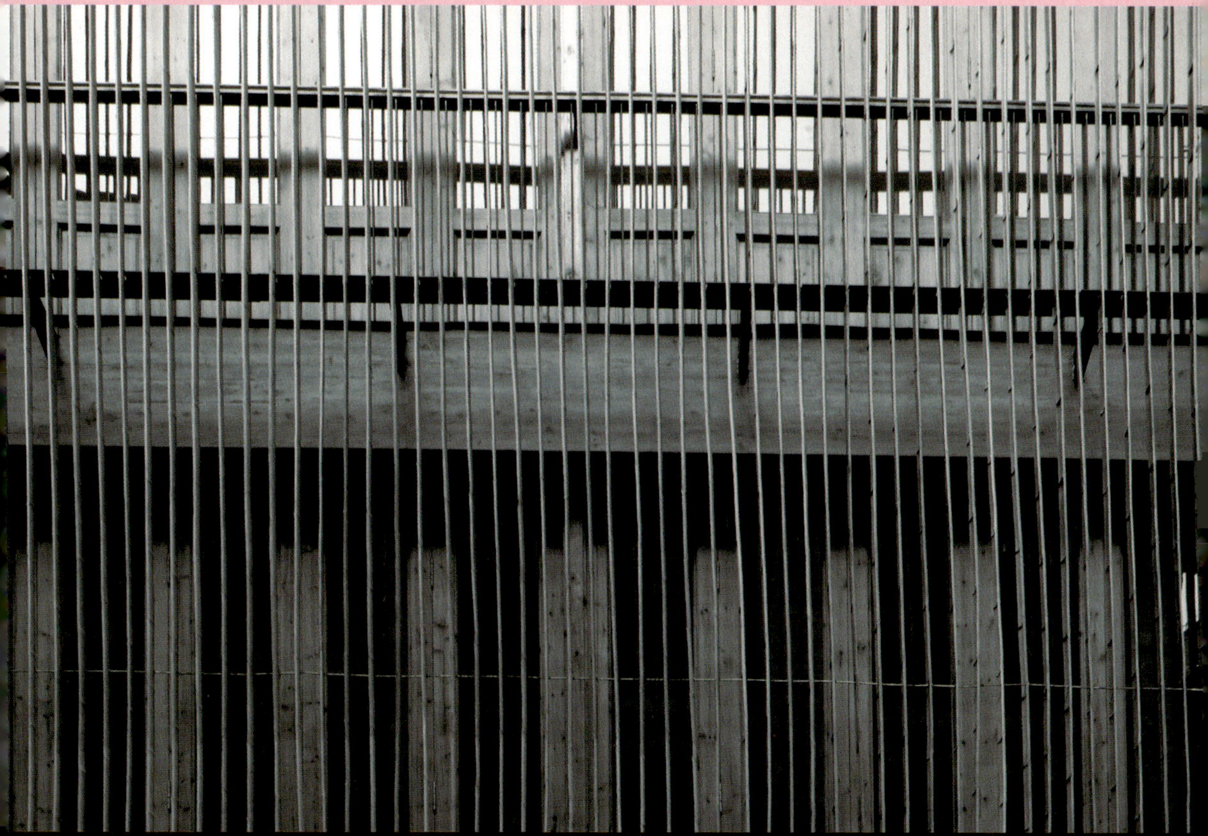

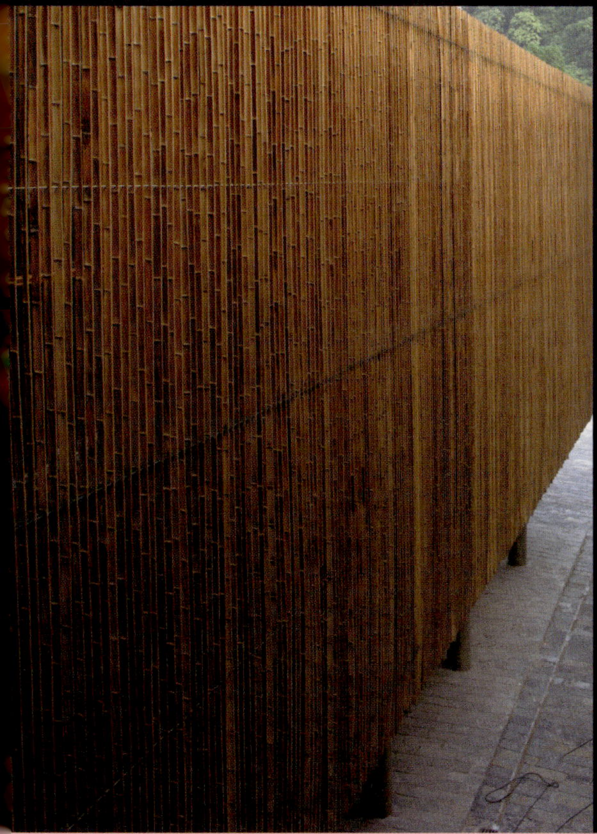

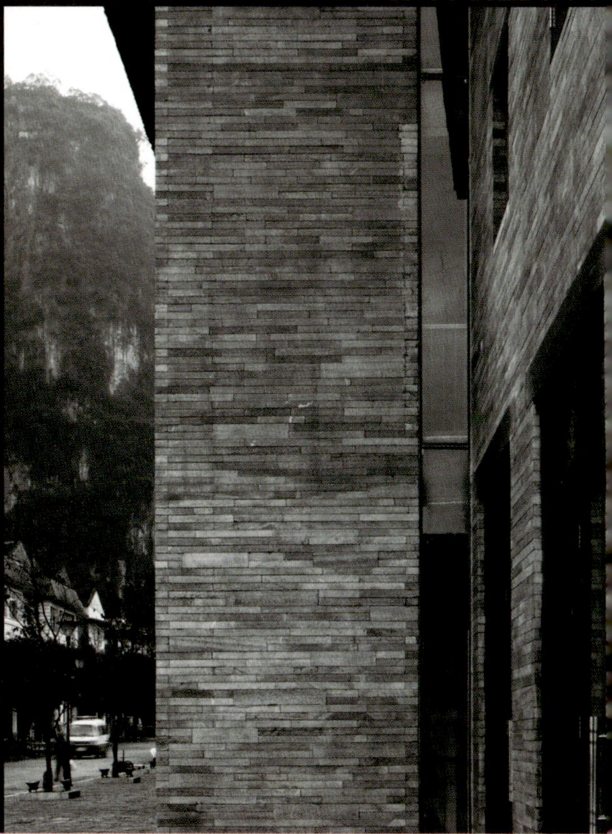

Winkelcomplex Yangshuo — Het complex met winkels op de begane grond en woningen daarboven ligt in het centrum van de kleine toeristenstad Yangshuo. De stad wordt in het oosten begrensd door de Lijiang-rivier, aan de drie overige zijden door bijzondere karstbergen. Aan het ontwerp is eerst een studie naar lokaal materiaalgebruik en bouwtechnieken voorafgegaan. Aangezien de beschikbare locatie te groot bleek voor één gebouw, besloot Standardarchitecture het programma in een aantal kleinere gebouwen met daartussen smalle straten onder te brengen. In de lay-out is rekening gehouden met de lokale traditie om vanuit de belangrijkste stegen zicht te houden op de omliggende bergen, in dit geval op de Groene Lotus-berg en de Drakenhoofd-berg. In dit project heeft Standardarchitecture voornamelijk geëxperimenteerd met de constructiemogelijkheden van lokale materialen. Hiervoor zijn vier materialen gebruikt: een blauwgroene steen, larikshout, kleine zwarte dakpannen en bamboerepen. De experimenteerdrift is het duidelijkst zichtbaar bij de centrale hal. Het gebouw heeft met een scherm van bamboerepen een tweede huid gekregen; de repen staan op enige afstand van elkaar haaks op de muur en geven een zeer bijzonder visueel effect aan de façade.

Yangshuo Shopping Complex — The complex with shops on the ground floor and apartments above is situated in the centre of the small tourist city of Yangshuo. The city is bordered on the East by the Lijiang River, and on the other three sides by unusual karst peaks. The design was preceded by a study of local use of materials and building techniques. Since the available location proved to be too large for a single building, Standardarchitecture decided to incorporate the programme in a number of smaller buildings separated by narrow streets. The layout takes into account the local tradition of maintaining a view of the surrounding peaks — in this case the Green Lotus Mountain and the Dragon's Head Mountain — from the major alleys. Standardarchitecture mainly experimented in this project with the constructional possibilities of local materials. They used four materials for this purpose: a blue-green stone, larch wood, small black roofing tiles, and bamboo strips. The urge to experiment can be seen most clearly in the central hall. The building has been given a second skin with a screen of bamboo strips; they are positioned at a distance from one another and at right angles to the wall to produce a very unusual visual effect on the façade.

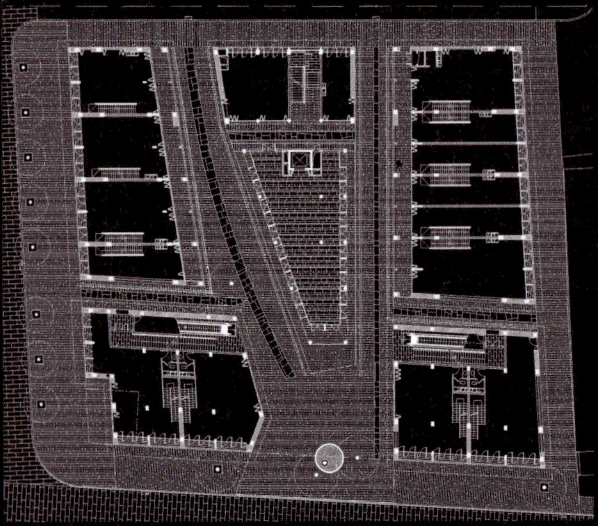

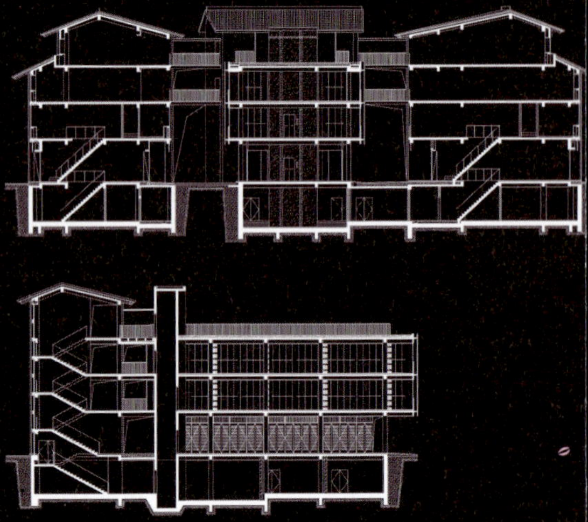

Project: Winkelcomplex Yangshuo/Yangshuo Shopping Complex **Architect:** Standardarchitecture **Locatie/Location:** Yangshuo **Programma/Programme:** Winkels en woningen/Shops and apartments **Ontwerp-Oplevering/Design-Completion:** 2003–2005 **Bouwterrein/Site specifications:** 2.400 m² **Bouwoppervlak/Building surface area:** 6.300 m² **Foto's/Photos:** Chen Su

(links/left) plattegrond/plan

(rechts/right) doorsneden/sections

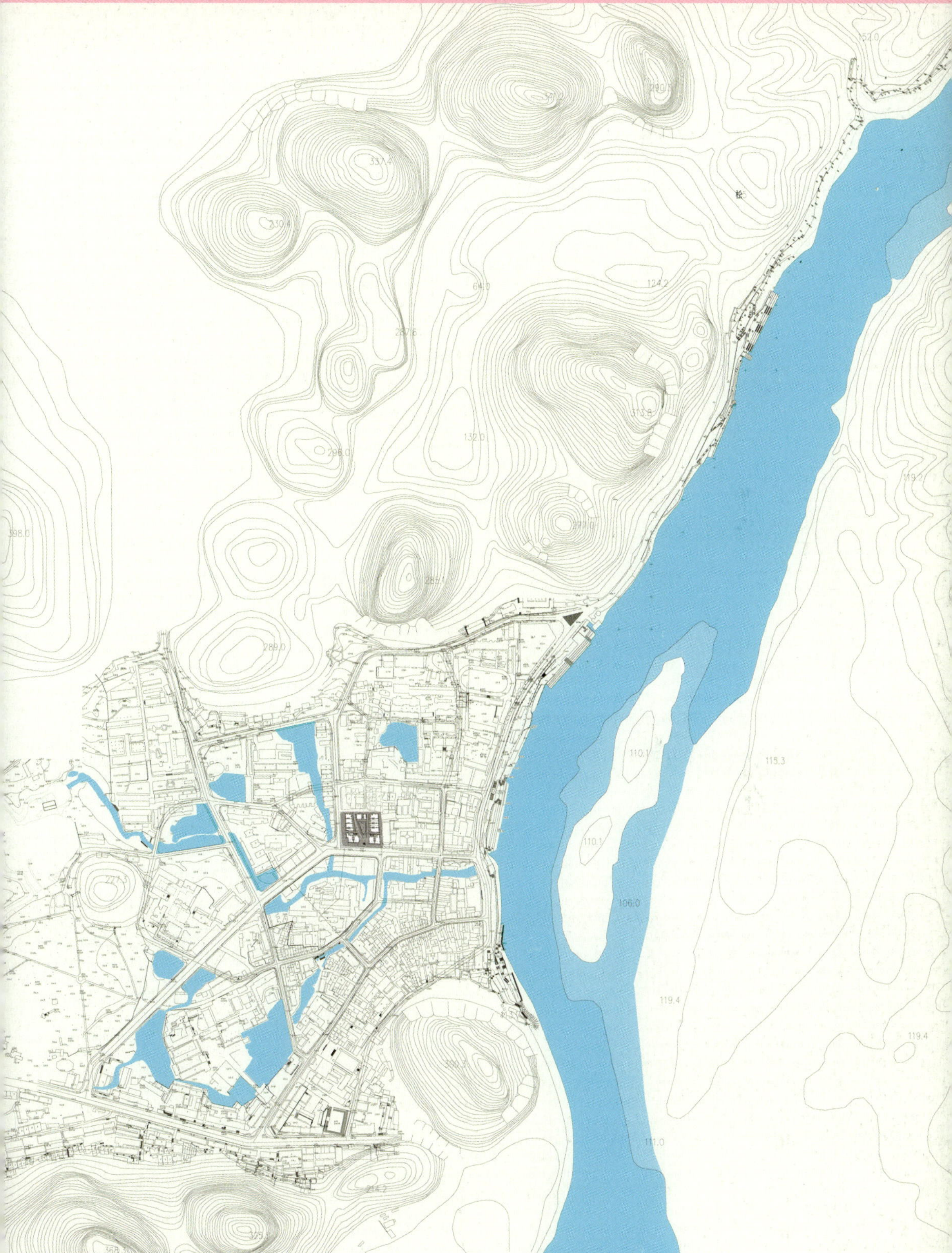

Situatie/Site plan

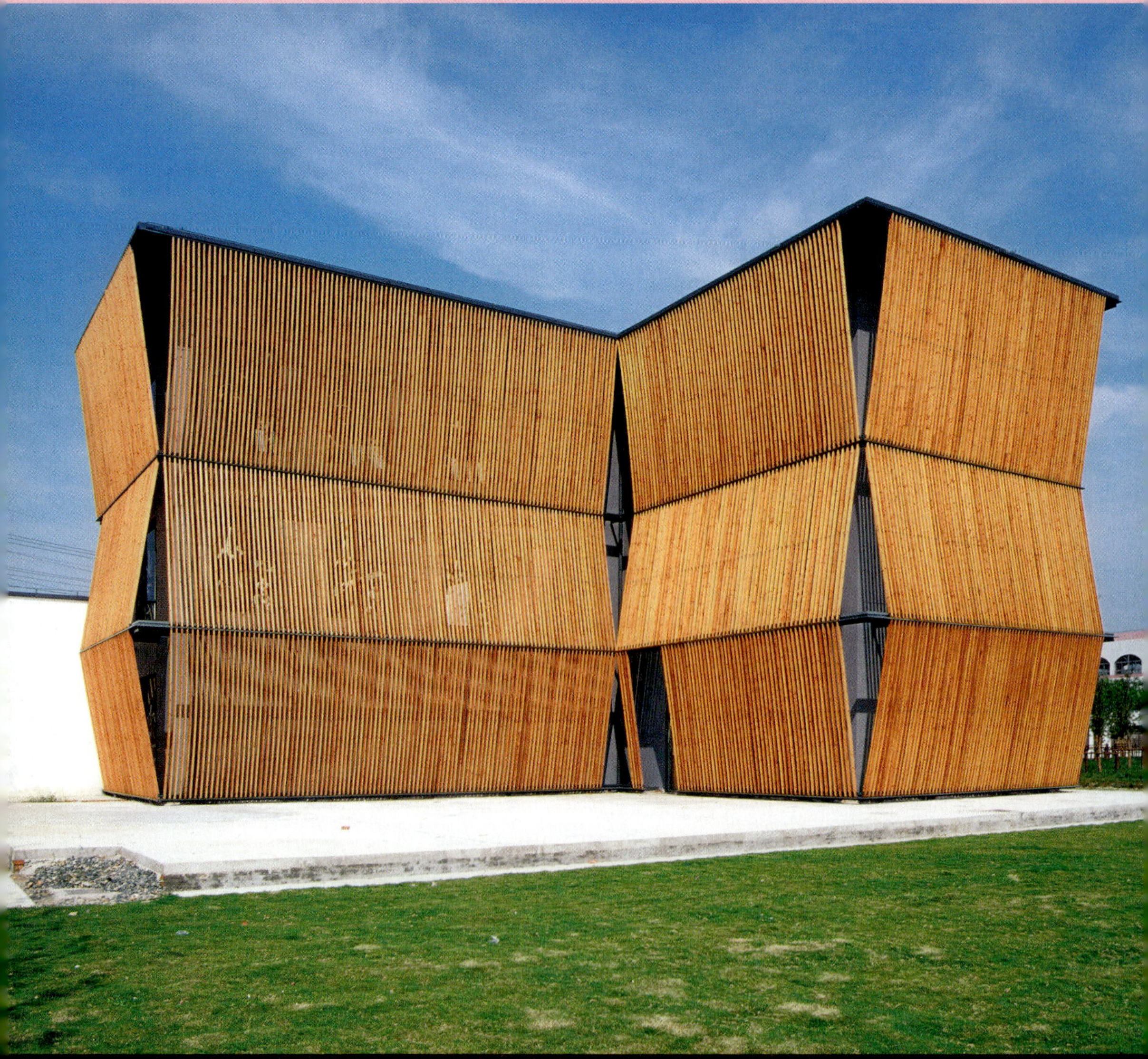

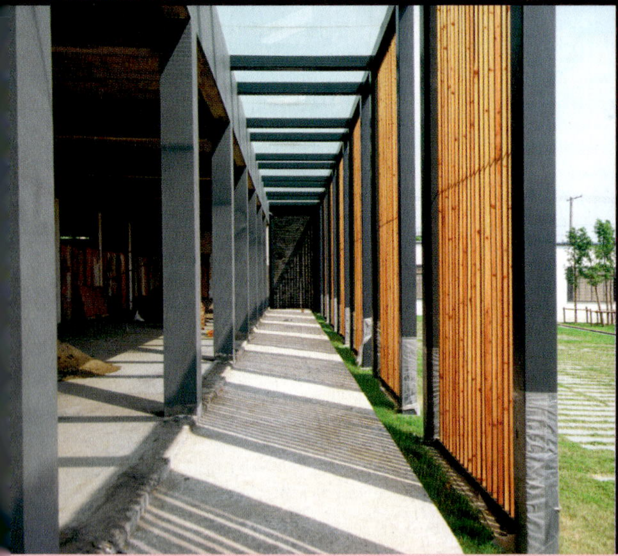

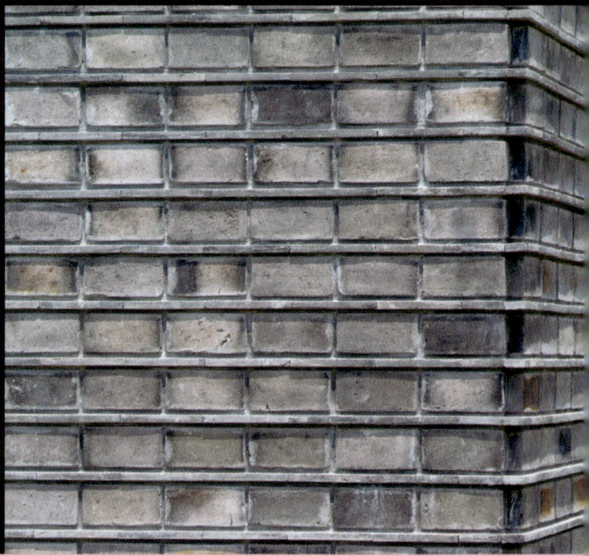

(boven/top) Restaurant
(onder/bottom) Café

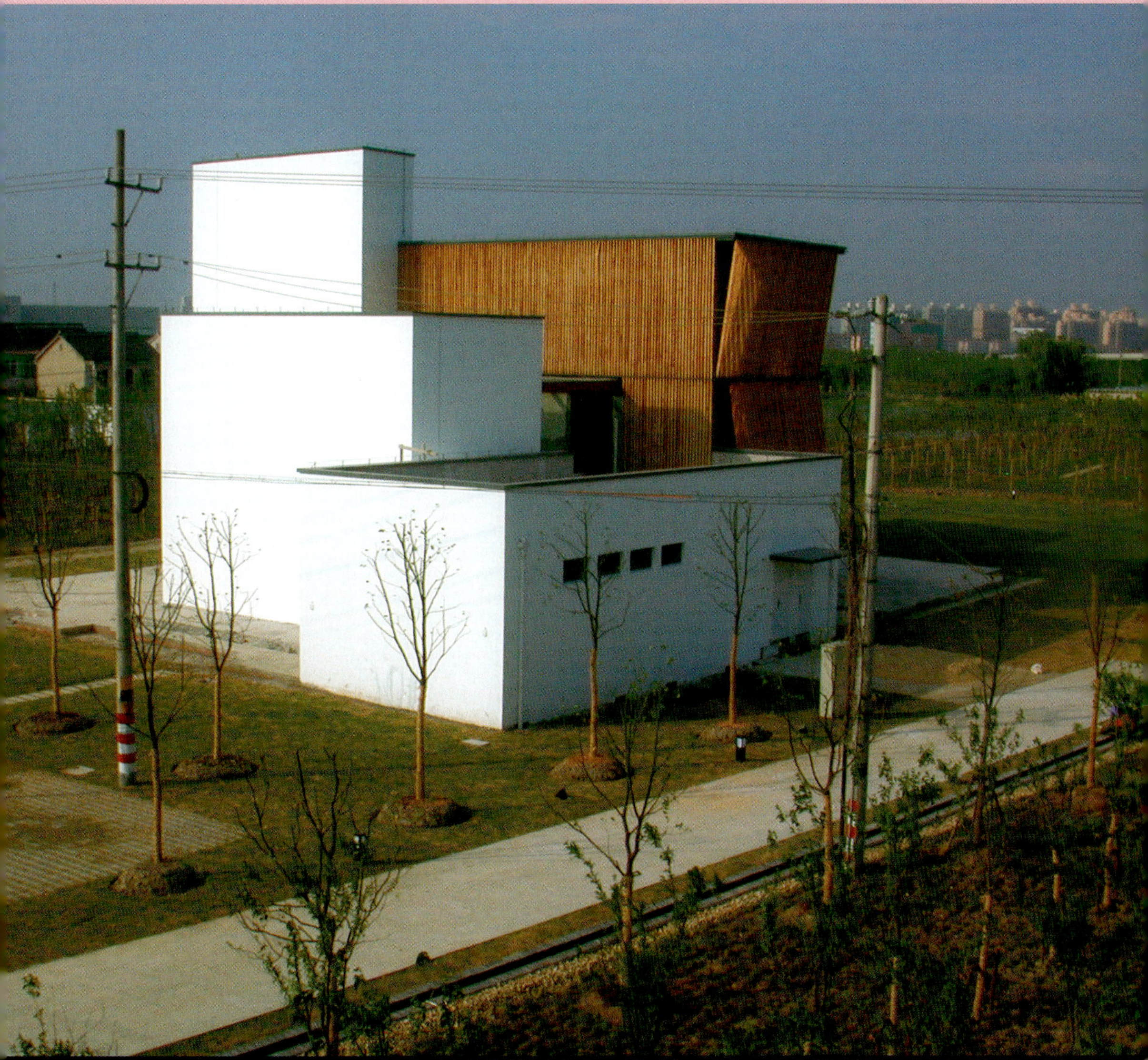

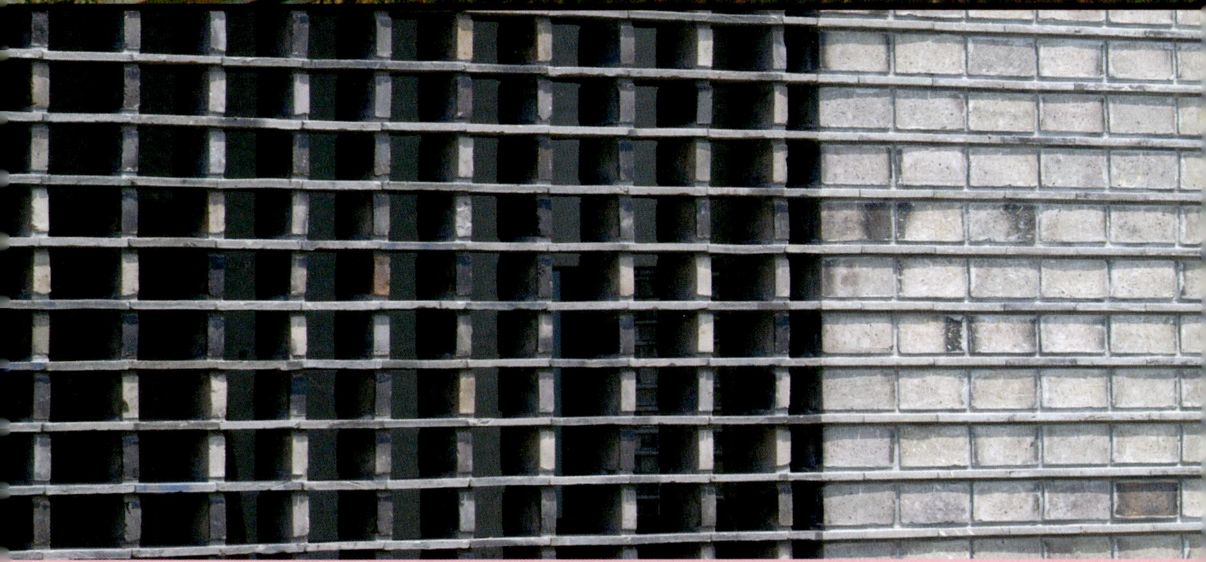

Qing Song Wai Yuan Garden — Naast het ontwerpen van een landschapsplan heeft architect Zhu Xiaofeng in dit project nadrukkelijk met lokale materialen willen experimenteren. Het programma bestond uit het renoveren van twee oude fabrieksgebouwen – waarin ooit gloeilampen zijn geproduceerd – naar een restaurant en een bar. Zhu besloot de volumes van de gebouwen niet te wijzigen, maar zich te concentreren op een transformatie van de façades. De betonnen gevel van het restaurant is aan de oostkant met een scherm van houten latten van reuzenpijnboom omkleed. Bij het bargebouw is eveneens een spannend visueel effect bereikt. Zhu nam voor de nieuwe bekleding twee soorten donkergrijze baksteen van verschillende dikte die veel in de bouw in Zuidoost-China gebruikt worden. De lagen dikke en dunne baksteen wisselen elkaar af in een consequent ritme, waardoor een zeer regelmatig patroon van horizontale lijnen is ontstaan. Een raam van drie bij drie meter is gemaakt door de bredere bakstenen weg te laten en de dunnere stenen gekanteld in te zetten. De hoeken van het gebouw verraden duidelijk de constructiemethode van de bekleding.

Qing Song Wai Yuan Garden — Besides designing a landscape plan, the architect Zhu Xiaofeng has deliberately wanted to experiment with local materials in this project. The programme consisted of the renovation of two old factory buildings — which had been used for the production of electric lights at one time — as a restaurant and a bar. Zhu decided not to alter the volumes of the buildings, but to concentrate on a transformation of the façades. The concrete façade of the restaurant is faced on the East side with a screen of wooden slats made of giant pine. An exciting visual effect has been achieved in the bar building as well. For the new facing, Zhu chose two kinds of dark grey brick of different thicknesses which are used a lot in the building industry in South-East China. The layers of thick and thin brick alternate in a coherent rhythm, resulting in a very regular pattern of horizontal lines. A window (3 x 3 m) has been created by leaving out the wider bricks and placing the thinner ones on their side. The corners of the building make no attempt to hide the construction method of the facing.

Project: Qing Song Wai Yuan Garden **Architect:** Zhu Xiaofeng (Scenic Architecture) **Locatie/Location:** Shanghai **Programma/Programme:** Restaurant, bar en landschapsplan/Restaurant, bar and landscape plan **Ontwerp-Oplevering/ Design-Completion:** 2004–2005 **Bouwterrein/Site specifications:** 30.000 m² **Bouwoppervlak/Building surface area:** 1.603 m² **Foto's/Photos:** Shen Zhonghai

Zhu Xiaofeng (Scenic Architecture), Shanghai (1972)
Opleiding/Education: MArch Harvard University 1999; BArch Shenzhen University 1994 **Oprichting bureau/Start of practice:** 2004 **Bureau/Practice:** Particuliere onderneming/Private office **Medewerkers/Members of staff:** 7 **Gerealiseerde projecten/Completed projects:** 2 **Projecten in aanbouw/Projects under construction:** 4 **Aantal prijsvragen/ Number of competitions:** 1 **Aantal ontworpen projecten/Number of designed projects:** 18 **Website:** under construction

MEWE — MEWE in Beijing is een grafisch ontwerpcollectief, ofwel een 'wij' samengesteld uit een meervoudige 'mij'. Liu Zhizhi (1975), G.Y. of Guang Yu (1977) en He Jun (1977) richten MEWE in 2002 op, kort na hun afstuderen aan de CAFA (Central Academy of Fine Arts) in Beijing. Typerend voor hun werk is een conceptuele benadering die verbonden is met de Chinese kalligrafische en filosofische traditie. Beeld en stijl zijn minder belangrijk dan innerlijke logica en conceptuele verfijning, waaruit een terughoudende vormgeving ontstaat. Ze noemen hun aanpak 'een beredeneerd proces waarin ze met wijsheid alles op de juiste plaats zetten'. MEWE wil het landschap van de grafische vormgeving in China blijvend veranderen. De opdrachten komen uit de wereld van beeldende kunst, vormgeving, architectuur, muziek en letteren.

Enkele voorbeelden. De poster 'reversed*replicated' van Liu Zhizhi's project 'white_history' (2003) bevat een Engelstalig citaat uit **Alice in Wonderland/Through the Looking Glass** over een gespiegelde wereld. Het is afgebeeld als doordruk van carbonpapier, samen met het blauwe 'negatief'. De verklarende tekst vergelijkt de 'witte' sporen van de originele tekst in het carbonpapier met de geschiedenis, die de omgekeerde waarheid vertelt. De blanco stukjes in het blauw herinneren ons aan het ware verhaal. De huisstijl voor de Shenzhen architectuurbiënnale (2005) van G.Y. bestaat uit velden van geabstraheerde Chinese karakters, die respectievelijk 'catalogus', 'tas', 'cd-rom', 'envelop', etc. betekenen. De kleine zwarte en witte blokjes verhouden zich tot het grote geheel als architectuur tot de stad. In G.Y.'s 'nowbeijing'-posterproject (2005) is alles grijs of gerasterd omdat in Beijing alles grijs is: de lucht, de straat, de mensen. De 'Adidas- en Nike-stickerposters' van He Jun zijn geïnspireerd door de 'Made in China'-imitatiecultuur van beroemde merken. Ze verwijzen naar de plakkers waarmee fakelogo's van sportschoenen worden afgedekt op de beroemde 'silk market' van Beijing, om inspectie te voorkomen. De truc is zo doorzichtig dat niemand erin trapt en toont volgens He Jun de beschamende omgang met internationale merken in China.

MEWE — MEWE in Beijing is a graphic design collective – a 'we' made up of a number of 'me's. Liu Zhizhi (1975), G.Y. or Guang Yu (1977) and He Jun (1977) set up MEWE in 2002, soon after graduating from the CAFA (Central Academy of Fine Arts) in Beijing. Their work is characterized by a conceptual approach that draws on the Chinese calligraphic and philosophical tradition. Image and style are less important than inner logic and conceptual refinement. The result is a reticent design. They call their approach 'a carefully thought out process in which we astutely put everything in the right place'. Their clients are to be found in the world of fine art, design, architecture, music and literature.

To take a few examples: the poster 'reversed*replicated' from Liu Zhizhi's project 'white_history' (2003) contains a quotation in English from **Alice in Wonderland/Through the Looking Glass** about a mirror image of the world. It is represented as a carbon paper copy, together with the blue 'negative'. The explanatory comments compare the 'white' traces of the original text in the carbon paper with history, which tells the truth in reverse. The white patches in the blue remind us of the true story. G.Y.'s house-style for the Shenzhen architecture biennale (2005) consists of fields of stylized Chinese characters standing for 'catalogue', 'bag', 'CD-ROM', 'envelope', etc. The relation between the small black and white blocks and the large whole is like that between architecture and the city. Everything in G.Y.'s 'nowbeijing' poster project (2005) is grey or half-tone because everything in Beijing is grey: the air, the street, the people. The 'Adidas and Nike sticker posters' by He Jun are inspired by the 'Made in China' imitation culture of famous brands. They refer to the stickers used to cover the fake logos of sports shoes on the famous silk market of Beijing to prevent inspection. The trick is so transparent that nobody is taken in. For He Jun it shows the disgraceful way in which international brands are treated in China.

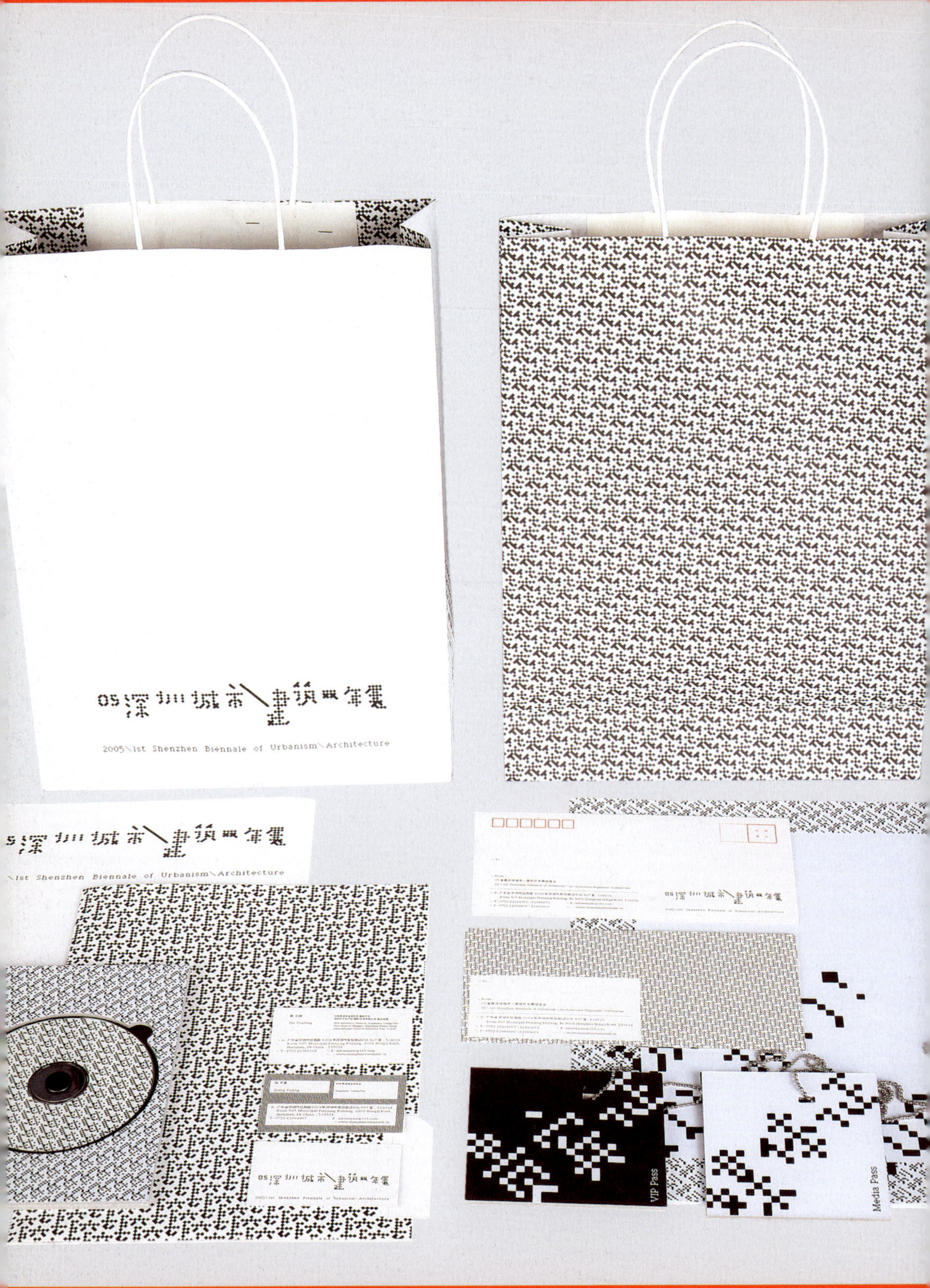

G.Y., huisstijl Shenzhen Biënnale voor Architectuur & Stedenbouw/Visual identification system for Shenzhen Biennale of Urbanism & Architecture, 2005

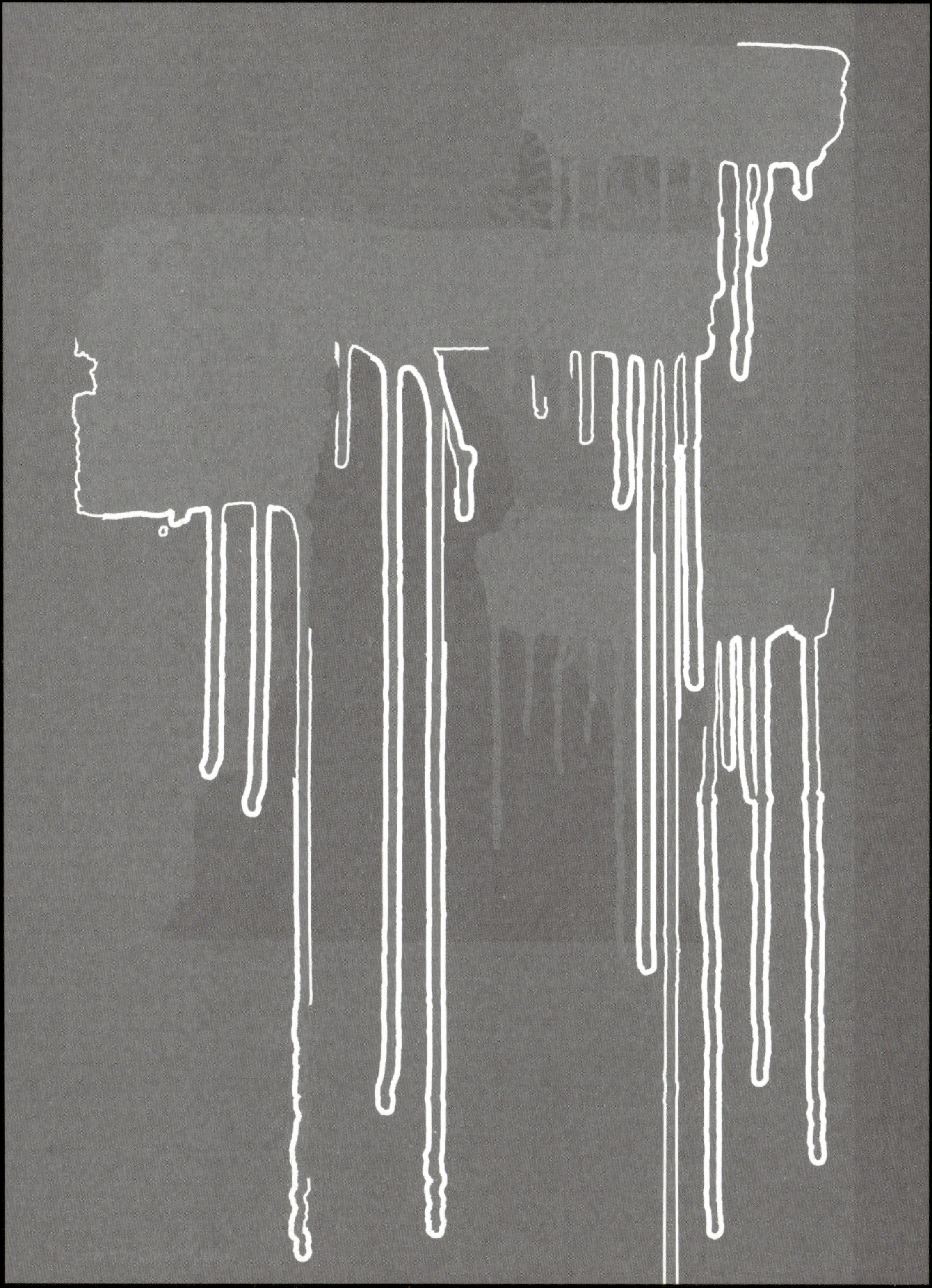

G.Y., Nowbeijing, poster voor tentoonstelling/poster for exhibition 'Graphic Design in China', 2005

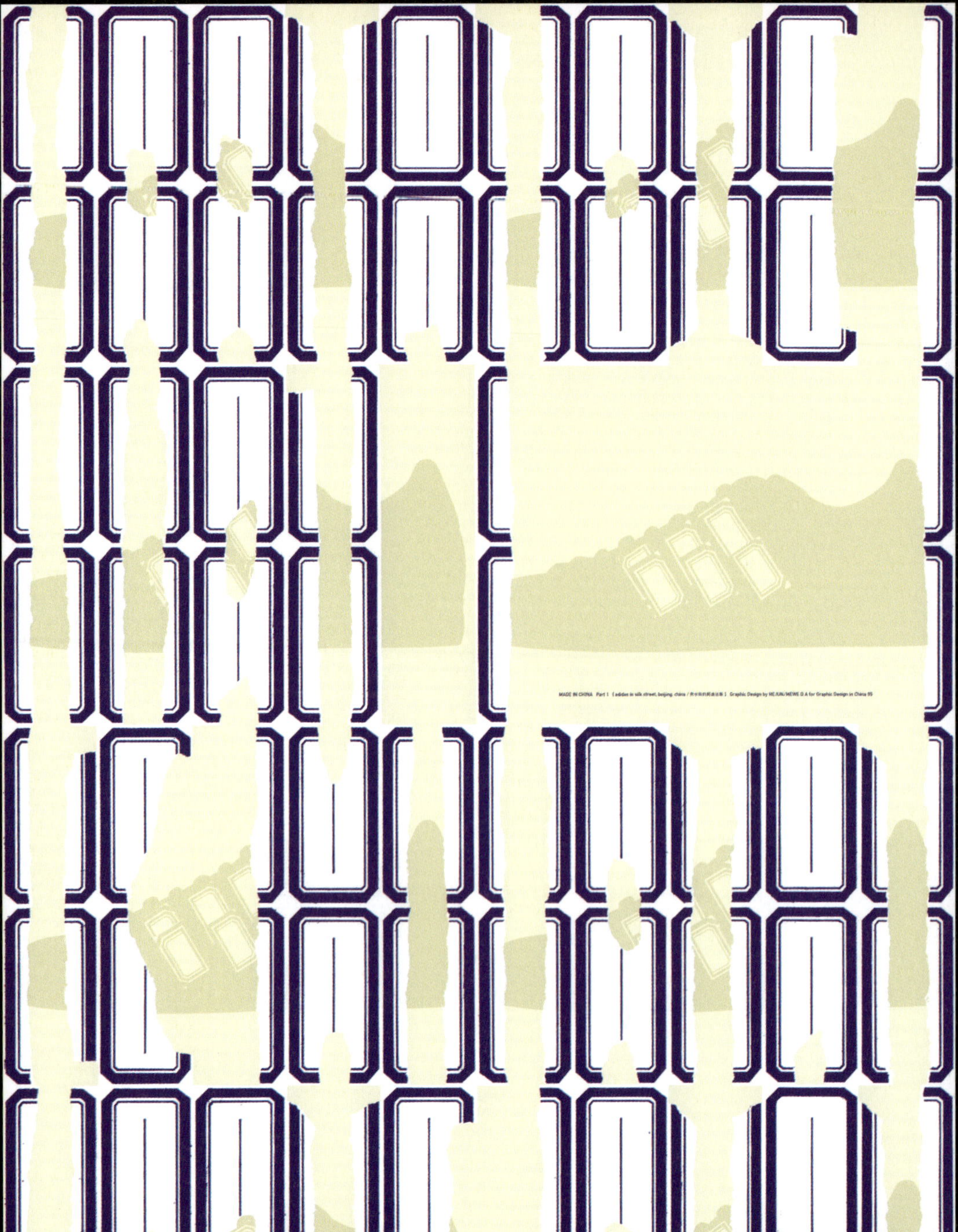

He Jun, Adidas, poster voor tentoonstelling/poster for exhibition 'Graphic Design in China', 2005

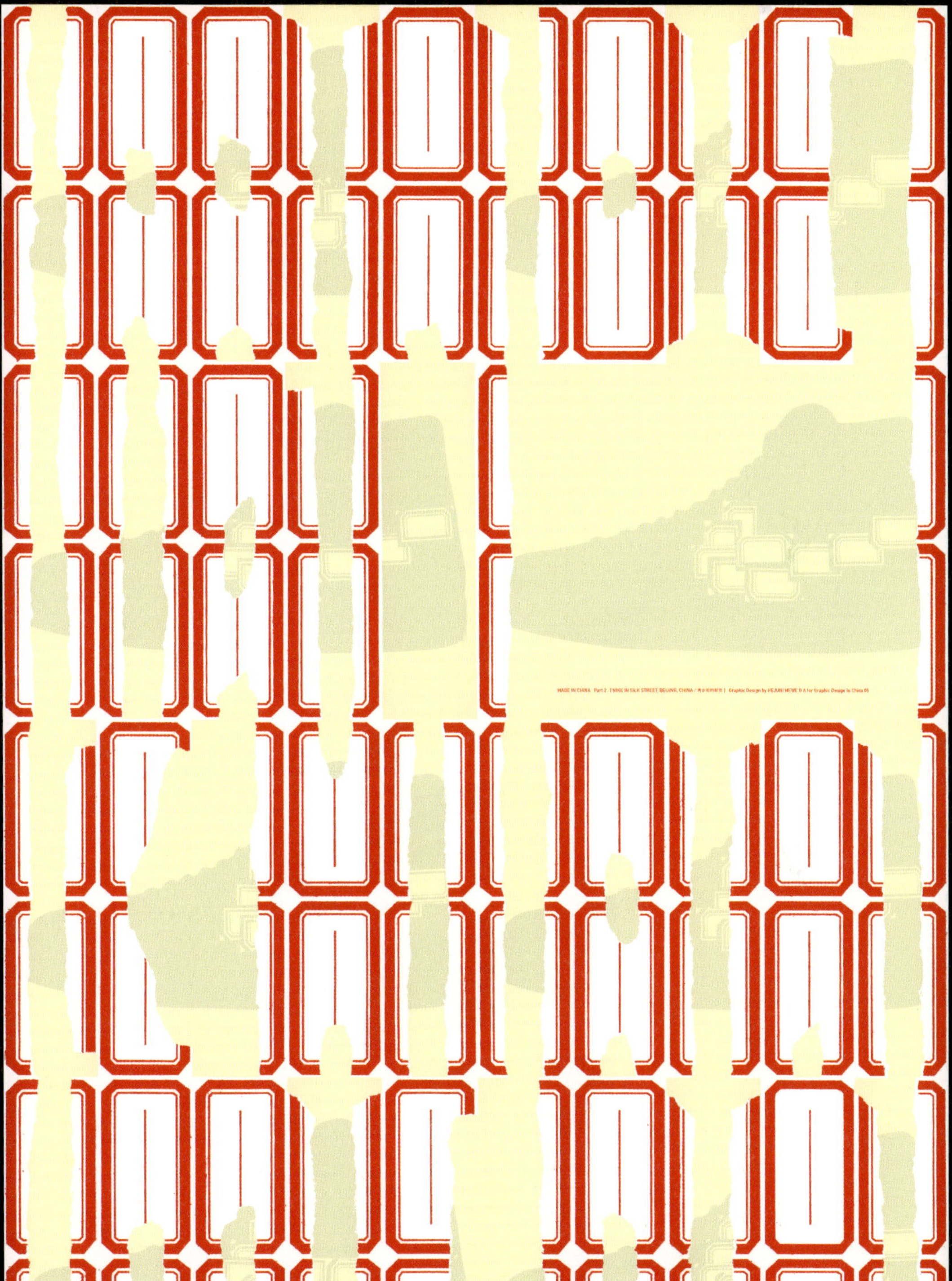

He Jun, Nike, poster voor tentoonstelling/poster for exhibition 'Graphic Design in China', 2005

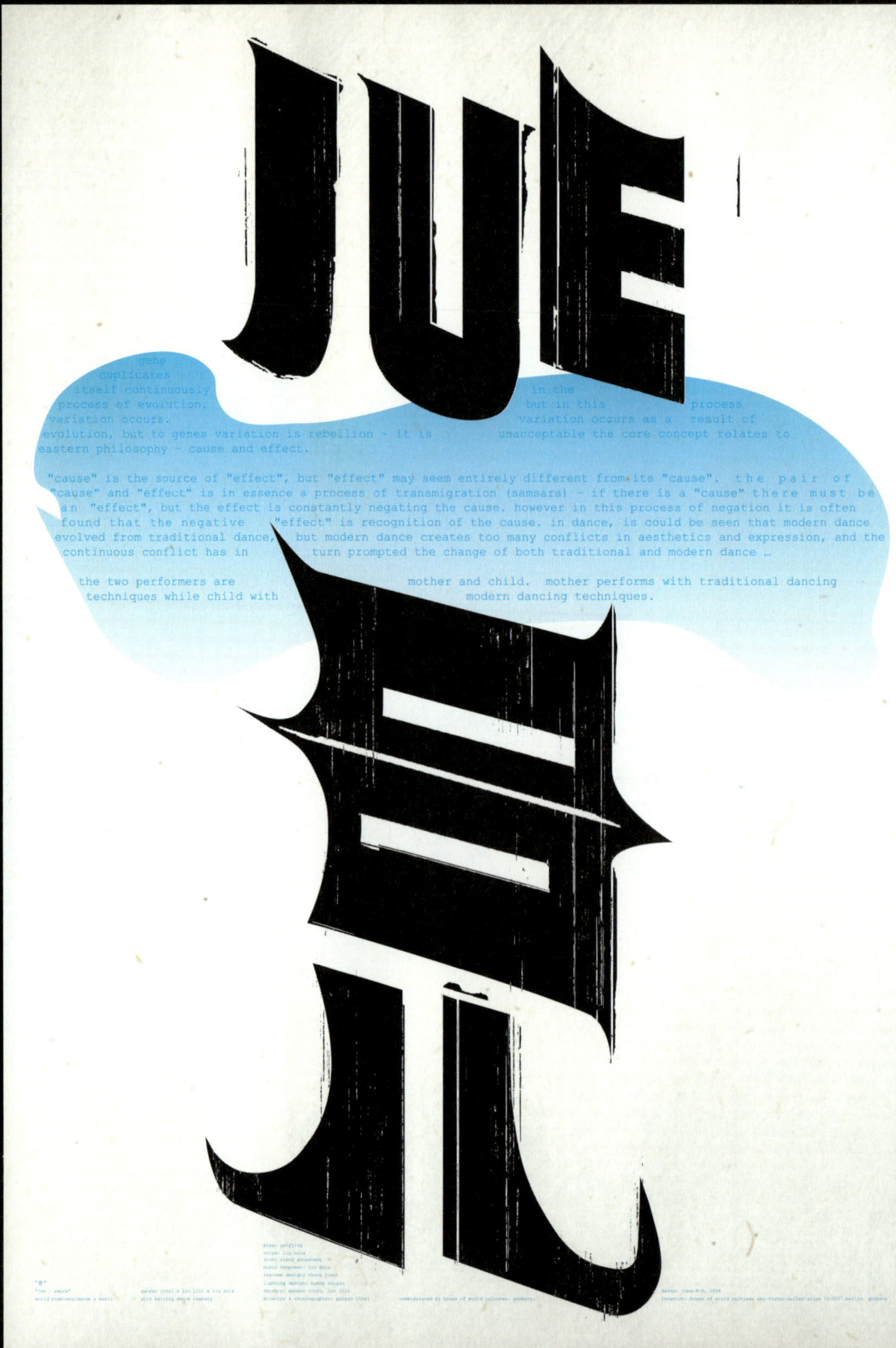

Liu Zhizhi, Jue (Ontwaken/Awakening), poster voor optreden/poster for performance Beijing Modern Dance Company, Haus der Kulturen der Welt, Berlin, 2004

Liu Zhizhi, White History – reversed*replicated, 2003

Urban China — Het sinds eind 2004 verschijnende tijdschrift **Urban China** is te beschouwen als een doorlopend onderzoeksproject naar de stedelijke en maatschappelijke transformatie van China. Hoofdredacteur en vormgever van het blad is de architect Jiang Jun (1974). De redactie opereert vanuit een klein appartement op de campus van de Tongji Universiteit in Shanghai en heeft nauwe banden met het stedenbouwkundig instituut van de universiteit, lokale en centrale overheden en projectontwikkelaars. Het blad werkt samen met partners als MAP office in Hong Kong, AMO in Rotterdam, MEWE grafisch ontwerpers in Beijing en Underline Office in Guangzhou. Dit laatste bureau, in 2003 door Jiang Jun opgericht, bezit een immens beeldarchief en valt deels samen met de redactie van **Urban China**.

Urban China is eigengereid, analytisch, buitengewoon kritisch en heeft een thematische opzet. '2010' verkent het China van na de Olympische Spelen in Beijing en tijdens de Shanghai wereldexpo, als een reeks megalomane projecten zal zijn afgerond, en trekt de vergelijking met sciencefictionfilm en literatuur. 'Urban Review' registreert wat in China verdwijnt door de modernisering en explosieve verstedelijking: niet alleen oude arbeiderswijken, traditionele architectuur en grote delen van het platteland, maar ook kleding, speelgoed, gereedschap, huishoudelijk gerei en beroepen als telefoniste en loodzetter. 'We Make Cities' kijkt kritisch naar de Chinese planningspolitiek: kortetermijndenken, fixatie op geldelijk gewin, corruptie, slechte smaak, eenvormigheid, destructie. 'Made in China' verkent de relatie tussen de wereldmarkt en de industrie op het Chinese platteland, waar complete steden en dorpen aan één product zijn gewijd.

In deze publicatie is een selectie te zien uit het beeldarchief van **Urban China** die de mengeling van boodschappen in het Chinese straatbeeld documenteert: billboards van Chinese en buitenlandse merken, overheidsslogans over stadsontwikkeling, geboortebeperking, gezondheid, veiligheid, onderwijs en een 'harmonieuze samenleving', naast individuele boodschappen van burgers. Deze laatste verraden een actieve kleinschalige economie. De kaartjes in de metro, stickers op de muren en handgeschreven krabbels met telefoonnummers op straat maken reclame voor privé-detectives, vervalste persoonsbewijzen of massage van allerlei allooi. Maar soms bevat zo'n zelfgekrabbelde boodschap op straat ook een liefdesverklaring, of een uiting van verlangen naar een andere wereld.

Urban China — The magazine **Urban China**, which first came out at the end of 2004, can be regarded as an ongoing research project on the urban and social transformation of China. The editor-in-chief and designer of the magazine is the architect Jiang Jun (1974). The editorial team operate from a small apartment on the campus of Tongji University in Shanghai and have close links with the urban development institute of the university, local and central government, and project developers. The magazine works with such partners as MAP office in Hong Kong, AMO in Rotterdam, MEWE graphic designers in Beijing, and Underline Office in Guangzhou. Underline Office, which Jiang Jun established in 2003, has a huge image bank, and some of its members are on the editorial team of **Urban China**.

Urban China is idiosyncratic, analytical, extremely critical, and has a thematic organization. '2010' explores China after the Olympic Games in Beijing and during the Shanghai world exposition, when a series of megalomaniac projects will have been completed, and makes the comparison with science fiction film and literature. 'Urban Review' registers what is disappearing in China as a result of modernization and explosive urbanization: not just former working-class neighbourhoods, traditional architecture and large tracts of the countryside, but also clothing, toys, tools, domestic appliances, and such professions as telephonist or typesetter. 'We Make Cities' takes a critical look at Chinese planning policy: short-term thinking, fixation on profits, corruption, bad taste, uniformity, destruction. 'Made in China' explores the relation between the world market and the industry in the Chinese countryside, where whole towns and villages are devoted to a single product.

This publication presents a selection from the **Urban China** image bank that documents the mixture of messages in Chinese street life: billboards of Chinese and foreign brands, government slogans about urban development, family planning, health, safety, education, and a 'harmonious society', as well as individual messages from citizens. The latter betray an active small-scale economy. The cards in the metro, stickers on the walls and handwritten messages with telephone numbers in the street advertise private detectives, forged personal documents, or all kinds of massage. But sometimes a handwritten message in the street is a declaration of love or an expression of longing for a different world.

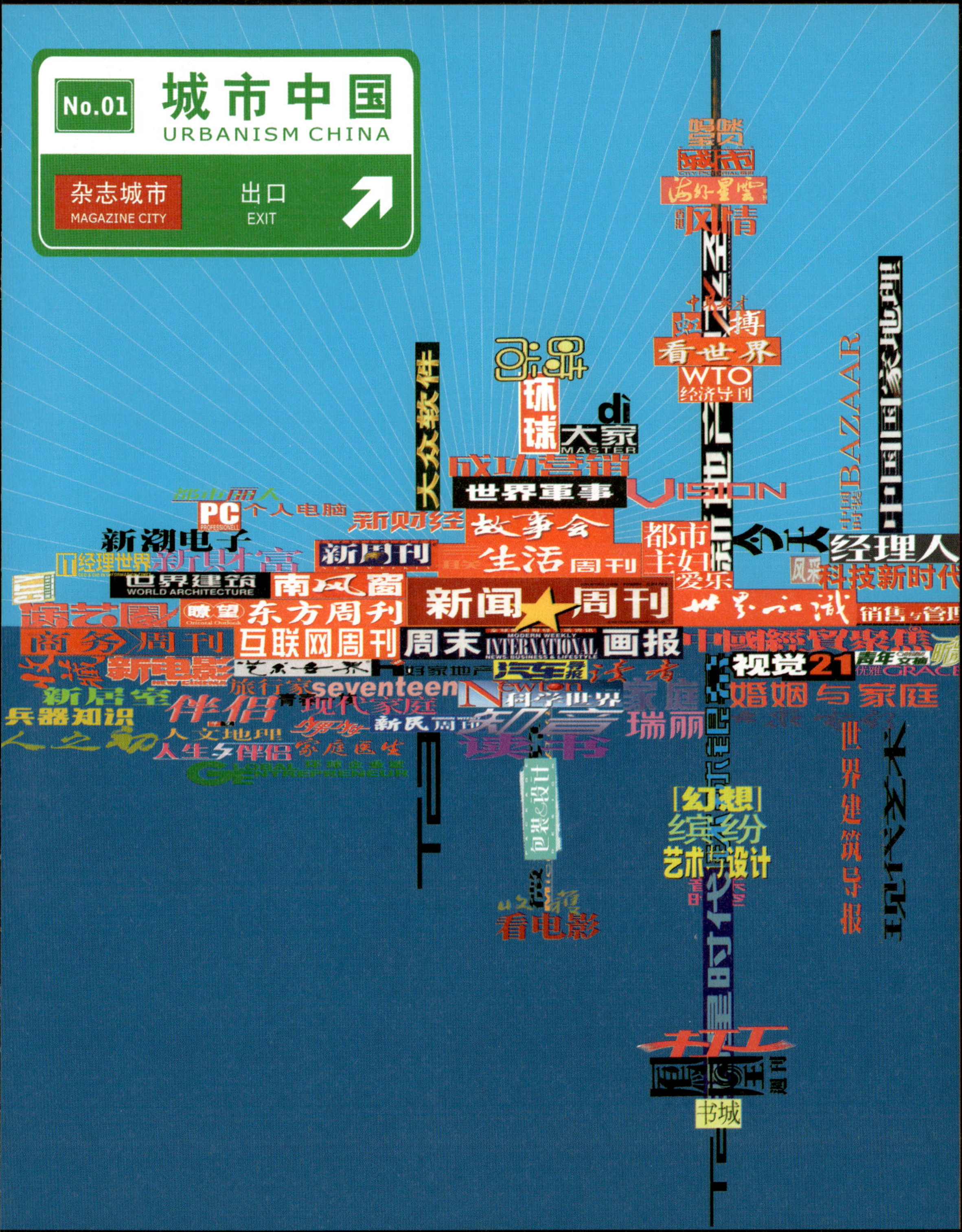

Urban China #01 Magazine City, 2004, cover

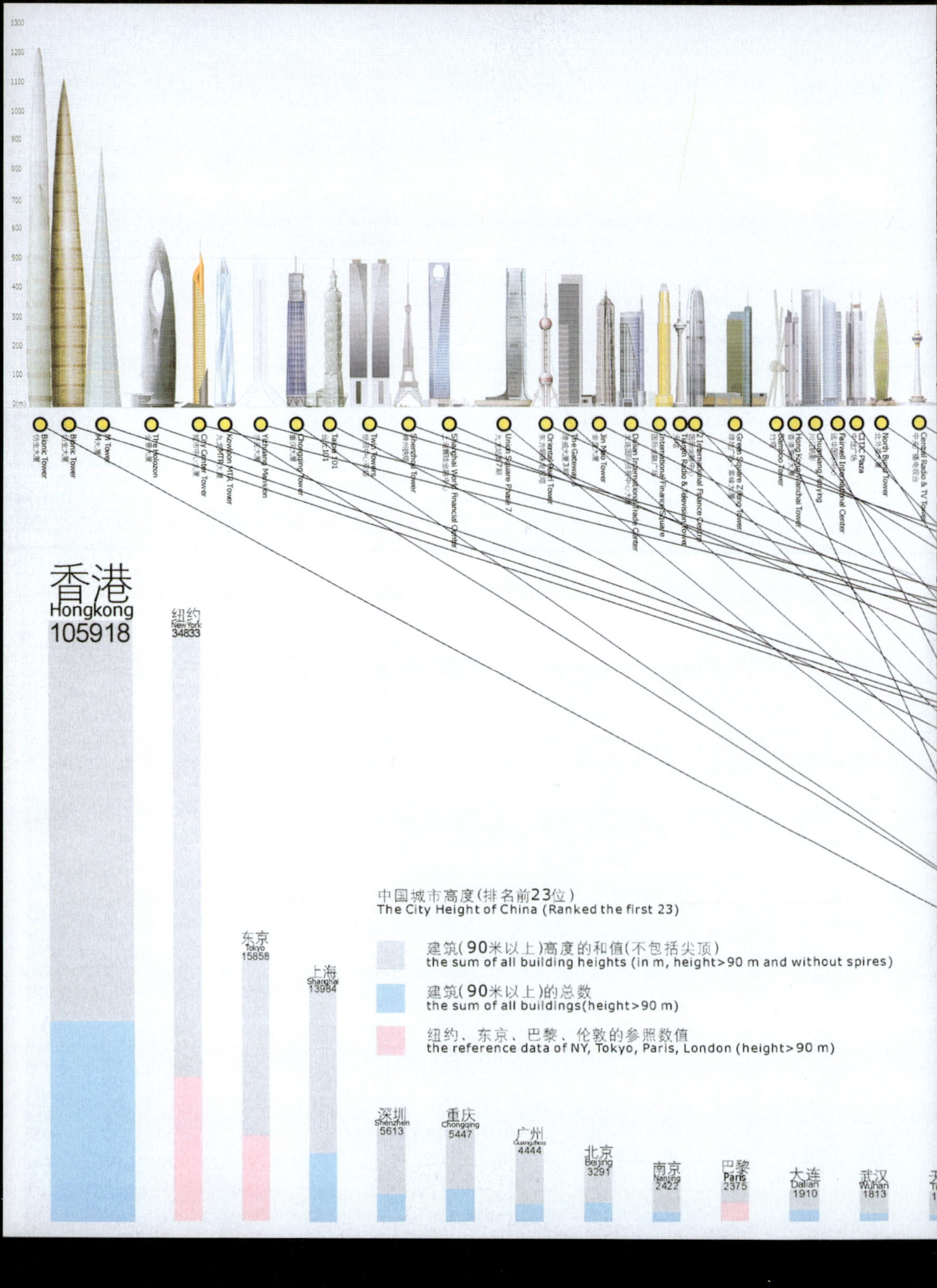
Bionic Tower
Bionic Tower
M Tower
The Holozon
City Center Tower
Kowloon MTR Tower
Yizhang Mansion
Chongqing Tower
Taipei 101
Twin Towers
Shenzhou Tower
Shanghai World Financial Center
Union Square Phase 7
Oriental Pearl Tower
The Gateway
Jin Mao Tower
Dalian International Trade Center
International Finance Square
Tianjin Radio & Television Tower
2 International Finance Centre
Green Square Zifeng Tower
Bamboo Tower
Hong Kong Wandhai Tower
Chuangjiang Feiying
Fairwell International Center
CITIC Plaza
North Bund Tower
Central Radio & TV Tower
香港
Hongkong
105918
纽约
New York
34833
东京
Tokyo
15858
上海
Shanghai
13984
深圳
Shenzhen
5613
重庆
Chongqing
5447
广州
Guangzhou
4444
北京
Beijing
3291
南京
Nanjing
2422
巴黎
Paris
2375
大连
Dalian
1910
武汉
Wuhan
1813
中国城市高度(排名前23位)
The City Height of China (Ranked the first 23)
建筑(90米以上)高度的和值(不包括尖顶)
the sum of all building heights (in m, height>90 m and without spires)
建筑(90米以上)的总数
the sum of all buildings(height>90 m)
纽约、东京、巴黎、伦敦的参照数值
the reference data of NY, Tokyo, Paris, London (height>90 m)

>>>2010 中国:摩天天际线

[2010 China: Skycraping Skyline]

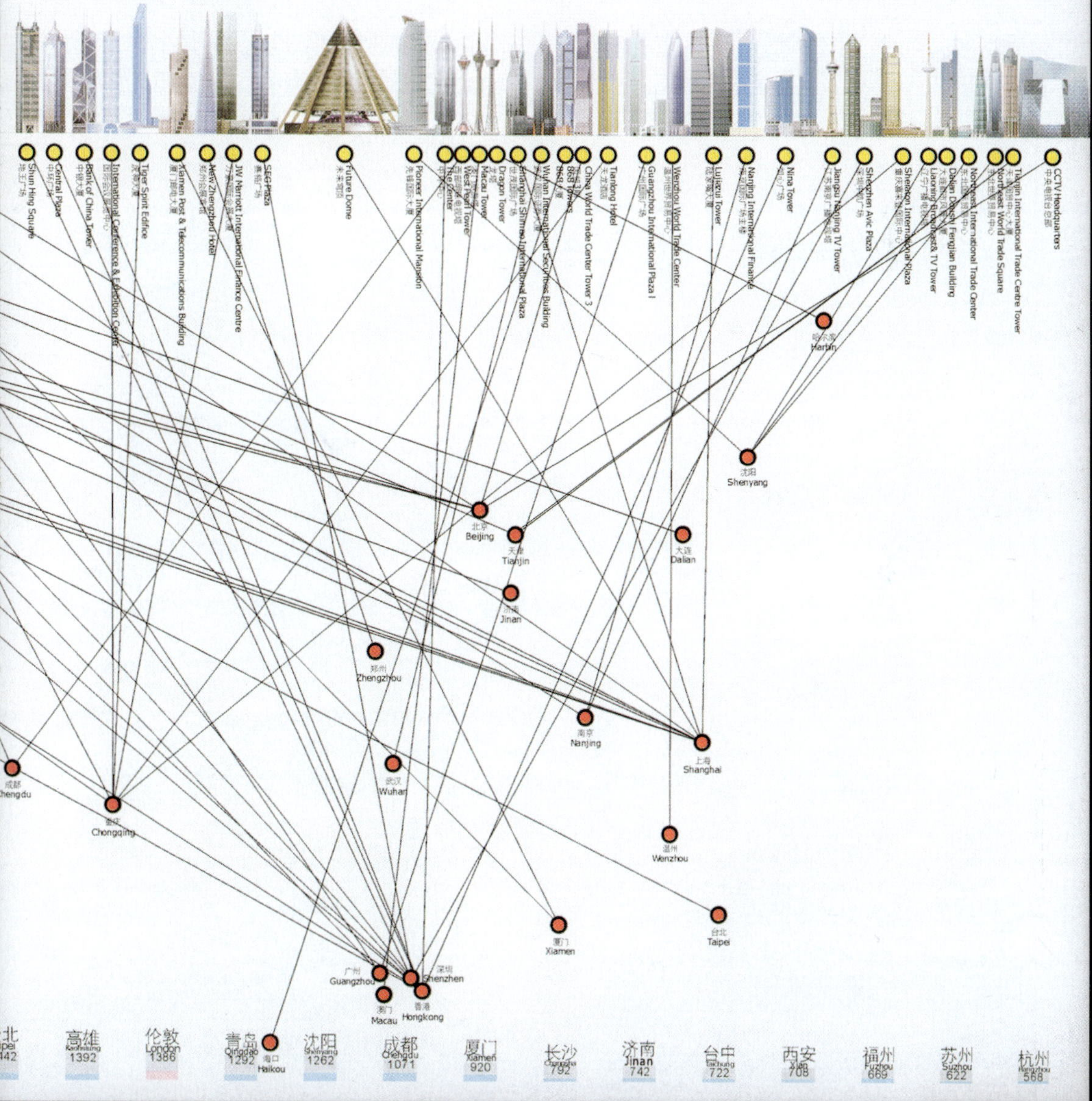

之前 / 之后 1- 上海

[Before/After1-Shanghai]

摄影：徐喜先(之前)/ 徐建荣(之后)

[Photograph: Xu Xixian(Before)/Xu Jianrong(After)]

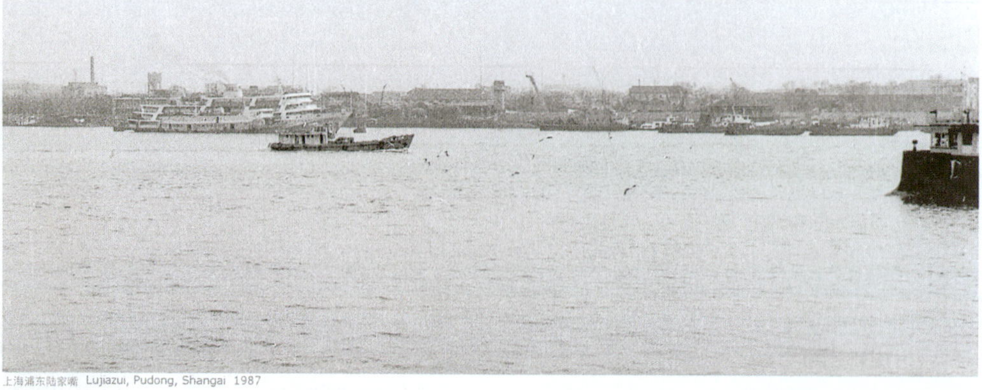

上海浦东陆家嘴 Lujiazui, Pudong, Shangai 1987

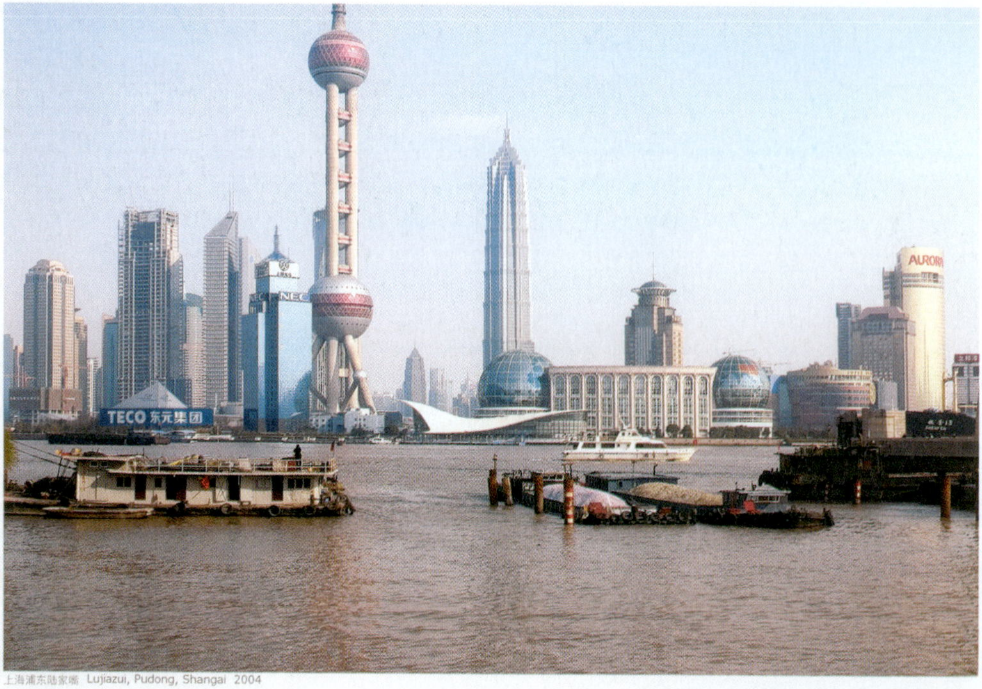

4

上海浦东陆家嘴 Lujiazui, Pudong, Shangai 2004

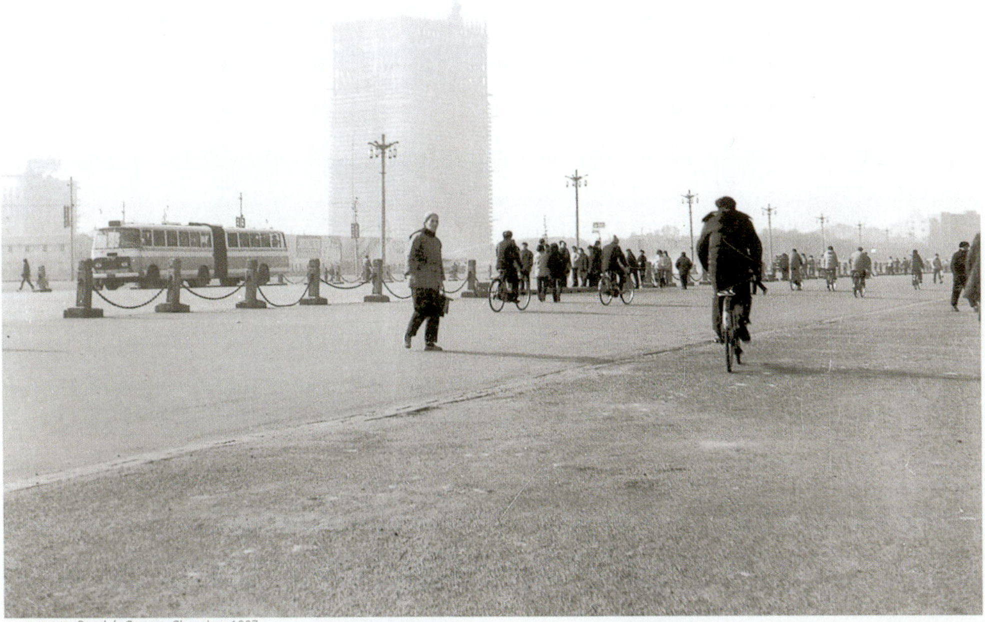

上海人民广场 People's Square, Shanghai 1987

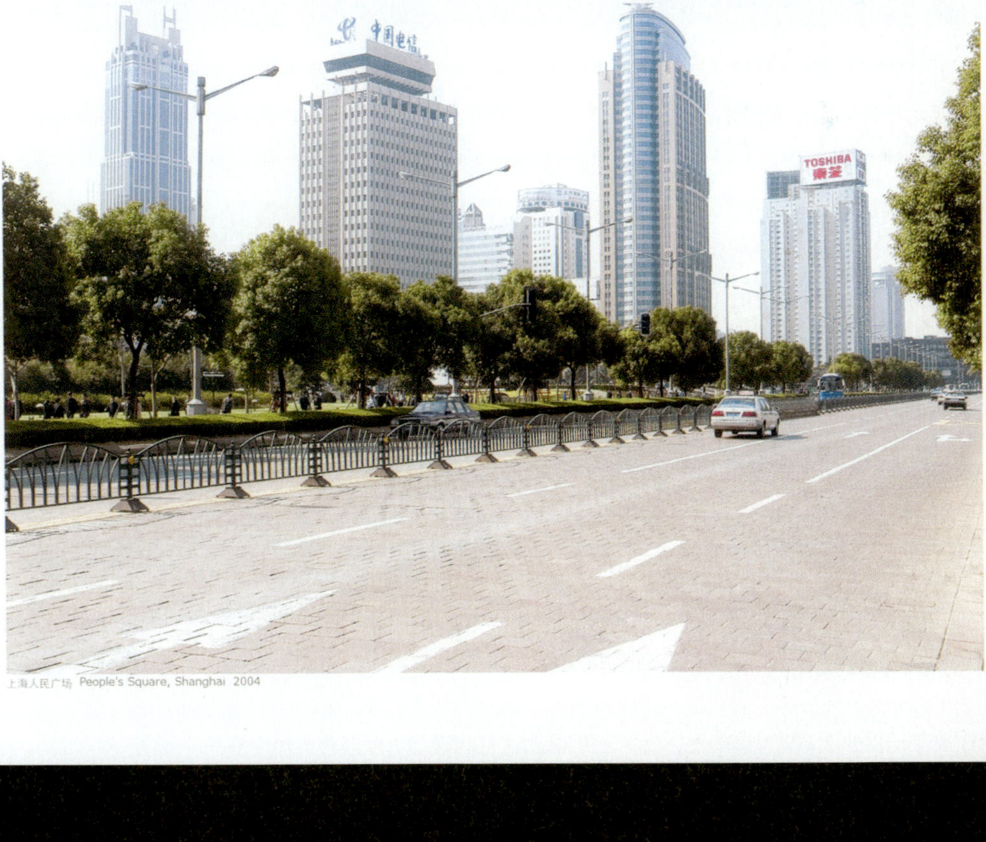

上海人民广场 People's Square, Shanghai 2004

5

5-2-4[Deconstructing]

拆建

当建筑比它所占据的地块更廉价时，就有可能被拆除，并重建起与地价相匹配的建筑。

在以拆建方式进行的造城中，对建筑及其所占地块的价值评估通常会涉及两种不同的价值观：一种是经济学，一种是考古学；由于二者评价的分别是建筑的有形价值和无形价值，当建筑在经济学上毫无价值，同时又是考古学上的文物时，矛盾就会发生；如果城市无法对二者的评价加以协调，矛盾通常就会以拆建而告终：在一个利益至上的社会，这是有形价值对无形价值的胜利。

"拆"与"建"是城市自我更新的辩证法，是城市对建筑价值的裁判；它质疑了建筑的恒久性，将城市的临时和无常赋予给建筑的凝固与不变；它用契约的方式为建筑标明有效期，在这一既定的时期内考核建筑的价值；它强调土地胜过强调建筑；它宁愿用更新的方式去解决新的问题，而不是高成本地维持一个旧的僵局；拆建以建筑的生老病死换来了城市试验的自由，它以不断抹去重写的方式证明：建筑只是城市能量转化中的一个过程与片段。

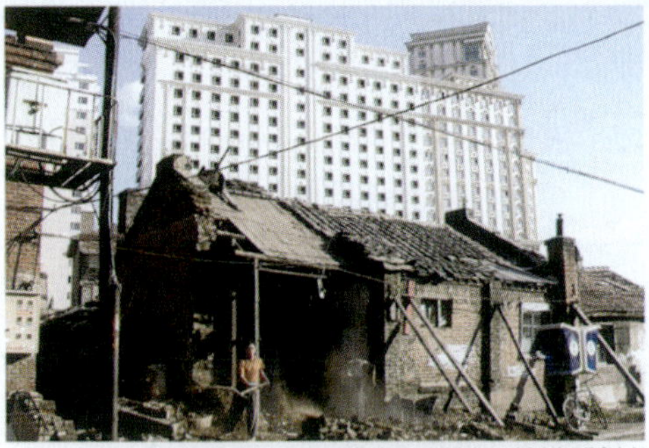

上：长春，拆迁中的老街和新建的商务总部 / 下：拆迁中的天津某中学宿舍（原为英国军官宿舍）

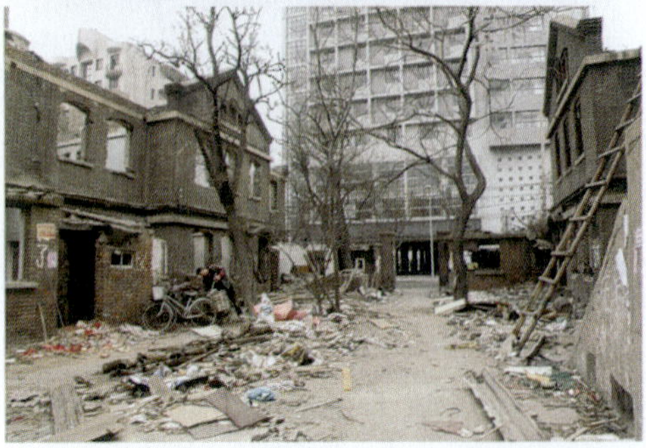

5-2-5[Renovating]

改造

改造，即在旧城的基础上造城，同时不以破坏旧的机理为代价实现新的需要；通过建筑学的介入，改造以新旧合一的方式，满足了考古学的保护伦理和经济学的创造欲这一双重需要。

改造的对象通常也可能是面临拆除的对象，它们陈旧甚至荒废，但其根本问题在于旧有空间结构（小尺度 / 非商业）对于已变化的环境（高密度 / 商业化）的不合时宜。改造的理念，来自于在两个看来不可能协调的极点之间连线，通过系统化地改变旧有空间的组合和使用方式，在旧有的结构和新环境之间激发新的关系。在这种关系中，新的内容被注入旧的空间，前者与城市之间的关系，将极大地强化后者的存在意义，令之进入新一轮的生命循环。

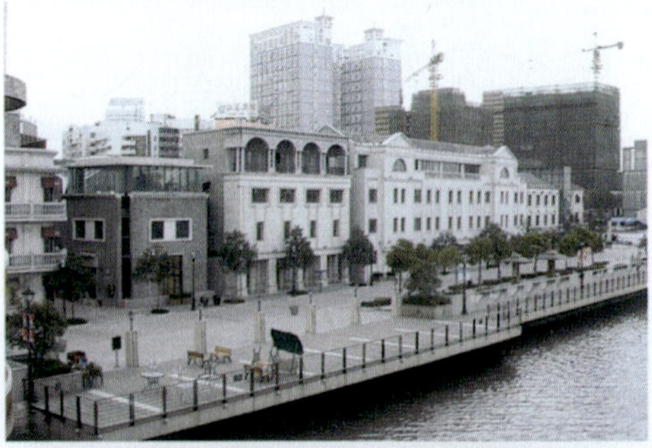

上：宁波甬江边被改造后的"老外滩" / 下：由里弄改造的上海新天地

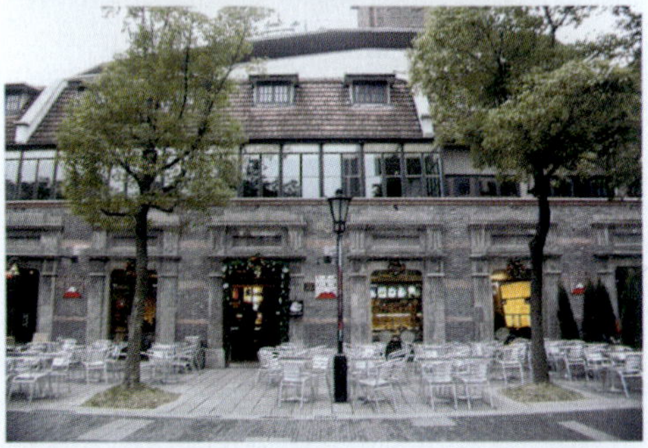

Urban China #04 We Make Cities, 2005, spread

5-2-6[Faking]

仿造

造城中最速成的策略之一，也是垃圾文化的重要组成部分。为了以低成本的方式获得昂贵的意象，仿造将造城的诉求投射于一个易识别的符号化对象，以快餐式的阅读方式提取片断化的编码，并在造城中重新加以编辑，以适合新的语境，从而营造与对象相关的意象。

表面上，一份没有原创性的赝品与设计无关，然而考虑到将一个环境中的对象以“乱真”的方式投射到另一个毫无关联的环境之中，设计的能量便体现出来：不在于仿造的逼真度，而在于赝品以何种方式顺应新环境的需求；在形象与内容的反差之中，只有通过系统化的“错位”，被仿造的对象才能和现实一一对应起来；而经过“错位”，任何赝品都将变成一个杂交的产物；它至少可以是异国情调的粗野简化，至多，则可以成为一道主题公园式的奇观，围绕着足尺的微缩景观，在造城中牵起“文化-旅游-消费”的链条。

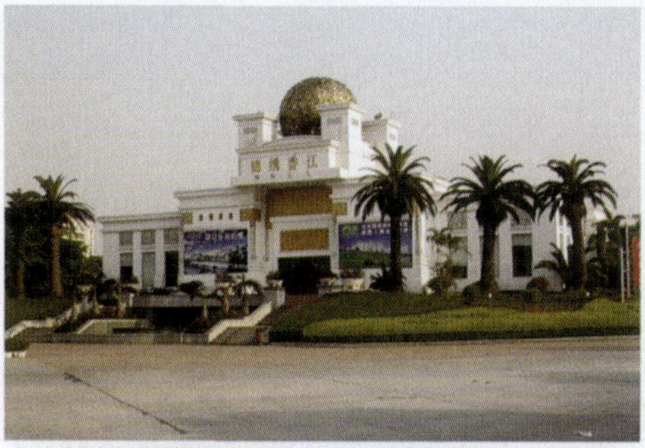

上：仿造维也纳青年馆的番禺锦绣香江售楼处 / 下：沈阳的“荷兰村”

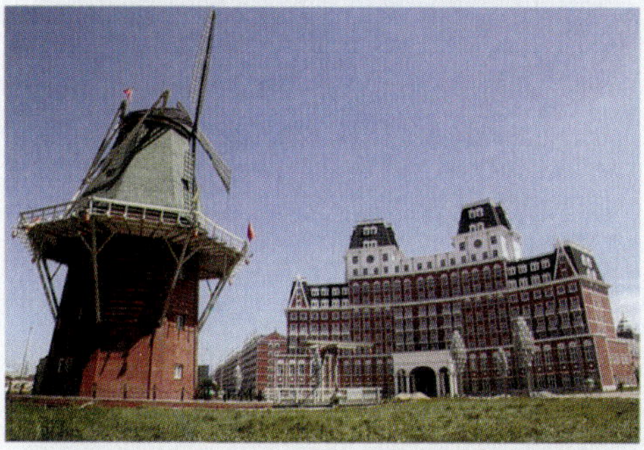

5-2-7[Copying]

复制

速成城市的标准动作，指建筑在相邻或不同位置的批量重复。复制同时也是一切设计软件的标准指令，通过拷贝和粘贴，信息完成了异地的繁衍。这也使得我们便于理解在造城中的一些相关概念：“标准层”（Typical Floor）和“普通平面”（generic Plan）等，它们被储存成为模块，随后以大规模克隆的方式应用到别处，从而完成从建筑到城市的普通化和标准化的过程。

复制使建筑和城市具有了产品和标准件的性质，并向着在流水线上批量预制的方向发展，这使整个造城变得既快速又廉价；但另一方面，由于复制针对的是社会单位之间的相似性（个人，家庭，社区），强调对行为的统一和规范，以及个体对千篇一律的适应性，它必然对多样性与差异性产生抑制作用（尽管这种差异性在建筑后期的使用中会自发表现出来）。但这一负面作用并非无可救药，单体的复制令建筑师可以将更多的精力放在单体之间的组合关系上，通过环境的变化为单体输入变量，从而生成一个“大同小异”的空间。

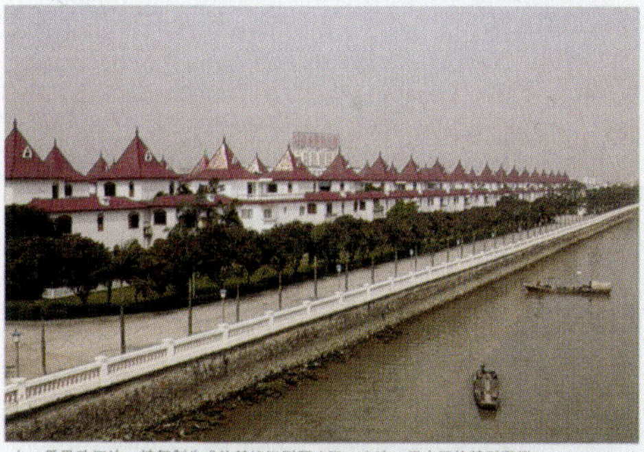

上：番禺珠江边，被复制生成的某滨江别墅 / 下：大连，绿山下的某别墅群

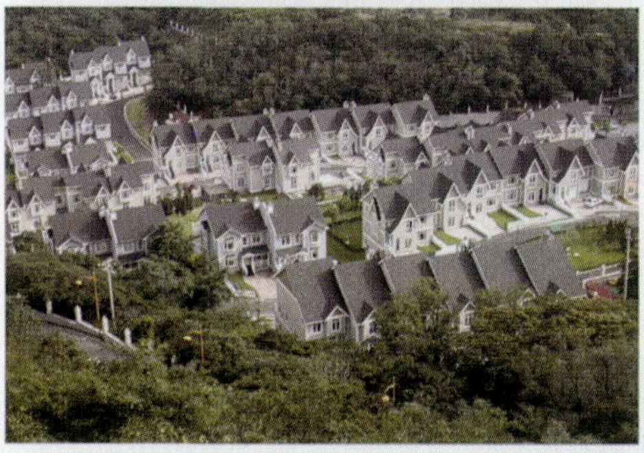

115

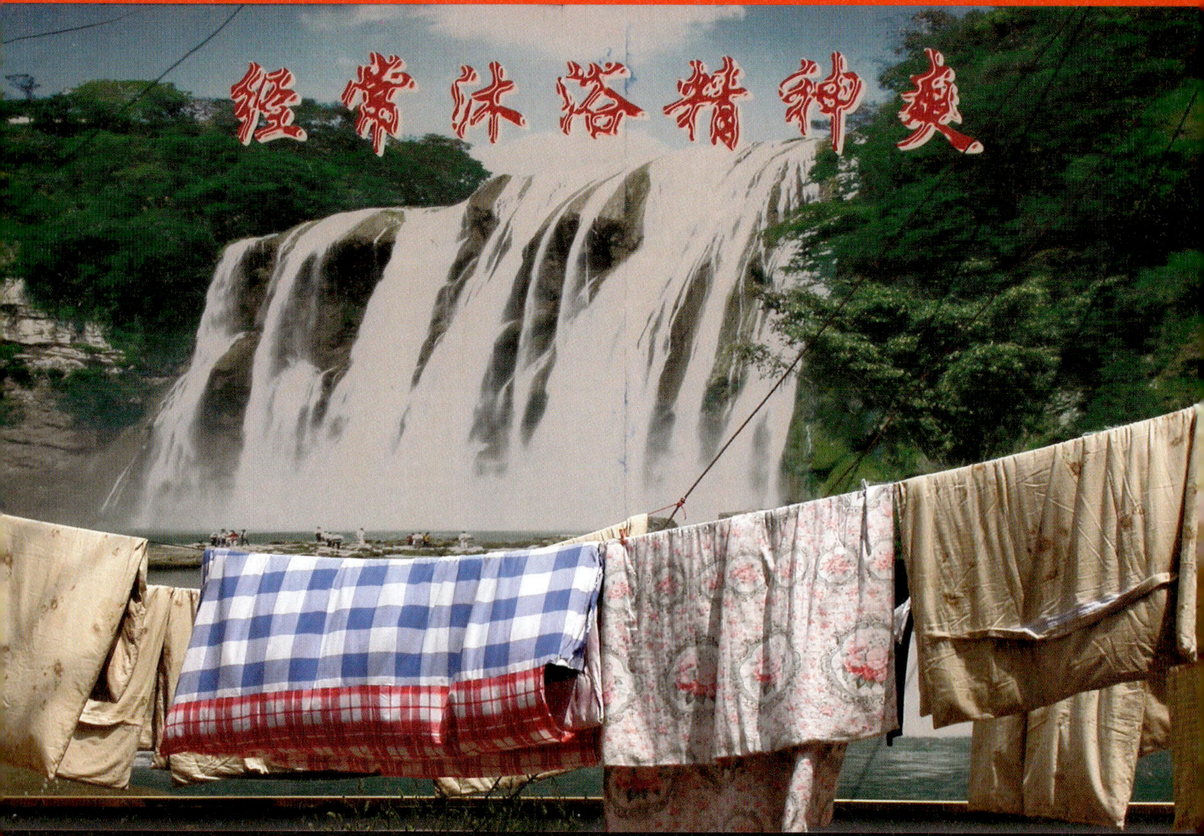

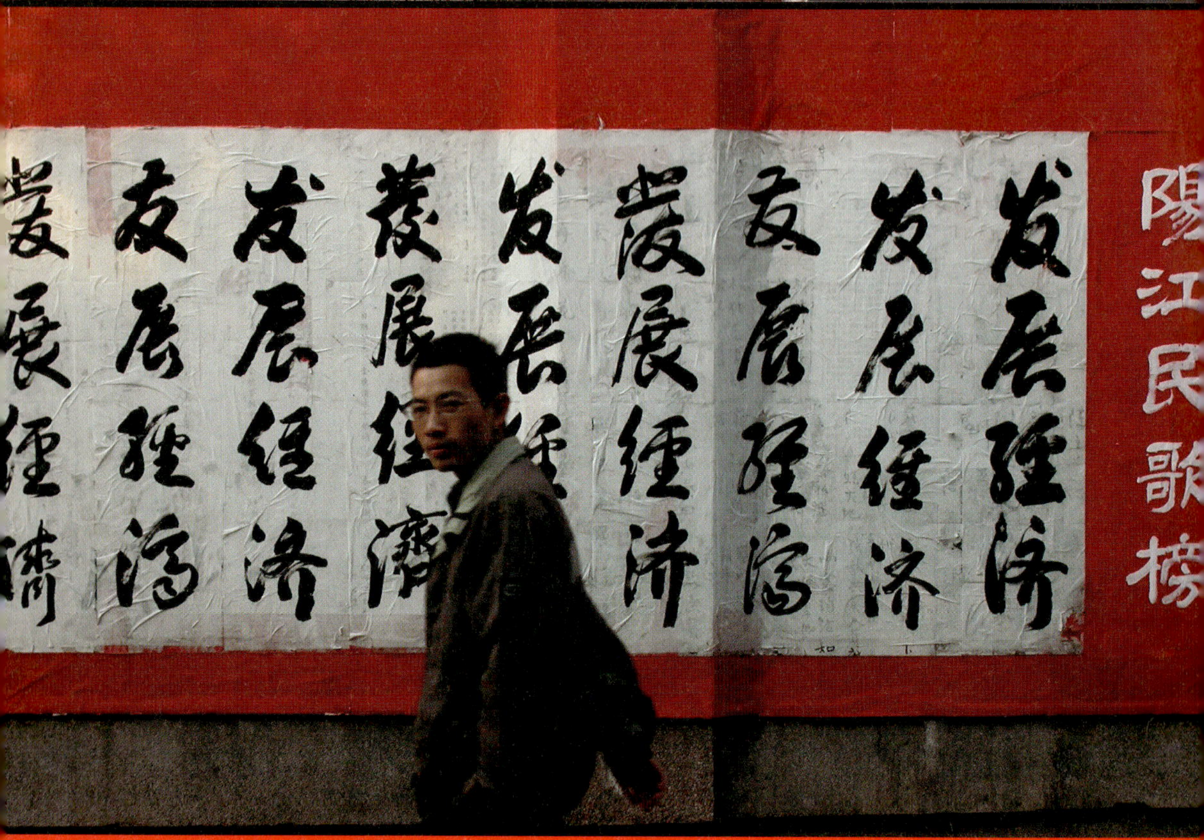

Aansporing om vaker te douchen; 'Volksliedjes Billboard' in Yangjiang, met herhaalde slogan 'ontwikkel de economie'/Exhortation to shower more often; city of Yangjiang 'Folk Songs Billboard', with repeated slogan 'develop the economy'

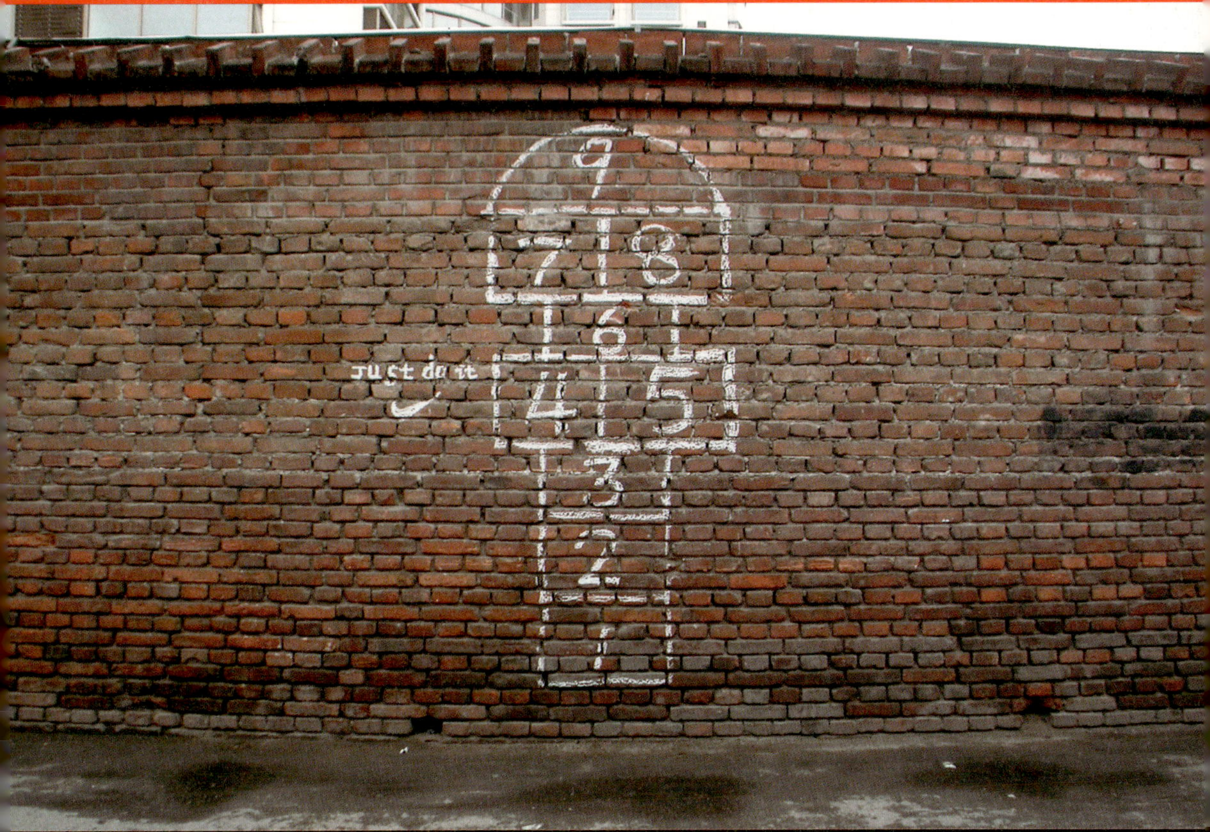

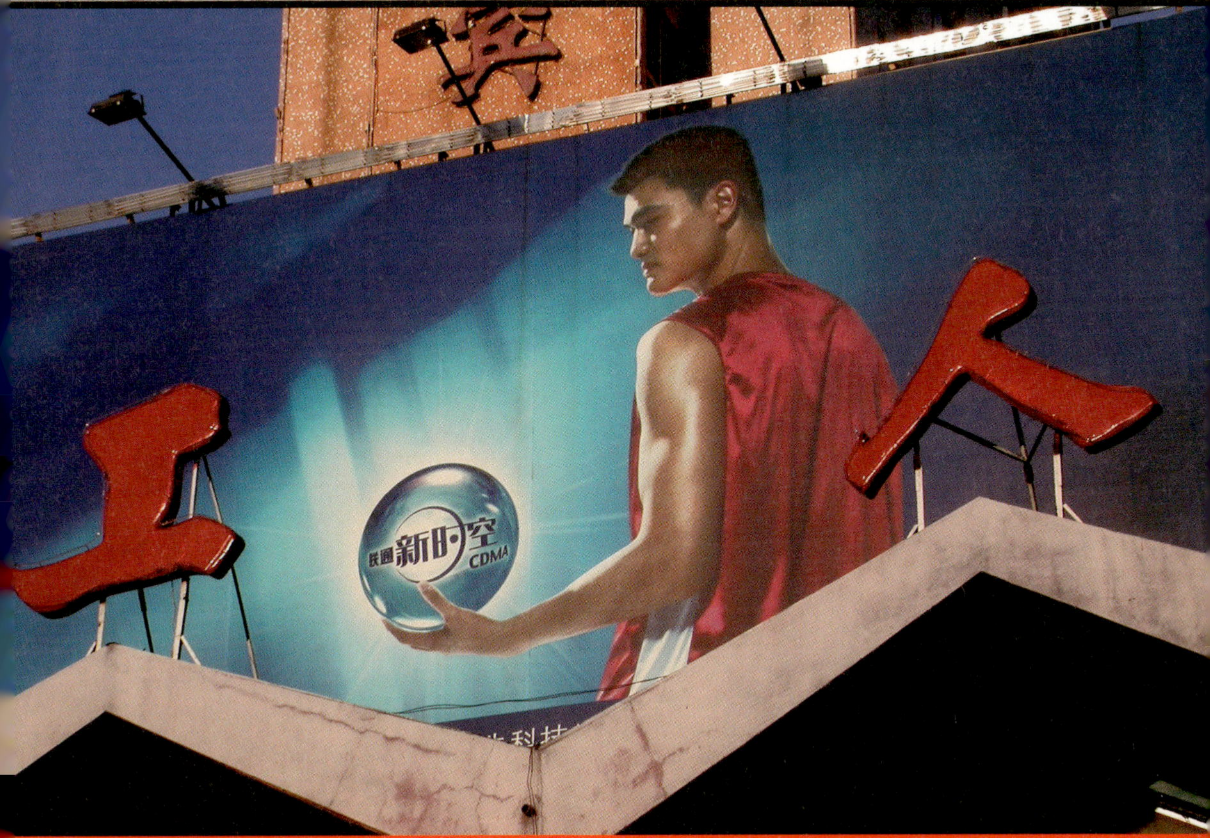

Hinkelspeltekening met Nike slogan; basketbal sterspeler Yao Ming maakt reclame voor CDMA telecommunicatie/Hopscotch drawing with Nike slogan; basketball star player Yao Ming promoting CDMA telecommunications

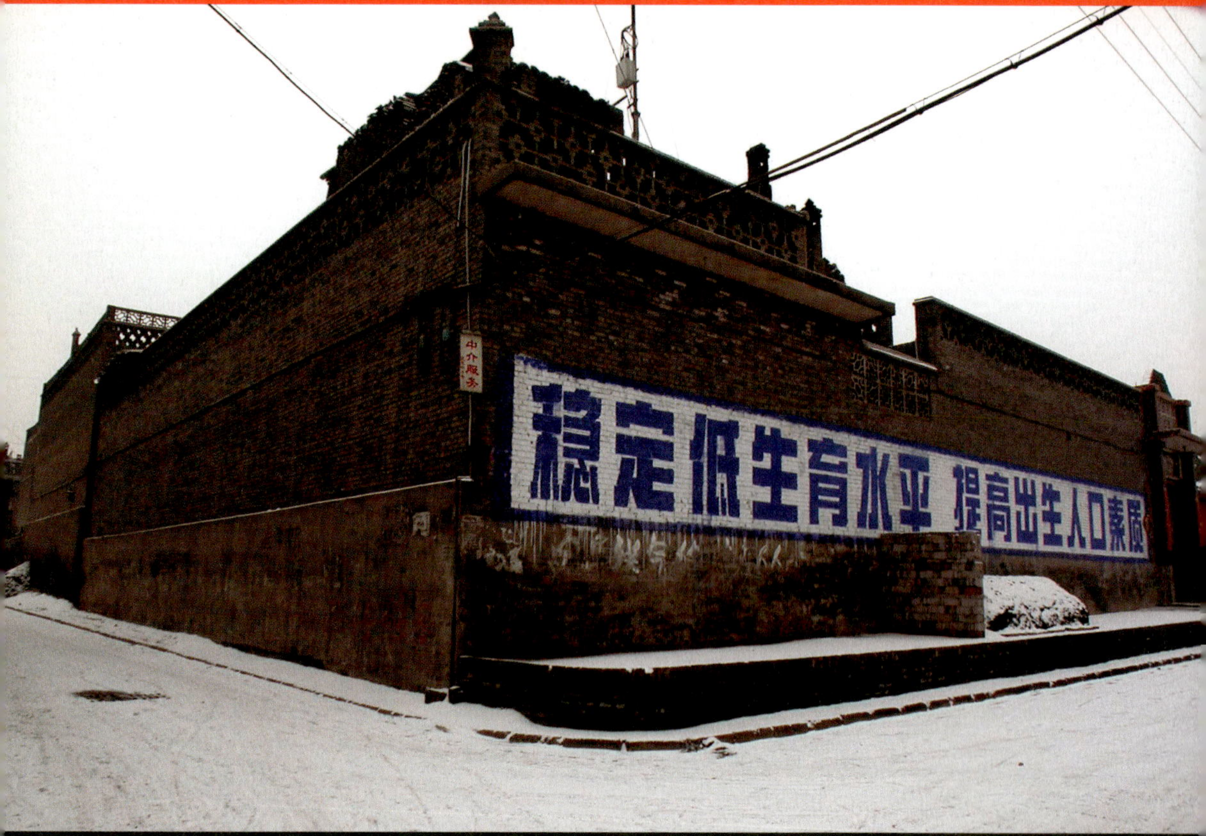

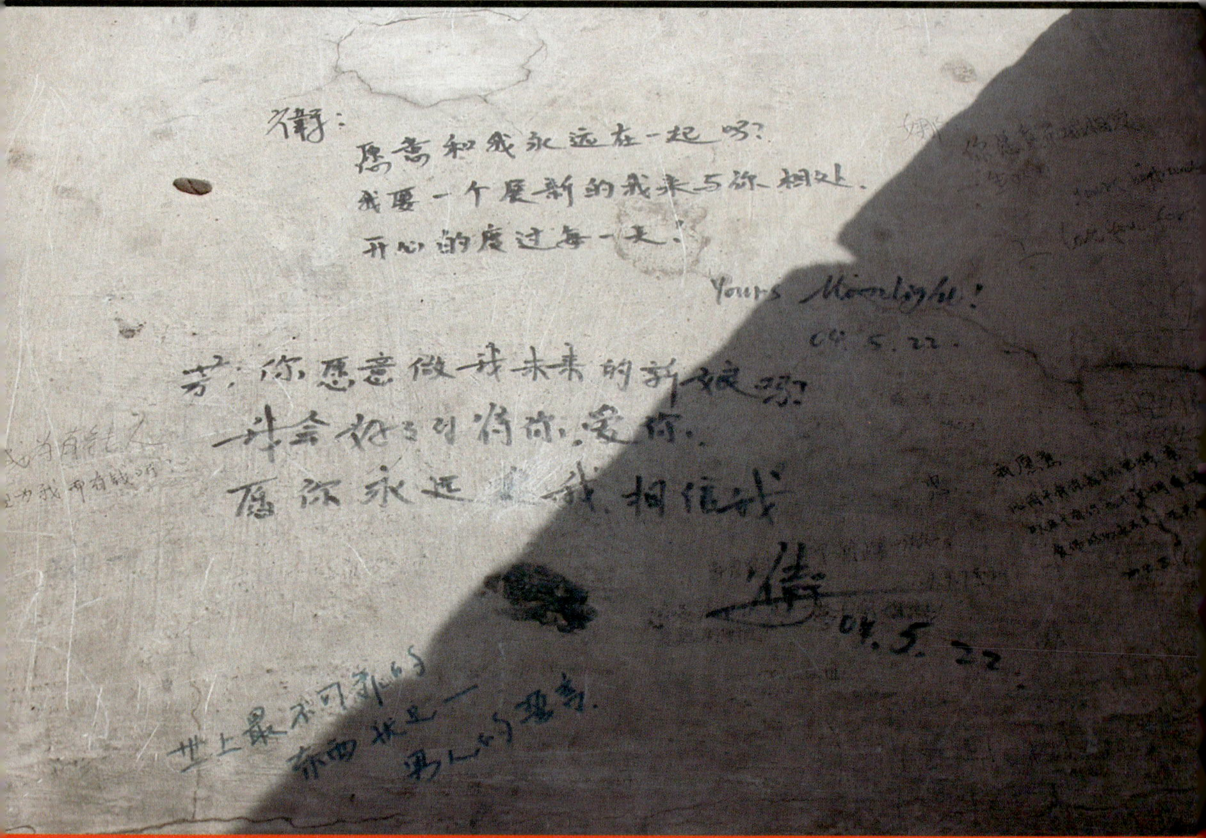

'Houd het geboortecijfer laag, verbeter de kwaliteit van de bevolking'; geliefden beloven elkaar eeuwige trouw/'Keep the birth rate low, improve the quality of the population'; lovers promise everlasting fidelity

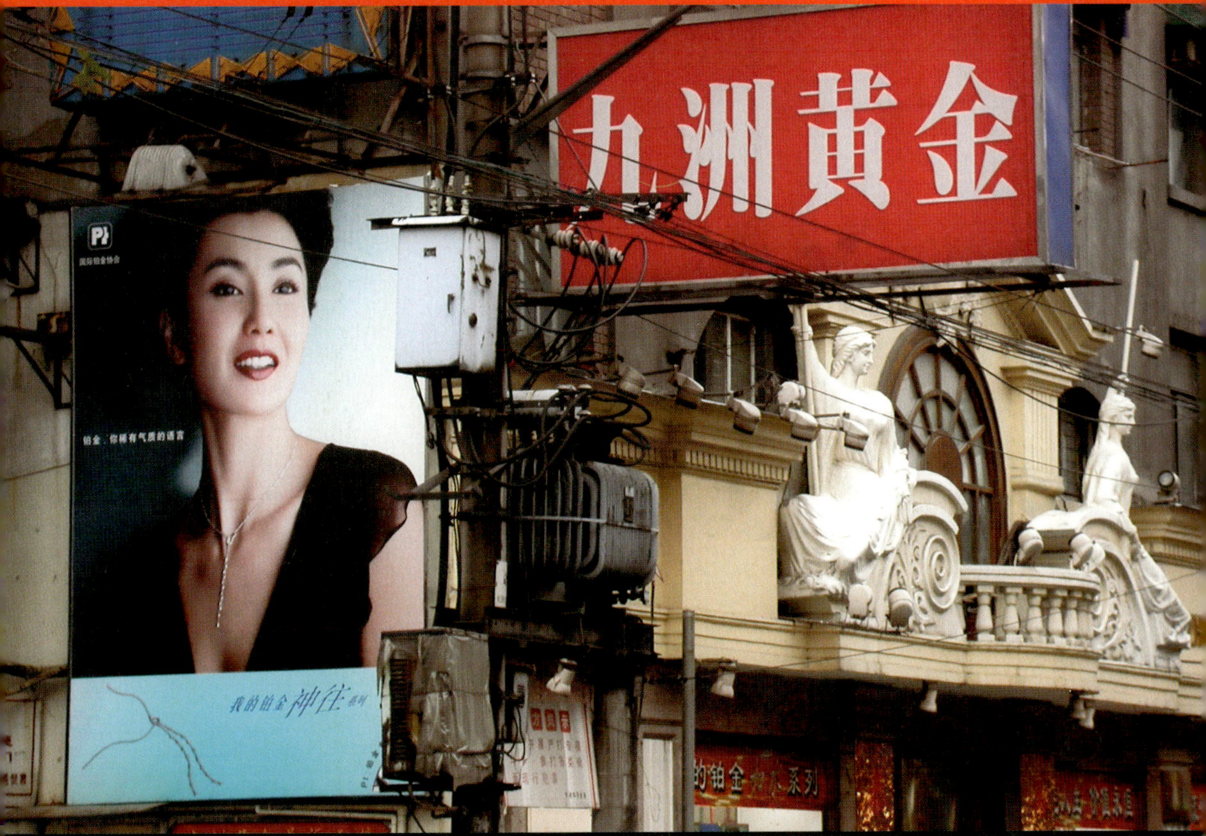

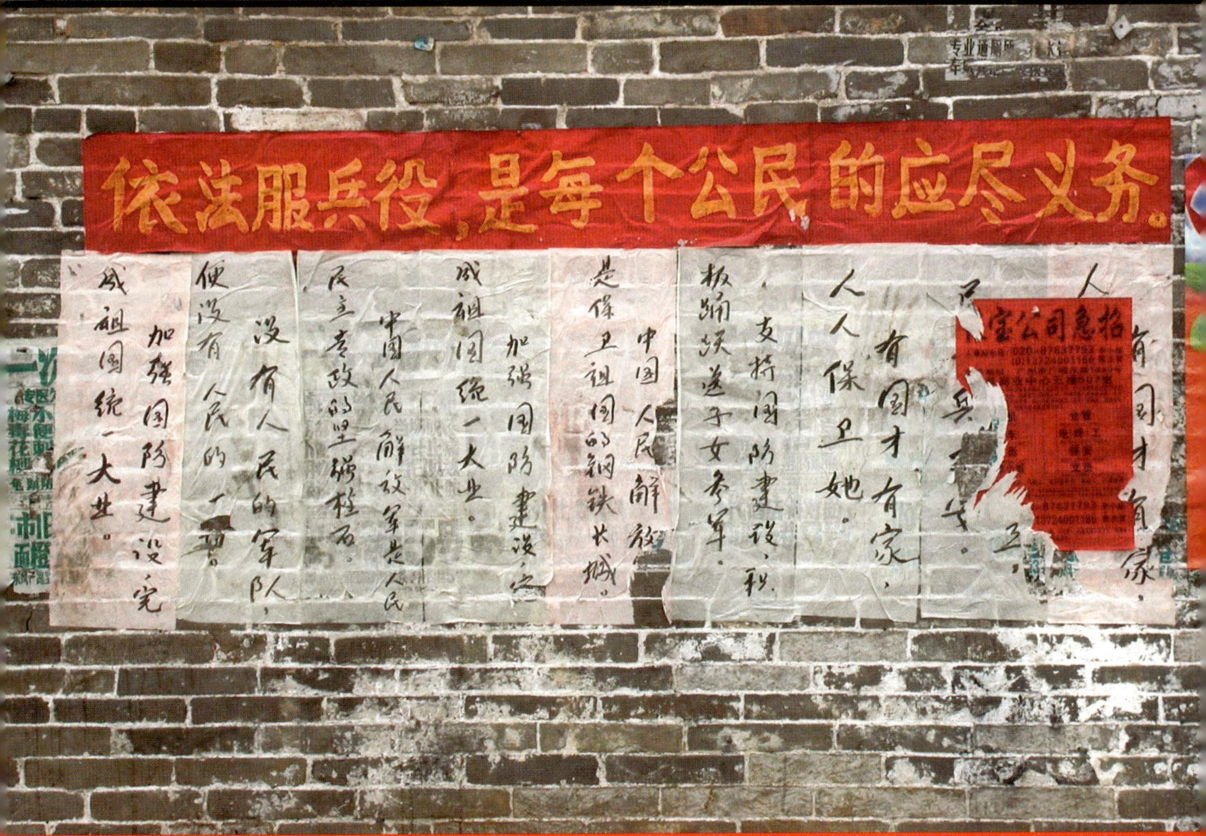

Reclame voor juweliers in Shanghai; overheidsslogan over burgerplicht om in het leger te dienen/Advertisement for Shanghai jewellers; government slogan stating that serving in the army is a civic duty

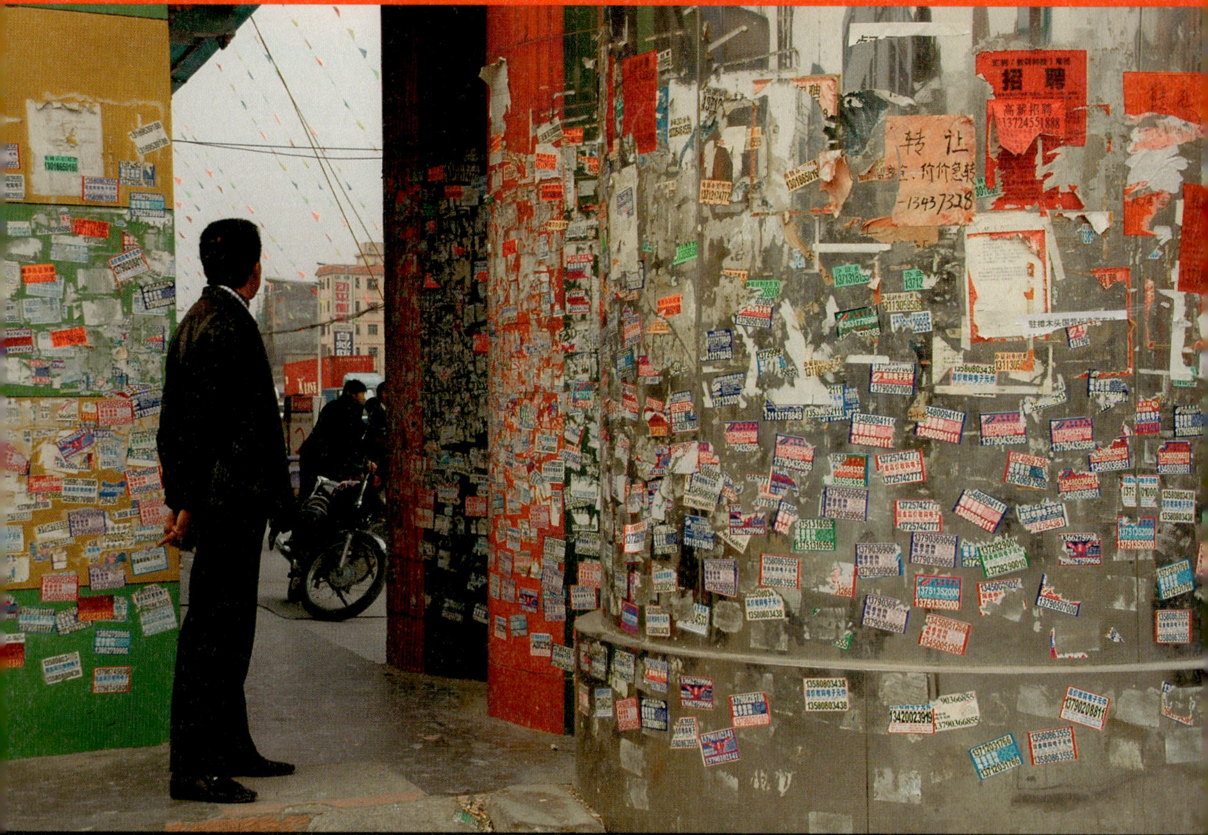

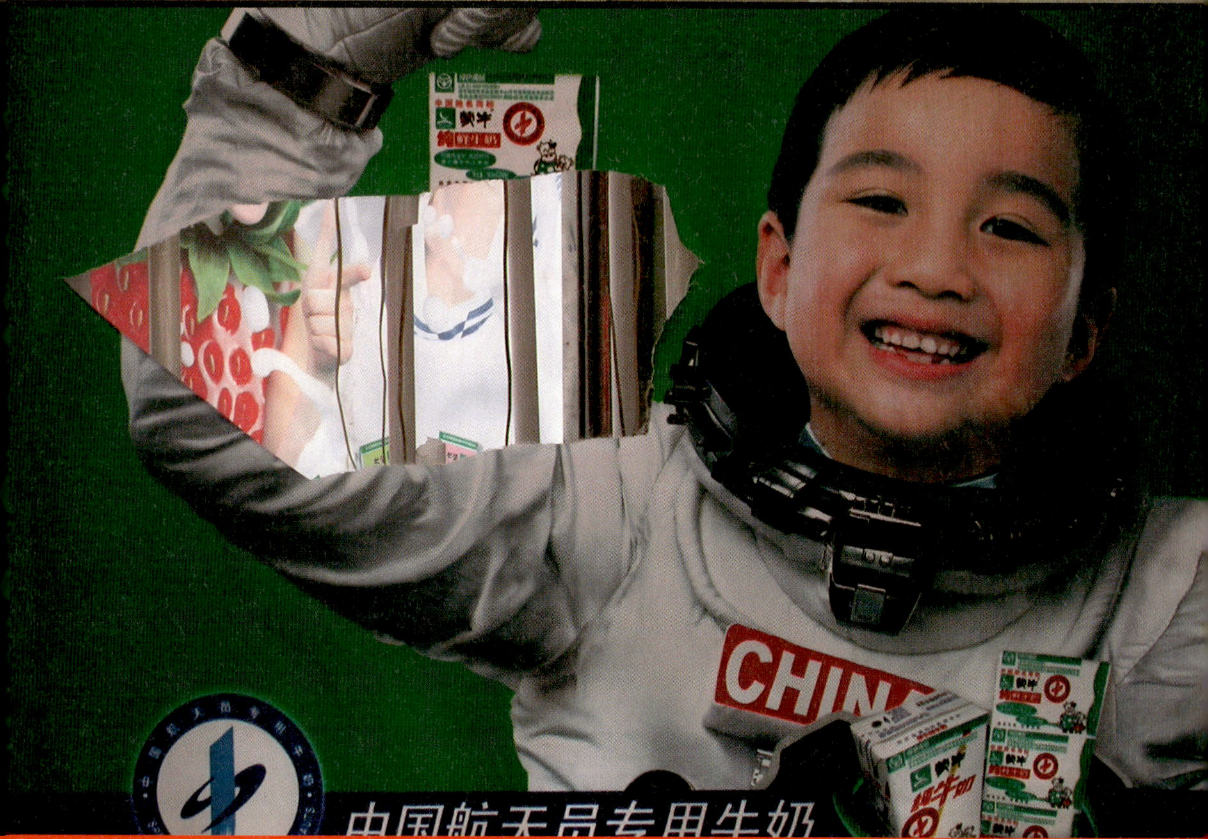

Persoonlijke reclamestickers tonen een levendige informele economie; 'Mongoolse Koe' zuivel sponsort Chinese astronauten/Personal advertisement stickers show a lively informal economy; 'Mongolian Cow' dairy products sponsors Chinese astronauts

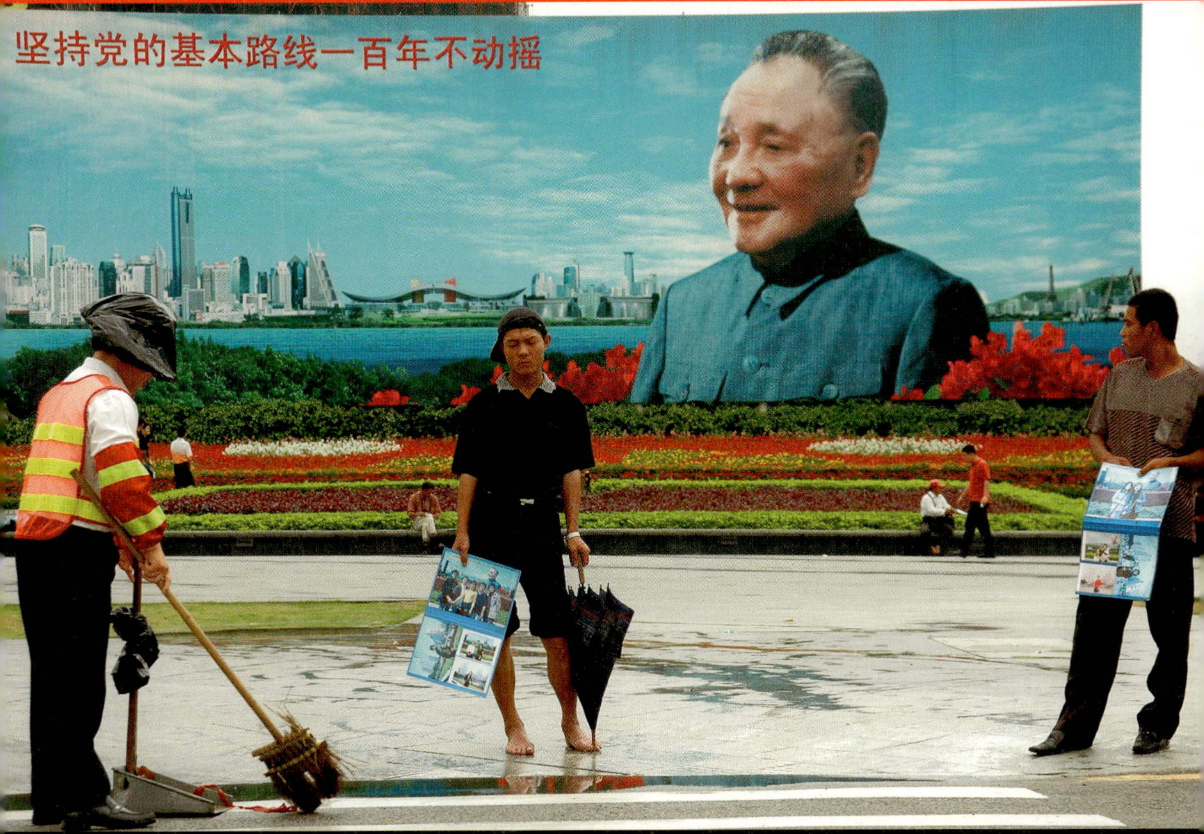

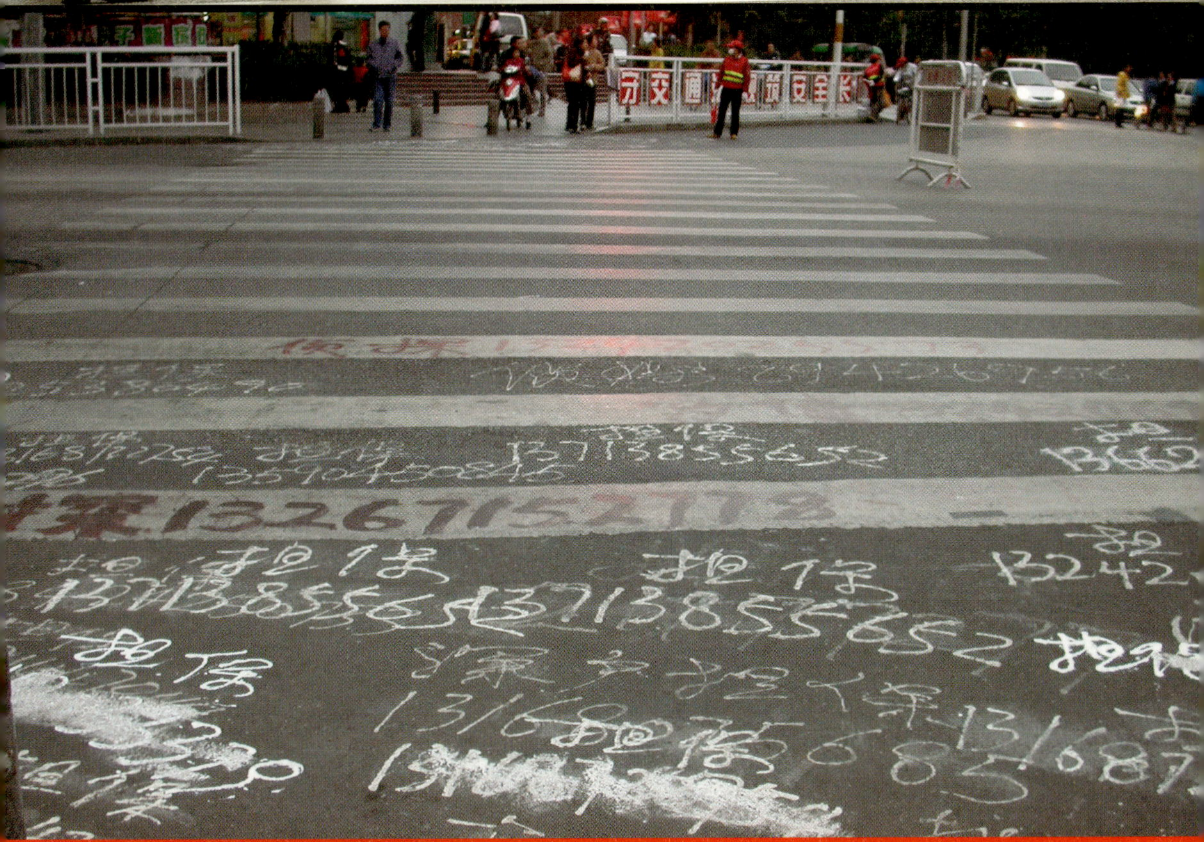

Deng Xiaoping zegt: volg de partijprincipes onveranderd voor 100 jaar; reclame voor kredietgarantie/Deng Xiaoping says: follow the party principles without change for 100 years; advertisement for credit warranty

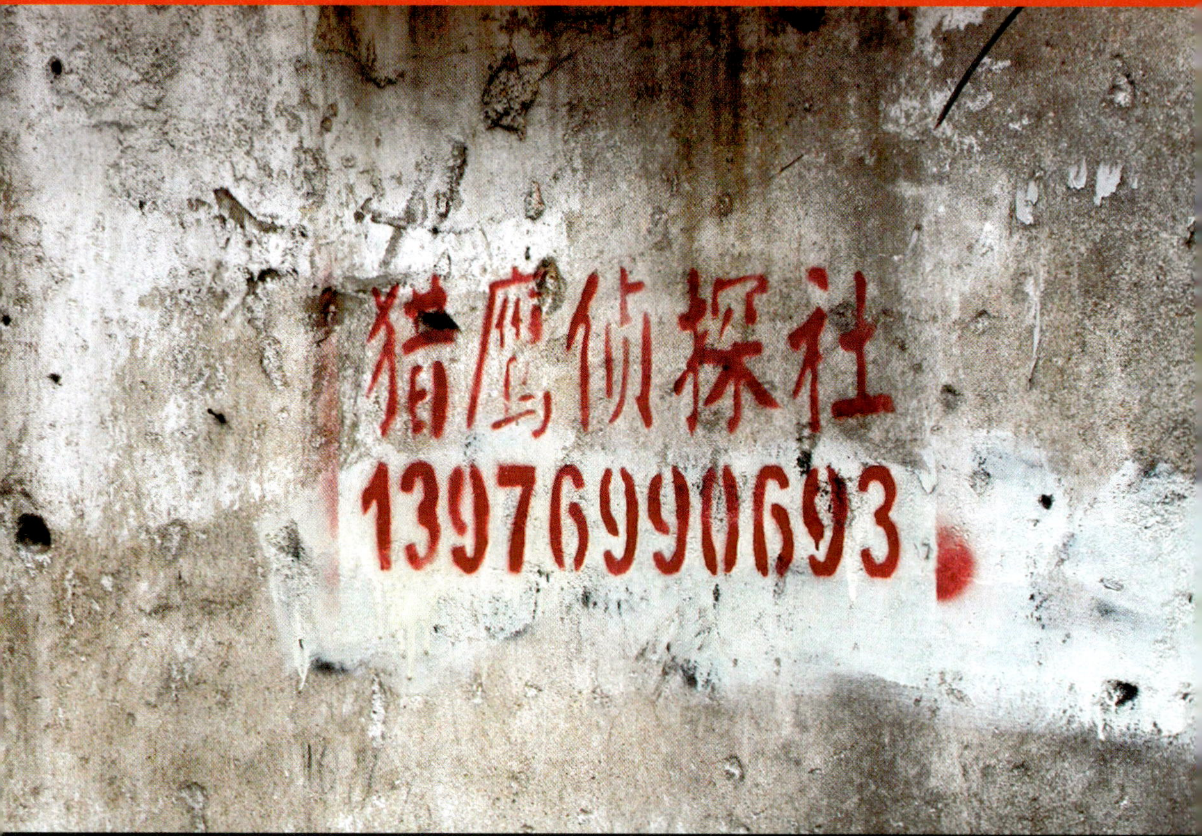

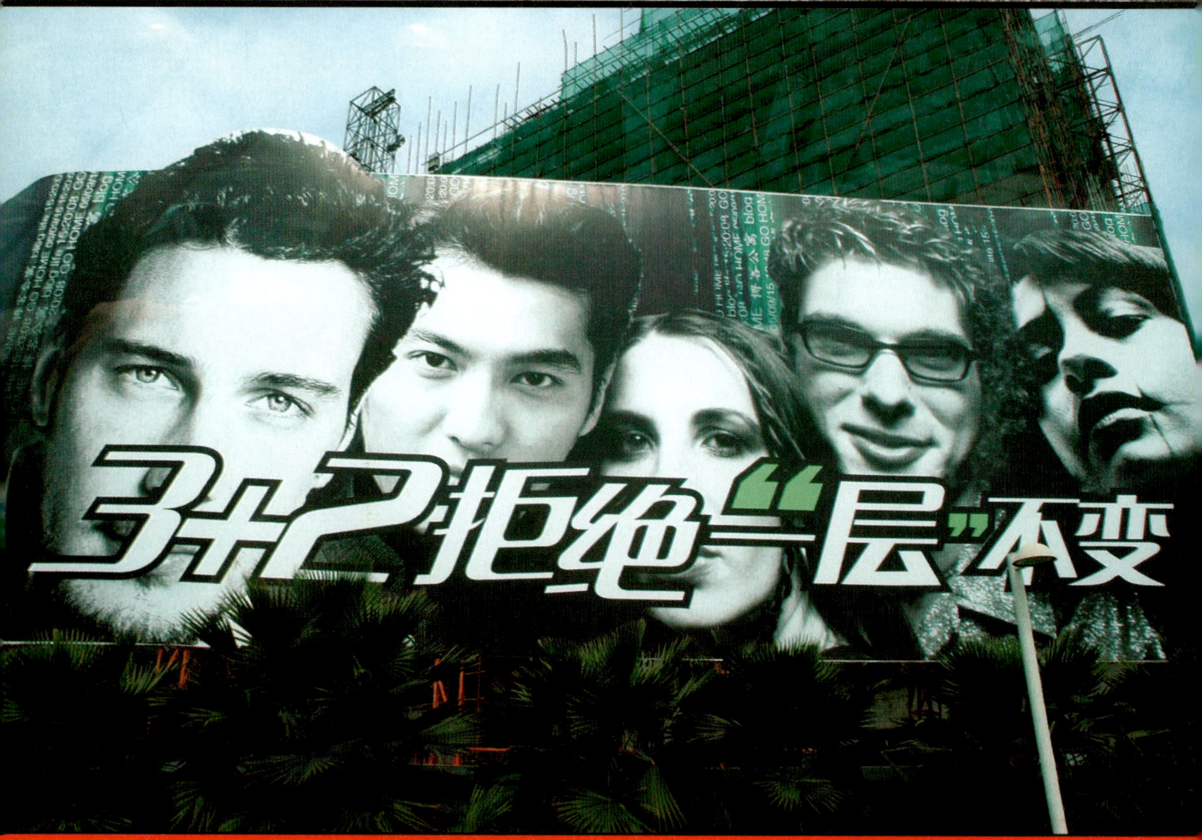

Reclame voor privé-detectives; billboard van projectontwikkelaar/Advertisement for private detectives; billboard of real estate developer

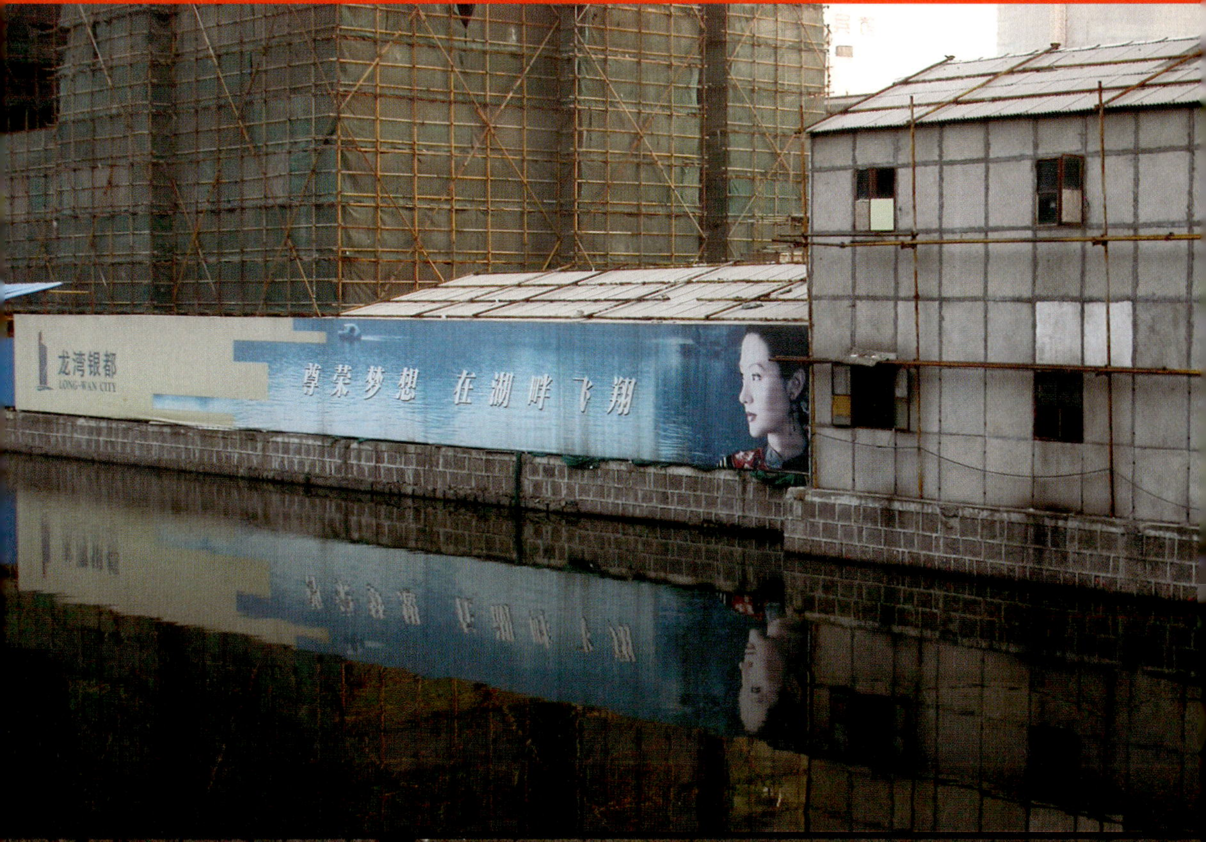

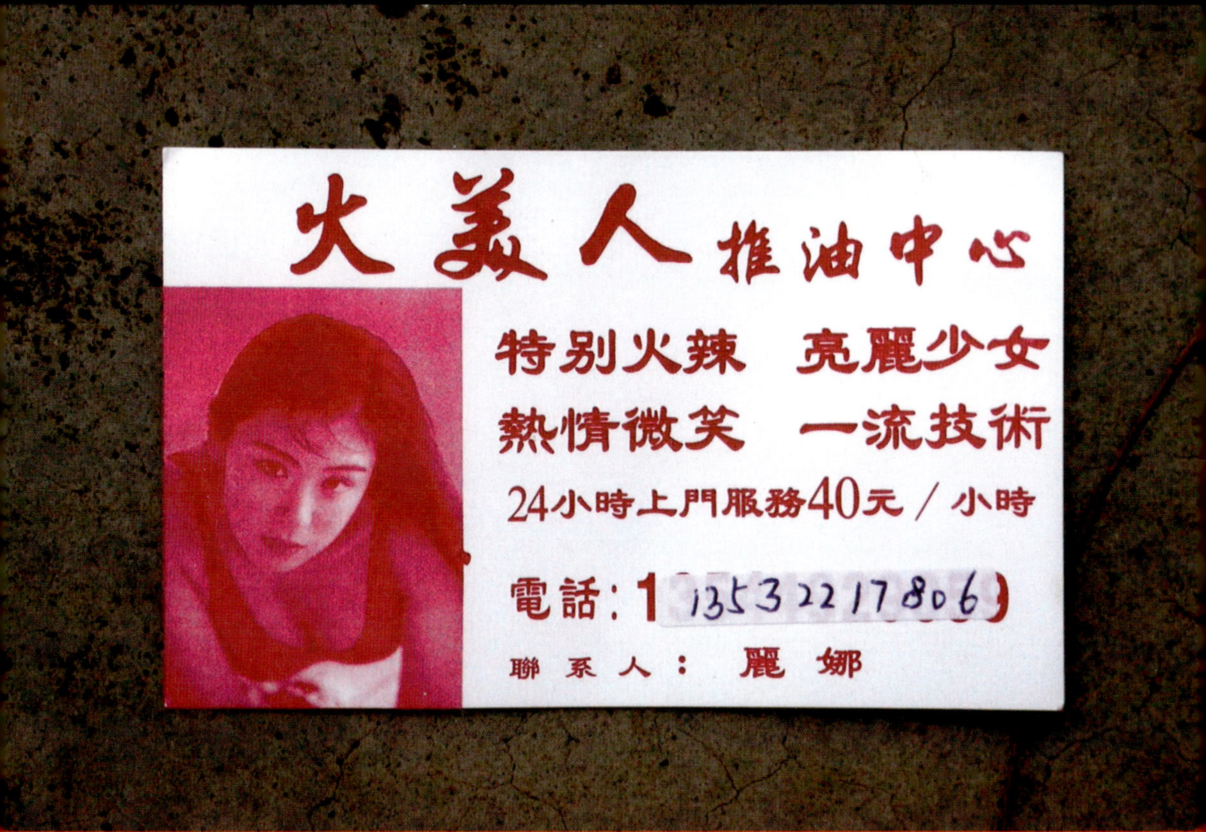

Bouwplaats in Shanghai met billboard projectontwikkelaar; reclame voor hete en mooie masseuses/Shanghai building site with real estate developer billboard; advertisement for hot and beautiful massage girls

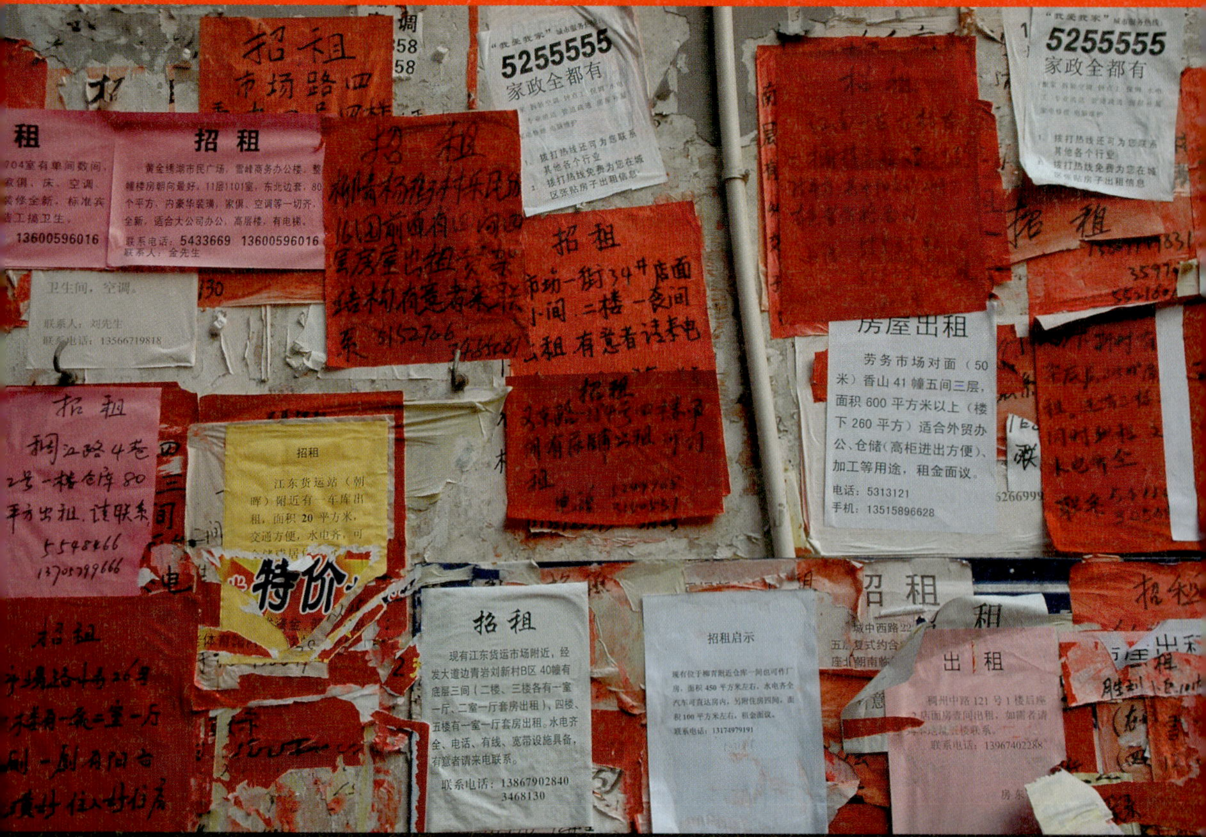

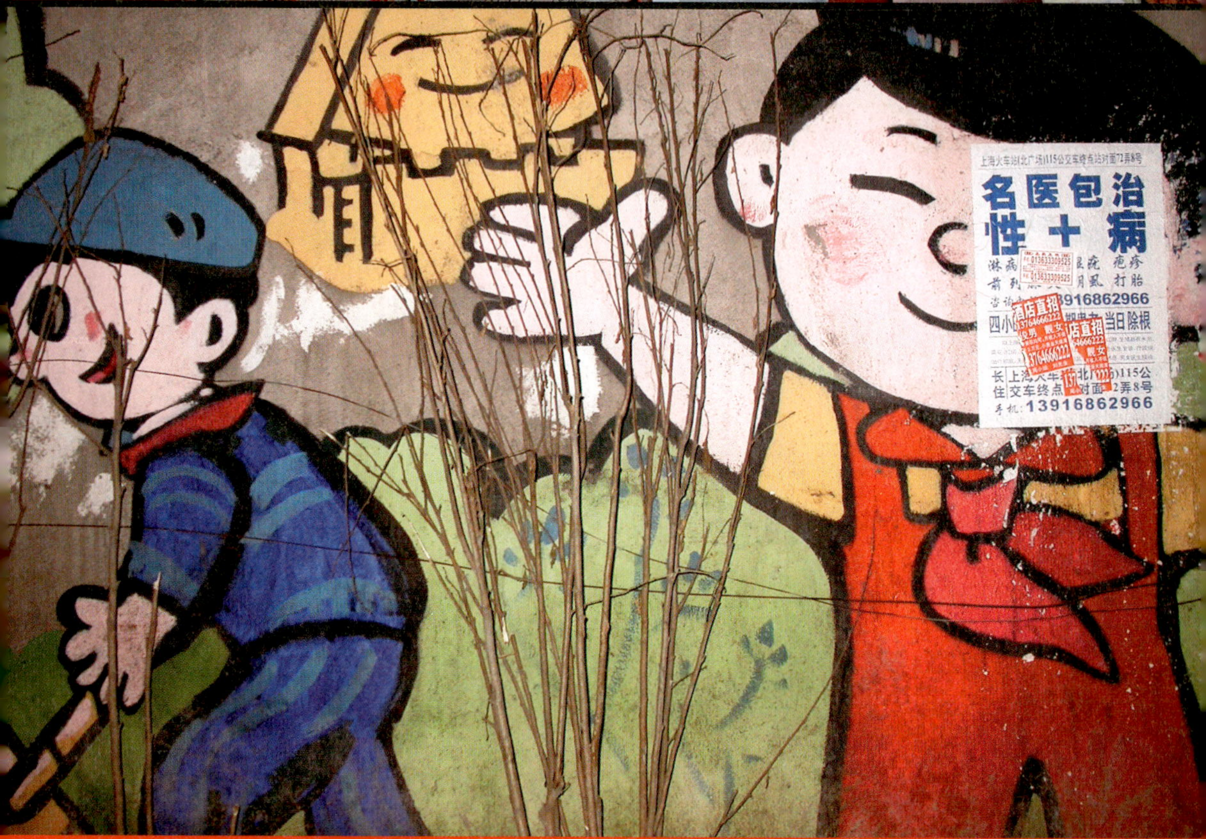

Kamers te huur; poster van kliniek voor geslachtsziekten op muur met tekeningen voor kinderen/Rooms for rent; poster for venereal disease clinic on wall with drawings for children

Miao Xiaochun — De in Beijing woonachtige Miao Xiaochun is een bekende fotograaf en kunstenaar wiens werk regelmatig te zien is geweest op tentoonstellingen in binnen- en buitenland. Hij is geïnteresseerd in de ingrijpende veranderingen die gepaard gaan met de verstedelijking van de Chinese maatschappij en de groei van de Chinese economie in de afgelopen jaren, processen die hij met fotografische middelen nauwkeurig onderzoekt en interpreteert. Hij laat nieuwe landschappen zien waarin de traditie nog steeds aanwezig is, terwijl nieuwe realiteiten doordringen tot het dagelijkse leven. Zijn panoramische foto's geven een spectaculair beeld van een snel veranderend China. Met een creatief gebruik van CAD-technieken weet hij boven het specifieke moment in de geschiedenis uit te stijgen en niet alleen vol nostalgie terug te kijken naar het verleden maar ook vooruit naar de toekomst.

In **Mirage** richt Miao Xiaochun zijn groothoeklens op een stadslandschap met gebouwen die in verschillende fasen van de stadsontwikkeling werden gebouwd en laat hij zien hoe verschillende stijlen binnen de heterogene realiteit van de moderne Chinese stad naast elkaar bestaan. Op verbijsterende en chaotische wijze ontstaat zo een portret van de geschiedenis van de stad in al zijn gefragmenteerde discontinuïteit.

Het bouwterrein van een ondergrondse spoorbaan in het centrum van Chengdu is het onderwerp van **Jump**. Het met de computer gemanipuleerde beeld toont een standbeeld van voorzitter Mao Ze Dong uit de tijd van de Culturele Revolutie, een periode van grote maatschappelijke beroering, en de figuur van de fotograaf zelf, waarmee de suggestie wordt gewekt dat hij tussen heden en verleden heen en weer springt. Hiermee benadrukt hij zijn bezorgdheid om de huidige buitensporige woekering van de Chinese steden.

Een feestelijke bijeenkomst, georganiseerd door projectontwikkelaars, is het onderwerp van **Celebration**, een digitaal bewerkte opname van stadsbewoners die de voltooiing van een gebouw vieren. Voor dit beeld werden vier foto's samengevoegd – wie goed kijkt ziet dezelfde gezichten op meer dan één plaats opduiken. Met deze fotografische oprekking van tijd en ruimte graaft de kunstenaar in de verontruste geest van de stadsbewoner, terwijl hij tegelijkertijd de groeiende materiële hebzucht benadrukt die door het stedelijk leven wordt gevoed. Met zijn digitale montagetechnieken creëert Miao Xiaochun een fictieve interpretatie van de werkelijkheid die meer impact heeft dan de werkelijkheid zelf, waarmee de grenzen tussen het virtuele en het fysieke vervagen.

Miao Xiaochun — Beijing resident Miao Xiaochun is a noted photographer and artist whose work has been widely exhibited in China and abroad. He has a great interest in the profound changes that have accompanied the urbanization of Chinese society and the growth of China's economy in recent years, processes he scrutinizes and interprets through photography. The scenes depict tradition still visible in new landscapes and the appearance of new realities in daily life. His panoramic photos offer spectacular views of a quickly changing China, exhibit an almost supernatural reality, and craft a unique space for enjoying, digesting, revisiting and rethinking his work. His creative use of CAD transcends the fixed moment in history to generate not only nostalgia but also a vision of the future.

In **Mirage**, Miao Xiaochun's wide lens captures a cityscape of buildings erected during different stages of urban development, reflecting the coexistence of various styles within the heterogeneous reality of China's contemporary cities. Amazing and chaotic, the image portrays history in all its fragmented discontinuity.

The construction site of an underground railway in central Chengdu is the subject of **Jump**. The computer-manipulated picture includes a statue of Chairman Mao Ze Dong built during the Cultural Revolution, a period of great social turmoil, as well as the figure of the photographer himself, suggesting his leap from past to present and symbolizing his concern about the excessive, rampant development of today's Chinese cities.

A carnival performance organized by property developers highlights **Celebration**, a digitally manipulated image of city dwellers celebrating the completion of a building. Four photographs were combined – a good observer would spot the same face in more than one place. This photographic extension of time and space delves into an anxious urban mind-set, while emphasizing the growth of material greed fed by city life. Miao Xiaochun's digital editing techniques create images of the city with a fictional interpretation of reality that have more impact than reality itself, thus blurring the boundaries between virtual and physical.

Tekst/Text: Huang Du

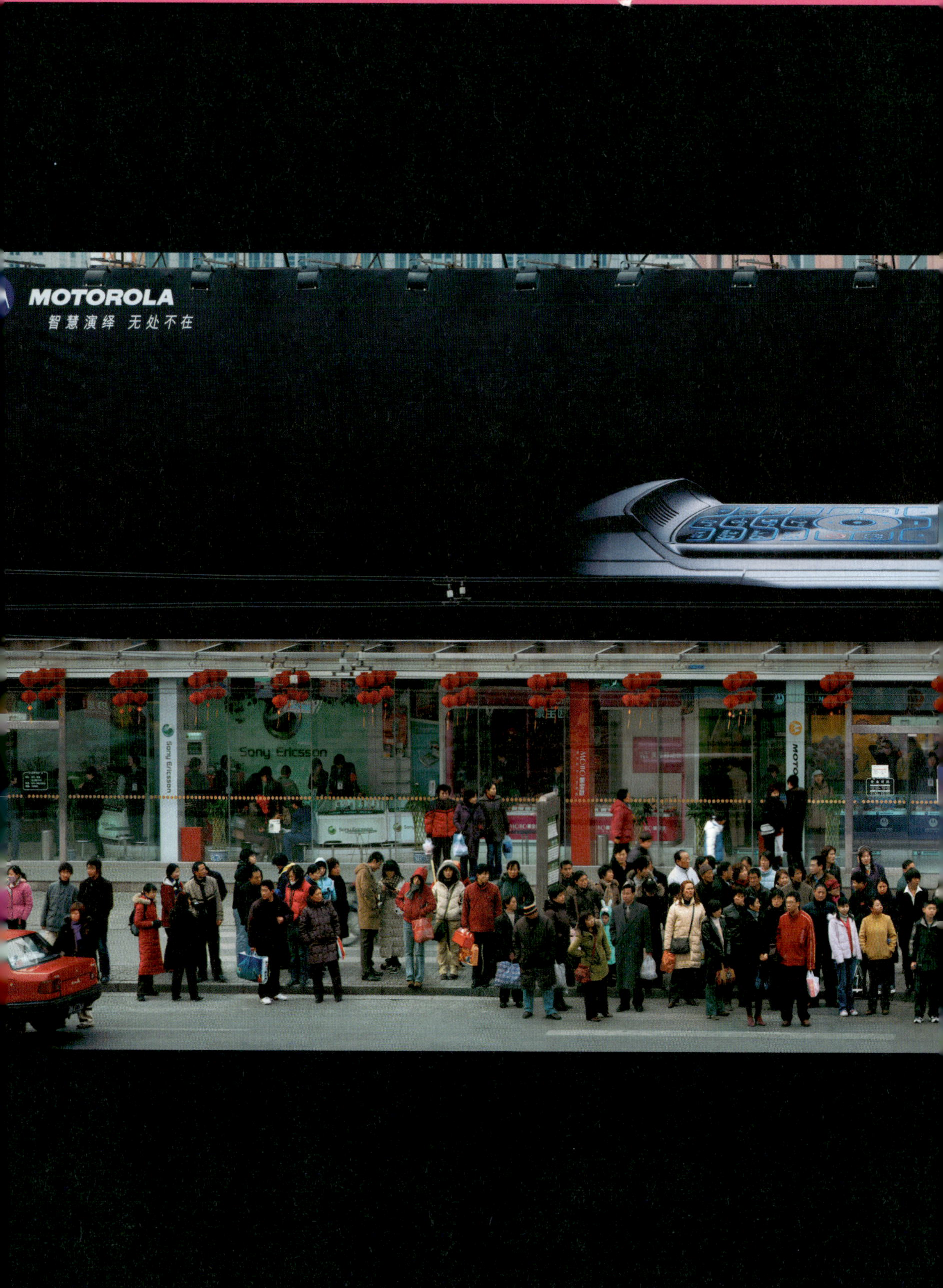

Await, 2005
c-print, 235 x 600 cm

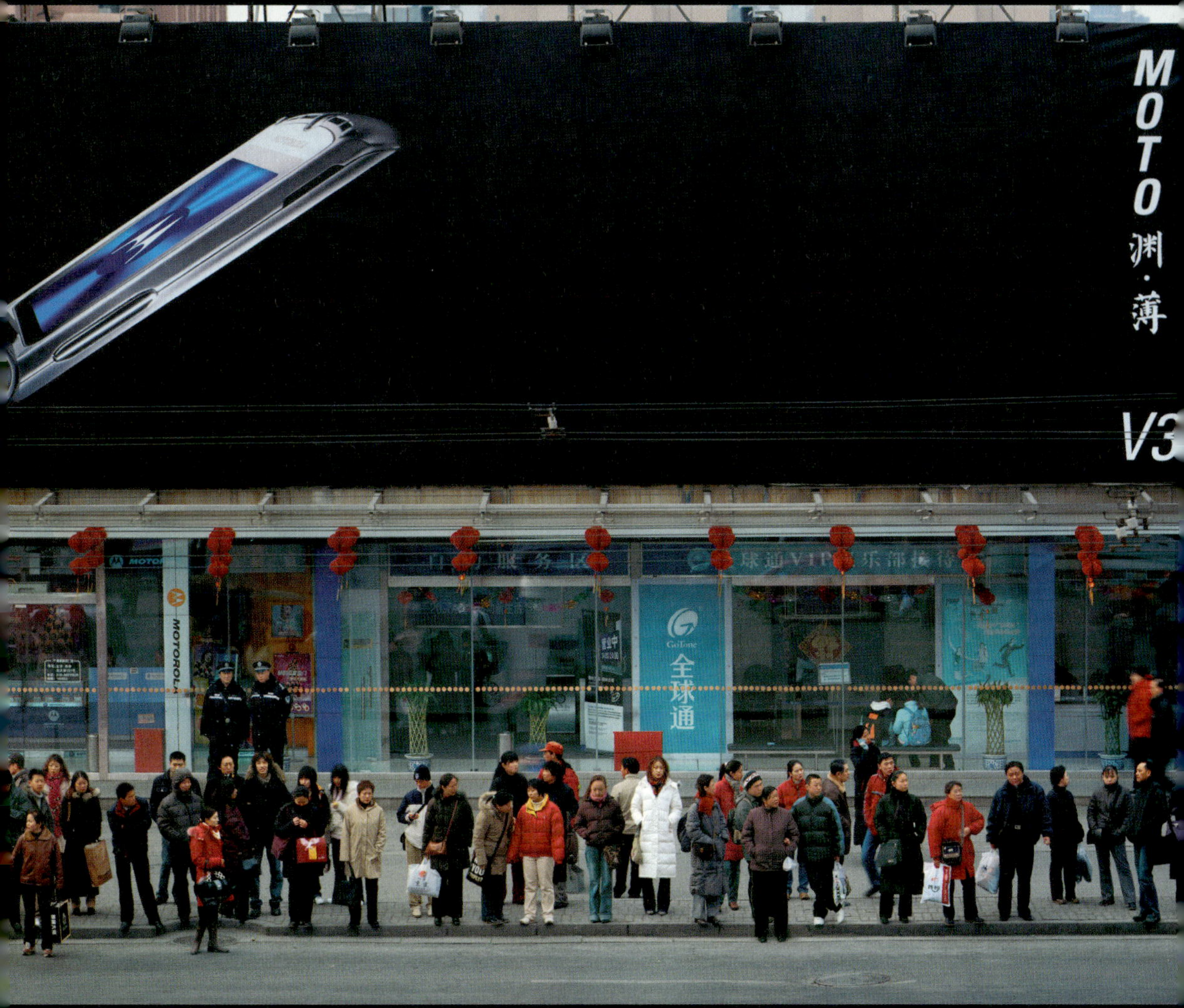
MOTO
V3
MOTOROLA
全球通

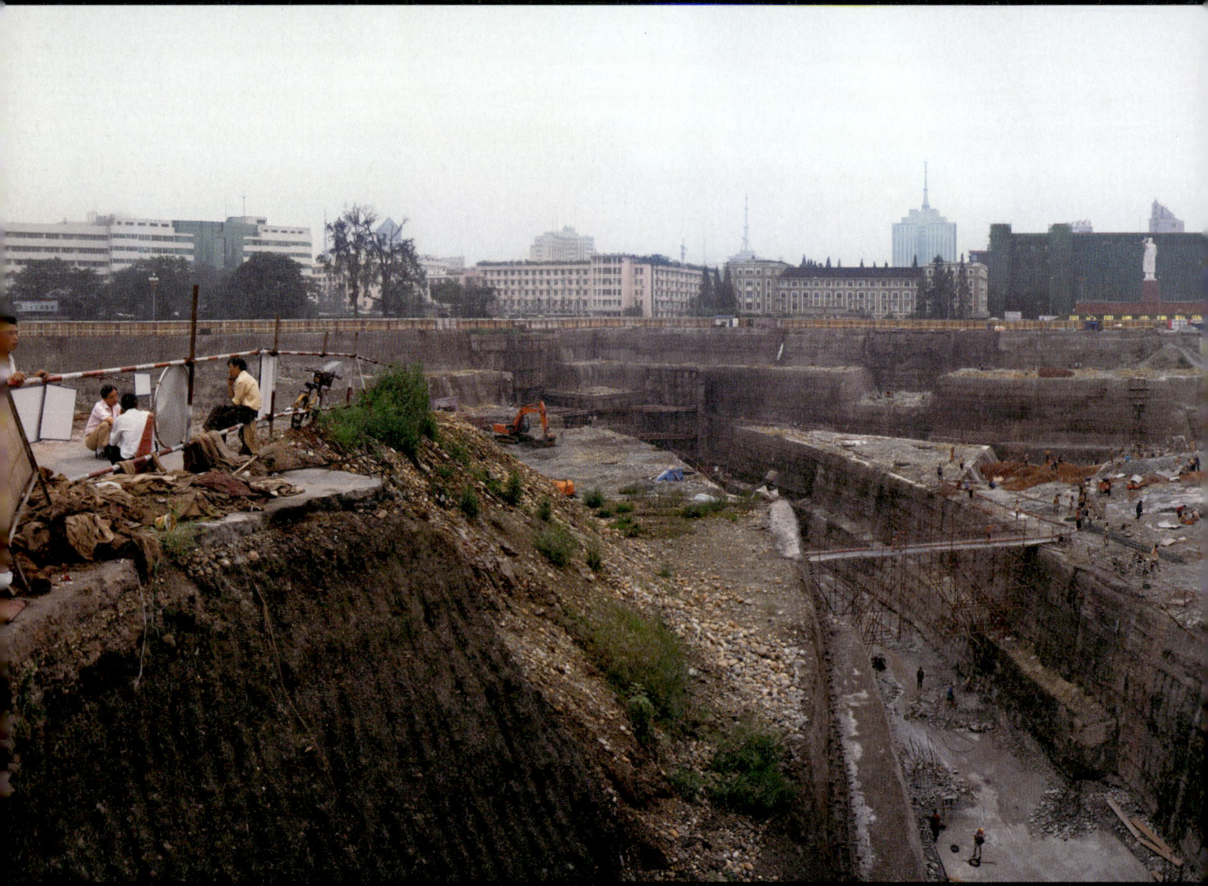

Jump, 2005
c-print, 201 x 600 cm

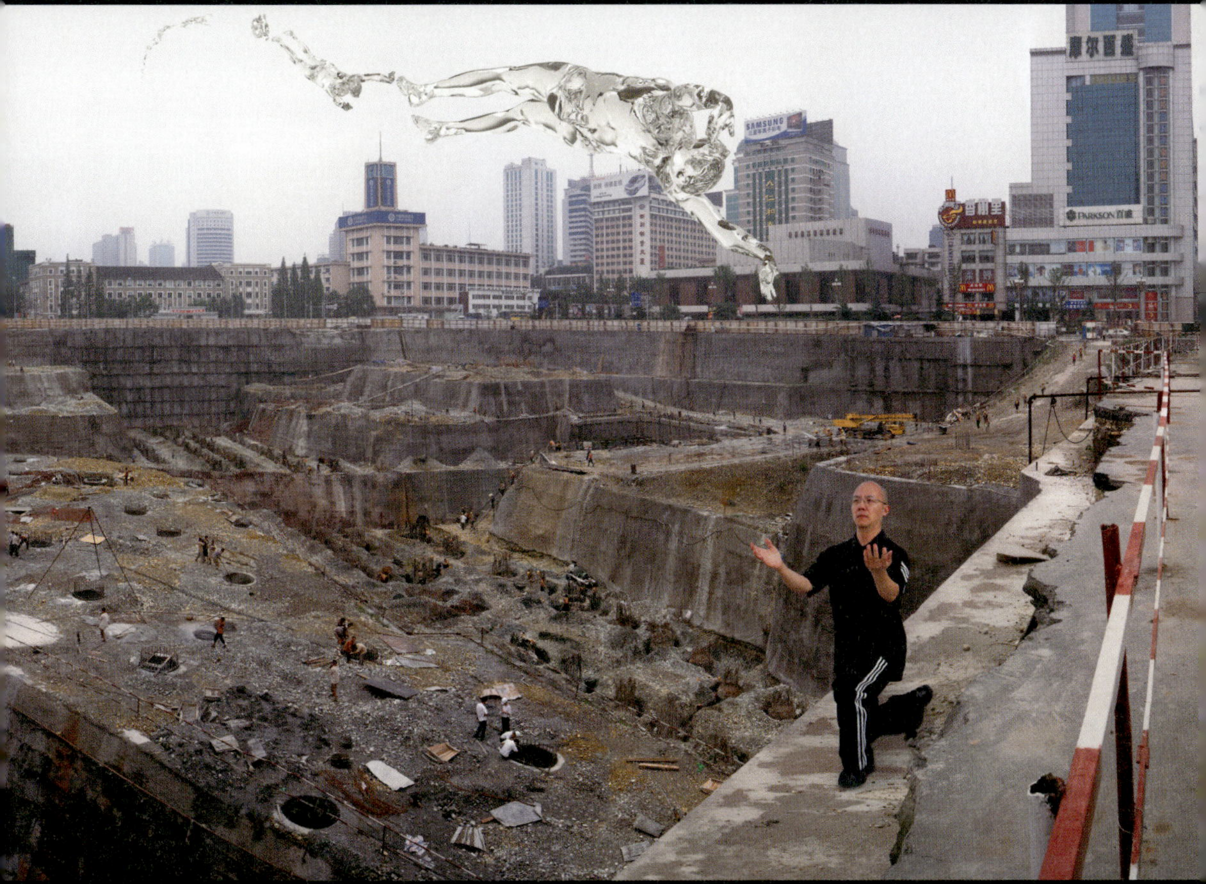
SAMSUNG
PARKSON

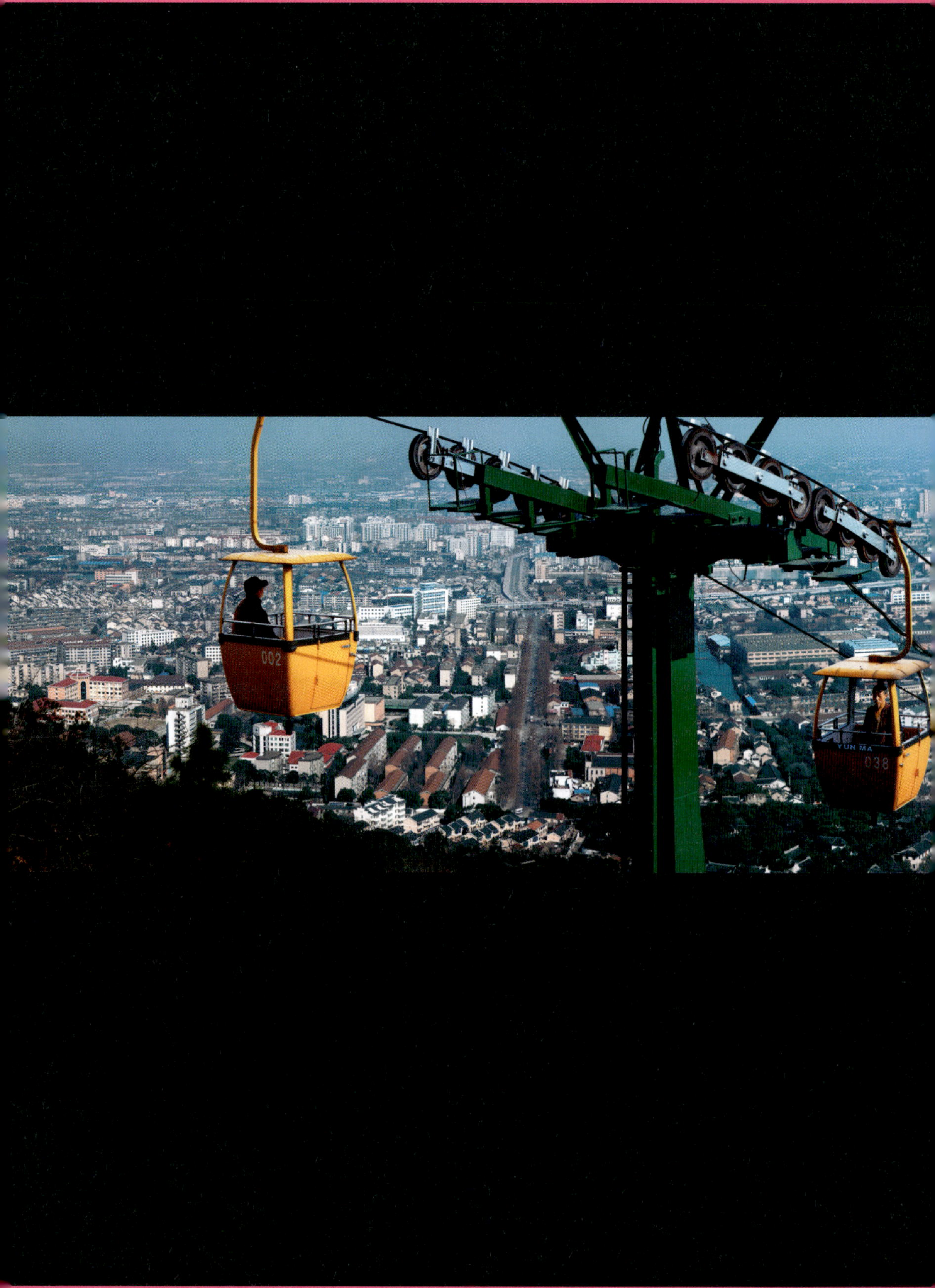

Mirage, 2004
c-print, 180 x 800 cm

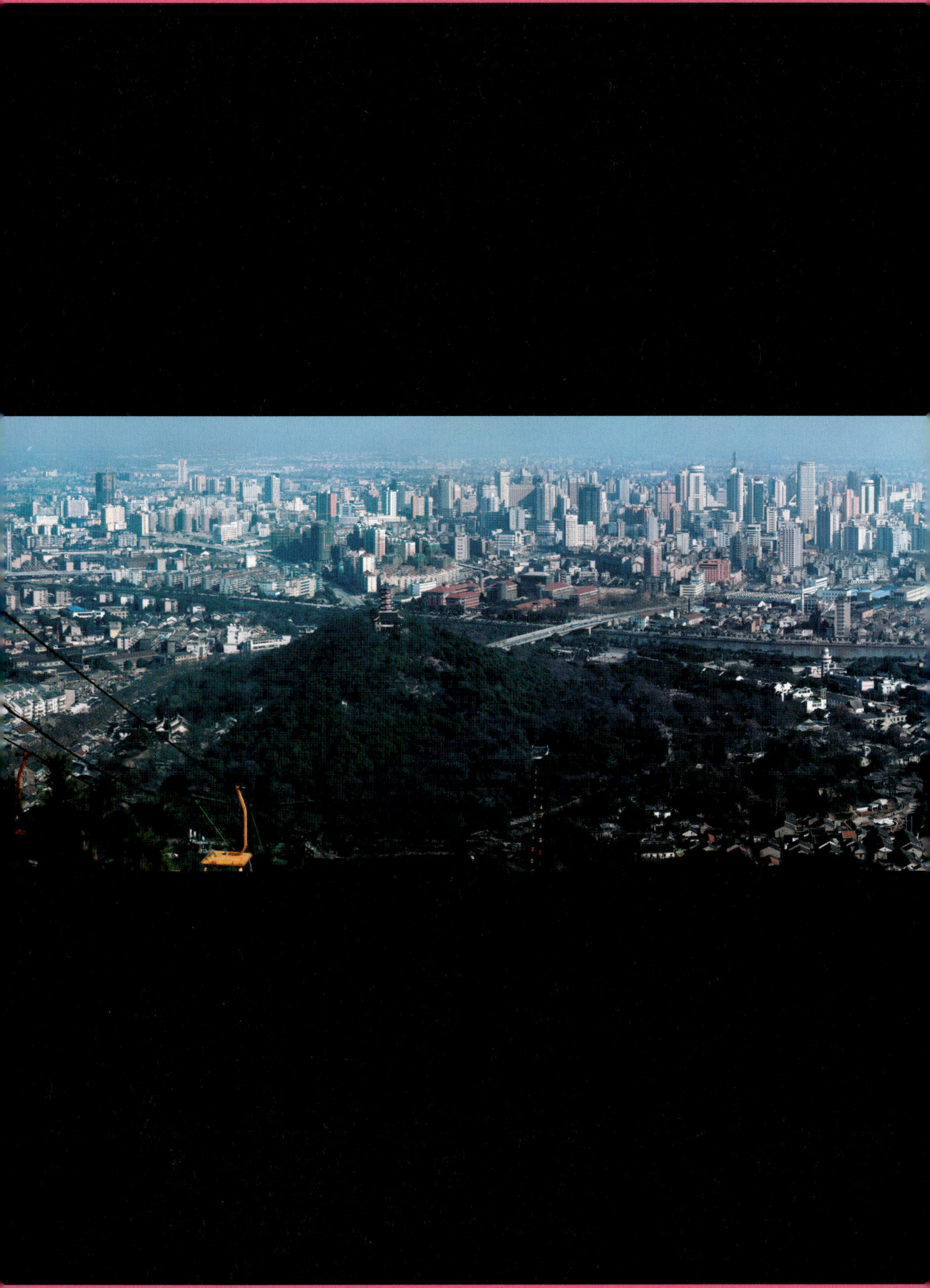

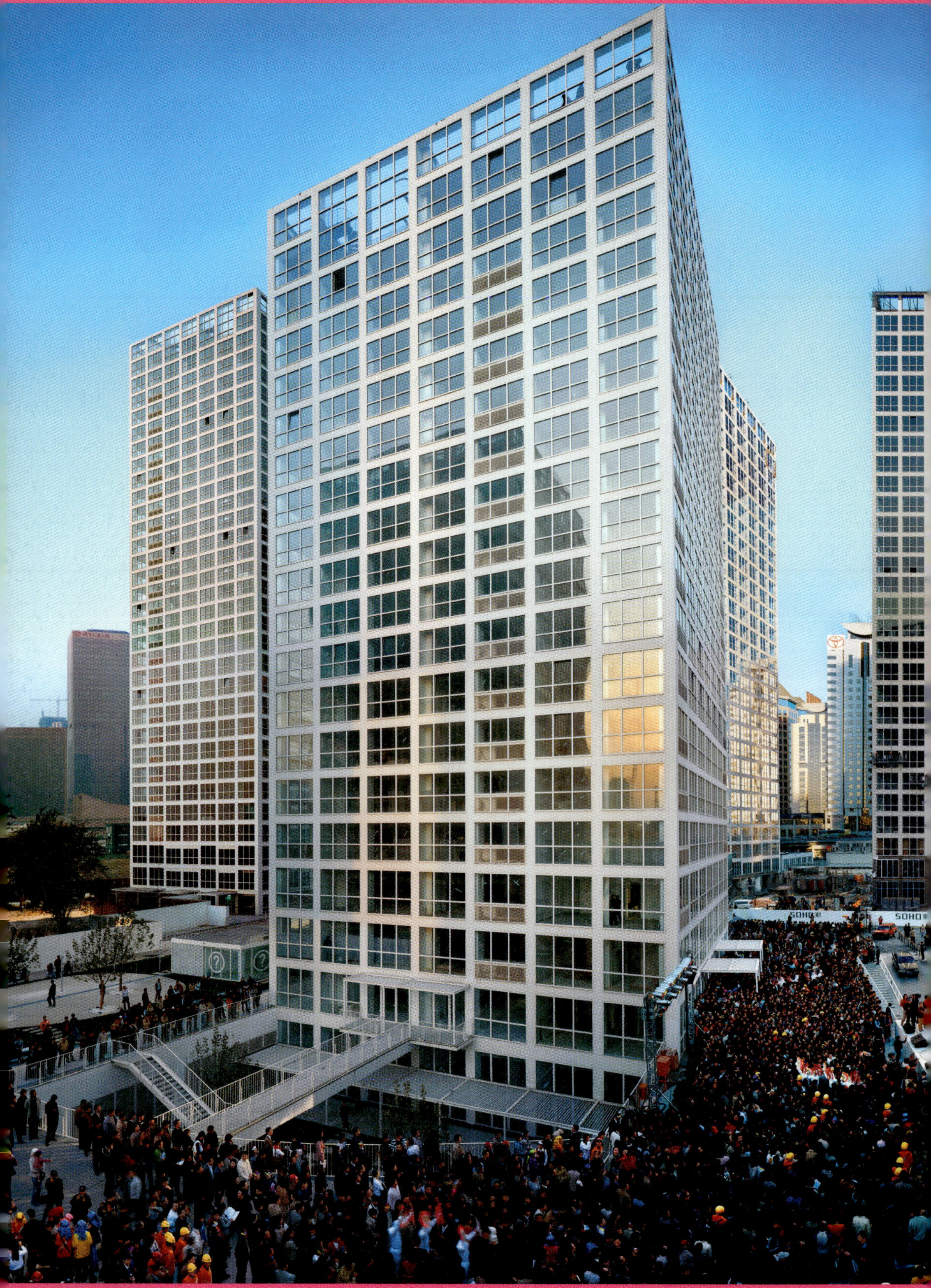

Celebration, 2004
c-print, 372 x 480 cm

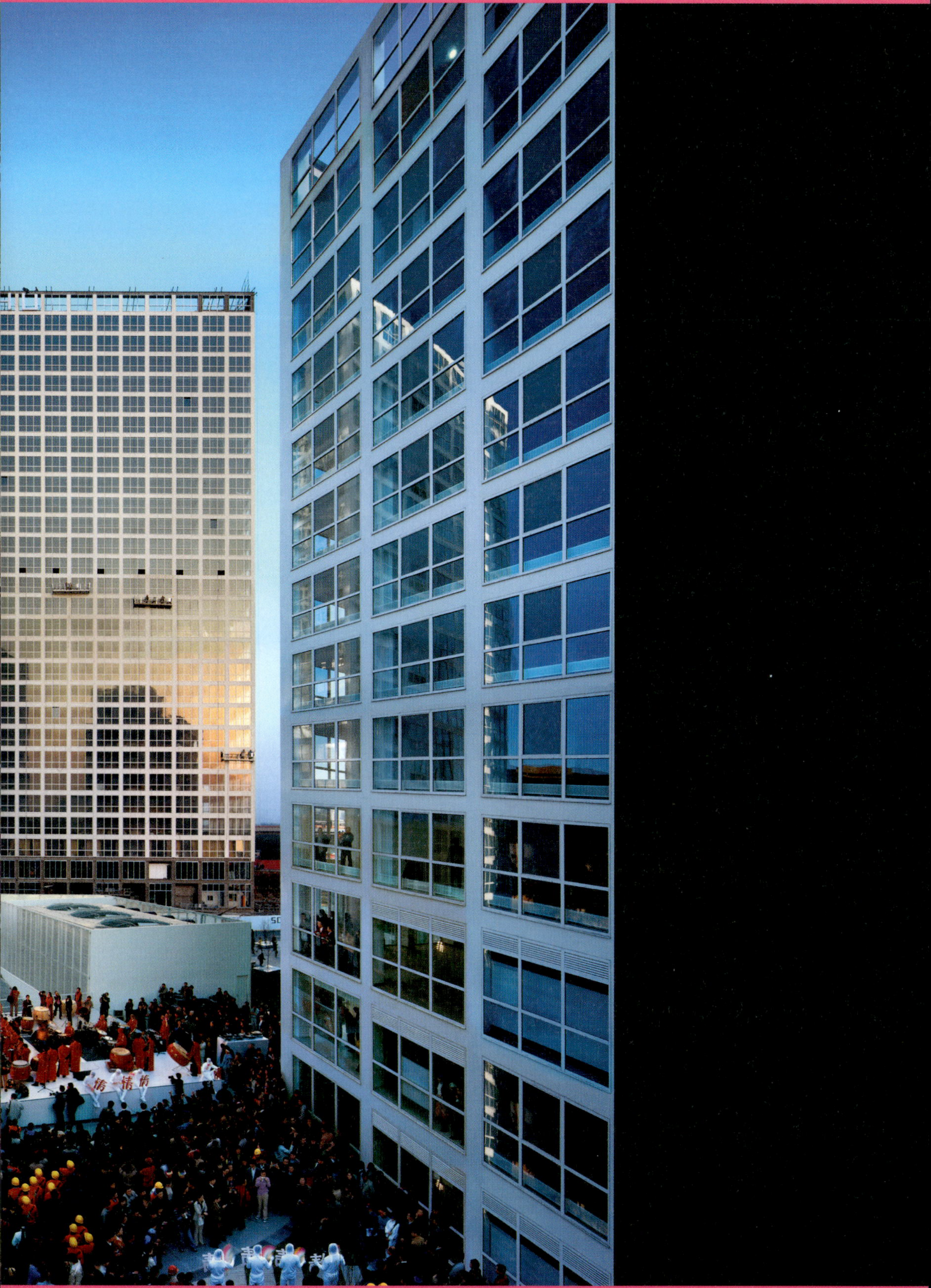

Xiang Liqing — Dankzij zijn foto's en andere werken is Xiang Liqing uitgegroeid tot een gerespecteerd lid van een school die 'de jonge kunstenaars van Shanghai' wordt genoemd. In de serie **Never Sway** (2002), richt Xiang Liqing de aandacht op de leefomstandigheden van de lagere klassen onder invloed van ingrijpende maatschappelijke veranderingen. Zijn digitaal bewerkte foto's gaan over 'sociale woningen', een typologie die uniek is voor de stedelijke cultuur van Shanghai. In deze stad verwijst de term 'sociale woningen' naar de goedkope vier tot zes verdiepingen hoge flatgebouwen die daar in de jaren tachtig werden gebouwd, in de begintijd van de hervormingen en de opendeurpolitiek van China. Deze gebouwen, die waren ontwikkeld door de 'werkeenheden' (overheidsinstanties en staatsondernemingen) van de voormalige Chinese planeconomie, waren oorspronkelijk bedoeld voor doorsneegezinnen. Niet in staat aan te sluiten bij de geschiedenis en te profiteren van de onroerend-goedhausse en de privatiseringsgolf, wonen de meeste Chinezen nog steeds in deze woningen. Op Xiang Liqings foto's zijn delen van deze gebouwen op elkaar gestapeld tot wolkenkrabberachtige torens. Via de eindeloze herhaling in zijn werk bekritiseert hij de verslechterende leefomstandigheden die het directe gevolg zijn van het leven in een stedelijke omgeving, terwijl hij de kijkers tegelijkertijd in een droomachtige sfeer brengt, met emoties die het hele gamma van vreugde tot leed beslaan. Zijn gerichtheid op de gewone burger werd een overkoepelend thema in een aantal opeenvolgende projecten, waaronder de fotoserie **Hold Your Flag** en de ceramische sculpturen van een opeenhoping van kruipende mensen of minuscule mensen die bij elkaar staan en samen pilaren vormen die zinderen van het leven.

Voor een werk uit 2004 maakte Xiang Liqing studiofoto's van zeventien- en achttienjarige jongeren en hun ouders: dochter met moeder of zoon met vader. Twee generaties die beide intensief betrokken zijn bij de ingrijpende veranderingen die momenteel in China plaatsvinden, glimlachen naar de camera. De foto's geven op levendige wijze uitdrukking aan de betrokkenheid van deze families bij gebeurtenissen die hun land in de afgelopen twee decennia totaal hebben veranderd. Ze zijn een middel om de tijd te meten. De twee generaties verschillen niet alleen in leeftijd, maar ook in mentaliteit. En toch is het deels met de genetische band samenhangende gevoel van continuïteit dat uit de beelden spreekt onmiskenbaar, hoe tegendraads ook.

Xiang Liqing — The photographs and other works of Xiang Liqing have made him a well-respected member of a school known as 'the young artists of Shanghai'. In the **Never Sway** series (2002), Xiang Liqing focuses attention on the living conditions of lower-class people affected by drastic social change. His digitally processed photographs feature public housing, a typology with a definition unique to the architectural culture of Shanghai. In this city, 'public housing' refers to low-cost four- or six-storey apartment buildings erected in the 1980s, during the early days of reform and China's open-door policy. Developed by the 'work units' (governmental agencies and state-owned enterprises) of the erstwhile planned-economy system of China, these buildings accommodated average families. Though left behind by the wheels of history during the real-estate boom and the privatization of homes, public housing is still where most Chinese people live. In Xiang Liqing's photographs, fragments of these buildings are stacked to form skyscraper-like towers. The unrestrained repetition in his work criticizes the deterioration of human life caused by life in an urban environment, while also generating a dreamlike state in his viewers, whose emotions run the gamut from joy to distress. A focus on ordinary citizens became an overarching theme in a number of his subsequent projects, including the **Hold Your Flag** photographic series and ceramic sculptures composed of heaps of crawling humanity or tiny people standing together to form pillars teeming with life.

In a work from 2004, Xiang Liqing made studio photographs of 17- and 18-year-old youngsters and their parents: daughter with mother or son with father. The faces of two generations, both of which are experiencing the tremendous changes currently taking place in China, smile at the camera. The pictures vividly express the involvement of these families in events that have altered their country in the past two decades. They are a means of measuring time. The two generations differ not only in age, but also in mentality. And yet, in addition to genetic ties, the images convey an implied, albeit contentious, sense of consistency.

Tekst/Text: Zhang Li

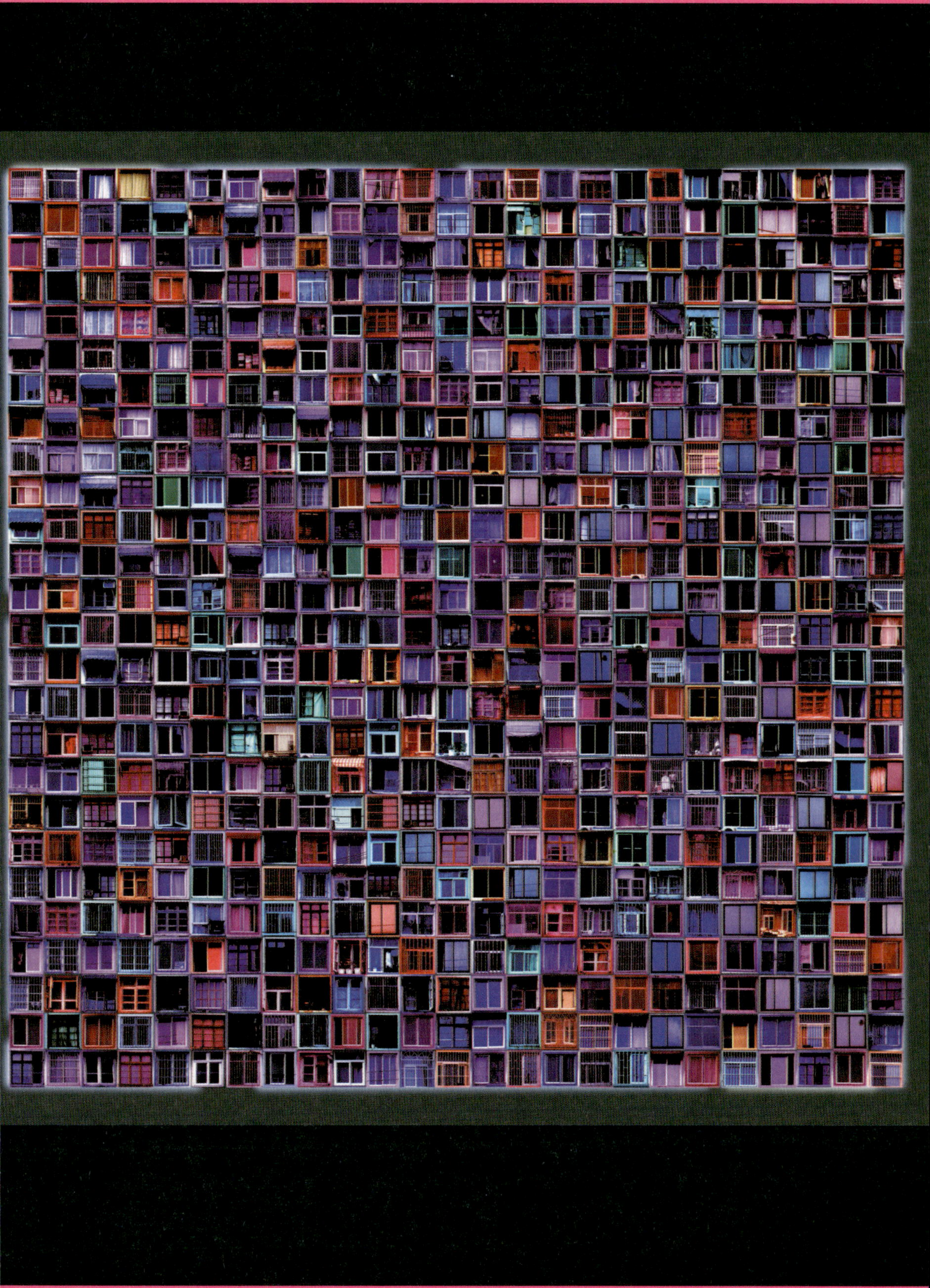

Let's look, 2001
c-print, 80 x 80 cm

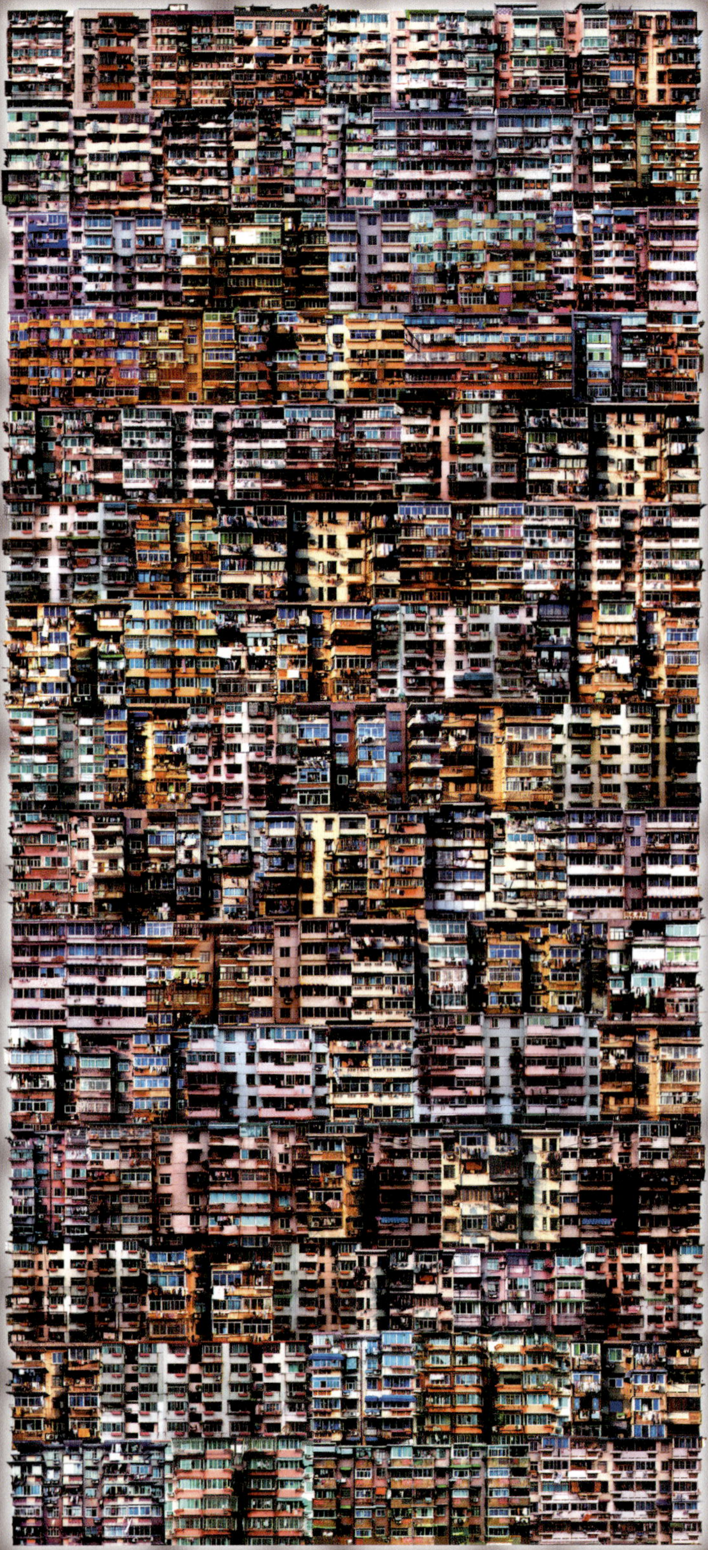

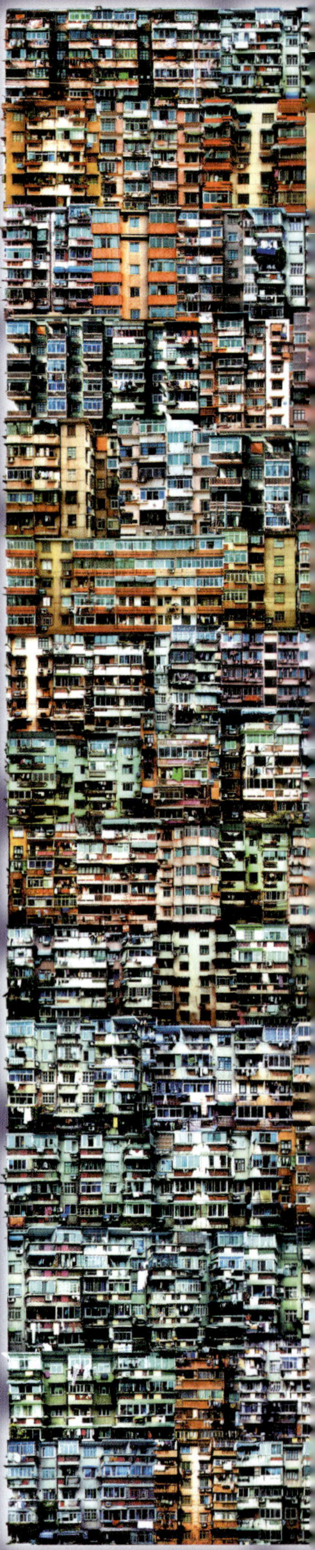

Never Sway, 2002
c-print, 250 x 126 cm

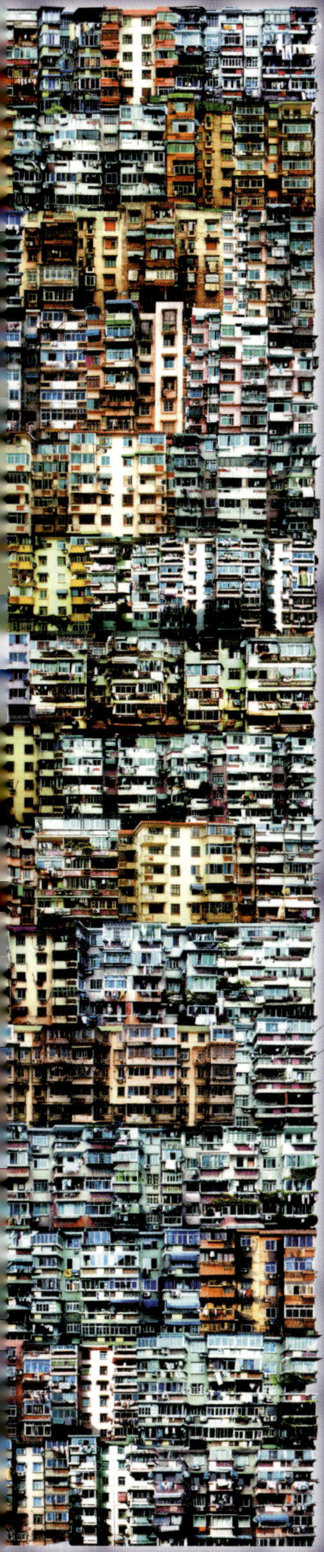

Never Sway, 2002
c-print, 250 x 126 cm

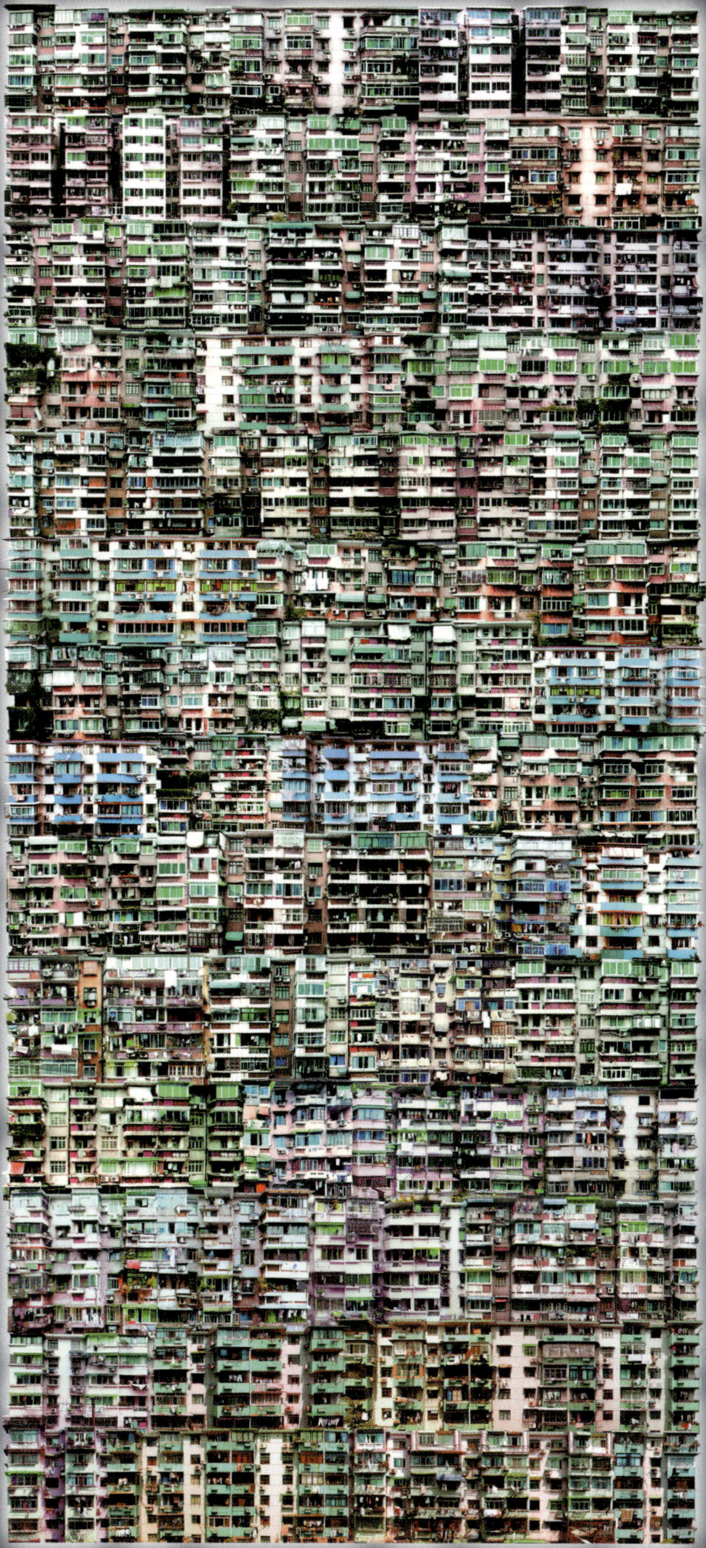

Never Sway, 2002
c-print, 250 x 126 cm

Wang Jiangwei — De toonaangevende hedendaagse kunstenaar Wang Jiangwei woont en werkt in Beijing. In zijn werk gebruikt hij multimediatechnieken en moderne technologieën om op die manier kunst te vermengen met de werkelijkheid en zo een realistische beleving mogelijk te maken. Hij bestudeert de samenleving door die op video vast te leggen. Een voorbeeld is **Production** (1993) waarin hij de behoefte aan stedelijke plekken met een sociale functie onderzoekt en de rol die deze plekken spelen in de communicatie tussen mensen. Het werk, waarin een jaar lang het leven wordt gevolgd in een theehuis in Chengdu, de hoofdstad van de provincie Sichuan, werd in 1997 getoond op 'Documenta 10'.

De documentaire **Living Elsewhere** (1998–1999) gaat over het leven van vier boerenfamilies in een onvoltooide woning aan de snelweg naar het vliegveld van Chengdu. De bouw begon in 1992, tijdens een onroerend-goedhausse. Maar later werd het bouwterrein verlaten als gevolg van het macro-economische reguleringsbeleid van de centrale overheid, waardoor bouwprojecten werden stilgelegd en er grote bouwterreinen vol puin en ruïnes van gewapend beton achterbleven. Zijn documentaire belicht de relaties tussen boeren die ver van huis aan de kost proberen te komen tussen puinhopen die niet de hunne zijn. In plaats van zich te organiseren zoals ze het op het platteland deden, gebruiken ze hun ervaringen als migranten om hun nieuwe relatie met de vreemde stad te definiëren. De documentaire toont de gevolgen van de expansiedrift van gulzige steden tegen de achtergrond van een in snel tempo moderniserend land en het lot van de migranten die overhaast naar de grote stad trekken om snel rijk te worden.

In **Spider 2** (2005) onderzoekt hij hoe twee ruimten – een denkbeeldige en een echte – elkaar overlappen. Hij concludeert dat het mogelijk is een band te krijgen met een ruimte, dat je die kunt verpersoonlijken zonder het specifieke karakter ervan aan te tasten. Aldus kan je een nieuw ecosysteem creëren en wel zonder onderscheid te maken tussen wat echt en wat denkbeeldig is. Vanuit de overtuiging dat stedelingen leven in een wereld die heen en weer beweegt tussen de echte wereld en een droomwereld, vermengde hij de twee in een woning, compleet met een woonkamer, een keuken, een slaapkamer en een badkamer. Achter de fysiek aanwezige woonelementen ligt een denkbeeldig domein van de psyche dat onderdak biedt aan de onzichtbare leden van het huishouden. Zijn ze een illusie? Een fragmentarische herinnering? De ruimte wordt gedeeld door mensen die elkaar niet herkennen.

Wang Jiangwei — Leading contemporary artist Wang Jiangwei lives and works in Beijing. He uses a multimedia technique and state-of-the-art technology to create art. His philosophy emerges from a desire to blend art with reality to provide a realistic experience. Each work is based on a specific aspect of human life. He studies society by recording it on video. An example is **Production**, a 1993 video that explores the need for urban social venues and their role in normal communication among average people. The piece, which covers a year in the existence of a teahouse in Chengdu, capital of Sichuan Province, appeared at Documenta 10 in 1997.

The documentary **Living Elsewhere** (1998–1999) depicts four farm families living in an unfinished house next to the motorway to Chengdu Airport. Development here began in 1992 during a real-estate boom. Later, however, much of the construction was abandoned as a result of the central government's macro-regulation policies, which curtailed building projects and left such sites filled with the debris of reinforced concrete. Wang Jianwei's camera targeted four immigrant families engaged in farming, raising pigs and doing part-time jobs. His documentary highlights relations between farmers living 'away from hearth and home' amid rubble that is not theirs. Rather than setting up rural social organization, they use their migratory experiences to define their new link with the alien city. The aptly named documentary shows the consequences of greedy cities expanding against the backdrop of a land in the process of modernizing and of the fate of migrants rushing to big cities to get rich quick.

Wang Jianwei's more recent work conveys a spatial message. His micro-analytical approach led him to investigate how two spaces – one imaginary, one real – overlap. **Spider 2**, the result of his "architecture" concept, centres on a metaphorical spider. The artist concludes that one can relate to a space, personalize that space while leaving its basic nature intact and, in so doing, create a new ecosystem – all without differentiating between what is imaginary and what is real. Believing that urbanites inhabit a state that hovers between reality and somnambulance, he blurred the two within a dwelling complete with living room, kitchen, bedroom and bathroom. Beyond the physical domestic items is an imaginary realm of the psyche which is home to invisible members of the household. Are they an illusion? A fragment of memory? The space is shared by people who fail to recognize one another.

Tekst/Text: Huang Du

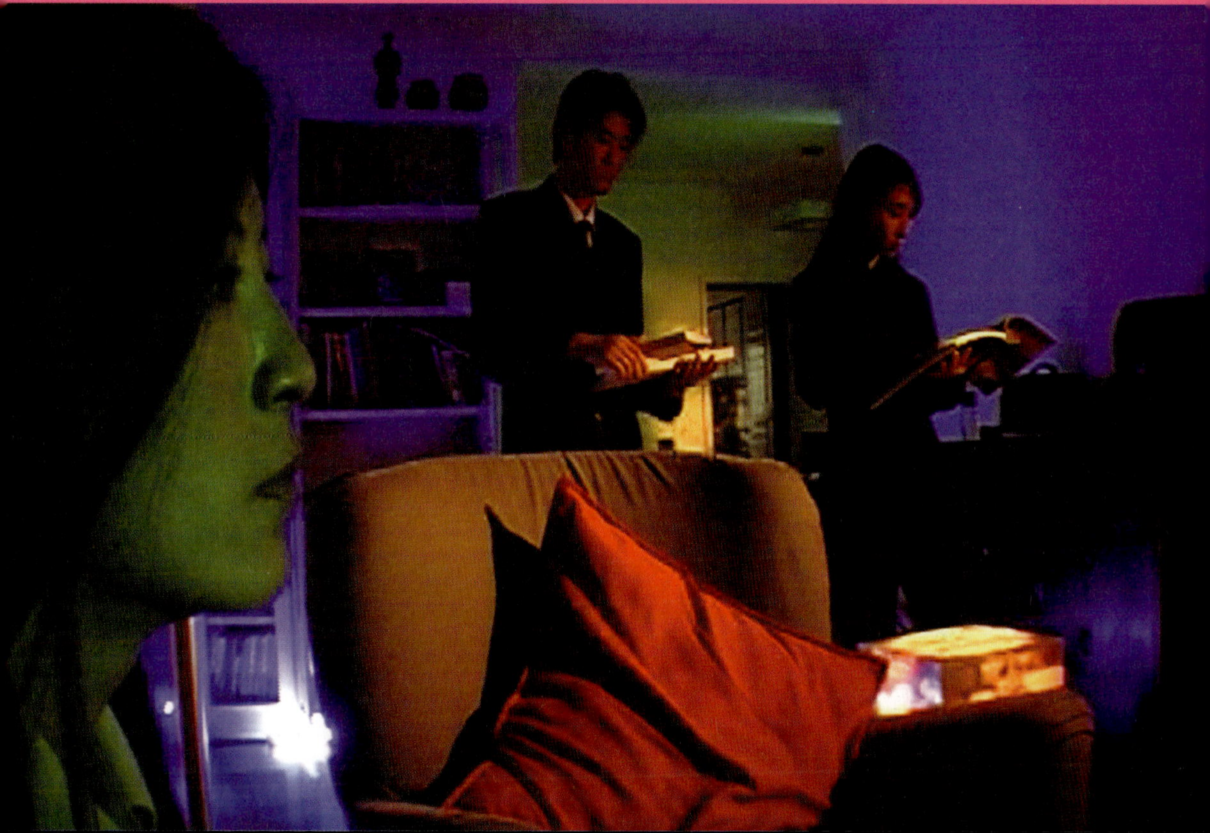

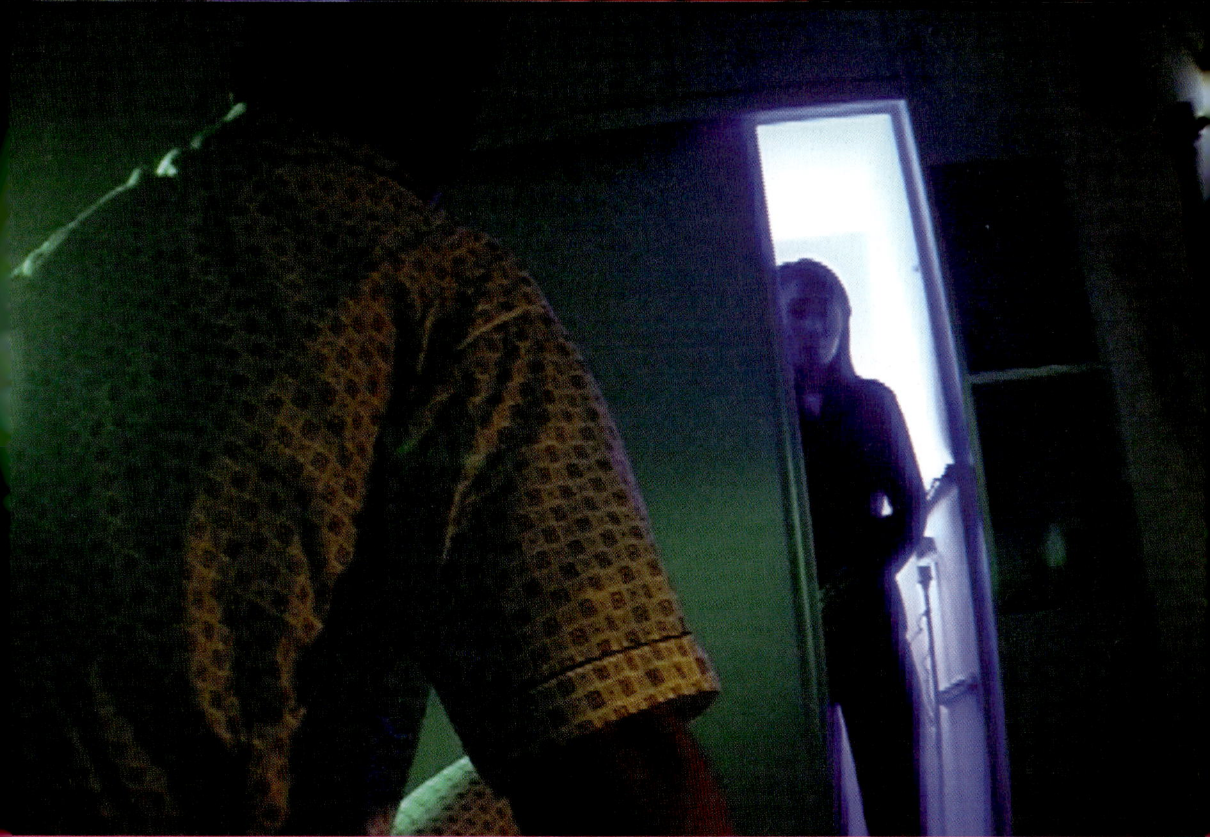

Spider 2, 2005 (stills)
dvd, 10 min., 15 sec.

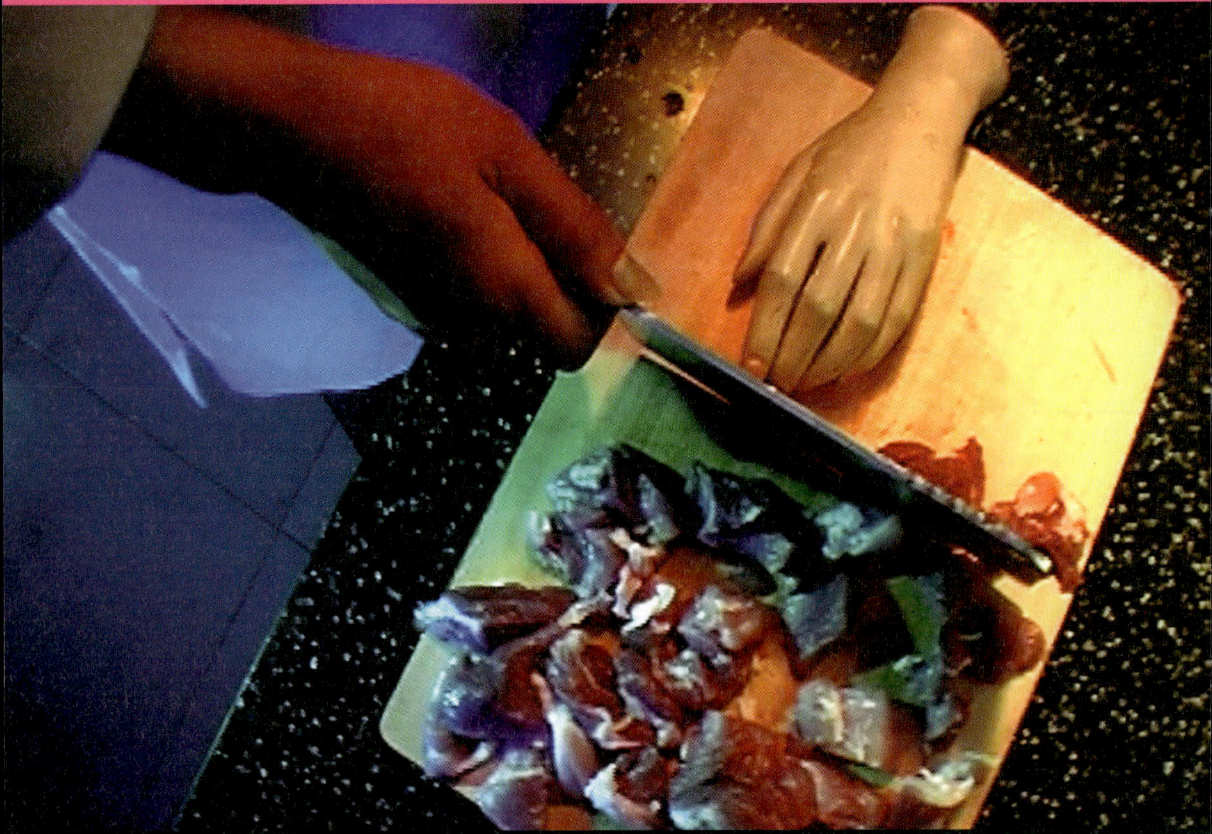

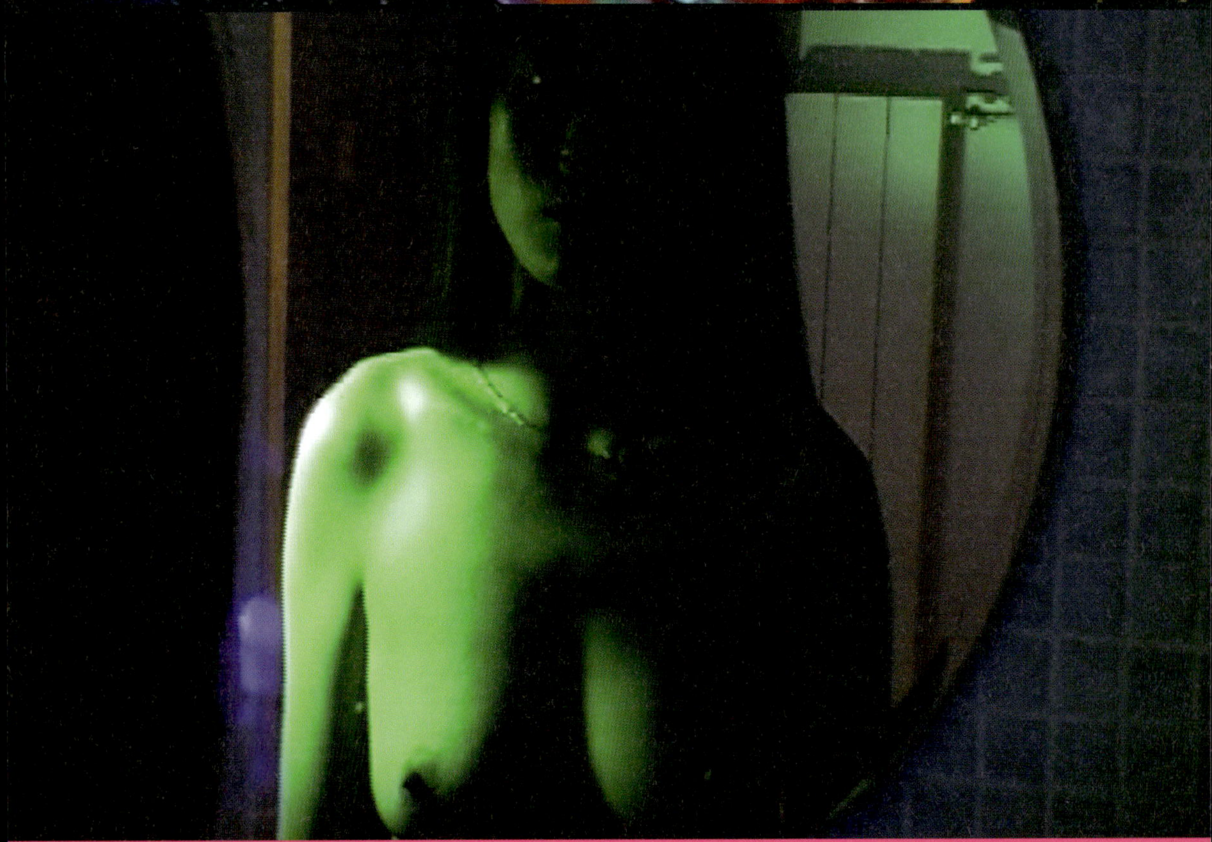

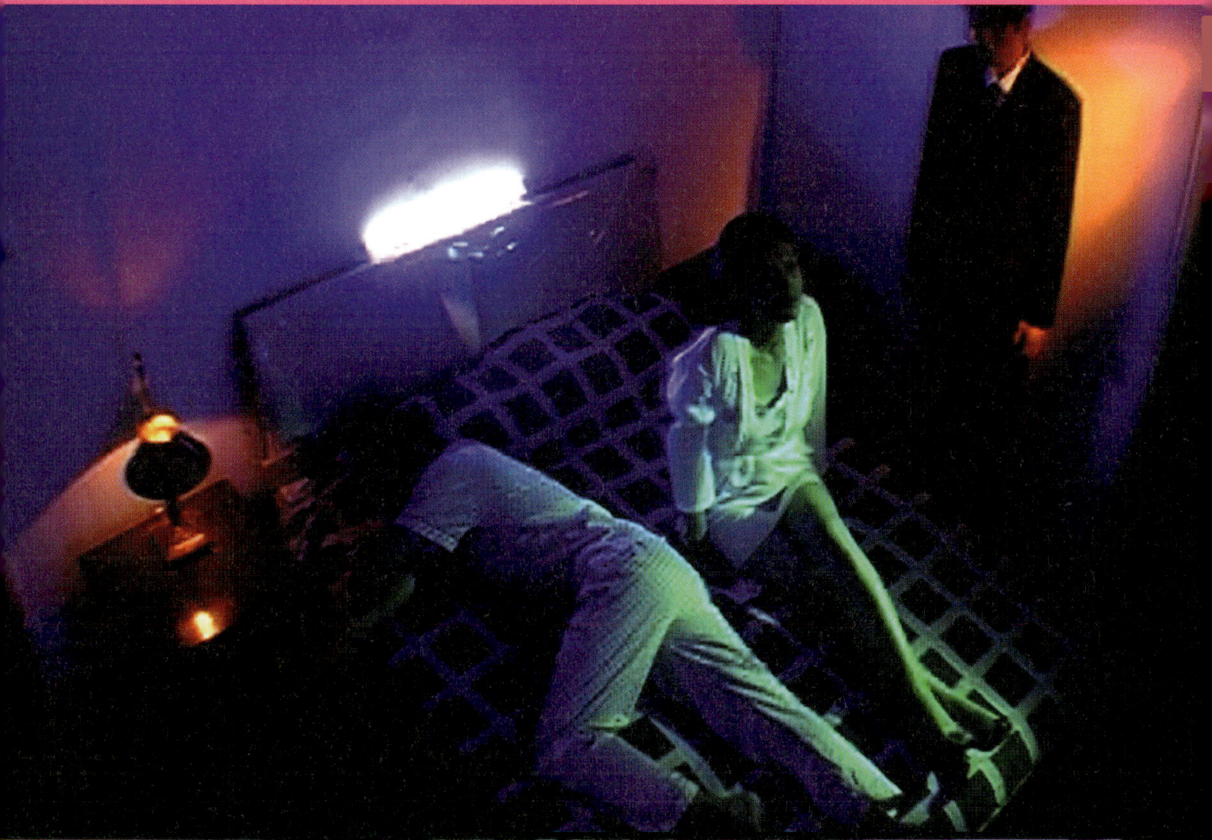

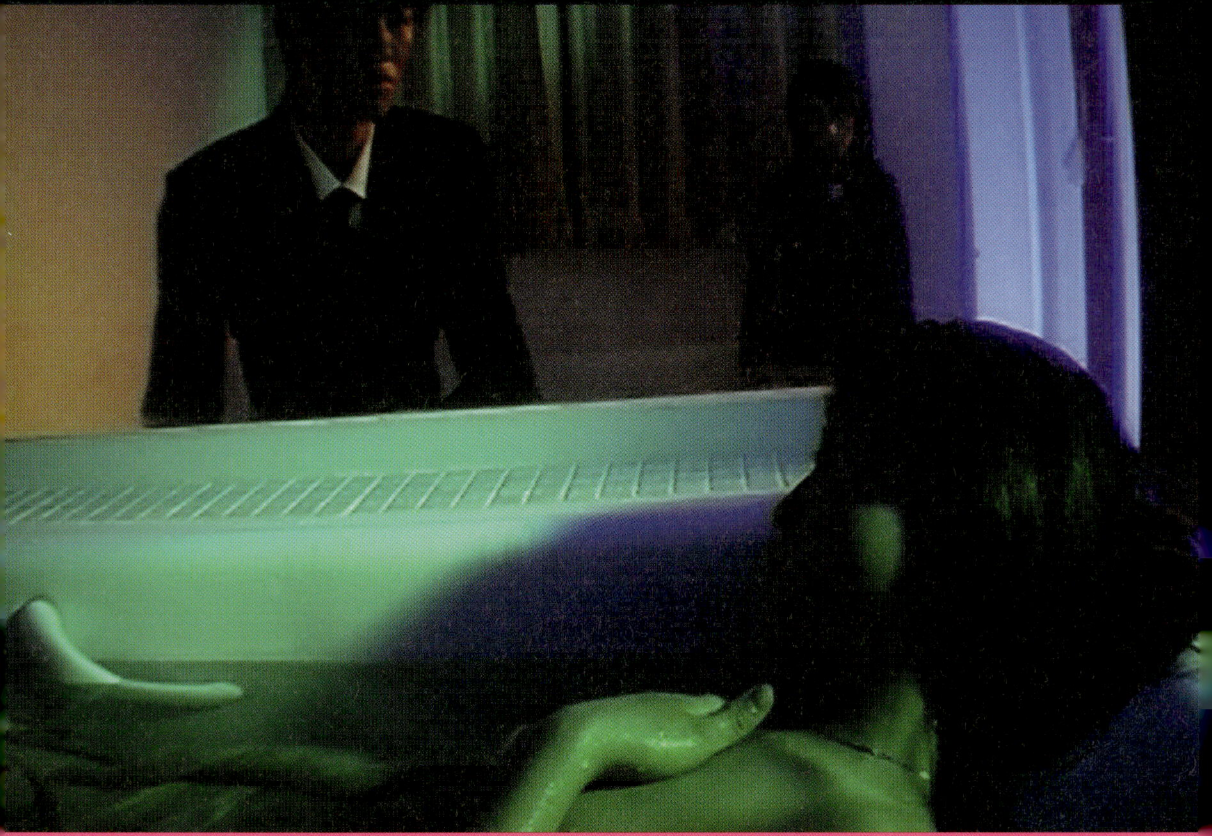

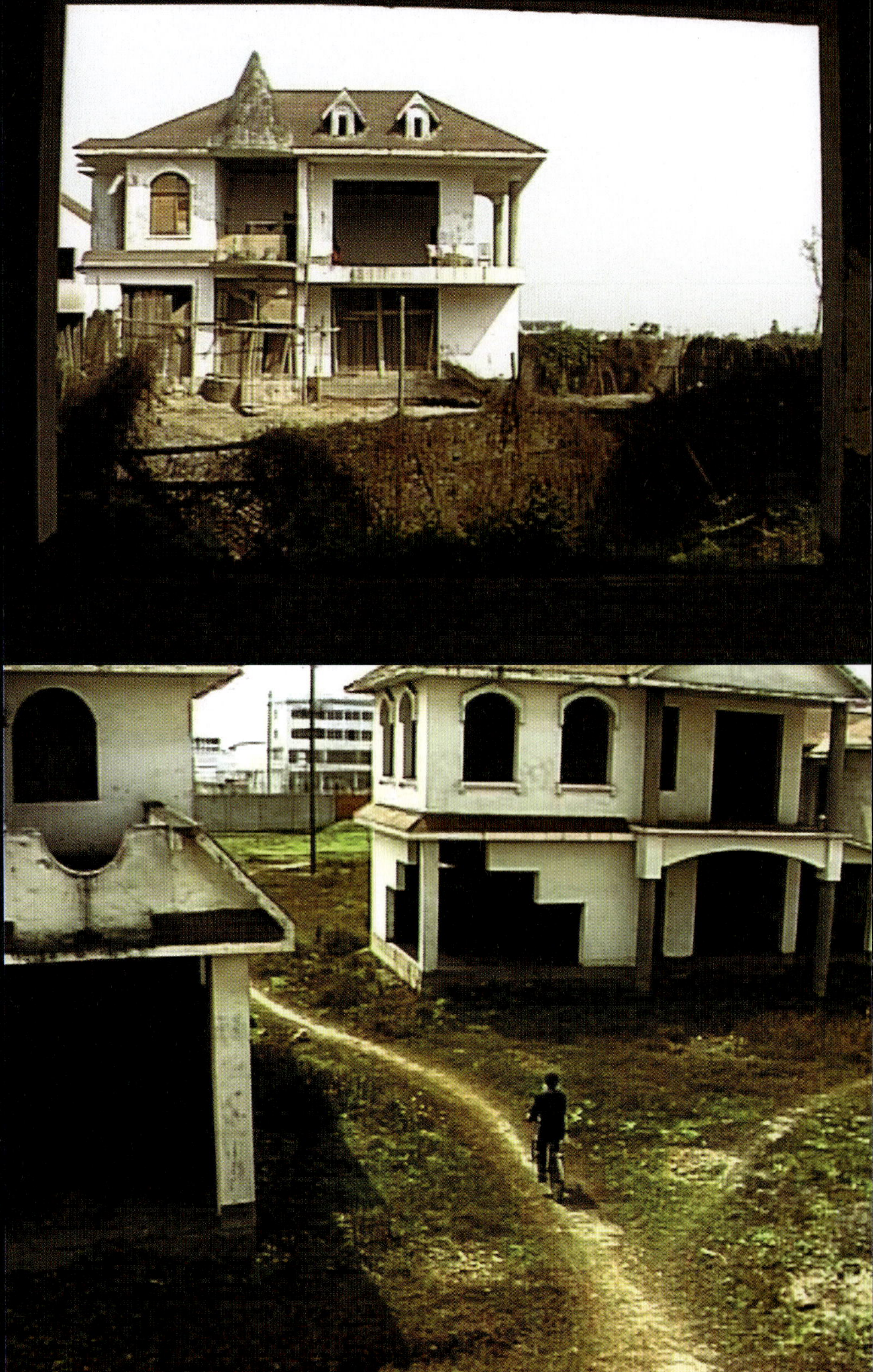

Living Elsewhere, 1999 (stills)
video, 40 min.

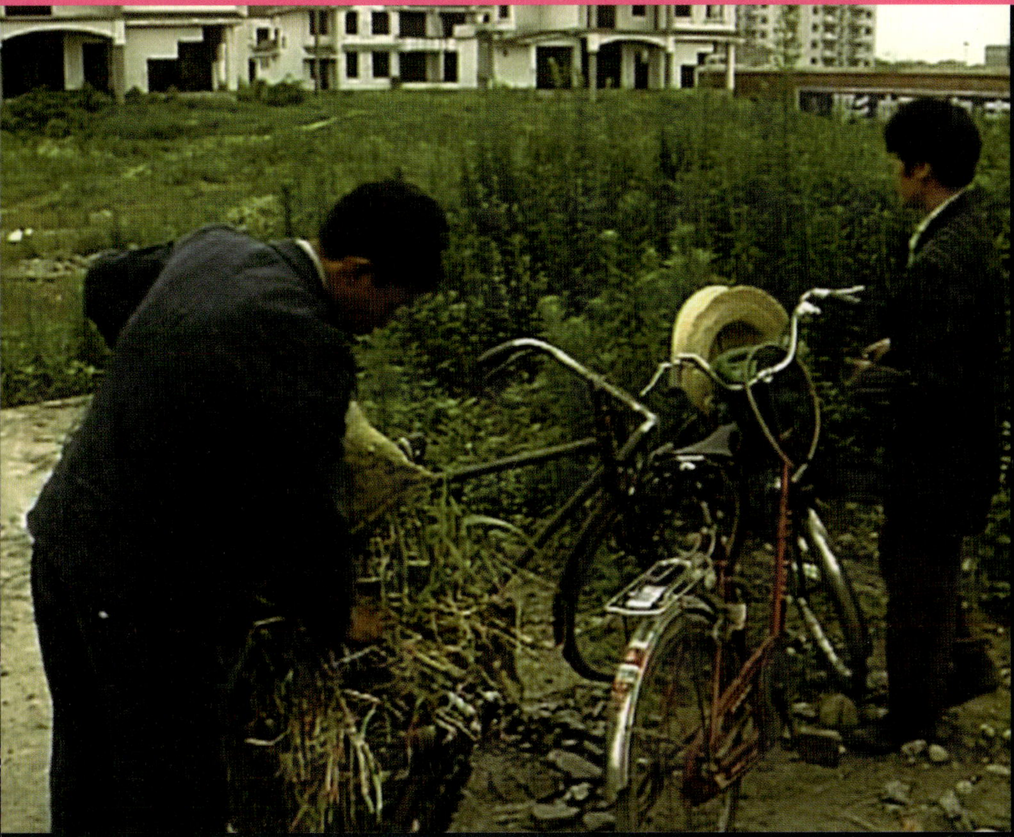

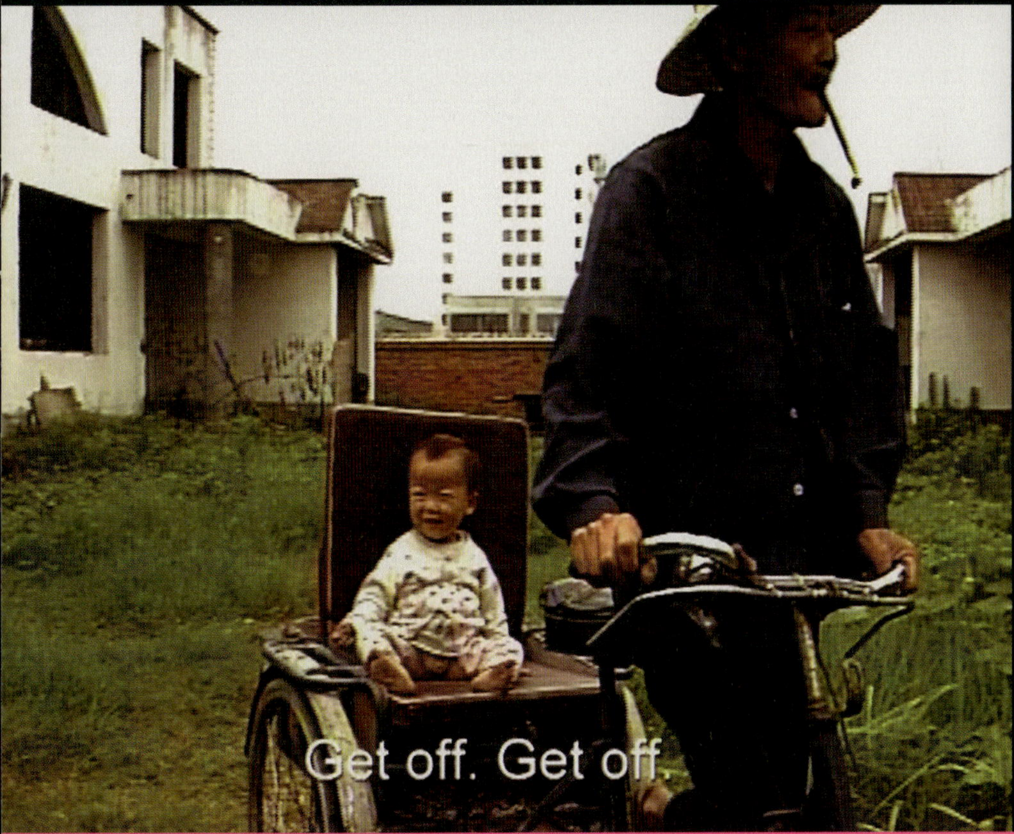
Get off. Get off.

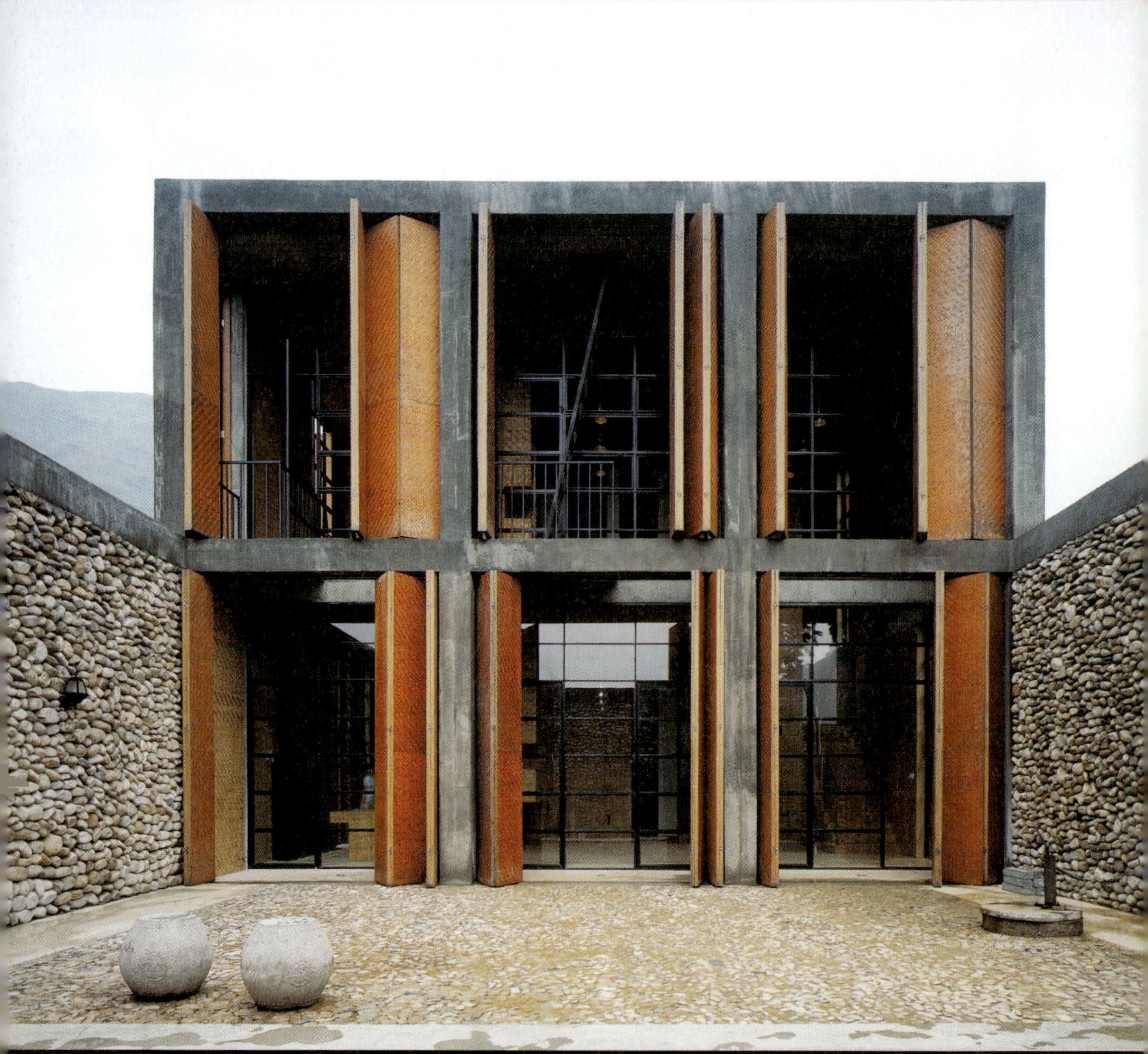

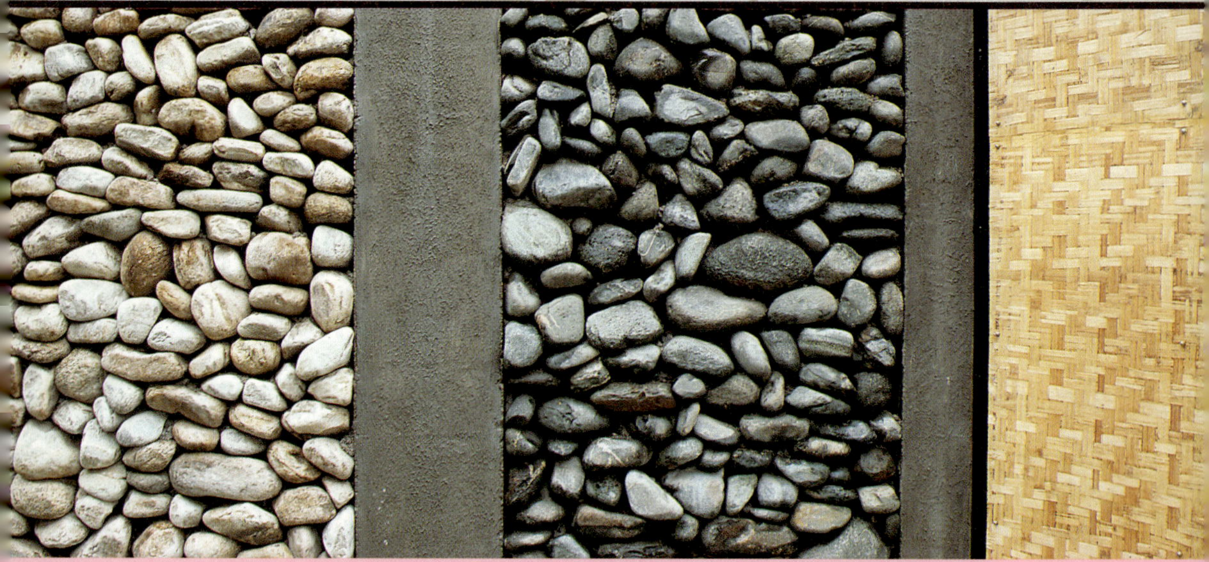

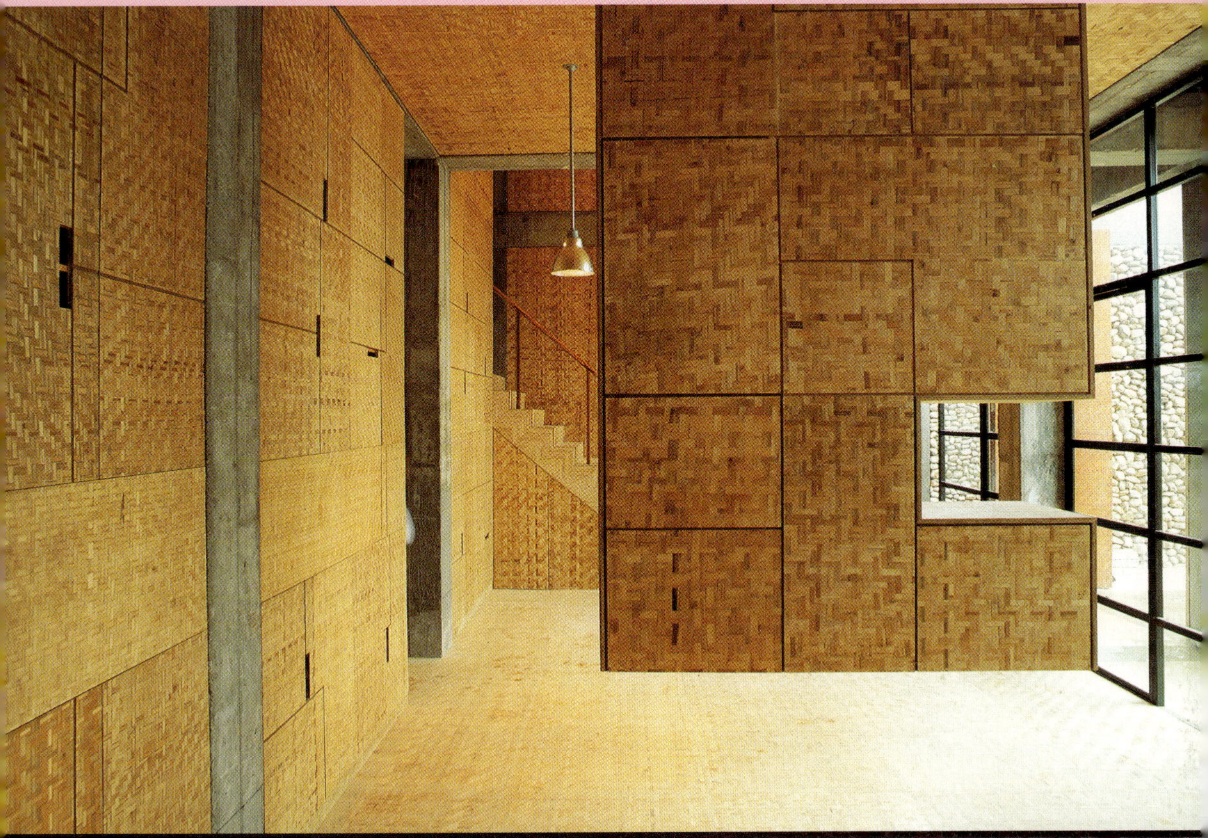

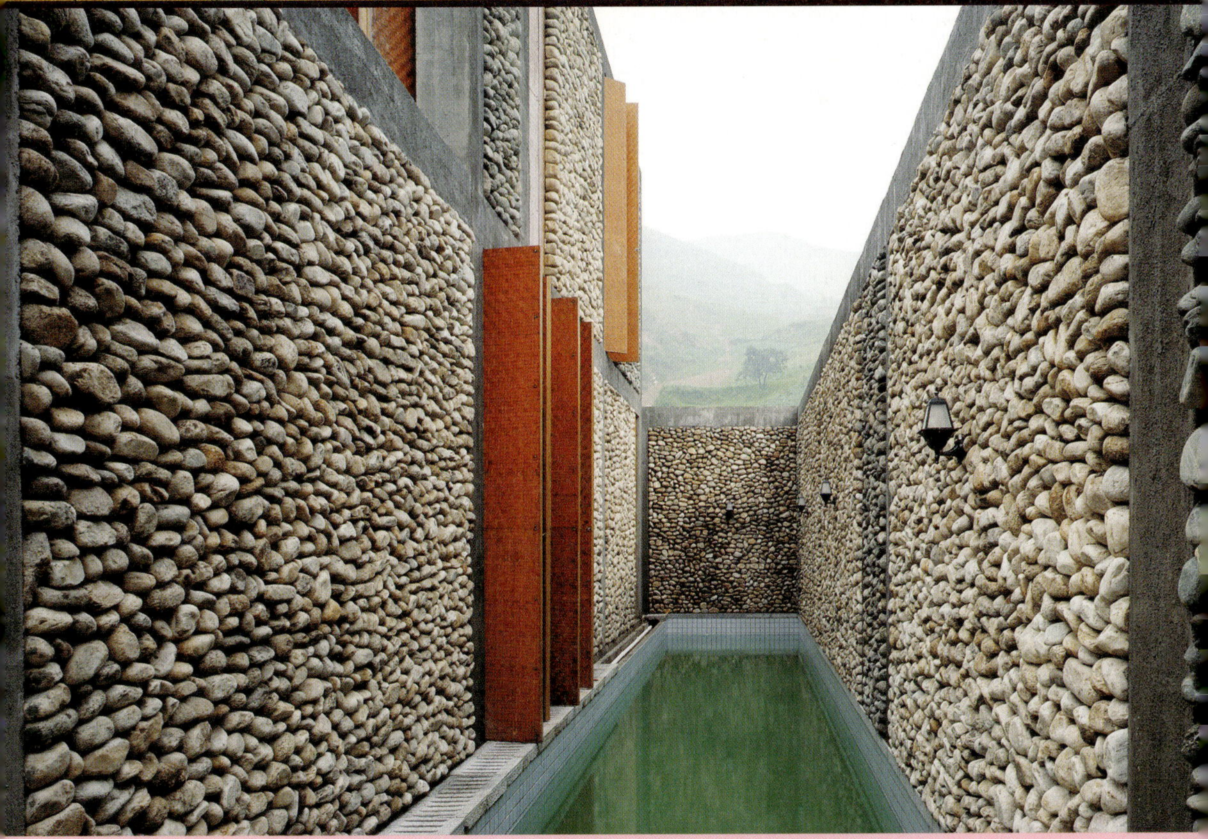

Father's House — De stad Lantian ligt ten zuidoosten van Xi'an en is bekend om de archeologische vondsten van de oudste menselijke resten in China. In dit landschap bouwde architect Ma Qingyun een huis voor zijn vader vlak bij diens geboortedorp. Het kubusvormige bouwlichaam ontstond uit een acht jaar durende gedachtewisseling met zijn vader en na studie van het bouwterrein. Vanwege de afgelegen ligging en logistieke beperkingen moest het huis met lokale materialen en door lokale bouwvakkers worden gebouwd. Ma koos voor een skeletbouw van gewapend beton die zowel aan de binnen- als aan de buitenkant zichtbaar blijft. Alle buitenzijden zijn afgewerkt met op kleur gesorteerde kiezelstenen uit de plaatselijke rivier. De binnenwanden bestaan uit verlijmde bamboestroken. Het vierkante, twee verdiepingen tellende huis opent zich over de gehele breedte naar de eveneens vierkante, ommuurde binnenplaats. De slanke vensters bestaan uit kozijnen van zwart geschilderd metaal. De ingang bevindt zich in het noordoosten, vanwaar een pad met twee hoeken van negentig graden over de binnenplaats naar het huis leidt. De ingang biedt uitzicht over een lang waterbekken.

Father's House — The city of Lantian to the Southeast of Xi'an is famous for the archaeological discoveries of the oldest human remains in China. Architect Ma Qingyun built a house for his father in this landscape near the village where he was born. The cube-shaped volume of the building was the result of eight years of discussions with his father and a study of the site. Because of its remote location and logistical considerations, the villa had to be built with local materials by local builders. Ma opted for a skeleton structure of reinforced concrete which remains visible both on the outside and on the inside. All of the outside walls are finished with pebbles from the local river, sorted by colour. The inside walls are made of glued bamboo strips. The square, two-storey villa is open along its entire width towards the equally square, walled patio. The slender windows have black metal frames. The entrance is on the North-Eastern side, where a path makes two angles of ninety degrees over the patio before reaching the house. The entrance offers a view of a long basin of water.

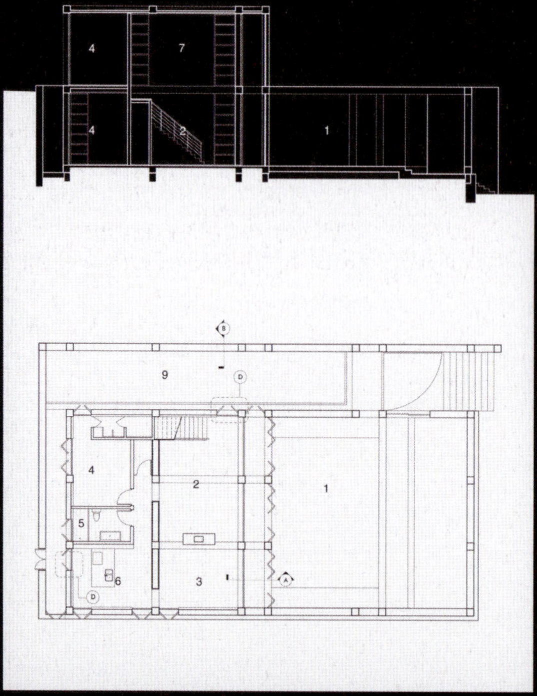

Project: Father's House **Architect:** MADA s.p.a.m. (Ma Qingyun, Chen Weihang, Peter Knutson, Wang Yinghui, Satoko Saeki, James Macgill), Shanghai **Locatie/Location:** Lantian, Xi'an **Programma/Programme:** Villa **Ontwerp-Oplevering/Design-Completion:** 1992–2003 **Bouwterrein/Site specifications:** 200 m² **Bouwoppervlak/Building surface area:** 385 m² **Foto's/Photos:** MADA s.p.a.m., Jin Zhan

begane grond/first floor: 1 binnenplaats/courtyard 2 woonkamer/living room 3 eetkamer/dining room 4 gastenkamer/guest room 5 badkamer/bathroom 6 keuken/kitchen 7 studeerkamer/study 8 slaapkamer/master bedroom 9 zwembad/swimming pool

Split House — Het huis ligt in de bergen ten noordwesten van Beijing in de onmiddellijke nabijheid van de Chinese Muur. Het is een prototype dat op iedere willekeurige plek gebouwd kan worden. De villa is hier precies in het midden in tweeën gesplitst om onnodige boomkap te vermijden, de private en de meer openbare ruimten van elkaar te scheiden en de overweldigende natuur de kans te geven het huis te omarmen. Tussen de beide bouwvolumes in stroomt een natuurlijke waterloop, overspannen door een portaal met een glazen vloer die beide vleugels met elkaar verbindt. Door de hoek te veranderen kan het portaal als een flexibel scharnier aan iedere topografische situatie worden aangepast, waardoor afhankelijk van de locatie verschillende ruimtelijke en functionele eenheden kunnen ontstaan. De twee vleugels hebben elk een eigen functie: op de begane grond van de ene vleugel liggen de keuken, de eetkamer en de personeelsvertrekken, in de andere vleugel onder meer de woonkamer. Grote glasoppervlakken bieden uitzicht op de binnenplaats. De bovenverdiepingen, die op de middengedeelten van de twee onderverdiepingen zijn geplaatst, herbergen de privé-vertrekken van de bewoners en de gasten. De constructie van het huis borduurt voort op traditionele bouwtechnieken met hout en aarde (tu mu); zo zijn de beide massieve, gesloten buitenmuren uit aarde opgetrokken en vervaardigd met een traditionele aanstamptechniek.

Split House — The villa is situated in the mountains to the Northwest of Beijing in the immediate vicinity of the Great Wall. It is a prototype that can be built on any location. In this case the villa has been split exactly into two halves to prevent unnecessary felling of trees, to separate the private from the more open spaces, and to give the overwhelming natural surroundings the opportunity to embrace the villa. A natural channel flows between the two building volumes, covered by a portal with a glass floor that links the two wings with one another. By adjusting the angle, the portal can be adapted to any topographical situation like a flexible hinge, enabling the creation of different spatial and functional units depending on the location. Each of the two wings has its own function: the ground floor of one wing is occupied by the kitchen, the dining room and the servants' quarters, while the other wing includes amongst others the living room. Large glass surfaces afford a view of the patio. The upper floors, which are placed on the central sections of the two lower floors, accommodate the private quarters of the occupants and their guests. The construction of the villa reflects traditional building techniques with wood and earth (tu mu); for instance, the two massive, closed external walls are made of earth and manufactured using a traditional tamping technique.

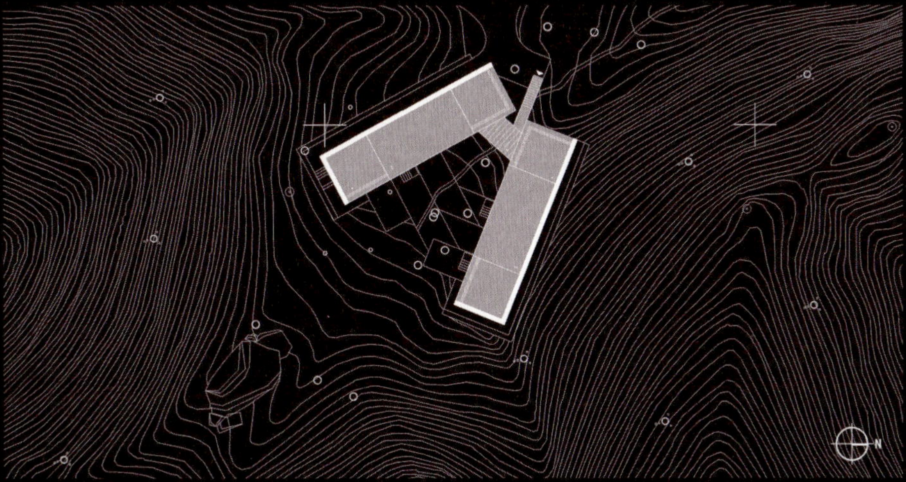

Project: Split House (deel van het project Commune by the Great Wall/part of the Commune by the Great Wall project) **Architect:** Atelier Feichang Jianzhu (Yung Ho Chang, Lu Xiang, Lucas Gallardo, Liu Xianghui, Wang Hui, Xu Yixing), Beijing **Locatie/Location:** Yanqing, Beijing **Programma/Programme:** Villa **Ontwerp-Oplevering/Design-Completion:** 2000–2002 **Bouwoppervlak/Building surface area:** 449 m² **Foto's/Photos:** Fu Xing

Yung Ho Chang (Atelier Feichang Jianzhu), Beijing (1956)
Opleiding/Education: MArch Berkeley University 1984; BArch of Science in Environmental Design, Ball State University 1983; Nanjing Institute of Technology (now Southeast University) 1978–1981 **Oprichting bureau/Start of practice:** 1993 **Bureau/Practice:** Particuliere onderneming/Private firm **Medewerkers/Members of staff:** 20 **Gerealiseerde projecten/Completed projects:** 30 **Projecten in aanbouw/Projects under construction:** 6 **Aantal ontworpen projecten/Number of designed projects:** 80 **Website:** www.fcjz.com

situatie/site plan

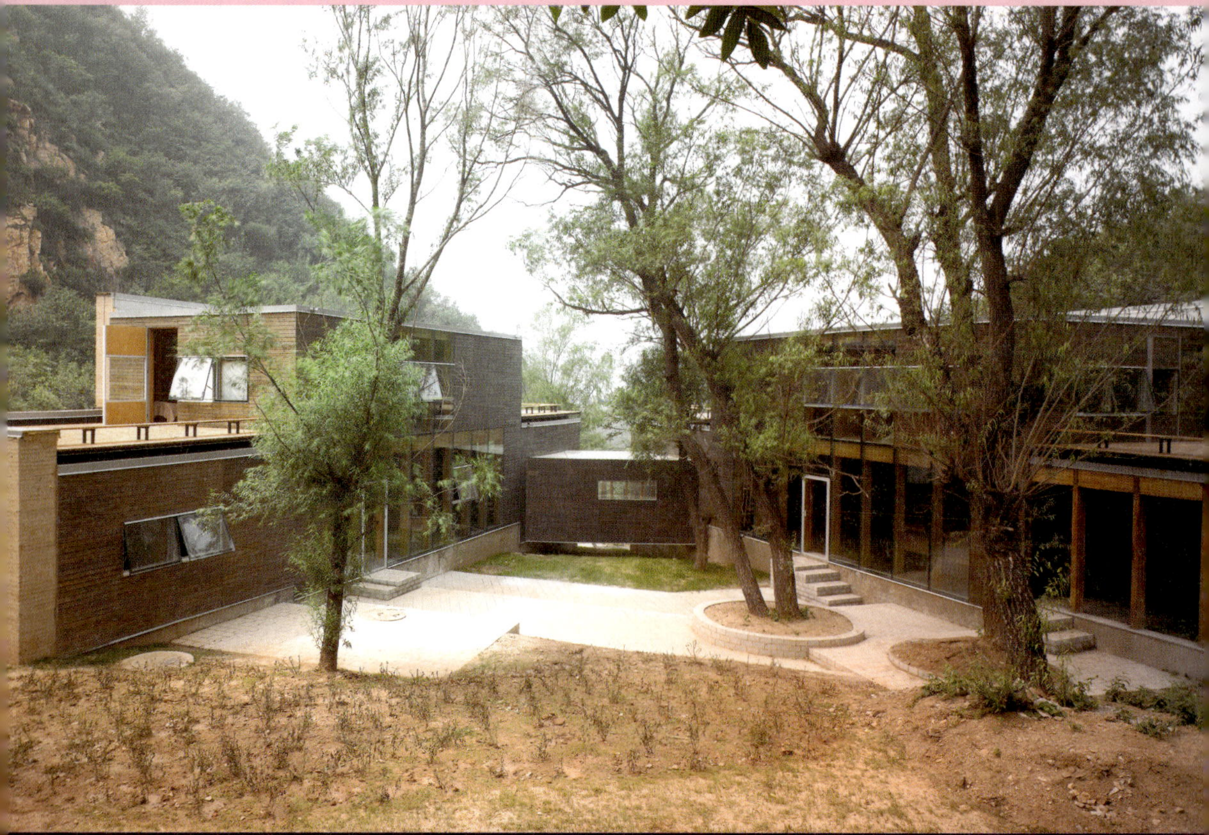

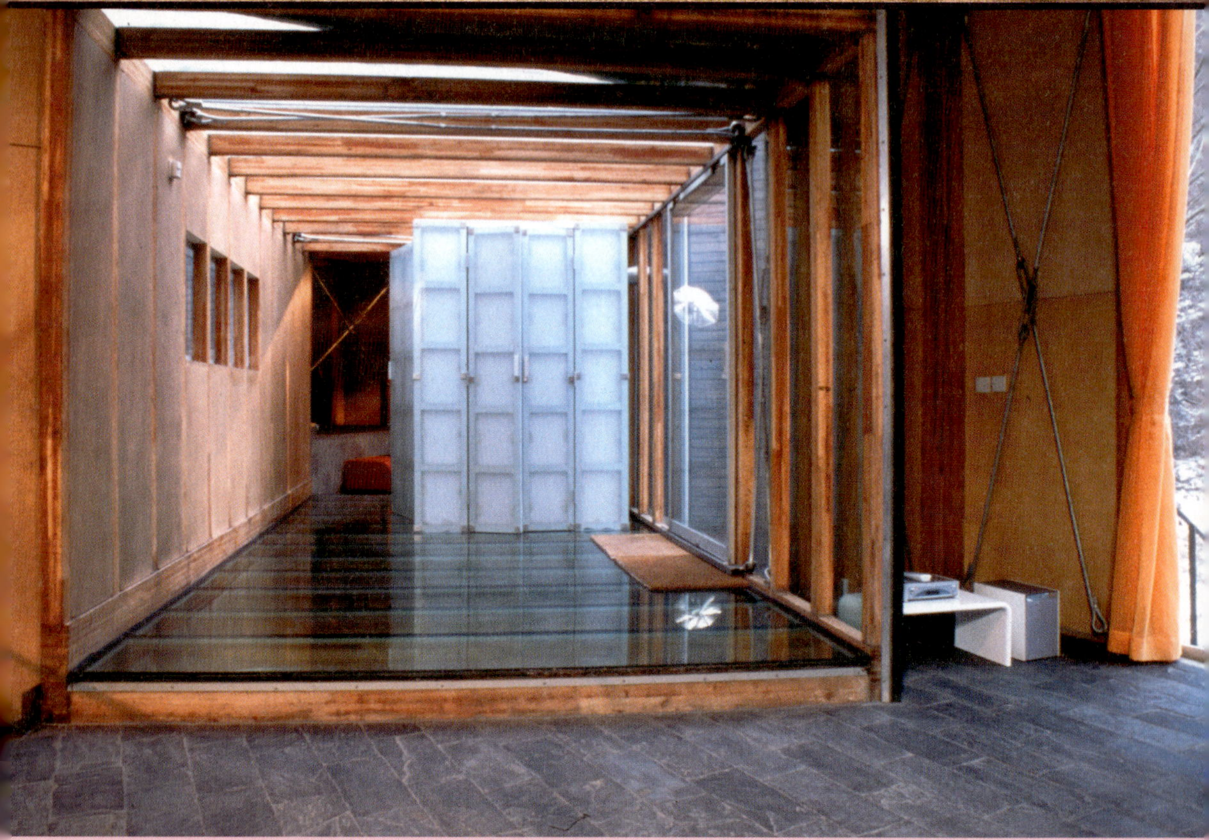

(onder/bottom) portaal met glazen vloer/portal with a glass floor

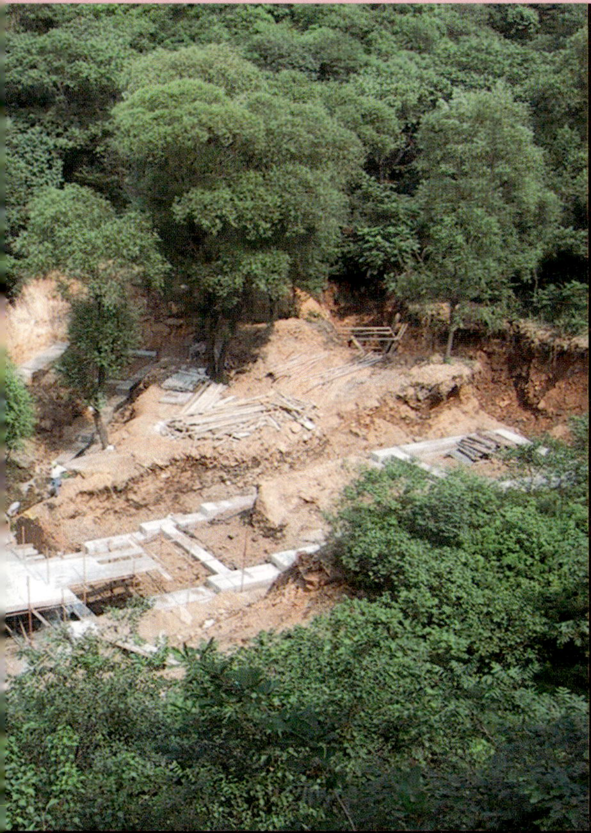

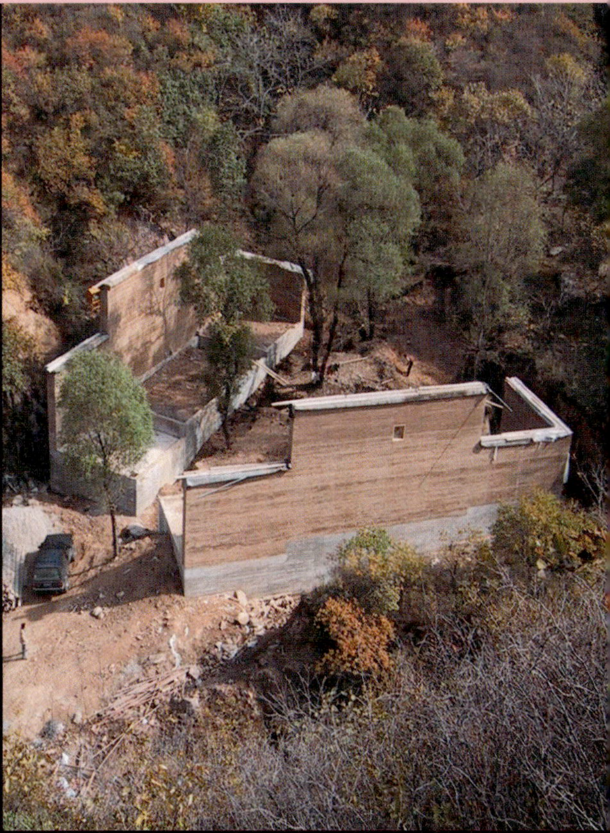

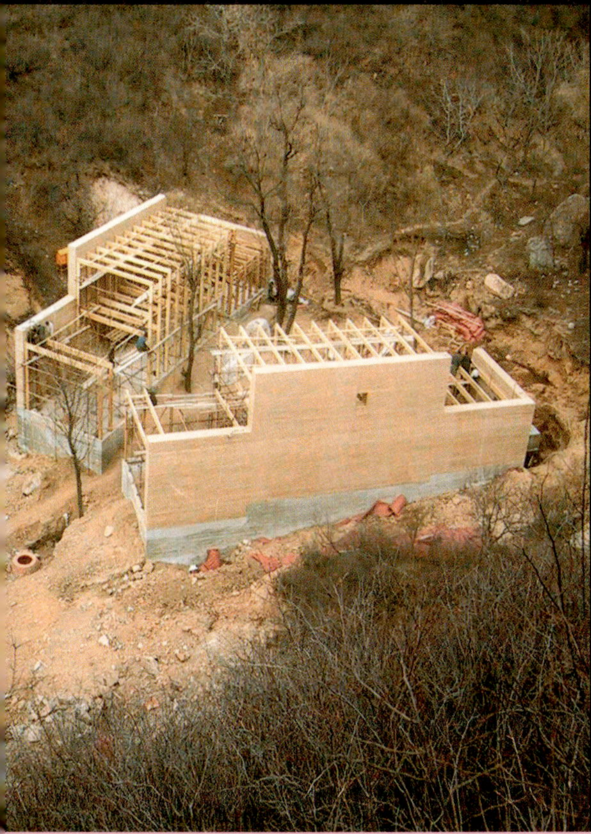

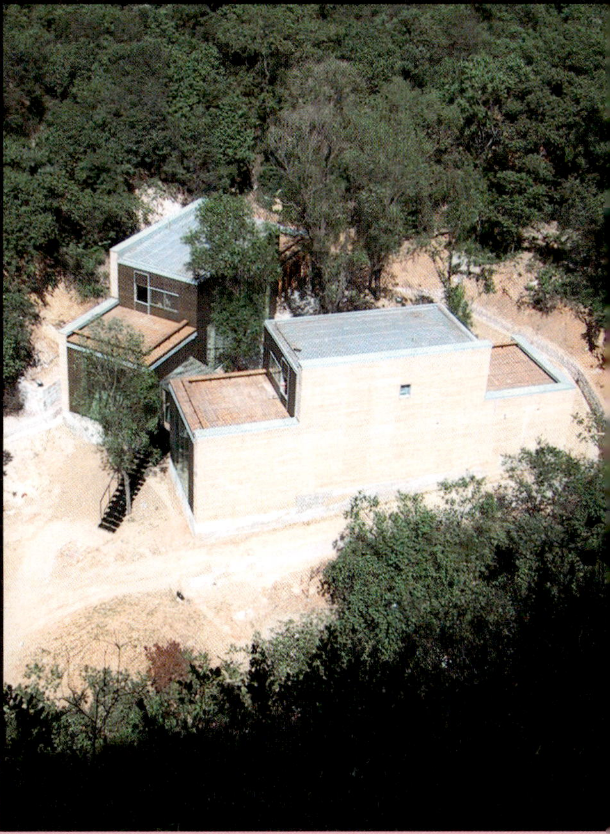

Villa Shizilin — De villa Shizilin ligt in een dal met bergen eromheen en is het eigendom van een rijk investeerdersechtpaar. Het programma is complex en omvat naast de gebruikelijke ruimten ook een bioscoop, een zwembad en gastenverblijven. De villa moet bovendien als club met semi-openbare activiteiten dienst kunnen doen. Het gebouw borduurt voort op de traditioneel ruimtelijke relatie tussen gebouw en landschap. De vorm van het huis volgt de visuele verbinding tussen de voormalige fruitboomgaard op het bouwperceel en het berglandschap eromheen. In het gebouw zijn negen uitzichten aangegeven en in alle negen ruimten is een optimale panoramawerking nagestreefd. De levendige dakvorm is een afspiegeling van de interne ruimtelijke indeling en werkt tevens als echo van het omringende landschap. De wanden van de draagconstructie zijn opgetrokken uit gewapend beton en bekleed met een lokale granietsoort. Het privé-gedeelte van het huis bevindt zich in een zijvleugel. In het midden ligt het openbare gedeelte met de entree en de bioscoop, van waaruit ook het zwembad toegankelijk is. In het woongedeelte heeft het gebouw twee verdiepingen, terwijl in het openbare gedeelte de ruimten tot aan het dak doorlopen. De bestaande oude dadelpalmen zijn overal in het huis geïntegreerd.

Villa Shizilin — Villa Shizilin lies in a valley surrounded by mountains. It belongs to a wealthy couple in the investment sector. The programme is complex and includes, besides the usual rooms, a cinema, a swimming pool, and guest quarters. The villa also has to function as a club with semi-public activities. The building follows the traditional spatial relation between building and landscape. The shape of the villa follows the visual link between the former orchard on the building plot and the mountain landscape surrounding it. There are nine views from the building, with an optimal panorama effect in each of the nine rooms. The lively roof profile is a reflection of the spatial design of the interior and echoes the surrounding landscape at the same time. The walls of the supporting construction are made of reinforced concrete and covered with a local granite. The private part of the house is in a side wing. The public part is in the middle with the entrance and the cinema, which in turn gives access to the swimming pool. There are two floors in the living quarters, while the spaces extend to the roof in the public section. The old date palms which were already there have been integrated all over the house.

Project: Villa Shizilin **Architect:** Atelier Feichang Jianzhu (Yung Ho Chang, Wang Hui, Dai Changjing, Yu Lu, Wang Xin, Jin Yong, Zhong Peng), Beijing **Locatie/Location:** Wan Niang Fen, Changping, Beijing **Programma/Programme:** Villa **Ontwerp-Oplevering/Design-Completion:** 2001–2004 **Bouwterrein/Site specifications:** 20.100 m^2 **Bouwoppervlak/Building surface area:** 4.800 m^2 **Foto's/Photos:** Fu Xing, Shu He

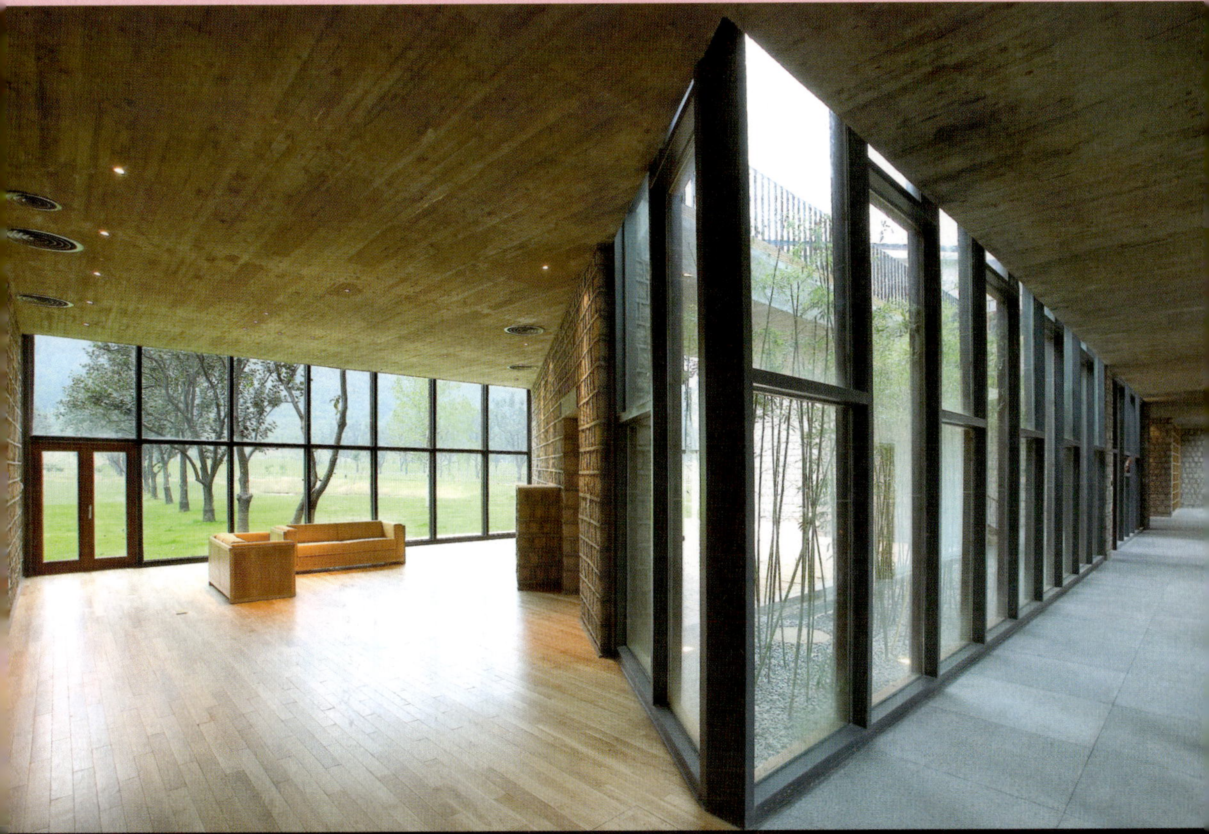

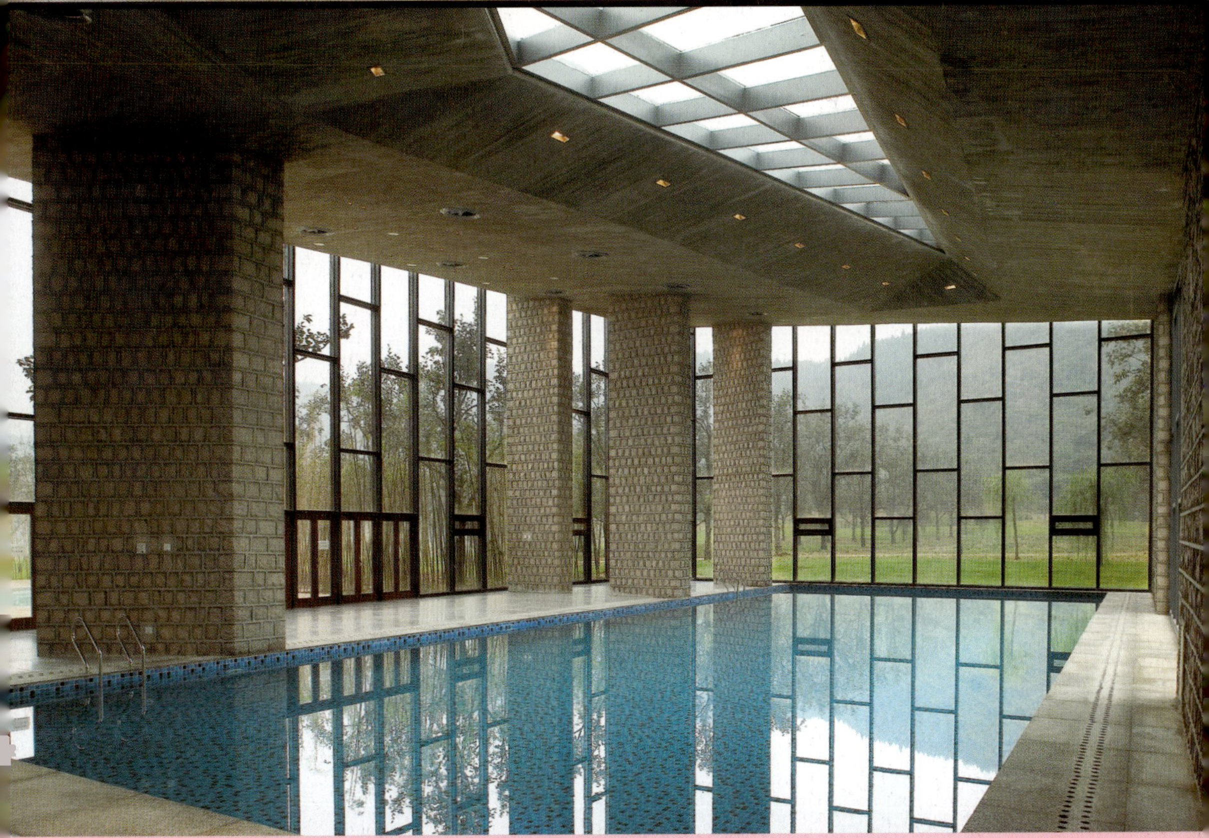

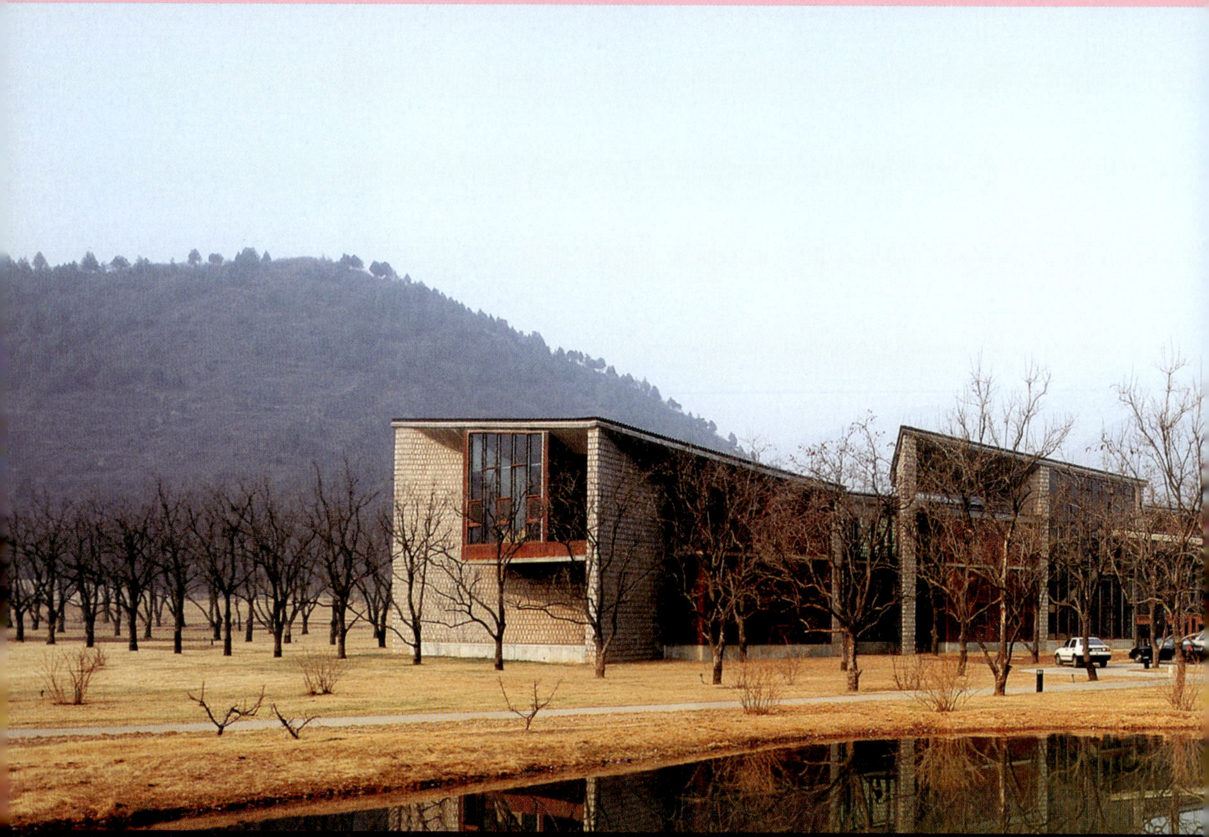

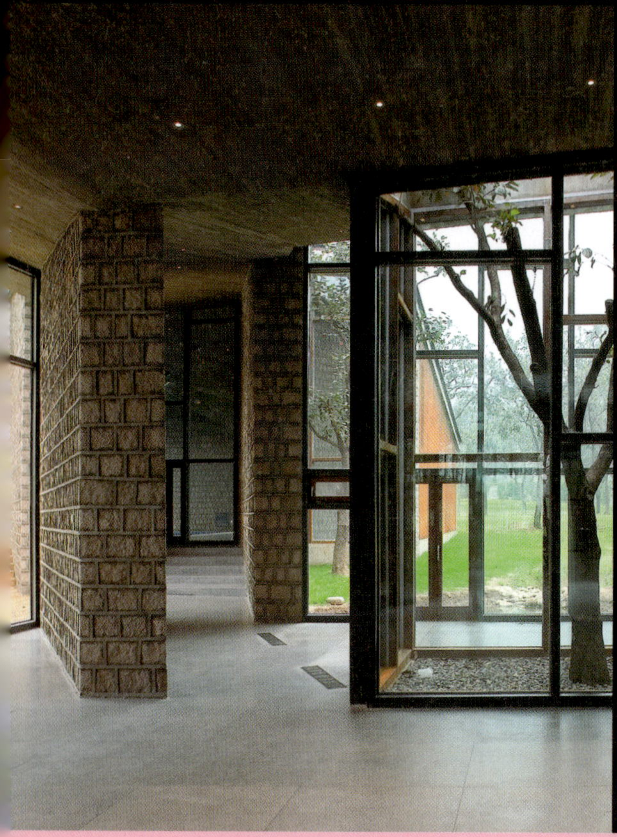

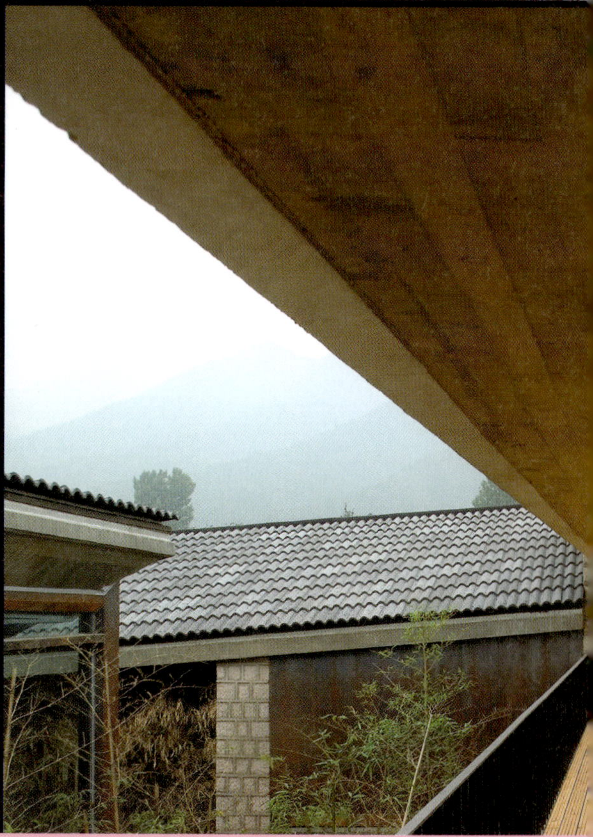

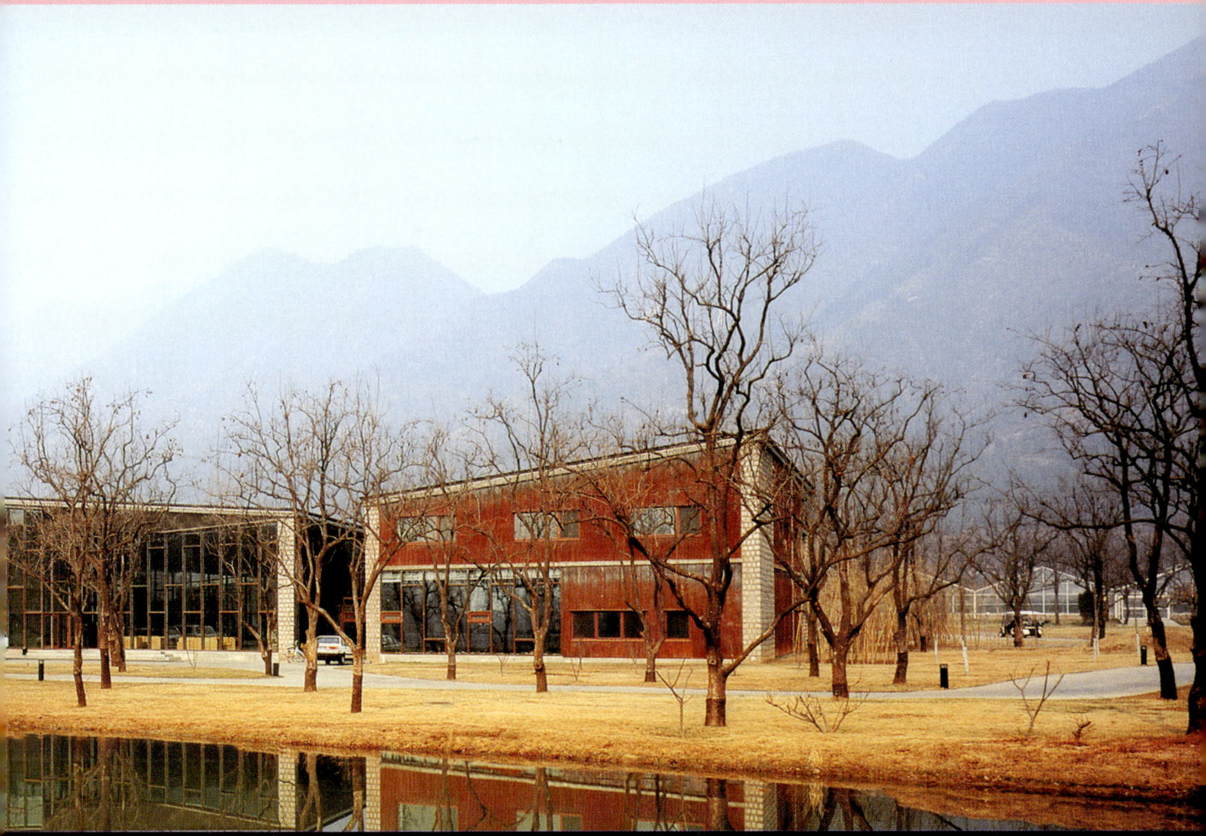

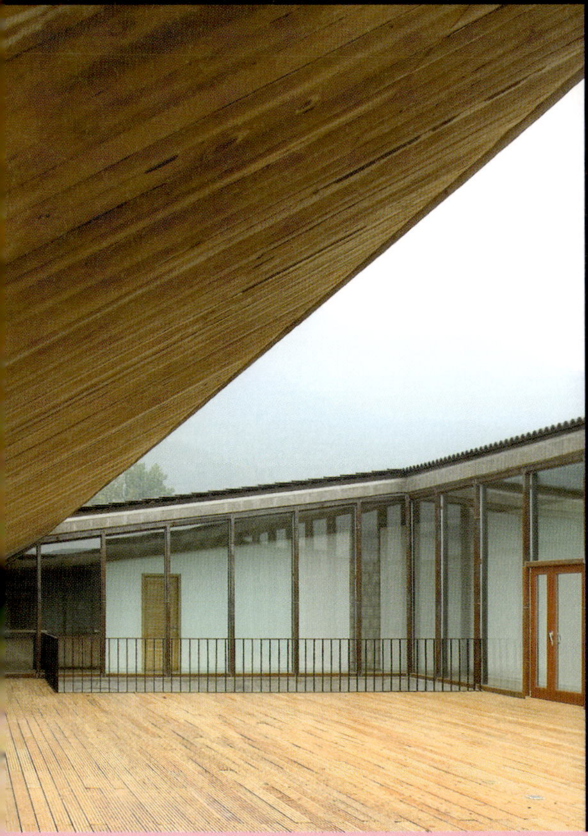

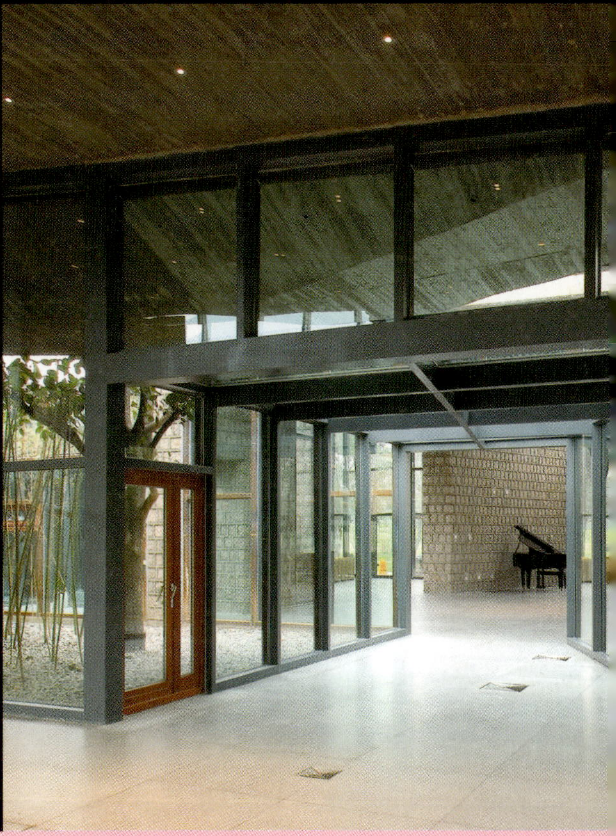

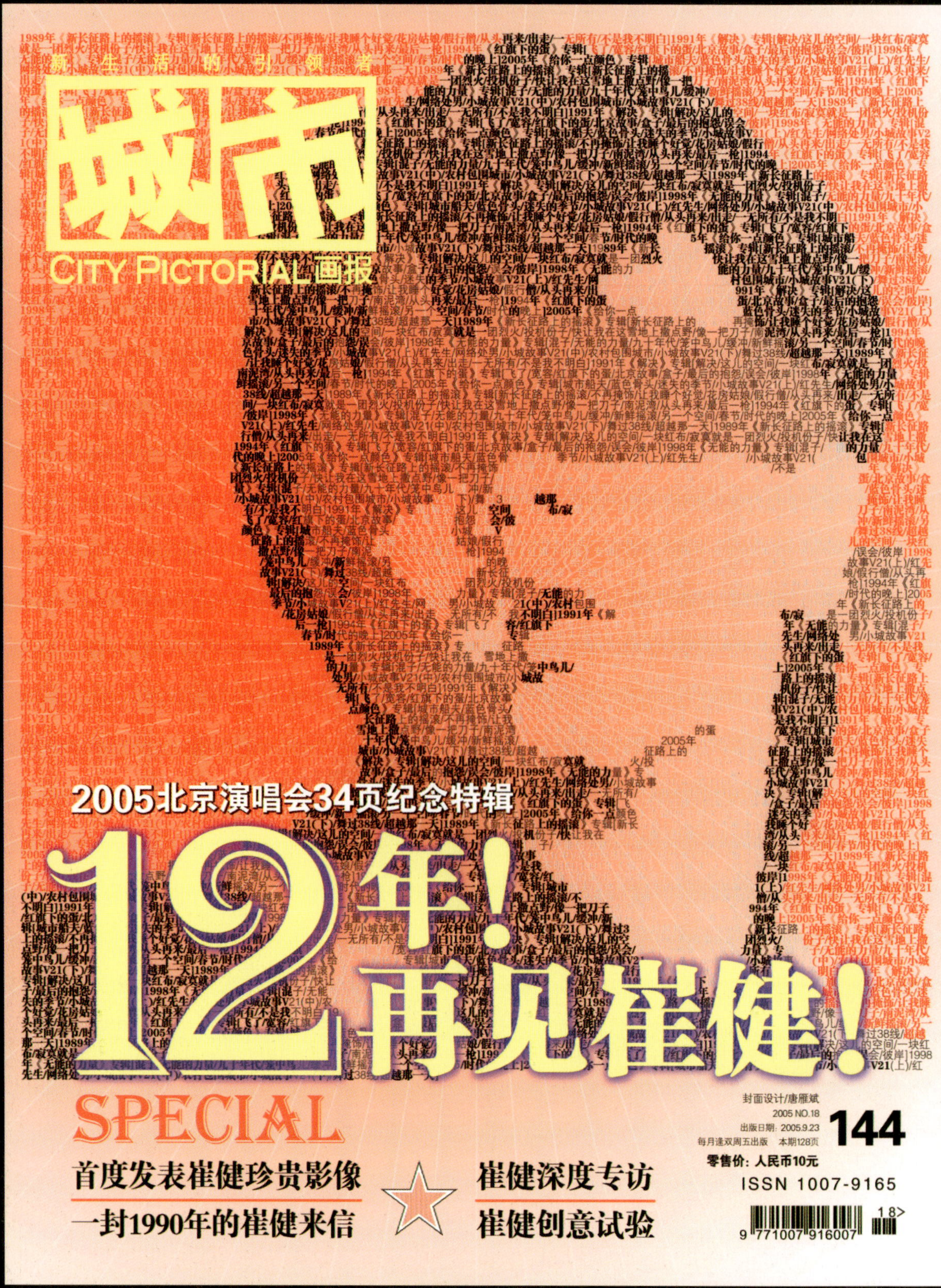

Cui Jian special, 2005, cover

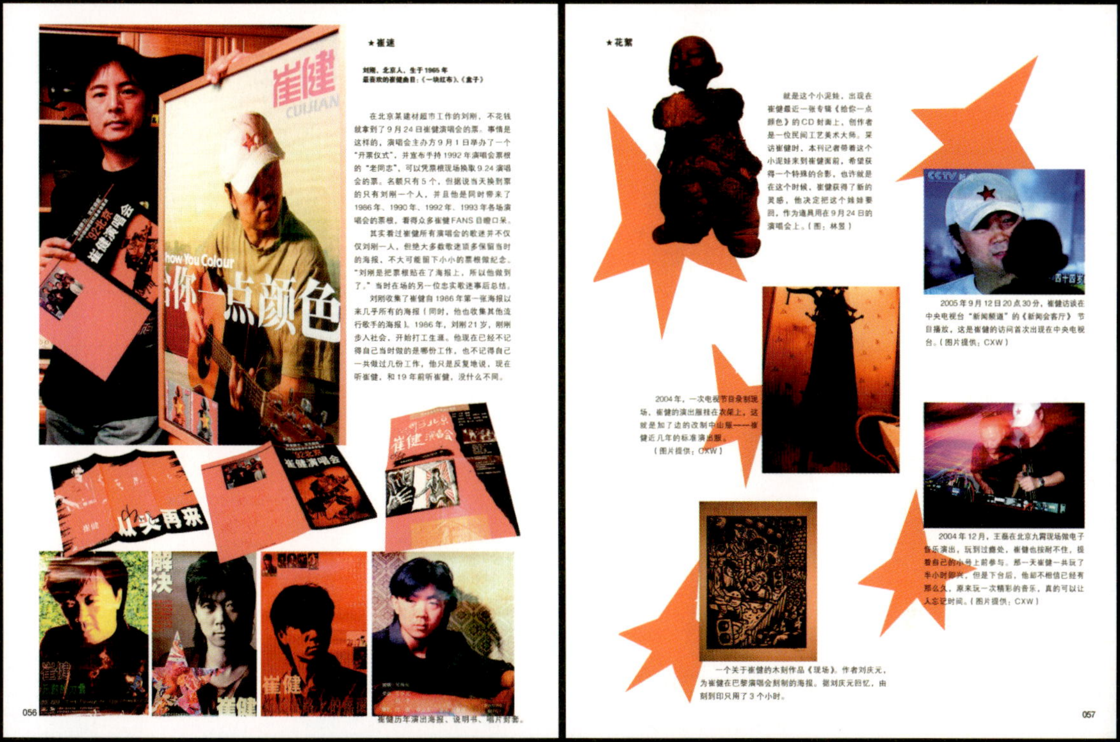

★崔迷

刘刚，北京人，生于1965年
最喜欢的崔健曲目：《一块红布》、《盒子》

在北京某建材超市工作的刘刚，不花钱就拿到了9月24日崔健演唱会的票。事情是这样的，演唱会主办方9月1日举办了一个“开票仪式”，并宣布手持1992年演唱会票根的“老同志”，可以凭票根现场换取9.24演唱会的票。名额只有5个，但据说当天换到票的只有刘刚一个人，并且他是同时带来了1986年、1990年、1992年、1993年各场演唱会的票根，看得众多崔健FANS目瞪口呆。

其实看过崔健所有演唱会的歌迷并不仅仅刘刚一人，但绝大多数歌迷顶多保留当时的海报，不大可能留下小小的票根做纪念。“刘刚是把票根贴在了海报上，所以他做到了。”当时在场的另一位忠实歌迷事后总结。

刘刚收集了崔健自1986年第一张海报以来几乎所有的海报（同时，他也收集其他流行歌手的海报）。1986年，刘刚21岁，刚刚步入社会，开始打工生涯。他现在已经不记得自己当时做的是哪份工作，也不记得自己一共做过几份工作，他只是反复地说，现在听崔健，和19年前听崔健，没什么不同。

崔健历年演出海报、说明书、唱片封套。

056

★花絮

就是这个小泥娃，出现在崔健最近一张专辑《给你一点颜色》的CD封面上，创作者是一位民间工艺美术大师。采访崔健时，本刊记者带着这个小泥娃来到崔健面前，希望获得一个特殊的合影，也许就是在这个时候，崔健获得了新的灵感，他决定把这个娃娃要回，作为道具用在9月24日的演唱会上。（图：林昱）

2005年9月12日20点30分，崔健访谈在中央电视台“新闻频道”的《新闻会客厅》节目播放，这是崔健的访问首次出现在中央电视台。（图片提供：CXW）

2004年，一次电视节目录制现场，崔健的演出服挂在衣架上，这就是加了边的改制中山服——崔健近几年的标准演出服。（图片提供：CXW）

2004年12月，王磊在北京九霄现场做电子音乐演出，玩到过瘾处，崔健也按耐不住，提着自己的小号上前参与。那一天崔健一共玩了半小时即兴，但是下台后，他却不相信已经有那么久，原来玩一次精彩的音乐，真的可以让人忘记时间。（图片提供：CXW）

一个关于崔健的木刻作品《现场》。作者刘庆元，为崔健在巴黎演唱会刻制的海报。据刘庆元回忆，由刻到印只用了3个小时。

057

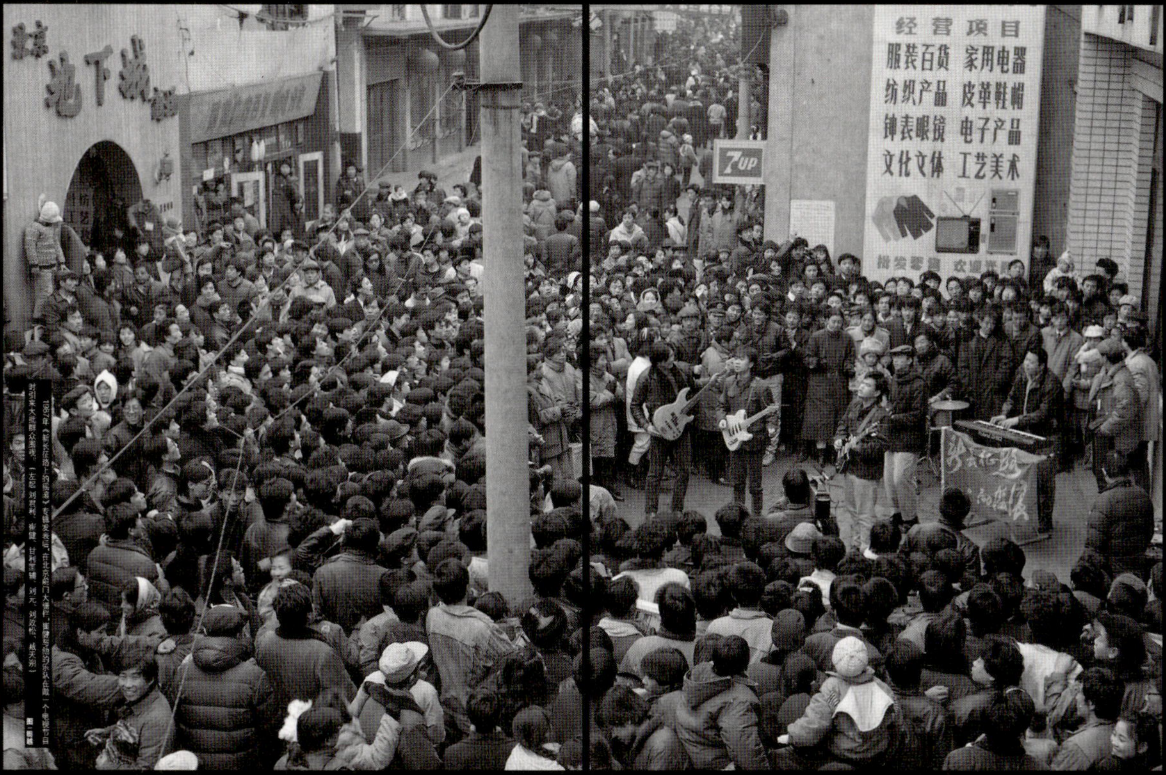

1987年《新长征路上的摇滚》专辑发表后，在北京前门大栅栏，崔健与他的乐队在做一个电视节目时引来大批群众围观。（左起 刘君利、崔健、甘科兰博、刘元、刘效松、赵天啸）图｜解越

Cui Jian special, 2005, spreads

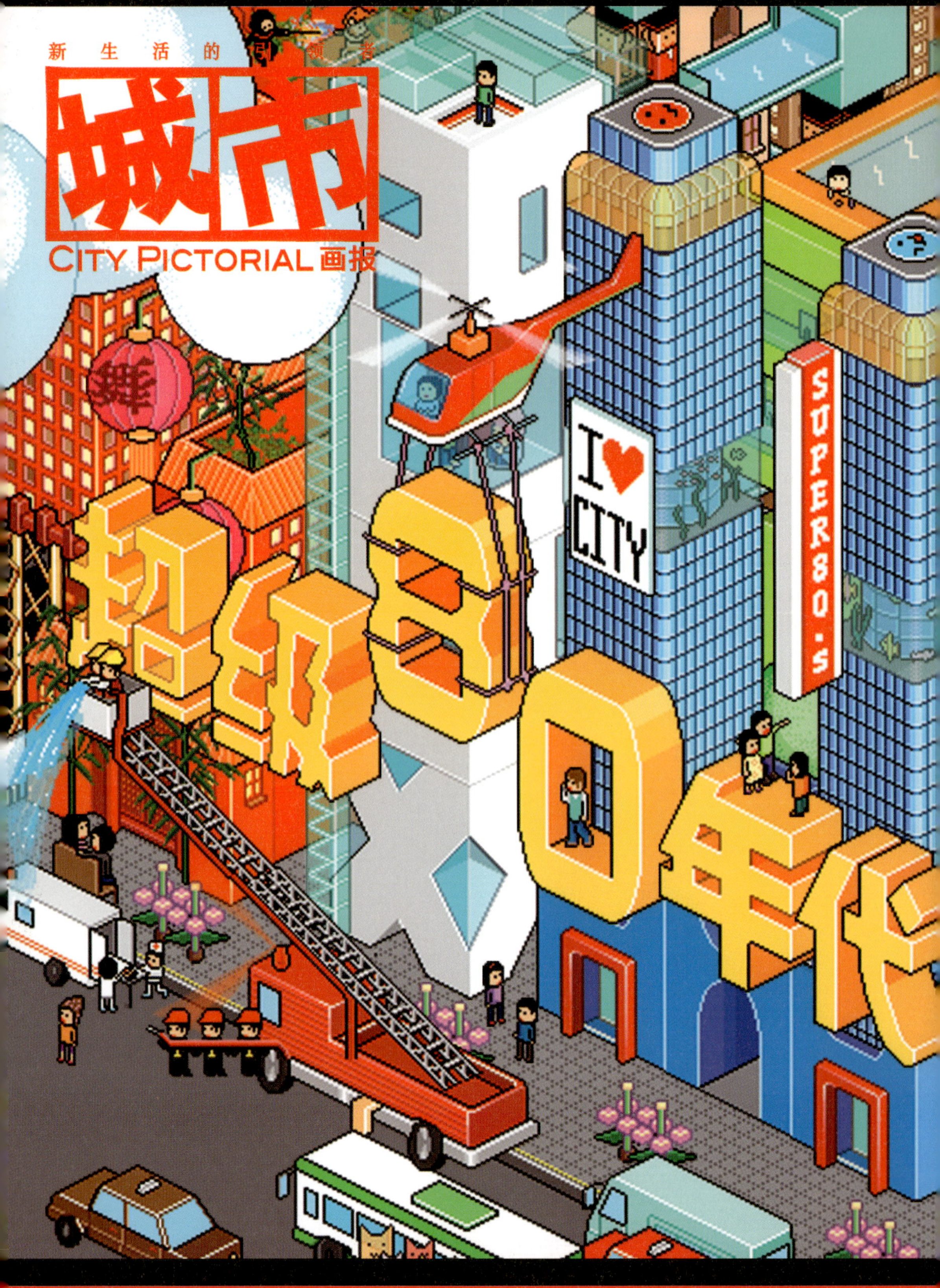

1980s special, 2006, cover

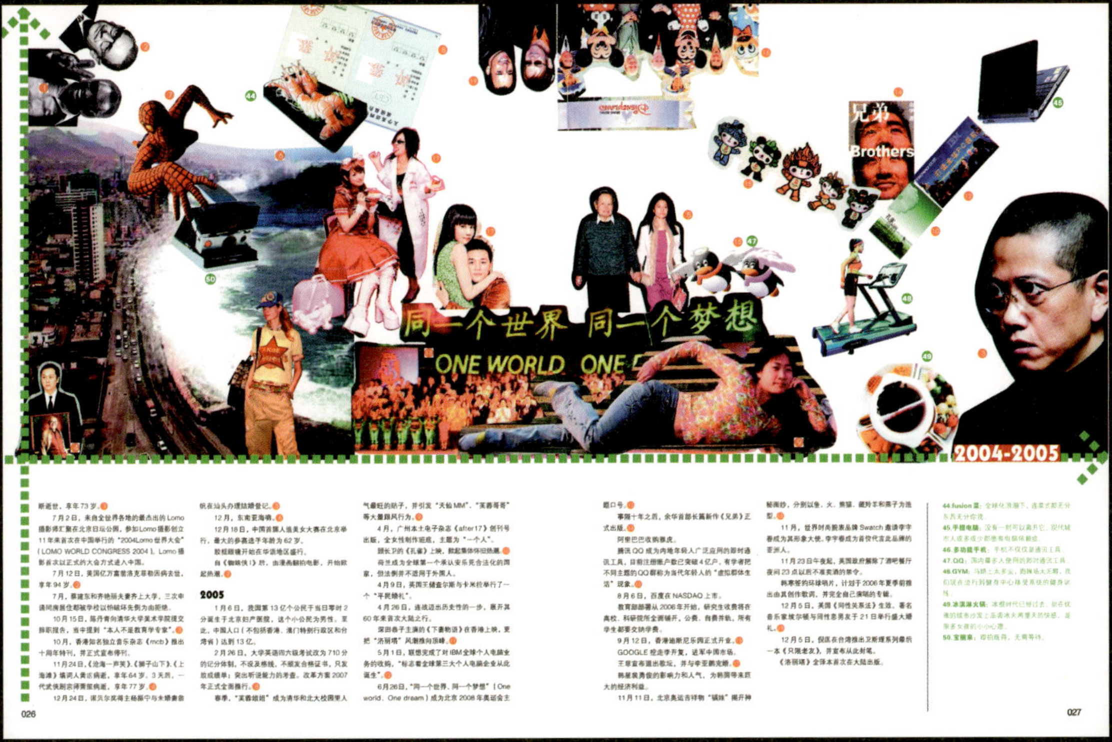

断逝世，享年73岁。

7月2日，来自全世界各地的最杰出的Lomo摄影师汇聚在北京日坛公园，参加Lomo摄影创立11年来首次在中国举行的"2004Lomo世界大会"（LOMO WORLD CONGRESS 2004）。Lomo摄影首次以正式的大会方式进入中国。

7月12日，美国亿万富翁洛克菲勒因病去世，享年94岁。

7月，蔡建东和齐艳丽夫妻齐上大学，三次申请同房居住都被学校以怕破坏先例为由拒绝。

10月15日，陈丹青向清华大学美术学院提交辞职报告，当中提到"本人不是教育学专家"。

10月，香港知名独立音乐杂志《mcb》推出十周年特刊，并正式宣布停刊。

11月24日，《沧海一声笑》、《狮子山下》、《上海滩》填词人黄霑病逝，享年64岁。3天后，一代武侠剧宗师黄俊病逝，享年77岁。

12月24日，诺贝尔奖得主杨振宁与未婚妻翁帆在汕头办理结婚登记。

12月，东南亚海啸。

12月18日，中国首届人造美女大赛在北京举行，最大的参赛选手年龄为62岁。

胶框眼镜开始在华语地区盛行。

自《蜘蛛侠Ⅰ》后，由漫画翻拍电影，开始掀起热潮。

2005

1月6日，我国第13亿个公民于当日零时2分诞生于北京妇产医院，这个小公民为男性。至此，中国人口（不包括香港、澳门特别行政区和台湾省）达到13亿。

2月26日，大学英语四六级考试改为710分的记分体制，不设及格线，不颁发合格证书，只发放成绩单；突出听说能力的考查。改革方案2007年正式全面推行。

春季，"芙蓉姐姐"成为清华和北大校园里人气最旺的帖子，并引发"天仙MM"、"芙蓉哥哥"等大量跟风行为。

4月，广州本土电子杂志《after17》创刊号出版，全女性制作班底，主题为"一个人"。

顾长卫的《孔雀》上映，掀起集体怀旧热潮。

荷兰成为全球第一个承认安乐死合法化的国家，但法例并不适用于外国人。

4月9日，英国王储查尔斯与卡米拉举行了一个"平民婚礼"。

4月26日，连战迈出历史性的一步，展开其60年来首次大陆之行。

深田恭子主演的《下妻物语》在香港上映，更把"洛丽塔"风潮推向顶峰。

5月1日，联想完成了对IBM全球个人电脑业务的收购，"标志着全球第三大个人电脑企业从此诞生"。

6月26日，"同一个世界、同一个梦想"（One world，One dream）成为北京2008年奥运会主题口号。

事隔十年之后，余华首部长篇新作《兄弟》正式出版。

阿里巴巴收购雅虎。

腾讯QQ成为内地年轻人广泛应用的即时通讯工具，目前注册账户数已突破4亿户。有学者把不同主题的QQ群称为当代年轻人的"虚拟群体生活"现象。

8月6日，百度在NASDAQ上市。

教育部部署从2006年开始，研究生收费将在高校、科研院所全面铺开，公费、自费并轨，所有学生都要交纳学费。

9月12日，香港迪斯尼乐园正式开业。

GOOGLE挖走李开复，进军中国市场。

王菲宣布退出歌坛，并与李亚鹏完婚。

韩星裴勇俊的影响力和人气，为韩国带来巨大的经济利益。

11月11日，北京奥运吉祥物"福娃"揭开神秘面纱，分别以鱼、火、熊猫、藏羚羊和燕子为造型。

11月，世界时尚腕表品牌Swatch邀请李宇春成为其形象大使。李宇春成为首位代言此品牌的亚洲人。

11月23日午夜起，英国政府解除了酒吧餐厅夜间23点以后不准卖酒的禁令。

韩寒签约环球唱片，计划于2006年夏季前推出由其创作歌词，并完全自己演唱的专辑。

12月5日，英国《同性关系法》生效，著名音乐家埃尔顿与同性恋男友于21日举行盛大婚礼。

12月5日，倪匡在台湾推出卫斯理系列最后一本《只限老友》，并宣布从此封笔。

《洛丽塔》全译本首次在大陆出版。

44.fusion菜：全球化浪潮下，连菜式都无分东西无分你我。
45.手提电脑：没有一刻可以离开它，现代城市人或多或少都患有电脑依赖症。
46.多功能手机：手机不仅仅是通讯工具。
47.QQ：国内最多人使用的即时通讯工具。
48.GYM：马路上太多尘，跑操场太无聊，我们现在流行到健身中心接受系统的健身训练。
49.冰淇淋火锅：冰煤时代已经过去，坐在优雅的城市沙发上品尝冰火两重天的快感，是很多女孩的小小心愿。
50.宝丽来：即拍即得，无需等待。

026 027

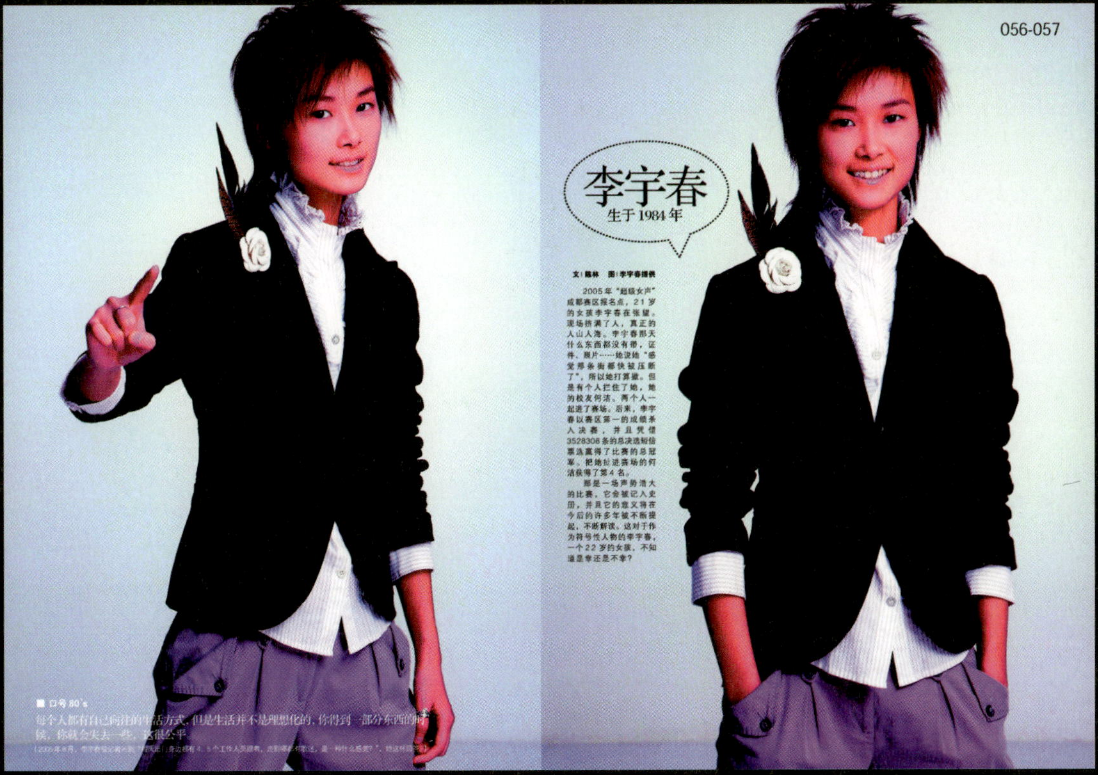

056-057

李宇春
生于1984年

文|陈林　图|李宇春提供

2005年"超级女声"成都赛区报名点，21岁的女孩李宇春在张望。现场挤满了人，真正的人山人海。李宇春那天什么东西都没有带，证件、照片……她说她"感觉那条街都快被压断了"，所以她打算撤。但是有个人拦住了她，她的校友何洁。两个人一起进了赛场。后来，李宇春以赛区第一的成绩杀人决赛，并且凭借3528308条的总决选短信票选赢得了比赛的总冠军。把她拉进赛场的何洁获得了第4名。

那是一场声势浩大的比赛，它会被记入史册，并且它的意义将在今后的许多年被不断提起，不断解读。这对于作为符号性人物的李宇春，一个22岁的女孩，不知道是幸还是不幸？

■ 口号 80's

每个人都有自己向往的生活方式，但是生活并不是理想化的，你得到一部分东西的时候，你就会失去一些，这很公平。

City Pictorial — De Nanfang (Zuidelijke) Dagblad Persgroep in Guangzhou, bekend om zijn onafhankelijke redactionele koers, publiceert sinds 1999 het tweewekelijks jongerenblad **City Pictorial**. De redacteuren, waaronder schrijver Li Wen en fotograaf Zeng Han, zijn allen geboren in de jaren zeventig. Ze stellen zich op als chroniqueur van de globalisering in de Chinese samenleving en de transformatie van het stedelijk landschap in Guangzhou, Shanghai en Beijing. Tegelijkertijd willen ze de jonge doelgroep van het blad een spiegel voorhouden en andere waarden bijbrengen dan alleen consumptieve. Dat is niet onmiddellijk duidelijk: de omslagen van **City Pictorial** tonen doorgaans lieve meisjes in mooie jurkjes en binnenin staat informatie over gadgets, cd's, boeken, winkels en eten. De interviews met stadsbewoners, waaronder kunstenaars in allerlei disciplines, onderzoeken echter nieuwe ideeën, ervaringen en waarden. Columns verkennen de grenzen van de seksuele moraal in het nog altijd preutse China. Het blad biedt een platform voor nieuw fotografietalent, dat zowel het veranderende leven van stadsjongeren vastlegt als de paradoxen in het Chinese stadsbeeld. Kritisch is het blad slechts indirect: de milieueffecten van de nietsontziende verstedelijking komen bijvoorbeeld aan bod in een verslag over verdwijnende oude stadsbomen.

De redactionele missie komt vooral tot uiting in de driemaandelijkse specials, bijvoorbeeld over de traditie en hedendaagse beoefenaars van de vechtkunst kungfu, die ook een levensfilosofie vertegenwoordigt, of over de twaalfjarige carrière van China's eerste rockster Cui Jian, die illustreert hoeveel er in die periode veranderd is. Voor het vijfjarig bestaan blikt **City Pictorial** terug op de eigen geschiedenis en houdt interviews met culturele sleutelfiguren uit die periode, terwijl de zesde verjaardag leidt tot reportages over het leven in het China van de jaren dertig, tachtig en negentig (let op de afwezigheid van de maoïstische tijd), maar ook de afgelopen jaren, waarin je de globalisering het land ziet binnendenderen. De special van voorjaar 2006 heet 'Super80's' en is gewijd aan de generatie die in de jaren tachtig is geboren. Na een geïllustreerde tijdlijn van 1990 tot 2005 volgen acht portretten van jongerenidolen, zoals schrijver/autocoureur Han Han, basketbalheld Yao Ming en Supergirl Li Yuchun. Daarna komen tachtig portretten in woord en beeld van bijzondere 'jaren '80-jongeren', waaronder al tamelijk bekende dichters, fotografen en musici, maar ook onbekenden die iets bijzonders kunnen of doen: kapper, **gaming**-kampioen, paardentrainer, sms-fanaat of modelspoorbaanliefhebber.

City Pictorial — The Nanfang (Southern) Daily Newspaper Press Group in Guangzhou, with a reputation for its independent editorial policy, has been publishing the fortnightly magazine for young people **City Pictorial** since 1999. The editors, including writer Li Wen and photographer Zeng Han, were all born in the 1970s. They see their role as chronicling the globalization of Chinese society and the transformation of the urban landscape in Guangzhou, Shanghai and Beijing. At the same time they want to hold up a mirror to the young target group of the magazine and inculcate different values from just consumerism. This is not immediately obvious: the covers of **City Pictorial** are usually decorated with lovely girls in beautiful dresses, and inside there is information about gadgets, CDs, books, shops and food. The interviews with city residents, however, including artists from every kind of discipline, explore new ideas, experiences and values. Columns probe at the borders of sexual morality in puritan China. The magazine offers a platform for new photographic talent that records both the changing lives of young people in the city and the paradoxes in the image of the Chinese state. The magazine is only critical in an indirect way: the environmental effects of the uncompromising urbanization, for example, crop up in a report on the disappearance of old trees in the city.

The editorial mission is expressed above all in the quarterly specials, for example on the tradition and contemporary practitioners of the martial art Kung Fu, which also represents a philosophy of life, or on the twelve-year career of China's first rock star, Cui Jian, an indication of how much has changed in that period. To celebrate its fifth anniversary, **City Pictorial** looked back on its own history and interviewed key cultural figures from that period, while the sixth anniversary led to reports on life in China in the 1930s, 1960s and 1990s (note the absence of the Maoist period), as well as the last few years, in which globalization has overwhelmed the country. The special for the spring of 2006 is called 'Super80's' and is dedicated to the generation that was born in the 1980s. After an illustrated time chart from 1990 to 2005, it features eight portraits of youth idols, such as the writer and racing driver Han Han, the basketball hero Yao Ming, and Supergirl Li Yuchun. They are followed by eighty portraits in word and image of special '1980s young people', including poets, photographers and musicians who have already established something of a reputation for themselves, as well as unknown individuals who have some special capacity or activity: hair stylist, gaming champion, horse trainer, SMS fanatic, or model train hobbyist.

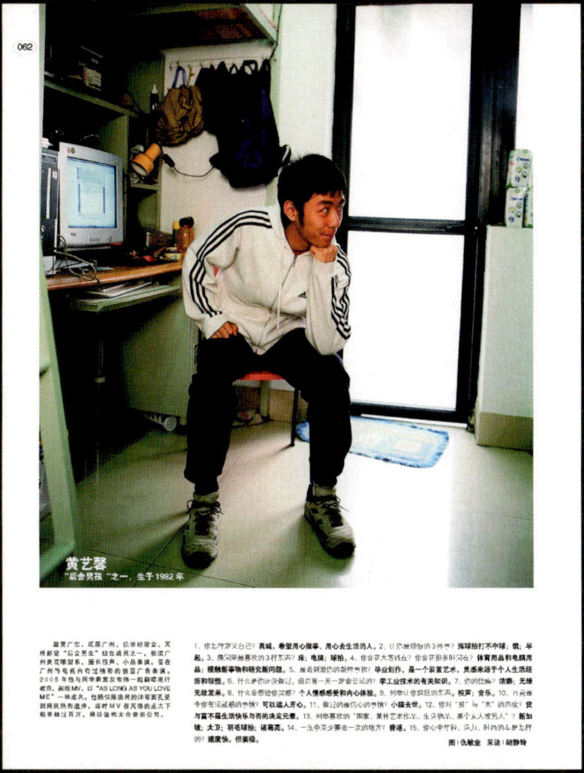

062

黄艺馨
"后舍男孩"之一，生于1982年

籍贯广东，现居广州，住学校宿舍。网络新宠"后舍男生"组合成员之一，就读广州美院雕塑系，擅长相声、小品表演，曾在广州等电视台有过精彩的创意广告表演。2005年他与同学兼室友韦炜一起翻唱流行歌曲，翻拍MV，以"AS LONG AS YOU LOVE ME"一举成名。他酷似陈奕迅的帅哥面孔受到网民热烈追捧，当时MV在网络的点击下载率超过百万。最近签约太合麦田公司。

1、你怎样定义自己？**真诚，希望用心做事、用心去生活的人。**2、让你最烦恼的3件事？**挥球拍打不中球；饿；早起。**3、房间里最喜欢的3样东西？**床；电脑；球拍。**4、你会花大笔钱在？你会花很多时间在？**体育用品和电脑用品；接触新事物和研究新问题。**5、最近刺激你的新鲜事物？**毕业创作，是一个装置艺术，灵感来源于个人生活经历和领悟。**6、什么事你还没做过，但总有一天一定会尝试的？**学工业技术的有关知识。**7、你的怪癖？**洁癖；无缘无故发呆。**8、什么会带给你灵感？**个人情感感受和内心体验。**9、列举让你疯狂的东西。**相声；音乐。**10、目前最令你有成就感的事情？**可以逗人开心。**11、做过的最伤心的事情？**小猫去世。**12、你对"贫"与"富"的态度？**贫与富不是生活快乐与否的决定元素。**13、列举喜欢的"国家、某件艺术作品、生活物品、某个女人或男人"？**新加坡；大卫；羽毛球拍；诸葛亮。**14、一生中至少要去一次的地方？**香港。**15、你心中年轻、活力、时尚的车是怎样的？**速度快，但要稳。**

图｜仇敏业　采访｜胡静玲

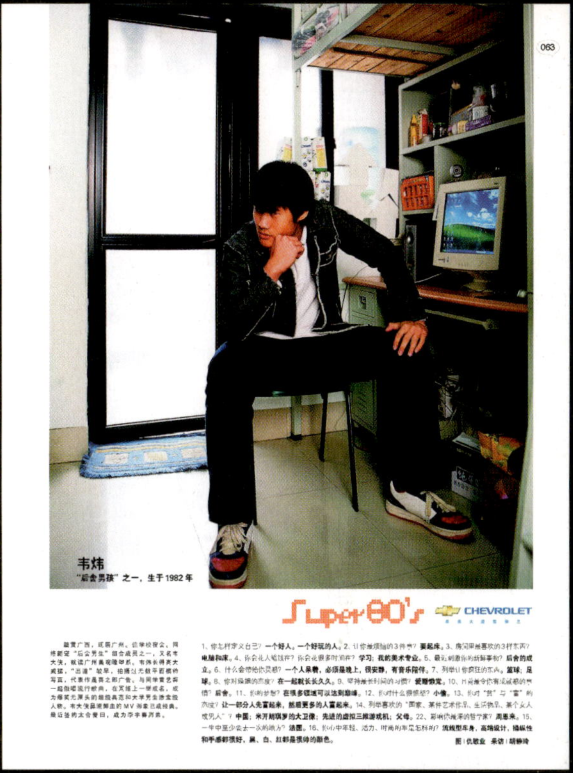

063

韦炜
"后舍男孩"之一，生于1982年

籍贯广西，现居广州，住学校宿舍。网络新宠"后舍男生"组合成员之一，又名韦大侠，就读广州美院雕塑系。韦炜长得高大威猛，"出道"较早，拍摄过无数平面模特写真，代表作是青之郎广告。与同学黄艺馨一起做唱流行歌曲，在网络上一举成名，成为搞笑无厘头的超级典范和大学男生挤宝级人物。韦大侠县城鲜血的MV形象已成经典。最近签约太合麦田，成为李宇春师弟。

1、你怎样定义自己？**一个好人。一个好玩的人。**2、让你最烦恼的3件事？**要起床。**3、房间里最喜欢的3样东西？**电脑和床。**4、你会花大笔钱在？你会花很多时间在？**学习；我的美术专业。**5、最近刺激你的新鲜事物？**后舍的成立。**6、什么会带给你灵感？**一个人呆着，必须是晚上，很安静，有音乐陪伴。**7、列举让你疯狂的东西。**篮球；足球。**8、你对婚姻的态度？**在一起就长长久久。**9、坚持最长时间的习惯？**爱睡懒觉。**10、目前最令你有成就感的事情？**后舍。**11、你的梦想？**在很多领域可以达到巅峰。**12、你对什么很愤怒？**小偷。**13、你对"贫"与"富"的态度？**让一部分人先富起来，然后更多的人富起来。**14、列举喜欢的"国家、某件艺术作品、生活物品、某个女人或男人"？**中国；米开朗琪罗的大卫像；先进的虚拟三维游戏机；父母。**22、影响你最深的哲学家？**周恩来。**15、一生中至少要去一次的地方？**法国。**16、你心中年轻、活力、时尚的车是怎样的？**流线型车身，高端设计，操纵性和手感都很好，黑、白、红都是很帅的颜色。**

图｜仇敏业　采访｜胡静玲

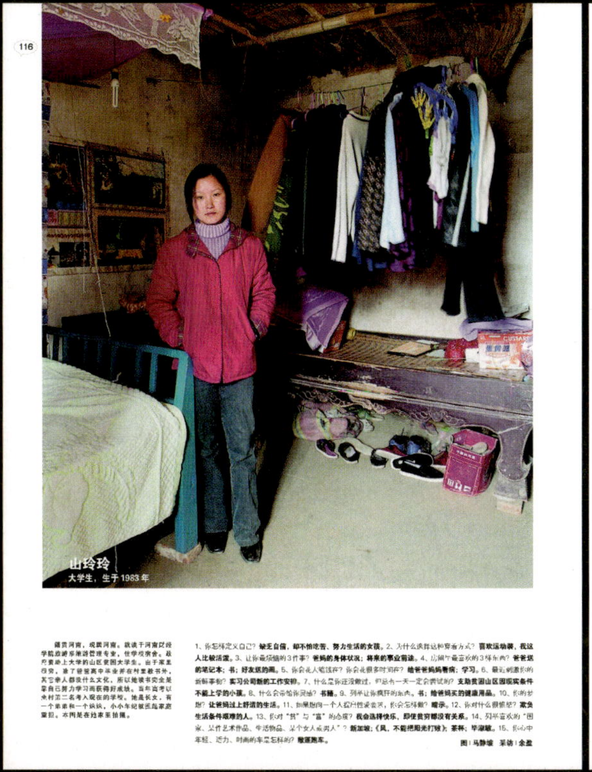

116

山玲玲
大学生，生于1983年

籍贯河南，现居河南。就读于河南财经学院旅游系旅游管理专业，住学校宿舍。获得资助上大学的山区贫困大学生。由于家里很穷，除了爸爸高中毕业并在村里教书外，其它亲人都没什么文化，所以她读书完全是靠自己努力学习而获得好成绩。当年高考以全村第二名考入现在的学校。她是长女，有一个弟弟和一个妹妹，小小年纪就担起家庭重担。本图是在她家里拍摄。

1、你怎样定义自己？**缺乏自信，却不怕吃苦、努力生活的女孩。**2、为什么选择这种穿着方式？**喜欢运动装，我这人比较活泼。**3、让你最烦恼的3件事？**爸妈的身体状况；将来的事业前途。**4、房间里最喜欢的3样东西？**爸爸送的笔记本；书；好友送的画。**5、你会花大笔钱在？你会花很多时间在？**给爸爸妈妈看病；学习。**6、最近刺激你的新鲜事物？**实习公司新的工作安排。**7、什么是你还没做过，但总有一天一定会尝试的？**支助贫困山区因现实条件不能上学的小孩。**8、什么会带给你灵感？**书籍。**9、列举让你疯狂的东西。**书；给爸妈买的健康用品。**10、你的梦想？**让爸妈过上舒适的生活。**11、如果想向一个人提出性爱要求，你会怎样做？**暗示。**12、你对什么很愤怒？**欺负生活条件艰难的人。**13、你对"贫"与"富"的态度？**我会选择快乐，即使贫穷都没有关系。**14、列举喜欢的"国家、某件艺术作品、生活物品、某个女人或男人"？**新加坡；《风，不能把阳光打破》；茶杯；毕淑敏。**15、你心中年轻、活力、时尚的车是怎样的？**敞篷跑车。**

图｜马静媛　采访｜余盈

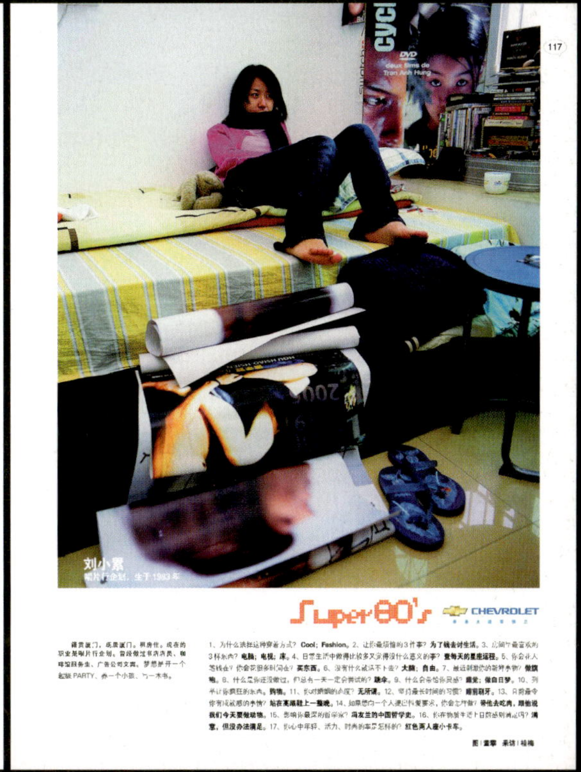

117

刘小累
唱片行企划，生于1983年

籍贯厦门，现居厦门。租房住。现在的职业是唱片行企划。曾经做过书店店员、咖啡馆服务生、广告公司文案。梦想是开一个超级PARTY、养一个小孩、写一本书。

1、为什么选择这种穿着方式？**Cool；Fashion。**2、让你最烦恼的3件事？**为了钱去讨生活。**3、房间里最喜欢的3样东西？**电脑；电视；床。**4、日常生活中做得比较多又觉得没什么意义的事？**查每天的星座运程。**5、你会花大笔钱在？你会花很多时间在？**买东西。**6、没有什么就活不下去？**大脑；自由。**7、最近刺激你的新鲜事物？**做饭。**8、什么是你还没做过，但总有一天一定会尝试的？**跳伞。**9、什么会带给你灵感？**睡觉；做白日梦。**10、列举让你疯狂的东西。**购物。**11、你对婚姻的态度？**无所谓。**12、坚持最长时间的习惯？**睡前刷牙。**13、目前最令你有成就感的事情？**站在高跟鞋上一整晚。**14、如果想向一个人提出性爱要求，你会怎样做？**带他去吃肉，跟他说我们今天要做动物。**15、影响你最深的哲学家？**冯友兰的中国哲学史。**16、你在物质生活上目前感到满足吗？**满意，但没办法满足。**17、你心中年轻、活力、时尚的车是怎样的？**红色两人座小卡车。**

图｜董擎　采访｜桂梅

062 Huang Yixin, 'Backdorm Boy', 1982
063 Wei Wei, 'Backdorm Boy', 1982

116 Shan Linlin, student/college student, 1983
117 Liu Xiaolei, marketing planner muziekindustrie/music company market planner, 1983

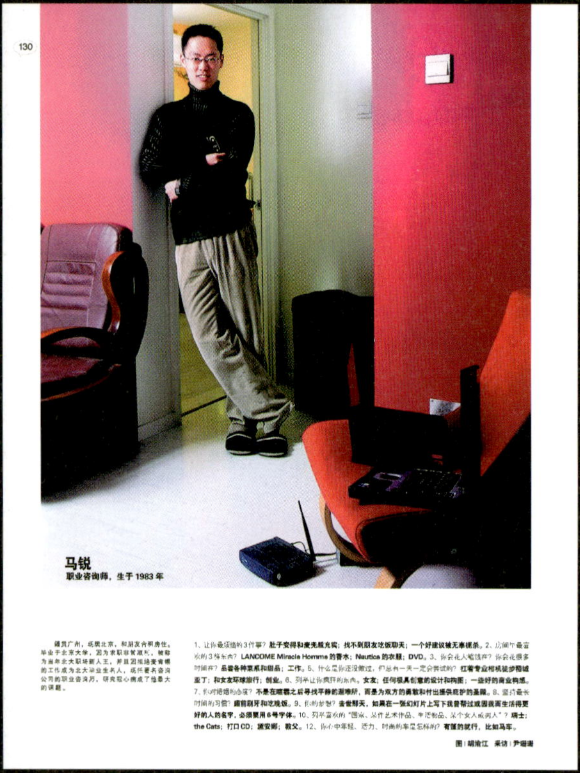

130

马锐
职业咨询师，生于 1983 年

籍贯广州，现居北京，和朋友合租房住。毕业于北京大学，因为求职非常顺利，被称为当年北大职场新人王，并且因拒绝麦肯锡的工作成为北大毕业生名人，现任著名咨询公司的职业咨询师，研究职心病成了他最大的课题。

1、让你最烦恼的3件事？**肚子变得和麦兜般充实；找不到朋友吃饭聊天；一个好建议被无辜抹杀。**2、房间中最喜欢的3样东西？**LANCOME Miracle Homme 的香水；Nautica 的衣服；DVD。**3、你会花大笔钱在？你会花很多时间在？**品尝各种菜系和甜品；工作。**5、什么是你还没做过，但总有一天一定会尝试的？**扛着专业相机徒步稻城亚丁；和女友环球旅行；创业。**6、列举让你疯狂的东西。**女友；任何极具创意的设计和构图；一些好的商业构想。**7、你对婚姻的态度？**不是在暗霾之后寻找平静的避难所，而是为双方的勇敢和付出提供庇护的堡垒。**8、坚持最长时间的习惯？**睡前刷牙和吃晚饭。**9、你的梦想？**去世那天，如果在一张幻灯片上写下我曾帮过或因我而生活得更好的人的名字，必须要用6号字体。**10、列举喜欢的"国家、某件艺术作品、生活物品、某个女人或男人"？**瑞士；the Cats；打口CD；琥安娜；教父。**12、你心中年轻、活力、时尚的车是怎样的？**有筐的就行，比如马车。**

图 | 胡渝江　采访 | 尹珊珊

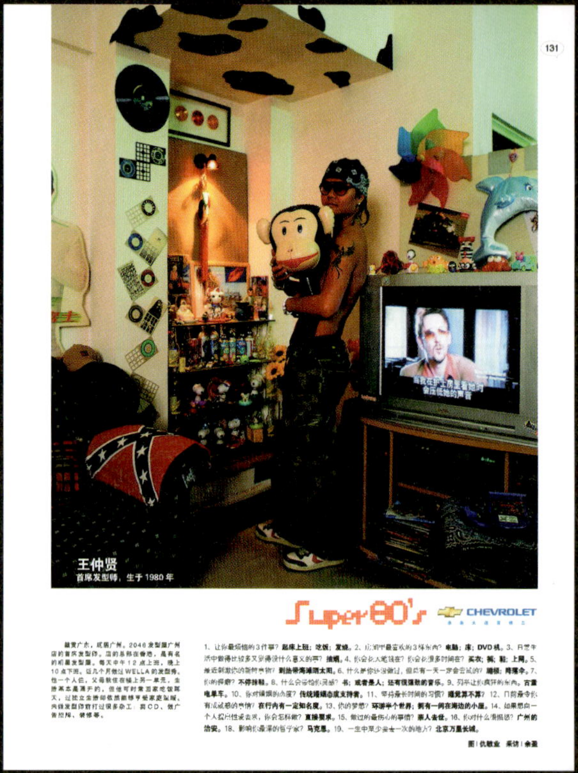

131

王仲贤
首席发型师，生于 1980 年

Super 80's　CHEVROLET

籍贯广东，现居广州。2046发型屋广州店的首席发型师。店的总部在香港，是有名的明星发型屋。每天中午12点上班，晚上10点下班。近几个月做过WELLA的发型秀。住一个人住，父母就住在楼上另一单元，生活基本是属于的，但他可时常回家吃饭聊天，过独立生活却依然能够享受家庭温暖。当发型师前打过很多杂工：卖CD、做广告招牌、装修等。

1、让你最烦恼的3件事？**起床上班；吃饭；发烧。**2、房间中最喜欢的3样东西？**电脑；床；DVD机。**3、日常生活中做得比较多又觉得没什么意义的事？**抽烟。**4、你会花大笔钱在？你会花很多时间在？**买衣；裤；鞋；上网。**5、最近刺激你的新鲜事物？**到热带海滩晒太阳。**6、什么是你还没做过，但总有一天一定会尝试的？**蹦极；跨降伞。**7、你的怪癖？**不停抹鞋。**8、什么会带给你灵感？**书；或者是人；还有很强劲的音乐。**9、列举让你疯狂的东西。**古董电单车。**10、你对婚姻的态度？**传统婚姻态度支持者。**11、坚持最长时间的习惯？**睡觉算不算？**12、目前最令你有成就感的事情？**在行内有一定知名度。**13、你的梦想？**环游半个世界；拥有一间在海边的小屋。**14、如果想向一个人提出性爱要求，你会怎样做？**直接要求。**15、做过的最伤心的事情？**亲人去世。**16、你对什么很愤怒？**广州的治安。**18、影响你最深的哲学家？**马克思。**19、一生中至少要去一次的地方？**北京万里长城。**

图 | 仇敏业　采访 | 余盈

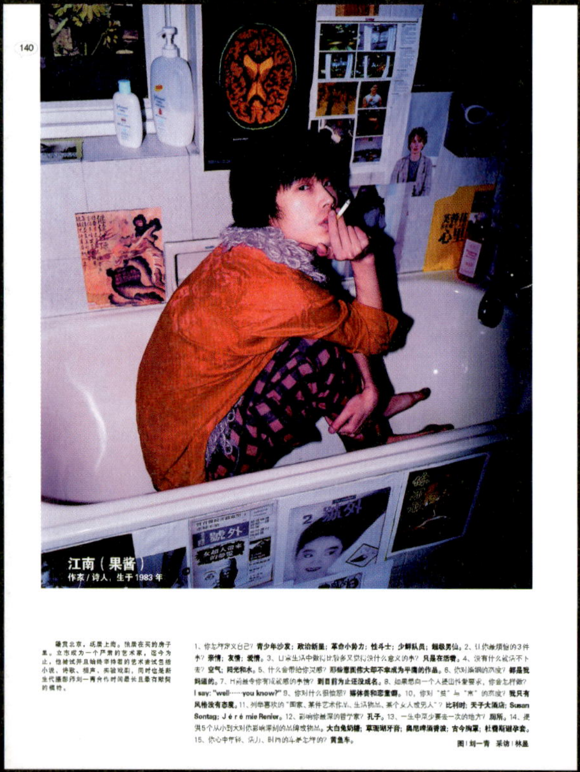

140

江南（果酱）
作家／诗人，生于 1983 年

籍贯北京，现居上海。独居在买的房子里。立志成为一个严肃的艺术家，迄今为止，他尝试并且始终坚持着的艺术尝试包括小说、诗歌、相声、实验戏剧，同时也是新生代摄影师刘一青合作时间最长且最有默契的模特。

1、你怎样定义自己？**青少年沙发；政治新星；革命小势力；性斗士；少鲜队员；超级男仙。**2、让你最烦恼的3件事？**亲情；友情；爱情。**3、日常生活中做得比较多又觉得没什么意义的事？**只是在活着。**4、没有什么就活不下去？**空气；阳光和水。**5、什么会带给你灵感？**那些意图伟大却不幸成为平庸的作品。**6、你对婚姻的态度？**都是我妈逼的。**7、目前最令你有成就感的事情？**到目前为止还没成名。**8、如果想向一个人提出性爱要求，你会怎样做？**I say: "well……you know?"** 9、你对什么很愤怒？**媒体贵和恋童癖。**10、你对"货"与"末"的态度？**我只有风格没有态度。**11、列举喜欢的"国家、某件艺术作品、生活物品、某个女人或男人"？**比利时；天子大酒店；Susan Sontag；Jérémie Renier。**12、影响你最深的哲学家？**孔子。**13、一生中至少要去一次的地方？**厕所。**14、提供5个从小到大对你影响深刻的品牌或物品。**大白兔奶糖；草珊瑚牙膏；奥尼啤酒香波；古今胸罩；杜蕾斯避孕套。**15、你心中年轻、活力、时尚的车是怎样的？**黄鱼车。**

图 | 刘一青　采访 | 林垦

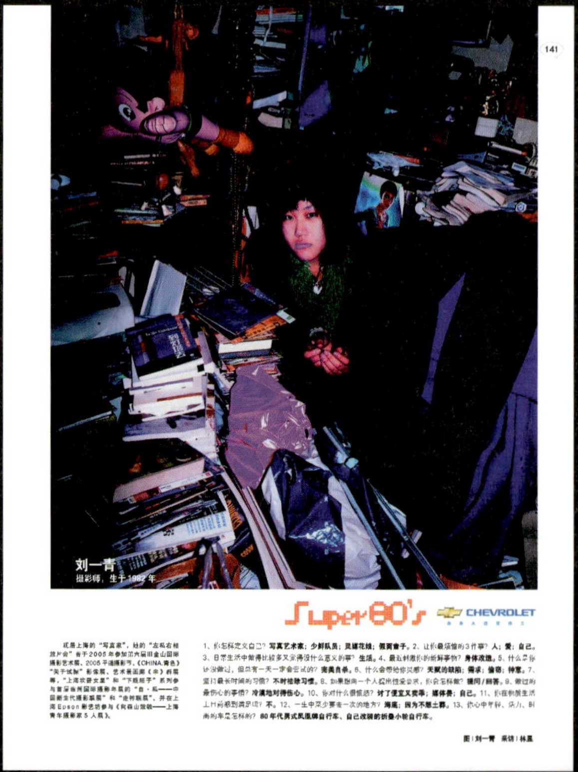

141

刘一青
摄影师，生于 1982 年

Super 80's　CHEVROLET

现居上海的"写真家"，她的"左私右相放片会"曾于2005年参加第六届旧金山国际摄影艺术展、2005平遥摄影节、《CHINA.青色》"关于试探"影像展、艺术景画廊《幸》群展等，"上海坎普女星"和"下眼睫子"系列参与首届广州国际摄影双年展的"自·私——中国新生代摄影联展"和"走神联展"，并在上海Epson影艺坊参与《向森山致敬——上海青年摄影家5人展》。

1、你怎样定义自己？**写真艺术家；少鲜队员；灵媒花娘；假面童子。**2、让你最烦恼的3件事？**人；爱；自己。**3、日常生活中做得比较多又觉得没什么意义的事？**生活。**4、最近刺激你的新鲜事物？**身体改造。**5、什么是你还没做过，但总有一天一定会尝试的？**完美自杀。**6、什么会带给你灵感？**天赋的缺陷；偶求；偷窃；钟意。**7、坚持最长时间的习惯？**不时祛除习惯。**8、如果想向一个人提出性爱要求，你会怎样做？**提问/回答。**9、做过的最伤心的事情？**冷漠地对待伤心。**10、你对什么很愤怒？**讨了便宜又卖乖；媒体贵；自己。**11、你在物质生活上目前感到满足吗？**不。**12、一生中至少要去一次的地方？**海底；因为不想土葬。**13、你心中年轻、活力、时尚的车是怎样的？**80年代男式凤凰牌自行车、自己改装的折叠小轮自行车。**

图 | 刘一青　采访 | 林垦

130 Ma Rui, loopbaanadviseur/career consultant, 1983
131 Wang Zhongxian, kapper/hair stylist, 1980
140 Jiang Nan (Jam), schrijver en dichter/writer and poet, 1983
141 Liu Yiqing, fotograaf/photographer, 1982

102

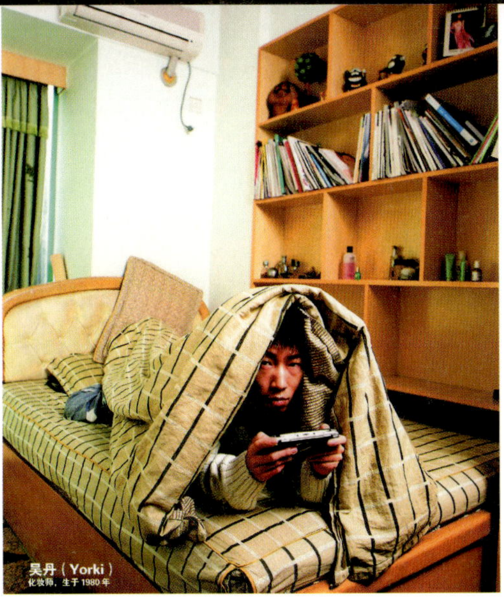

吴丹（Yorki）
化妆师，生于1980年

籍贯广州，现居广州，和家人住。广州著名时尚化妆师，是广州各大报章杂志上经常出现的名字，佳作多不胜数。对于化妆，他总是有不可思议的灵感和非一般的审美角度。

1、你怎样定义自己？**我行我素。**2、你为什么选择这种穿着方式？**舒服。**3、让你最烦恼的3件事？**没钱。**4、房间里最喜欢的3样东西？**香水；杂志；新买的项链的包装盒。**3、日常生活中做得比较多又觉得没什么意义的事？**睡觉。**4、没有什么戒不了去？**钱。**9、什么事你还没做过，但总有一天一定会尝试的？**去国外很漂亮的海滩如马尔代夫旅行。**11、什么会带给你灵感？**生活细节。**12、列举让你疯狂的东西。**名牌。**5、你对婚姻的态度？**只是一个形式。**6、坚持最长时间的习惯？**晚睡。**7、目前最令你有成就感的事情？**成功创作一个自己喜欢的妆容。**17、如果想向一个人提出性爱要求，你会怎样做？**用姿体语言来表达。**19、你对什么很愤怒？**不爱国的人或事。**8、你在物质生活上目前感到满足吗？**永远都不会满足，永远都有买不完的想要的东西。**9、一生中至少要去一次的地方？**埃及。**10、你心中年轻、活力、时尚的车是怎样的？**有特色的车，雪佛兰就蛮好的。**

图｜仇敏业　采访｜桂梅

065

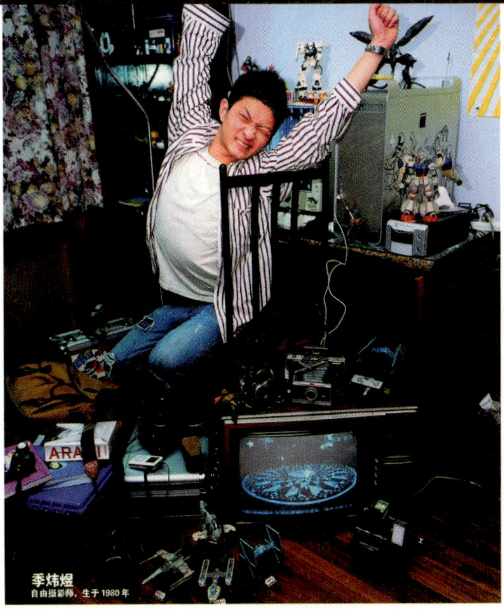

季炜煜
自由摄影师，生于1980年

籍贯南通，现居上海。和交往了10年的女友一起住。自由摄影师只是他众多身份中的一个。他和好友木峰组成的"鸟头"摄影组合，已经在上海莆桥的画廊举办了两次展览。他的个人作品，曾参于2005年摄影年展等。除此之外，他还是个平面设计师，曾于2004年赴英国圣马丁艺术学院学习平面设计，在英国期间还做过厨师。

1、你怎样定义自己？**男人。**2、为什么选择这种穿着方式？**舒服。**3、房间里最喜欢的3样东西？**旧电视机；窗帘；沙发。**4、日常生活中做得比较多又觉得没什么意义的事？**喝酒。**5、你会花大笔钱在？你会花很多时间在？**相机器材；工作。**6、没有什么戒不了去？**照相机。**7、最近刺激你的新鲜事物？**到广州吃生蚝和烤玉米。**8、什么事你还没做过，但总有一天一定会尝试的？**开飞机然后不断起飞降落（要客机）。**9、什么会带给你灵感？**生活和生活的细节。**10、你对婚姻的态度？**充满幻想。**11、坚持最长时间的习惯？**有事没事把耳朵皮戳到耳朵洞里。**12、目前最令你有成就感的事情？**开了第一个鸟头展览。**13、你的梦想？**成为出名的艺术家。**14、如果想向一个人提出性爱要求，你会怎样做？**先买避孕套。**15、你对什么很愤怒？**中国年轻人过圣诞节比春节还要有样子。**16、你对"贫"与"富"的态度？**我要富。**17、你在物质生活上目前感到满足吗？**不满足。**18、一生中至少要去一次的地方？**西安，那里有兵马俑。**

图｜季炜煜　采访｜林晨

122

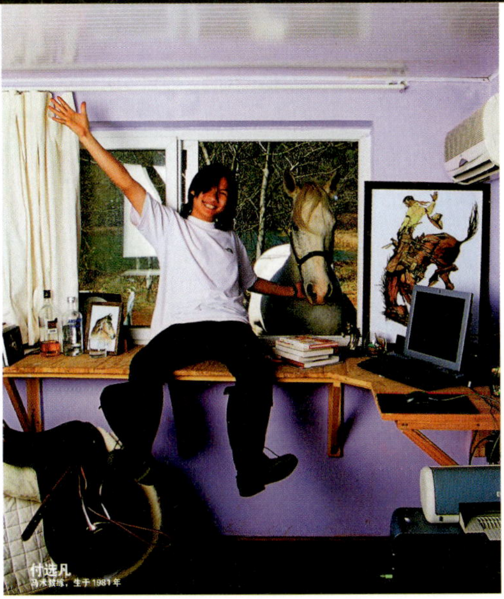

付选凡
马术教练，生于1981年

汉族，籍贯山东，现居昆明近郊。1995年开始学习马术，拥有自己的一匹马（蒙古马——哈巴津）。1997-2002年发烧摩托车，最多时拥有3辆：VMAX、Zeal、YZF100。2004年设计火机，创业。2005年，参与马场场地策划及做马术教练。

1、你怎样定义自己？**结构紧凑。**2、让你最烦恼的3件事？**被唠叨；总是在找东西；停电。**3、房间里最喜欢的3样东西？**床；枕头；被子。**4、日常生活中做得比较多又觉得没什么意义的事？**睡懒觉。**5、你会花大笔钱在？你会花很多时间在？**非必须品；非必要的事。**6、没有什么戒不了去？**喷嚏喷雾。**7、最近刺激你的新鲜事物？**TAOBAO.COM。**8、什么事你还没做过，但总有一天一定会尝试的？**执着。**9、什么会带给你灵感？**很长时间没睡觉以后刺眼的阳光。**10、列举让你疯狂的东西。**英雄；飞翔；速度。**11、你对婚姻的态度？**离就选点。**12、坚持最长时间的习惯？**晚起。**13、你的梦想？**极度自由且非常安全。**14、如果想向一个人提出性爱要求，你会怎样做？**来拖拖。**15、做过的最伤心的事情？**把马卖掉。**19、你对什么很愤怒？**虐待动物；庸医；假药。**16、你对"贫"与"富"的态度？**我一点都不讨厌暴发户。**17、你在物质生活上目前感到满足吗？**不满足。**18、一生中至少要去一次的地方？**上天堂。**

图｜刘娟　采访｜罗熠

071

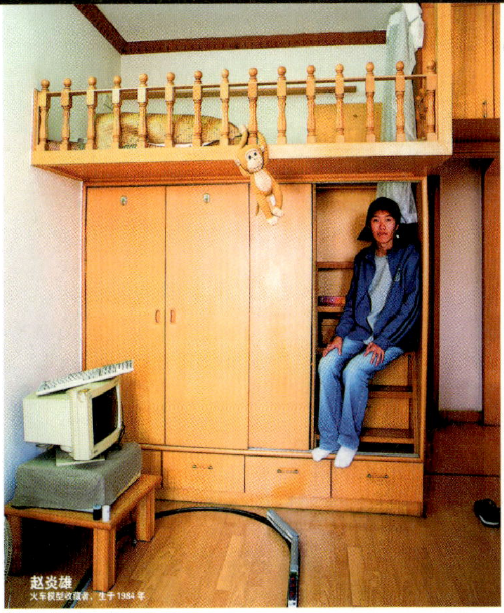

赵炎雄
火车模型收藏者，生于1984年

籍贯广州，现居广州，和家人一起住。他的多重身份均与火车有关：中国第一火车男、火车模型搜集者、火车摄影发烧友、火车铁路爱好协会召集人、火车主题网站"非人狂想屋"经营者。这个超级火车迷的疯狂事迹包括为了拍火车而翻越广深线准高速铁路路段的铁丝网，险些被武警当贼人。他和刚结束的一次铁路之旅是到四川拍蒸汽火车与窄轨火车。

1、让你最烦恼的3件事？**考数学；塞车；时间不够用。**2、日常生活中做得比较多又觉得没什么意义的事？**考试。**3、你会花大笔钱在？你会花很多时间在？**自己喜欢的东西；和自己较劲。**4、没有什么戒不下去？**电脑；互联网。**5、什么事你还没做过，但总有一天一定会尝试的？**做战地摄影师。**6、你的怪癖？**不喜欢其他男生睡自己的床；坐公车喜欢坐前进方向的右边。**7、什么会带给你灵感？**洗澡。**8、列举让你疯狂的东西。**火车；相机。**9、你对婚姻的态度？**找个好老婆然后对她好一辈子。**10、坚持最长时间的习惯？**回家时喊"我回来了"，出门时喊"出去了"。**11、目前最令你有成就感的事情？**可以为中国火车迷形象推广做出贡献。**12、如果想向一个人提出性爱要求，你会怎样做？**先征询她的意见，得到非常肯定的答复才进行。**13、做过的最伤心的事情？**主动和初恋情人说分手。**14、列举喜欢的"国家、某件艺术作品、生活物品、某个女人或男人"？**瑞典；竖立在各城市街头的巨大毛泽东像；自行车（日本牌子）。**

图｜仇敏业　采访｜胡静玲

102 Wu Dan (Yorki), modestylist/fashion stylist, 1980
065 Ji Weiyu, freelance fotograaf/freelance photographer, 1980
122 Fu Xuanfan, paardrij-instructeur/horse riding coach, 1981
071 Zhao Yanxiong, modeltreinverzamelaar/collector of train miniatures, 1984

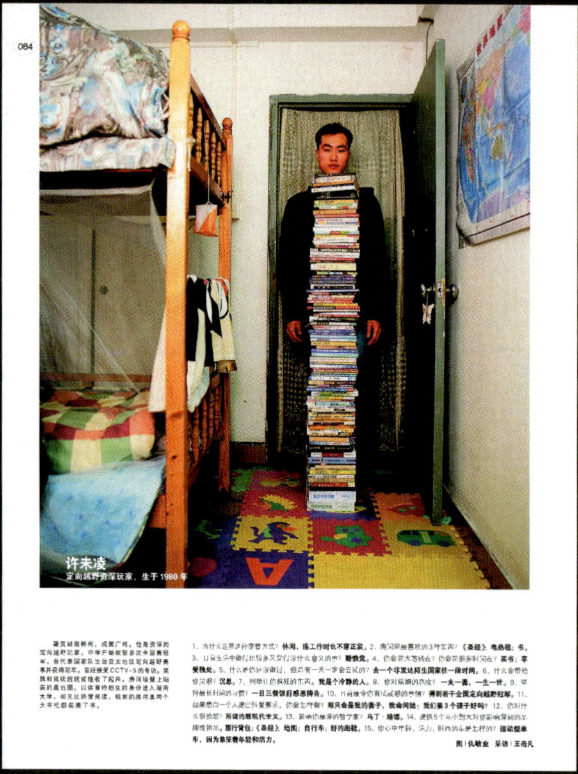

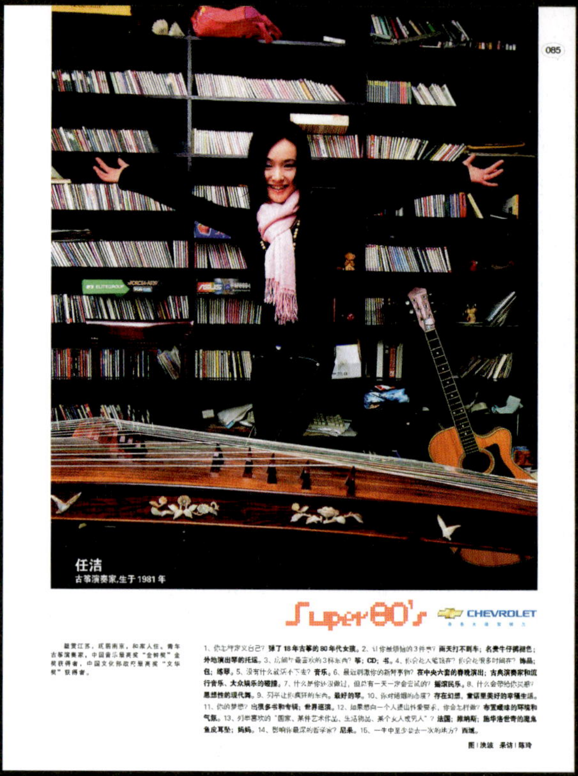

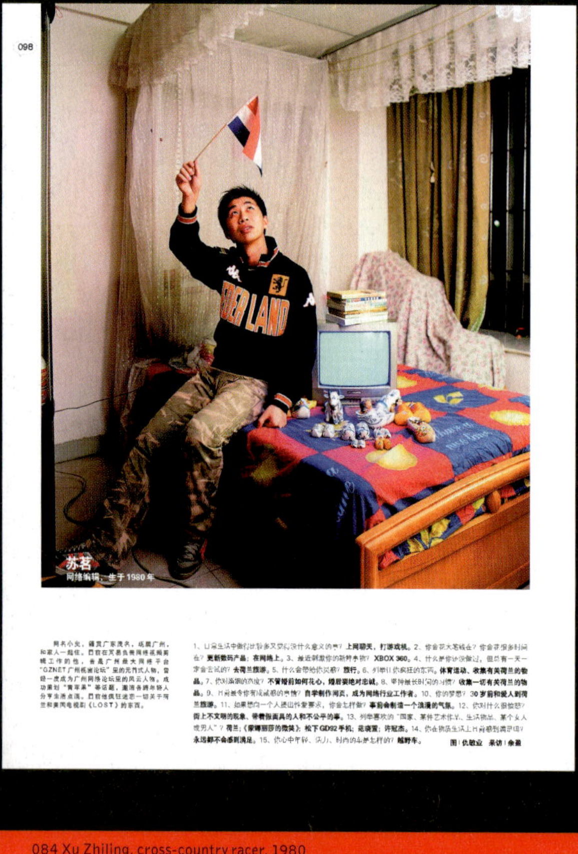

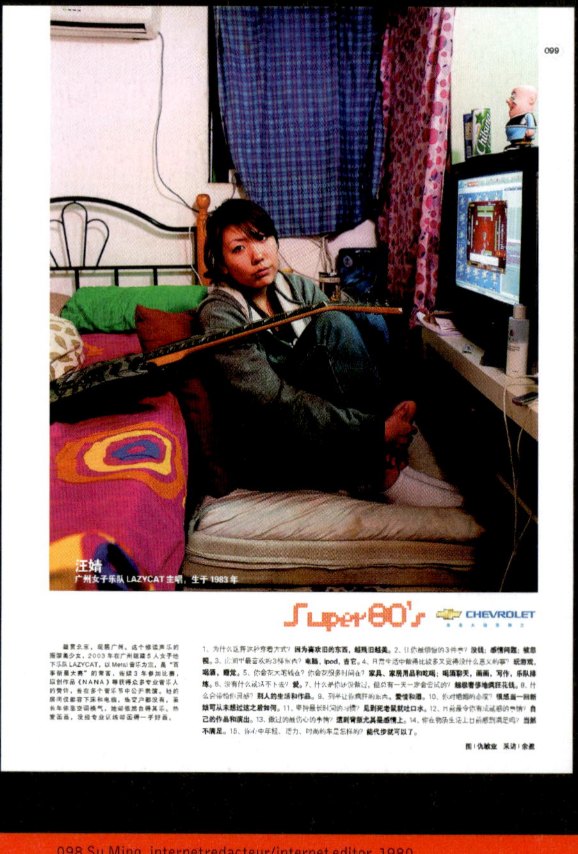

084 Xu Zhiling, cross-country racer, 1980
085 Ren Jie, bespeler van/player of Chinese zither, 1981
098 Su Ming, internetredacteur/internet editor, 1980
099 Wang Jing, oprichter en zangeres van/founder and singer of girl band LAZYCAT, 1983

Yang Yong — Yang Yong is een jonge kunstenaar die deel uitmaakt van de subcultuur in het zuiden van China; hij woont en werkt in Shenzhen, een stad in het hart van de Pearl River Delta. Deze moderne metropool is al vanaf de jaren tachtig de snelst groeiende stad in China. Als stad van immigranten uit andere delen van China heeft Shenzhen een atypische grootstedelijke cultuur van tolerantie en integratie voortgebracht. Deze cultuur, die onder invloed staat van het naburige Hongkong en op haar beurt geleidelijk de rest van China beïnvloedt, is een evidente factor in Yang Yongs werk.

Met de snelle verstedelijking en expansie is niet alleen het landschap van Shenzhen, maar ook de sociale structuur en de manier van leven van de inwoners veranderd. De stad werd overstroomd door migratiegolven van arbeiders waardoor de klassenverschillen en de tegenstellingen tussen rijk en arm drastisch zijn aangescherpt. Yang Yong heeft de maatschappelijke ontworteling en conflicten als gevolg van deze veranderingen aan den lijve ondervonden. Zijn fotowerk **Dusk of Gods**, waarin hij de levens beschrijft van plattelandsarbeiders en jonge vrouwen die vanuit hun geboortedorp op het platteland naar de stad komen, getuigt van zijn persoonlijke ervaringen.

De schok van de globalisering en de daarmee gepaard gaande veranderingen in leef- en werkomstandigheden wordt door de jongere generatie in Zuid-China scherp gevoeld. Ze heeft geen andere keuze dan hun waarden en voorstellingen van het leven aan te passen. Intussen gaan de veranderingen in de stad onverminderd door en brengen een sfeer van vervreemding en distantie teweeg waarin de jongeren verward, verlangend, nerveus en verloren achterblijven. Ze voelen de diepe kloof tussen ideaal en realiteit, tussen spirituele en materiële bevrediging. In een recente serie werken, waaronder **Fancy in Tunnel**, **City Theater**, **Cruel Dairy of Youth** en **Anonymous Still**, speelt Yang Yong met zijn personages in een stijl die doet denken aan een live opgenomen televisieprogramma met situaties uit het werkelijke leven. Hij herschept de leefsituatie van jonge mensen zonder zijn toevlucht te zoeken tot professionele en artistieke filmtechnieken of tot lieftallig poserende meisjes. De portretten tonen mensen in hun eigen omgeving, rondhangend op pleinen, viaducten, oversteekplaatsen, daken en aan het strand, en geven het gevoel van onveiligheid en eenzaamheid weer van jonge vrouwen uit Shenzhen. Het schemerige stedelijke licht, dat doet denken aan toneelbelichting, contrasteert met de leegte en geeft het werk een geweldige aantrekkingskracht.

Yang Yong — Yang Yong is an active young artist from the southern sub-culture of China who lives and works in Shenzhen, a city in the heart of the Pearl River Delta bordering Hong Kong. This new modern metropolis is the fastest growing city in China, and has been since the 1980s. As a city of immigrants from other parts of China, Shenzhen has developed an atypical metropolitan culture of tolerance and integration. This culture, influenced by neighbouring Hong Kong and itself gradually influencing the rest of China, is distinctly present in Yang Yong's work.

Shenzhen's rapid urbanization and expansion not only changed its landscape, but also its residents' social structure and way of life. Huge numbers of labourers flooded the city, causing it to grow explosively, drastically increasing social classes and the disparity between rich and poor. Yong personally experienced the social disruption and clashes caused by these changes. His photographic work the **Dusk of Gods**, which describes the lives of rural migrant workers and young women entering the city from their rural homes, is a demonstration of his experiences.

The young generation in Southern China is undergoing the shock of globalization and the changes this brings to their living conditions and mode of work. They have no choice but to adjust their values and perceptions of life accordingly. Meanwhile, the city keeps altering drastically, leaving the young people confused, yearning, nervous and lost, resulting in a sense of alienation and remoteness. They feel the vast contrast between ideal and reality, between spiritual and material satisfaction. In his recent series of work, including **Fancy in Tunnel**, **City Theater**, **Cruel Dairy of Youth** and **Anonymous Still**, Yang Yong plays with the hero in a fashion more like a live show than one that's directed, by creating real-life situations. Abandoning professional and artistic filming techniques, and avoiding creating postures for girls with pretty smiles, he re-created the living situation of young people. Starting with conversations, he captures and presents people in their own environment, in an effort to demonstrate the anxiety and loneliness of the young women living in Shenzhen. With semi-dark lighting, the photo's record young people fooling around public plazas, flyovers, pedestrian passages, building roofs and at the seashore. The urban lighting, which resembles stage lighting, contrasts with the lack of content, giving the work a tremendous appeal.

Tekst/Text: Huang Du

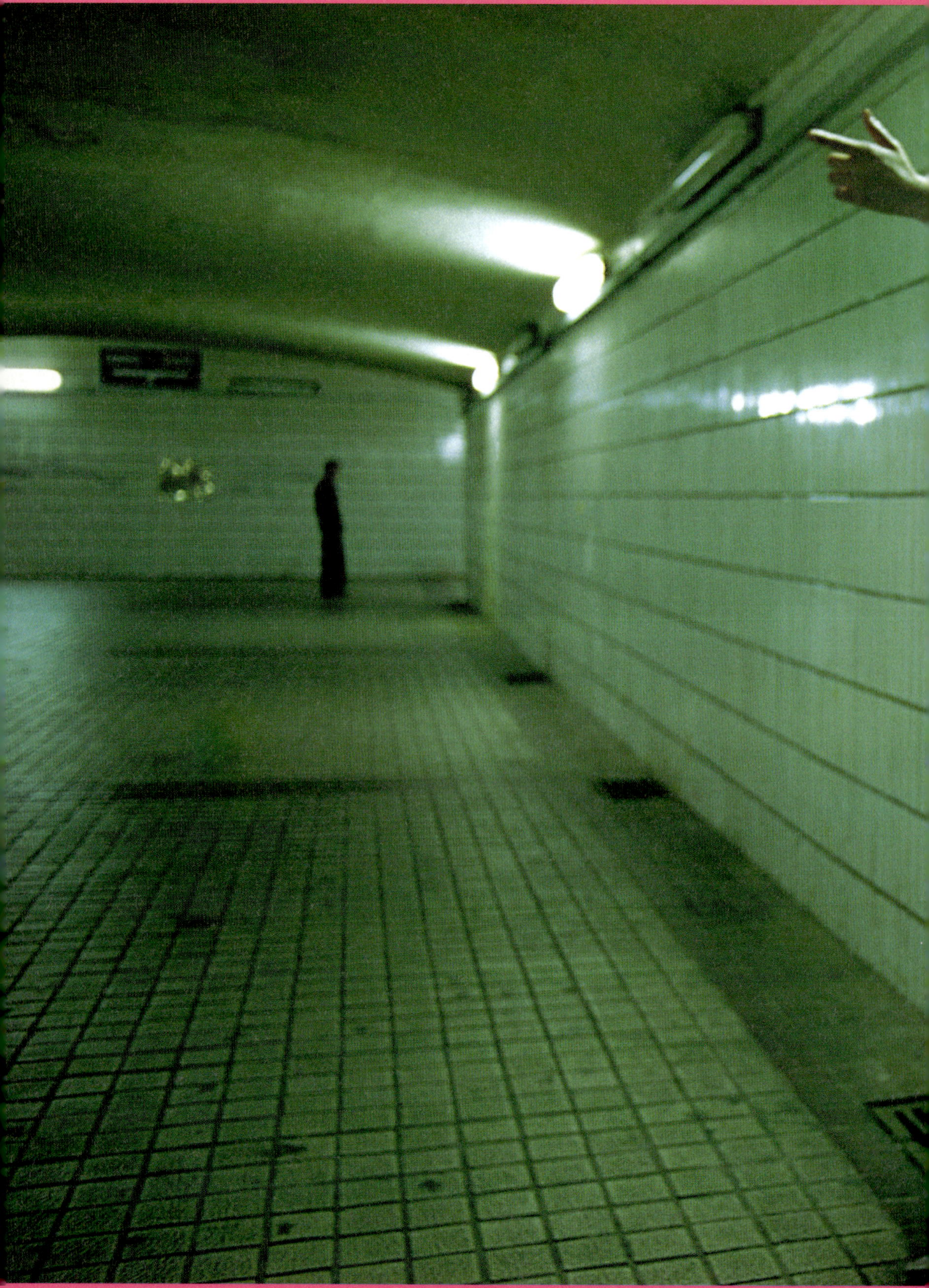

Fancy in Tunnel, 2003
foto/photo, 80 x 120 cm

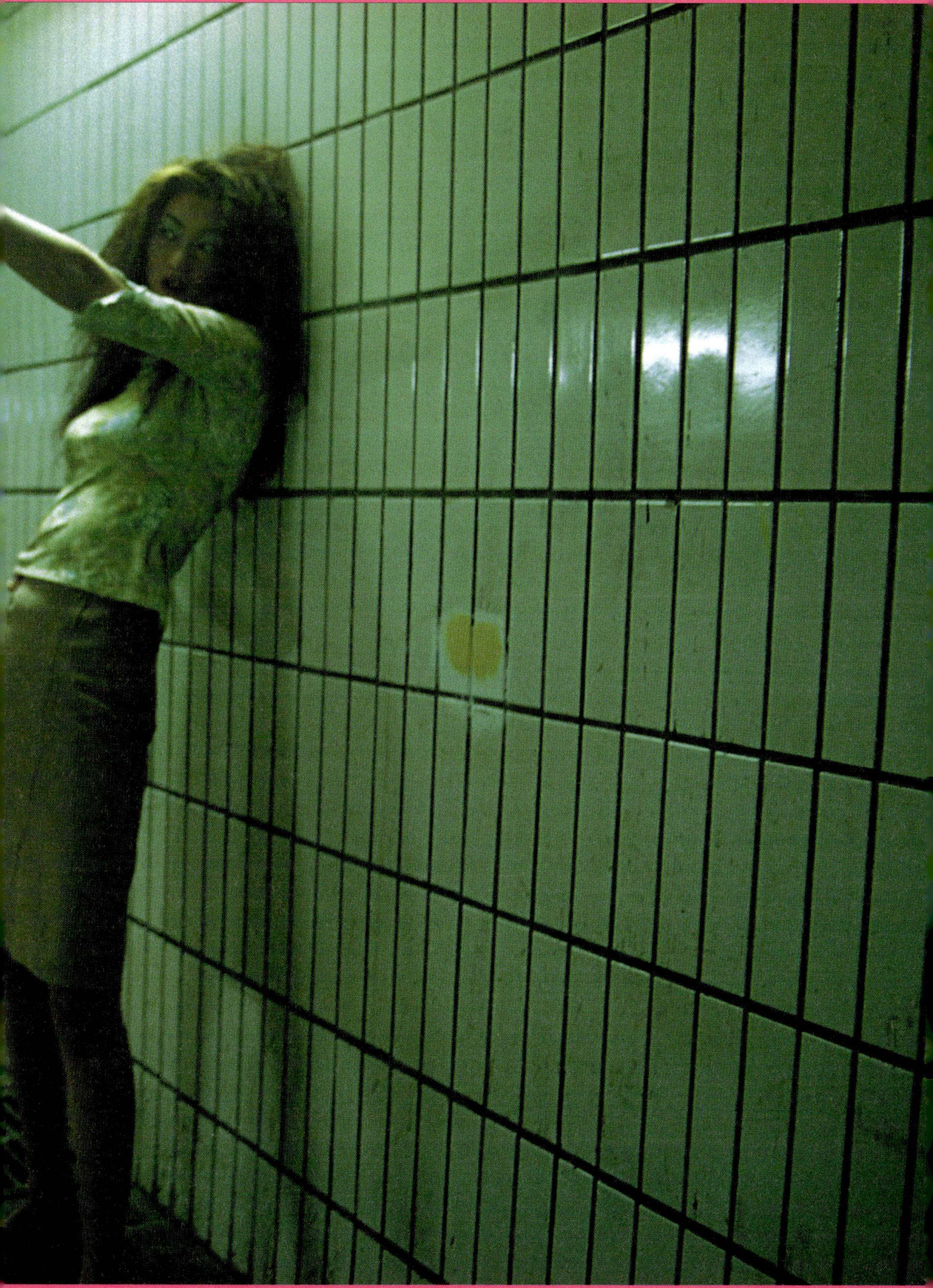

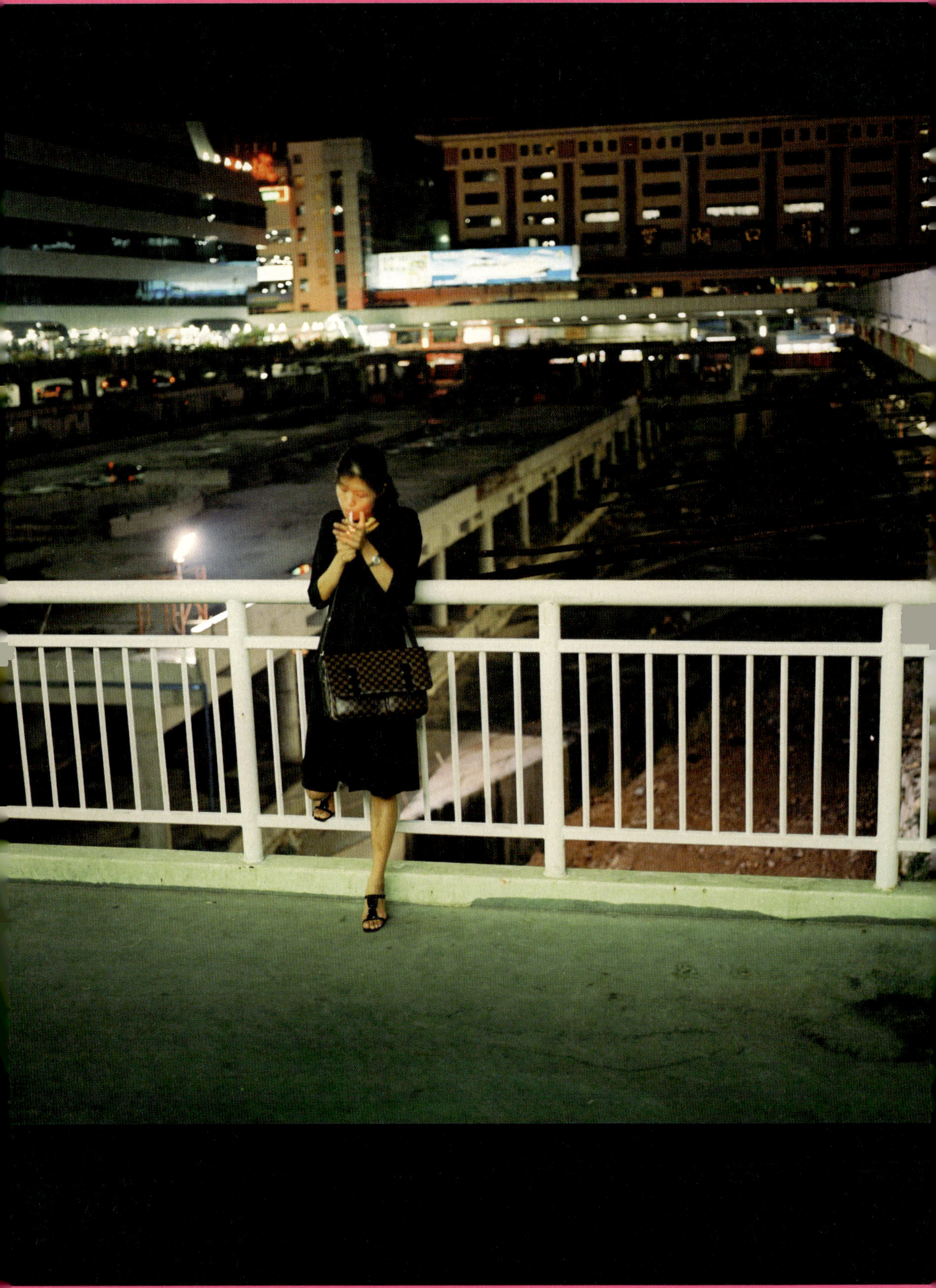

Cruel Dairy of Youth, 2005
foto/photo, 80 x 120 cm

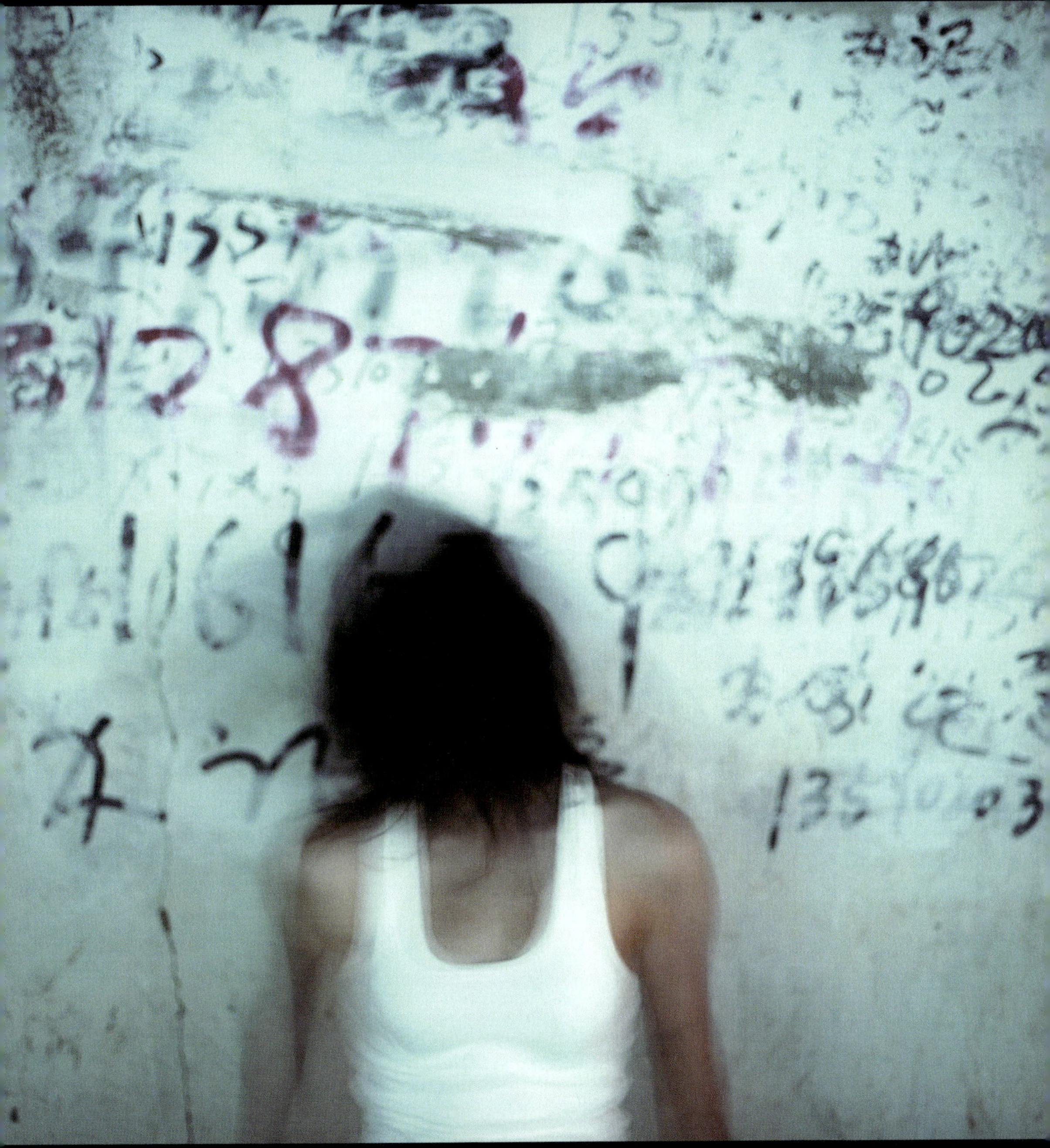

Cruel Dairy of Youth, 2005
foto/photo, 80 x 120 cm

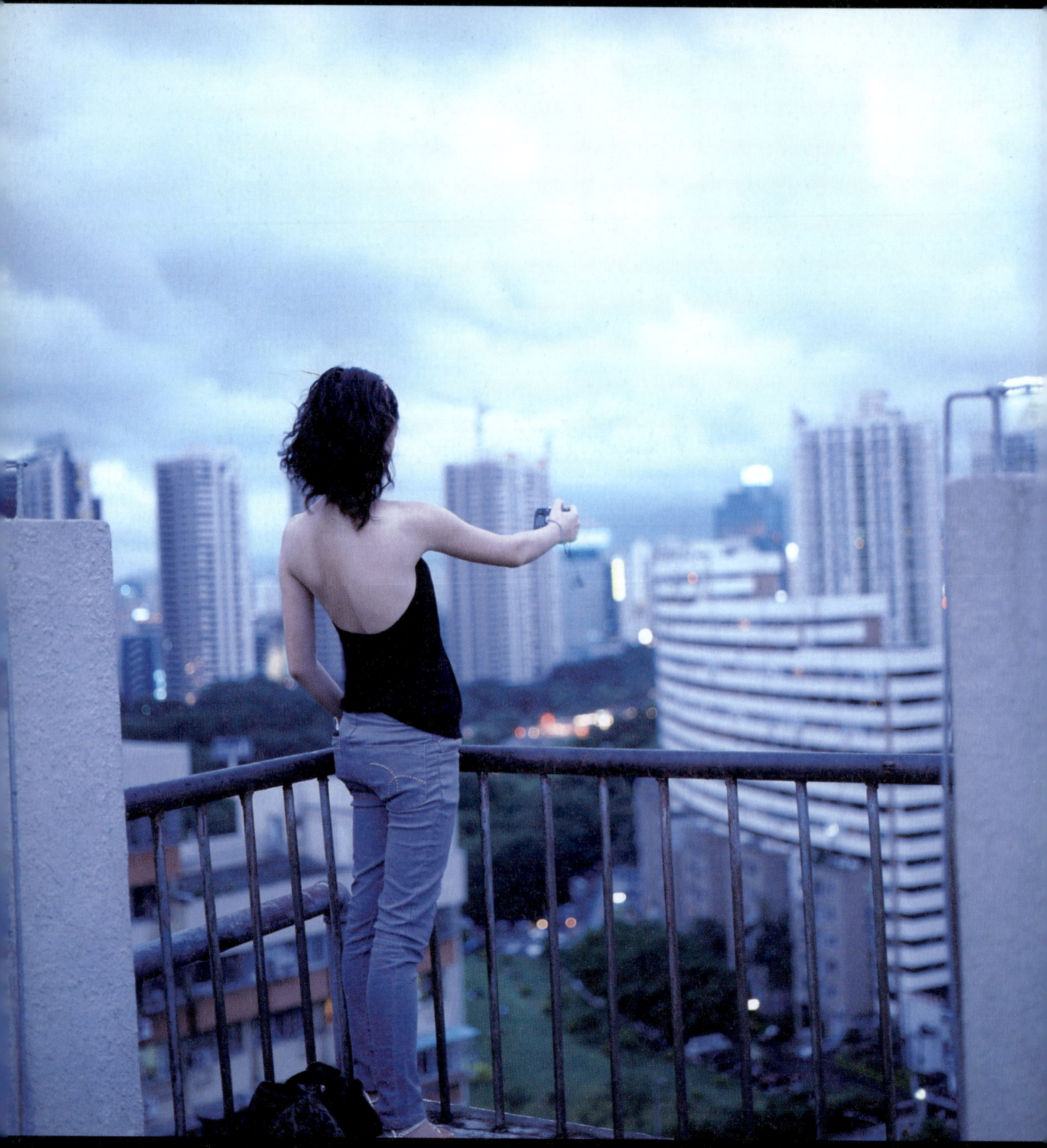

Cruel Dairy of Youth, 2005
foto/photo, 80 x 120 cm

Chen Shaoxiong — Chen Shaoxiong woont en werkt in Guangzhou, de hoofdstad van de provincie Guangdong, en is een van de vroegste gangmakers van de neo-kunstbeweging in Zuid-China. Hij is tevens een vooraanstaand lid van de Long-Tail Elephant Group (LTEG), een belangrijke groepering binnen de hedendaagse Chinese kunst. Tot de LTEG behoren ook Lin Yilin, Liang Juhui en Xu Tan. De LTEG heeft vanaf de jaren 1990 verschillende exposities georganiseerd die een beeld gaven van de snelle veranderingen in Guangzhou, een belangrijke metropool in Zuid-China. Met name Chen Shaoxiong is geïnteresseerd in deelname aan het dagelijks leven in de stad.
Midden jaren negentig begon Chen Shaoxiong zijn gedachten over de veranderingen in de stad uit te drukken via foto's en videofilms. **Street**, een van zijn fotowerken, is een driedimensionaal bewerkte en gemodelleerde verzameling beelden van onder andere wegen, auto's, fietsen en voetgangers, die fungeren als minisnapshots van het dagelijks leven in de stad. De foto's geven elk een lokaal detail weer en zijn samengevoegd in een driedimensionaal model. Daarna zijn ze opnieuw gefotografeerd vanuit het juiste perspectief, zodat een levendige indruk van de dynamiek van de stad ontstaat.
In 2005 bleef de belangstelling voor het leven in de stad, maar koos Chen Shaoxiong een andere werkwijze. In **Ink City** maakt hij bijvoorbeeld inkttekeningen van foto's van de stad en legt die vervolgens vast op digitale video, een methode die hem de mogelijkheid biedt zijn eigen ervaringen van het stadsleven in het werk in te brengen. Zijn benadering brengt met zich mee dat hij de ene snapshot na de andere maakt; discrete observaties van de stad. Zijn beelden illustreren de globalisering, waarvan de snelle groei van de stad evenzeer deel uitmaakt als de vervreemding die door die groei wordt teweeggebracht.

Chen Shaoxiong — Living and working in Guangzhou, the capital city of Guangdong Province, Chen Shaoxiong is one of the earliest initiators of the neo-arts movement in Southern China. He is also a key member of the Long-Tail Elephant Group (LTEG), an important force in Chinese contemporary art. Other members of LTEG include Lin Yilin, Liang Juhui and Xu Tan. Starting in the 1990s, LTEG staged various shows, portraying the fast changes taking place in Guangzhou, a major metropolis in Southern China. Chen Shaoxiong, in particular, is interested in participating in the daily life of the city.
In the mid 1990s, Chen Shaoxiong began to express his thoughts on the changes in the city through photographs and videos. **Street**, one of his photographic products, is a collection of images tailored and modelled in a three-dimensional fashion, forming a mini-snapshot of the daily life of the city, including roads, automobiles, bicycles and pedestrians. Photographs, each depicting a local detail, have been combined into a three-dimensional model and shot again, from the correct perspective, vividly reproducing the dynamics of the city.
Chen Shaoxiong continued to focus on urban issues in 2005, but presented them in a different way. In **Ink City,** for example, he transforms photographs of the city into ink drawings and records them on digital video. This methodology allows him to incorporate his personal experiences of urban life into his work. His approach entails the recording of one snapshot after another, or discrete observations of the city, demonstrating rapid urban growth as part of the trend towards globalization and the alienation caused by such growth.

Tekst/Text: Huang Du

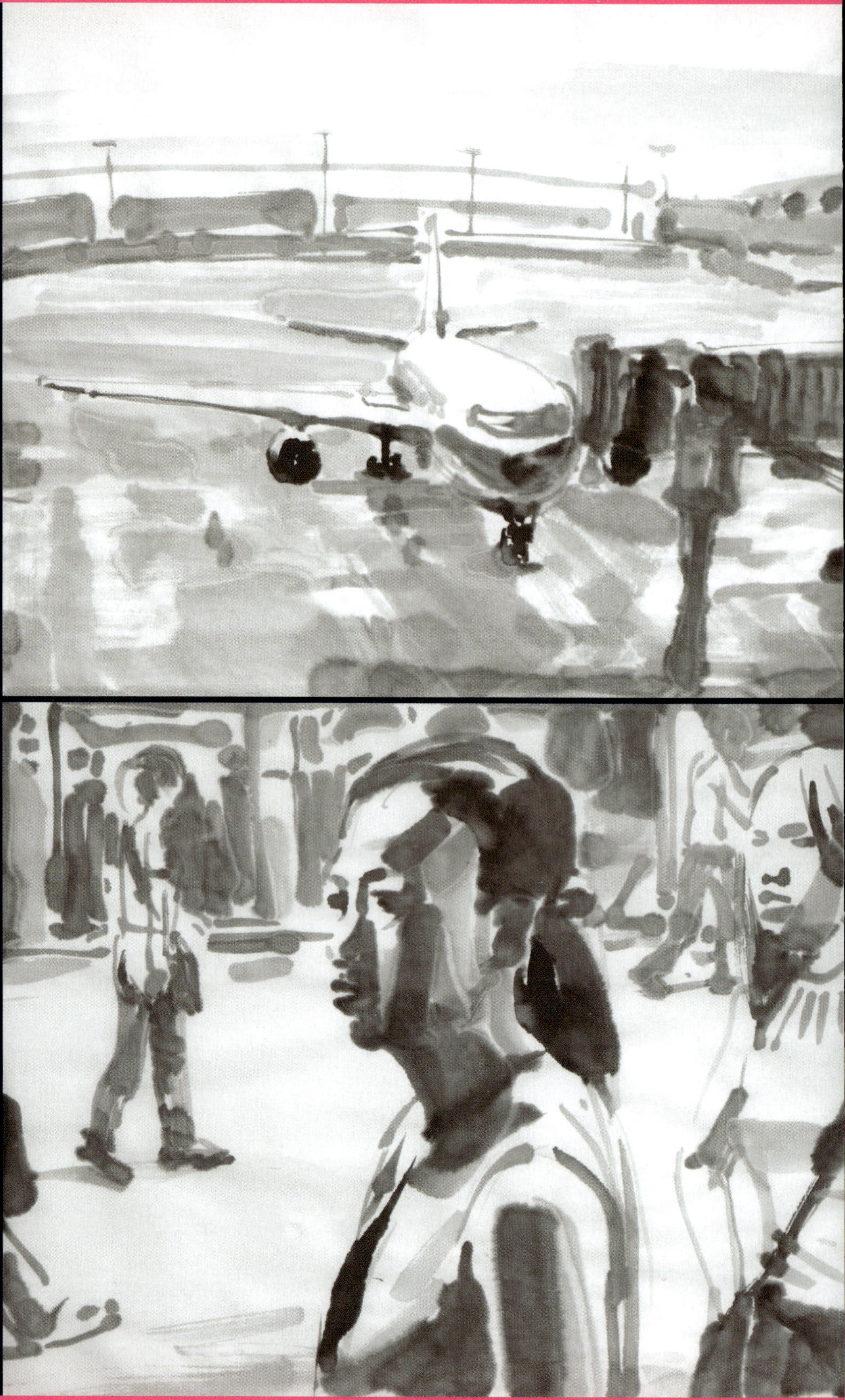

Ink City, 2005 (stills)
dvd, 3 min.

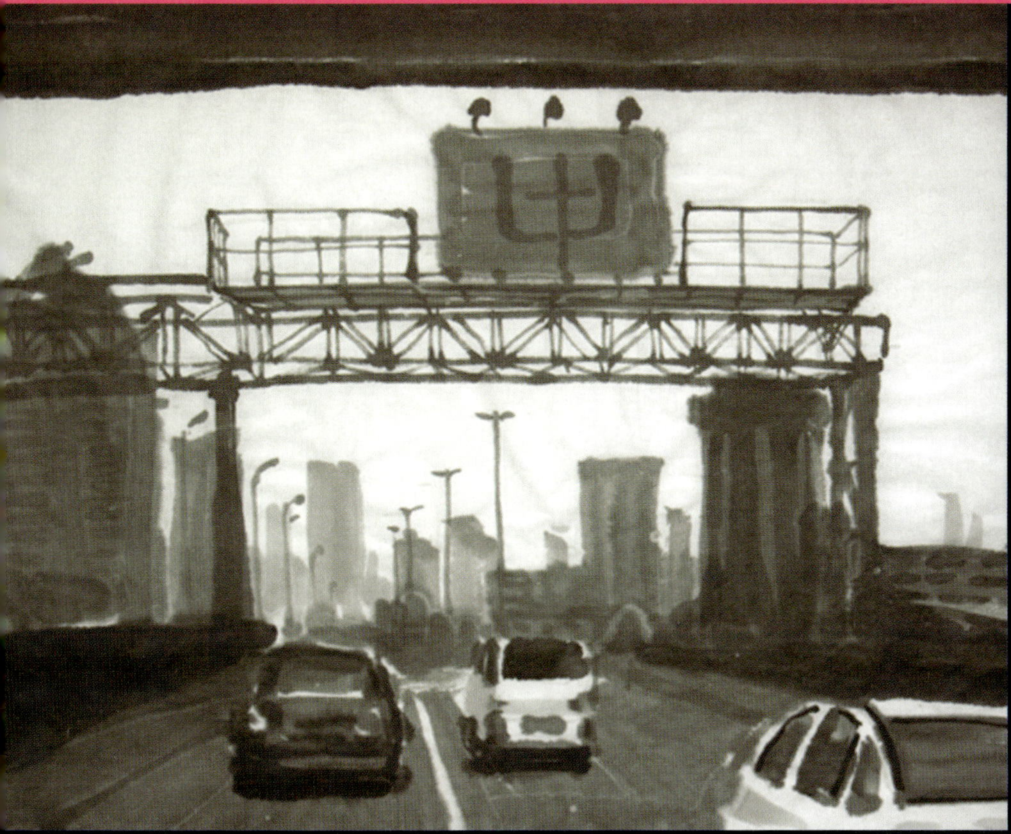
中

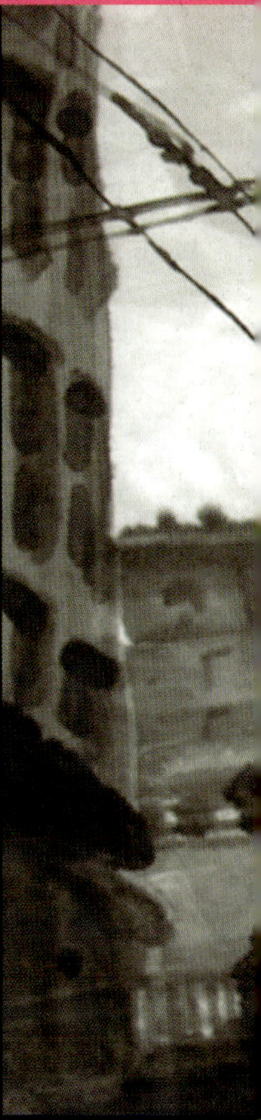

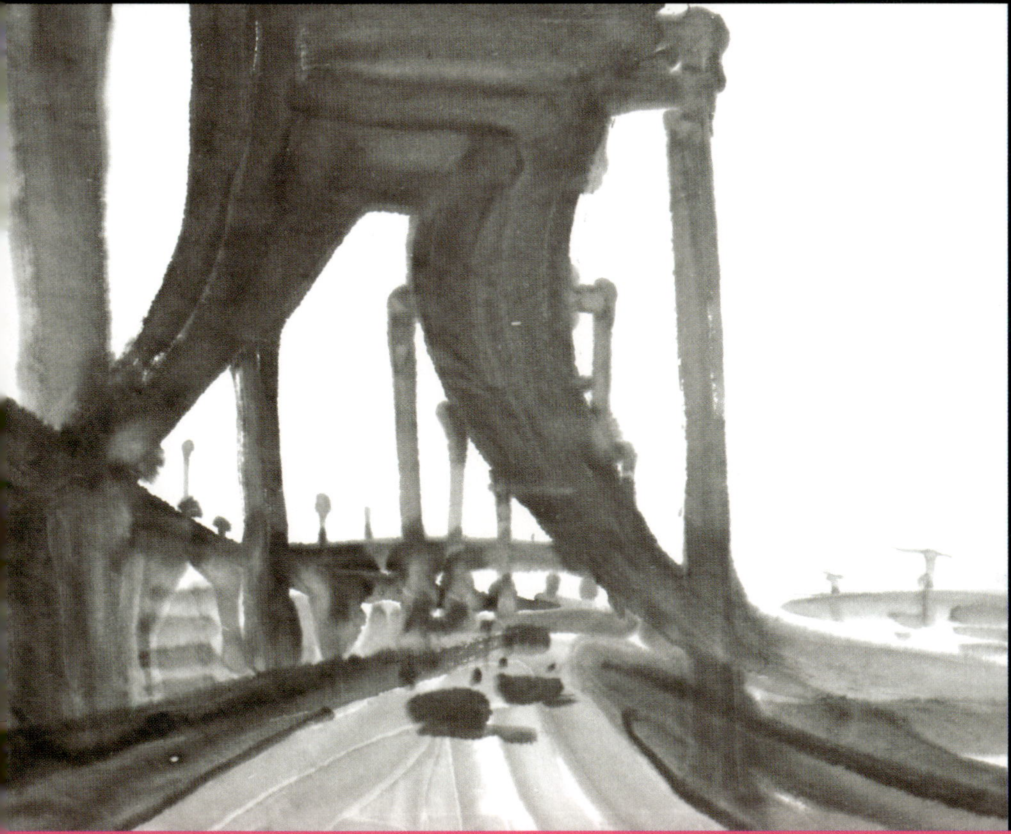

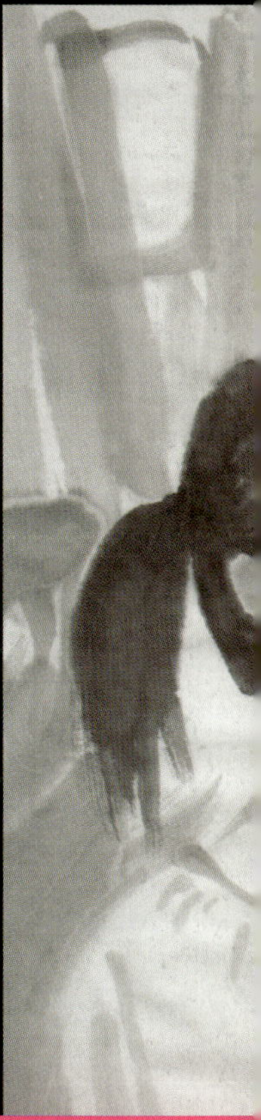

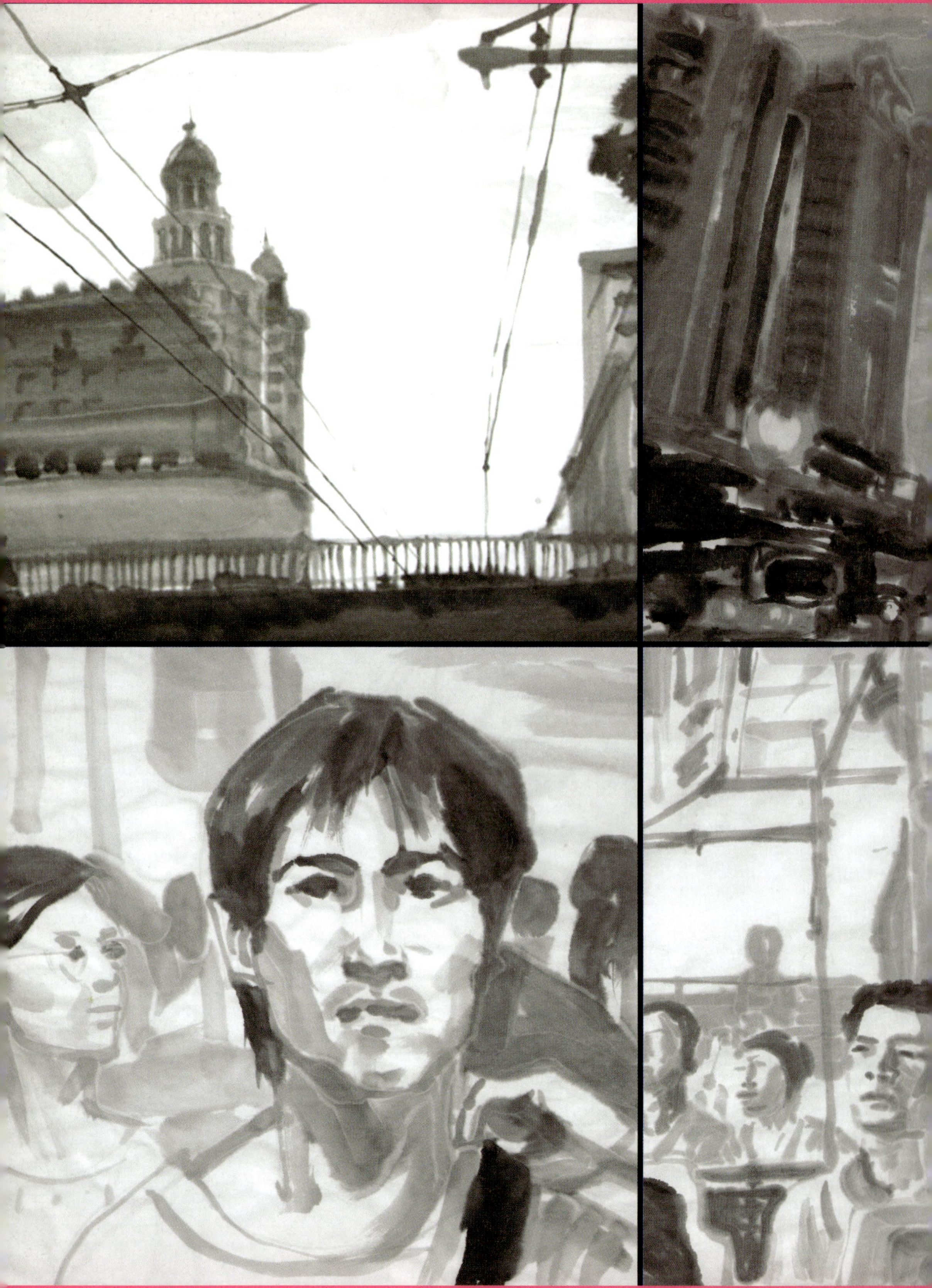

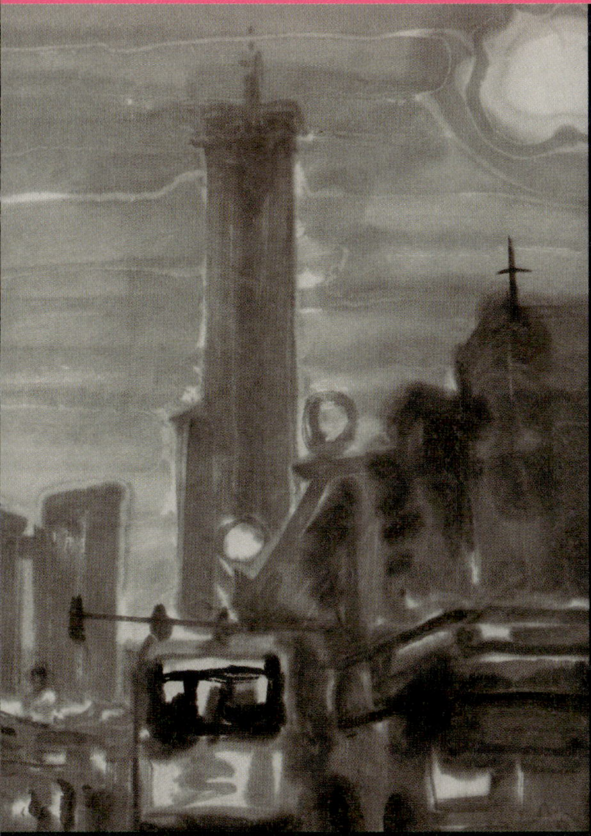

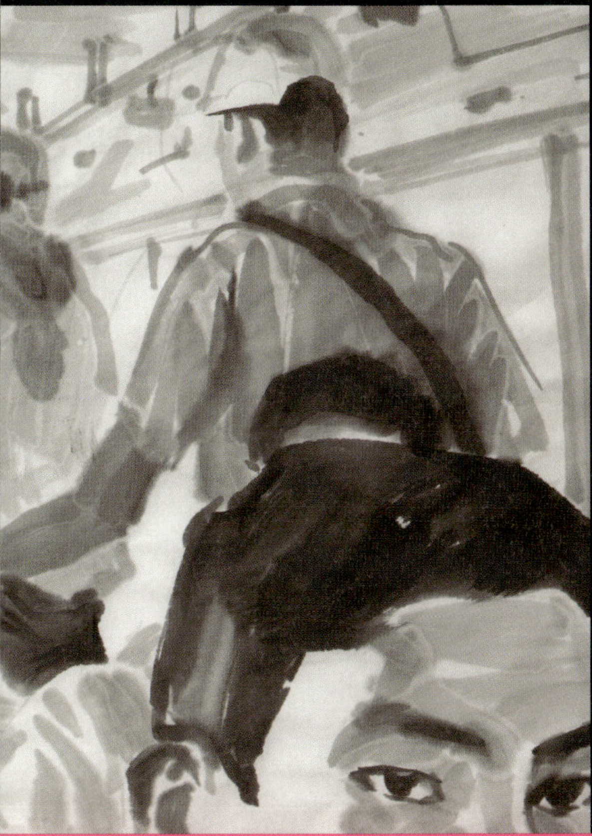

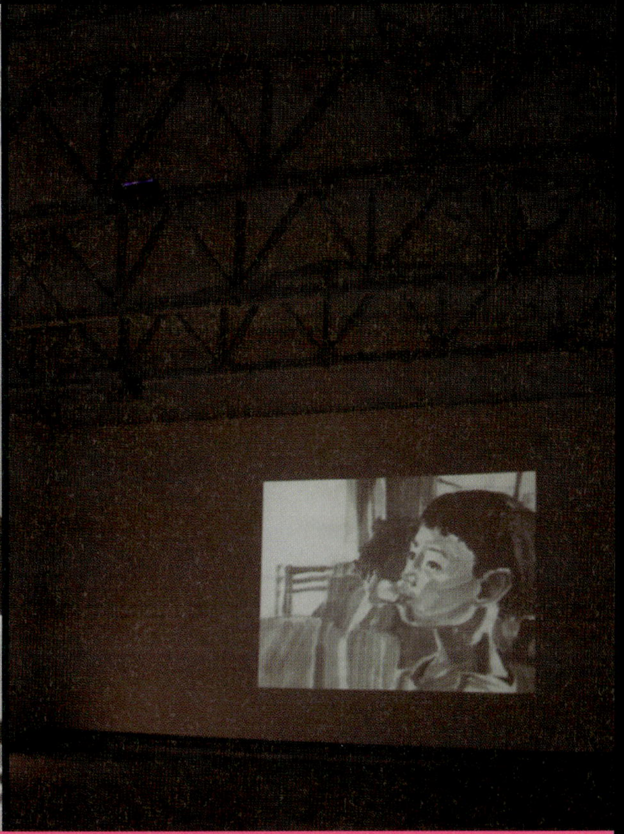

Ink City, 2005 (stills) dvd, 3 min.
Instalatie/Installation Guangzhou Triennial, 2005

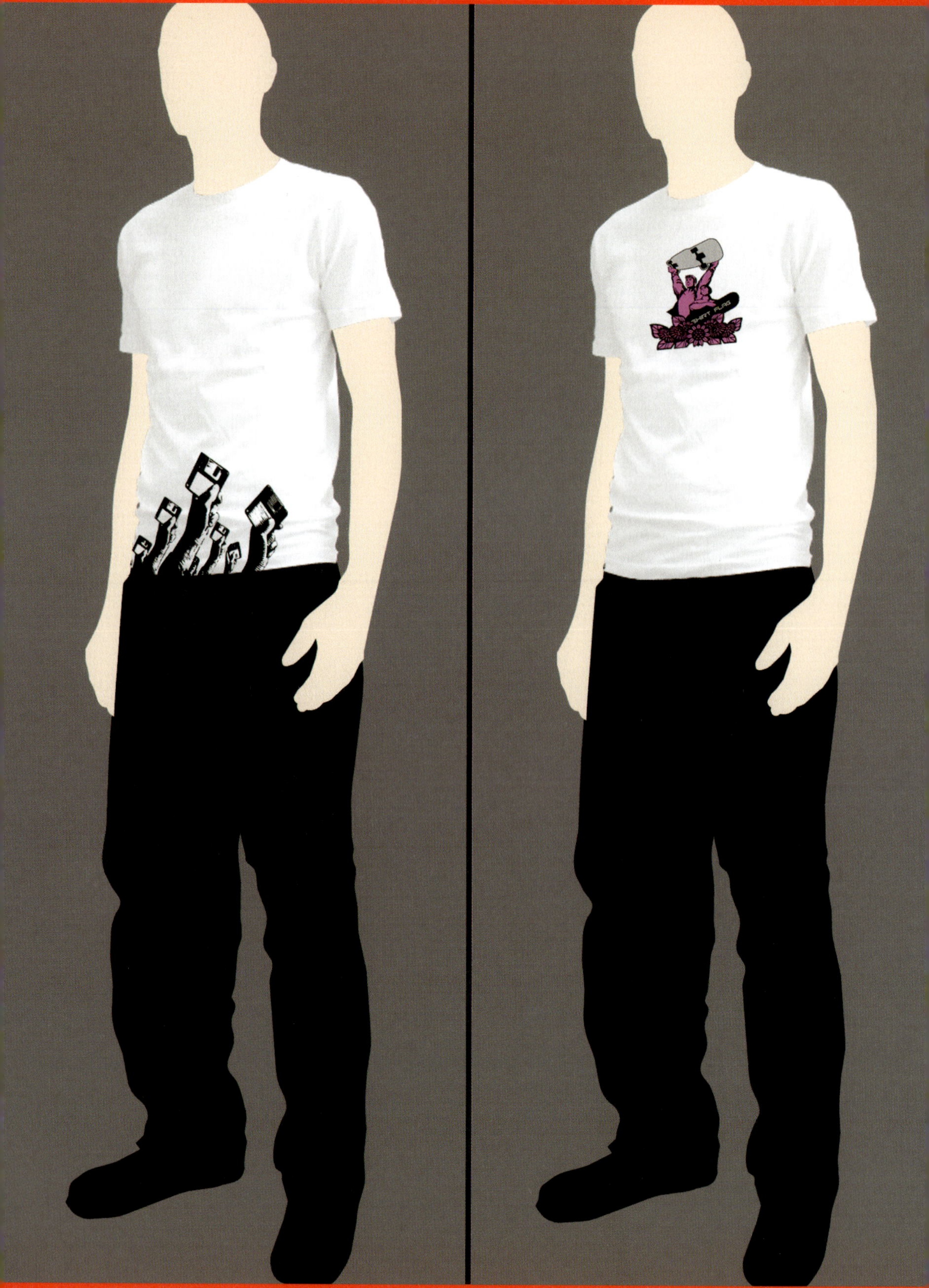

Ji Ji, Shirtflag: Disk; Skateboard

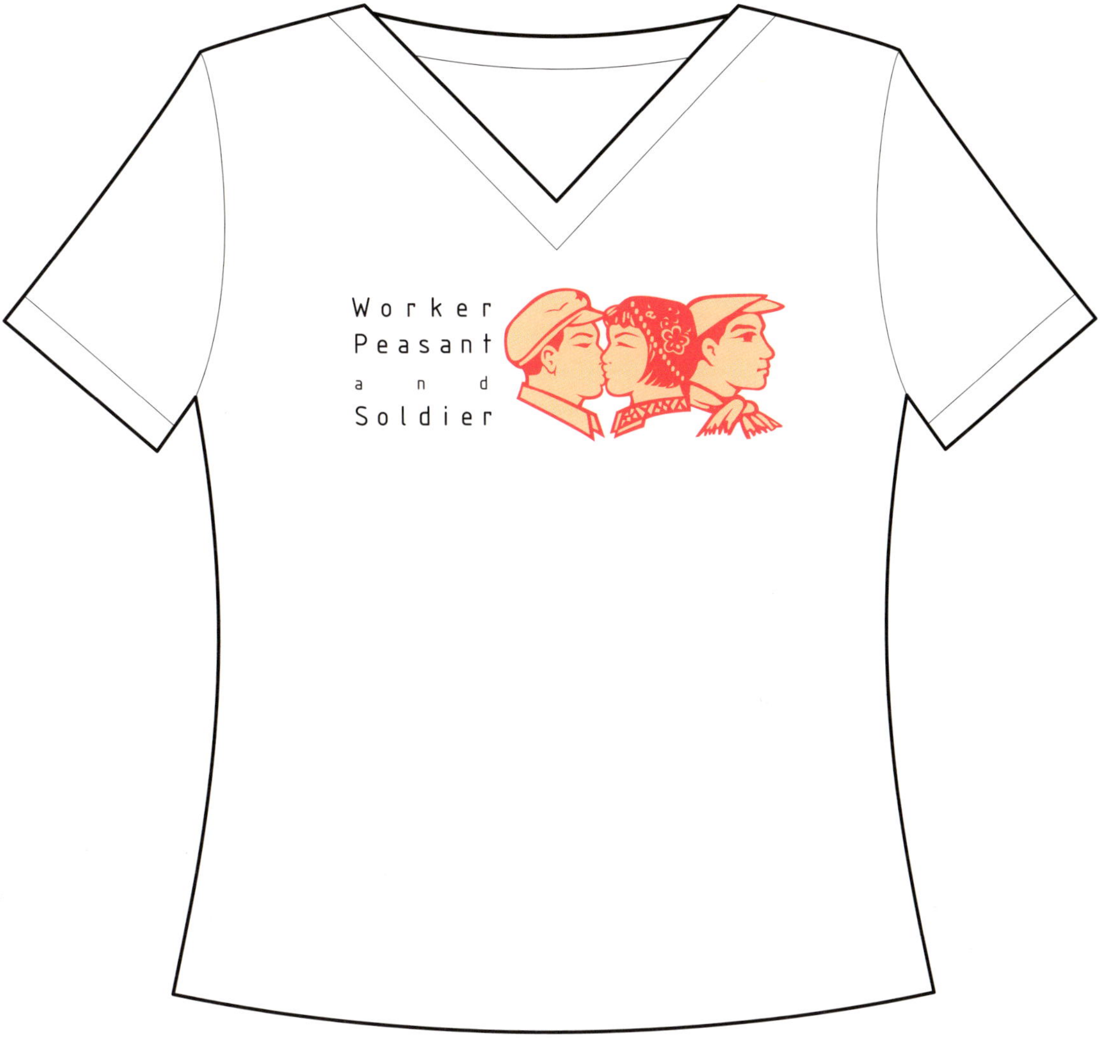

Ji Ji, Shirtflag: Worker, Peasant and Soldier

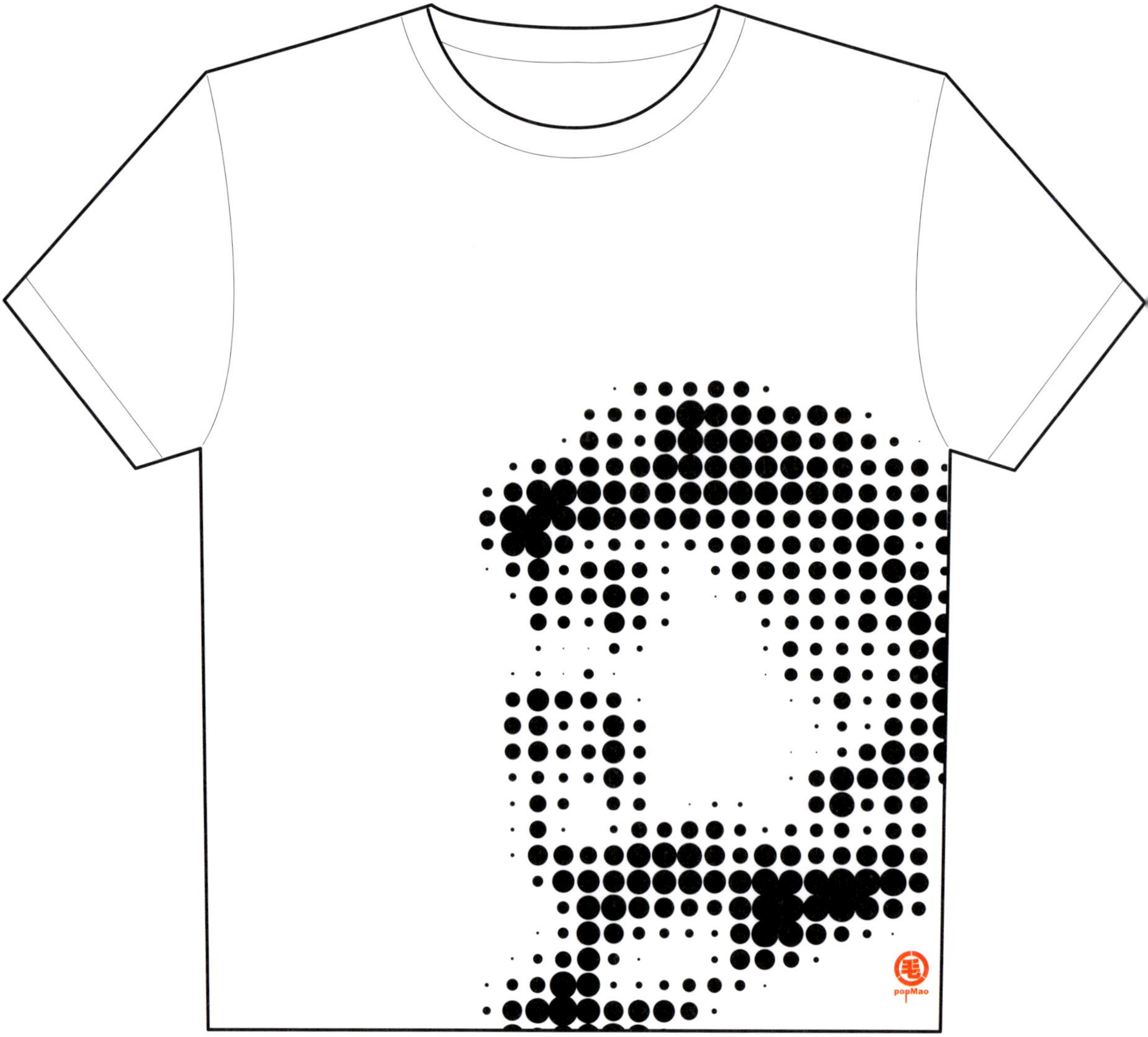

Ji Ji, Shirtflag: Mao

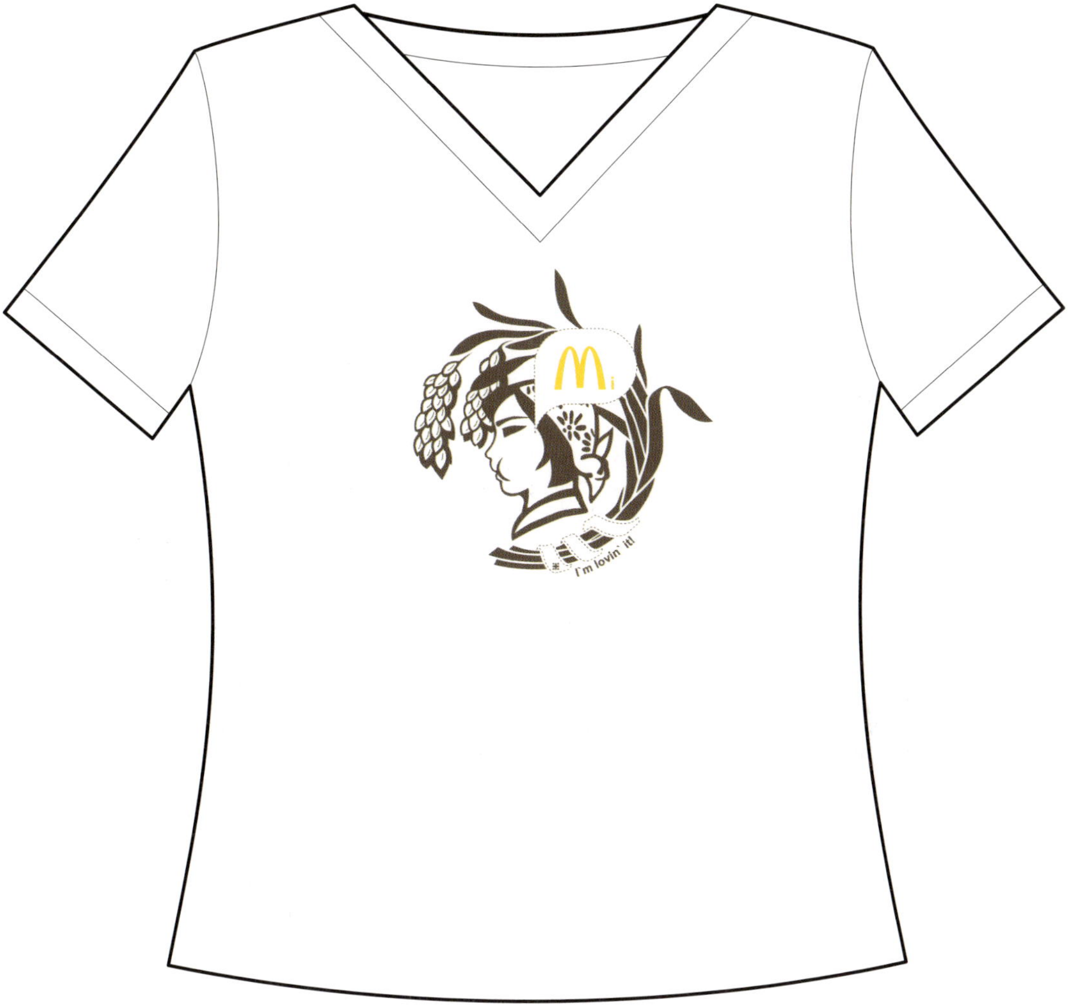

Ji Ji, Shirtflag: Rice

Ji Ji — De website van Poledesign (www.poledesign.cn) opent met de beroemde televisietoren van Shanghai. We zien echter niet het blinkende vooruitgangssymbool, maar een opblaasbare speelgoedversie die zich langzaam opricht en drie kleine wolkjes uitstoot. De wolkjes verwijzen naar de activiteiten van ontwerper, curator en spin-in-het-web Ji Ji: grafisch en industrieel ontwerpbureau Poledesign (opgericht in 1999), met opdrachten voor Nike, L'Oréal, etc., het merk Shirtflag (2003) van een los-vast collectief van ontwerpers, en het Advance Art Centre in het kunstcomplex Moganshanstraat (2004), een galerie voor fotografie, vormgeving, mode en architectuur. Daarnaast treedt Ji Ji op als freelance curator en initieert hij geluidskunstperformances.

De duizendpoot Ji Ji is een sleutelfiguur in de cultuurwereld van Shanghai. Hij ziet design als een grenzeloze discipline die het leven van mensen ten goede kan veranderen. Zijn gedrevenheid houdt direct verband met zijn geboortejaar, 1972, ten tijde van de Culturele Revolutie (1966–1976). Voor velen een zwarte periode, maar Ji Ji bewaart goede herinneringen aan zijn jeugd, die hij zich herinnert als een idealistische en spirituele tijd. In de jaren zeventig deelden Ji Ji en zijn leeftijdgenoten het weinige bezit, waaronder (verboden) boeken en platen, en hadden ze tijd om te praten en kennis te vergaren. Met lede ogen ziet Ji Ji de huidige Chinese jeugd opgaan in geld verdienen en consumeren.

Met Shirtflag wil hij op een luchtige manier commentaar leveren op veranderende tijden en waarden. De afbeeldingen op T-shirts, tassen en badges komen voort uit de beeldtaal van de Culturele Revolutie, maar zijn met kleine ingrepen naar deze tijd gehaald. Gespierde armen houden skateboards en computer disks omhoog in plaats van geweren of het Rode Boekje, het hoofd van Mao valt in grote pixels uiteen en het vroeger eensgezind vooruitblikkende trio soldaat, boerin en arbeider is nu in een driehoeksverhouding verwikkeld: de boerin heeft zich omgedraaid en geeft de soldaat een zoen. Een andere boerin verbeeldt de culturele paradoxen in hedendaags China: haar traditionele profiel is omkranst door een traditionele rijststengel en ze zegt het woordje 'Mi', een hippe afkorting voor geld onder jongeren, waarvoor de M is geleend van McDonald's.

Voor China Contemporary maakte Ji Ji een selectie uit het werk van jonge collega's: de skateboards van Li Giuqiu, de URBAN tijdschriften van Himm, poppen van Wang Yuwei en Eddi/AdFunture, graffiti van Pen Crew Studio en de 'circus'foto's van Ma Liang.

Ji Ji — The Poledesign website (www.poledesign.cn) opens with the famous television tower of Shanghai. What we see, however, is not the shiny symbol of progress, but an inflatable toy version that slowly rises and expels three small clouds. The clouds refer to the activities of designer, curator and spider-in-the-web Ji Ji: the Poledesign graphic and industrial design agency (founded in 1999) with commissions for Nike, L'Oréal, etc., the Shirtflag trade mark (2003) of a semi-permanent collective of designers, and the Advance Art Centre in the Moganshan Street art complex (2004), a gallery for photography, design, fashion and architecture. In addition, Ji Ji acts as a freelance curator and initiates sound art performances.

The versatile Ji Ji is a key figure in the cultural world of Shanghai. He sees design as a limitless discipline that can change people's lives for the better. His dedication is directly connected with his year of birth, 1972, during the Cultural Revolution (1966–1976). While it was a black period for many, Ji Ji has good memories of his childhood, which he remembers as an idealistic and spiritual time. In the 1970s Ji Ji and his contemporaries shared their scanty possessions, including (banned) books and records, and had time to talk and to build up knowledge. Ji Ji is sorry to see young Chinese today immersing themselves in earning money and consumerism.

He intends Shirtflag as light-hearted comment on changing times and values. The images on T-shirts, bags and badges go back to the visual idiom of the Cultural Revolution, but they have been updated by small interventions. Muscular arms brandish skateboards and computer disks instead of rifles or the Little Red Book, Mao's head disintegrates in large pixels, and the former united trio of soldier, peasant woman and worker looking forward has now been converted into a menage-à-trois: the peasant woman has turned around and is giving the soldier a kiss. Another peasant woman represents the cultural paradoxes of China today: her traditional profile is encircled by a traditional rice stalk, and she is saying the word 'Mi', a popular slang expression for money among young people, with the M of McDonald's.

Ji Ji made a selection from the work of young colleagues for China Contemporary: the skateboards of Li Giuqiu, the URBAN magazines of Himm, dolls of Wang Yuwei and Eddi/AdFunture, graffiti of Pen Crew studio, and the 'circus' photographs of Ma Liang.

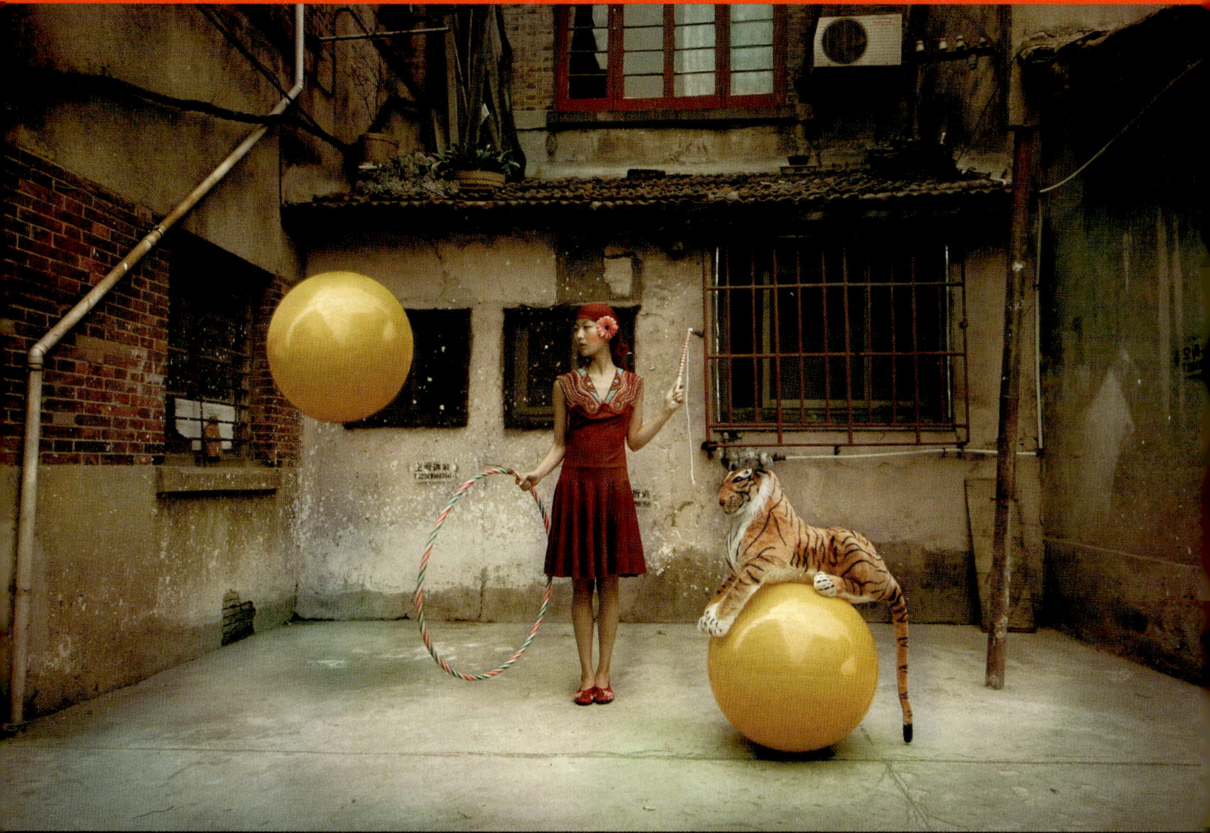

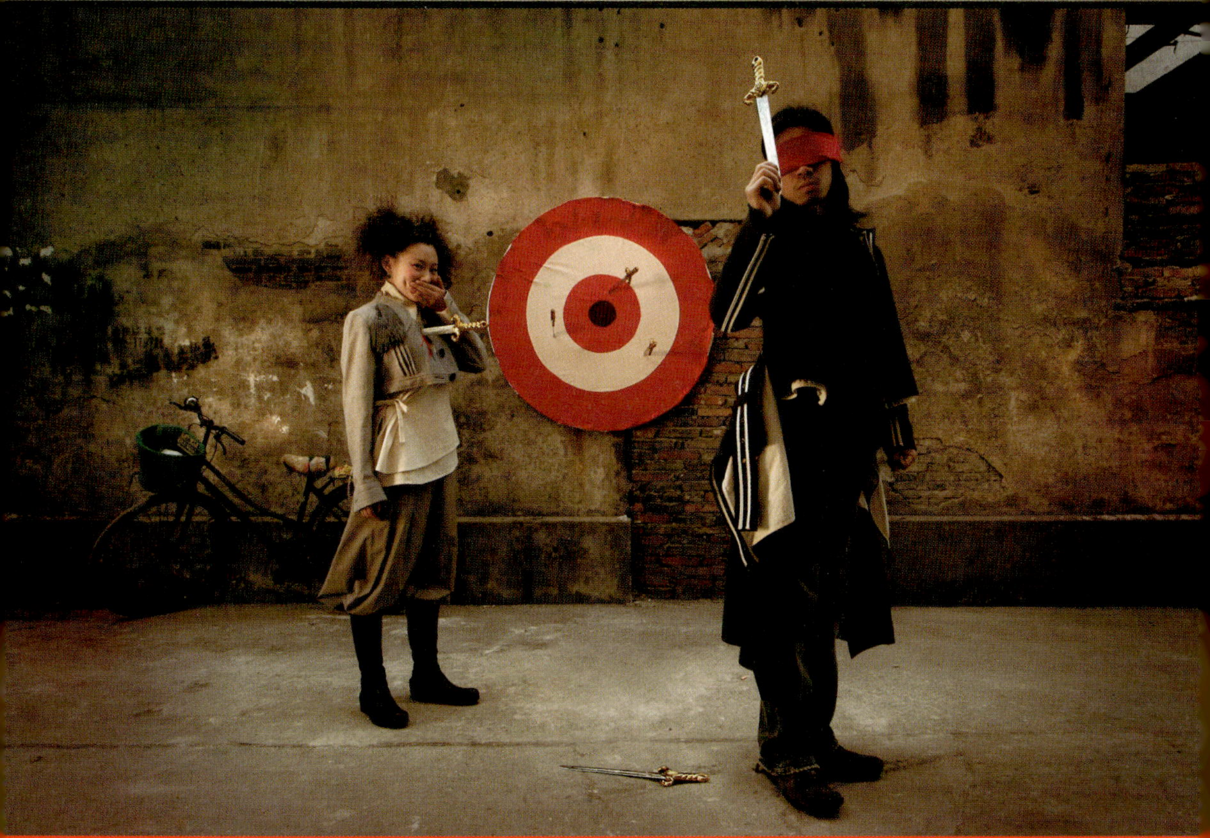

Ma Liang, My circus, 2005, leven als eenzame en licht belachelijke performance/life as a lonely and slightly ridiculous performance

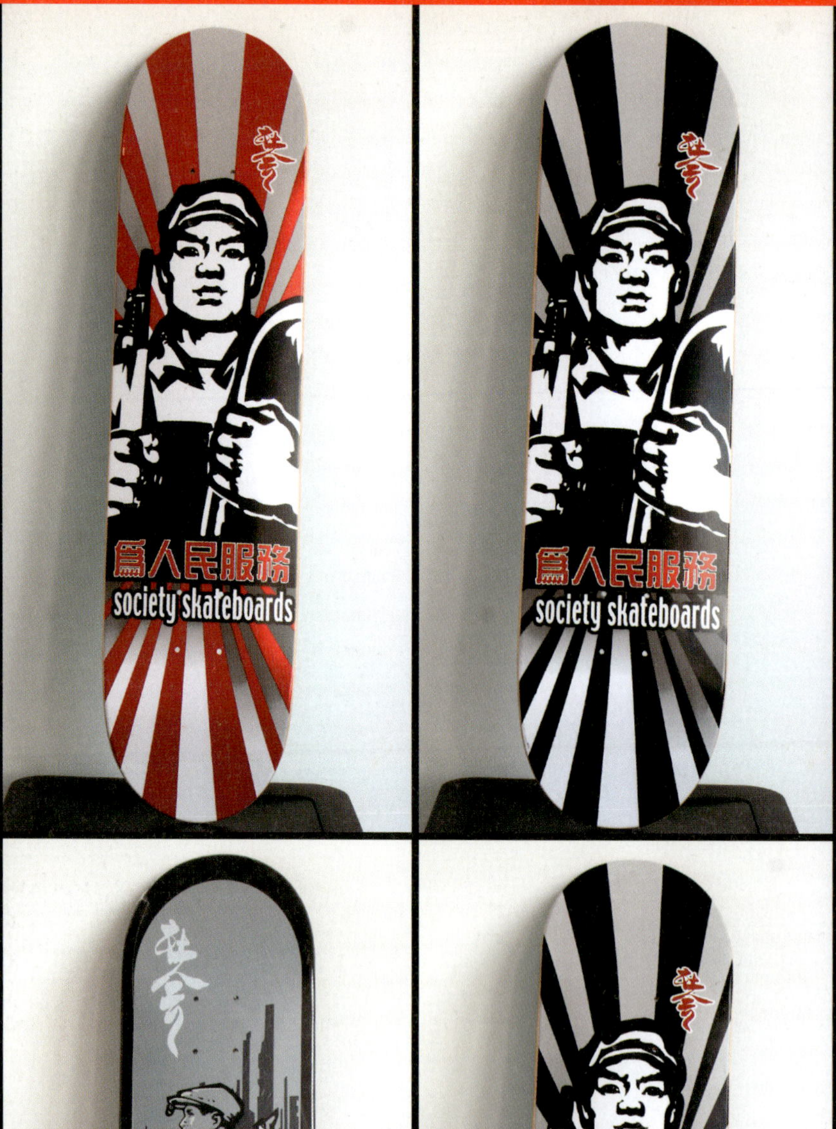

Liu Qiuqiu, Society Skateboards, nieuwe sport met traditionele beeldtaal/
new sport with traditional visual language

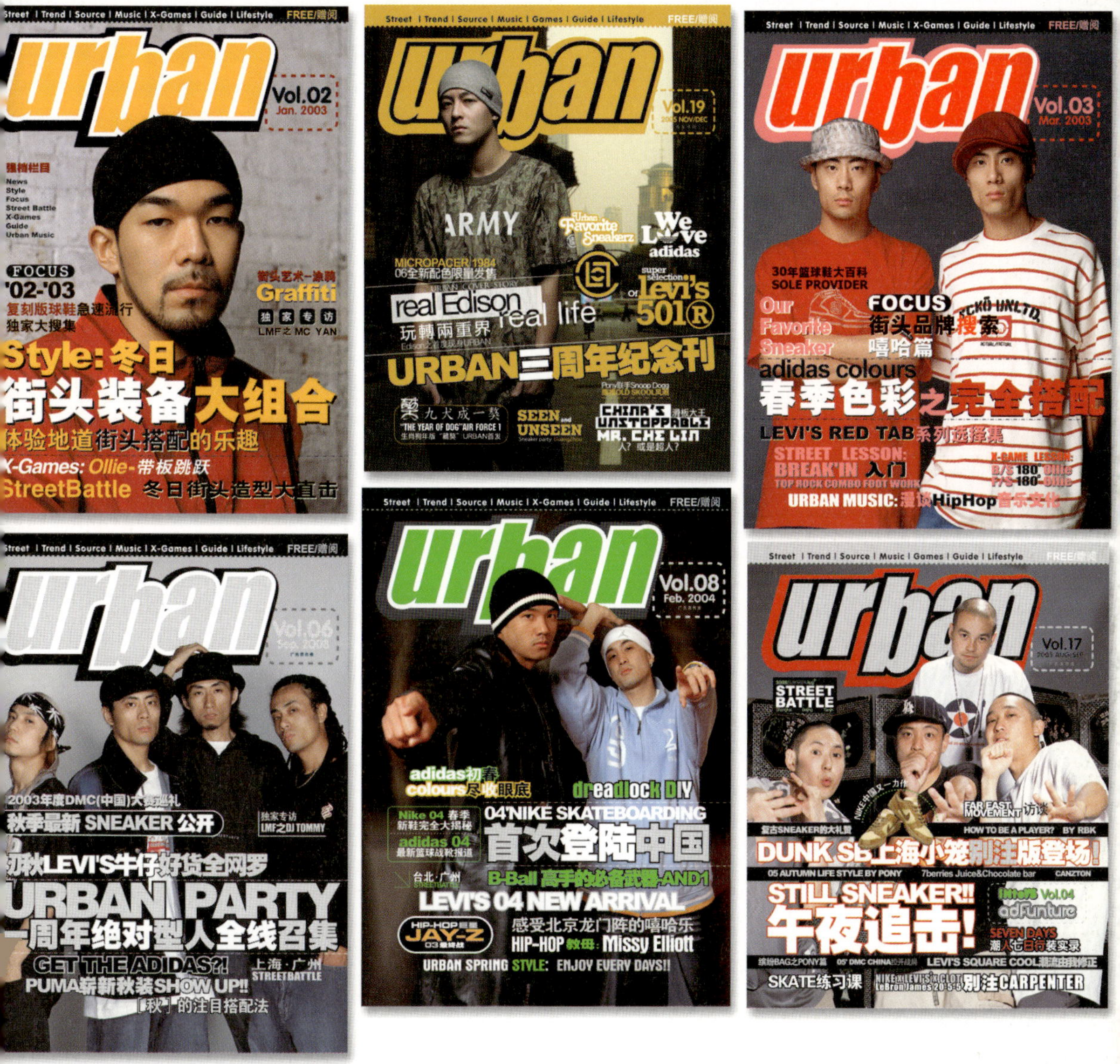

Himm, Urban, eerste tijdschrift over straatcultuur in China/first magazine about street culture in China

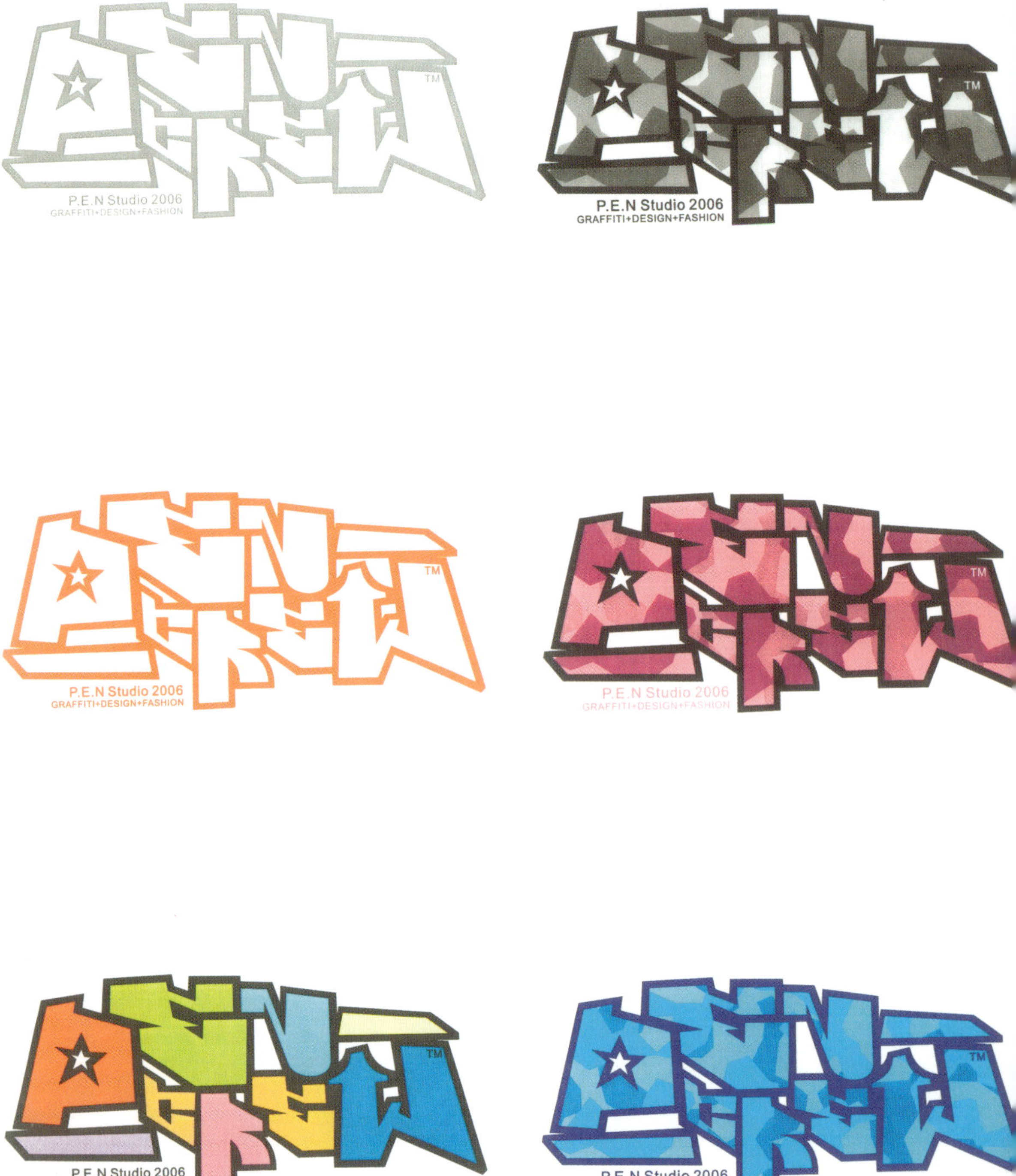

Pen Crew Studio, graffiti poster

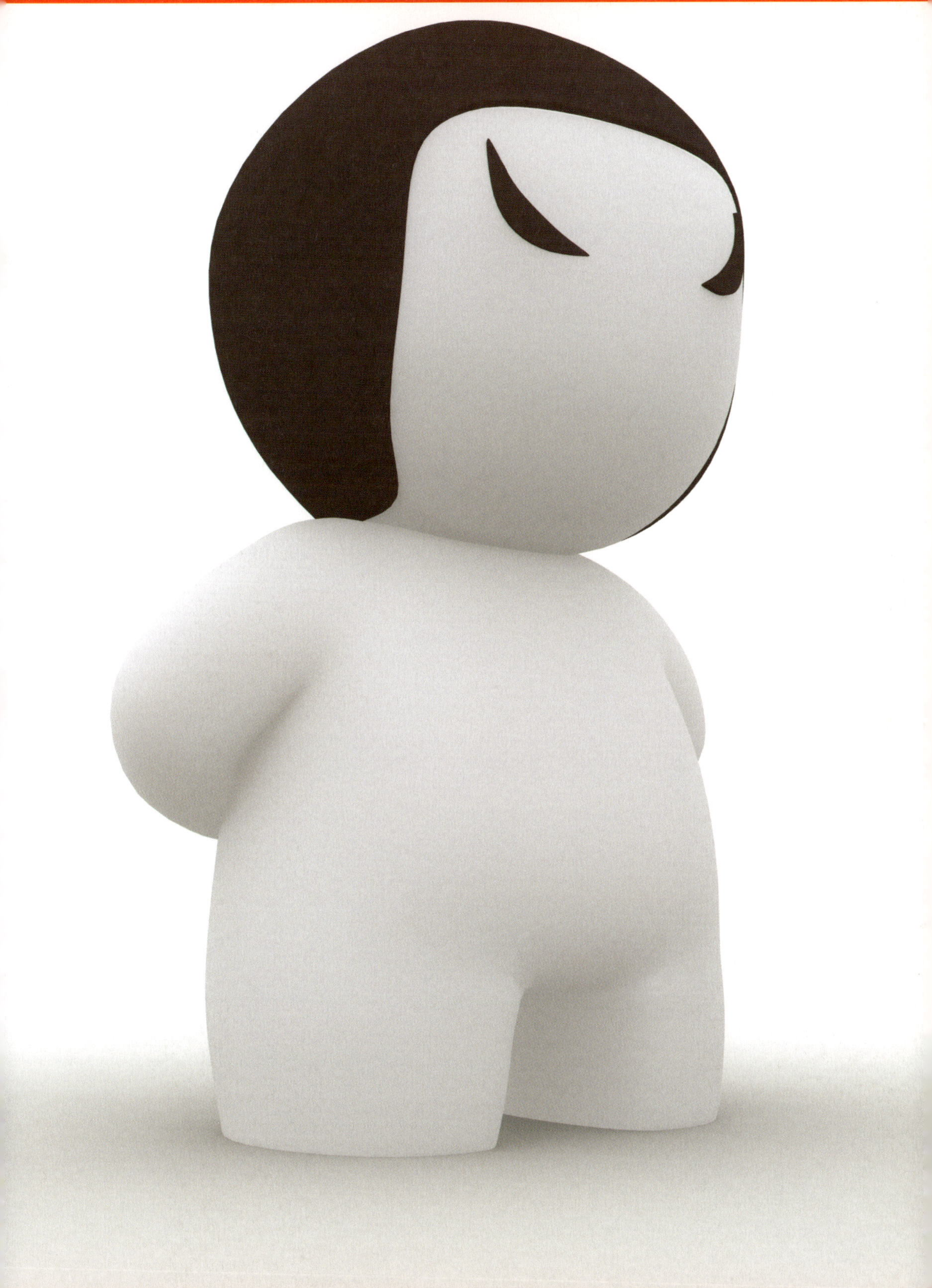

WZL/Wang Yuwei, adFunture (director Eddi Yip), I, WZL, 2005, speelgoedontwerp op basis van Wang's eigen uiterlijk/toy design inspired by Wang's own appearance

MIMA café — Het MIMA café ligt in de buurt van de oostelijke poort van het oude zomerpaleis in het noordoosten van Beijing. Het hoofddeel van het café is ondergebracht in een oud gebouw dat als opslagplaats dienstdeed. Het huis met één verdieping is gerenoveerd en binnenin opnieuw ingedeeld. Het belangrijkste nieuwe element is een spiegelende kubus die als een kameleontische sculptuur op de binnenplaats staat. Deze biedt plaats aan een toilet, een keuken en op het dak een terras met eveneens spiegelende tafels. Het toilet zweeft boven de grond en is met een glazen vloer en plafond zowel 'transparant' als heel gesloten. In het plafond van het toilet is als gimmick een aquarium met goudvissen ingebouwd. Al spiegelend 'verdwijnt' de kubus in de binnenplaats, maar genereert tegelijkertijd een dialoog tussen oud en nieuw.

MIMA café — The MIMA café is in the neighbourhood of the Eastern gateway of the former Summer Palace in the North-East of Beijing. The main part of the café has been incorporated in an old building that was used as a storage space. The house with one floor has been renovated and the interior has been redesigned. The main new element is a reflecting cube that stands in the patio like a chameleonic sculpture. It accommodates a toilet, a kitchen and a roof terrace with reflecting tables. The toilet floats above the ground and with its glass floor and ceiling it is both 'transparent' and completely closed. An aquarium with goldfish has been built into the ceiling of the toilet as a gimmick. The cube in the patio 'disappears' because of its reflecting quality, but at the same time it generates a dialogue between old and new.

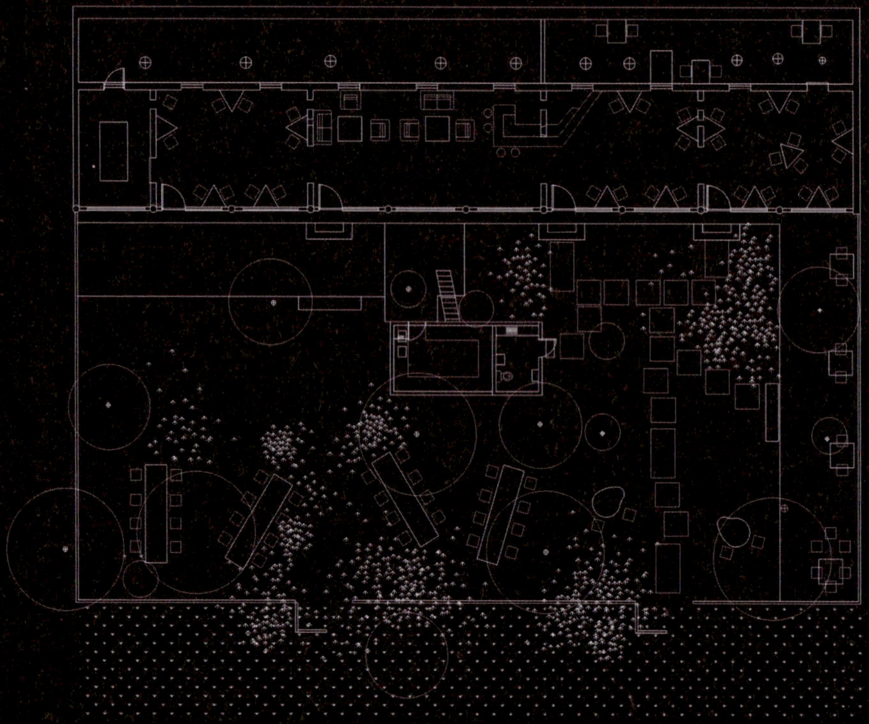

Project: MIMA café **Architect:** MIMA (Wang Hui, Yu Lu en/and Ma Fei), Beijing **Locatie/Location:** Yuanmingyuan, Beijing **Programma/Programme:** Café **Ontwerp-Oplevering/Design-Completion:** 2003 **Bouwterrein/Site specifications:** 600 m² **Bouwoppervlak/Building surface area:** 15 m² **Foto's/Photos:** Wang Hui

Plattegrond met in het midden de spiegelende kubus/Plan with the reflecting cube in the middle

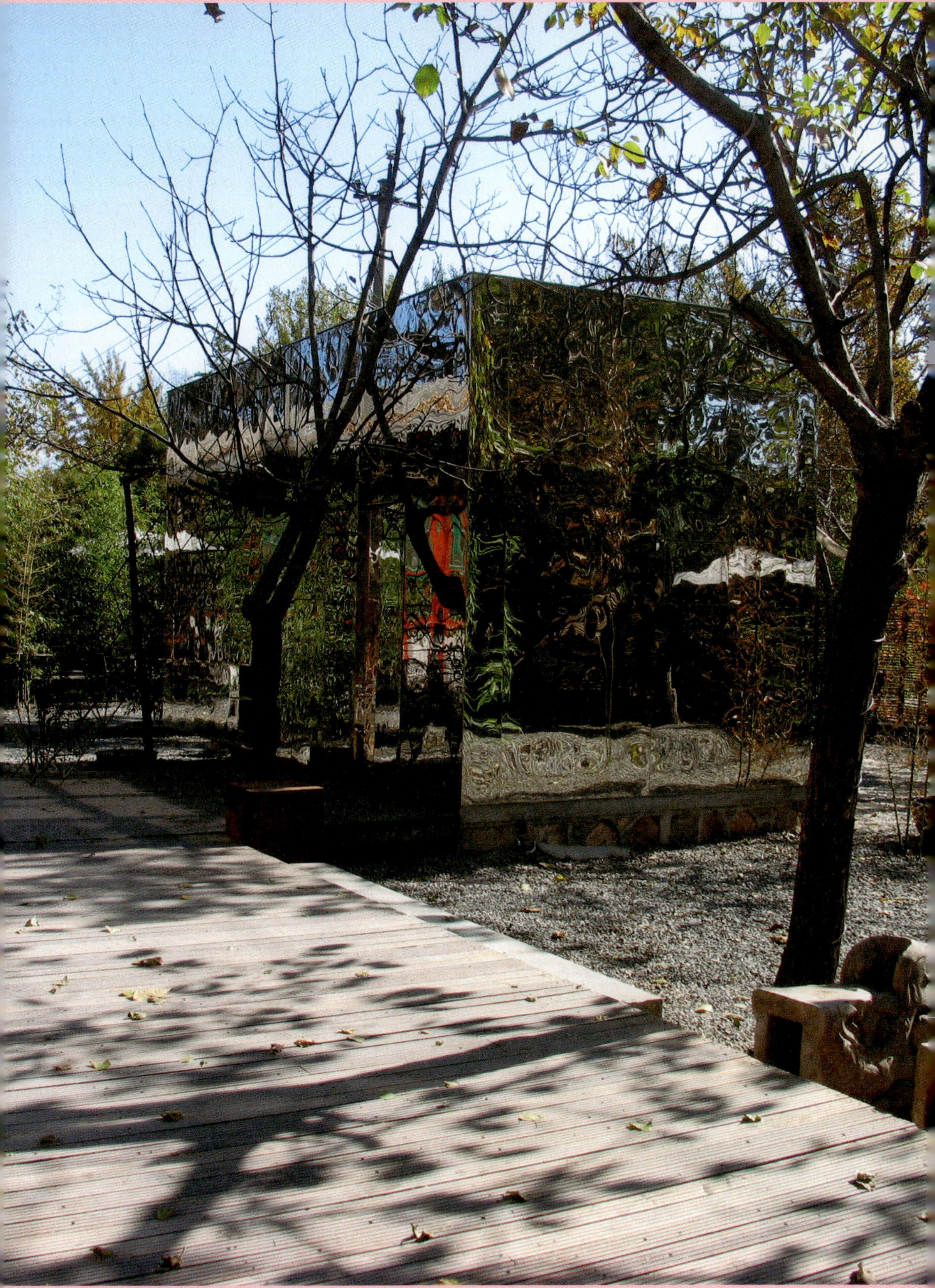

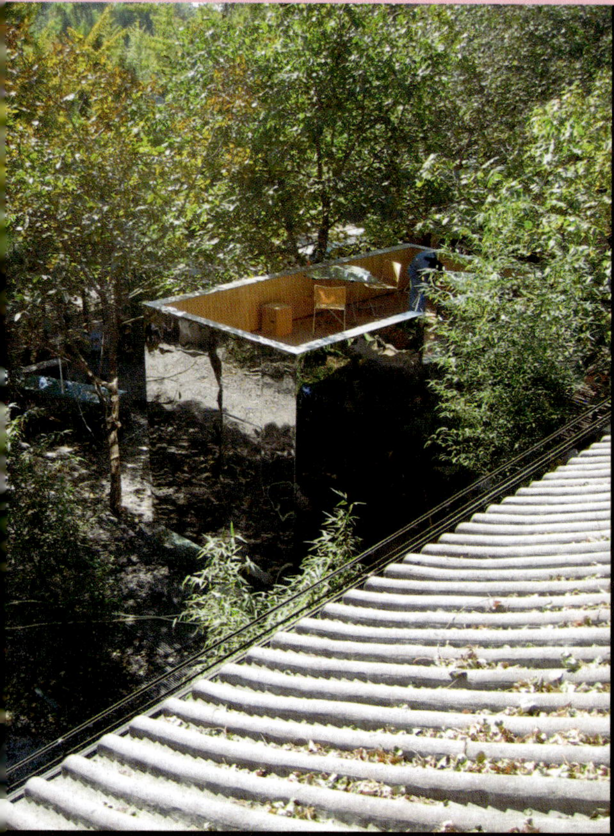

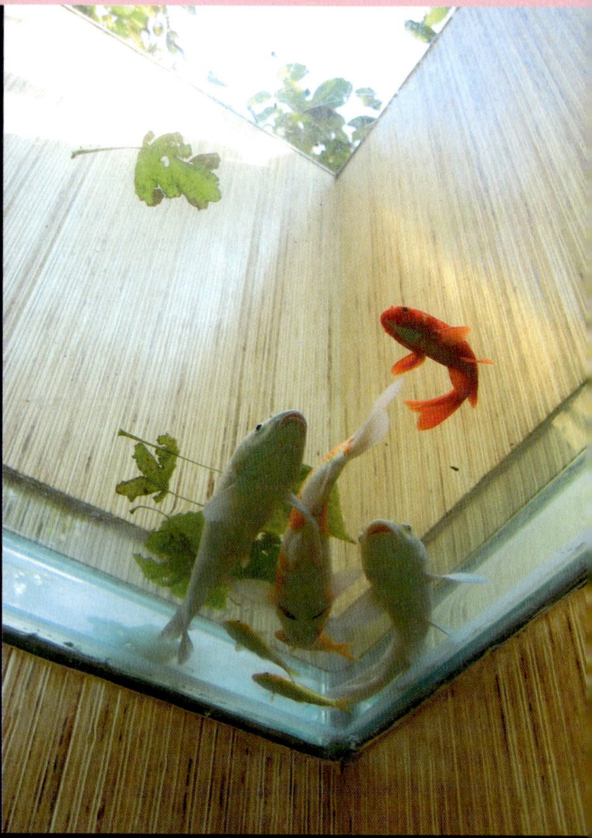

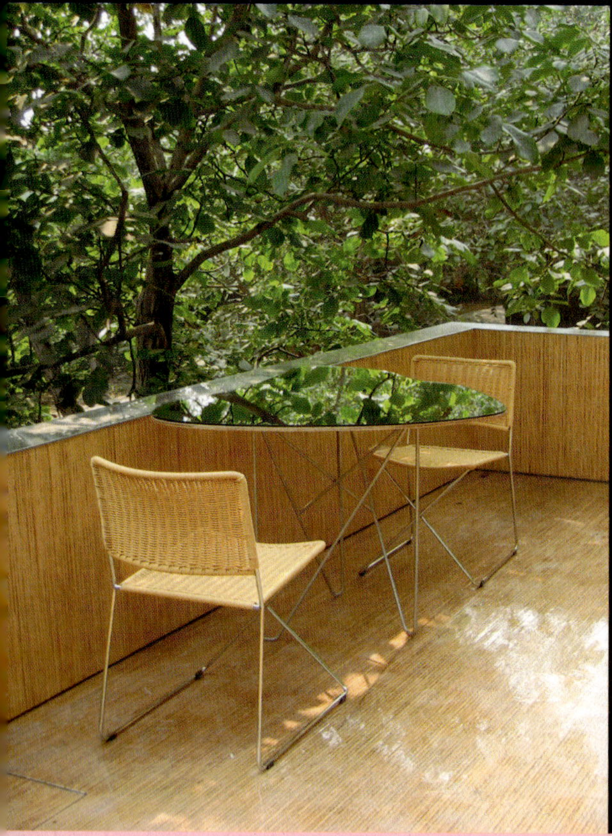

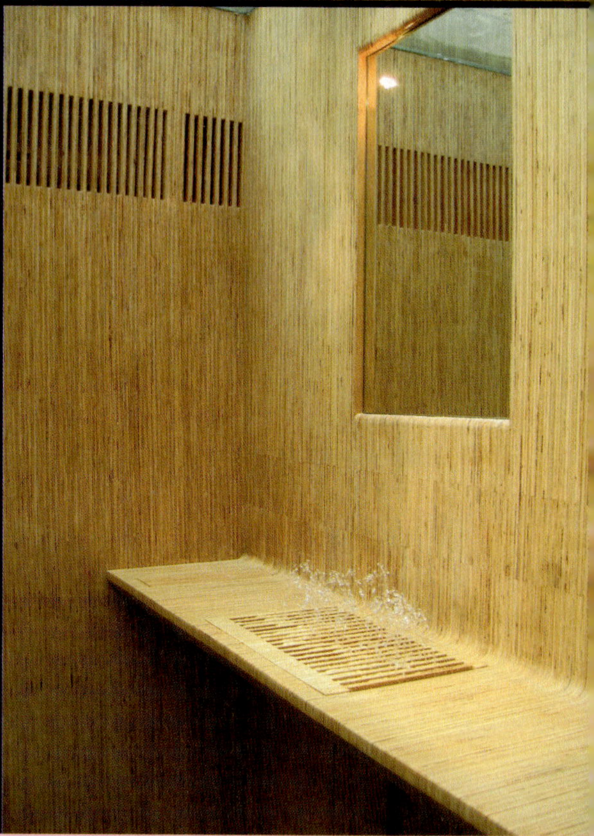

Auditorium voor de Wuyi-basisschool — Het nieuwe auditorium biedt plaats aan 520 personen en staat zowel ter beschikking aan de school als aan de bewoners van de aangrenzende wijk. De zaal wordt gebruikt voor theater- en filmvoorstellingen en voor schoolevenementen. Tussen de zaal en de school ligt een vierkant plein. De school is een onopvallend bouwblok van vier verdiepingen, waartegen de expressieve vorm van het auditorium scherp afsteekt. Met zijn karakteristieke gevouwen rode dak is het een markant element in de wijk.

De achterwand en de façade maken onderdeel uit van het dak, dat aan beide zijden door een rij zuilen wordt gedragen. Hierdoor zijn galerijen ontstaan, met wanden van rode klinkers waarin de rolstoelopritten en de trappen zijn geïntegreerd. Aan de westzijde springt de eerste verdieping terug. De onder het uitkragende dak gelegen foyer met glaswand ontvangt van beide zijden daglicht. De ingang doorsteekt de recht omhoog staande wand die als voortzetting van de gevouwen daklijn uit de bodem weer oprijst en als een bovenmaats teken de ingang markeert. Het dak verwijst op ironische wijze naar de decennialange discussie over het integreren van de traditie in de moderne Chinese architectuur.

Auditorium Wuyi primary school — The new auditorium has a seating capacity of 520 and is for the use of both the school and the residents of the adjacent neighbourhood. The hall is used for stage performances, films and school events. The auditorium is separated from the school by a square yard. The school is an unobtrusive four-storey block, to which the expressive form of the auditorium forms a strong contrast. Its characteristic folded red roof makes it a striking feature of the neighbourhood.

The rear wall and the façade form part of the roof, which is supported on both sides by a row of columns. The resulting galleries have walls of red brick in which the wheelchair ramps and the stairs have been integrated. The first floor on the West side of the building is recessed. The foyer beneath the overhanging roof receives daylight from both sides through its glass wall. The entrance pierces the vertical wall which rises from the ground as a continuation of the folded roof profile and marks the entrance like a massive sign. The roof is an ironical allusion to the debate that has been going on for decades about the integration of tradition in modern Chinese architecture.

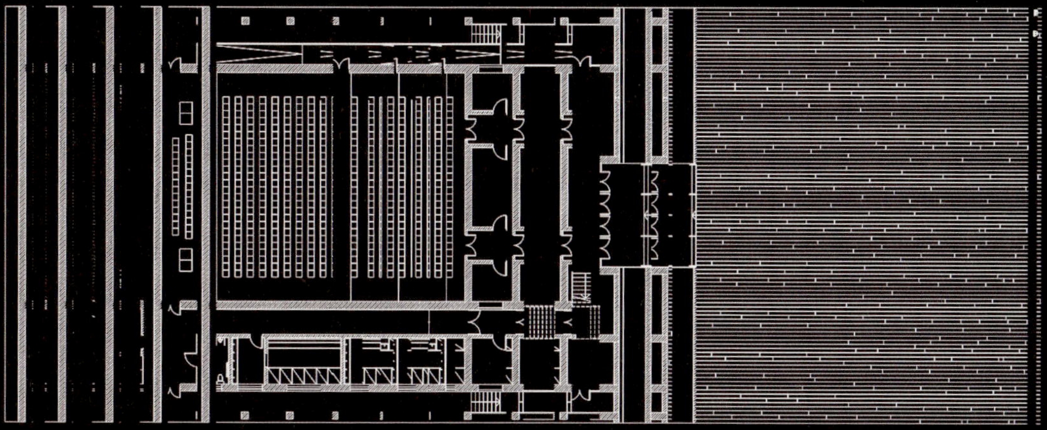

Project: Auditorium voor de basisschool Wuyi /Auditorium Wuyi primary school **Architect:** Standardarchitecture, Beijing **Locatie/Location:** Beijing **Programma/Programme:** Auditorium **Ontwerp-Oplevering/Design-Completion:** 2002–2003 **Bouwterrein/Site specifications:** 4.100 m² **Bouwoppervlak/Building surface area:** 1.500 m² **Foto's/Photos:** Chen Su

Standardarchitecture, Beijing: Zhang Ke (1970); Zhang Hong (1967); Claudia Taborda (1965); Ru Lei (1969) **Opleiding/Education: Zhang Ke:** MArch, Harvard University 1998; MArch in Urban Design, Tsinghua University 1996; BArch, Tsinghua University 1993 **Zhang Hong:** MArch in Urban Design, Tsinghua University 1999; BArch, Southeast University, Department of Architecture 1990 **Ru Lei:** MArch, Harvard University 1993–1997; BArch, Xi'an Jiao Tong University 1992 **Claudia Taborda:** MArch Landscape Architecture, Harvard University 1999; Visiting Student at the Institute of Advanced Architectural Studies, University of York; Diploma Landscape Architecture, University of Evora, Portugal 1990 **Oprichting bureau/Start of practice:** 1999 **Bureau/Practice:** Particuliere onderneming/Private firm, 4 partners **Medewerkers/Members of staff:** 15 **Gerealiseerde projecten/Completed projects:** 11 **Projecten in aanbouw/Projects under construction:** 5 **Aantal prijsvragen/Number of competitions:** 3 **Aantal ontworpen projecten/Number of designed projects:** 20 **Website:** www.standardarchitecture.cn

Plattegrond/Plan

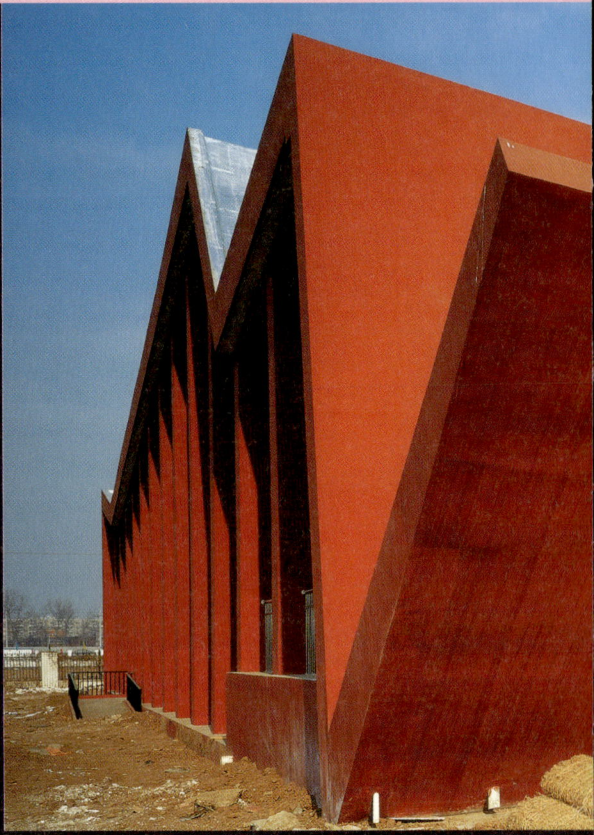

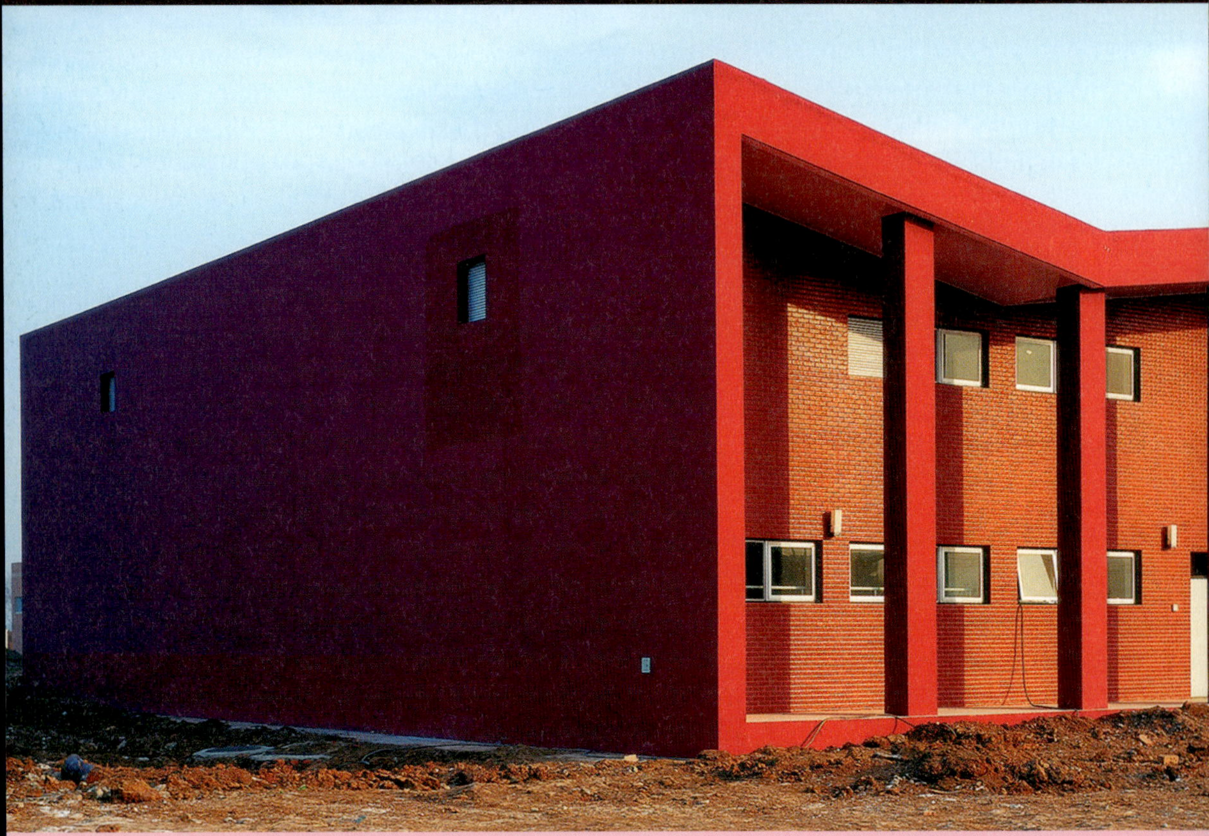

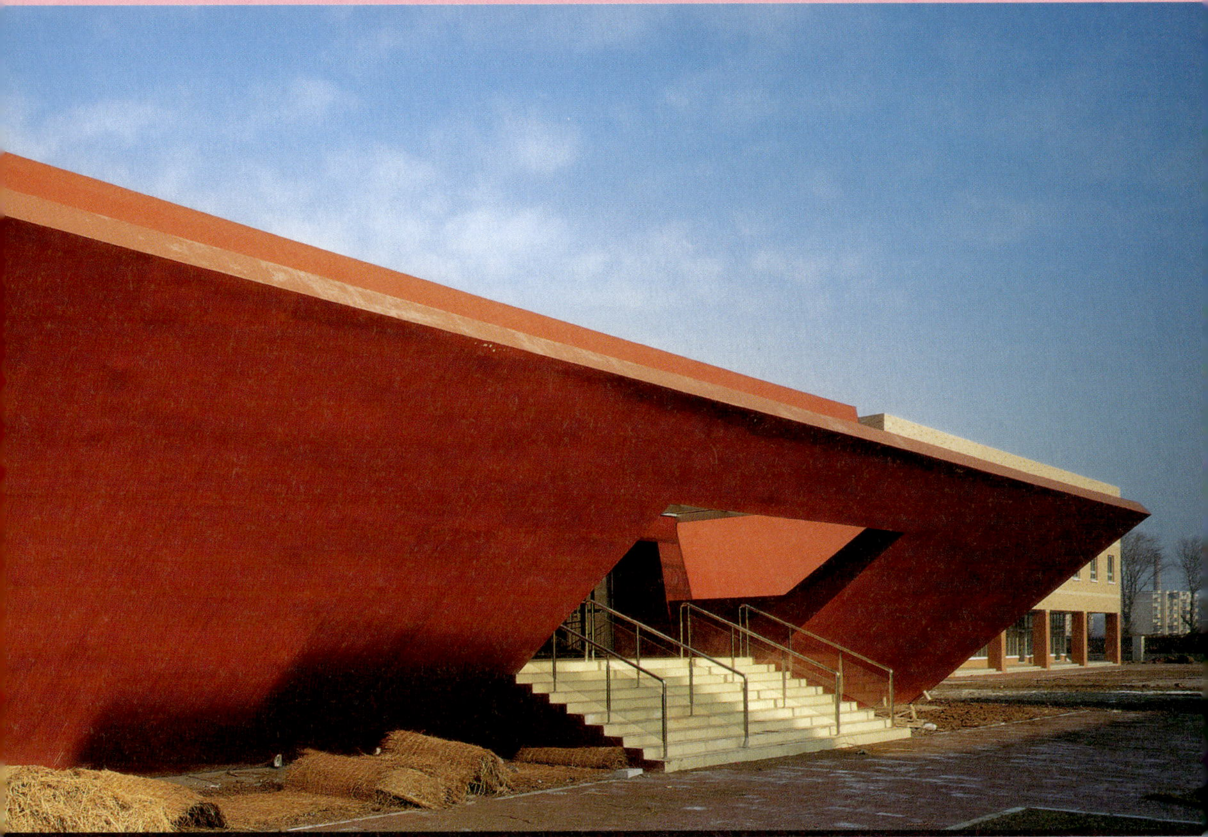

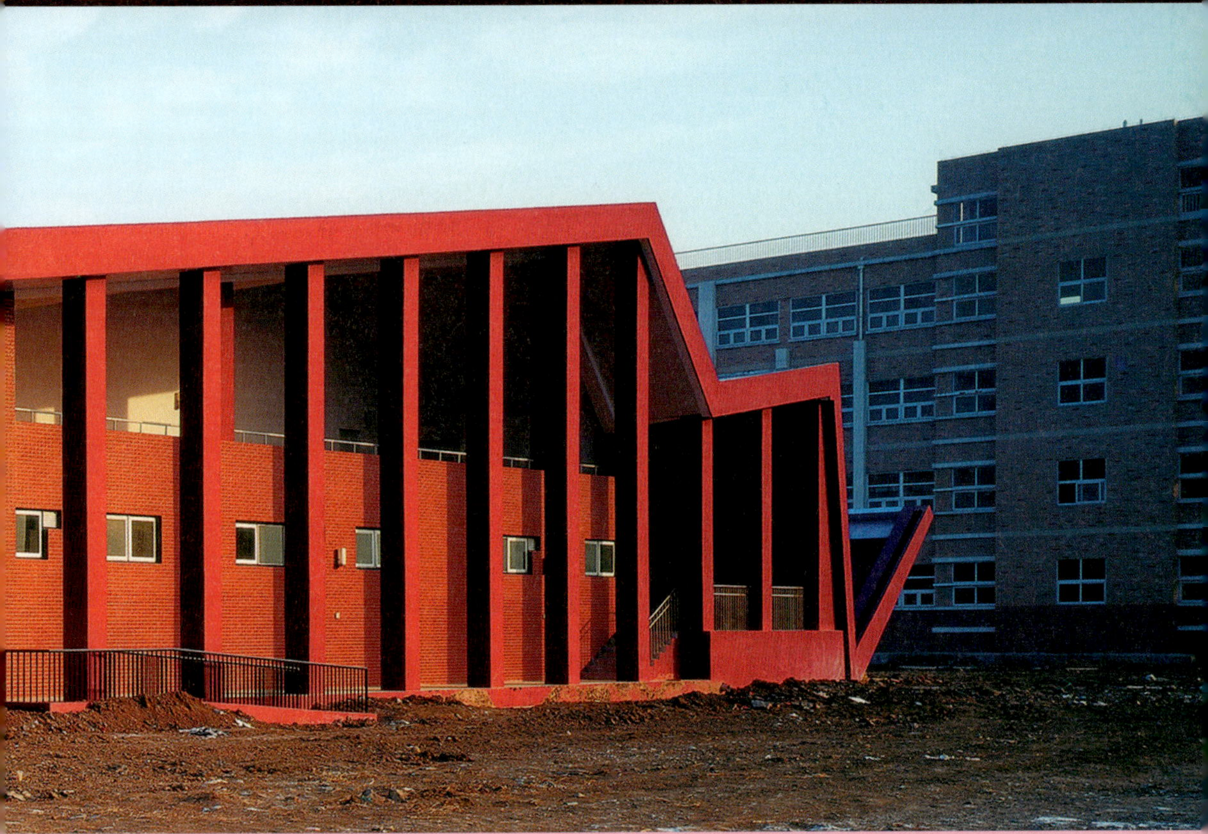

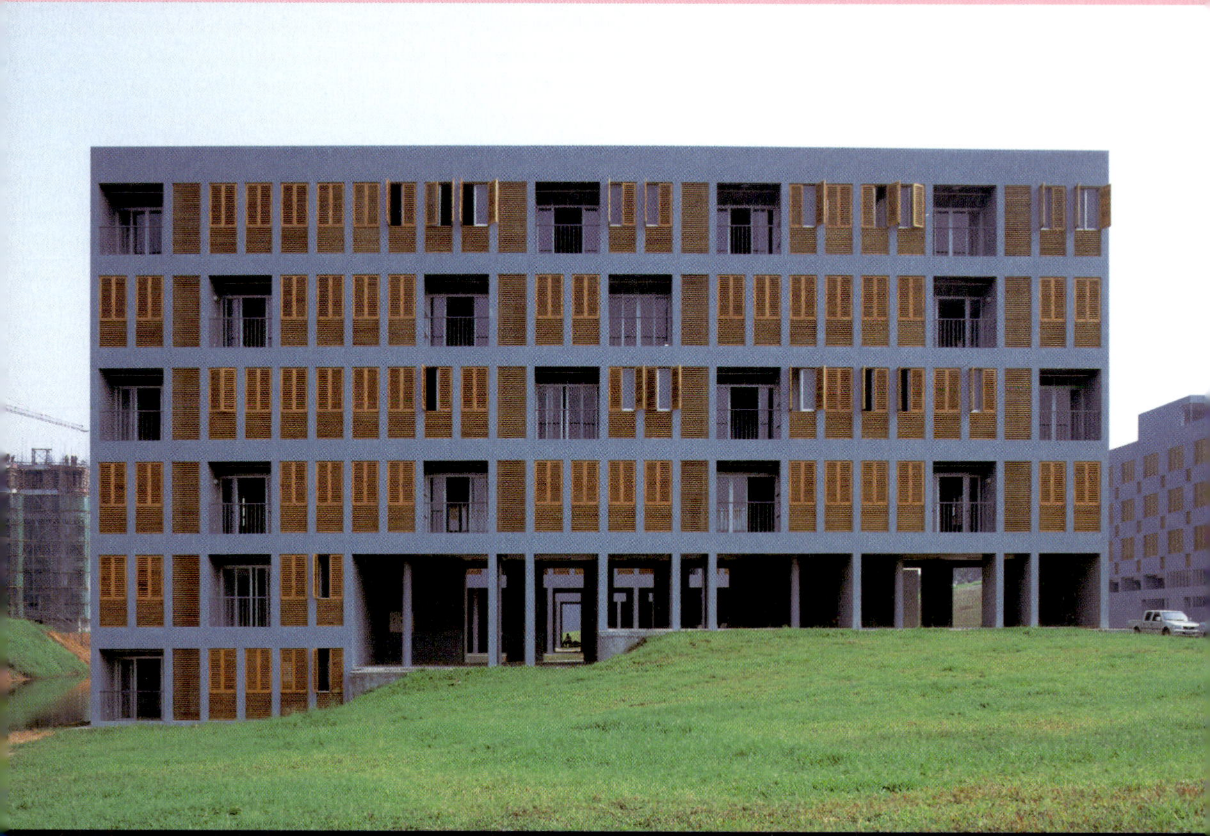

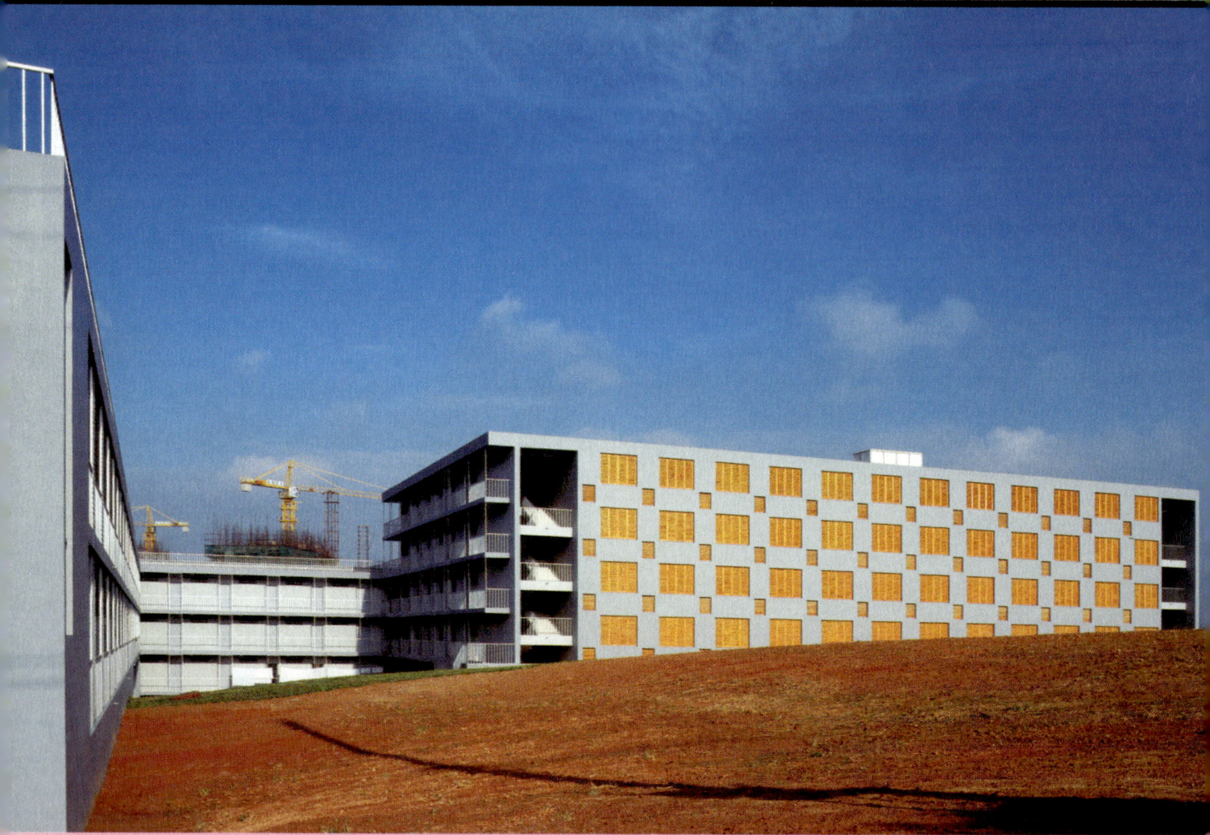

(boven/top) Appartementen/Apartments
(onder/bottom) Woongebouw/Dormitory

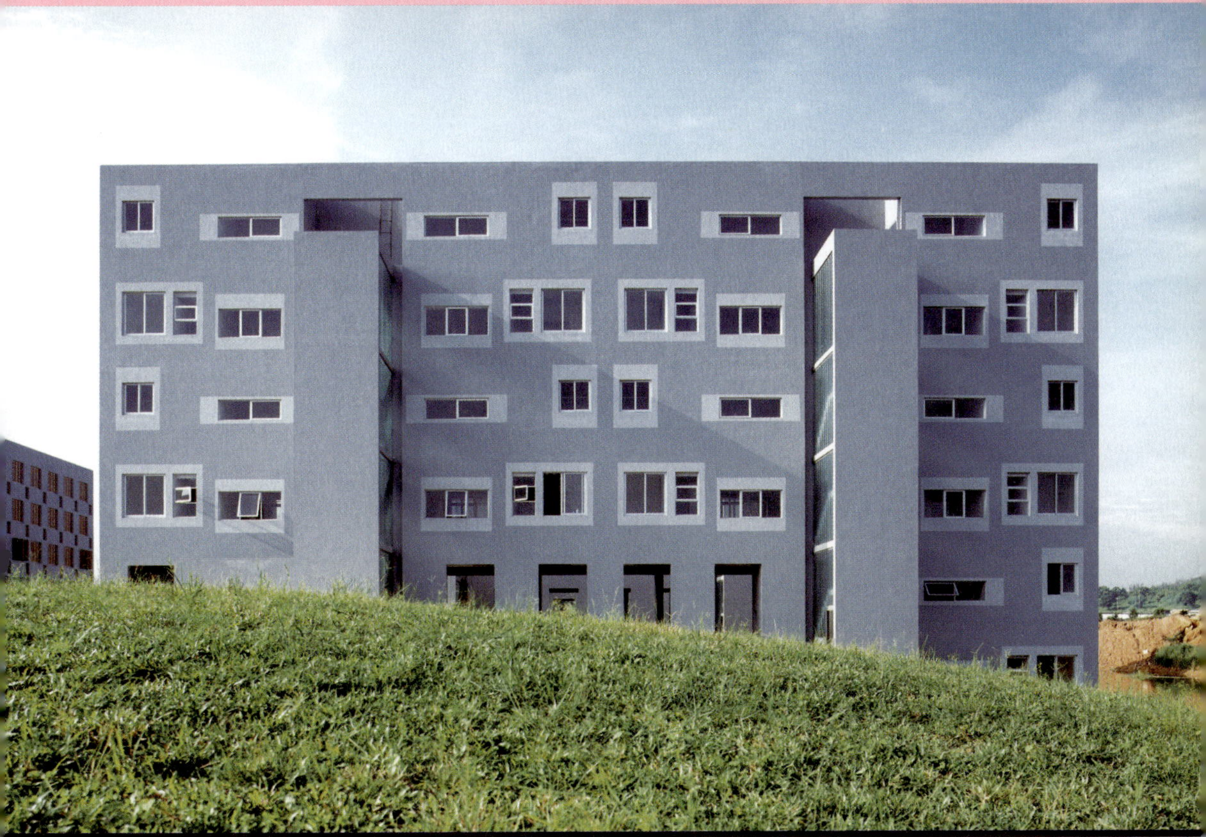

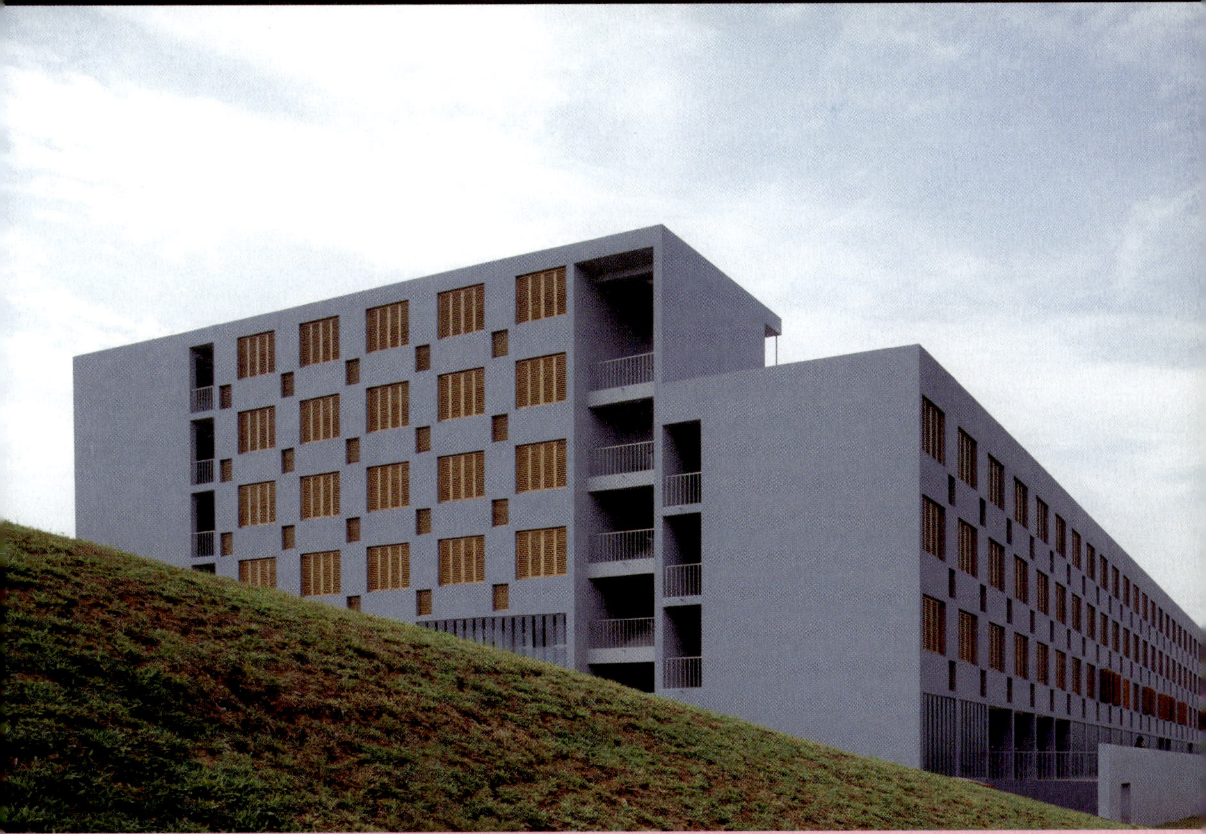

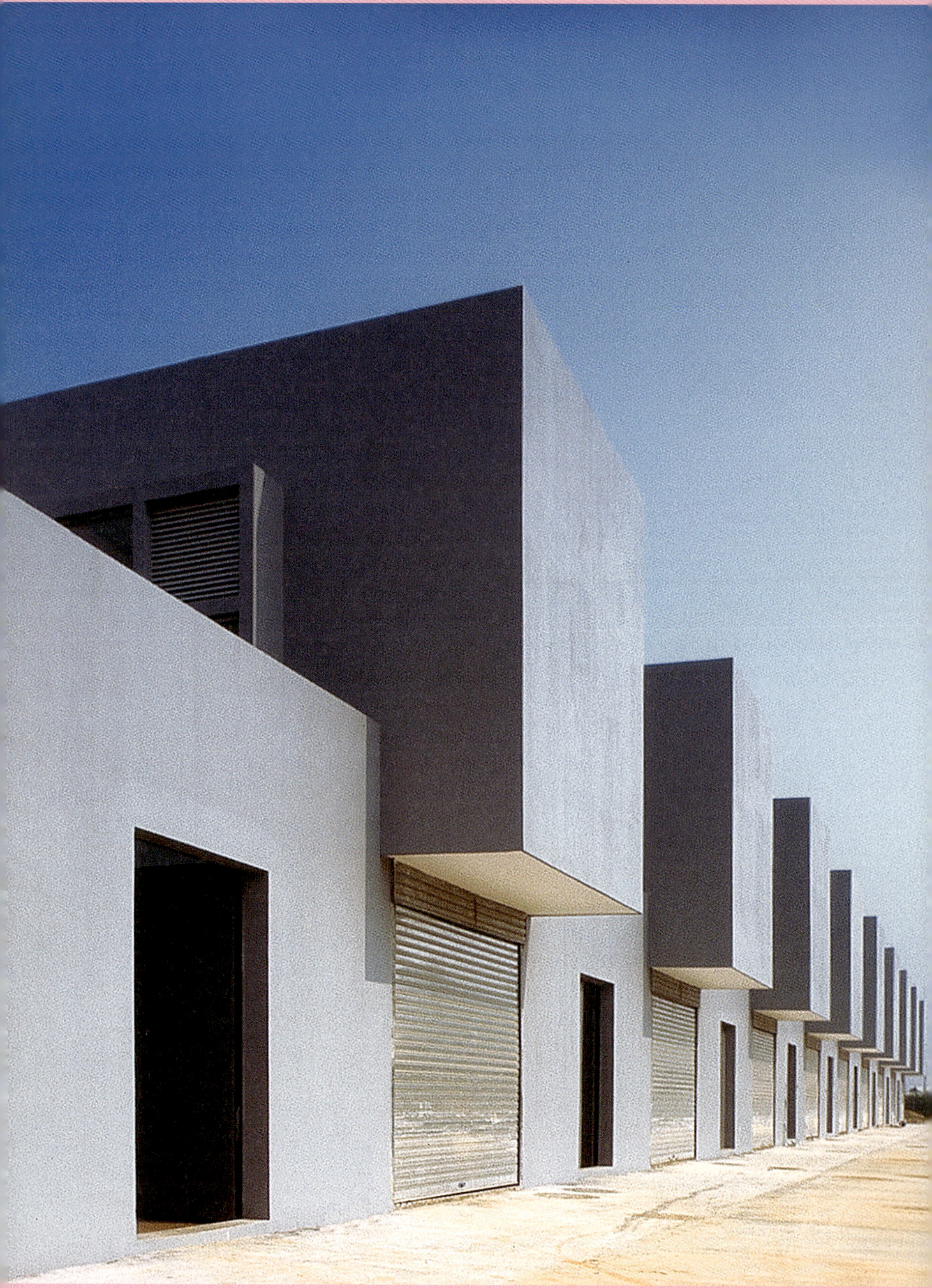

Eengezinswoningen/Single family housing units

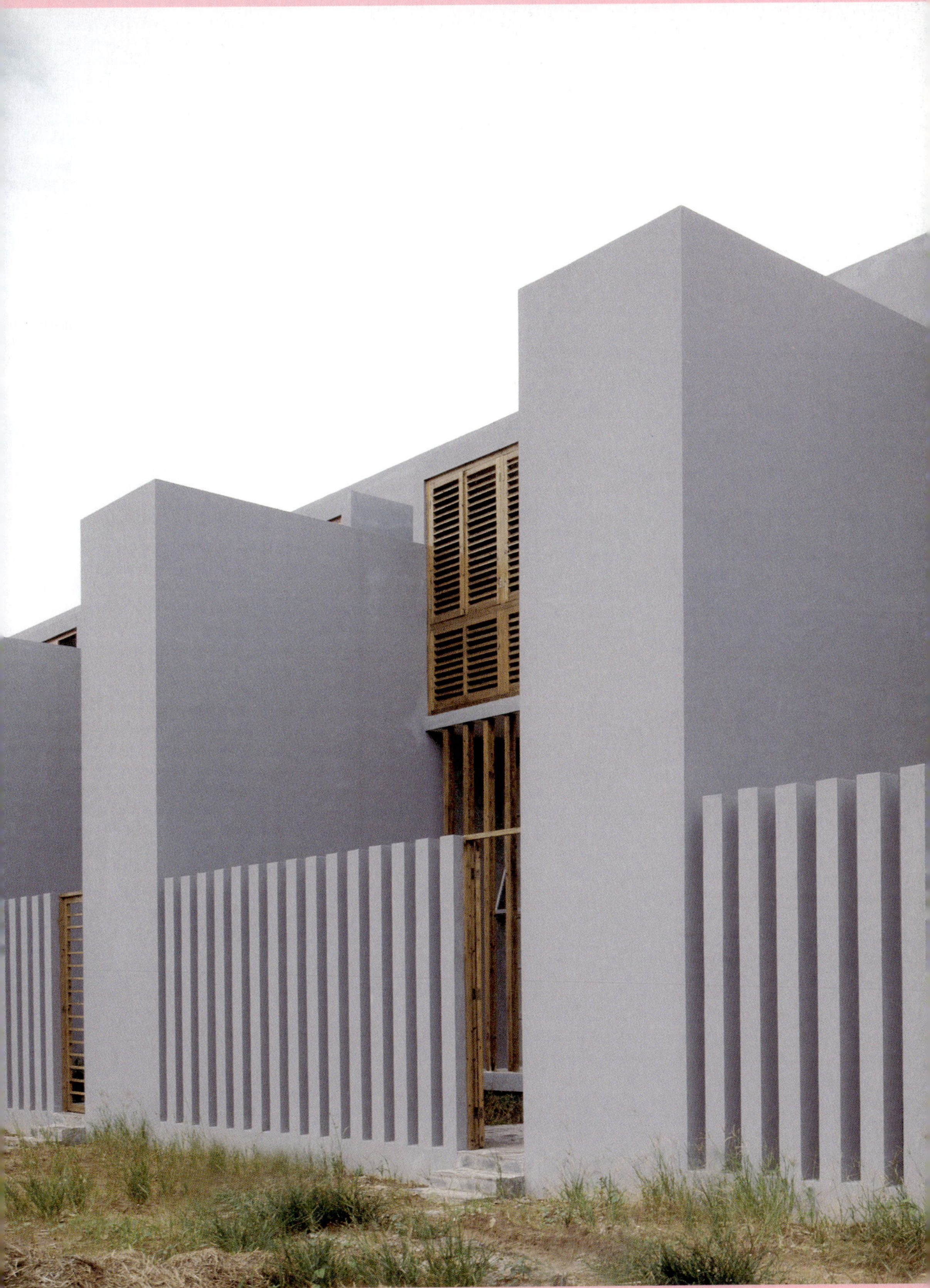

Eengezinswoningen/Single family housing units

Woonwijk voor werknemers van het Dongguan Institute of Technology — De woonwijk op de nieuwe campus van het Institute of Technology in Dongguan omvat appartementencomplexen, eengezinswoningen en een woongebouw voor ongehuwde docenten. De bebouwing volgt het heuvelachtige landschap waardoor een structuur met een dorpsachtig karakter is ontstaan, waar de hoofdstraat zich doorheen slingert. Het woongebouw is het grootste bouwwerk en bestaat uit een twee tot vier verdiepingen hoge hoekvorm die samen met een zes verdiepingen tellend kamvormig gebouw drie binnenplaatsen omvat. De vier appartementencomplexen aan de rivier bestaan uit wooneenheden met twee verdiepingen met een vloeroppervlak van 150 m^2. De badkamer- en keukengroep aan de noordzijde liggen vast, maar de plaatsing van de loggia en het aantal slaapkamers aan de zuidzijde varieert per woning. Twee licht ten opzichte van elkaar verschoven woonblokken aan de rivier bevatten respectievelijk zes en negen wooneenheden met een vloeroppervlak van 180 m^2. Aan de straatzijde, waar de gevels gesloten zijn, liggen de garages en aan de kant van de rivier tuinen, met een omheining van betonnen staven. Daardoor blijft het karakter van een besloten patio bewaard en wordt tegelijkertijd een relatie met het water gelegd. Het hele complex is uitgevoerd in blauwgrijs, dat een levendig contrast biedt met de natuurtinten van de houten luiken. Zhang Lei is hier door de variatie van een gering aantal elementen gekomen tot een consistente architectuurtaal.

Staff Residence of Dongguan Institute of Technology — The residential district on the new campus of the Dongguan Institute of Technology contains apartment complexes, single family housing units, and a housing block for unmarried teachers. The buildings follow the hilly landscape, resulting in a structure with a village-like character through which the main street winds its way. The housing block is the largest of the buildings and consists of a tall corner block comprising two to four storeys. Together with a six-storey comb-shaped building, it contains three patios. The four apartment complexes beside the river consist of two-storey housing units with a surface area of 150 m^2. The group comprising bathroom and kitchen on the North side is fixed, but the position of the loggia and the number of bedrooms on the South side varies from one unit to another. Of the two housing blocks at a slight angle to one another beside the river, one has six housing units with a surface area of 180 m^2 and the other nine. The garages are on the street side where the façades are closed, while there are gardens on the side facing the river enclosed by concrete rods to preserve the character of a closed patio while at the same time establishing a relation with the water. The whole complex is in blue-grey, which provides a lively contrast with the natural tints of the wooden shutters. By making variations on a limited number of elements, Zhang Lei has here achieved a consistent architectural idiom.

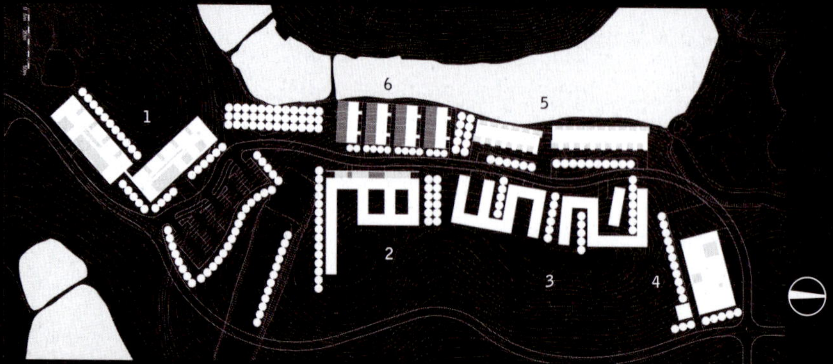

Project: Woonwijk voor werknemers van het Dongguan Institute of Technology, Dongguan/Staff Residence of Dongguan Institute of Technology **Architect:** Atelier Zhanglei (Zhang Lei), Nanjing **Locatie/Location:** Songshan Lake Science & Technology District of Dongguan/Guangdong **Programma/Programme:** Woningen/Housing **Ontwerp-Oplevering/Design-Completion:** 2002—2004 **Bouwterrein/Site specifications:** 25.000 m^2 **Bouwoppervlak/ Building surface area:** 5.400 m^2 appartementen/apartments, 7.000 m^2 woongebouw/housing, 2.880 m^2 eengezinswoningen/single family housing units **Foto's/Photos:** Zhang Lei

Zhang Lei (Atelier Zhanglei), Nanjing (1964)
Opleiding/Education: Postgraduate studies at ETH Zürich 1992–1993; Postgraduate studies at China Southeast University Nanjing 1985–1988; Architectural studies at Nanjing Institute of Technology Nanjing 1981–1985 **Oprichting bureau/ Start of practice:** 1997 **Bureau/Practice:** Ontwerpbureau verbonden aan/Design office connected to Nanjing University **Medewerkers/Members of staff:** 12 **Gerealiseerde projecten/Completed projects:** 18 **Projecten in aanbouw/Projects under construction:** 5 **Aantal prijsvragen/Number of competitions:** 4 **Aantal ontworpen projecten/Number of designed projects:** 35

situatie/siteplan 1 academiegebouw/graduate school 2 woongebouw/dormitory 3 woongebouw, fase II/dormitory, phase II 4 studentenrestaurant/student cafeteria 5 eengezinswoningen/single family housing 6 appartementen/apartments

Zhu Jia — Zhu Jia is de meest experimentele van de Chinese videokunstenaars. Hij richt zich op de dagelijkse werkelijkheid en alledaagse omgevingen. Zijn karakteristieke werk **Forever** (1994) werd gefilmd zonder enige poging de aanwezigheid van de camera en toeschouwers te verhullen. Hij bevestigde een camera, met de lens naar voren, op het linkerwiel van een driewielige fiets van het type dat in Beijing veel gebruikt wordt. Terwijl hij fietst, neemt de camera alles op wat er in de straten van Beijing gebeurt. De snelheid wordt bepaald door het verkeer, met een duizeligmakend effect. De filmer roept opzettelijk een gevoel van esthetische afstand op in het hoofd van de kijker, waardoor deze het snelle tempo van het drukke Beijing op een zeer bijzondere manier beleeft.

In het afgelopen jaar heeft Zhu Jia een aantal immigranten gevolgd en vastgelegd hoe ze in Beijing leven. Hij besefte dat ze, terwijl ze integreren in hun nieuwe omgeving, deze tegelijkertijd trotseren. Opstandigheid en conflicten treden vooral op waar individueel en publiek gedrag op elkaar stuiten op openbare plaatsen. Het openbare toilet is zo'n publieke plaats. Openbare toiletten zijn in het algemeen neutrale plekken – mensen worden er slechts van elkaar gescheiden op basis van geslacht; er wordt geen onderscheid gemaakt tussen sociale klassen. Toch gelden op deze normaal gesproken onopvallende plekken veel onuitgesproken regels en zijn er veel onbenoembare factoren. Voor zijn video-installatie **Chrysalis Exuviations: The Heart-Burnt Carrot** (2005) bouwde Zhu Jia een typisch huis na zoals die worden verhuurd aan nieuwkomers in de stad en plaatste het vlak bij de openbare toiletten van het museum. Door te spelen met de concepten 'individueel' en 'openbaar', probeert hij de aandacht van het publiek op deze kwestie te vestigen.

Zhu Jia — Zhu Jia is the most experimental of the Chinese video artists. He focuses on depicting everyday realities and environments. His representative work **Forever** (1994) was shot using remote scenes, deliberately revealing the presence of camera and viewers. He fixes a camera on the left wheel of a tricycle commonly used in Beijing, with the lens facing forward. As he cycles along, the camera shoots whatever is happening in the streets of Beijing. The speed is controlled by the traffic, with a dizzying effect. The aesthetic distance deliberately created in the mind of the viewer enables him to experience the fast pace of busy Beijing in a highly unusual manner.
In the past year, Zhu Jia has been observing and recording how immigrants live their lives in Beijing. He realized that, while integrating into their new environment, they defy it at the same time. One of the key areas of defiance and conflict is the one between individuals and public behaviour in public places. The public washroom is one such public place. Public washrooms in general are neutral – they only segregate people by gender, without differentiating between social classes. However, in this usually overlooked place, many implied rules and unidentifiable factors exist. In his video and installation **Chrysalis Exuviations: The Heart-Burnt Carrot**,Zhu Jia recreated a typical house rented to urban immigrants and set it conceptually nearby a public washroom of the museum. By using the concepts of 'individual' and 'public', he endeavours to attract public attention to this issue.

Tekst/Text: Huang Du

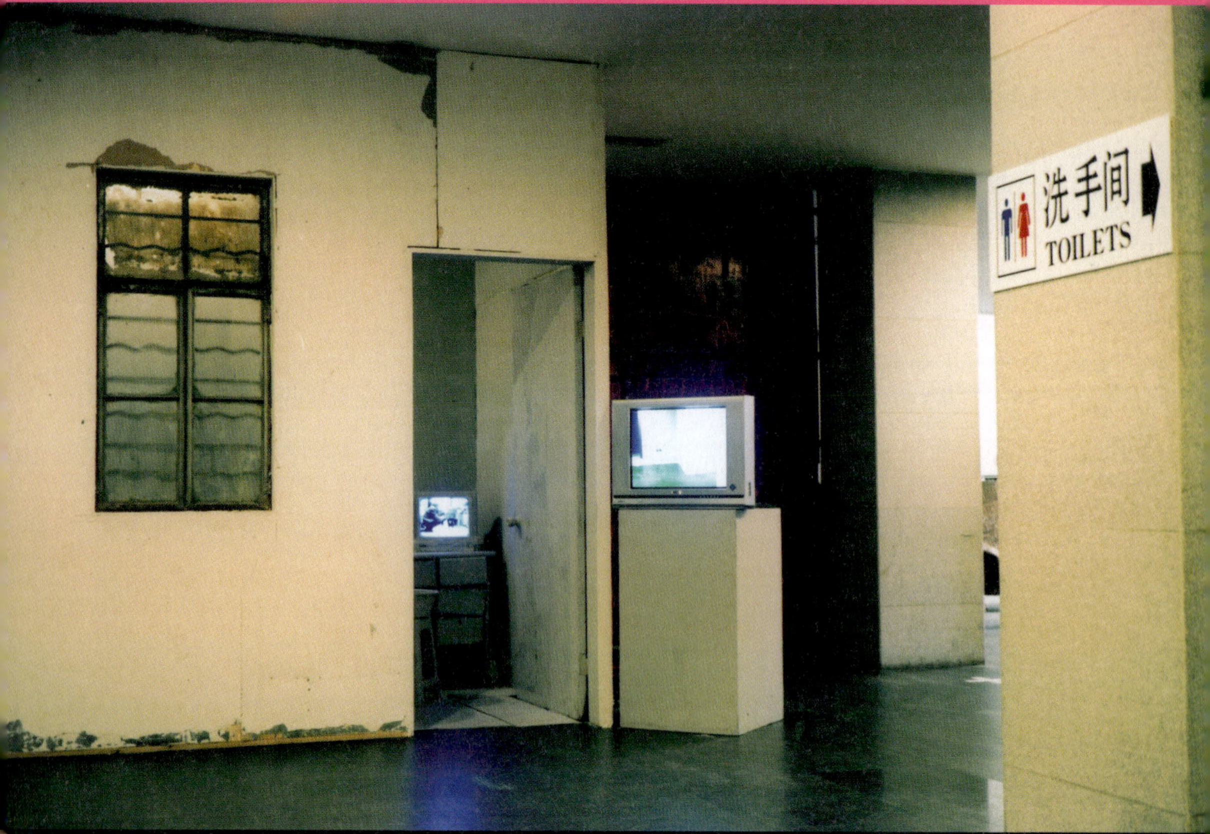

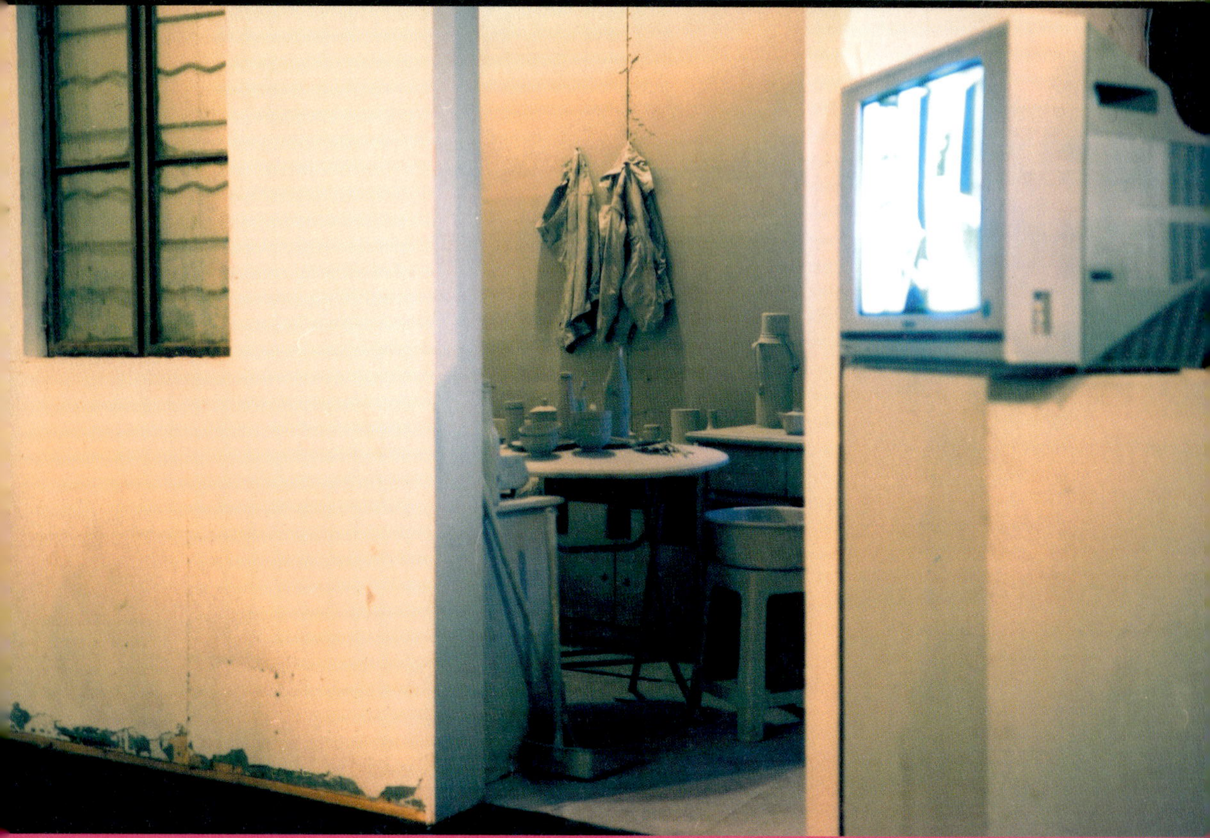

Chrysalis Exuviations: the Heart-Burnt Carrot, 2005
installatie/installation, Guangzhou Triennial, 2005

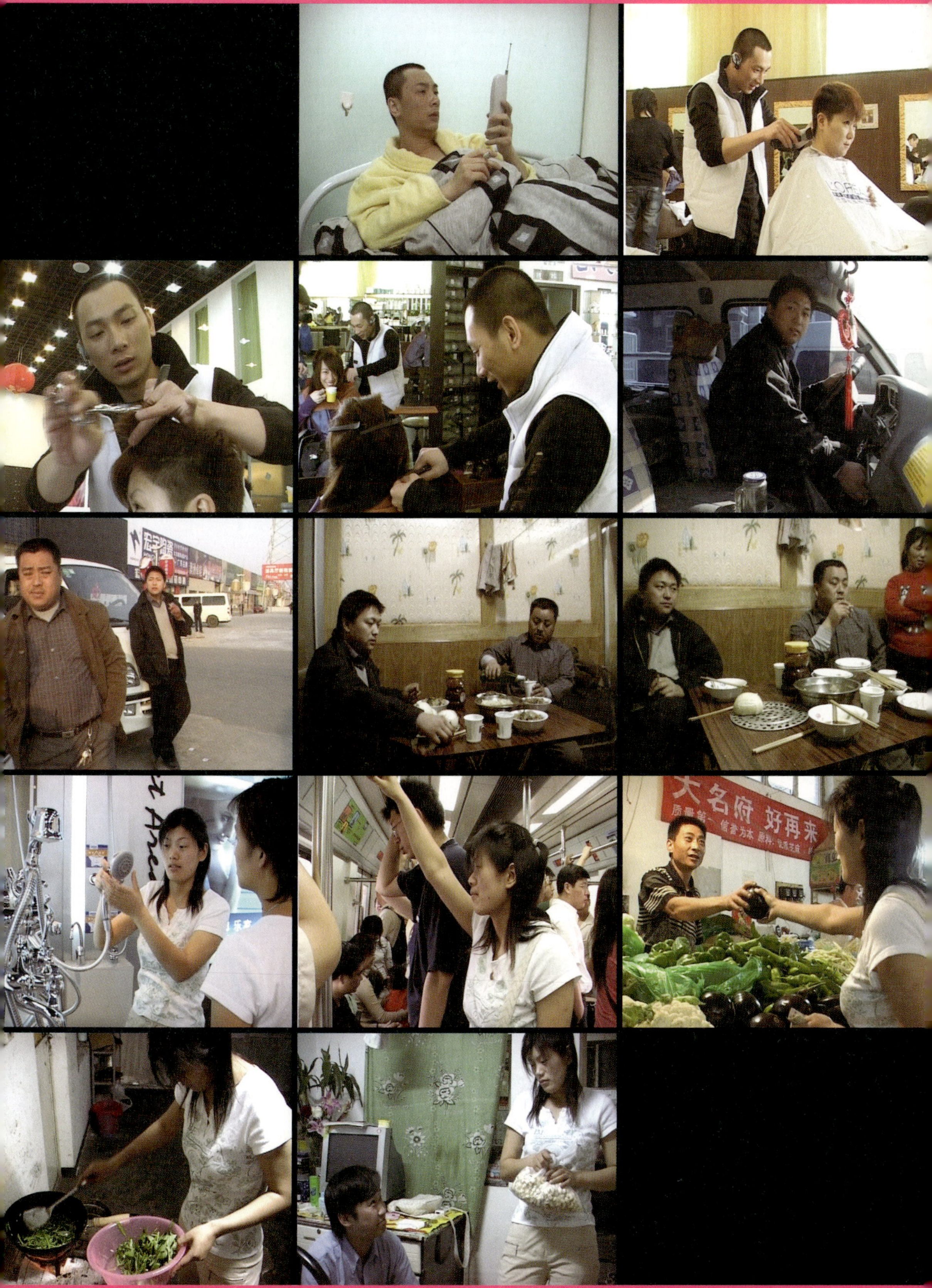

Chrysalis Exuviations: the Heart-Burnt Carrot, 2005
Guangzhou, Triennial, 2005

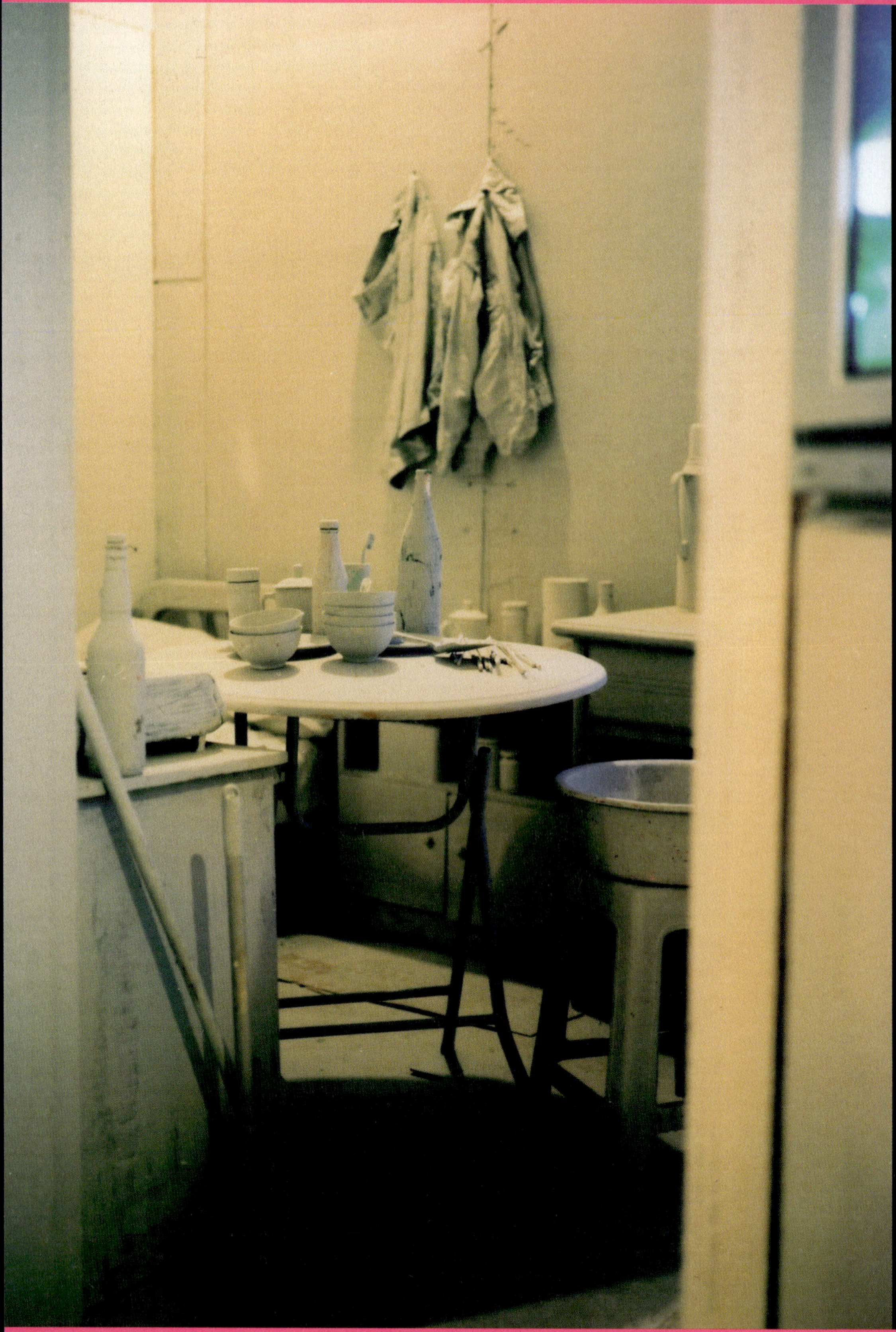

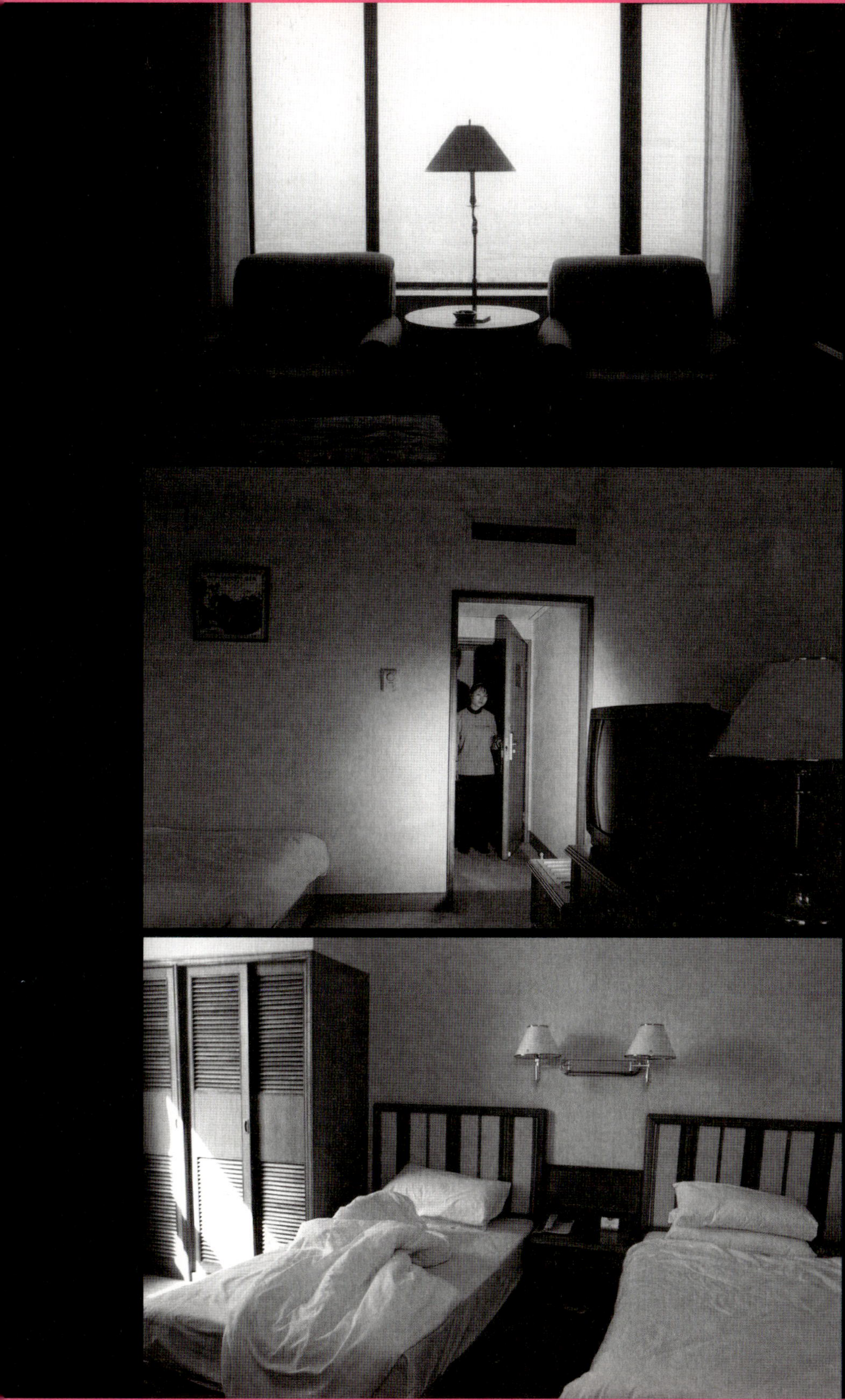

That Please
foto/photo, 61x55 cm, 100x78, 100x78

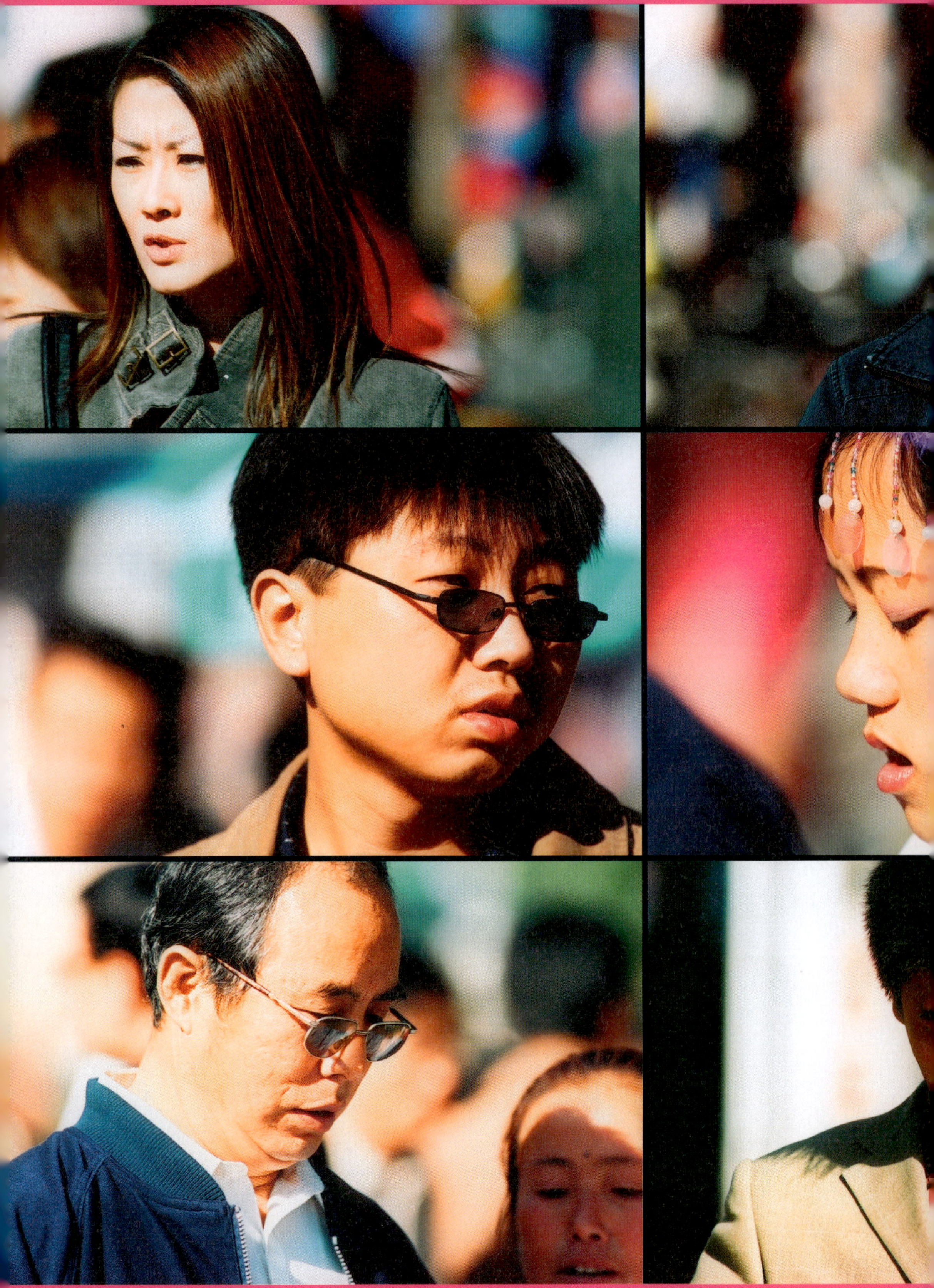

New Land
foto/photo 104x150 cm

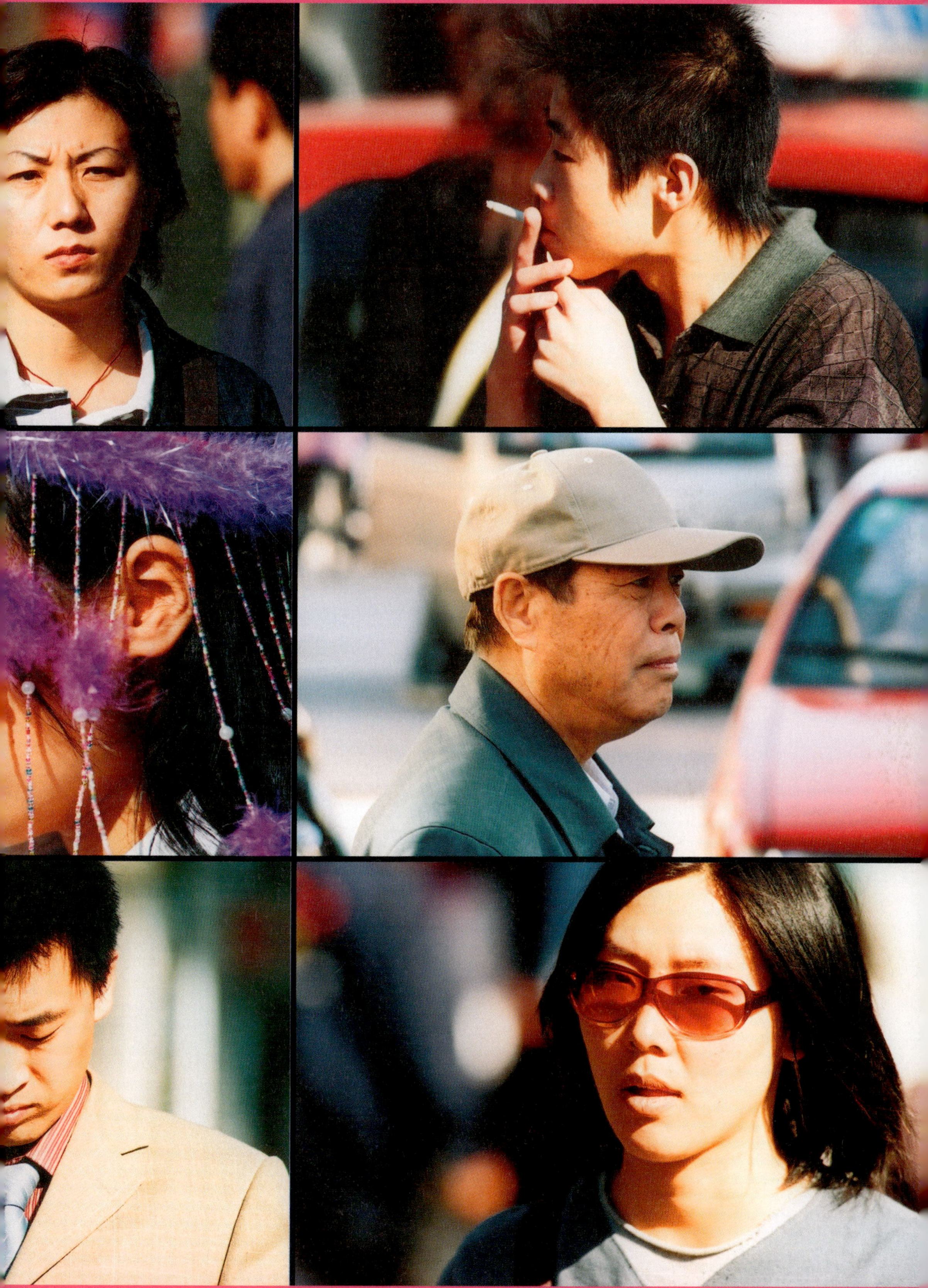

Hu Yang — Hu Yang is fotograaf en werkt in Shanghai. Zijn serie **Shanghai Living** (2004-2005) is een selectie van ruim driehonderd foto's van gezinnen in Shanghai die weergeven hoe mensen hun respectievelijke ruimten invullen. Tegen een snel veranderende maatschappelijke achtergrond portretteert Hu Yangs camera een bonte stoet persoonlijkheden, variërend van geherhuisveste ouderen en mensen die afhankelijk zijn van bijstand tot landarbeiders die naar Shanghai zijn geëmigreerd, acteurs, kunstenaars, kantoormedewerkers en de in luxe badende nieuwe rijken. De foto's zijn niet bewerkt en worden naturel gepresenteerd. Shanghai speelt een unieke rol in het proces naar meer openheid dat China doormaakt. De inwoners van de stad, die al eeuwenlang in de westerse cultuur zijn ondergedompeld, bezitten een unieke subcultuur. Herinneringen aan de geschiedenis en het lot van de verschillende generaties komen samen in de ervaringen van elk individu. Hu Yang zet arm naast rijk en eenvoud naast verhevenheid, maar zoekt ook naar het generieke in de maatschappij en in de individuen uit elke familie, ongeacht geografische en historische factoren en maatschappelijke evolutie. Hij biedt de kijker beelden vol leven en vol betekenis vanuit zowel sociologisch en historisch als literair gezichtspunt.

Hu Yang — Hu Yang is a photographer working in Shanghai. His series **Shanghai Living** is made up of a selection of more than three hundred photos of families living in Shanghai, depicting the way that people occupy their respective spaces. A wide array of personalities, ranging from relocated senior citizens, people living on social security and rural migrant workers from outside Shanghai, to actors, artists, white collar workers and the nouveau riche living in luxury, have been captured by Hu Yang's camera against a fast-changing social background. The photos have been left intact and are presented naturally. Shanghai plays a very unique role in China's opening-up process. Residents of the city, who have been extensively immersed in Western culture over centuries, possess a unique subculture. Memories of history and the fate of generations have all been incorporated into the experiences of each individual. In addition to showing rich next to poor and humbleness alongside nobility, Hu Yang's work reviews what is generic in society and to the individuals of each family, regardless of geographical and historical factors and social evolution. He offers pictures to the viewers that are full of life and that make sense sociologically, historically and from a literary point of view.

Tekst/Text: Zhang Li

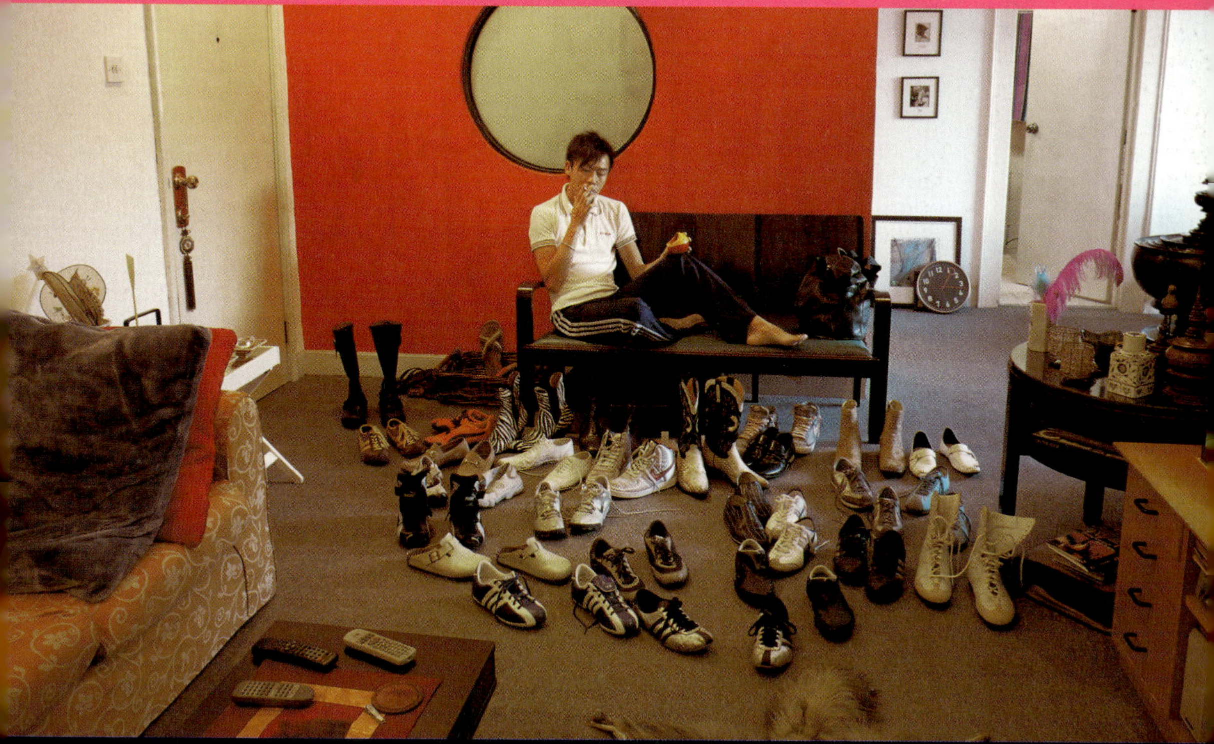

Chen Weide (Malayan Ad-man) Shanghai is too rapid, too crowded and too spacious. To me it's a place to make money and see things. I like all kinds of shoes and will buy one pair or two wherever I go. I wish I could live without working. How wonderful it is to travel all around the world! But now it's just a dream and I could only go travelling on holidays.

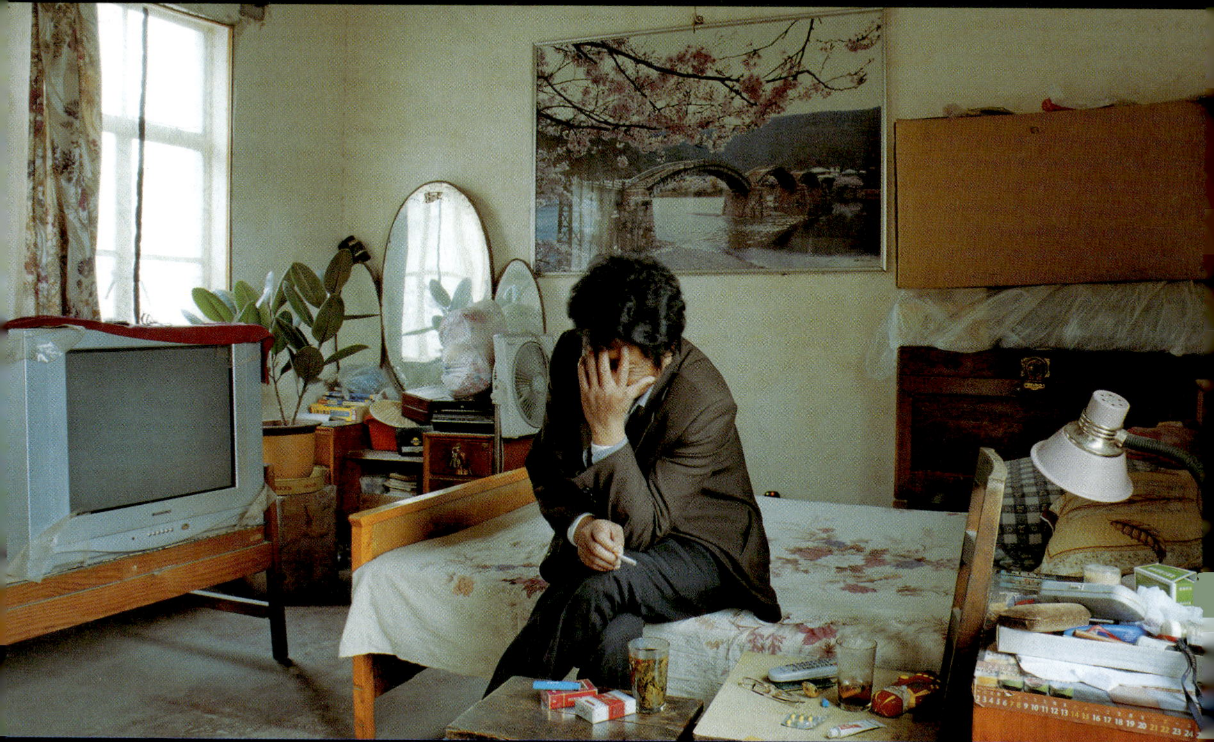

Huang Ping (Shanghainese Retiree-to-be) I'm handicapped and my wife an I have worked as casual labourers these years. When we don't need to work, we stay at home watching TV, chatting with our friends or go fishing nearby. I don't have dreams because I know I don't have abilities to realize any dream. I don't feel painful. What can common people like me dream of? Life is just like this when you see through it.

Shanghai Living, 2004-2005
foto met tekst/photo and text, 60 x 47 cm

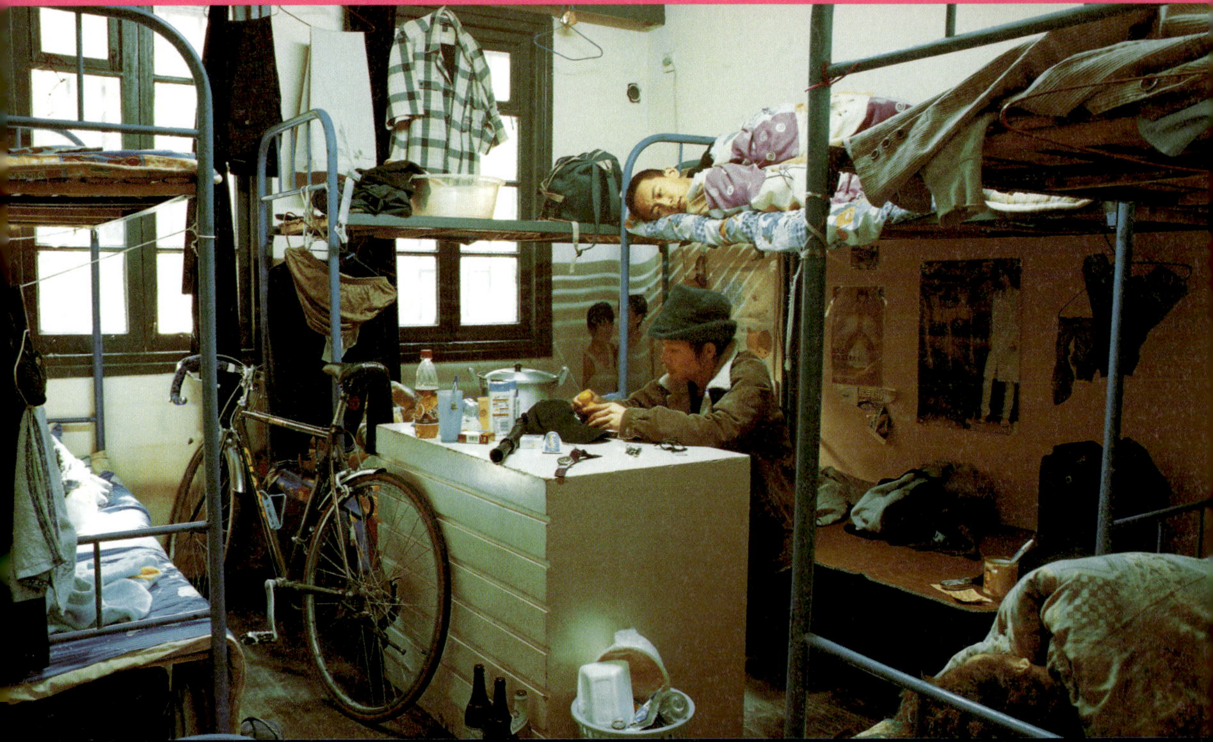

Qin Lei (Hubeinese Dresser) My life is worse than those lucky ones but better than those unlucky ones. Money is important, but there are things money can't buy. I dream to lie down near rivers and listen to music or play chess. I go to the rivers when I'm unhappy. Pain exists everywhere in life, we should learn to deal with it. Time is a good soother. Liu Jianmin (Cantonese Hairdressing Apprentice) My life is simple and consists just working and playing. Being happy is the most important in life, and it's useless to think about many things.

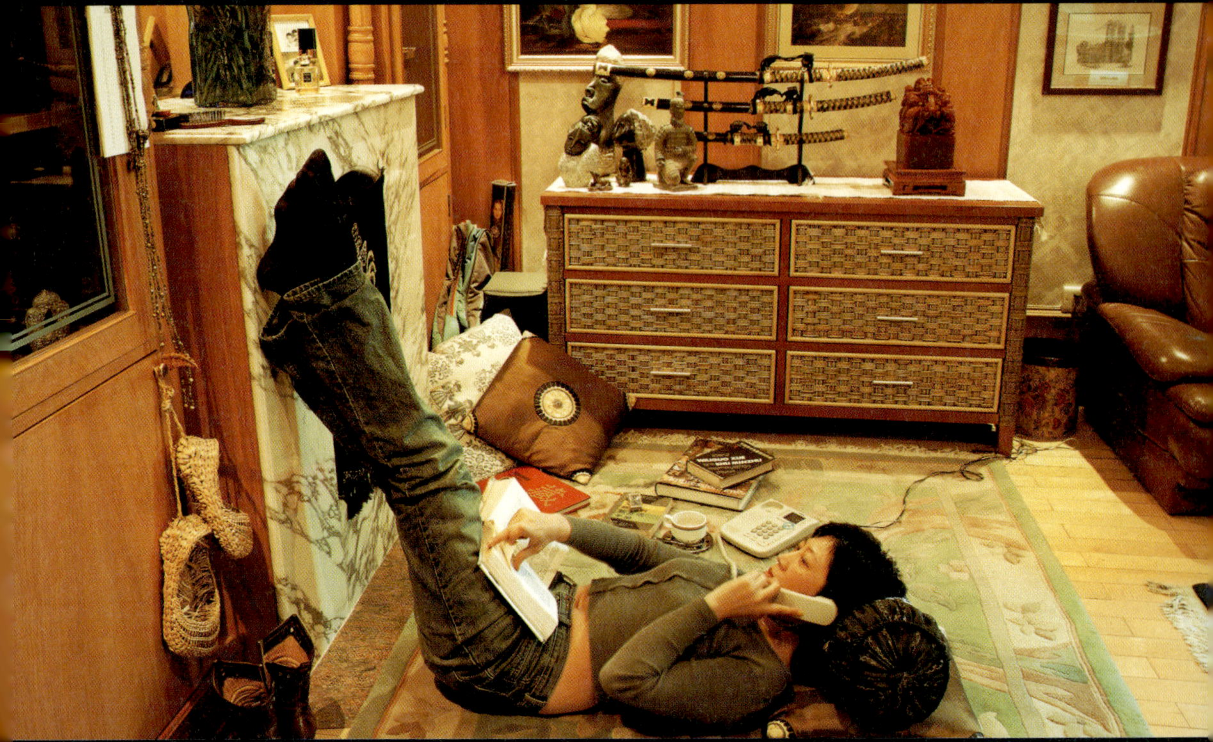

Qiong Ma (Beijingnese Dramatist) I sent my son to England for study with all my savings, and now I have to live by leasing another apartment of mine. I'm a spiritual noble and spend a lot on home decoration and on myself. I save money from food and spend as less as possible on it. I'm not interested in commerce or people's daily life. I want to make my own film and be recognized by society and people around me. It's the deepest pain inside me.

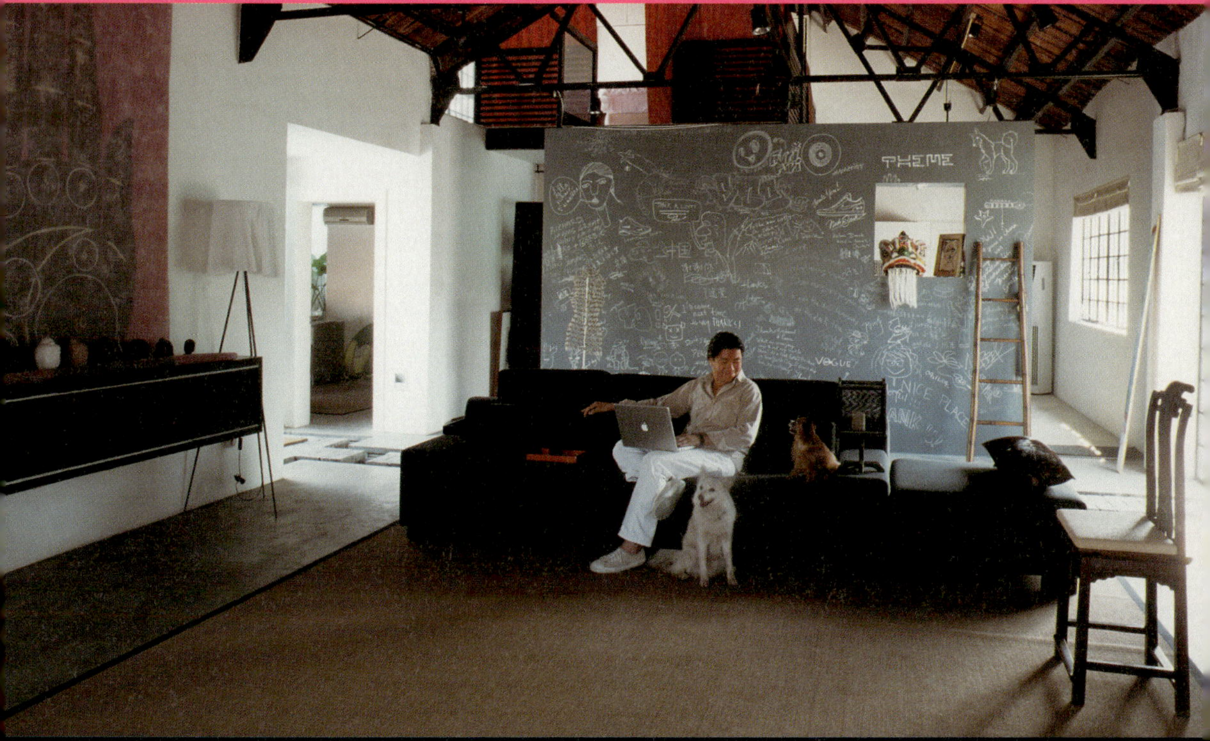

Xu Zonghan (American Brand Consultant) My life is a mixture of East and West, modernness and traditions. I feel bored when I stop working, but life seems to be such a fuss. Working in America is less interesting than that in Shanghai. There you just work for money. I'm a Chinese and I want to do something in China, to combine nice things of America and of China. My biggest wish is to row and develop with China. Choosing makes me suffer.

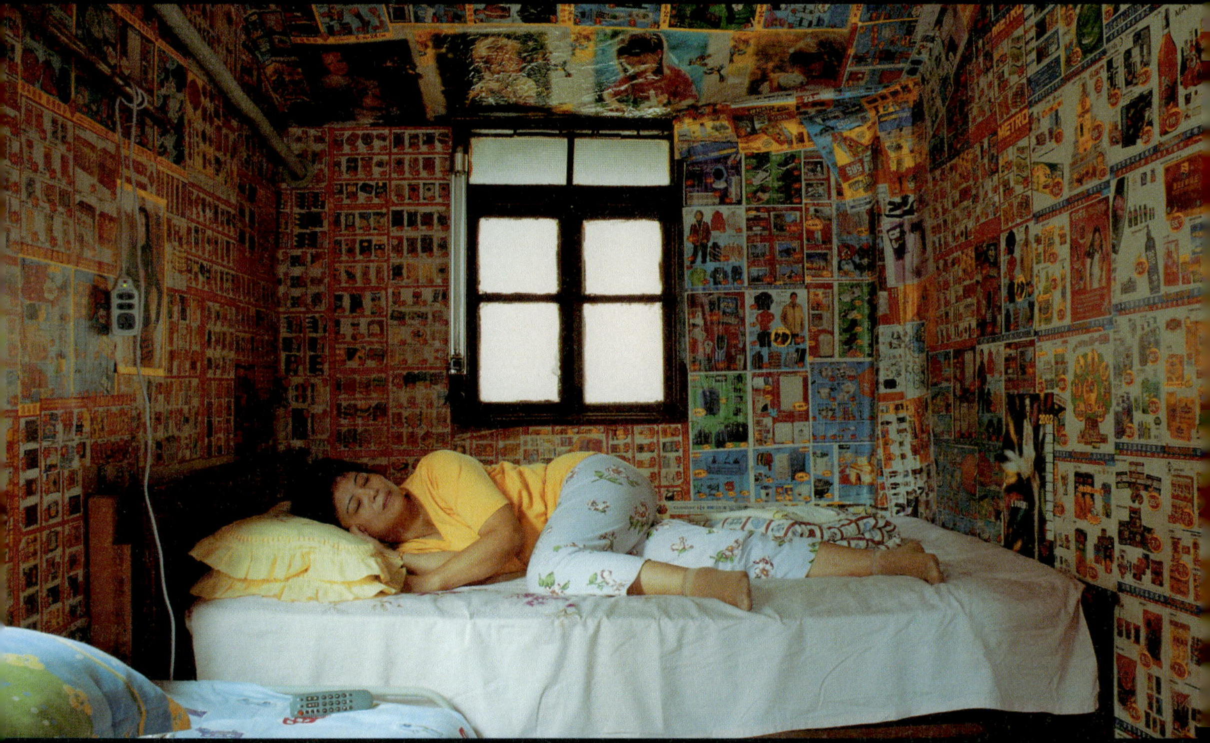

Hu Zhihong (Shanghainese Laid-off Worker) I didn't having anything to do when I was laid off and then I took up dancing as setting-up exercise. I take a nap every day. My husband works at a supermarket and our son is a student of a technical secondary school. We live on my husband's salary and are financially depressed. We didn't want to spend money on wall paper and therefore we decorated the wall with the posters, isn't it typical? We hope our boy have a bright future and earn a lot of money.

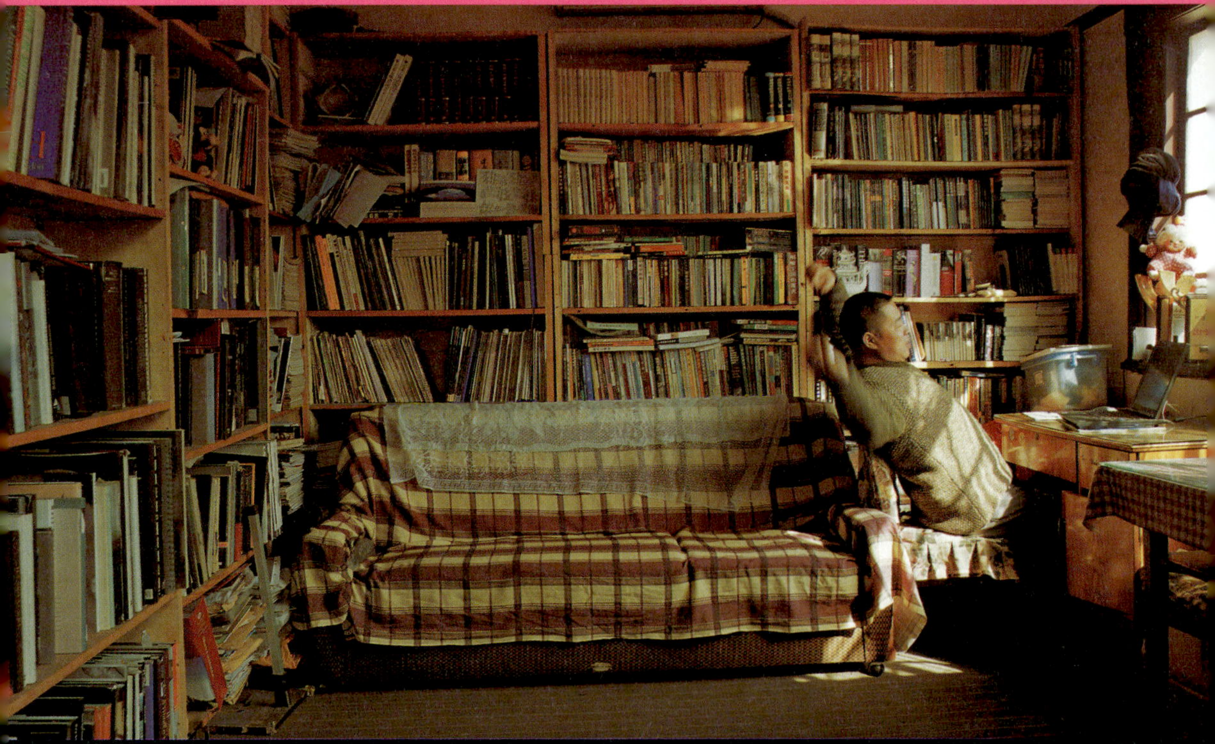

Lin Lu (Shanghainese Associate Professor) I spend most of my leisure time working. I know I shouldn't work too much and therefore I make time to watch sports news or football matches to relax myself. I like to lead a comfortable and easy life and have tried to translate foreign photographic theories, study photographers and their works and write books. Now I don't have time and energy for all these and I spent a lot on albums of photographs. I hope my family safe and sound. I don't have pains, life has been favouring me all the time.

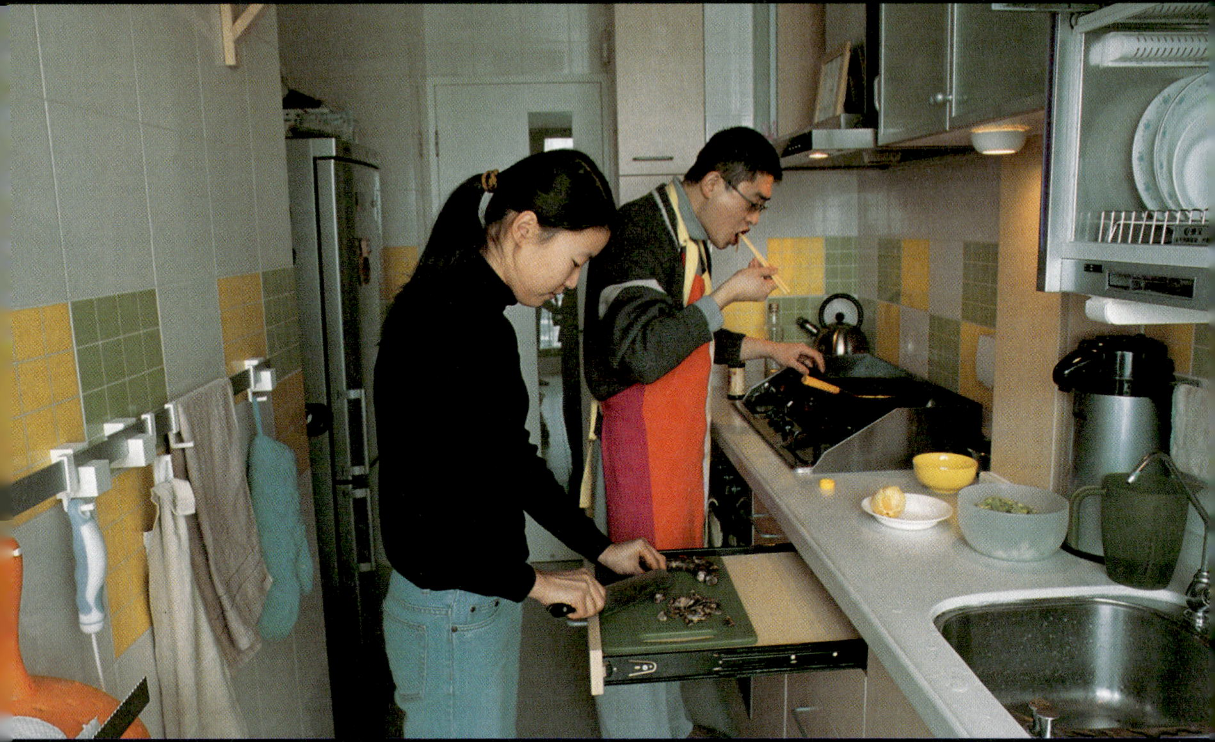

Jing Ming (Shanghainese Civil Servant) We are satisfied with our present life, it's nice and comfortable. I want to learn a skill, such as woodworking or mechanical facture. I like studying watches and clocks from childhood. I'm happy but many things are just helpless. **Ye Jing** (Shanghainese English Translator) English translation has always been my hobby and I'm happy that I become a professional translator. It's difficult to be a freelancer at the very beginning. I want to take up jobs that are related to animals, like working in a zoo, aquaria or pets clinic. The only pity is that I don't have time.

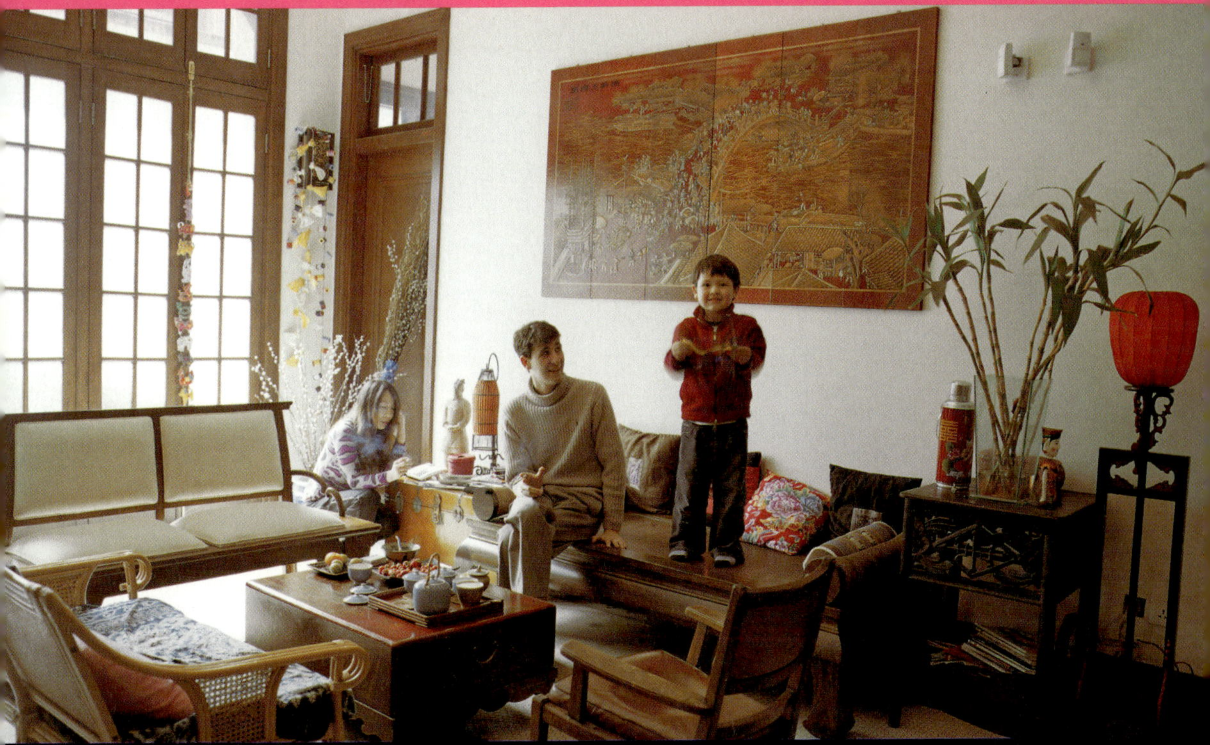

Zhang Wei (French Teacher) Fred (French Engineer) We are both brainworkers and want to practice some manual work. We want simple work and simple life. We don't have high expectations for ourselves. When we are free, we go travelling or just stay at home resting. We like parties very much and enjoy meeting our friends. At present we can not live at our will, but we hope one day we can.

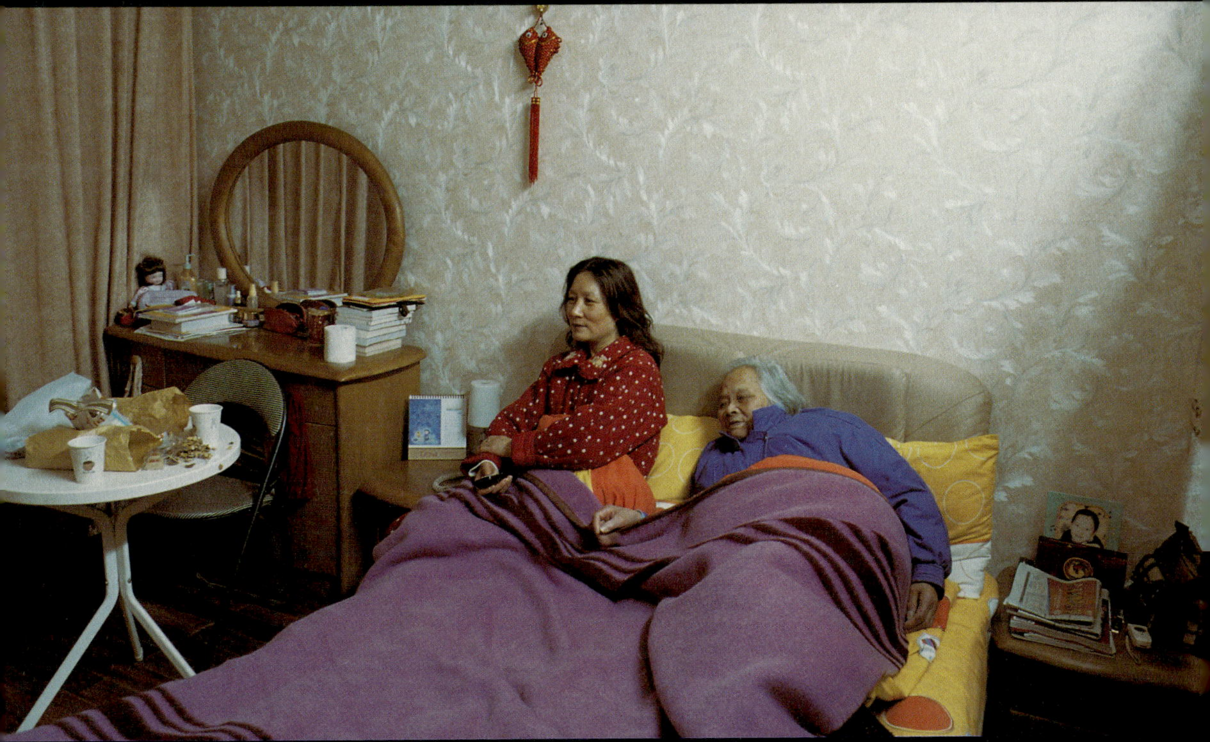

Hu Jianfang (Shaanxinese Retired Worker) I came back to Shanghai after my retirement and now I'm working in a consultative agency. It's an easy job with a good salary. I have no pressure and I'm satisfied with my present life and work. I like going shopping at my leisure time and I hope I can have a good health.

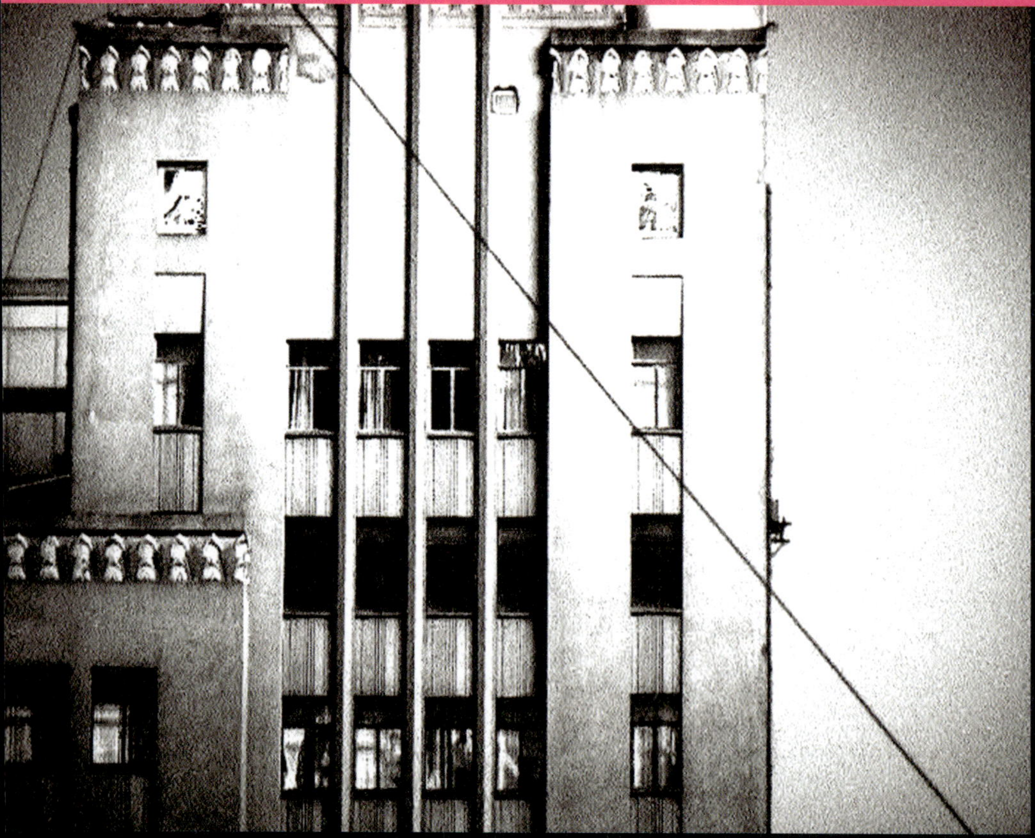

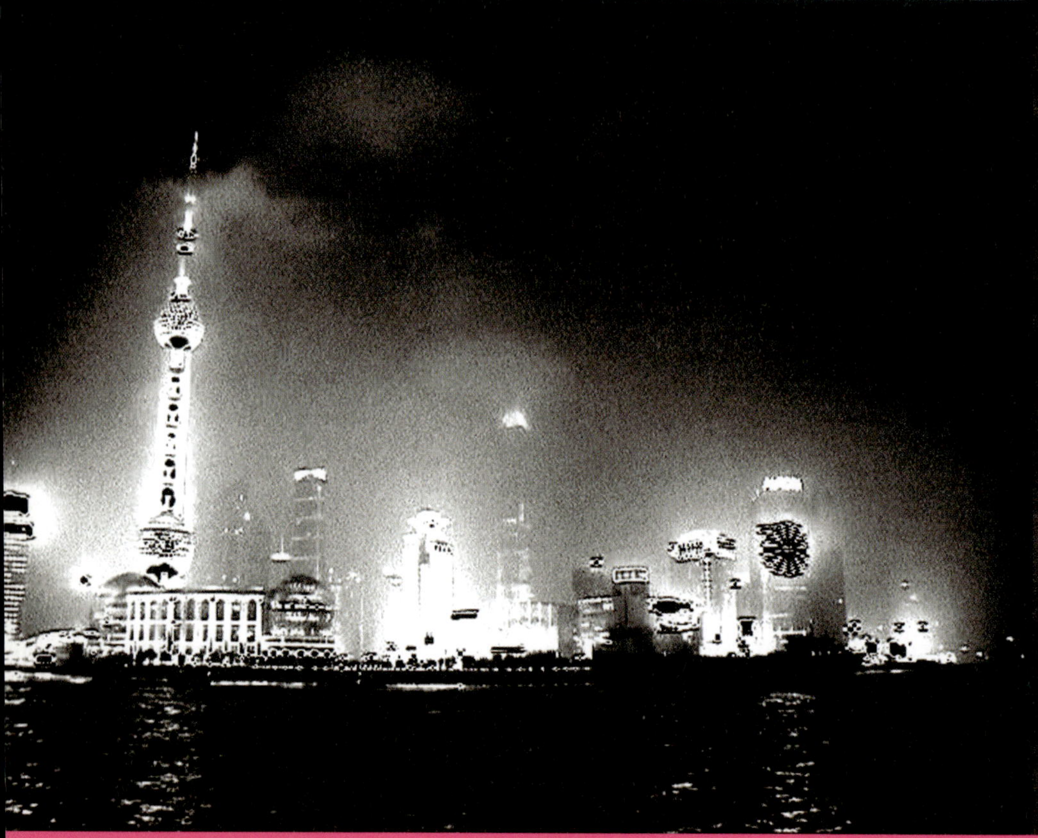

Three Days Ago, 2004 (stills)
dvd, 8 min., 49 sec.

three days ago

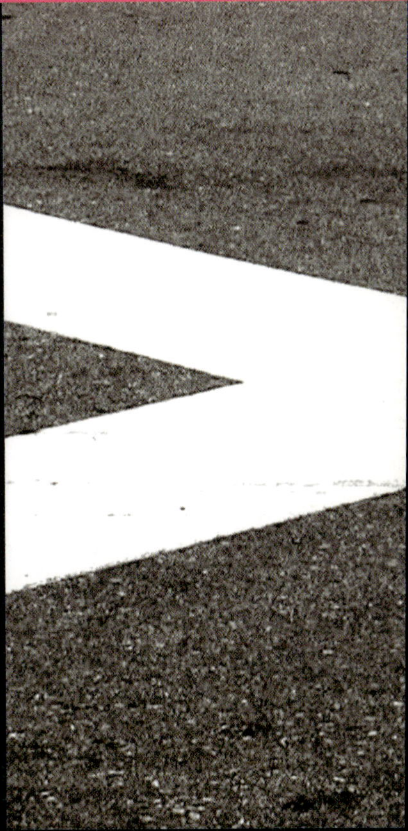

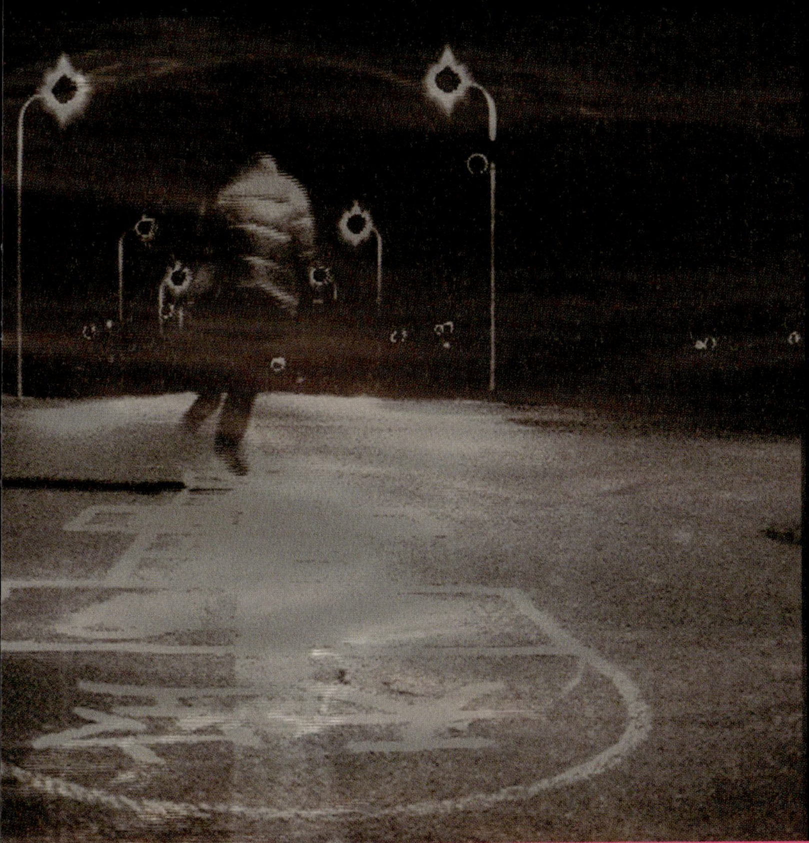

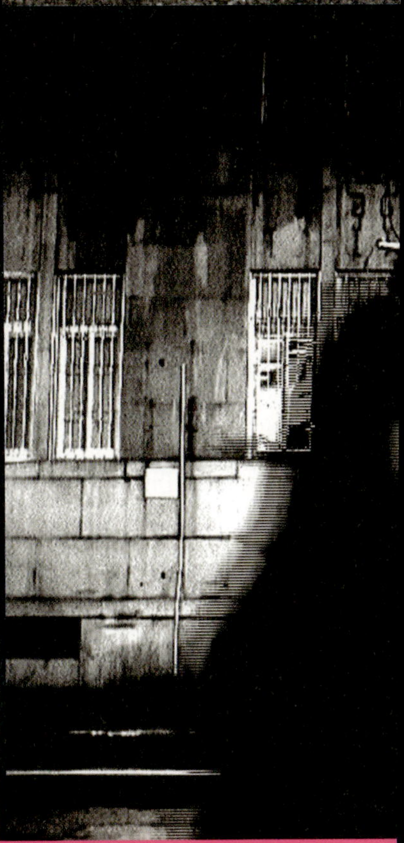

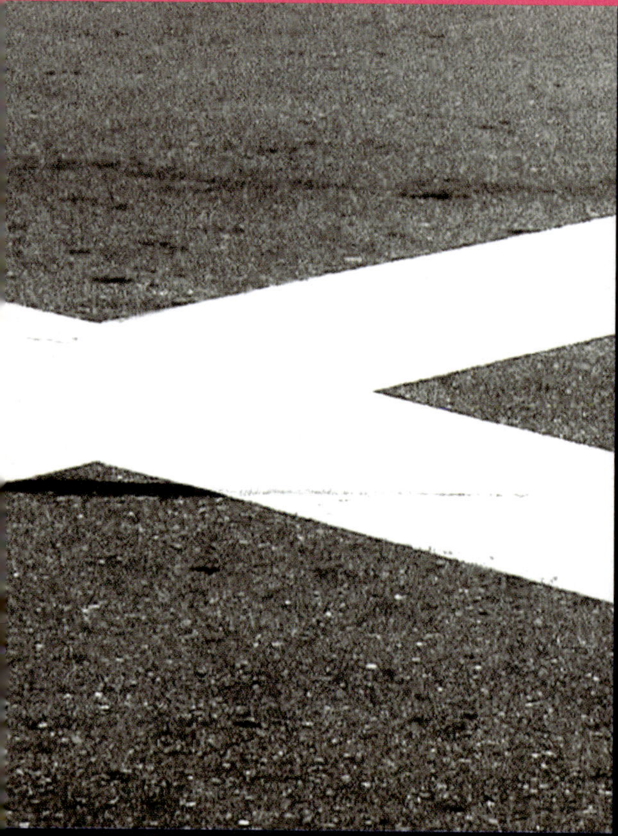

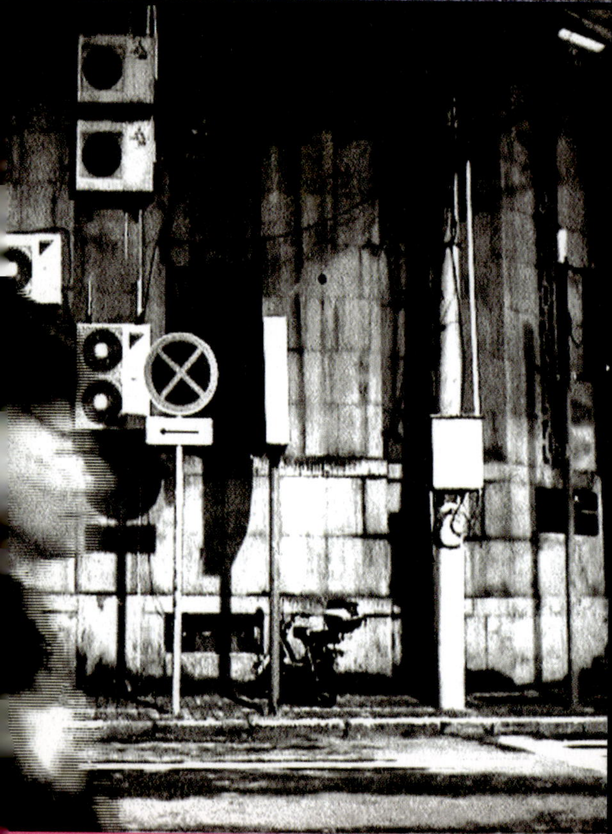

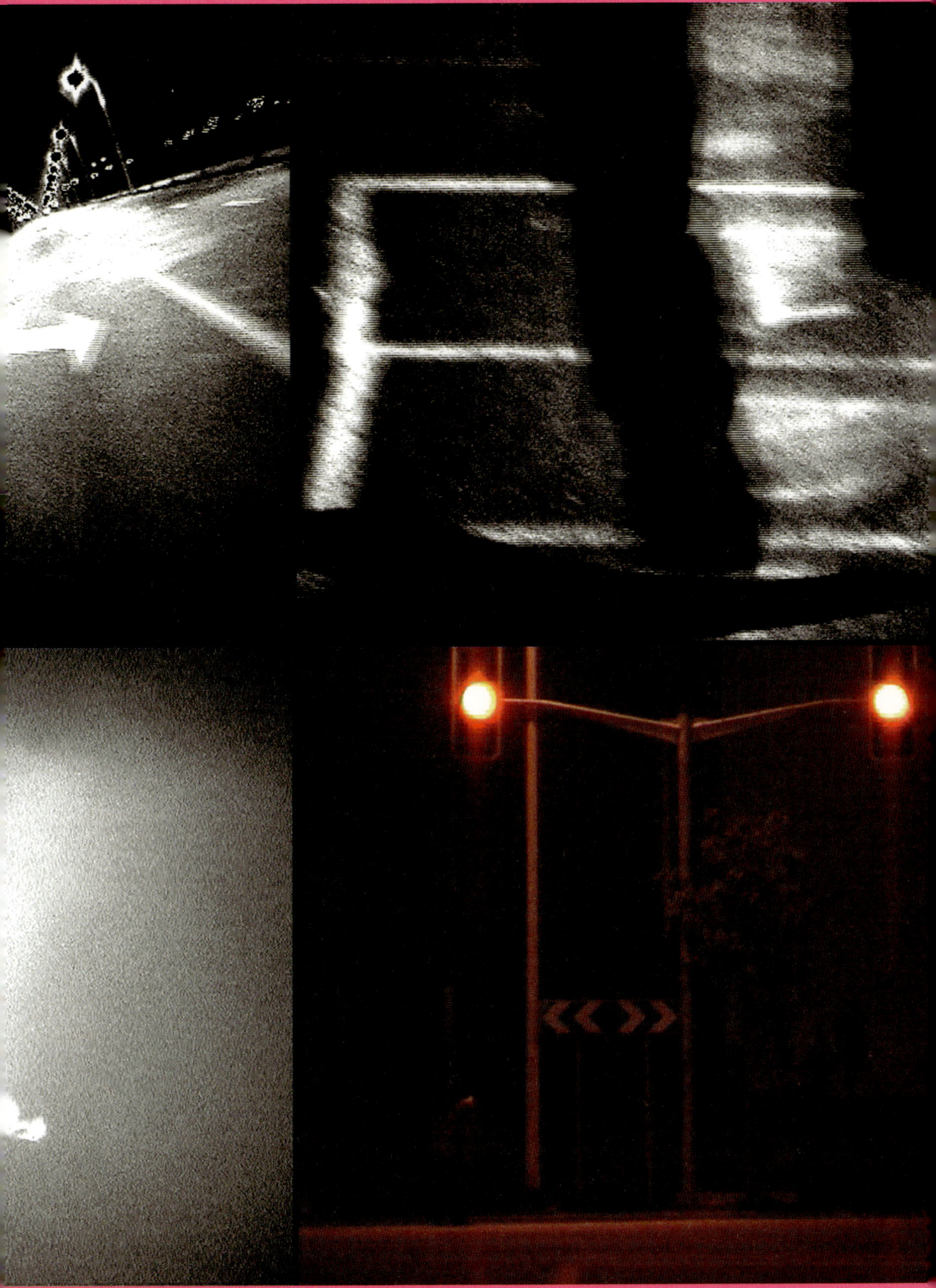

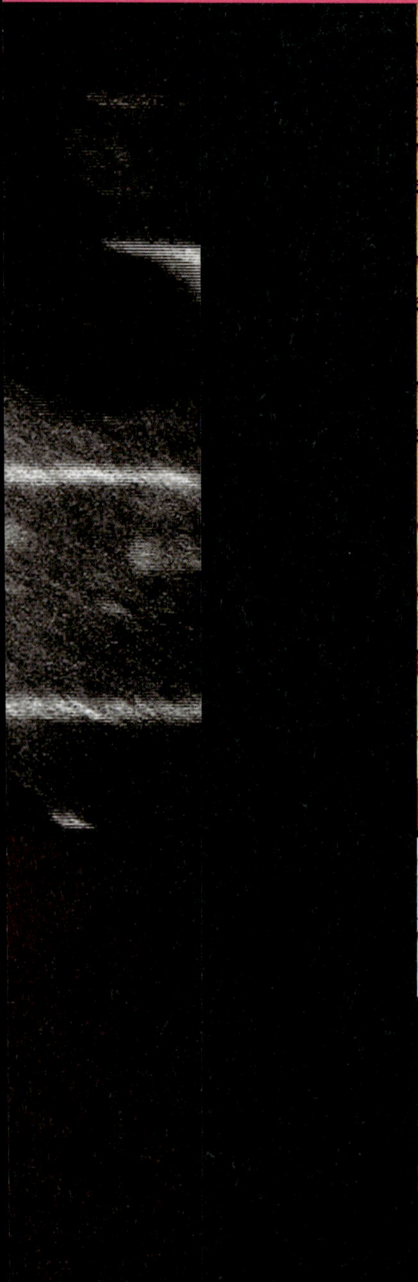

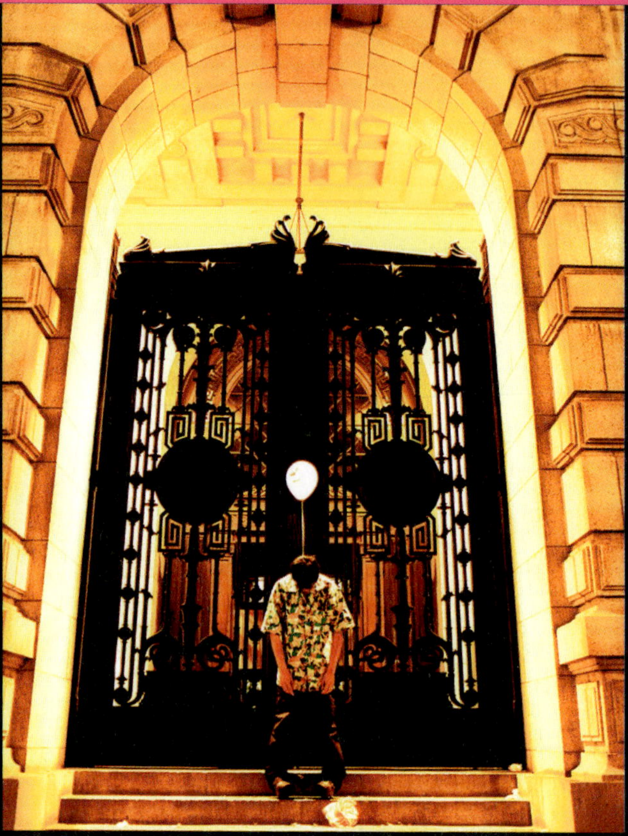

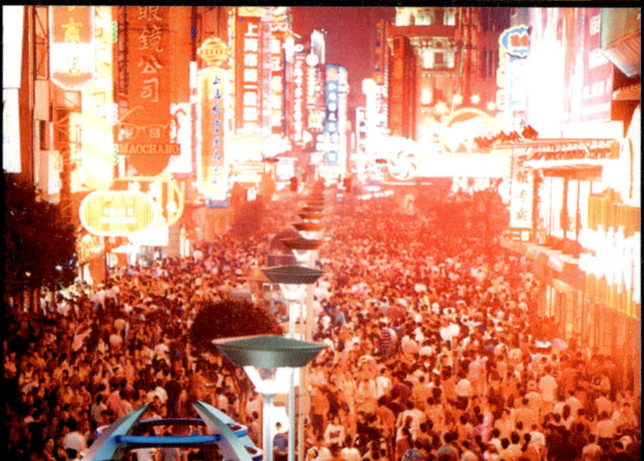

In Loud Crowds I Dream of Hanging Myself, 2002
foto/photo, 127 x 177 cm

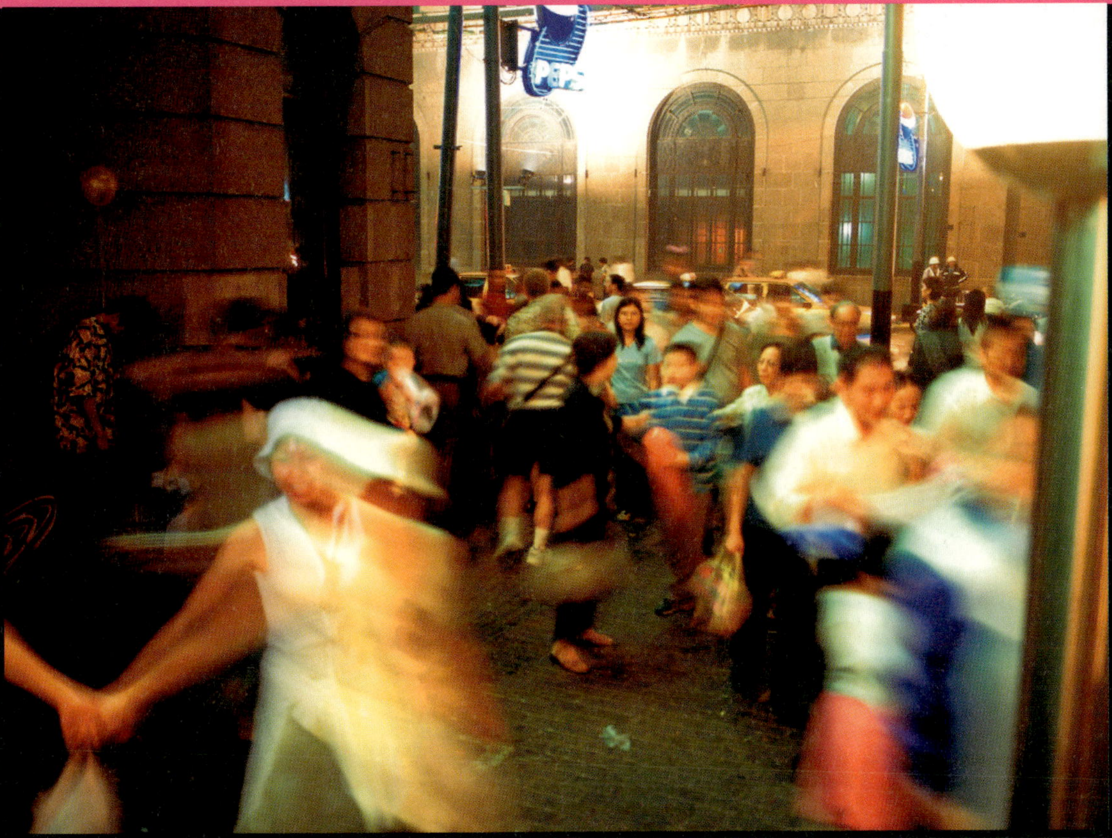

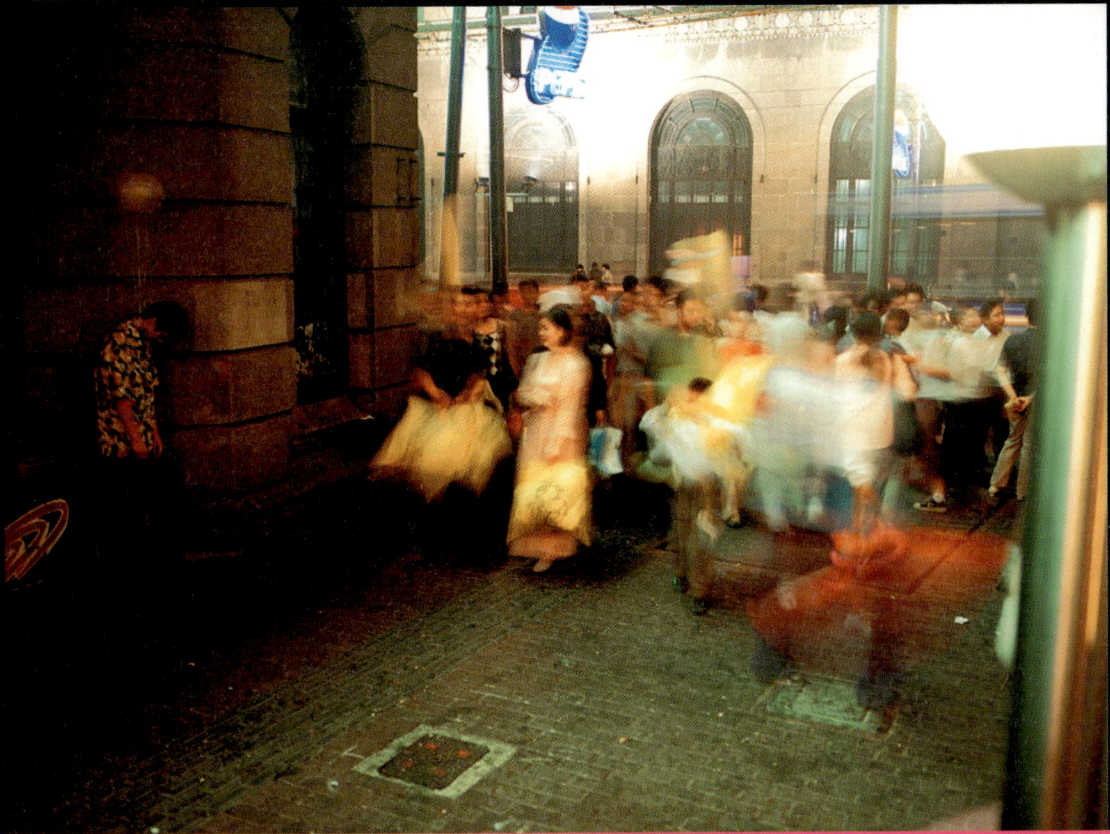

In Loud Crowds I Dream of Hanging Myself, 2002
foto/photo, 100 x 73 cm

Song Tao — Song Tao is een typische vertegenwoordiger van de jongere generatie Chinese kunstenaars, die heel anders tegen het leven en de kunst aankijken dan hun oudere collega's. Hij werd geboren in de Shanghaise wijk Pudong en herinnert zich nog hoe hij zijn kinderjaren doorbracht in een onderontwikkeld deel van de stad, waar toen nog geen van de wolkenkrabbers stond die het stadsdeel nu kenmerken. Zijn werk is geïnspireerd op de jongerensubcultuur van speelautomaten, straatvoetbal en klimmen op daken. Hij stelt alles in het werk om te ontsnappen aan bestaande invloeden en de barrières te doorbreken die waren opgeworpen door degenen die hem voorgingen. De nostalgische verwijzingen in zijn werk gaan nooit verder terug dan zijn eigen kinderjaren, waarmee hij de conventionele opvatting van 'nostalgie' tart en op zijn kop zet. Hij dwingt mensen met hem mee te kijken naar het stadsleven, zijn domein binnen te dringen. Hij vervormt de snelheid waarmee ze arriveren, dompelt ze onder in een droomland en stelt vragen. Is het in dromen ooit nacht? Kunnen we in onze dromen denken en voelen? Song Tao onderzoekt de 'voltooid verleden tijd en de voltooid tegenwoordige tijd' met behulp van een tijdschaal van vervaagd of onopgemerkt menselijk gedrag en stadsleven, om mensen eraan te herinneren het heden te aanvaarden en zich voor te bereiden op de toekomst.

In een video uit 2004, **Three Days Ago**, werkte Song Tao samen met de muzikant B6. Het werk ontleent zijn titel aan een regel die luidt: 'Drie dagen geleden was er niets behalve wij'.

Head of Bird bevat een soortgelijk tijdselement. Voor dit samenwerkingsproject maken hij en een vriend ieder jaar een foto van elkaar. De foto's gaan in een fotoalbum dat ze willen blijven uitbreiden tot een van hen aan het eind van zijn aardse bestaan komt.

The Floor: Life Is Wonderful is een verzameling alledaagse foto's in de vorm van een parketvloer. Voor dit project beschreef Song Tao nauwkeurig zijn normale activiteiten op een gegeven dag – van opstaan tot 'thuiskomen en beginnen aan dit verslag. Nu is het klaar.' Hij verbindt vaak het dagelijks leven met het creëren van kunst zonder daartussen een onderscheid te maken. Het is zijn manier om de barrières te slechten die hem anders misschien de toegang tot de wereld van de hedendaagse Chinese kunst zouden ontzeggen.

Song Tao — Song Tao is typical of the younger generation of Chinese artists, whose attitude towards both life and art differs from that of their elders. Born in the Shanghai district of Pudong, he remembers a childhood in an underdeveloped part of the city, not yet filled with the skyscrapers it holds today. His work has been inspired by a youthful subculture of game machines, street football and roof-climbing. Tao and his peers distinguish themselves from the older generation through their physical roots as well as their view of life. Their adult lives and social experiences began at the dawn of a new century. In a video from 2004, **Three Days Ago**, Tao collaborated with musician B6. The piece derives its name from a line that goes: 'There was nothing three days ago except us.' As a new-generation artist, Song Tao struggles to escape existing influences and to break through barriers set by those before him. Any hint of nostalgia found in his work goes no further back than his own childhood and is a defiantly revised version of the conventional definition of 'nostalgia'. In a reflection of urban life, his work forces people to enter his sphere, distorts the speed at which they get there, immerses them in a dreamland, and asks questions. Does night appear in dreams? Can we think and feel inside our dreams? Song Tao 'processes the past- and present-perfect tenses', using a timescale of obscured or unnoticed human behaviour and city life, as a reminder to people to face the present and anticipate the future.

Another work, **Head of Bird**, contains a similar time-related element. In this collaborative project, he and a friend are photographing each other annually for an album that will be continued until one of them leaves the human world.

The Floor: Life Is Wonderful is a collection of everyday photos in the form of a parquet floor. For this project, Song Tao wrote about his normal activities on a given day – from waking up to 'arriving back home and beginning to write this report. Now it is done.' He often links daily life with artistic creation without differentiating between the two. It's his way to eliminate the barriers that might otherwise prevent him from entering the world of contemporary Chinese art.

Tekst/ Text: Zhang Li

Wuxi S.E.Z. — MADA s.p.a.m. heeft in dit project om de bestaande bebouwing heen een nieuw commercieel bouwproject ontwikkeld. Er is nauwelijks sprake van een gebouw, aangezien architectuur en stedenbouw volledig met elkaar versmolten zijn. In het plan staat niet het iconische gebouw centraal, maar een veelzijdig programma dat zich als een netwerk om de bestaande bebouwing heen wikkelt, deze integreert en de mogelijkheid van een latere uitbreiding openlaat. Er is een compact stedelijk landschap ontstaan dat met bruggen en hellingbanen bestaande gebouwen en nieuwbouw met elkaar verbindt en dat zich via voetgangersbruggen tot in de omliggende wijken uitstrekt. Geïnspireerd door de stedenbouwkundige ideeën van Alison en Peter Smithson heeft MADA s.p.a.m. het bouwblok en de straat typologisch laten samenkomen en deze synthese tot de kern van de nieuwe stedelijke structuur gemaakt. Inhoudelijke programma's en verkeerszones overlappen elkaar en vervlechten zich tot een dicht stedelijk weefsel. In dit project is het MADA s.p.a.m. gelukt de investeerders, het stadsbestuur en de politiek bijeen te brengen in een experiment dat tot op heden in China zeer uniek is.

Wuxi S.E.Z. — In this project, MADA s.p.a.m. has developed a new commercial building project around the existing buildings. One can hardly speak of a building, since architecture and urban design are completely merged. The plan is not based on the iconic building, but on a versatile programme that wraps itself around the existing buildings like a network, integrates them, and leaves open the possibility of extension at a later stage. A compact urbanscape has been created that uses bridges and ramps to connect the existing and the new buildings with one another and that spreads out into the adjacent districts by means of footbridges. Inspired by the urban design ideas of Alison and Peter Smithson, MADA s.p.a.m. has achieved a typological fusion of the building block and the street and made this synthesis the core of the new urban structure. Programmes and traffic zones overlap and interweave to form a dense urban fabric. With this project MADA s.p.a.m. has managed to bring together investors, the city administration and the politicians in an experiment that is highly unique in China to date.

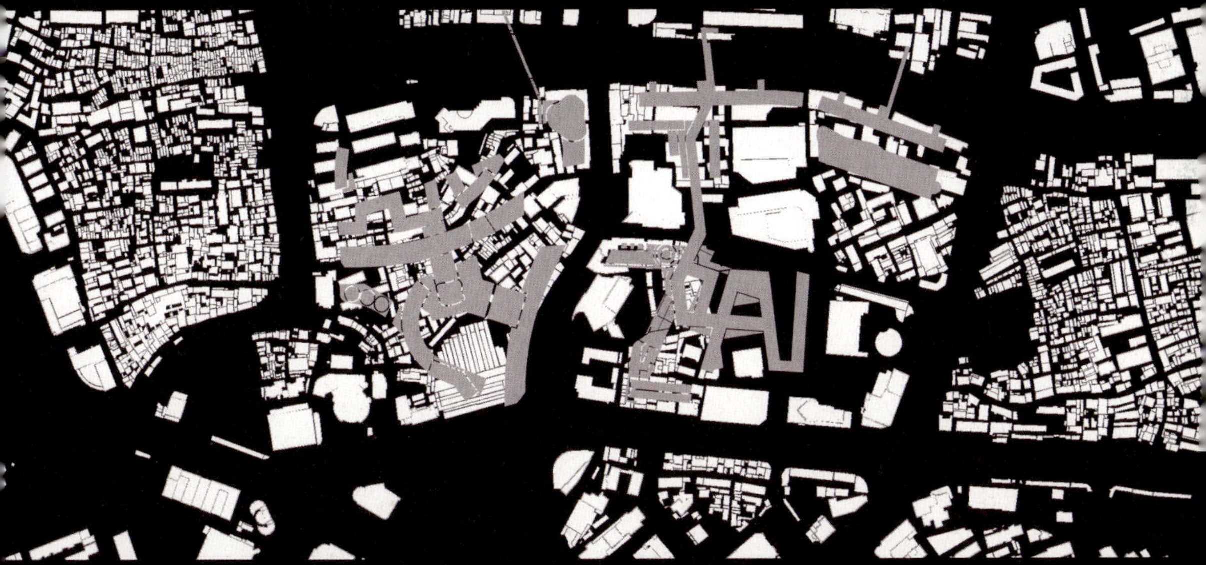

Project: Wuxi S.E.Z. **Architect:** MADA s.p.a.m., Shanghai **Locatie:** Wuxi **Programma/Programme:** Multifunctioneel programma met commercie, amusement, woningen en kantoren/Multifunctional programme with commerce, amusement, housing and offices **Ontwerp-Oplevering/Design-Completion:** 2002–2005 **Bouwterrein/Site specifications:** 159.210 m² **Bouwoppervlak/Building surface area:** 145.000 m² **Foto's/Photos:** MADA s.p.a.m., Jin Zhan

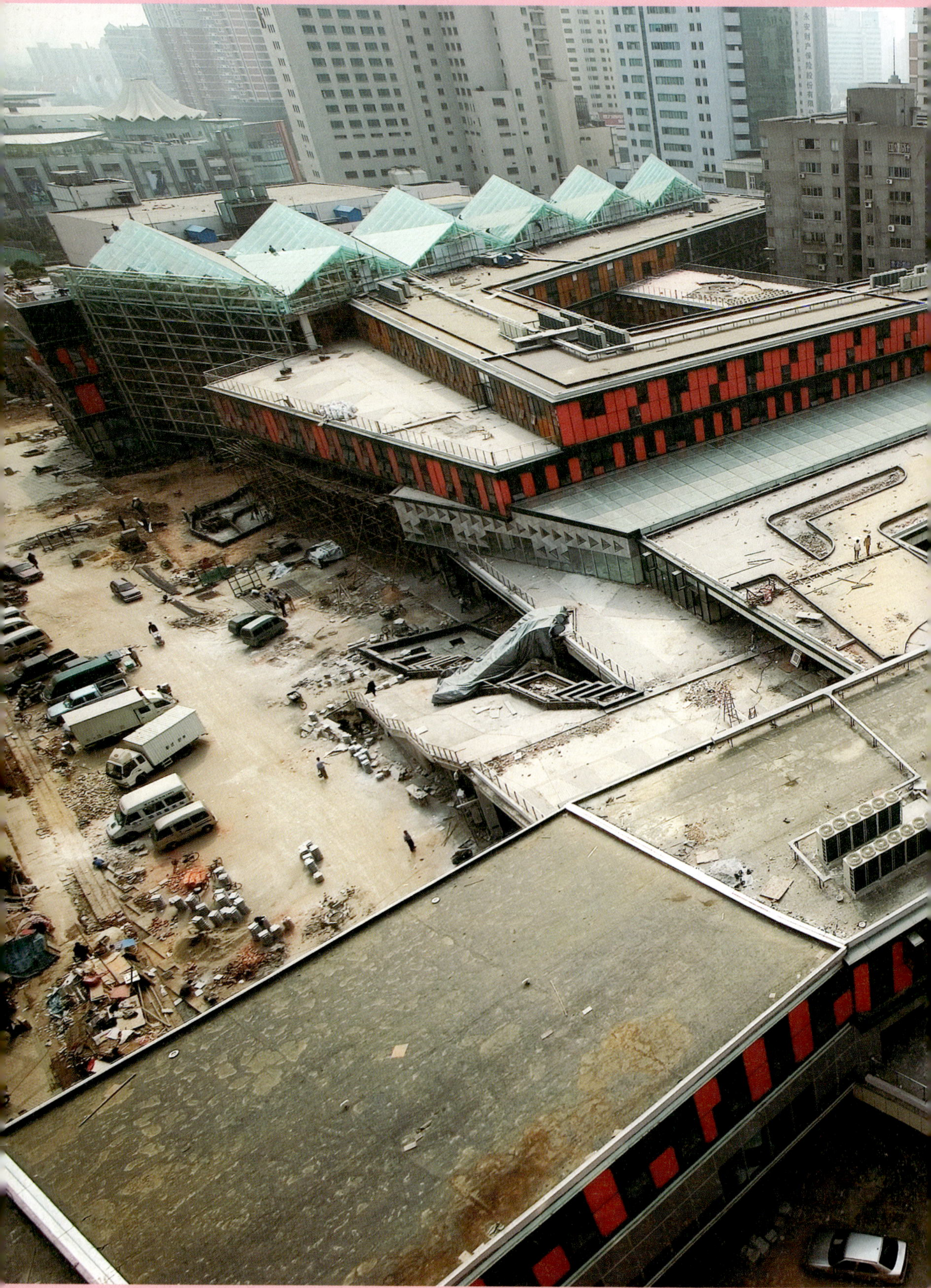

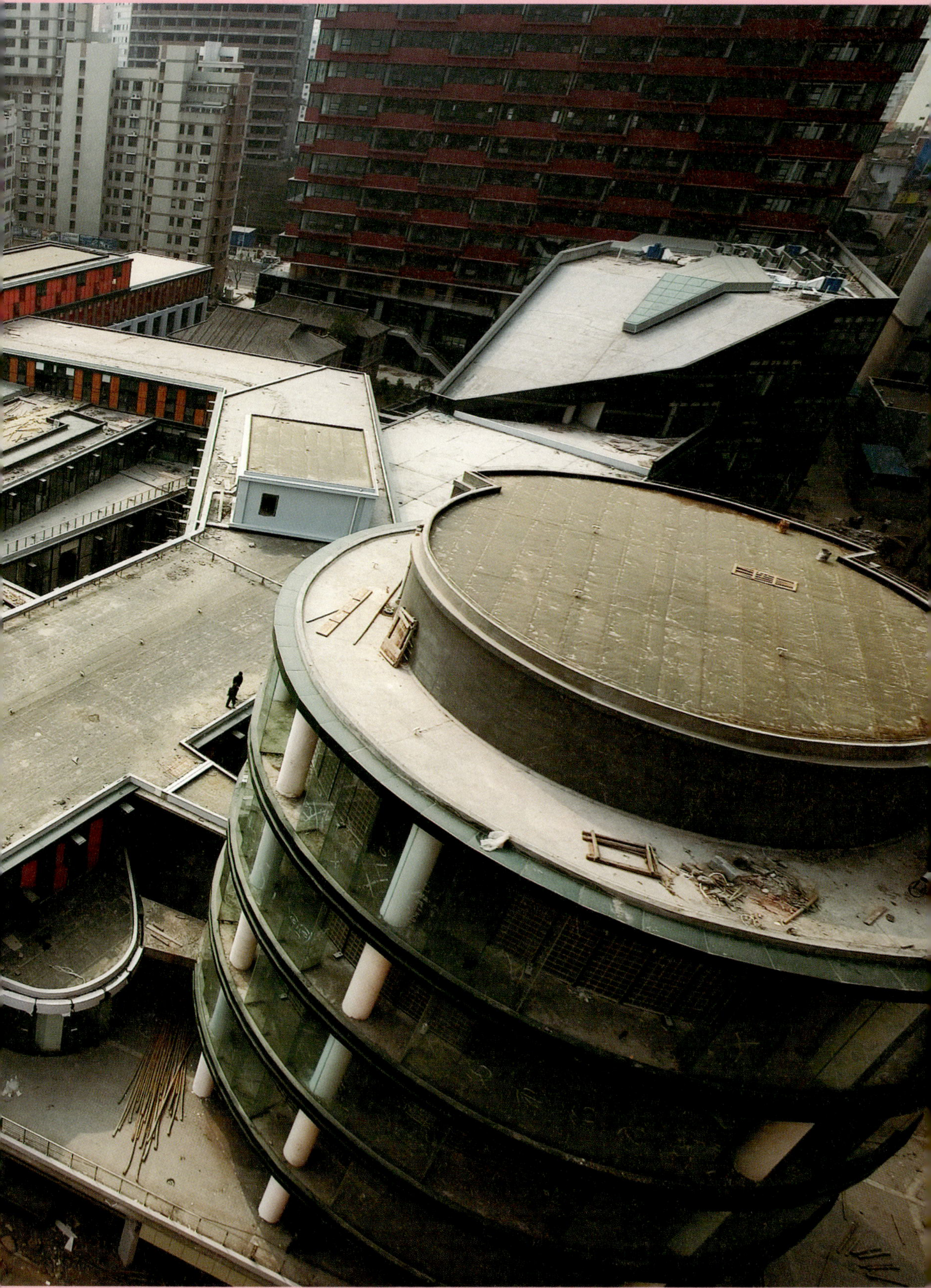

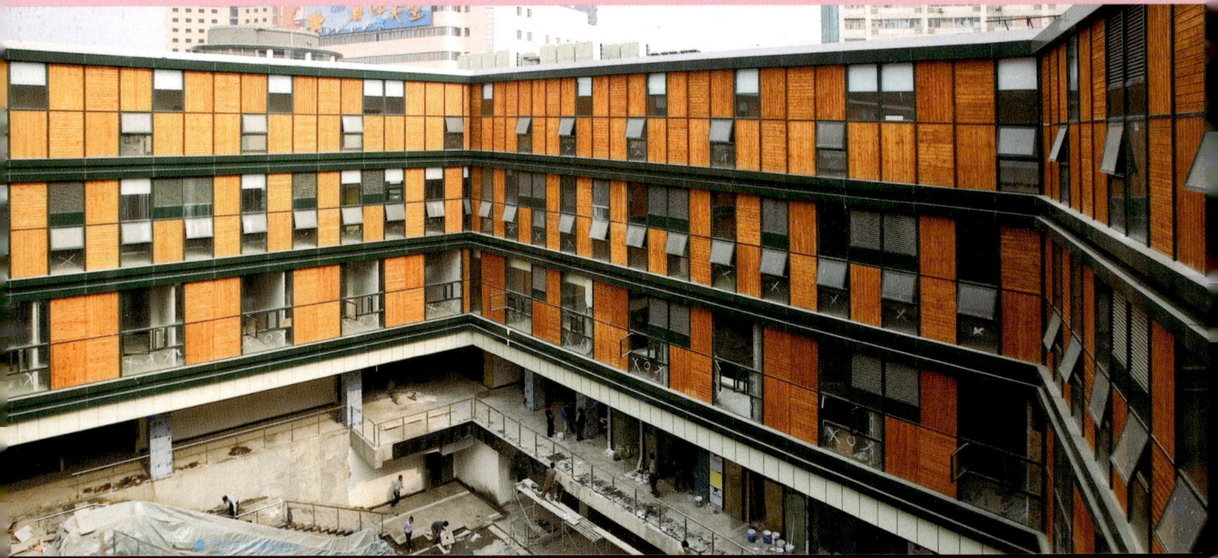

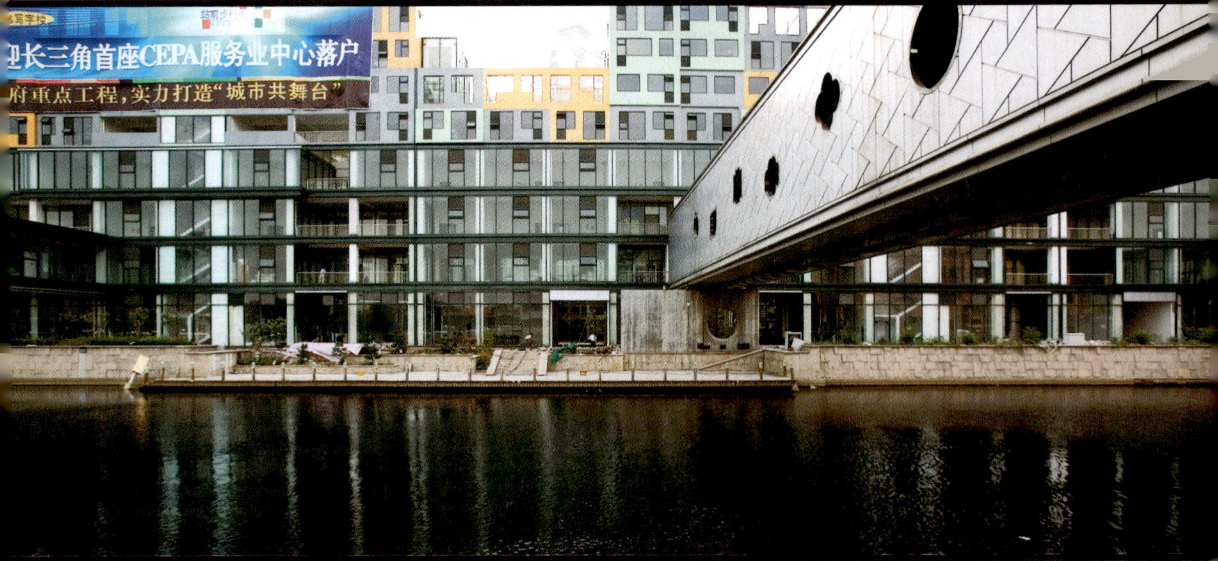
长三角首座CEPA服务业中心落户
府重点工程，实力打造“城市共舞台”

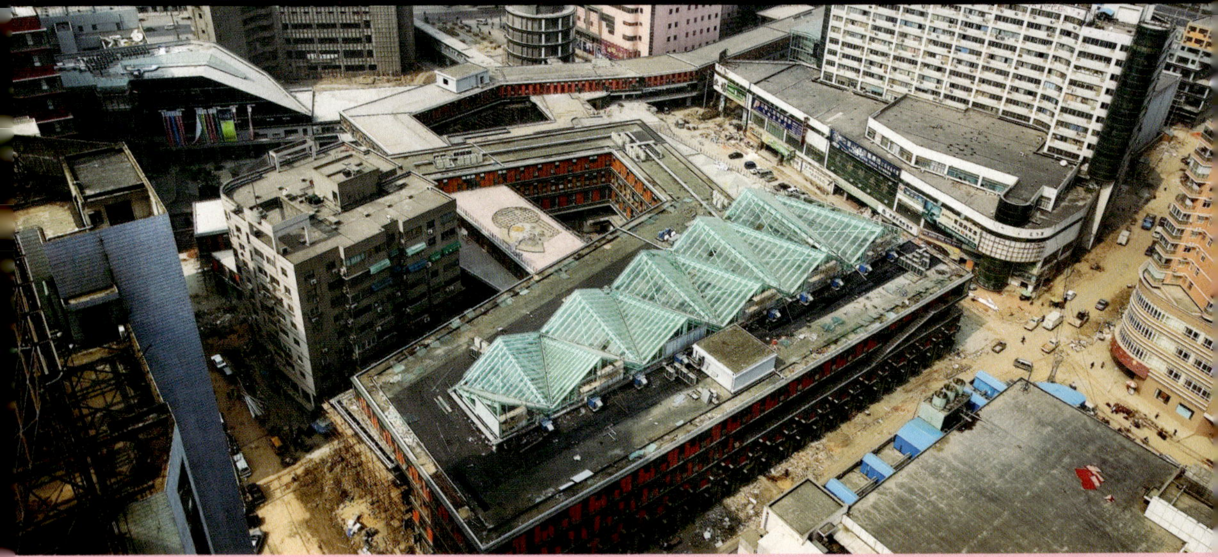

Dafen Art Museum —Het dorp Dafen in de stad Shenzhen is in heel China bekend vanwege het op grote schaal handmatig kopiëren van olieverfschilderijen (60 procent van de wereldmarkt). Hoewel de stedelijke en sociale condities door de bloeiende kunsthandel niet slecht zijn, blijft de enorme bebouwingsdichtheid een vraagstuk. De architecten trachten de bestaande stedelijke structuren te verbeteren en een positieve impuls aan de gemeenschapszin te geven door dit museumgebouw zo toegankelijk mogelijk te maken en er een zeer gevarieerd programma in onder te brengen.

In de wijk zitten ateliers, galeries en winkels momenteel gemoedelijk zij aan zij; naar de straten toe zijn ze volledig open. Het museumontwerp is geïnspireerd op deze bestaande stedelijke en culturele omstandigheden. Een markt voor de verkoop van schilderijen, cafés en andere openbare faciliteiten bevinden zich op de begane grond van het gebouw. Een hellingbaan loopt vanaf het voorliggende plein direct naar de belangrijkste tentoonstellingszaal op de tweede verdieping, terwijl de derde verdieping een binnenplaats met cafés en ateliers huisvest; drie bruggen leiden hier naar de omliggende straten, zodat het gebouw onderdeel kan uitmaken van openbare wandelroutes. Het omliggende gebied is de afgelopen jaren vrij chaotisch bebouwd met woontorens, winkels, een crèche en een basisschool. Met het museum beogen de ontwerpers hier een nieuw openbaar centrum te realiseren.

Dafen Art Museum — The village of Dafen in the city of Shenzhen is known all over China for the large-scale copying by hand of oil paintings (60 per cent of the world market). Although the urban and social conditions are not bad because of the flourishing art market, the enormous building density is a problem. The architects try to improve the existing urban structures and to provide a positive impulse to the sense of community by making this museum building as open as possible and by incorporating a highly varied programme in it.

At the moment studios, galleries and shops genially rub shoulders in the neighbourhood; they are completely open on the street side. The museum design is inspired by these existing urban and cultural conditions. A market for the sale of paintings, cafés and other public amenities is located on the ground floor of the building. A ramp leads from the square in front of it directly to the main exhibition space on the second floor, while the third floor accommodates an inner courtyard with cafés and studios; three bridges here lead to the adjacent streets, so that the building can become a part of pedestrian routes. The surroundings have been built up in a fairly chaotic way over the last few years with tower blocks, shops, a kindergarten and a primary school. The designers intend their museum to create a new centre for the community here.

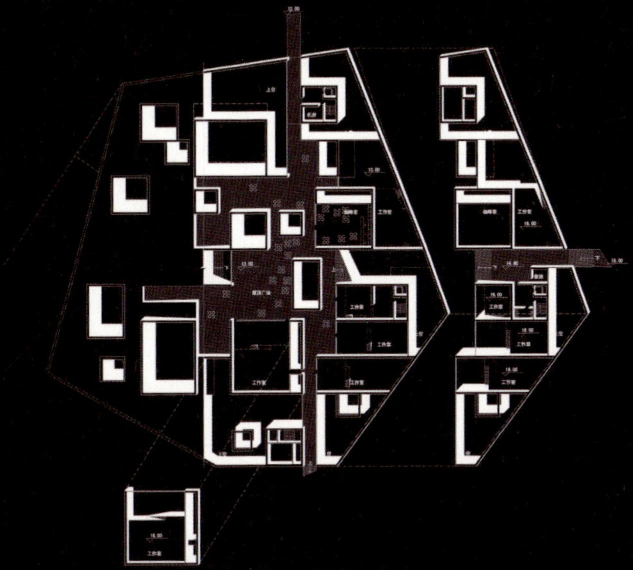

Project: Dafen Art Museum **Architect:** Urbanus, Beijing, Shenzhen **Locatie/Location:** Dafen, Shenzhen **Programma/Programme:** Museum, winkels, ateliers/Museum, shops, studios **Ontwerp/Design:** 2005–2006 **Bouwterrein/Site specifications:** 11.243 m² **Bouwoppervlak/Building surface area:** 16.866 m² **Foto's/Photos:** Zeng Guangsheng, Li Hui

Tweede verdieping met in het midden een plein omgeven door ateliers/
Third floor with square in the middle surrounded by workshops

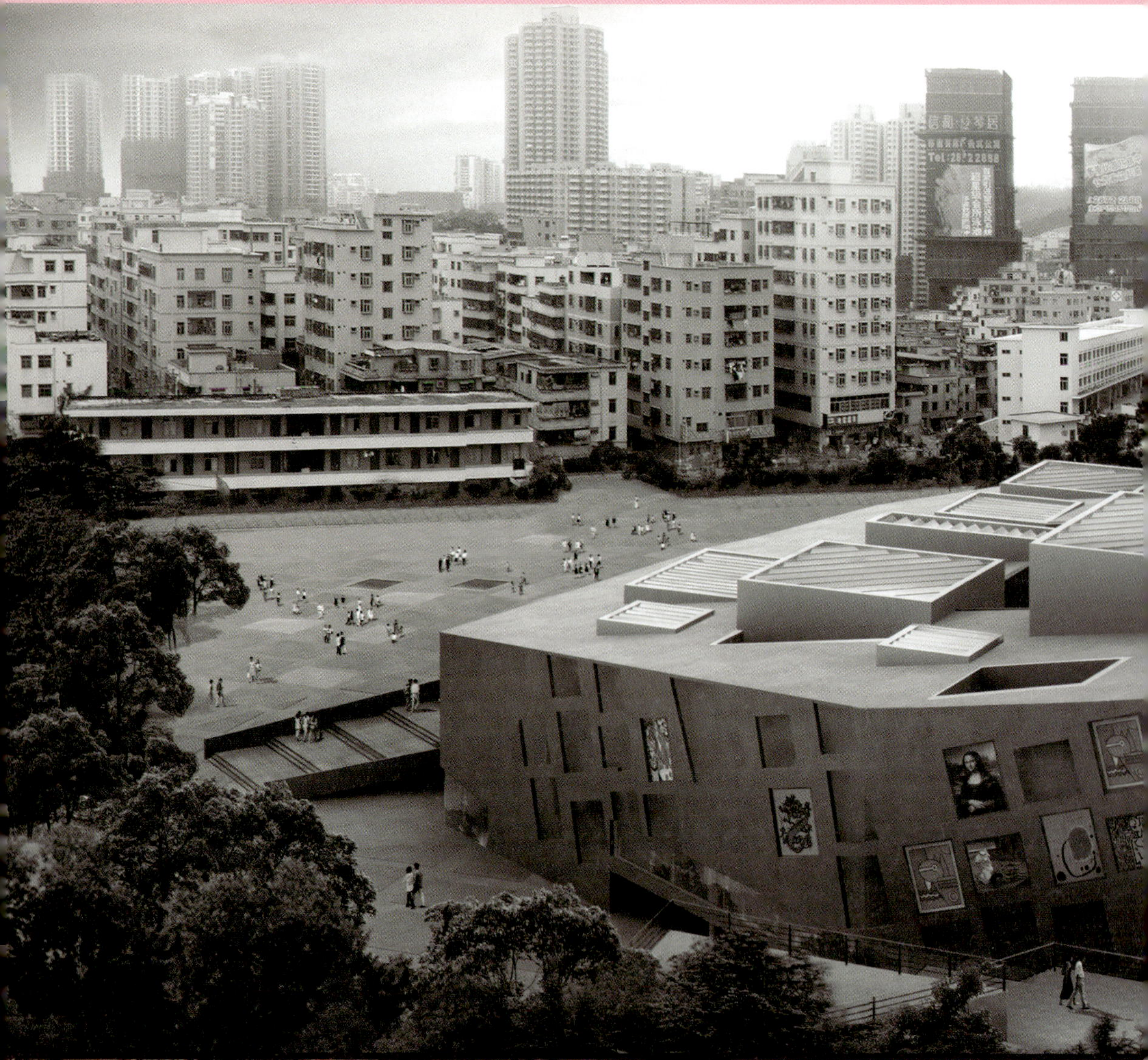

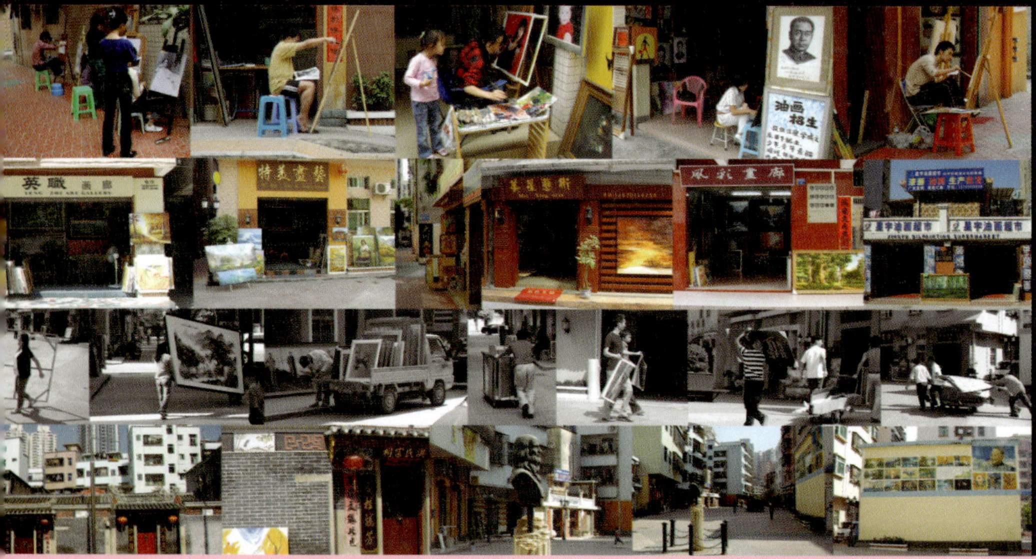

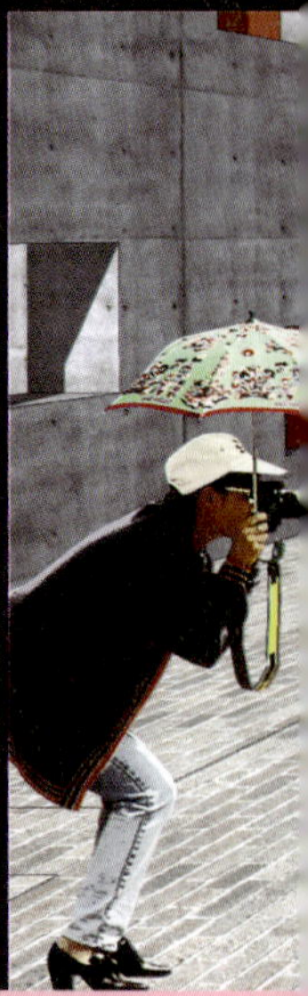

(linksonder/bottom left) Bestaande situatie in Dafen/Current situation in Dafen

(rechtsonder/ bottom right) Plein op de tweede verdieping omgeven door ateliers/Square on the third floor surrounded by workshops

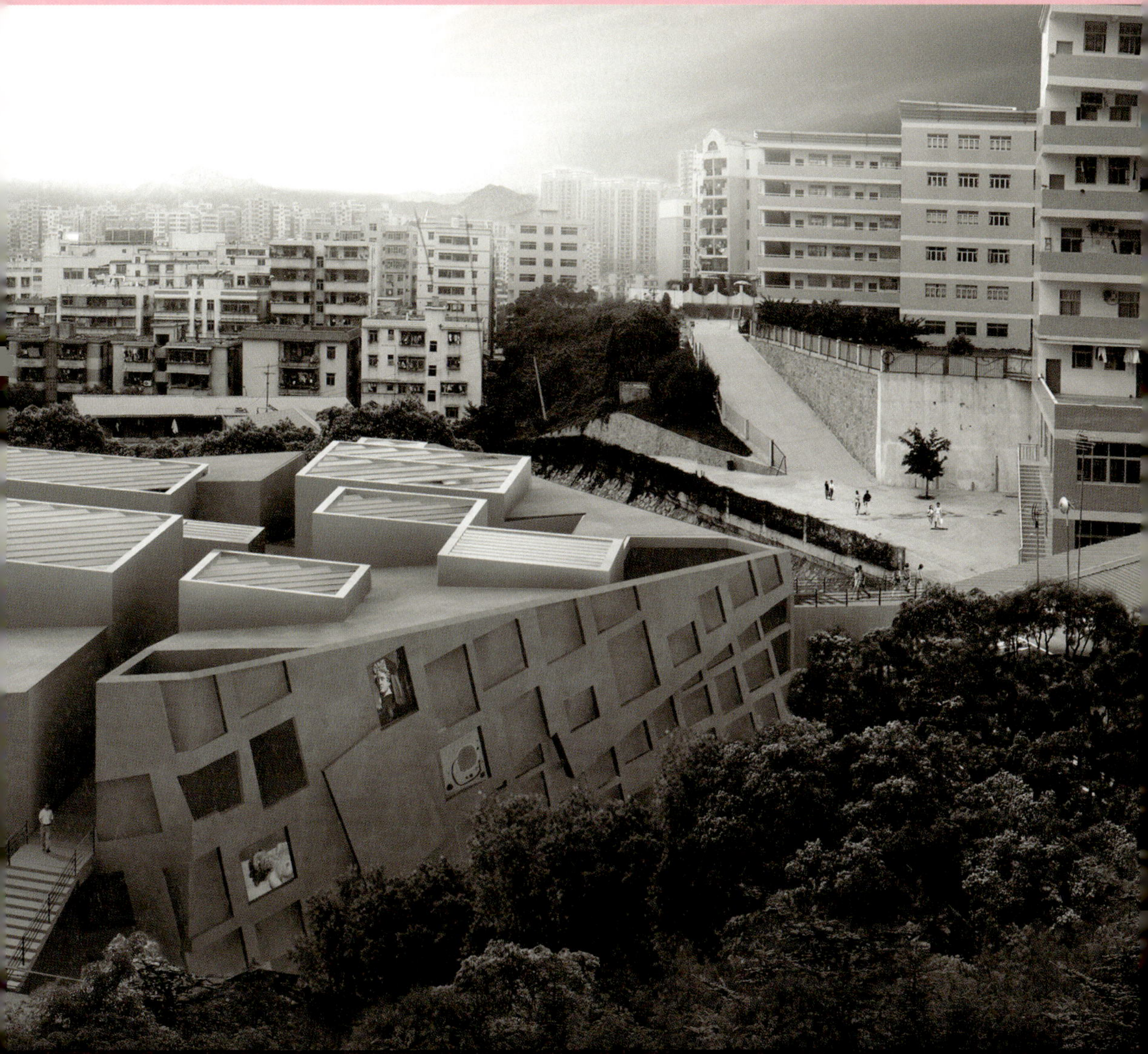

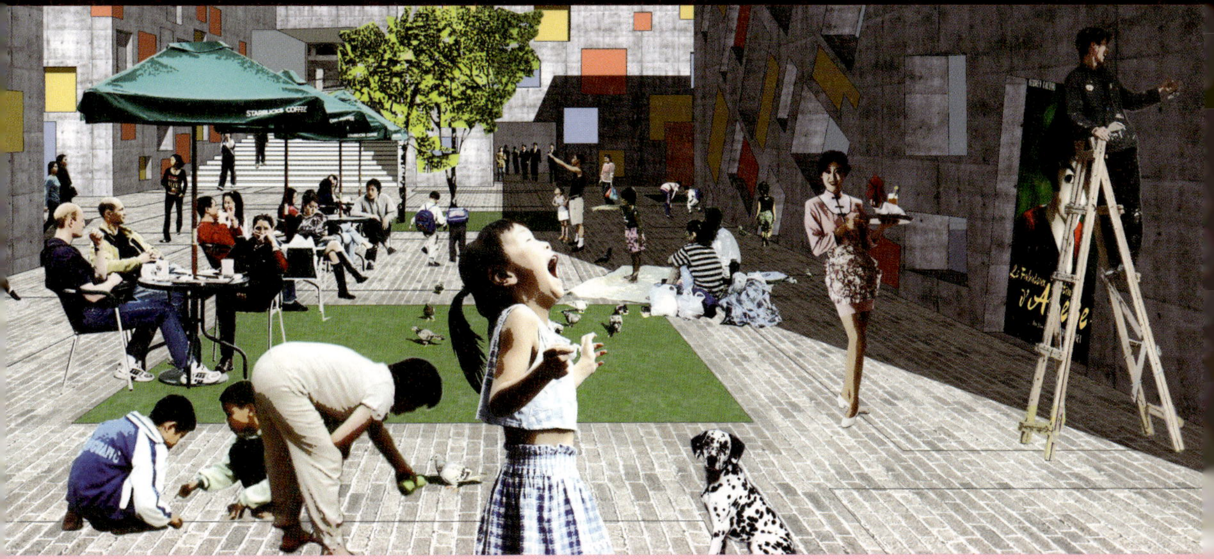
STARBUCKS COFFEE

Tianqiao Plaza — De wijk Tianqiao staat al eeuwenlang bekend om het levendige aanbod van restaurants, winkels en vooral kleine theaters met Chinese opera, muziek, acrobatiek en dans. Tianqiao ligt in historisch Beijing iets ten westen van de Tempel van de Hemel. Het is een wijk die onder grote druk staat aangezien de grondprijzen in de binnenstad de afgelopen jaren enorm zijn gestegen en alleen grootschalige commerciële projecten hier in de toekomst rendabel zullen zijn. In zijn concept voor een commercieel complex midden in de wijk, geeft architect Liang Jingyu nadrukkelijk ruimte aan kleinschalige activiteiten om het karakter van de wijk niet helemaal verloren te laten gaan. Aan de noordzijde van het complex ligt een plein waarvan het openbare karakter middels een centraal gelegen, open, brede trap het langwerpige gebouw in wordt gezogen. Met aan weerszijden winkels en restaurants leidt de trap naar het dak van het gebouw, dat als een extra vloer voor winkels, theaters en andere kleine ondernemingen fungeert. De trap functioneert als een straat en verbindt meerdere verdiepingen met elkaar zodat er een levendige verkeersstroom ontstaat.

Tianqiao Plaza — The Tianqiao district has been famous for centuries for its lively range of restaurants, shops and above all small theatres with Chinese opera, music, acrobatics and dance. Tianqiao is situated in historical Beijing slightly West of the Temple of Heaven. It is a district under strong pressure because of the enormous rise in the price of land in the inner city during the last few years, so that only large-scale commercial projects will be economically viable here in the future. In his concept for a commercial complex right in the middle of the district, architect Liang Jingyu deliberately leaves space for small-scale activities to prevent the district from losing its character completely. On the North side of the complex is a square whose public character is absorbed into the elongated building by means of a wide, open stairway in the centre. Flanked on either side by shops and restaurants, the staircase leads to the roof of the building, which functions as an extra floor for shops, theatres and other small enterprises. The stairs function as a street and connect several levels with one another to produce a lively flow of traffic.

Project: Tianqiao Plaza **Architect:** Approach Architecture Studio (Liang Jingyu en/and Jin Jiang, Sebastian Linack, Gu Wei), Beijing **Locatie/Location:** Beijing **Programma/Programme:** Winkels, restaurants, hotel en amusement/Shops, restaurants, hotel and amusement **Ontwerp/Design:** 2005 **Bouwterrein/Site specifications:** 16.524 m^2 **Bouwoppervlak/Building surface area:** 91.895 m^2 (45.319 m^2 boven de grond/ above ground level) **Foto's/Photos:** Pan Hong

Liang Jingyu (Approach Architecture Studio), Beijing (1969)
Opleiding/Education: BArch, Tianjin University 1991 **Oprichting bureau/Start of practice:** 1991 **Bureau/Practice:** Vennootschap/Partnership **Medewerkers/Members of staff:** 110 **Gerealiseerde projecten/Completed projects:** 5 (2003–2006) **Projecten in aanbouw/Projects under construction:** 1-2 per jaar/every year **Aantal prijsvragen/Number of competitions:** 3-5 per jaar/every year **Aantal ontworpen projecten/Number of designed projects:** 30 **Website:** www.approacharchitecture.com

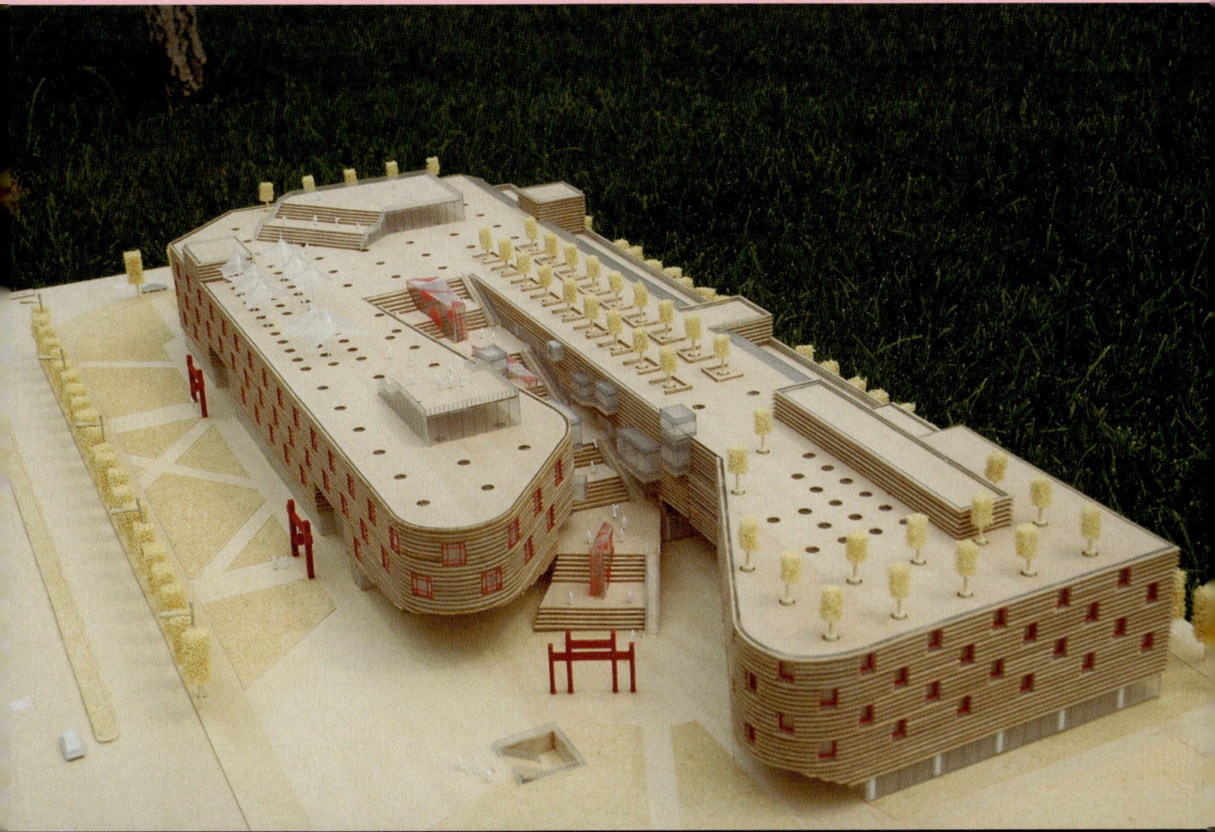

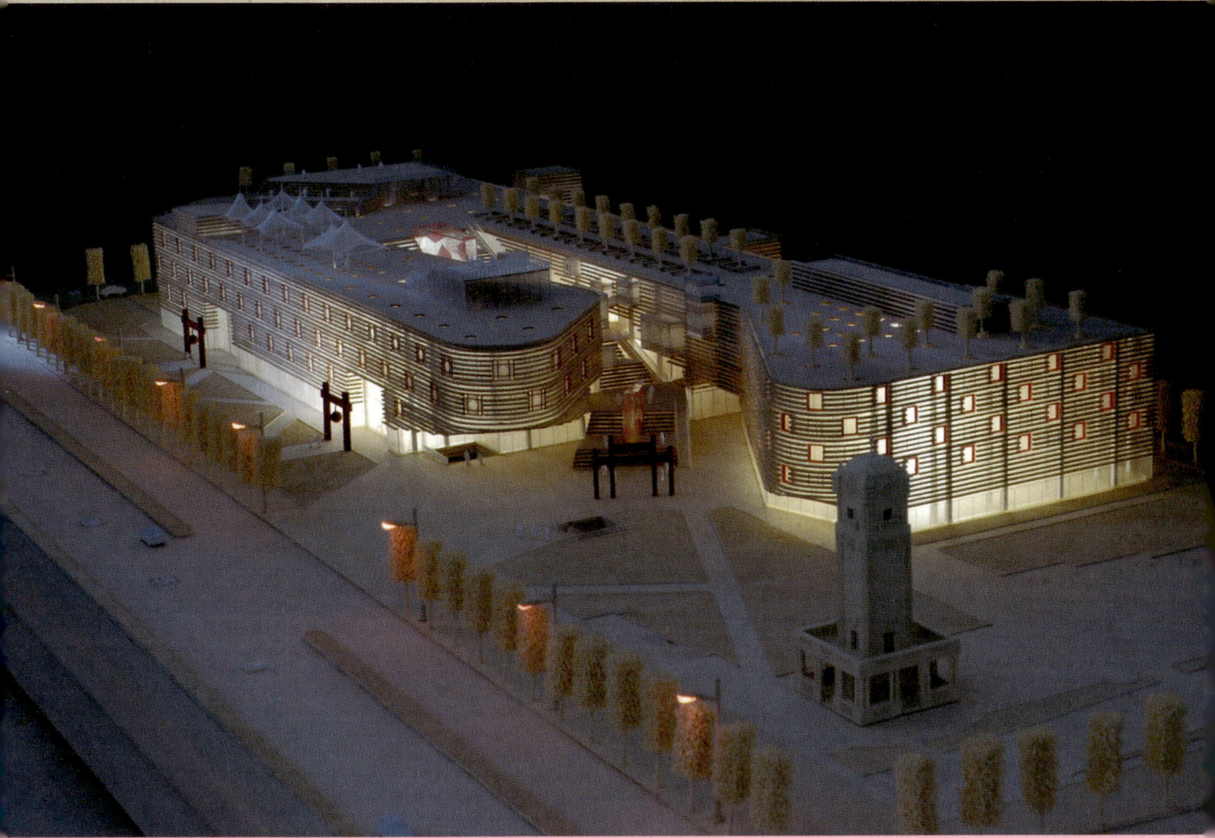

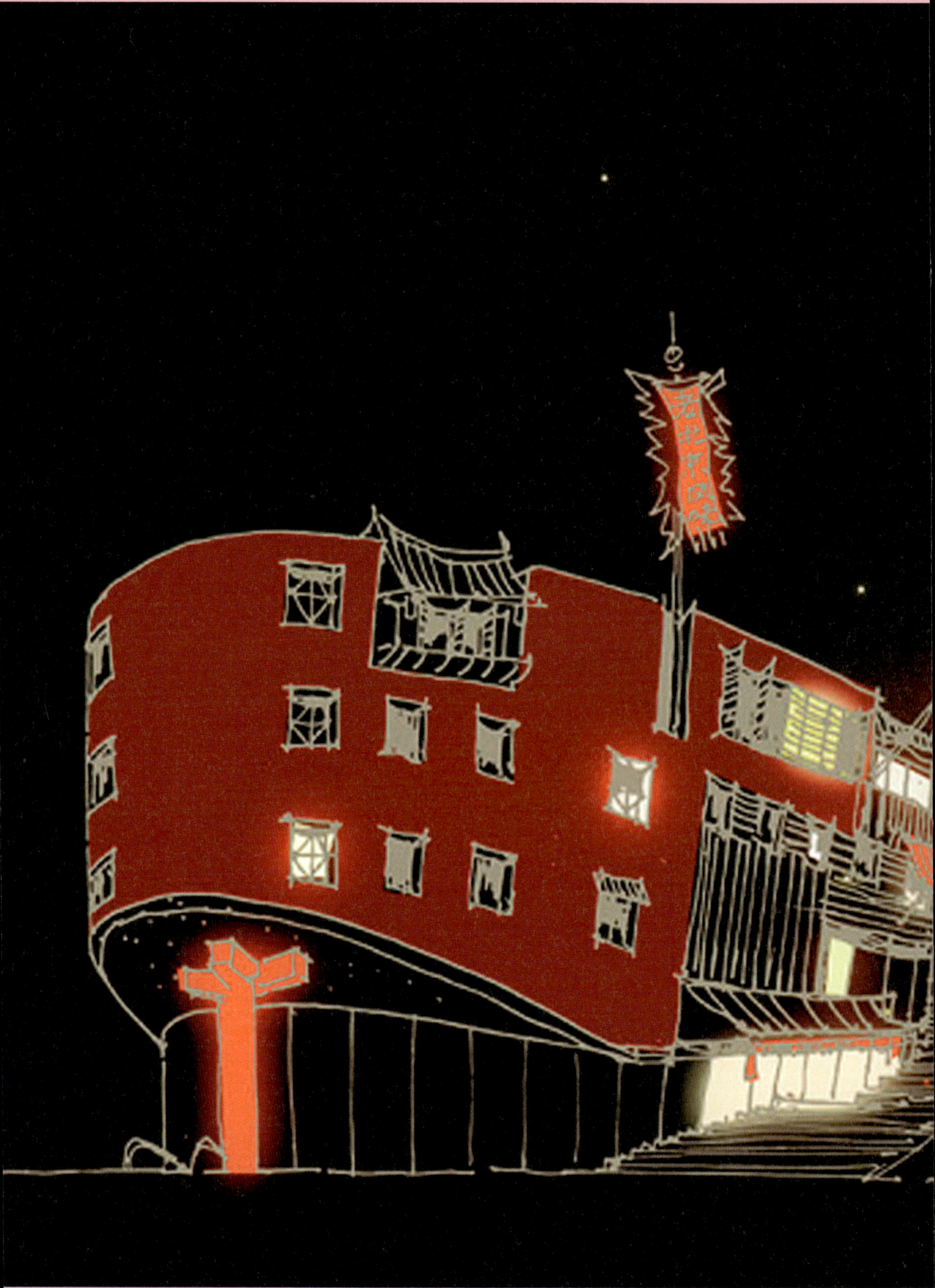

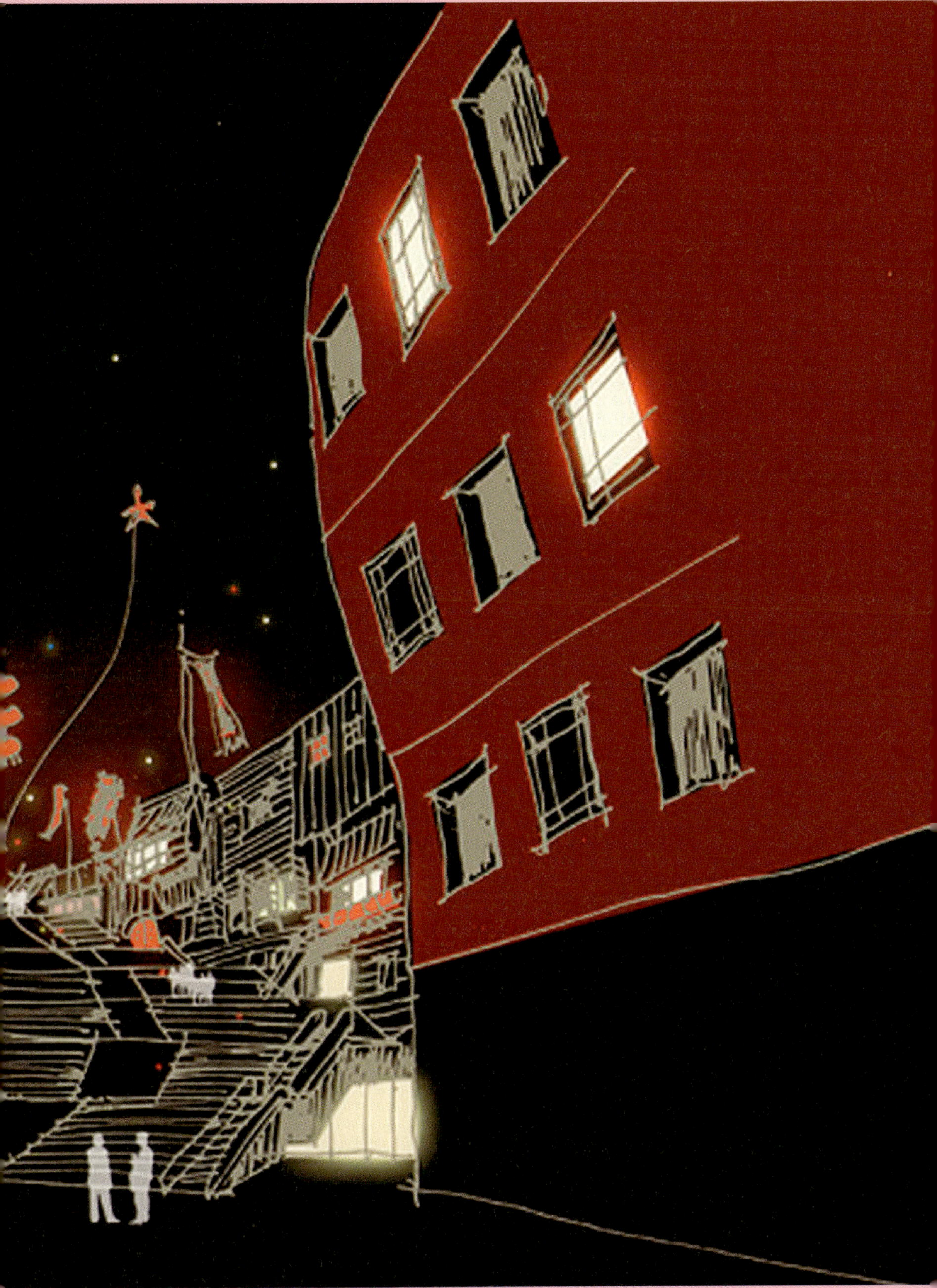

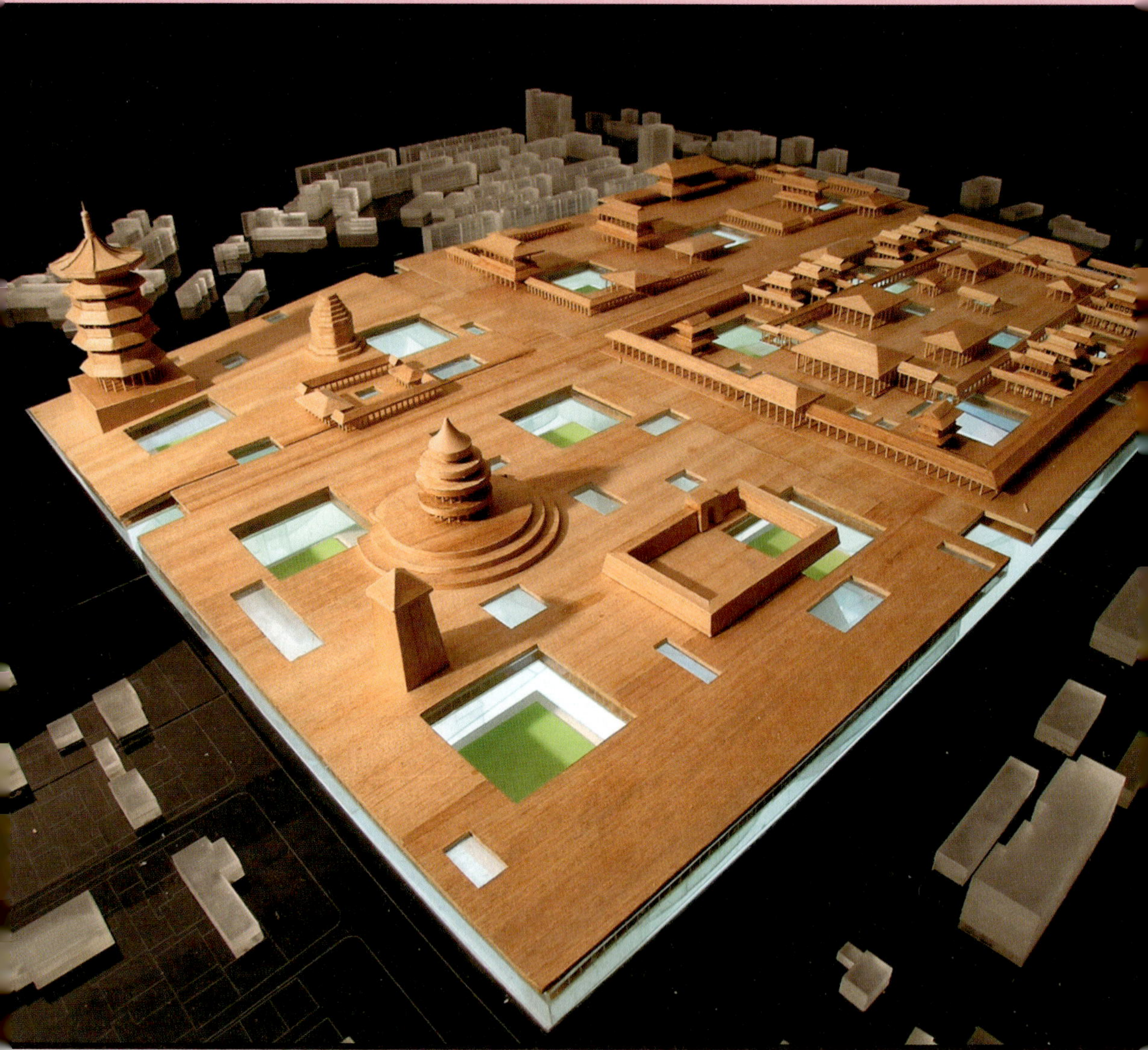

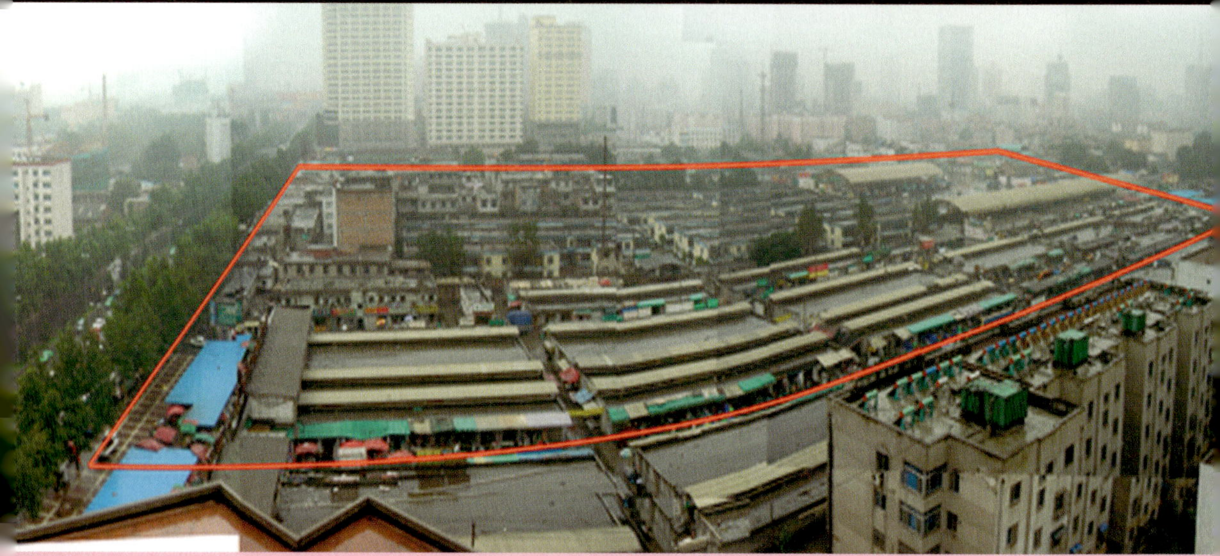

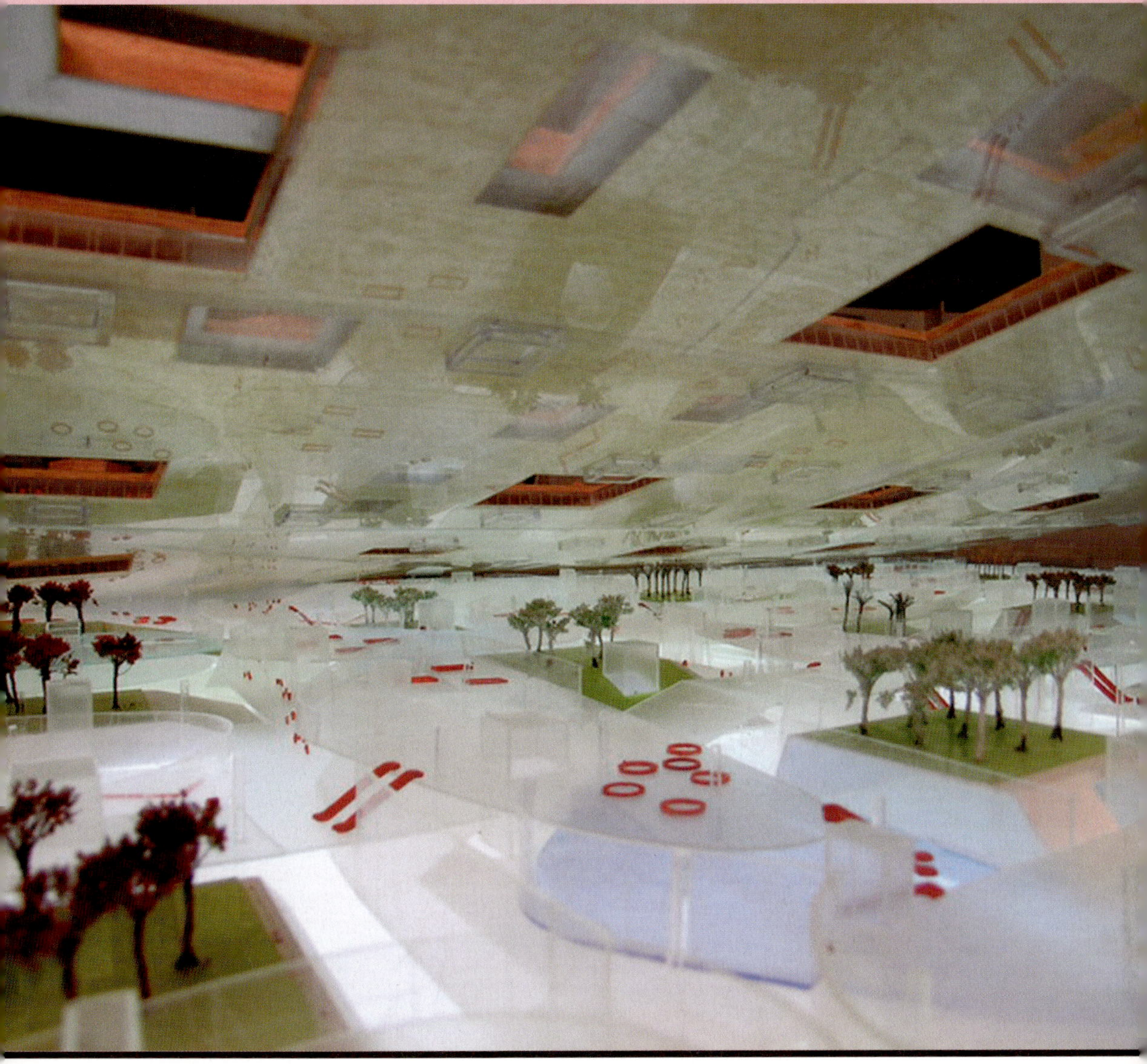

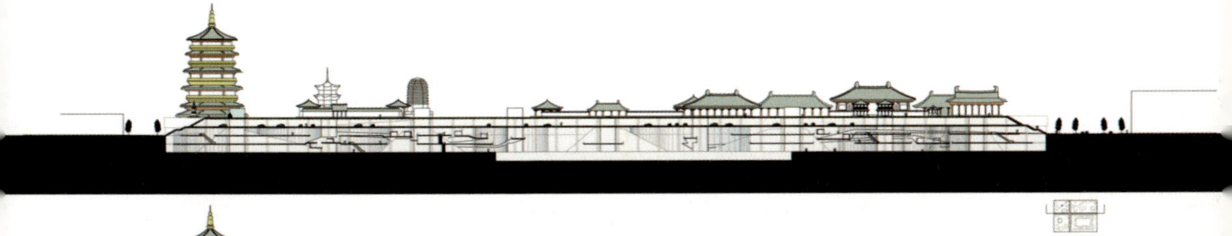

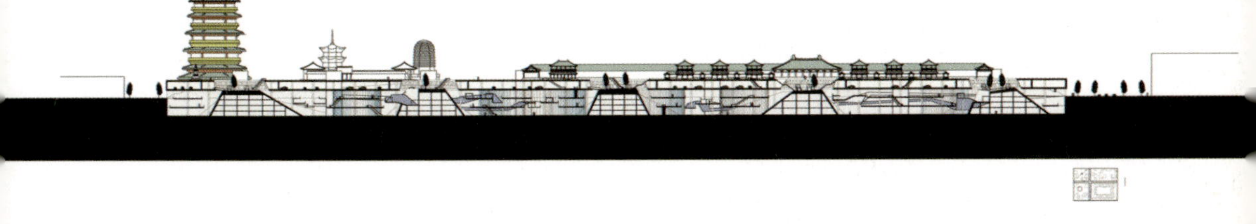

Lengtedoorsneden / Longitudinal sections

West Market in the Air — In dit concept is een poging gedaan geschiedenis, archeologie en commercie op een uitdagende manier met elkaar in een multifunctioneel gebouw te combineren. Hierin stond de ambitie centraal een eeuwenoude beschaving met de hedendaagse cultuur op een respectvolle manier te verweven.
Tijdens de Tangdynastie (618–907) was Xi'an de hoofdstad van China. Het vormde ook het oostelijk eindpunt van de zijderoute en trok om die reden veel handelaren aan. MADA s.p.a.m. borduurt in zijn concept voort op het multifunctionele marktcomplex (1 km²) dat hier ooit tijdens de Tangdynastie heeft gestaan. Het nieuw ontworpen gebouw heeft een vloeroppervlak van 400.000 m² en is opgesplitst in vier lagen met ieder een eigen programma. De bovenste, meest zichtbare laag is naar het voorbeeld van een paleis uit de Tangdynastie vormgegeven en is volgens het architectenbureau gethematiseerd als ware het een filmdecor. Helemaal onderin bevinden zich de archeologische opgravingen, die openbaar toegankelijk zijn. De twee tussengelegen lagen herbergen een verdieping met winkels en een verdieping met parkeerplaatsen en een aantal diensten. De gelaagdheid van het gebied komt terug in de gelaagdheid van het ontwerp met het stimuleren van opgravingen, het aanbrengen van programma's in verschillende niveaus en met verzonken tuinen die deze gelaagdheid weer zichtbaar maken.

West Market in the Air — This concept is an attempt to combine history, archaeology and commerce with one another in a challenging way in a multifunctional building. The main ambition was to interweave a time-hallowed civilization with present-day culture in a respectful way.
During the Tang dynasty (618–907), Xi'an was the capital of China. It was also the Eastern terminus of the silk route and therefore attracted many traders. The MADA s.p.a.m. concept is a reinterpretation of the multifunctional market complex (1 km²) that stood here during the Tang dynasty. The new building has a floor surface of 400,000 m² and is divided into four levels, each with a programme of its own. The top level, which is the most visible, has been designed after the example of a palace of the Tang dynasty. The archaeological finds, which are open to the public, are on the bottom level. The two intermediate levels accommodate a floor with shops and a floor with parking lots and a number of facilities. The layered nature of the location is reflected in the layered quality of the design with the promotion of excavations, the accommodation of programmes on different levels, and the sunken gardens that make this layered quality visible.

Project: West Market in the Air **Architect:** MADA s.p.a.m. (Ma Qingyun, Sunny Chen, Stephan Jentsch, Peter Knutson, Jessica Yin, Gilles Muoy, Daniel Pryor, I-Shin Chow), Shanghai **Locatie/Location:** Xi'an **Programma/Programme:** Commercieel/Commercial **Ontwerp/Design:** 2003 **Bouwterrein/Site specifications:** 300.480 m² **Bouwoppervlak/Building surface area:** 508.625 m² **Foto's/Photos:** MADA s.p.a.m.

Xing Danwen — Xing Danwen is een vooraanstaande kunstenares uit Beijing die regelmatig exposeert en zich sterk betrokken voelt bij de problemen van globalisering en verstedelijking. De laatste jaren gebruikt ze vooral video en fotografie om uitdrukking te geven aan haar ervaringen met en analyse van de maatschappelijke realiteit van het dagelijkse leven.

Haar video **Sleep Walking** uit 2001 bestaat uit twee clips van tien minuten, beide met dezelfde soundtrack, die tegelijkertijd worden vertoond op een muur en op een perspex kast in Mingstijl. De video's laten zien wat de kunstenares ervoer tijdens een reis rond de wereld, terwijl ondertussen traditionele Chinese muziek wordt gecombineerd met alledaagse Chinese geluiden. Het werk gaat over ontworteling en de vermenging van herinnering en realiteit. China wordt verbonden met de rest van de wereld en tijd en ruimte worden gebruikt om slaapwandelen en ongrijpbaarheden te verhelderen.

Voor **Disconnection** en **Duplication**, beide uit 2002, baseerde zij zich op gegevens over Guangdong; hier verdienden bijna honderdduizend mensen hun brood met het ontmantelen van door westerse landen gedumpte elektronische apparaten, waarbij zij werden blootgesteld aan giftige stoffen, zoals kwik. Haar beelden van het afval geven een abstract landschap in prachtige kleuren te zien, beelden waarmee niet louter een esthetisch effect wordt beoogd maar die tevens zijn bedoeld als illustratie van de vernietigende invloed van de globalisering.

Urban Fiction, een serie foto's uit 2005, weerspiegelt de onroerendgoedkoorts in Beijing en Shanghai tegen de achtergrond van de Chinese stadsontwikkeling. Xing Danwen fotografeerde architectonische maquettes, zoals die vaak te zien zijn in de kantoren van projectontwikkelaars. Een verhaal suggererend, voegt de kunstenares kleine scènes toe aan foto's.

De serie verwijst naar de angst en verwarring bij vrouwen die een middenklassenleven willen bereiken, naar de eenzaamheid en het isolement van stedelingen en naar de vervreemding die zijn wortels heeft in het stadsleven. Het plaatsen van mensen in een fragiele omgeving met als doel het te koop aangeboden onroerend goed een wat menselijker gezicht te geven, schept een gevoel van illusie en trucage. Lelijke gebouwen baden in het licht van een rozig utopisch idealisme, maar toch is iedere foto een beeld van een echt, smetteloos stedelijk landschap. Xing Danwen reproduceert de levens en gedachten van stedelingen met ironie, fictie, irrelevantie, compilatie, realiteit and illusie.

Xing Danwen — Xing Danwen is a prominent, regularly exhibited, Beijing-based artist and photographer with a keen eye for globalization and urbanization issues. Over the past few years, she has used videos and photographs to express her experience and analysis of social reality and everyday life.

Her **Sleep Walking** video from 2001 consists of two ten-minute clips, both with the same soundtrack, that are projected simultaneously on a wall and on a transparent Ming-dynasty-style case made of Lucite. The videos convey what she experienced during a trip around the world, and the soundtrack combines traditional Chinese music with the everyday sounds of China. The work is about dislocation and the fusion of memory with reality. It unites China with the rest of the world and uses time and space to clarify elusiveness and sleep walking.

Xing Danwen drew inspiration for projects created in 2002, **Disconnection** and **Duplication**, from data she discovered about Guangdong, where nearly 100,000 people earning a living dismantling electronic rubbish and industrial waste dumped by Western nations are exposed to poisonous substances such as mercury. Her simplified images of trash show an abstract landscape in beautiful colours, scenes that reveal globalization as a double-edged sword rather than aiming for a solely aesthetic effect. Western nations may drive economic growth in other parts of the world, which benefit from globalization, but they also penetrate certain regions and societies in a negative way. And in China, globalization is a bitter, sugar-coated pill.

Urban Fiction, a series of photos from 2005, reflects real-estate fever in Beijing and Shanghai against the background of Chinese urbanization. Xing Danwen shot models of architectural and community-planning designs, such as those exhibited in real-estate offices, combining them with narratives, she places little scenes in the photographs.

The resulting series imparts the anxiety and confusion of women longing for middle-class lives, the loneliness and isolation of urban residents, and the estranged relations rooted in city living. People inserted into fragile environments to humanize real estate for sale create a sense of illusion and subterfuge. Unsightly buildings bathe in the light of rosy utopian idealism, yet each photo is a real, unblemished urban landscape. Xing Danwen reproduces the lives and thoughts of urbanites with irony, fiction, irrelevance, compilation, reality and illusion.

Tekst/Text: Huang Du

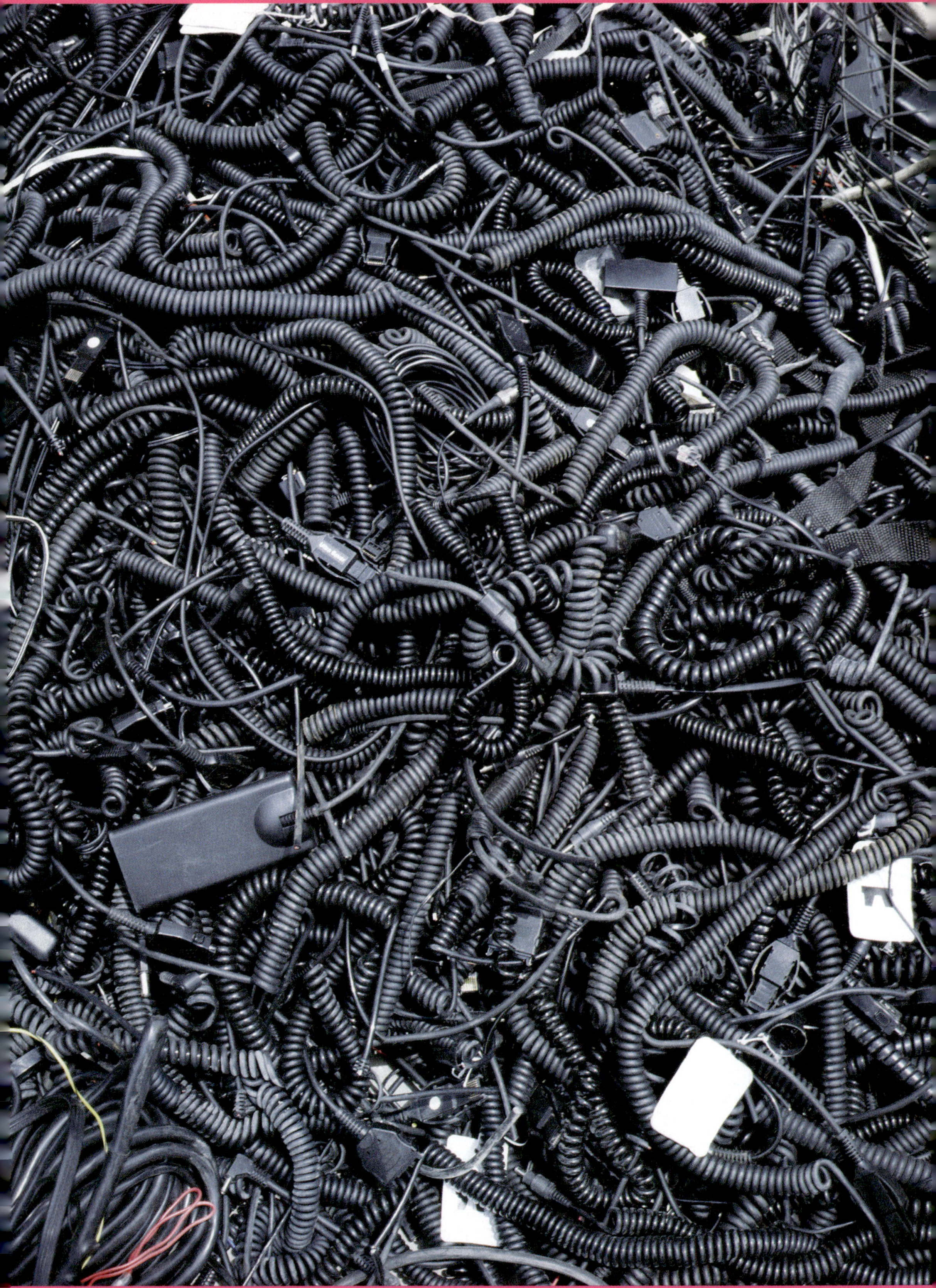

disCONNECTION, 2002–2003
foto/photo, 148 x 120 cm

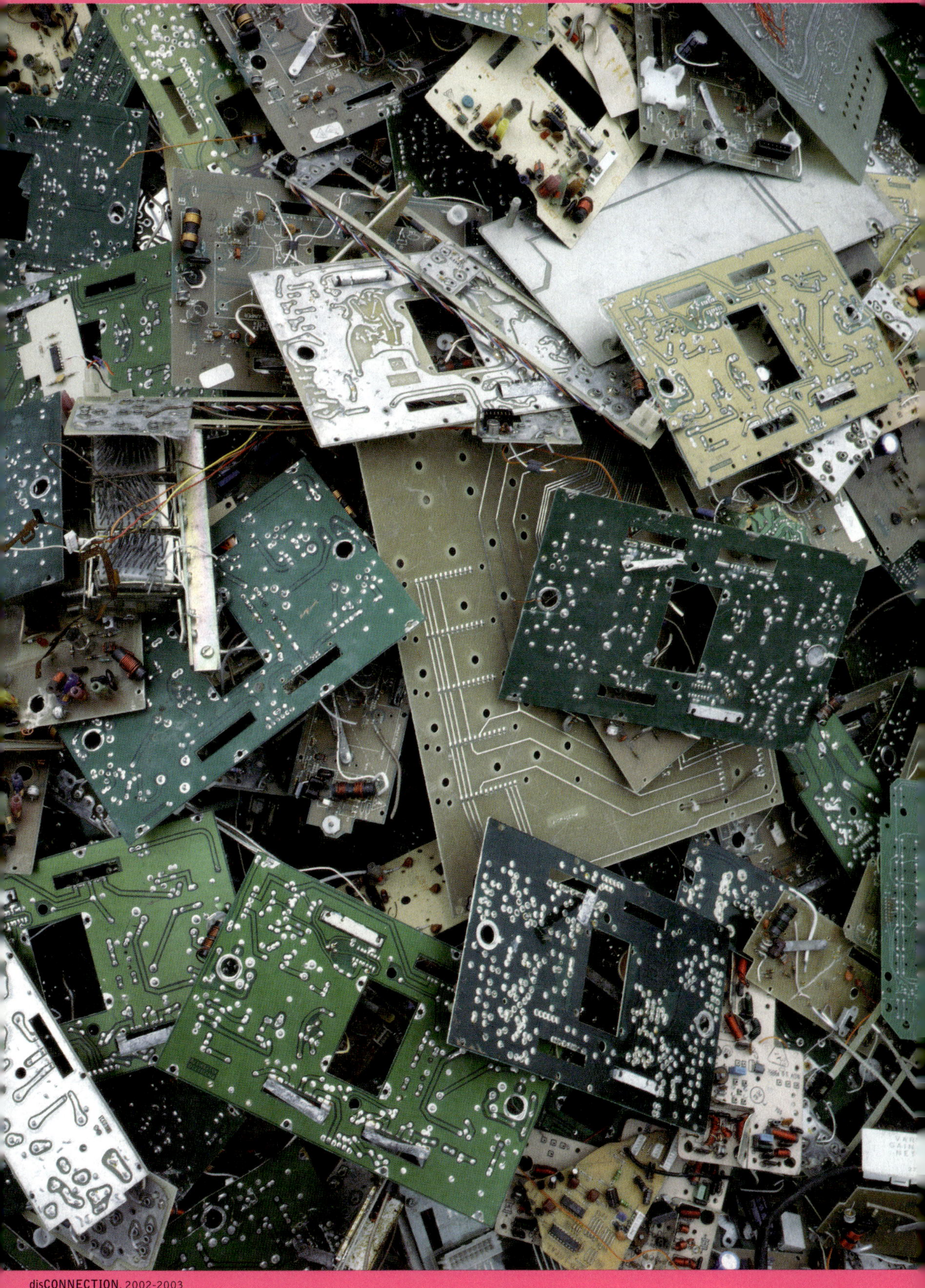

disCONNECTION, 2002-2003
foto/photo, 148 x 120 cm

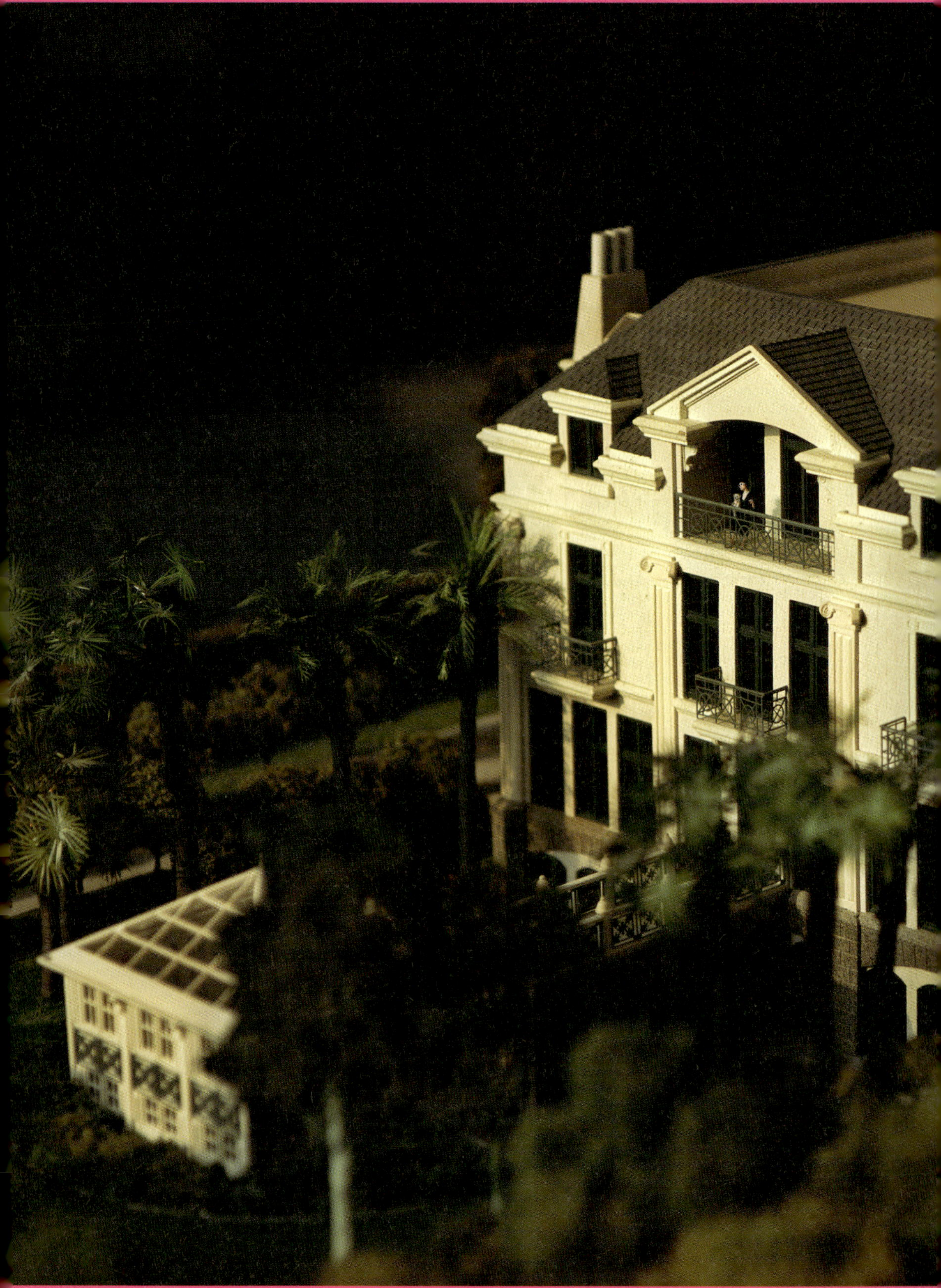

Urban Fiction, 2004-2005
foto/photo, 224,5 x 170 cm

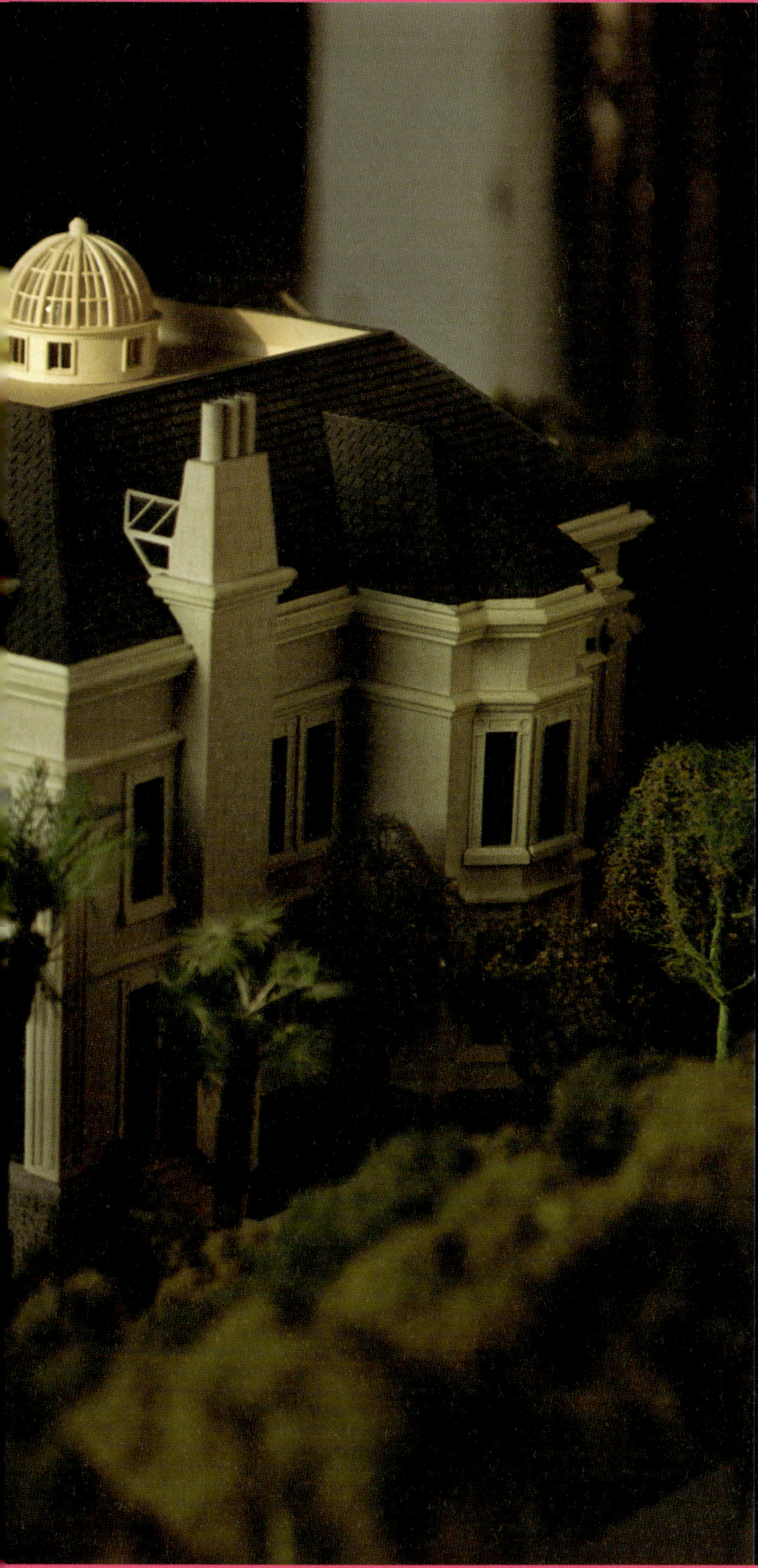

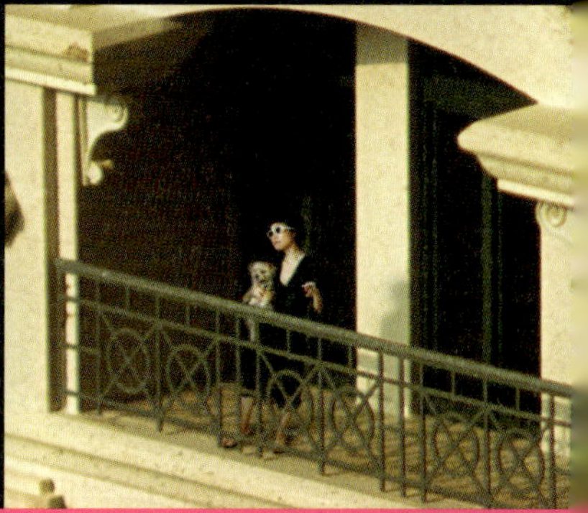

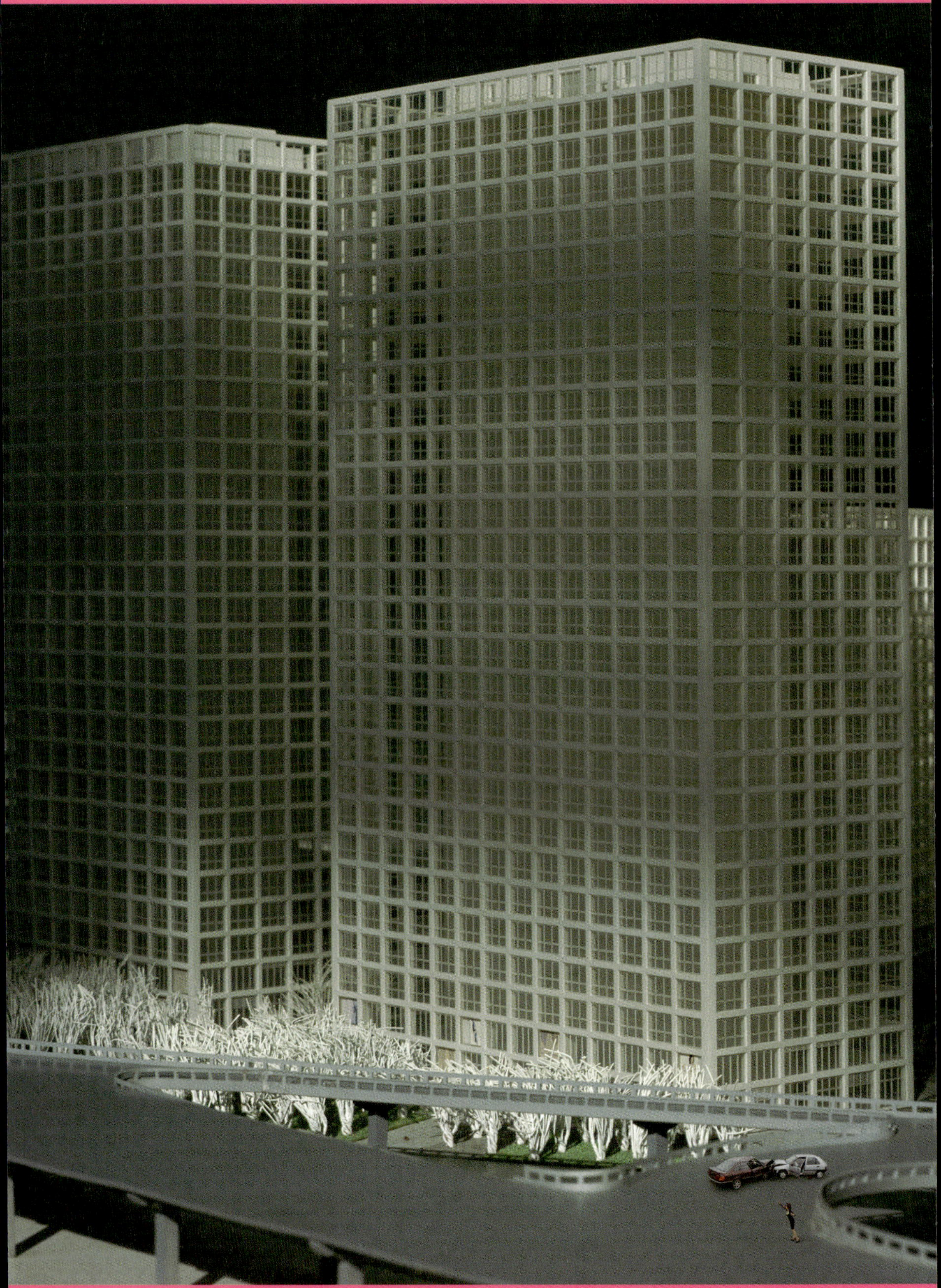

Urban Fiction, 2004–2005
foto/photo, 224,5 x 170 cm

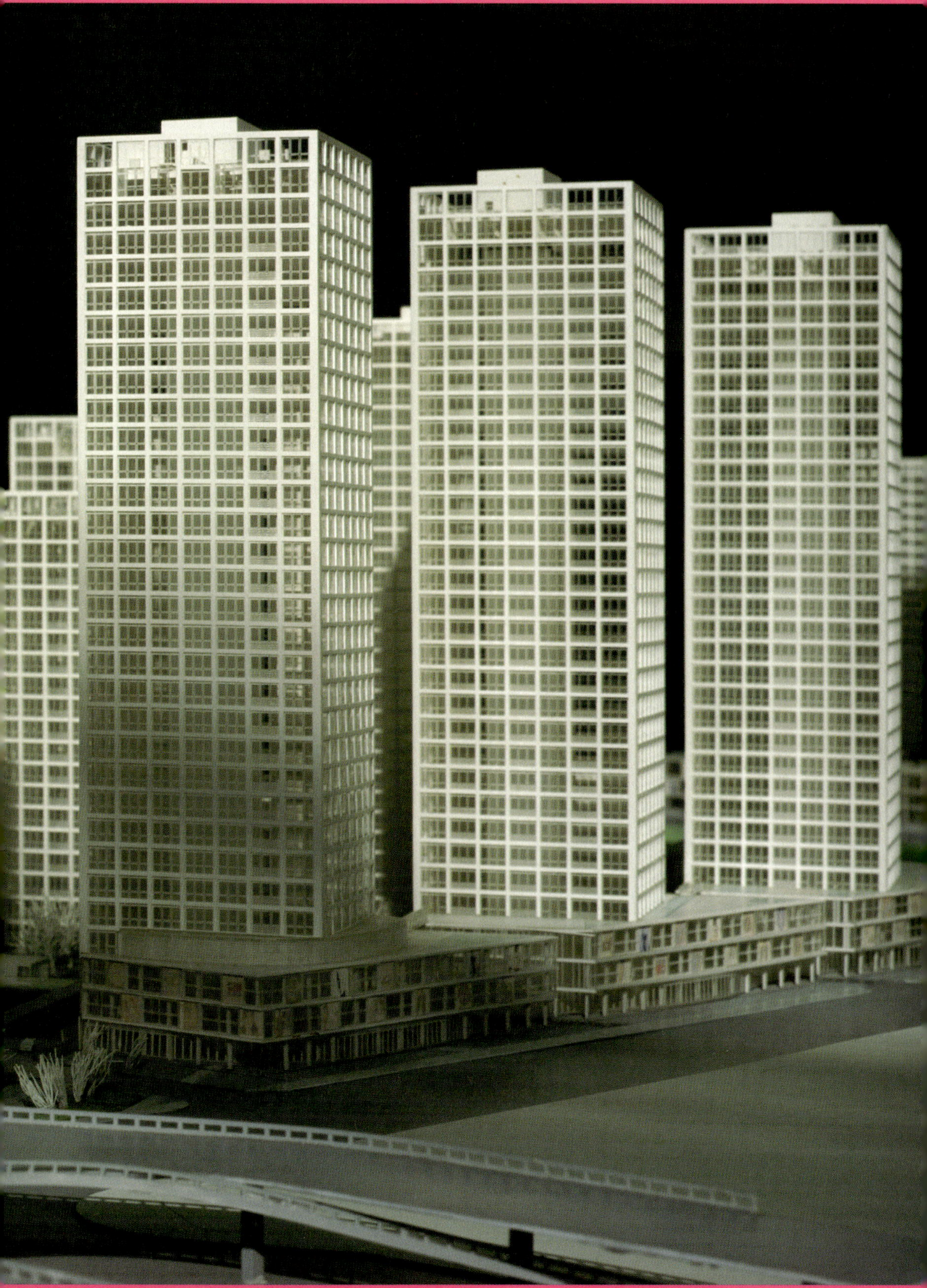

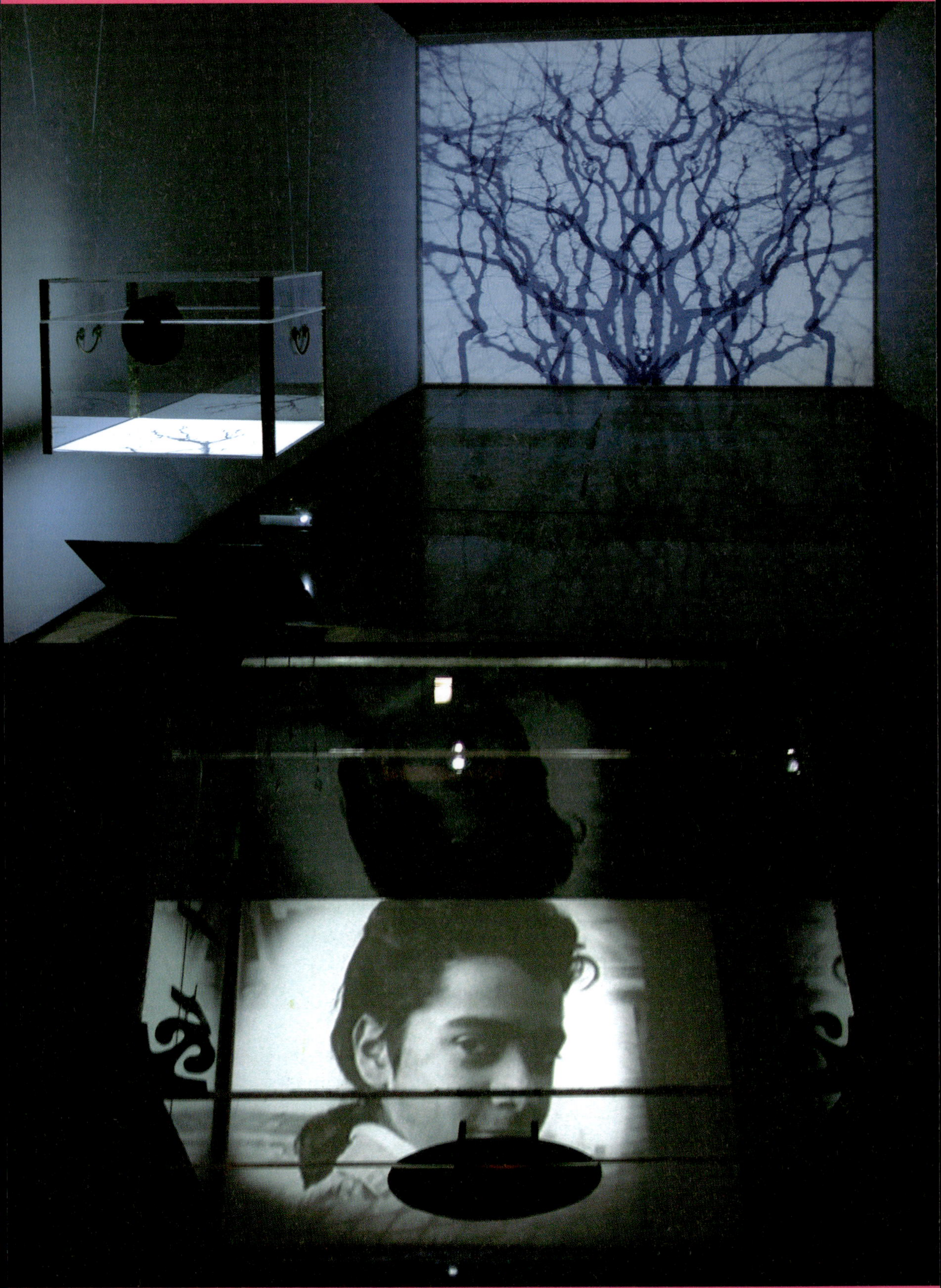

Sleepwalking, 2001
video-installatie/video installation

8gg — Jia Haiqing (1971) en Fu Yu (1971) vormen samen het multimedia duo 8gg. Ze maken elektronische muziek, video's, installaties, theater en internetkunst. Vanuit Beijing reizen ze de wereld over voor tentoonstellingen (Australië, Duitsland, Italië, Japan, Korea) en audiovisuele performances. In 2003 waren ze te zien op het Brusselse KunstenFESTIVALdesArts, in het Centre Pompidou in Parijs en bij het ICA in Londen. In 2004 traden ze op voor Lille Culturele Hoofdstad en namen ze deel aan de Shanghai Biënnale, in 2005 waren ze in het Kunstmuseum Bern en bij de tentoonstelling 'Get it Louder' in Beijing. Voorjaar 2006 nam 8gg deel aan 'Chinese Video Now' in P.S.1/MoMA, New York. Ondanks de prestigieuze locaties van hun optredens voorzien ze in hun onderhoud door te werken voor Chinese website ontwikkelaars en buitenlandse bedrijven als Apple en Motorola.

Het begin van de wereldreizen van 8gg is bescheiden: in 2002 maken Jia Haiqing en Fu Yu hun eerste webkunstprojecten. Het werk op www.8gg.com is 'interactief speelgoed', bedoeld om visueel plezier te verschaffen. Daarbij gebruiken ze onder andere tekeningen van tai chi-figuren en laten ze de bezoeker van de site over het Tiananmen plein 'vliegen'. Maar in 2002 ontwikkelen ze ook hun eigen realtime audiovisueel performance systeem 'UNREGISTERED', een 'visueel muziekinstrument' dat klank en beeld direct met elkaar verbindt. Daarmee verzorgen ze urenlange liveoptredens, maar maken ze ook een toneelbeeld dat direct reageert op de handelingen van acteurs. 8gg wil doordringen in geluid, beelden aanraken, werkelijkheid en hallucinatie vermengen en samen in het onderbewuste laten gisten.

8gg — Jia Haiqing (1971) and Fu Yu (1971) are the multimedia duo 8gg. They make electronic music, videos, installations, theatre and internet art. Based in Beijing, they travel all over the world for exhibitions (Australia, Germany, Italy, Japan, Korea) and audiovisual performances. In 2003 they featured in the KunstenFESTIVALdesArts in Brussels, the Centre Pompidou in Paris, and the ICA in London. In 2004 they performed for Lille Cultural Capital and participated in the Shanghai Biennale. In 2005 they were in the Kunstmuseum Bern and in the 'Get It Louder' exhibition in Beijing. In the spring of 2006 8gg took part in 'Chinese Video Now' in P.S.1/MoMA, New York. In spite of the prestigious locations where they appear, they earn a living by working for Chinese website developers and foreign companies like Apple and Motorola.

The 8gg worldwide travel got off to a modest start: in 2002 Jia Haiqing and Fu Yu made their first web art projects. The work on www.8gg.com consists of interactive toys intended to give visual pleasure, including the use of Tai Chi figures and allowing the visitor to 'fly' over the site of Tiananmen Square. But in the same year they also developed their own real-time audiovisual performance system 'UNREGISTERED', a 'visual musical instrument' that links sound and image directly with one another. They use this to give live performances lasting hours, but they also create a stage décor that directly reacts to the activities of the actors. 8gg want to penetrate into sound, touch images, mix reality with hallucination, and allow them to ferment together in the subconscious.

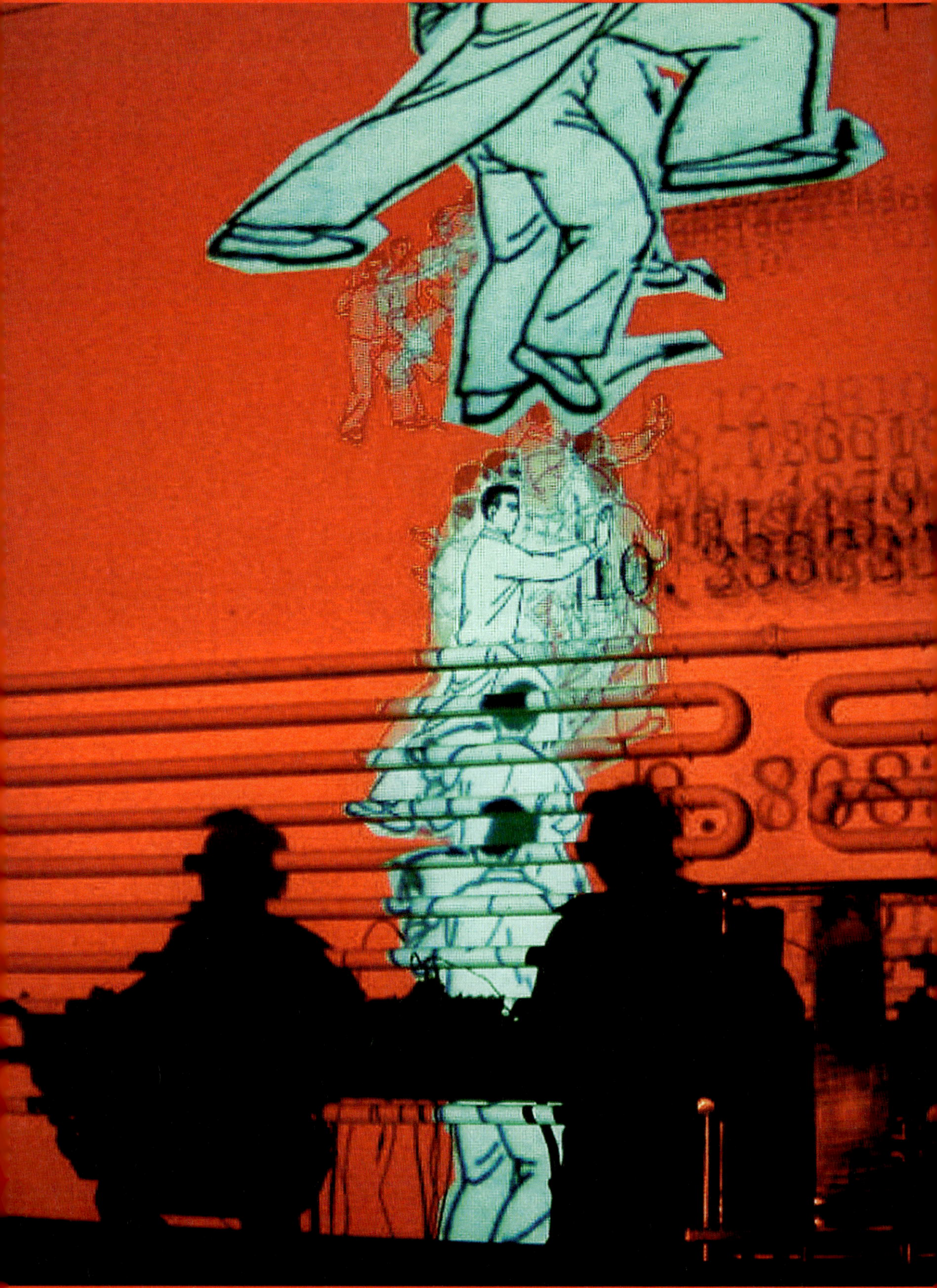

8gg live, 2005

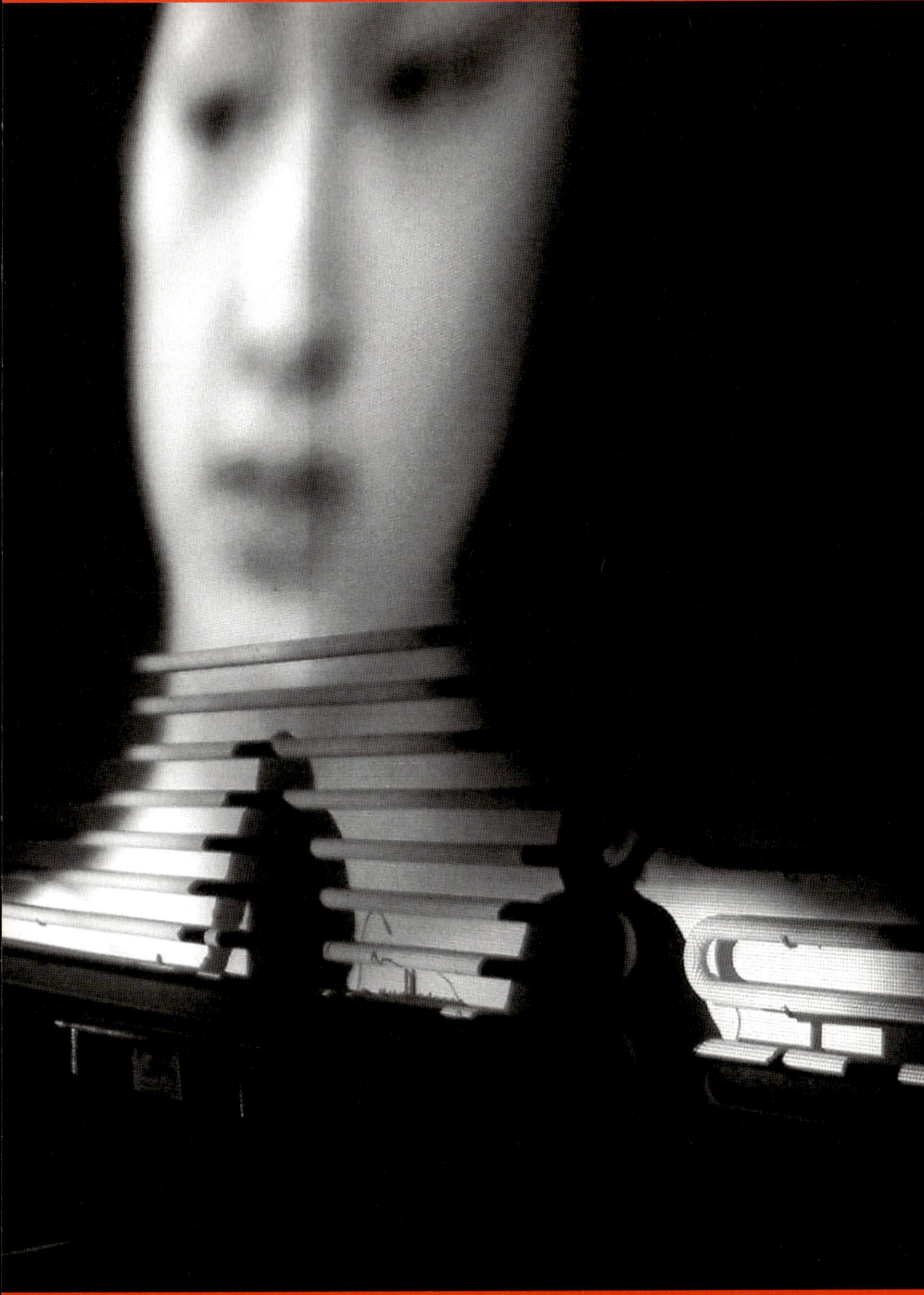

8gg live, 2005

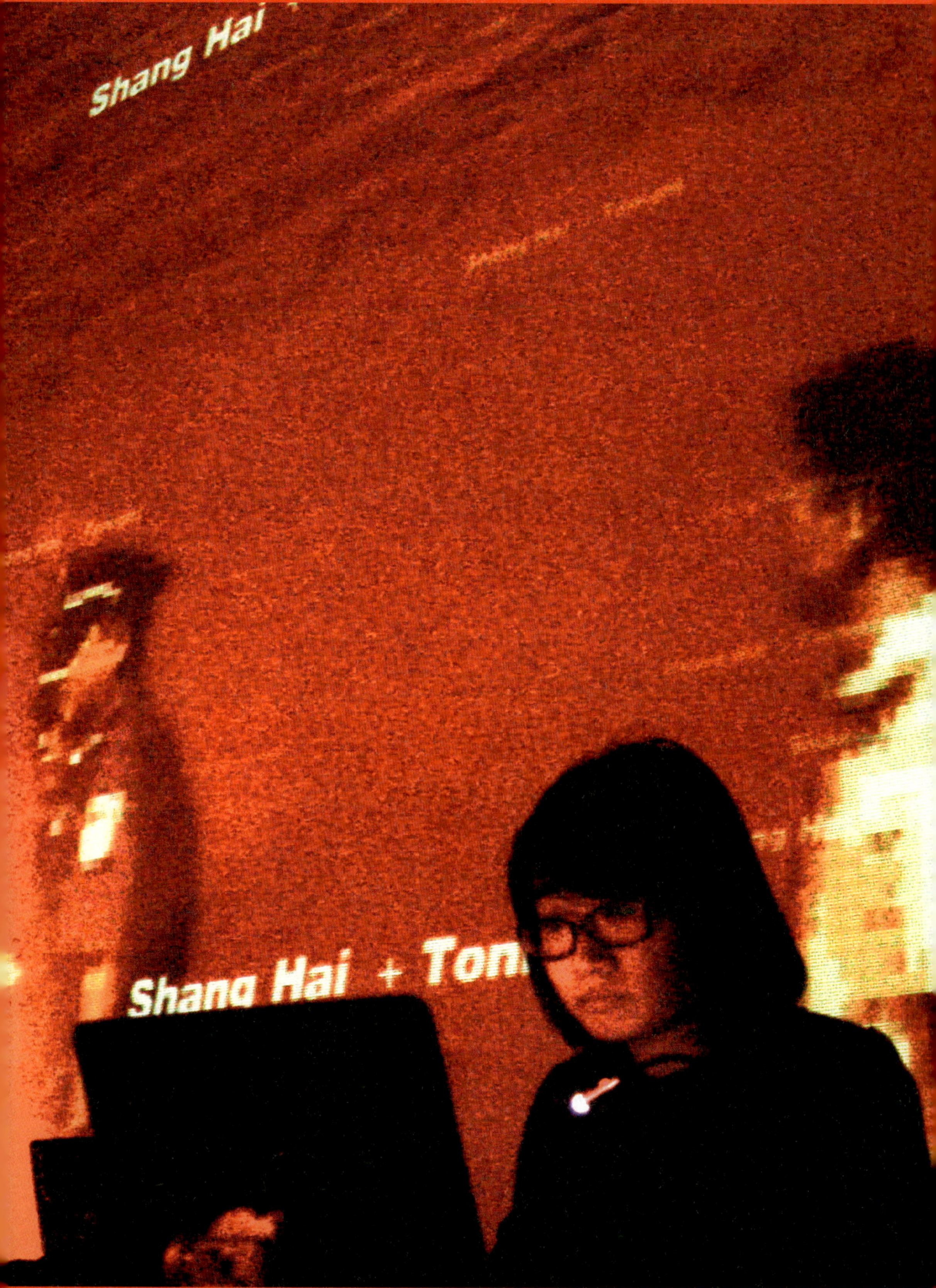
Shang Hai
Shang Hai + Ton

Commercieel centrum Nanyou — In dit project zijn openbare ruimte en commercie volledig met elkaar vervlochten. De locatie ligt in het stadsdeel Nanshan in Shenzhen en is door belangrijke doorgangswegen en winkelstraten omgeven; hierdoor heeft het de potentie uit te groeien tot een goed functionerend commercieel centrum. Een projectontwikkelaar had voor deze locatie al 300.000 m² aan winkels, kantoren en woontorens gepland, maar de overheid veranderde haar plannen en besloot dat er een park moest komen. De ontwikkelaar zag zijn investeringen verdwijnen en eiste hiervoor compensatie. Het was vervolgens aan Urbanus om beide wensen in een nieuw ontwerp met elkaar te verweven. In het ontwerp zijn park en winkelgebied inderdaad gecombineerd, maar aan het programma hebben de ontwerpers kantoren, een hotel, huurappartementen en lofts toegevoegd om zo een 24-uursdynamiek te genereren. Het concept bestaat uit een oplopend park met daaronder winkels en wandelpaden die het park diagonaal doorsnijden. De paden fungeren als winkelstraten en hebben ieder een eigen karakter doordat afmetingen en functies verschillen. Een commerciële strip aan de zuid- en westkant van het park is met een aantal doorgangen de verbindende schakel met de omliggende dichtbevolkte buurten.

Commercial centre Nanyou — This project completely blends public space with commercial functions. The location is in the Nanshan district of Shenzhen and is surrounded by major thoroughfares and shopping streets, thereby acquiring the potential to expand to become a well-functioning commercial centre. A project developer had already planned 300,000 m² of shops, offices and apartment blocks for this location, but the government changed its plans and decided that a park was needed. The developer saw his investments going up in smoke and demanded compensation. It was then up to Urbanus to combine the two demands in a new design. The design does combine park and shopping mall, but the designers have added offices, a hotel, rented accommodation and lofts to the programme to generate a 24-hour dynamism. The concept consists of a park on a gradient with shops below and footpaths that cross the park diagonally. The paths function as shopping streets and each one has a character of its own because of differences in dimensions and functions. A commercial strip on the South and West sides of the park has a number of corridors to form a link with the adjacent densely populated neighbourhoods.

Project: Commercieel centrum Nanyou/Commercial centre Nanyou **Architect:** Urbanus, Beijing, Shenzhen **Locatie/Location:** Shenzhen **Programma/Programme:** park, winkelcentrum, kantoren, woningen, hotel/park, shopping mall, offices, houses, hotel **Ontwerp/Design:** 2004–2005 **Bouwterrein/Site specifications:** 30.090 m² **Foto's/Photos:** Liu Xiaoqiang

Urbanus Liu Xiaodu (1961), Meng Yan (1964), Wang Hui (1967)
Opleiding/Education: Liu Xiaodu: MArch, Miami University, Oxford Ohio, 1992; BArch, Tsinghua University, 1984 **Meng Yan:** MArch, Miami University, Oxford Ohio, 1995; MArch, Tsinghua University, 1991 **Wang Hui:** MArch, Miami University, Oxford Ohio, 1997; MArch, Tsinghua University, 1993 **Oprichting bureau/Start of practice:** 1999 **Soort bureau/Practice:** Particuliere onderneming/Private firm, 3 partners **Medewerkers/Members of staff:** 49 (Shenzhen, Beijing) **Gerealiseerde projecten/Completed projects:** 38 **Projecten in aanbouw/Projects under construction:** 16 **Aantal prijsvragen/Number of competitions:** 34 **Aantal ontworpen projecten/Number of designed projects:** 120 **Website:** www.urbanus.com.cn

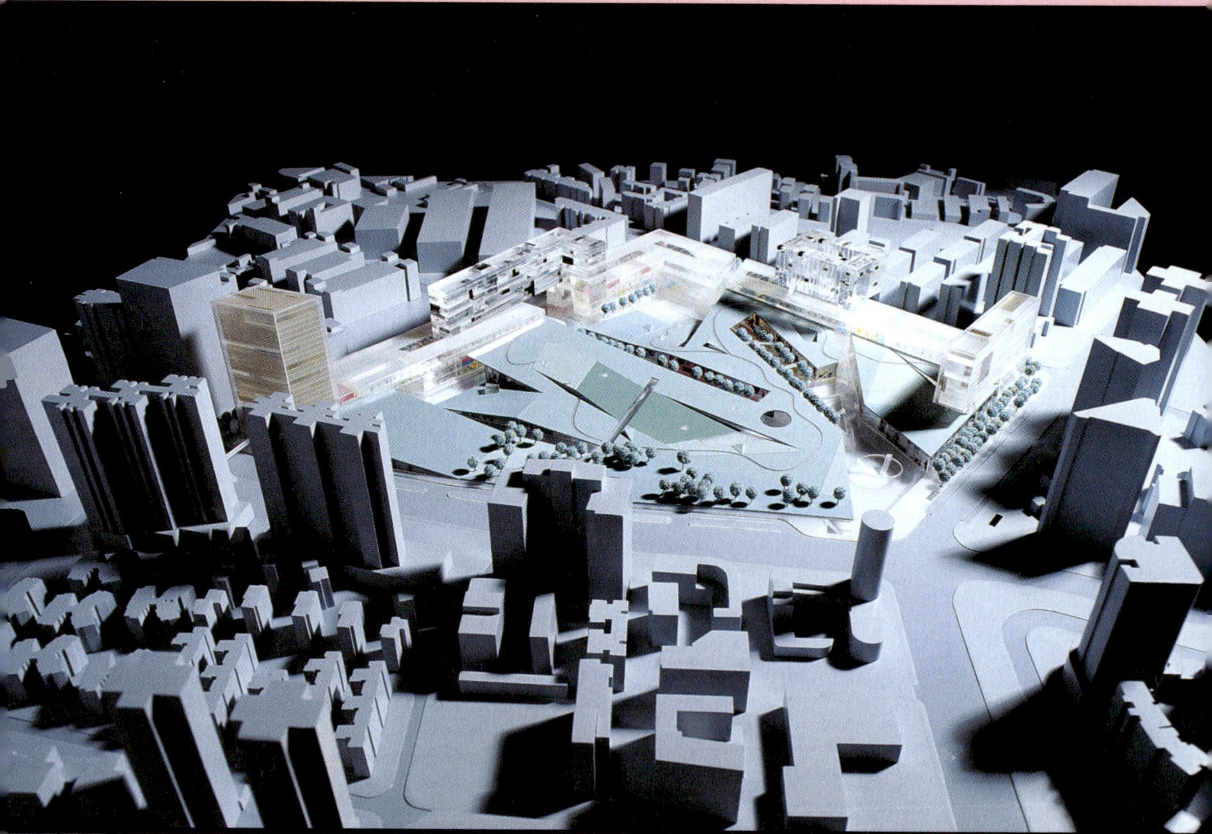

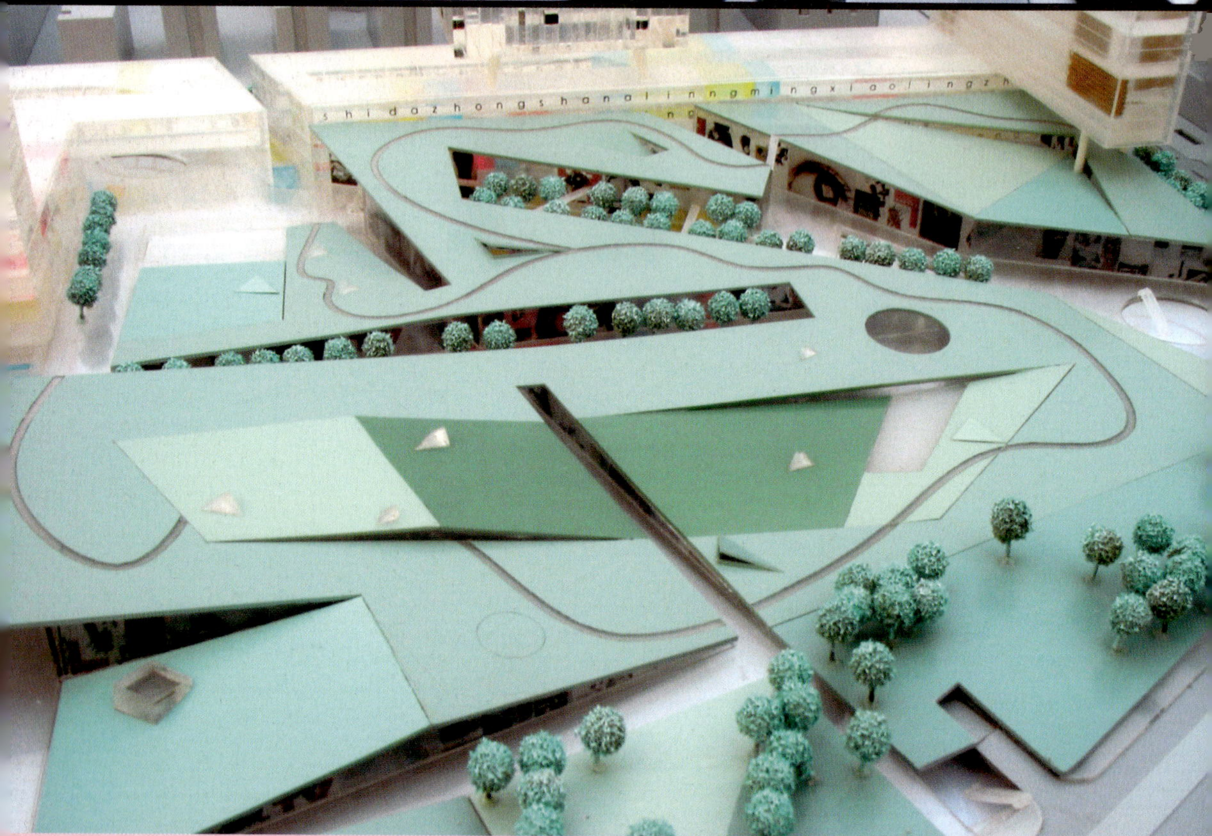

Guangzhou Time Rose Garden — Het aantal 'gated communities' in de Chinese steden groeit exponentieel. Hoewel er duidelijke overeenkomsten met de eeuwenoude door muren afgeschermde wooncomplexen zijn aan te wijzen, ontstaan met deze nieuwe woonvorm geïsoleerde enclaves in de stad. Een dergelijk 'eiland' bestaat uit een reeks opeengepakte woontorens met een hek eromheen en beveiligingsbeambten aan de poorten. Architect Liu Jiakun heeft in dit project getracht een nieuwe invulling te geven aan de openbare ruimte in deze ontoegankelijke woonenclaves. Een in hoogte variërende, 400 meter lange openbare voetgangersroute loopt dwars door de binnentuin van het wooncomplex en verbindt drie openbare gelegenheden met elkaar: een nieuw museum van Rem Koolhaas en Alain Fouraux, dat zich op meerdere verdiepingen van een woonblok bevindt, een door Liu gerenoveerd paviljoen (ooit het verkooppunt van de appartementen) dat midden in de binnentuin ligt en een nieuwe galerie aan de oostkant van het complex. De openbare route kent meerdere rustpunten, maar het meest opvallende is dat het niet mogelijk is om het pad te verlaten. Hierdoor blijft de binnentuin het domein van de bewoners. In het landschapsontwerp zijn er vier aandachtspunten: de opvang en het zuiveren van regenwater door middel van een vijver, het creëren van een interessant landschap met de aanwezige technische installaties, zeven bloementuinen die de bewoners zelf kunnen onderhouden en een rood betonnen podium als onderdeel van de voetgangersroute.

Guangzhou Time Rose Garden — The number of gated communities in the Chinese cities is growing exponentially. Although there are clear resemblances to the traditional housing complexes enclosed by walls, this new type of housing creates isolated enclaves in the city. An island of this kind consists of a series of tower blocks crammed together with a fence around them and security guards at the gates. With this project, architect Liu Jiakun has tried to give a new content to the public space in these closed communities. A 400-metre long public footpath, varying in height, runs straight through the inner garden of the housing complex and links three public facilities with one another: a new museum designed by Rem Koolhaas and Alain Fouraux, which is situated on several floors of a housing block; a pavilion renovated by Liu (which was the office where the apartments were sold in the past), which is situated in the middle of the inner garden; and a new gallery on the East side of the complex. This public route has several resting places, but its most striking feature is that it is not possible to leave it. The inner garden therefore remains the private domain of the residents. The landscape design has four focal points: the catchment and purification of rain water by means of a pond; the creation of an interesting landscape with the existing technical installations; seven floral gardens that the residents can maintain themselves; and a red concrete podium as part of the pedestrian route.

Project: Guangzhou Time Rose Garden **Architect:** Jiakun Architect & Associates (Liu Jiakun, Yang Ying, Hu Xia, Cai Kefei, Fang Xianhao, Luo Ming, Wu Luyi) **Locatie/Location:** Guangzhou **Programma/Programme:** Landschapsontwerp in wooncomplex/Landscape design in residential community **Ontwerp-Oplevering/Design-Completion:** 2005–2006 **Binnentuin/ Courtyard:** 22.800 m^2 **Galerie/Gallery:** 1.600 m^2 **Foto's/Photos:** Bi Kejian

Liu Jiakun (Jiakun Architect & Associates), Chengdu (1956)
Opleiding/Education: Department of Architecture of Chongqing Institute of Architecture and Engineering, 1982 **Oprichting bureau/Start of practice:** 1982–1984, 1994 **Bureau/Practice:** Particuliere onderneming/Private firm **Medewerkers/Members of staff:** 24 **Gerealiseerde projecten/Completed projects:** 24 **Projecten in aanbouw/Projects under construction:** 7 **Aantal prijsvragen/Number of competitions:** 8 **Aantal ontworpen projecten/Number of designed projects:** 35

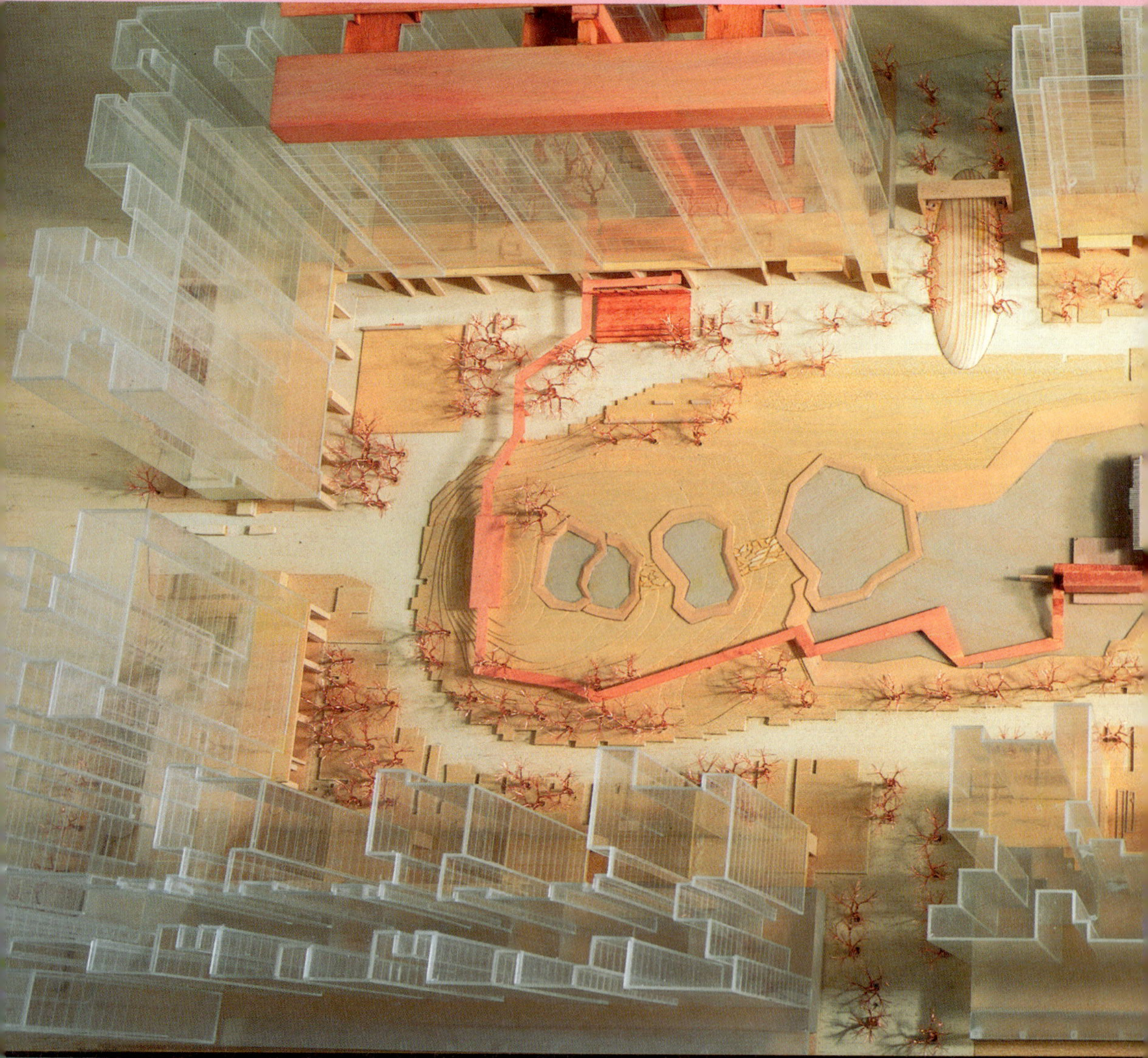

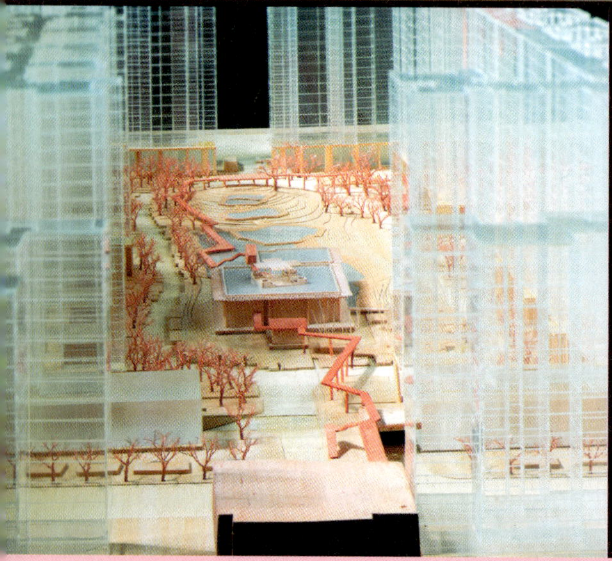

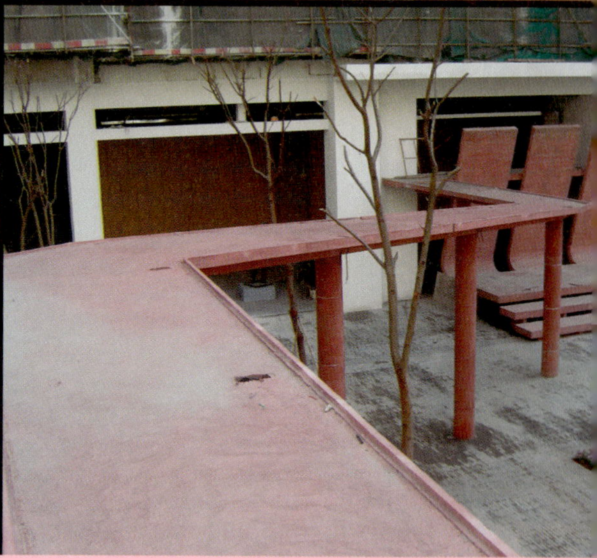

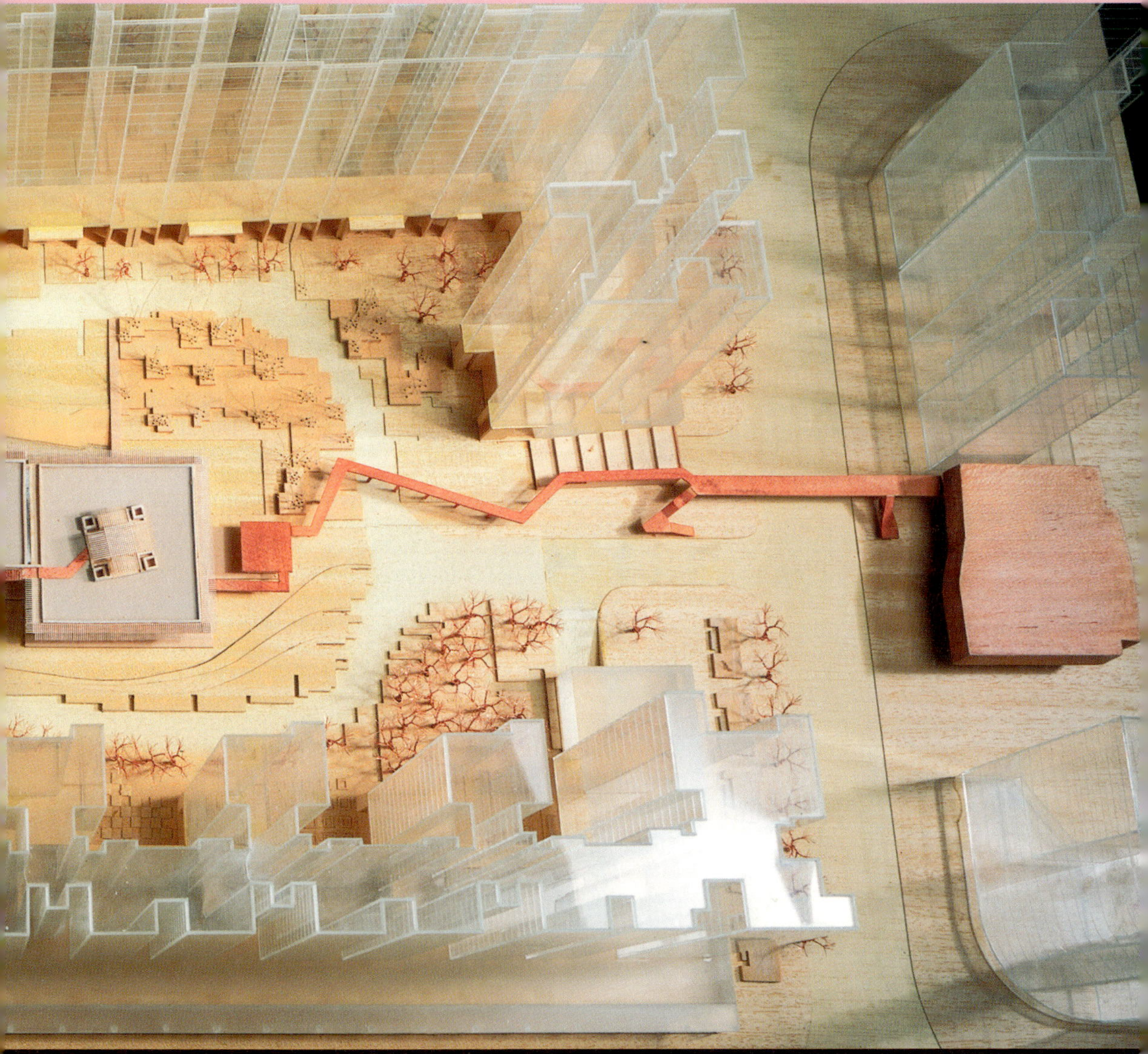

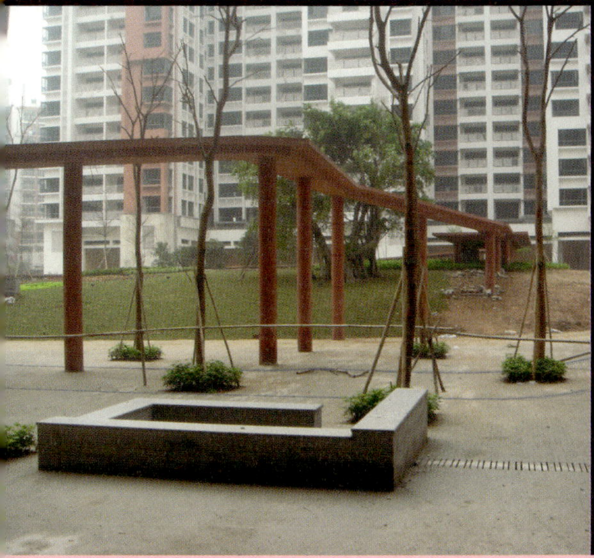

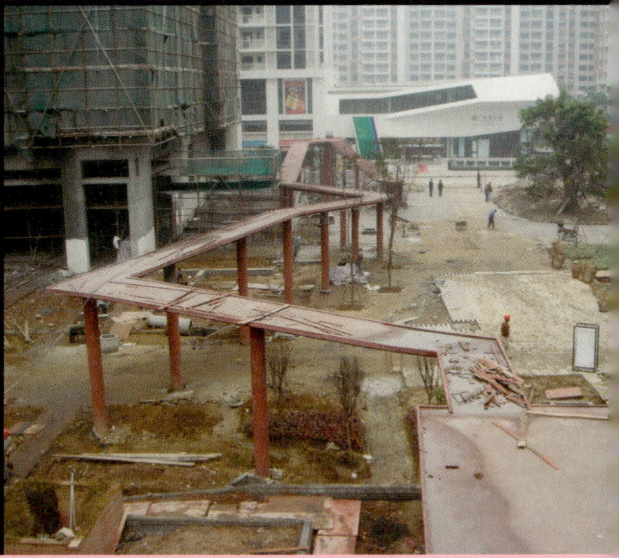

Hoogwaterkering Jinhua Jindong Yiwu-rivier — De nieuwe wijk Jindong, met honderdduizend inwoners, grenst in het noorden aan de rivier de Yiwu. Ai Weiwei ontwierp een 85 meter breed en 1.600 meter lang park als overgangszone tussen de rivier en de stad. De hoogwaterkering werd hierbij van een veiligheidsvoorziening tot een toegankelijke promenade omgevormd. De openbare ruimte tussen de rivier en de nieuwe stadswijk heeft aan kwaliteit gewonnen en een meer stedelijk karakter gekregen. Een centraal plein van 80 bij 80 meter is voorzien van 36 in een rasterpatroon geplaatste stenen zuilen die in hoogte oplopen van 3 naar 9,60 meter. Het gedenkteken is omgeven door water, dat trapsgewijs naar de rivier stroomt. Een reeks van zestien sculpturale objecten die onderdeel uitmaken van een monumentaal trappenstelsel markeert de overgang van het plein naar de rivier. Als bouwmateriaal werd uitsluitend gebruikgemaakt van een lokale natuursteensoort die met zijn monochrome kleur voor een krachtig en homogeen totaalbeeld zorgt. Het poreuze oppervlak van deze steensoort neemt het water in de regentijd niet gelijkmatig op, waardoor er allerlei interessante patronen ontstaan. Door de strakke compositie en de eenvoud van het materiaal ontstaat een openbare ruimte die met een hoge esthetische en functionele kwaliteit het waterfront markeert.

Jinhua Jindong Yiwu River Dam — The new district of Jindong, with one hundred thousand residents, borders the Yiwu river on the North. Ai Weiwei designed a park 85 metres wide and 1,600 metres long as a transitional zone between the river and the city. The dam was transformed from a security measure to an accessible promenade. The public space between the river and the new district has gained in quality as a result and acquired a more urban character. A central square (80 x 80 m) contains thirty-six memorial stones varying in height from 3 to 9.60 metres and arranged in a grid. This monument is surrounded by water, that drops gradually down step by step to the river. A series of sixteen sculptural objects that form part of a monumental staircase mark the transition from the square to the river. The only building material used was a local natural stone whose monochrome colour confers a powerful and homogeneous tone on the whole. The porous surface of this type of stone does not absorb the water evenly during the rainy season, which results in all kinds of interesting patterns. The severe composition and the simplicity of the material produce a public space that marks the waterfront with a high aesthetic and functional quality.

Project: Hoogwaterkering Jinhua Jindong Yiwu-rivier/Jinhua Jindong Yiwu River Dam **Architect:** Ai Weiwei (FAKE Design), Beijing **Locatie/Location:** Jinhua **Programma/Programme:** Park en gedenkteken/Park and monument **Ontwerp-Oplevering/Design-Completion:** 2001–2002 **Bouwterrein/Site specifications:** 45.000 m² **Foto's/Photos:** Mao Ran

Ai Weiwei (FAKE Design), Beijing (1957)
Opleiding/Education: Beijing Film Academy 1980–1982 **Oprichting bureau/Start of practice:** 1999 **Bureau/Practice:** Particuliere onderneming/Private firm **Medewerkers/Members of staff:** 12 **Gerealiseerde projecten/Completed projects:** 17 **Projecten in aanbouw/Projects under construction:** 10 **Aantal prijsvragen/Number of competitions:** 4 **Aantal ontworpen projecten/Number of designed projects:** 42

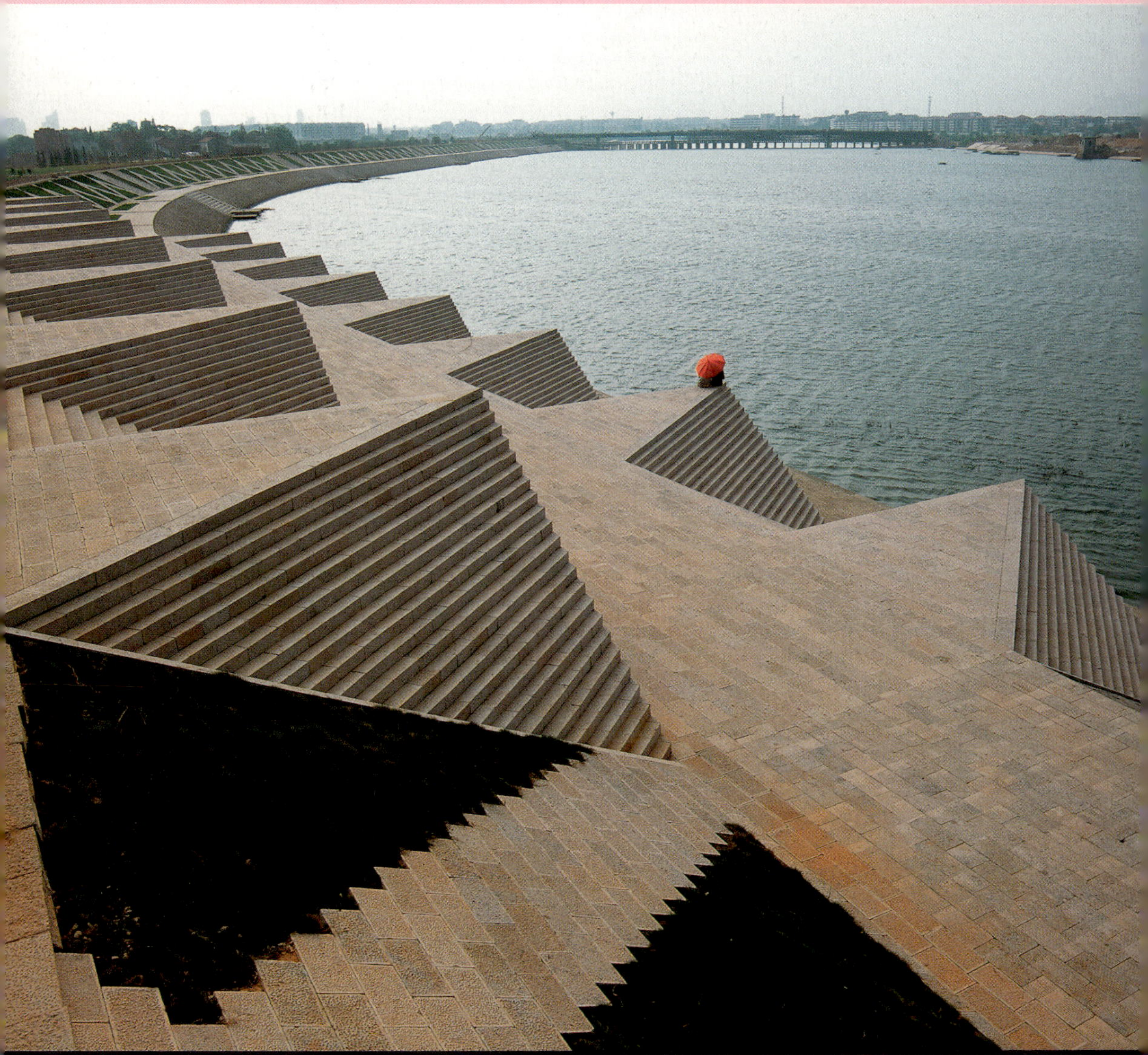

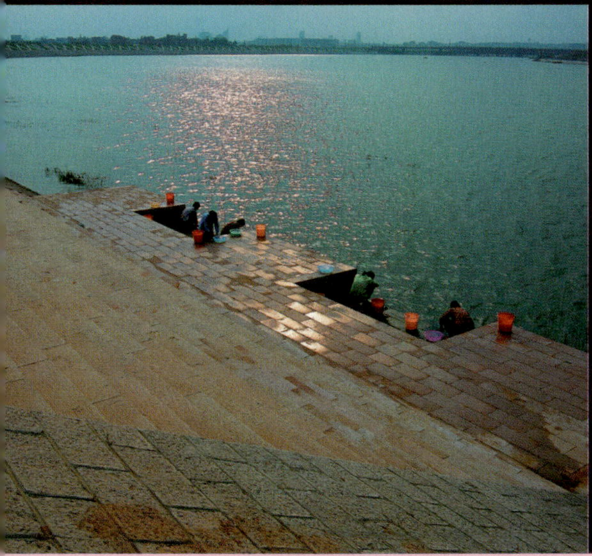

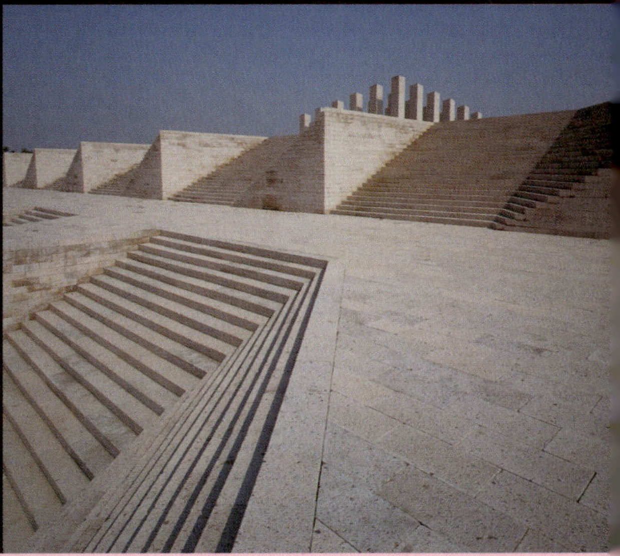

(rechtsonder/bottom right) De hoogwaterkering met op de achtergrond het gedenkteken bestaande uit 36 stenen kolommen/River dam, with the memorial consisting of 36 stone columns in the background

Publicatie Beijing Record : 2003 — In 2003 publiceerde journalist Wang Jun de bestseller **Beijing Record,** het resultaat van een tienjarig onderzoek naar de stedelijke transformatie van Beijing in de afgelopen vijftig jaar. In zijn publicatie stelt hij een aantal confronterende vragen: Hoe komt het dat waardevolle historische architectuur zoals stadswallen, poorten, oude tempels en het stedelijk weefsel van **hutongs** (een stelsel van stegen) en **siheyuan** (vier gebouwen rondom een binnenplaats en omgeven door een muur) nu al decennialang zienderogen verdwijnt? Hoe komt het dat in deze tijden van economische groei zo veel huizen met de grond gelijk worden gemaakt? Hoe is het mogelijk dat in het kader van de naderende Olympische Spelen in 2008 het slopen van een steeds kleiner wordend cultureel erfgoed gewoon doorgaat? Is er iemand bereid om voor het behoud van de stad op te komen? Wang doorzocht talloze archieven, las dagboeken en vergaarde een ongekende hoeveelheid data. In zijn publicatie geeft hij een overzicht van de belangrijkste ontwikkelingen en overheidsbesluiten en staat hij uitgebreid stil bij de jaren vijftig en zestig, waarin Beijing sterk van gedaante veranderde. De agenda van Wang is duidelijk: lezers ervan overtuigen dat ze de geschiedenis niet moeten vergeten en voor verdere afbraak moeten waken. De publicatie staat sinds haar verschijning in de toptien van bestsellers, heeft meerdere prijzen ontvangen en vindt overduidelijk een zeer gewillig oor.

Publication Beijing Record : 2003 — In 2003 the journalist Wang Jun published the bestseller **Beijing Record,** the result of ten years of research on the urban transformation of Beijing in the last fifty years. The publication raizes a number of unsettling questions: Why has valuable historical architecture such as city ramparts, gateways, old temples and the urban fabric of **hutongs** (a system of alleys) and **siheyuan** (four buildings around a courtyard and enclosed by a wall) been visibly disappearing for decades? Why are so many houses being demolished at a time of economic growth? How is it possible that the demolition of a shrinking cultural heritage is simply continuing in connection with the approaching Olympic Games of 2008? Is no one prepared to stand up for the conservation of the city? Wang went through innumerable archives, read diaries and collected an unprecedented quantity of data. His publication presents a survey of the main developments and government decisions, devoting a lot of attention to the 1950s and 1960s, when Beijing was radically transformed. Wang's mission is clear: to convince readers that they should not forget history and should be on the alert to prevent further destruction. Since its publication, **Beijing Record** has been among the top ten bestsellers, has received several awards, and clearly meets with a highly favourable reception.

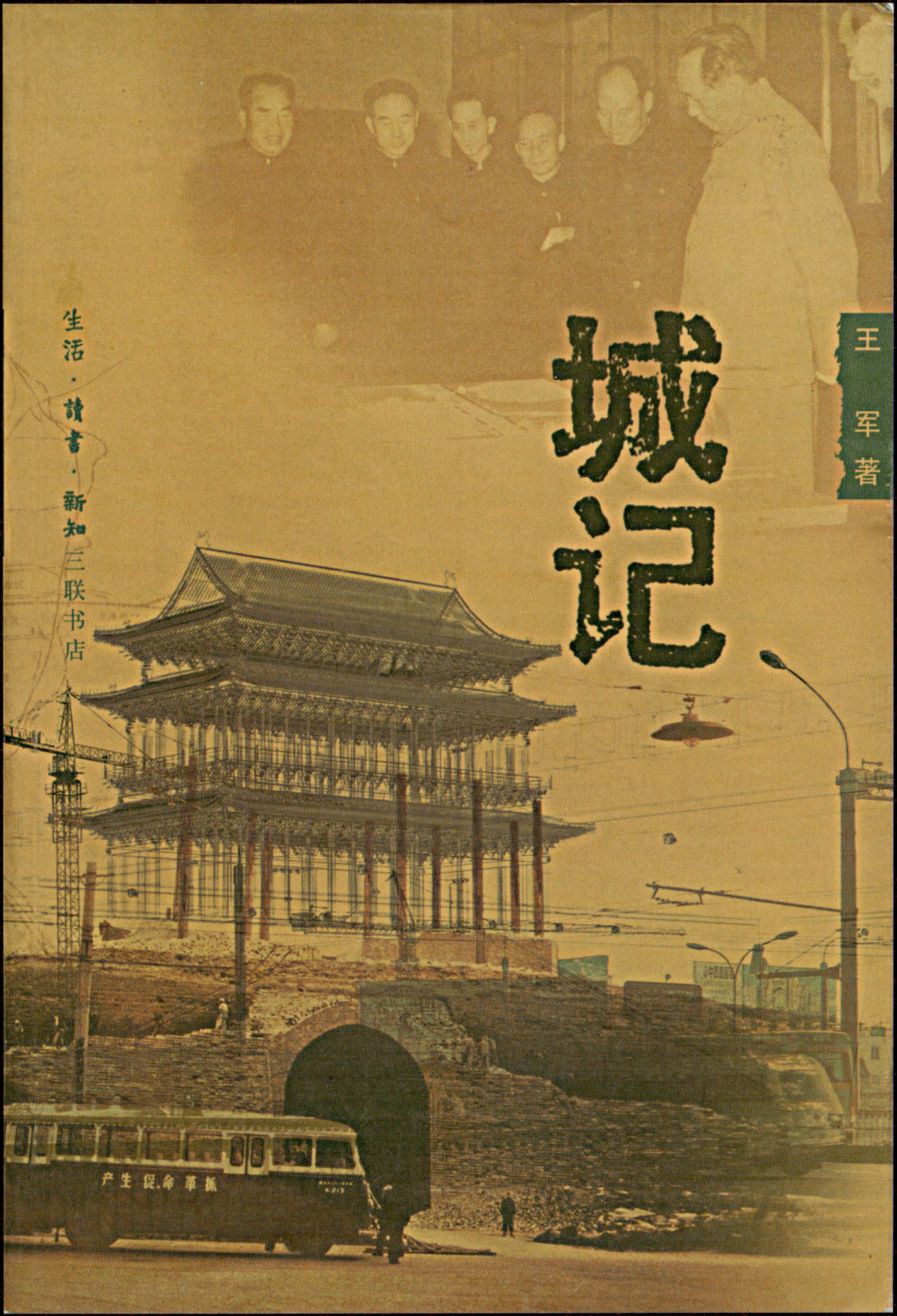

Beijing Record, omslag /cover

Ningbo Y-town — Ningbo was lange tijd de belangrijkste havenstad van het land. Al in de tijd van de Qingdynastie ontstond buiten de stadsmuren een havenwijk langs de oever van de rivier. Door de bouw van een brug in de jaren negentig werd de wijk in tweeën gesplitst. De stad wilde de structuur van de havenwijk behouden en gaf MADA s.p.a.m. opdracht de behoudsmogelijkheden te onderzoeken. Hieruit ontwikkelde het bureau een plan dat in meerdere bouwfasen kon worden uitgevoerd. De meeste gebouwen moesten vanwege hun slechte staat worden afgebroken en op basis van oude tekeningen op nieuwe fundamenten worden gereconstrueerd. Bouwwerken waarvan de historische waarde gering werd geacht, werden gesloopt en vervangen door nieuwbouw die in vormentaal en materiaalgebruik duidelijk aan de historische gebouwen refereerde. De stadsstructuur bleef op die manier behouden en nieuwe functies zoals restaurants en kantoren konden profiteren van de sfeer en de ligging aan het water. Aan de rand van de wijk ontwierp MADA s.p.a.m. twee woontorens, aangezien de lage gebouwen na de renovatie geen woonfunctie meer konden krijgen. Y-Town kan met recht een zeer geslaagd voorbeeld van creatieve monumentenzorg worden genoemd.

Ningbo Y-town — For a long time Ningbo was the main port of China. A harbour district already emerged on the riverbank outside the city walls during the Qing dynasty. The construction of a bridge in the 1990s divided the district into two. The city wanted to preserve the structure of the harbour district and commissioned MADA s.p.a.m. to investigate the possibilities. MADA came up with a plan that could be implemented in several stages. Most of the buildings had to be demolished because of their poor state and reconstructed on new foundations on the basis of old drawings. Buildings of little historical value were demolished and replaced by new ones whose stylistic idiom and materials clearly referred to the historical buildings. The city structure was thereby maintained, and new functions such as restaurants and offices were able to benefit from the improved atmosphere and the waterfront location. The architects designed two tower blocks on the edge of the district, because after the renovation the low-rise buildings could no longer be used for housing. Y-Town can justifiably be regarded as an extremely successful example of the creative preservation of cultural heritage.

Project: Ningbo Y-town **Architect:** MADA s.p.a.m., Shanghai **Locatie/Location:** Ningbo **Programma/Programme:** Multifunctioneel programma met commercie, amusement, woningen en kantoren/Multifunctional programme with commerce, amusement, housing and offices **Ontwerp-Oplevering/Design-Completion:** 2000–2005 **Bouwterrein/Site specifications:** 49.000 m² **Bouwoppervlak/Building surface area:** 25.000 m² **Foto's/Photos:** Eduard Kögel

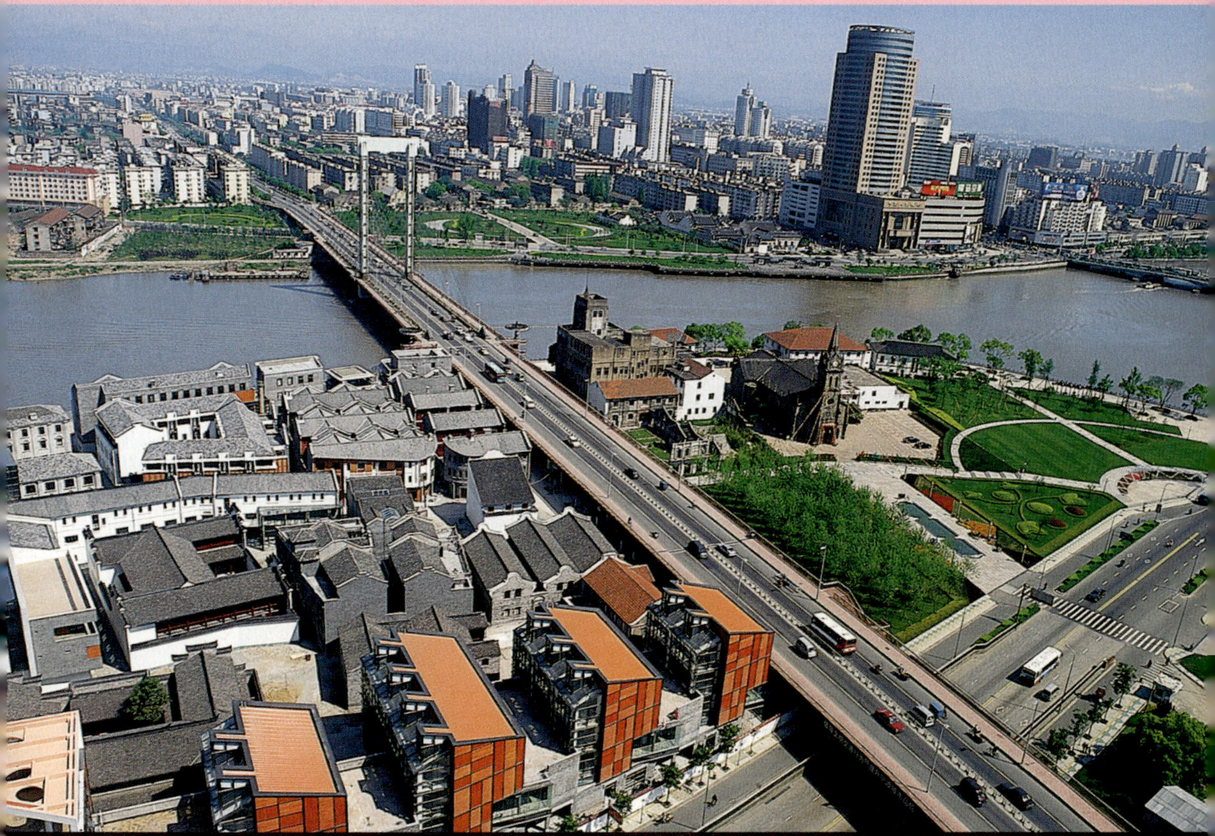

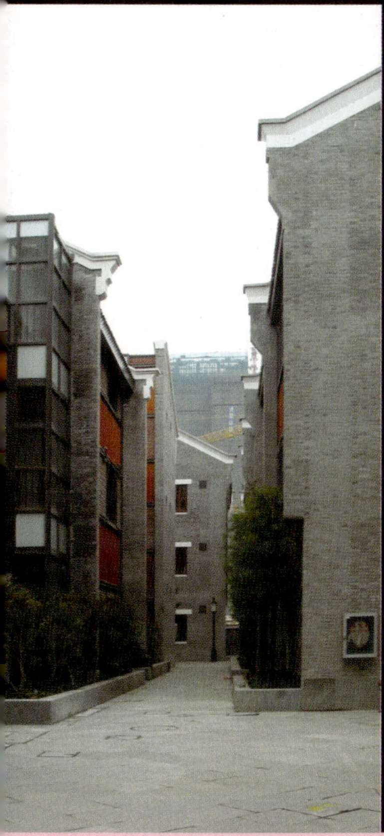

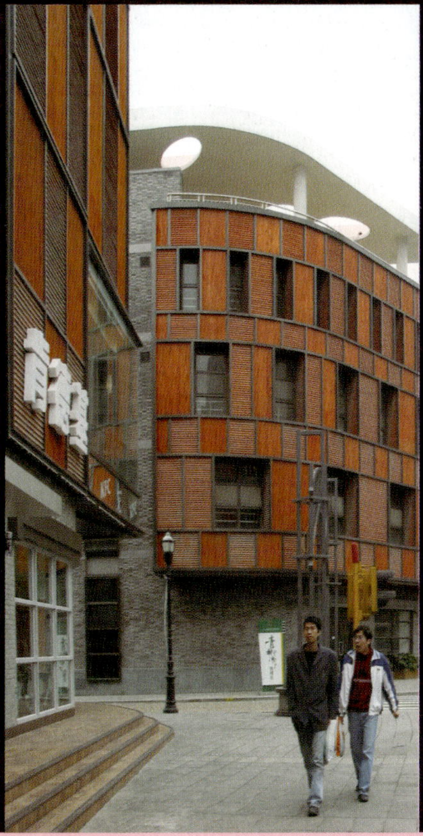

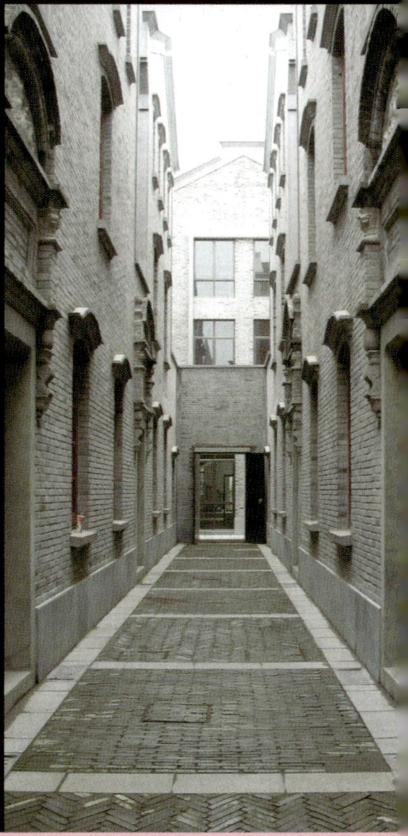

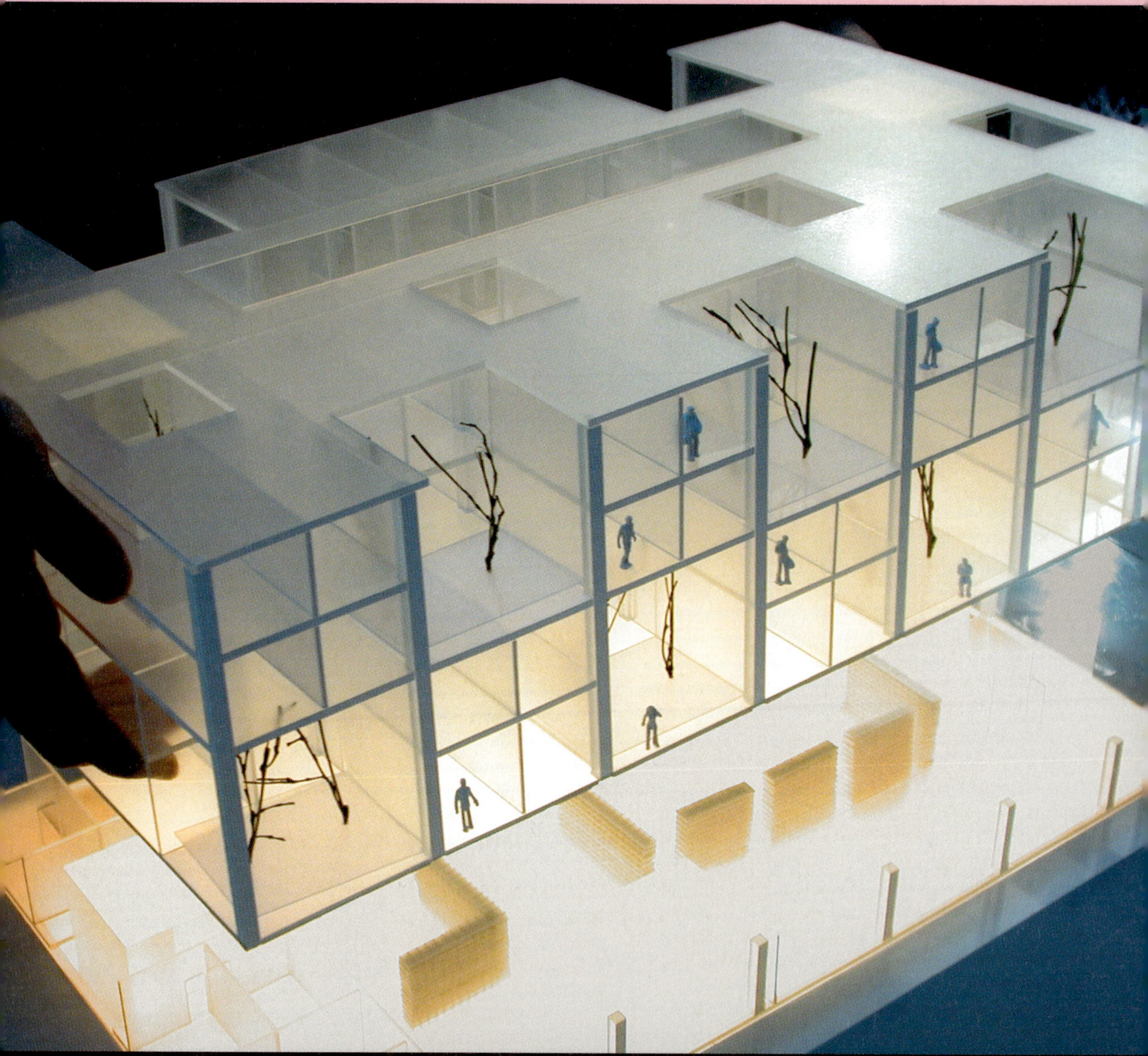

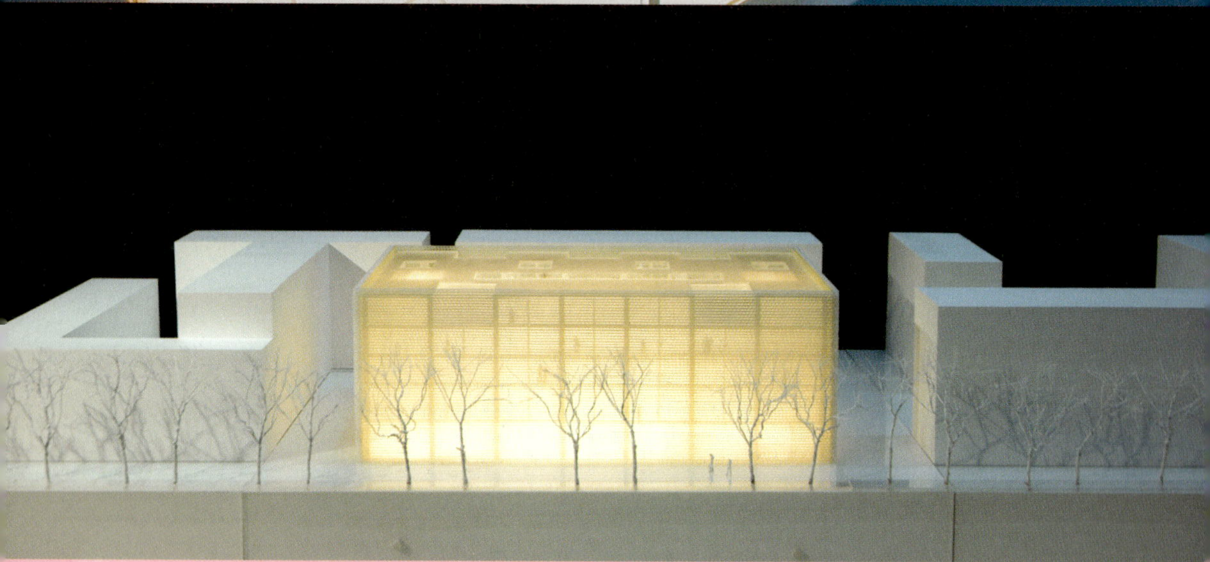

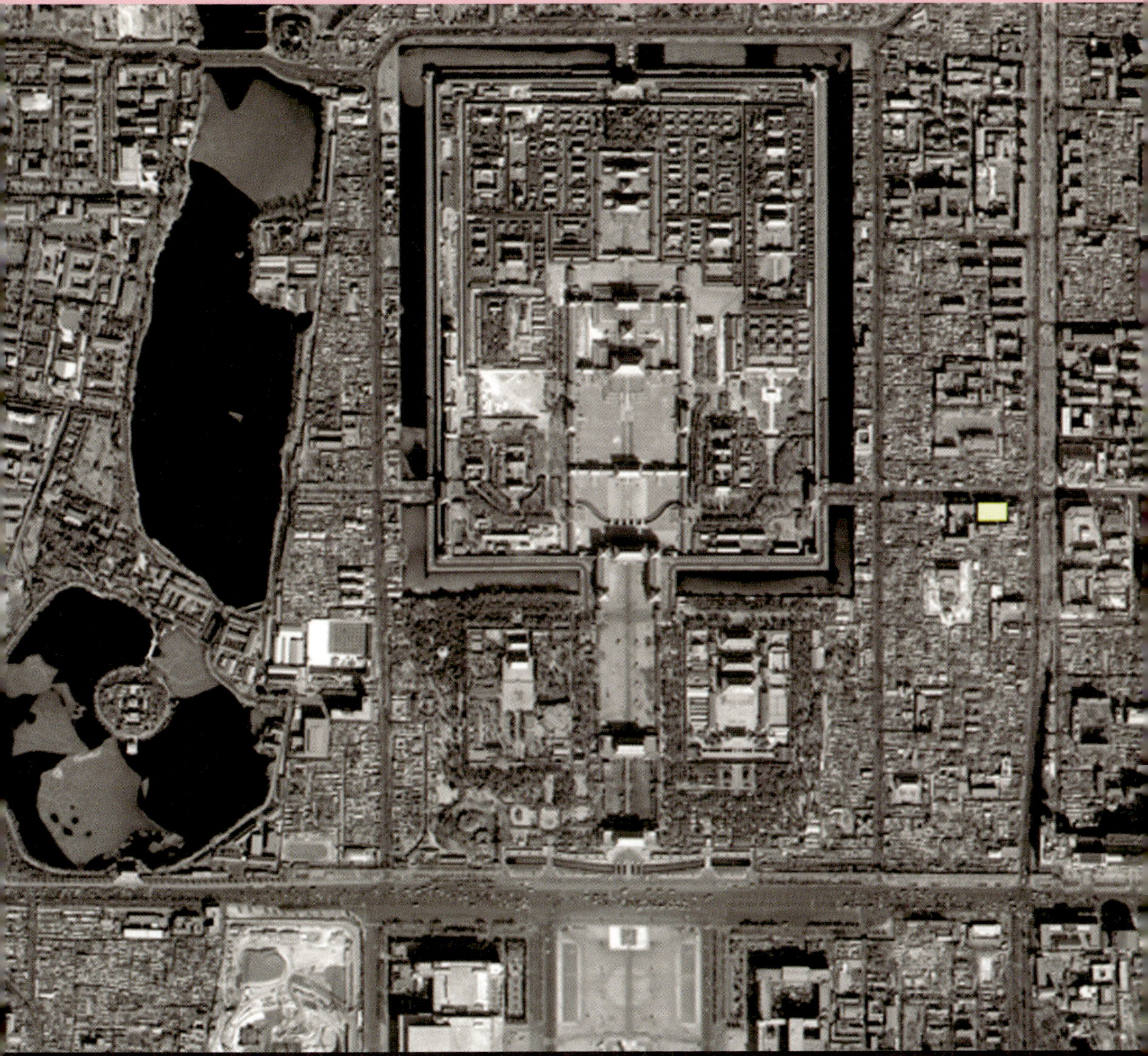

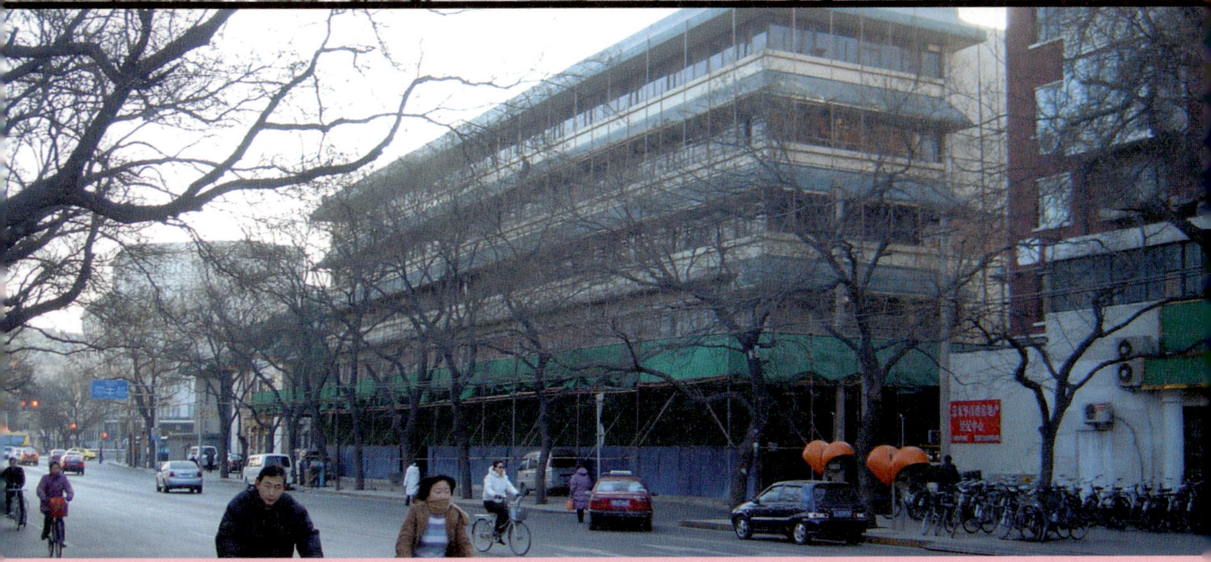

Blur Hotel — Het stedelijk weefsel van historisch Beijing, bestaande uit **hutongs** (een stelsel van stegen) en **siheyuan** (vier gebouwen rondom een binnenplaats en omgeven door een muur), is na het uitroepen van de communistische volksrepubliek in 1949 zonder scrupules op de schop genomen. De regering vestigde hier haar administratieve centrum en de nieuwe regeringsgebouwen vertoonden in schaal en geslotenheid een enorm contrast met de omgeving.
Architect Zhu Pei wil met zijn renovatie een voorbeeld stellen voor het harmoniseren van deze in onbruik geraakte gebouwen met hun omgeving. Hiervoor kiest hij bewust een moderne vormentaal. Het nieuwe programma bestaat uit een hotel, restaurant, café, boekwinkel en een galerie. De renovatie kent drie ingrepen. Allereerst wordt de begane grond openbaar toegankelijk gemaakt. Daarnaast heeft het gebouw een betonnen draagconstructie zonder steunbalken, zodat de vloeren op verschillende verdiepingen kunnen worden doorgebroken. Hierdoor ontstaan er lichte, verticale binnenplaatsen, die door tuinen en lounges worden ingevuld. De derde ingreep bestaat uit een semi-transparante façade die de nieuwe openheid van het gebouw moet benadrukken. De gevel is opgetrokken uit glasfiber blokken, waardoor het gebouw 's avonds als een Chinese lantaarn oplicht in de wijk. Het interieur is in deze opzet voor de buitenwereld duidelijk zichtbaar, maar kan tegelijkertijd optimaal van de lichtinval gebruikmaken.

Blur Hotel — The urban fabric of historic Beijing, consisting of **hutongs** (a system of alleys) and **siheyuan** (four buildings around a courtyard and enclosed by a wall) was given a facelift without compunction after the proclamation of the People's Republic of China in 1949. This was where the government established its administrative centre, and the scale and closed character of the new government buildings formed an enormous contrast with their surroundings.
Architect Zhu Pei's renovation is intended to provide a model for the harmonization of these disused buildings with their surroundings. He has deliberately chosen a modern stylistic idiom for this. The new programme consists of a hotel, restaurant, café, bookshop and gallery. The renovation comprises three interventions. First of all, the ground floor is opened up to the public. Second, the building has a concrete supporting structure without joists, so that the floors can be opened up on different levels, resulting in light, vertical indoor areas that can be filled with gardens and lounges. The third intervention consists of a semi-transparent façade to emphasize the new openness of the building. The façade is composed of glass fibre blocks, so that by night the building shines in the district like a Chinese lantern. This plan renders the interior clearly visible to the outside world, while at the same time making optimal use of the daylight that enters the building.

oorspronkelijk gebouw/original building

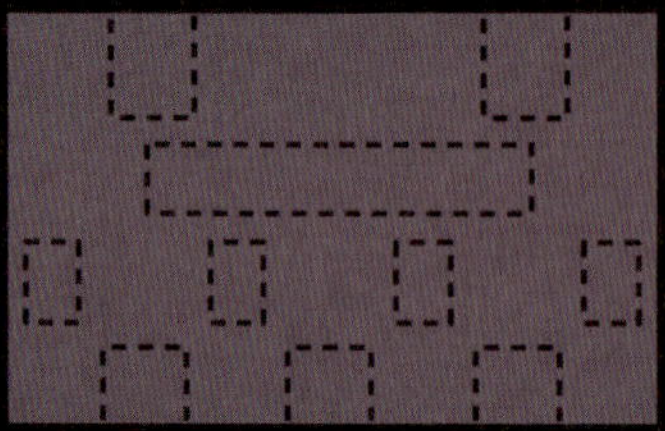

uitgetekende binnenhoven/carved courtyards

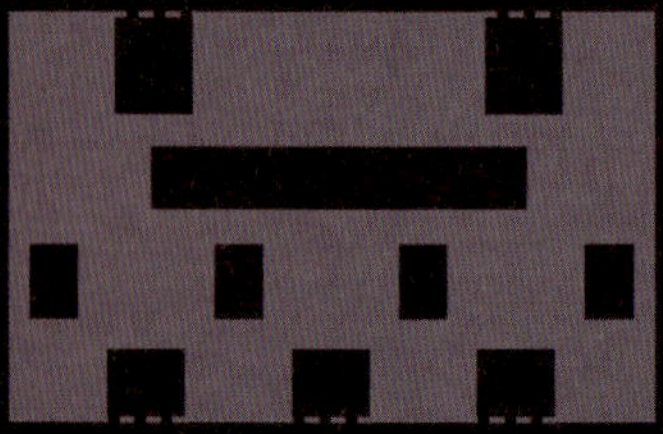

voorstel/proposal

Project: Blur Hotel **Architect:** Studio Peizhu (Zhu Pei, Wu Tong) **Locatie/Location:** Beijing **Programma/Programme:** Hotel, galerie, boekwinkel, café, restaurant en lounge/Hotel, gallery, bookshop, cafe, restaurant and lounge **Ontwerp-Oplevering/Design-Completion:** 2004–2006 **Bouwterrein/Site specifications:** 2.138 m² **Bouwoppervlak/Building surface area:** 10.000 m²

Zhu Pei (Studio Peizhu), Beijing : Zhu Pei (1962); Wu Tong (1968)
Opleiding/Education: Zhu Pei: MArch Urban Design, Berkeley University, 1999; MArch Tsinghua University, 1991 **Wu Tong:** Master of Graphic Design, Tsinghua University, 2000 **Oprichting bureau/Start of practice:** 2005 **Bureau/Practice:** Particuliere onderneming/Private firm **Medewerkers/Members of staff:** 20 **Gerealiseerde projecten/Completed projects:** 1 **Projecten in aanbouw/Projects under construction:** 3 **Aantal prijsvragen/Number of competitions:** 7 **Aantal ontworpen projecten/Number of designed projects:** 15

Dong's House Restaurant — Pingjiang is een van de best bewaard gebleven klassieke wijken van Suzhou en wordt als toeristische attractie inmiddels goed onderhouden. Dong's House maakt deel uit van een groot gebouwencomplex rond een binnenplaats aan een kanaal, dat al tientallen jaren ernstig in verval was. Tong Ming heeft het complex in twee delen gesplitst. De traditonele boerenhofsteden aan de zuidzijde werden in stand gehouden, waarbij alleen het verrotte houtskelet werd vervangen door een staalconstructie. De kleine fabriekshal aan de noordzijde werd afgebroken en vervangen door nieuwbouw, met daarin een koffiebar. De gevel van de nieuwbouw bestaat uit een filigraannetwerk van smalle grijze bakstenen, waardoor een gordijneffect ontstaat. Op deze manier blijft het uitzicht van binnen naar buiten behouden, terwijl het homogene steenraster de inkijk van buiten voorkomt. Binnen loopt de koffiebar rond een open binnenplaats trapsgewijs naar boven. De spiraalvormige layout eindigt op het dakterras, waar de bezoeker uitzicht over de hele wijk heeft. De binnenruimte is van het atrium afgescheiden met smalle verdiepingshoge houten deuren, die zo nodig geopend kunnen worden. Tong Ming interpreteert hier de traditionele lichtdoorlatende traliewerkstructuren op een moderne wijze en borduurt voort op het esthetische raffinement van de historische scheidingswand.

Dong's House Restaurant — Pingjiang is one of the best preserved classical districts of Suzhou and is by now well maintained as a tourist attraction. Dong's House is part of a large building complex around a courtyard beside a canal that was in deep decay for decades. Tong Ming has divided the complex into two parts. The traditional peasant farmsteads on the South side were preserved, except for replacing the rotten wooden skeleton with a steel construction. The small factory premizes on the North side were demolished and replaced by a new building including a coffee bar. The façade of the new building is composed of a filigree network of narrow grey bricks, which produces a curtain effect. The view of the outside from the inside is hereby preserved, while the homogeneous stone grid prevents intrusion from outside. Inside, the coffee bar encircles an open courtyard with steps leading upwards. The spiral layout ends on the roof terrace, where visitors can enjoy a panoramic view of the whole district. The inner space is separated from the atrium by narrow floor-to-ceiling doors which can be opened when necessary. Tong Ming interprets the traditional grid structures that let in light in a modern way here and embroiders on the aesthetic refinement of the historical partition.

Project: Dong's House Restaurant **Architect:** Tong Ming (TM Studio), Shanghai **Locatie/Location:** Suzhou **Programma/Programme:** Restaurant **Ontwerp-Oplevering/Design-Completion:** 2003–2004 **Bouwterrein/Site specifications:** 2.400 m² **Bouwoppervlakte/Building surface area:** 1.800 m² **Foto's/Photos:** Ma Jingmin, Tong Ming

Tong Ming (TM Studio), Shanghai (1968)
Opleiding/Education: PhD of Urban Planning, Tongji University, Shanghai 1995–1999; MArch Southeast University, Nanjing 1990–1993; BArch Southeast University, Nanjing 1986–1990 **Oprichting bureau/Start of practice:** 1998 **Bureau/Practice:** Ontwerpbureau verbonden aan/Design office connected to Tongji University, Shanghai **Medewerkers/Members of staff:** 2 **Gerealiseerde projecten/Completed projects:** 4 **Projecten in aanbouw/Projects under construction:** 4 **Aantal prijsvragen/Number of competitions:** 2 **Aantal ontworpen projecten/Number of designed projects:** 3

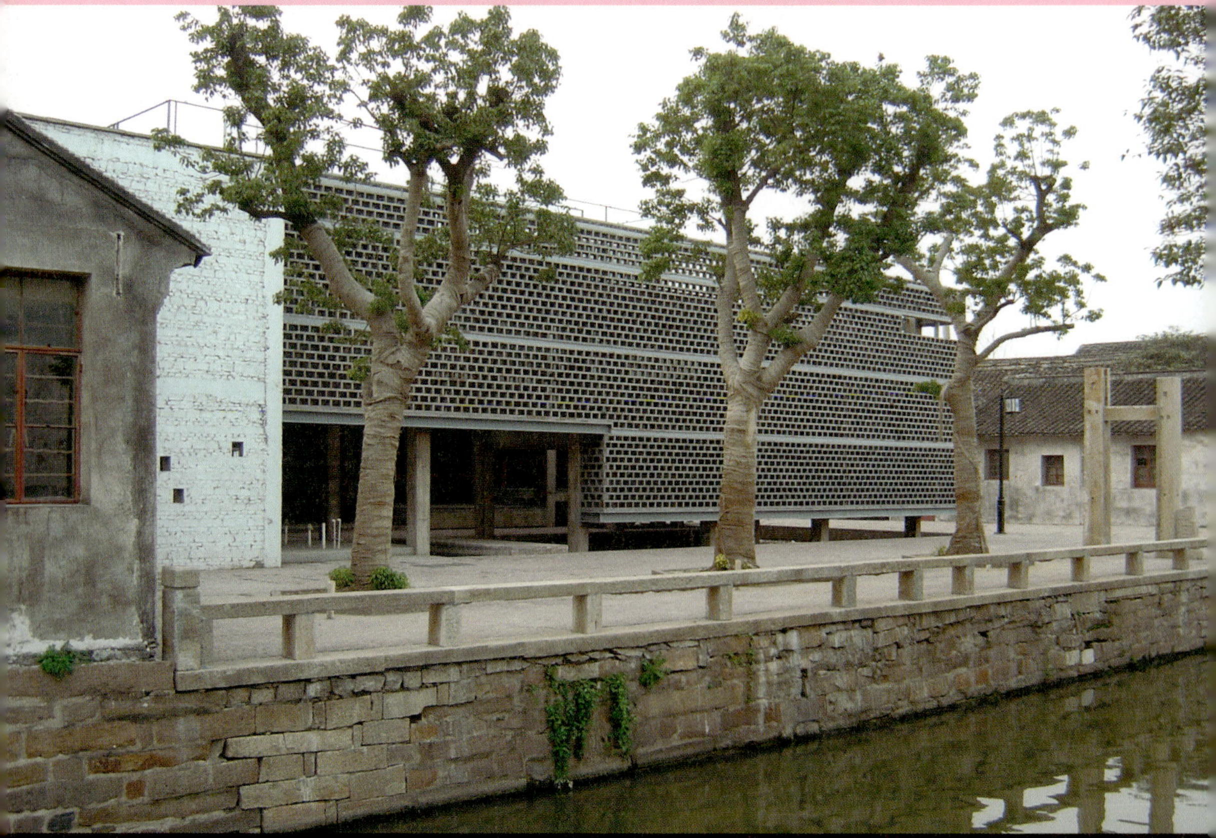

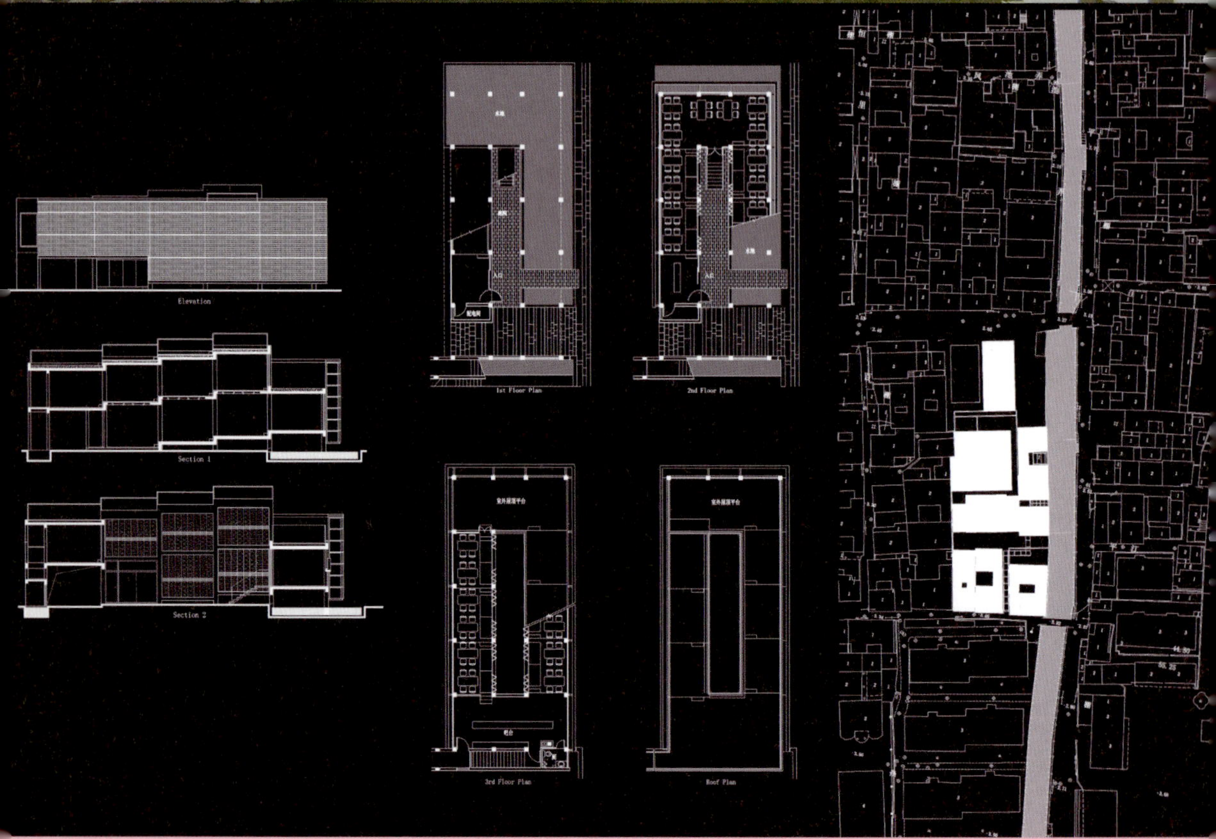

(links/left) aanzicht en doorsneden/elevation and sections
(midden/middle) begane grond en eerste verdieping/first floor and second floor, tweede verdieping en dak/third floor and roof
(rechts/right) situatie/site plan

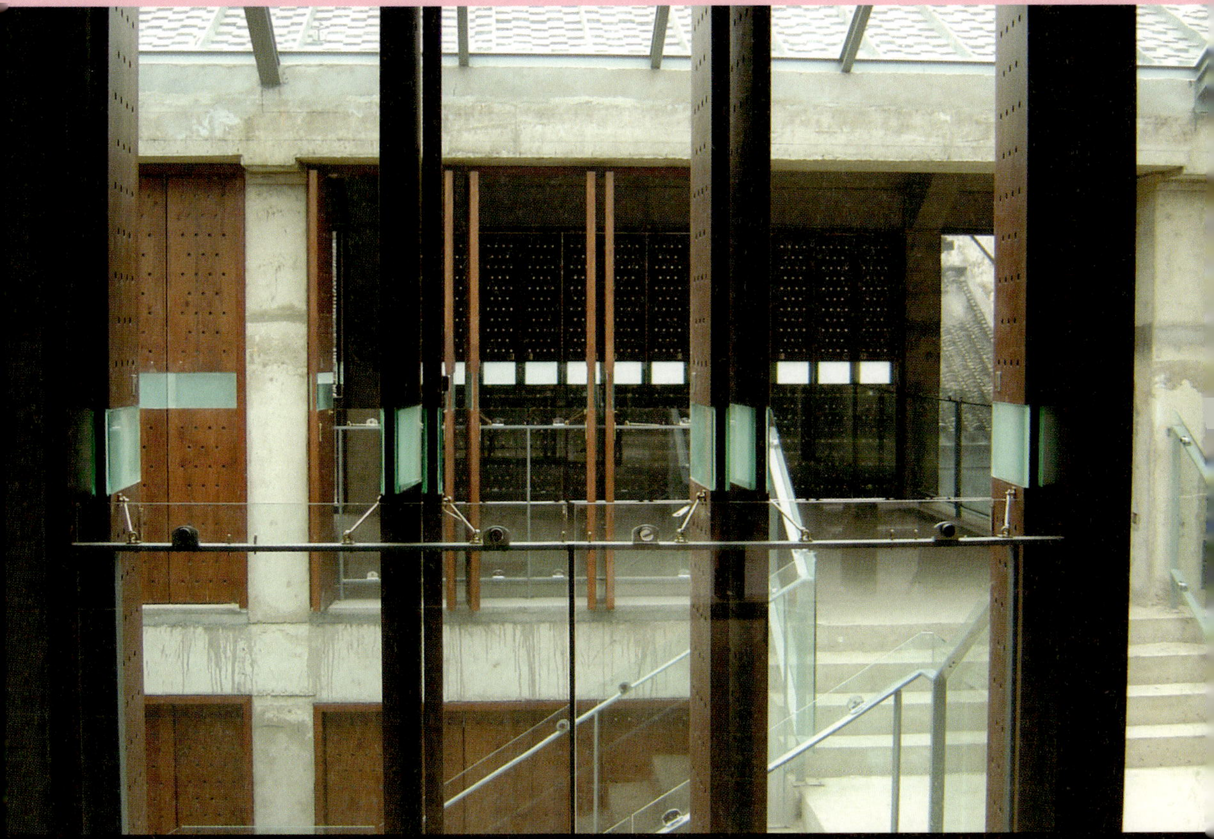

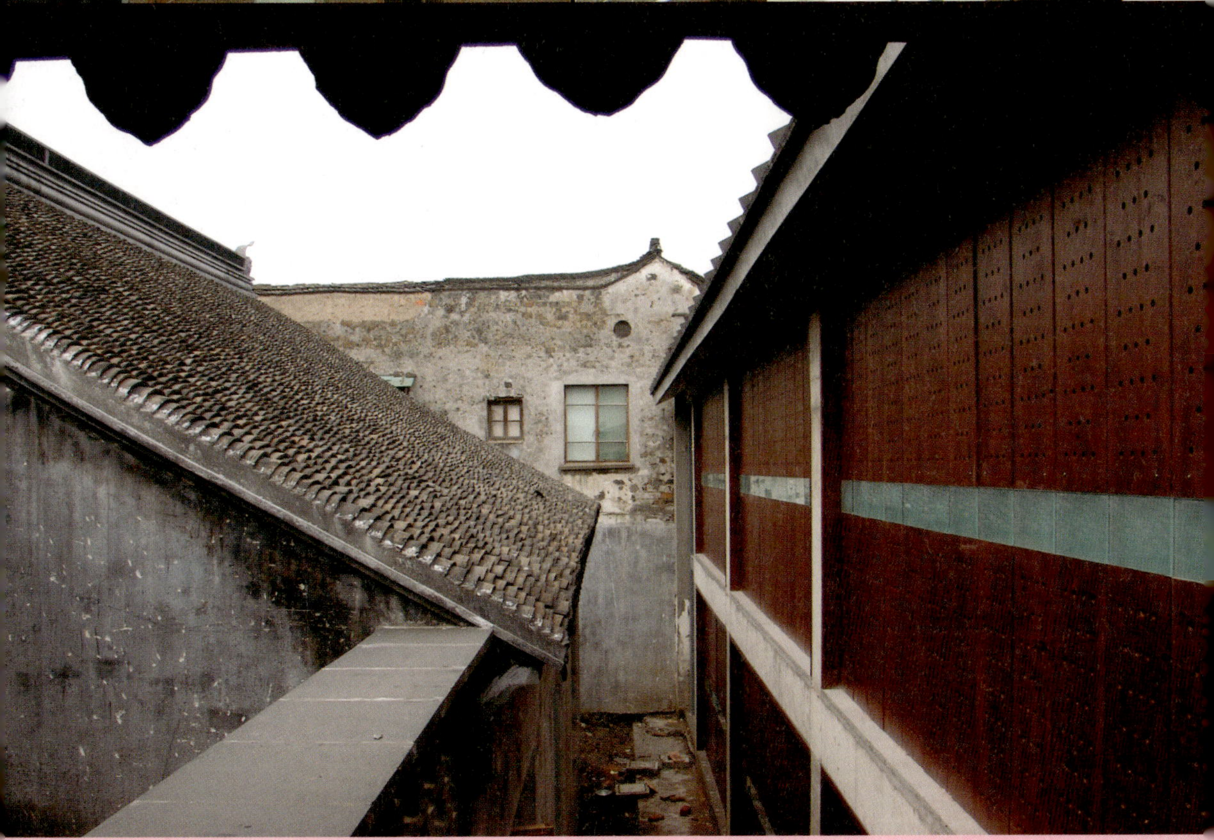

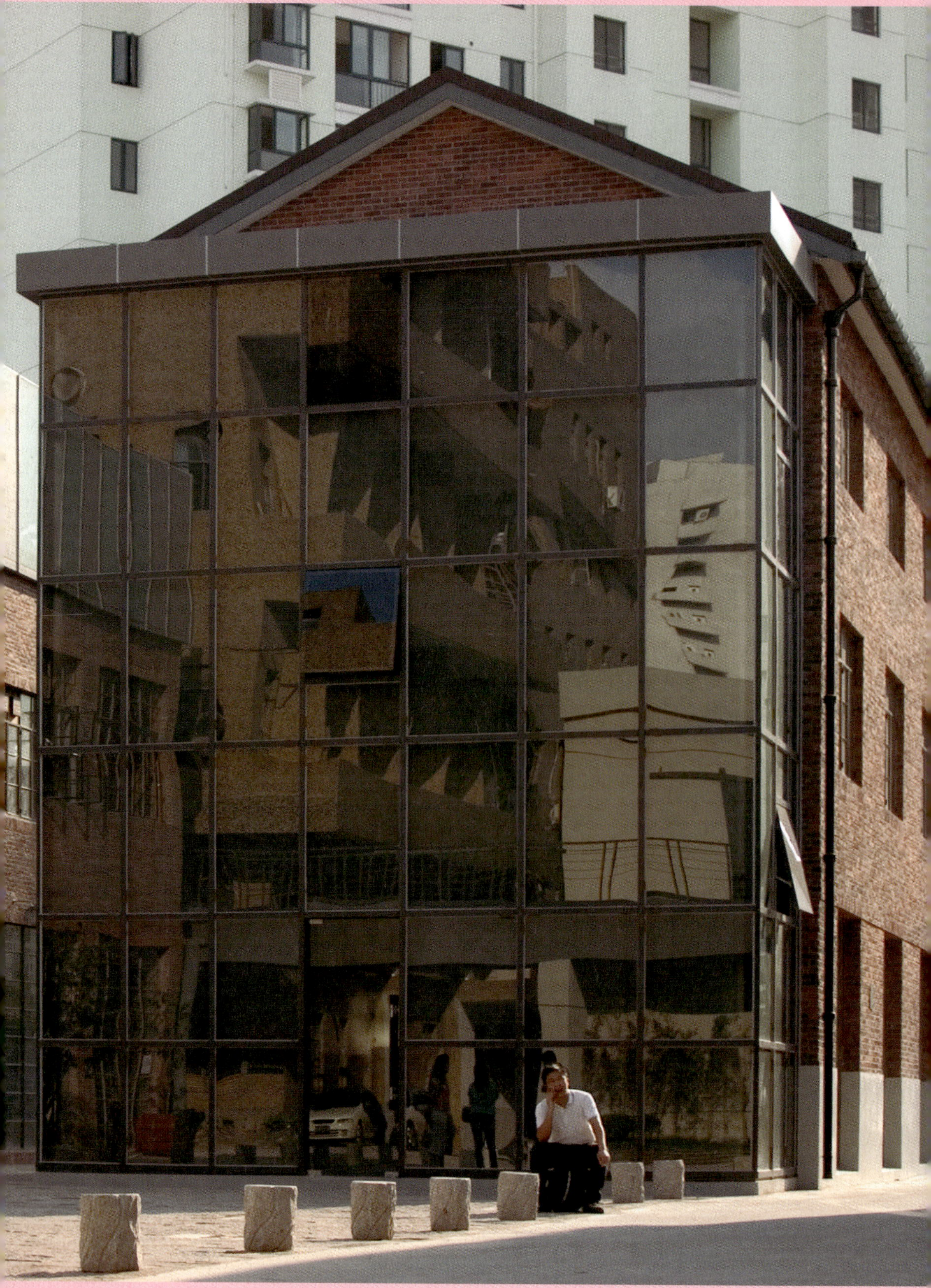

Gerenoveerde entree M50/M50 Renovated entrance

Renovatie M50 Shanghai — De transformatie van dit voormalige fabrieksterrein in Shanghai tot culturele vrijzone M50 is het resultaat van initiatieven van onderop die ervoor zorgen dat het gebied in zijn oorspronkelijke staat kan blijven bestaan. Het terrein met gebouwen daterend uit de periode 1930–1990 ontstond in 1917 en ligt enigszins geïsoleerd in de stad doordat de Suzhou-rivier het grotendeels omsluit. Midden jaren negentig sloot de textielfabriek haar deuren en vanaf 2000 namen ruim honderd kunstenaars, ontwerpbureaus en vooraanstaande galeries zoals ShangArt Gallery en BizArt Center hun intrek in de leegstaande fabrieksgebouwen. Er is door de kunstenaars jarenlang strijd geleverd met de projectontwikkelaar om sloop tegen te gaan en begin 2005 werd duidelijk dat het industrieterrein in de huidige toestand met al zijn verschillende gebruikers mocht blijven bestaan.
Chen Xudong is met zijn architectenbureau DAtrans op M50 gevestigd en is verantwoordelijk voor de renovatie van het gebied. Het doel daarvan is de enclave meer aan de stad open te stellen en de authenticiteit ervan te bewaren door een goedkope, gefaseerde renovatie. Het eerste deel van de renovatie bestaat uit het terugbrengen van de entreepartij naar de oorspronkelijke art-decostijl en het realiseren van een informatiecentrum. Chen heeft bovendien het interieur van een art-decomeubelzaak in een van de oude werkplaatsen ontworpen.

Renovation M50 Shanghai — The transformation of this former factory site in Shanghai into the M50 cultural free zone is the result of grassroots initiatives which ensure that the area is allowed to remain in its original state. The site with buildings dating from the period 1930-1990 was created in 1917 and is somewhat isolated from the city because it is largely encircled by the Suzhou River. In the mid-1990s the textile factory closed down. Since 2000 more than a hundred artists, design agencies and prominent galleries such as ShangArt Gallery and BizArt Center have occupied the empty factory premizes.
The artists have been waging a battle with the project developer for years to prevent demolition. At the beginning of 2005 it became clear that the industrial site would be allowed to remain in its present condition with all its different users.
Chen Xudong and his architectural practice DAtrans have premizes in M50 and are responsible for the renovation of the area. The aim is to open the enclave up more for the city and to preserve its authenticity through an inexpensive renovation in stages. The first part of the renovation consists of restoring the original Art Deco style of the entrance and setting up an information centre. Chen has also designed the interior of an Art Deco furniture store in one of the old workshops.

Project: Renovatie M50 Shanghai **Architect:** DAtrans (Chen Xudong, Max Mueller, Wei Bao, Guang Yang, artistiek supervisor/creative supervisor Yi Ding), Shanghai **Locatie/Location:** Moganshan Road 50, Shanghai **Programma/Programme:** Renovatie, winkelinterieur/Renovation, shop interior **Ontwerp – Oplevering/Design - Completion:** 2005 – **Bouwterrein/Site specifications:** ca. 143.466 m² **Foto's/Photos:** Zongmei Zhang, DAtrans **Website:** www.m50.com.cn

Chen Xudong (DAtrans), Shanghai (1971)
Opleiding/Education: Technische Universität Berlin 1997–2000; Humboldt Universität Berlin, department of philosophy 1999–2001; Hochschule der Künste Berlin, department of experimental media 1999–2001; Tongji University, Shanghai 1989–1994 **Oprichting bureau/Start of practice:** 2004 **Bureau/Practice:** Particuliere onderneming/Private firm **Medewerkers/Members of staff:** 10 **Gerealiseerde projecten/Completed projects:** 7 **Projecten in aanbouw/Projects under construction:** 3 **Aantal prijsvragen/Number of competitions:** 3 **Aantal ontworpen projecten/Number of designed projects:** 8 **Website:** **www.datrans.cn**

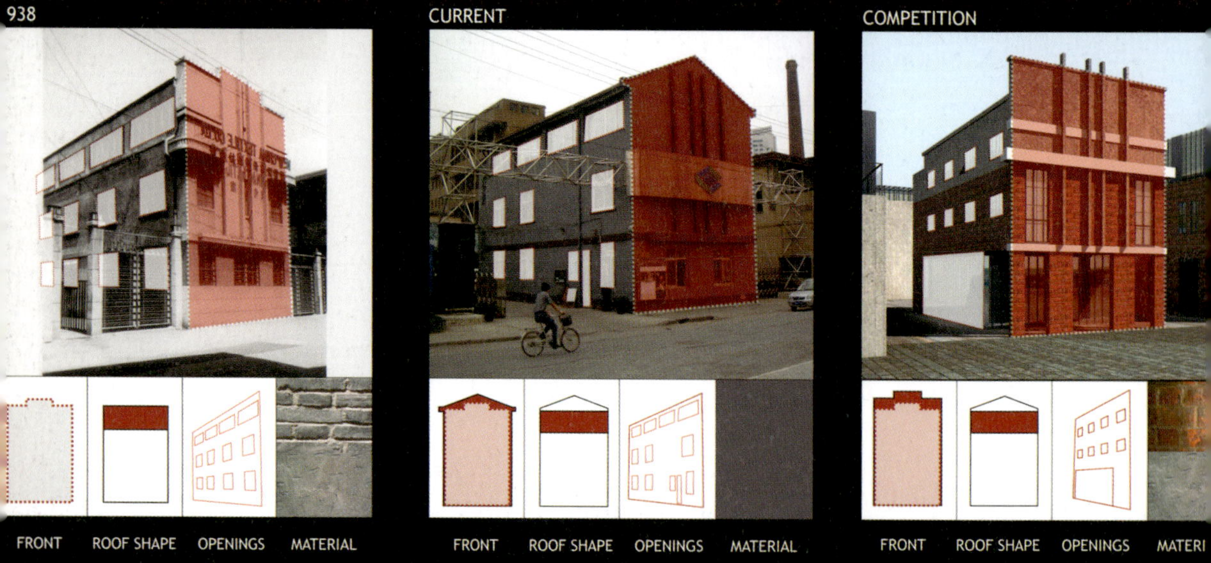
938
CURRENT
COMPETITION
FRONT
ROOF SHAPE
OPENINGS
MATERIAL
FRONT
ROOF SHAPE
OPENINGS
MATERIAL
FRONT
ROOF SHAPE
OPENINGS
MATERI

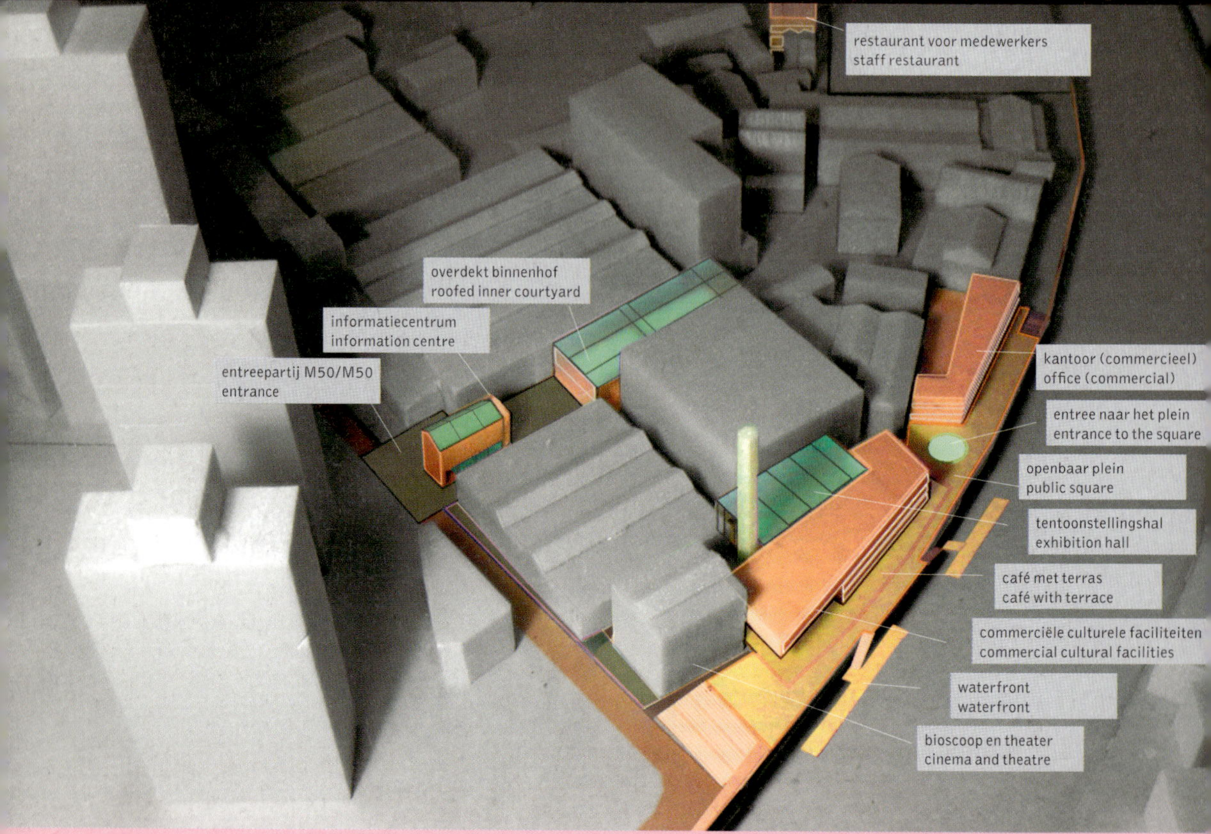
restaurant voor medewerkers
staff restaurant
overdekt binnenhof
roofed inner courtyard
informatiecentrum
information centre
entreepartij M50/M50
entrance
kantoor (commercieel)
office (commercial)
entree naar het plein
entrance to the square
openbaar plein
public square
tentoonstellingshal
exhibition hall
café met terras
café with terrace
commerciële culturele faciliteiten
commercial cultural facilities
waterfront
waterfront
bioscoop en theater
cinema and theatre

Li Juchuan : Red Line #2 — Architect en beeldend kunstenaar Li Juchuan (1964) is universitair hoofddocent aan de postdoctorale architectuuropleiding van de Nanjing Universiteit. Hij benadert de architectuurpraktijk sinds 1994 door middel van performances, foto's en videowerken. In 2004 participeerde Li met het project **Red Line #2** in de tentoonstelling 'Matchmaking at Suzhou Creek', georganiseerd door galerie Eastlink (M50) ten tijde van de biënnale van Shanghai. Het project bestond uit het aanbrengen van een 15 cm brede rode, rechte lijn die rigoureus over het terrein inclusief alle bestaande gebouwen van M50 werd geschilderd. Het project reageerde op het destijds onzekere voortbestaan van M50, maar maakte onderdeel uit van een langer lopend project dat commentaar levert op de hedendaagse bouw- en sloopprak-tijken in China (Li voerde in The Guangdong Museum of Art in Guangzhou in 2003 **Red Line #1** uit). In de stedenbouw is de 'rode lijn' de technische term voor de rode markering die op tekeningen wordt gebruikt om eigendomsgrenzen van bijvoorbeeld gebouwen en wegen aan te geven. In werkelijkheid zijn ze onzichtbaar, maar door de willekeur van het grootschalige urbanisatieproces beïnvloeden en bepalen ze de stedelijke omgeving en het dagelijks leven van veel mensen op indringende wijze. Li vroeg zich af wat er zou gebeuren als deze lijnen in de steden zichtbaar zouden worden gemaakt.

Li Juchuan : Red Line #2 — Architect and artist Li Juchuan (1964) is associate professor of the postdoctoral architecture course at Nanjing University. Since 1994 he has been approaching architectural practice by means of performances, photographs and video works. Li participated with the project **Red Line #2** in the exhibition 'Matchmaking at Suzhou Creek', organized by the Eastlink gallery (M50) during the Shanghai Biennial in 2004. The project consisted of painting a 15 cm wide straight red line rigorously over the site, including all the existing M50 buildings. The project was a reaction to the uncertainty about the future of M50 at the time, but formed part of a project with a longer duration that commented on contemporary building and demolition practices in China (Li executed **Red Line #1** in The Guangdong Museum of Art in Guangzhou in 2003). In urban design the red line is the technical term for the red marking that is used on drawings to indicate the property boundaries of buildings and roads, for instance. They cannot be seen, but because of the arbitrary nature of the large-scale urbanization process, they strongly influence and determine the urban environment and the everyday lives of many people. Li wondered what would happen if these lines were made visible in the city.

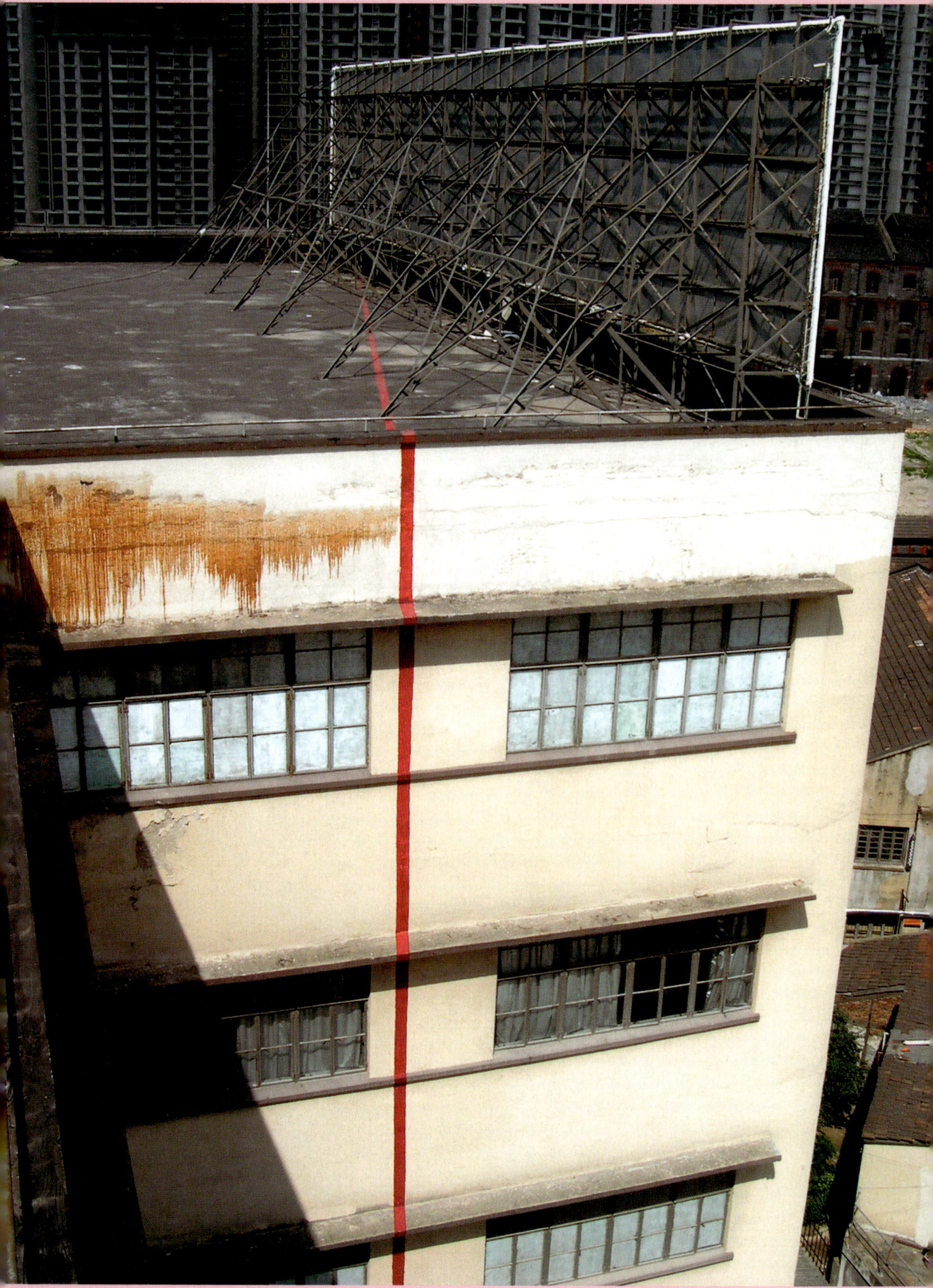

Installatie Moganshanstraat 50, Shanghai/ Installation Moganshan Street 50, Shanghai, 2004, www.lijuchuan.com

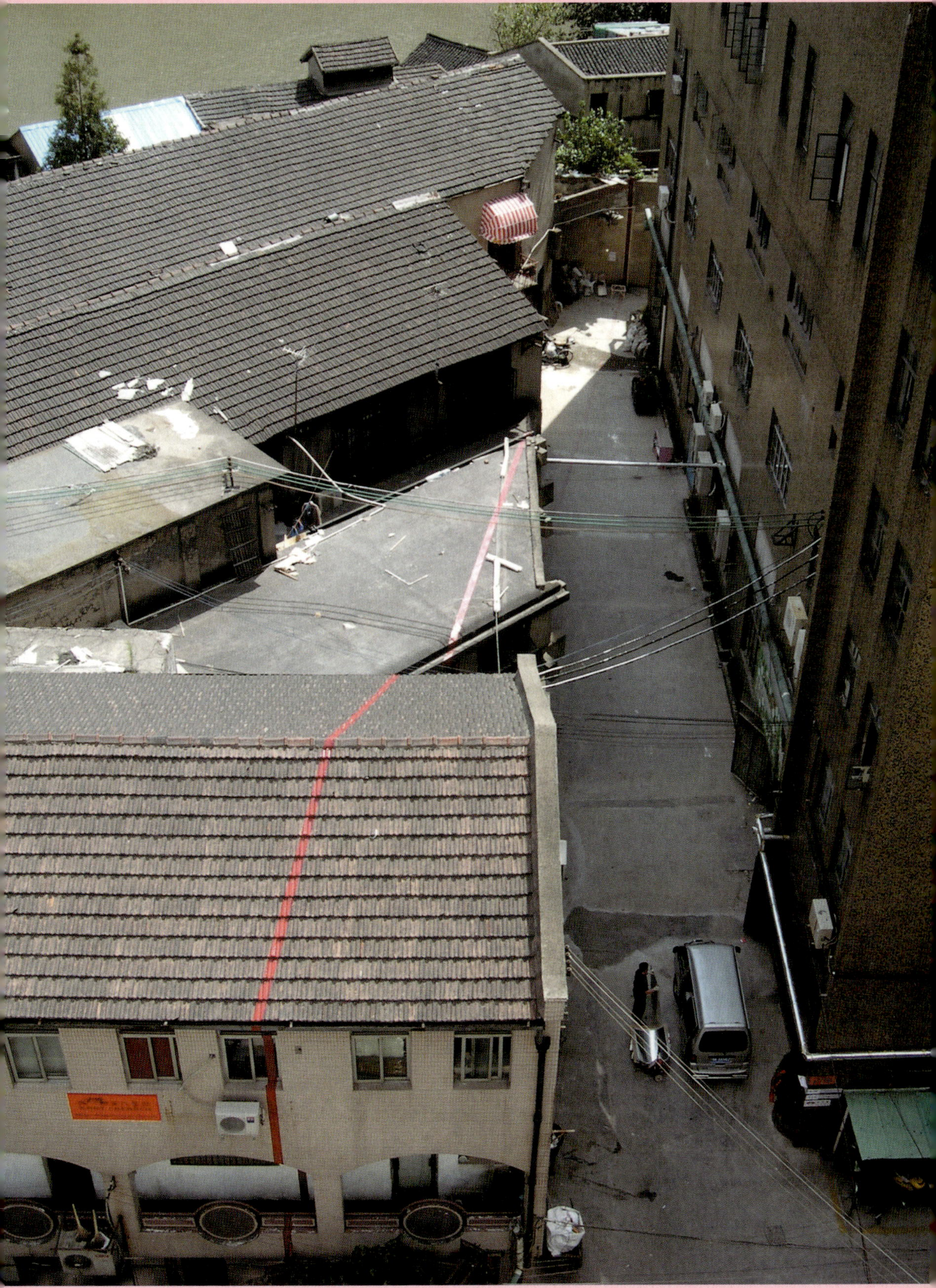

Morse Code, 2003
c-print, serie van/series of 13, 80 x 120 cm

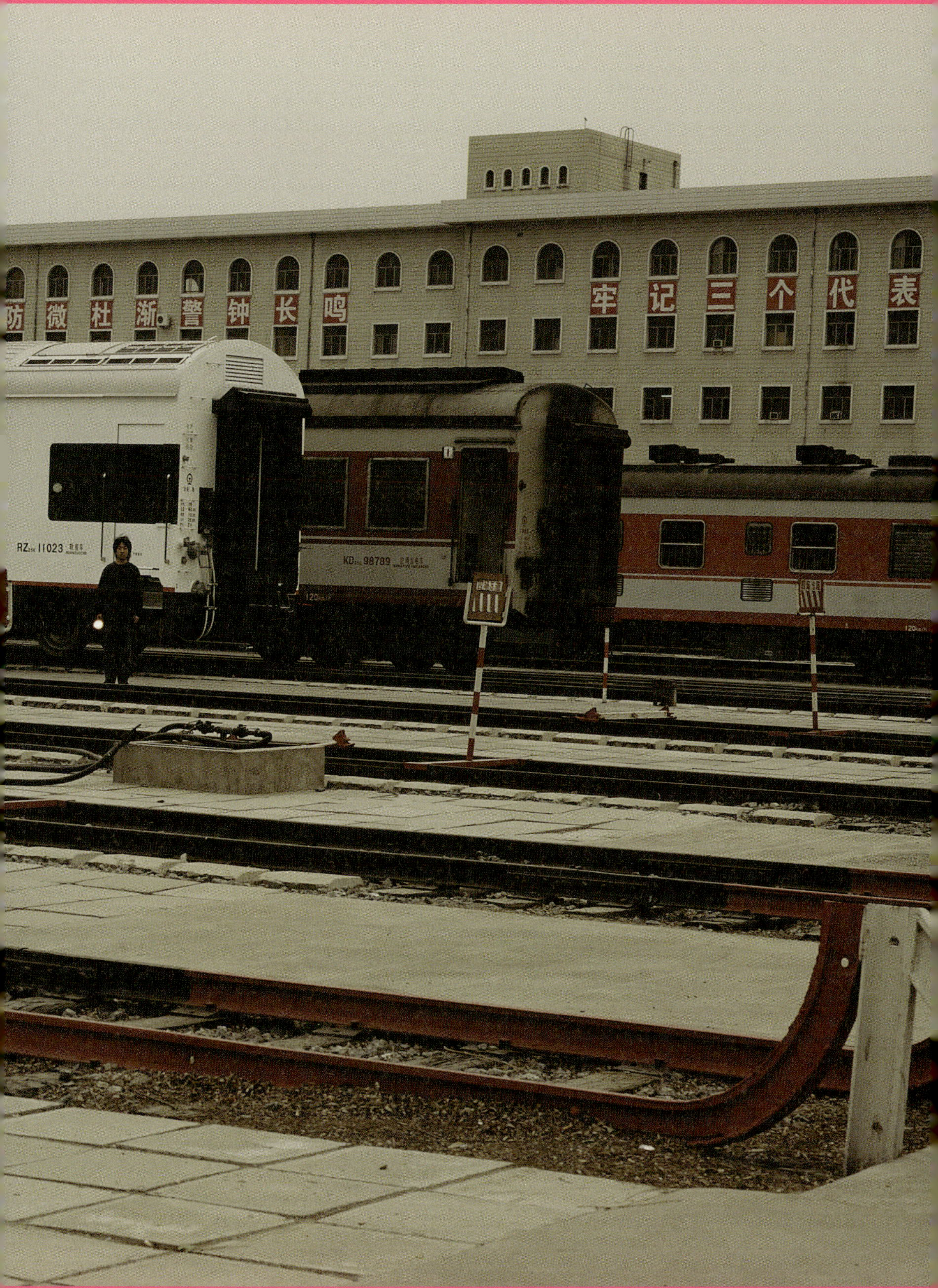
防微杜渐警钟长鸣
牢记三个代表
RZ 11023
KD 98789

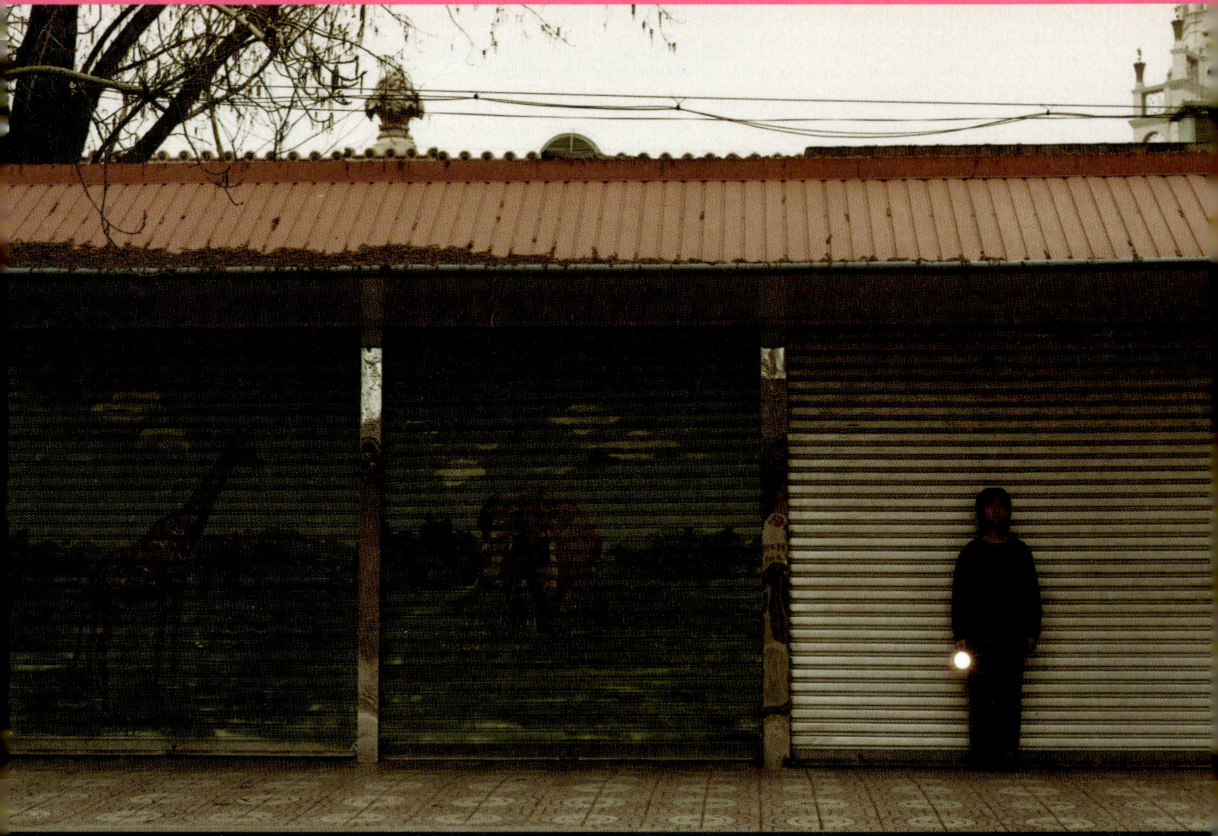

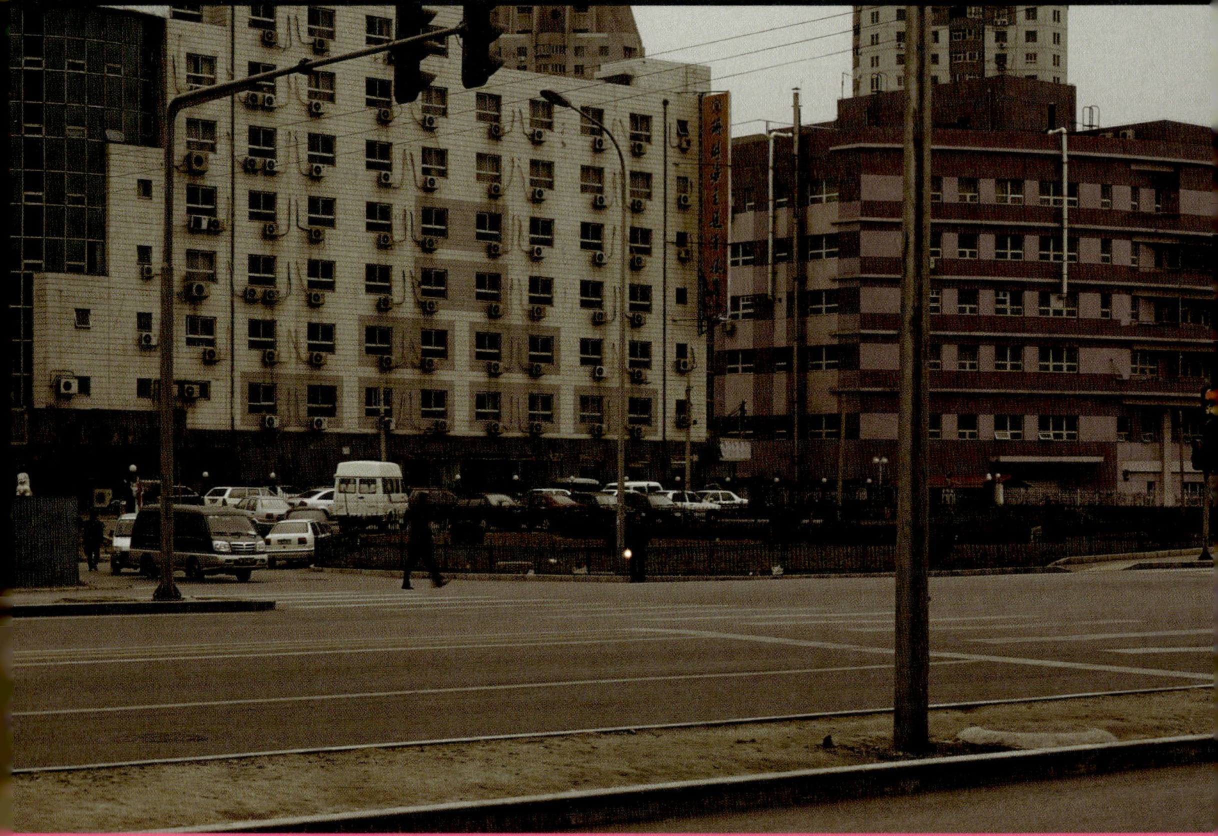

Morse Code, 2003
c-print, serie van/series of 13, 80 x 120 cm

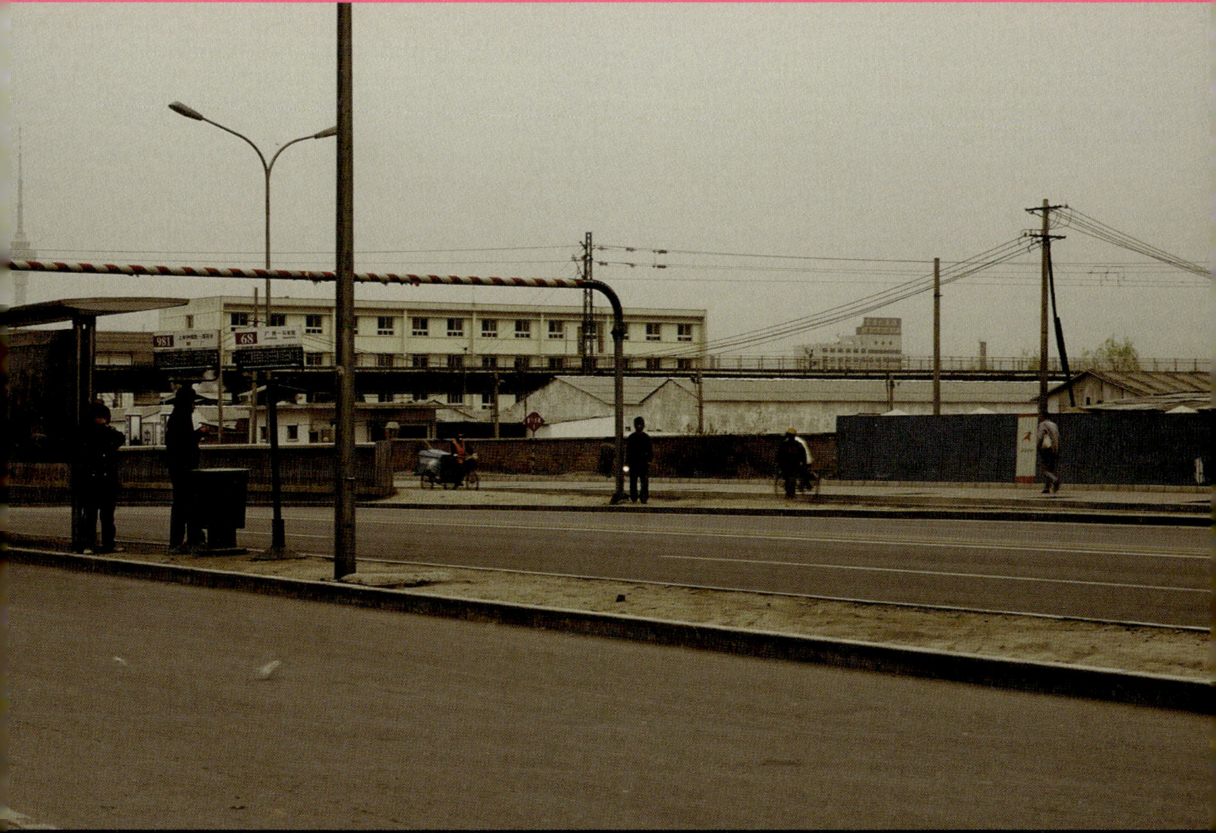

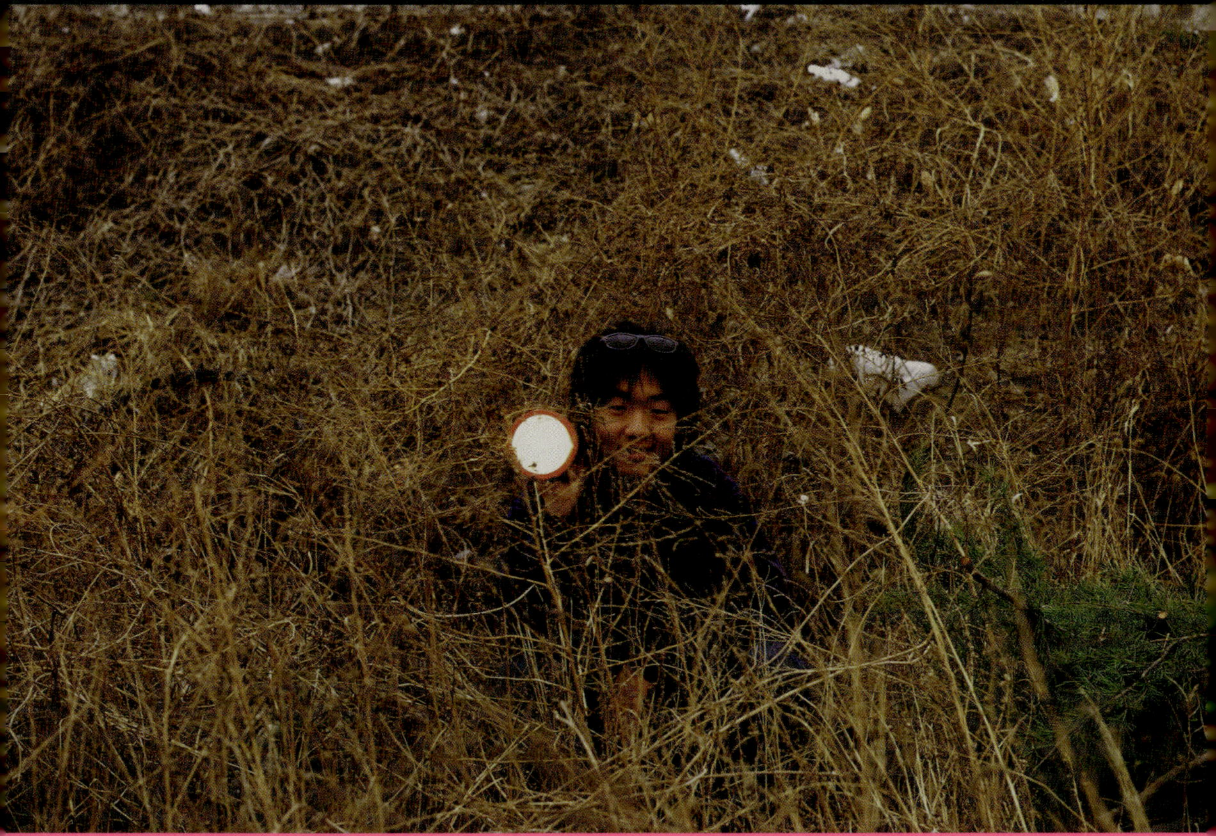

Liang Yue — De kunstenares Liang Yue woont afwisselend in Shanghai en in Beijing en werkt vooral met video en fotografie. Haar werk, dat voor een groot deel wordt gekenmerkt door een zekere afstand van het alledaagse leven, verbeeldt het kwellende verdriet van eenzame individuen.

De boodschap die Liang Yue met haar project **Stop Dazing** (2004) tracht over te brengen, ligt in de karakters waarmee het Chinese woord voor 'morgen' wordt weergegeven: een combinatie van 'zon', 'maan' en 'dag'. Haar interpretatie is die van een mooie dag, met prachtige witte wolken tegen een heldere lucht, zonneschijn en geen schaduwen. Het is het soort dag dat haar verbeelding prikkelt en haar aanzet tot het verzinnen van simpele, totaal onlogische verhaaltjes. Haar dagdromen brengen haar in een plezierige trance die al haar denkprocessen stopzet. De activiteit – of het ontbreken daarvan – leidt tot de momenten van stilstand die aanleiding waren voor de Engelse titel, **Stop Dazing**, die afwijkt van de oorspronkelijke Chinese titel, die zich letterlijk laat vertalen als **Morgen**.

De meeste shots in **Stop Dazing** zijn nachtopnamen, waarop vage beelden van steden te zien zijn. De clip is als een videodagboek, met monologen vol persoonlijke gedachten, vage romantische scènes en een verstilde meisjesachtige sfeer. Zonder expliciet thema of fundamentele boodschap is alles vluchtig en ongrijpbaar. Toch verbeelden ze samen de triviale maar gecompliceerde gedachten van een jonge vrouw. De verhalen en beelden ontvouwen zich op natuurlijke wijze en maken nergens een gewilde of kunstmatige indruk. Werkelijkheid en illusie, dromen en herinneringen zijn allemaal met elkaar verweven en verbeelden een wereld als een drijvend eiland. Alles wat te zien is, is denkbeeldig, het is onmogelijk onderscheid te maken tussen wat gebeurd is en wat nog komt, wat verleden en wat toekomst is. Het lawaai van de buitenwereld is oorverdovend, maar binnen je eigen privé-ruimte is altijd rust te vinden, alsof er een stomme film wordt vertoond. **Stop Dazing** beschrijft op abstracte wijze hoe het 'zelf' de buitenwereld voelt.

Liang Yue — Dividing her time between Shanghai and Beijing is artist Liang Yue, who expresses her ideas through video and photography. Her work, much of which is characterized by a certain detachment from everyday life, depicts the haunting sadness of lonely individuals.

The message that Liang Yue tries to convey in her **Stop Dazing** project uses the characters that make up the Chinese word for 'tomorrow': a combination of 'sun', 'moon' and 'day'. Her interpretation is that of a bright day, beautiful white clouds in a clear sky, sunshine, and no shadows. It's the kind of day that stimulates her imagination and moves her to make up simple and completely illogical stories. Her daydreams are apt to send her into a pleasant daze that stops her thought processes altogether. The activity – or lack of it – leads to the stagnant moments that gave the work its English name, **Stop Dazing**, which differs from the original Chinese title, the literal translation of which is **Tomorrow**.

Most of the shots in **Stop Dazing** are night scenes, showing blurry images of cities. The clip is like a video dairy, with monologues of private thoughts, blurred and romantic scenes, and a quiet girly sentiment. Without an explicit theme or fundamental message, everything is elusive. Yet together, the piece projects the trivial yet complicated thinking of a young woman. Narratives and images unfold naturally, without artificial deliberation. Reality and illusion, dreams and memories are all interwoven, painting a world like a floating island. Everything seen is illusory, it is impossible to differentiate between what has happened and what is still to come, what is past and what is future. The clamour from the outside world is overwhelming, but quietude can always be sensed in one's private space, as if a silent movie is being shown. **Stop Dazing** abstractly describes how the 'self' feels the external world.

Tekst/Text: Huang Du

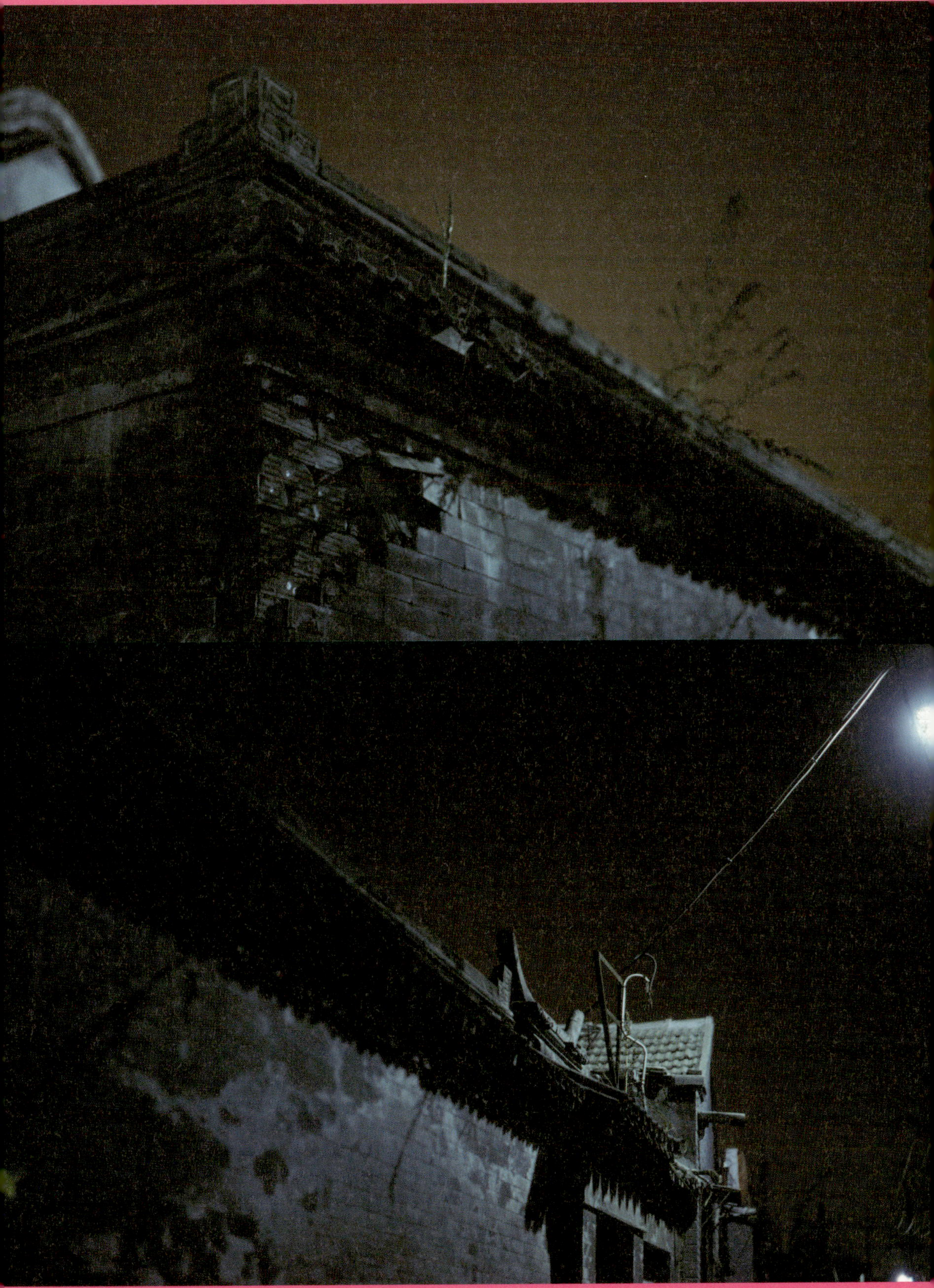

Going to Sleep, 2005
c-print, serie van/series of 11
100 x 125 cm

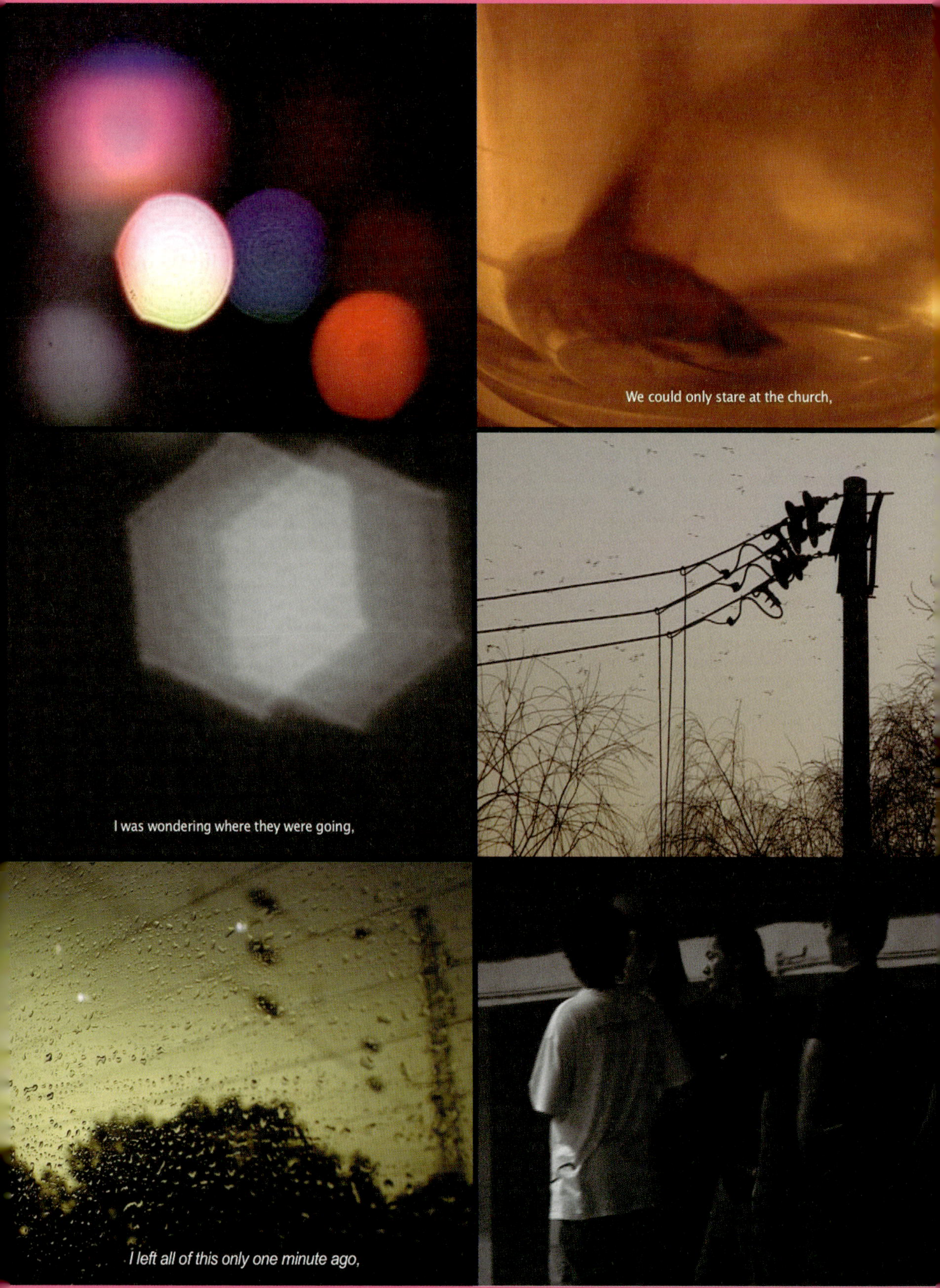

Stop Dazing, 2004 (stills)
digitale film/digital film, 35 min.

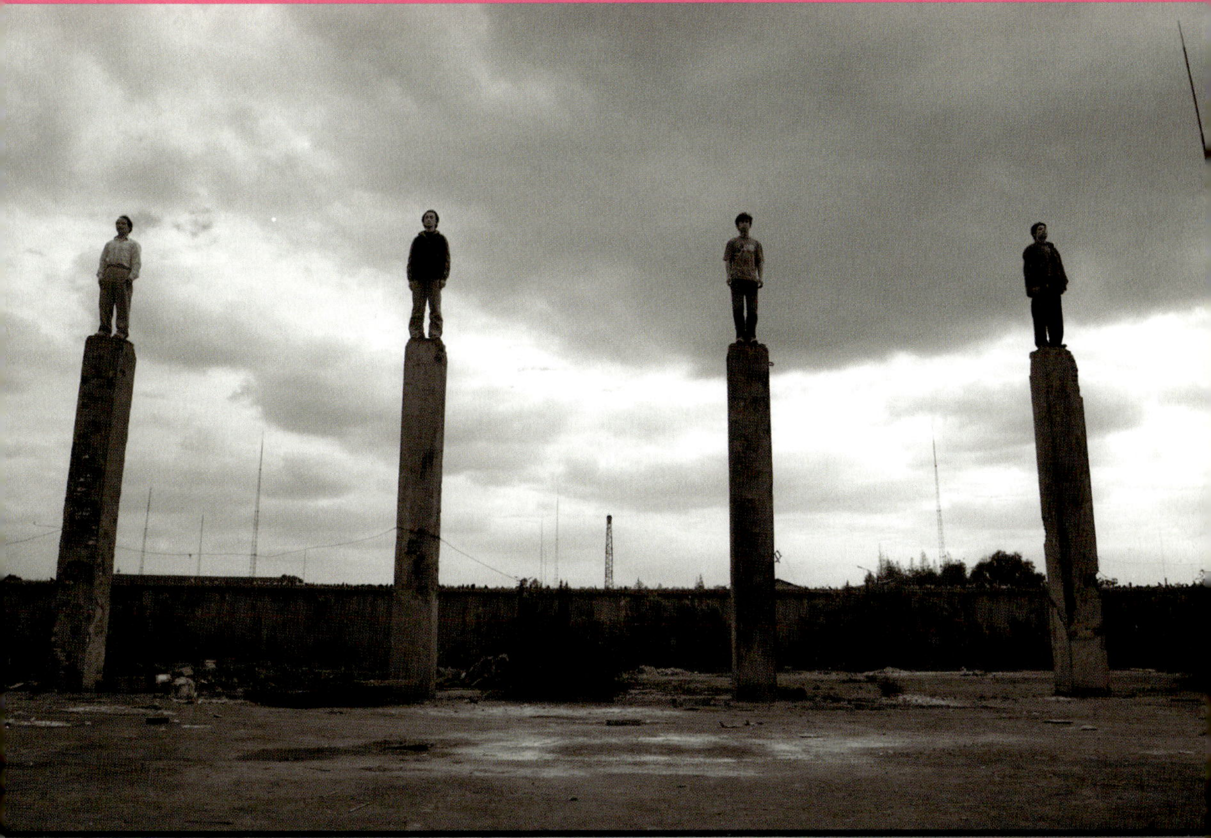

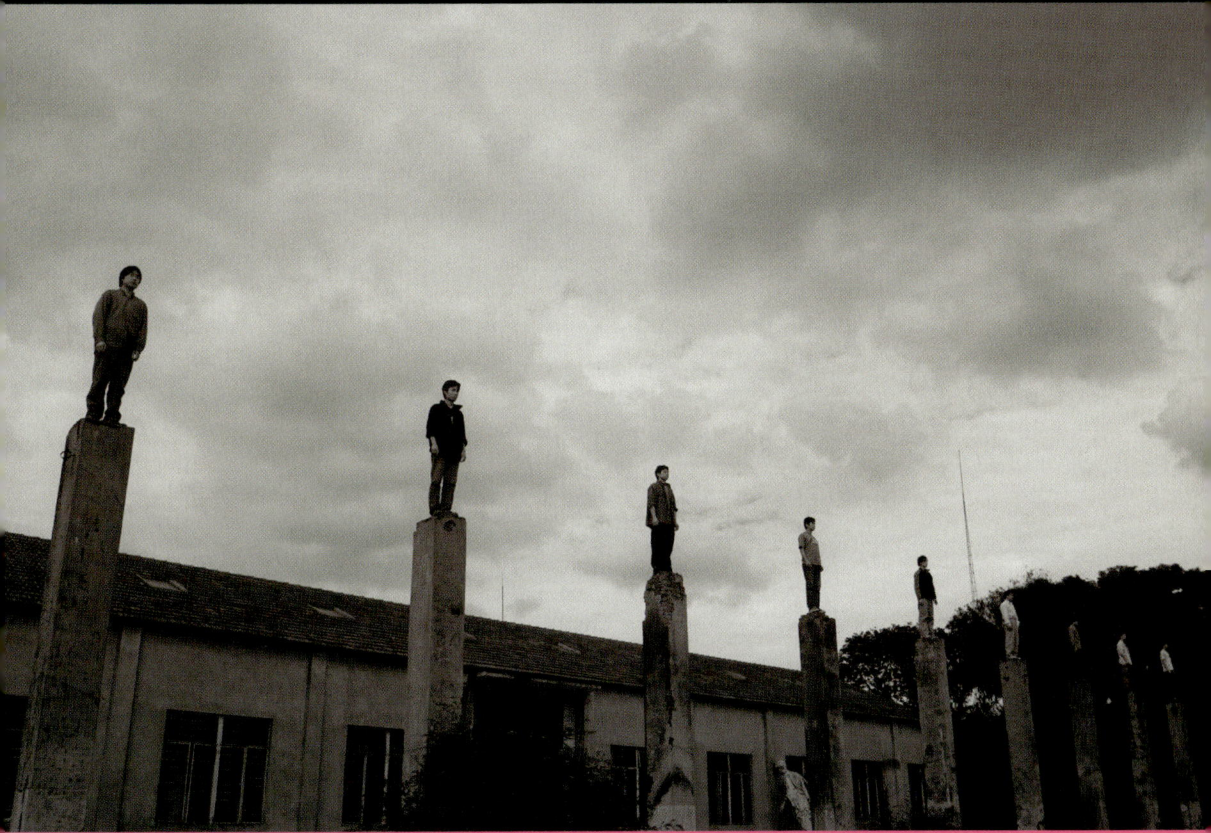

I want to be Gentleman, 2000
foto/photo, 99 x 124 cm
I want to be Gentleman, 2000
foto/photo, 99 x 124 cm

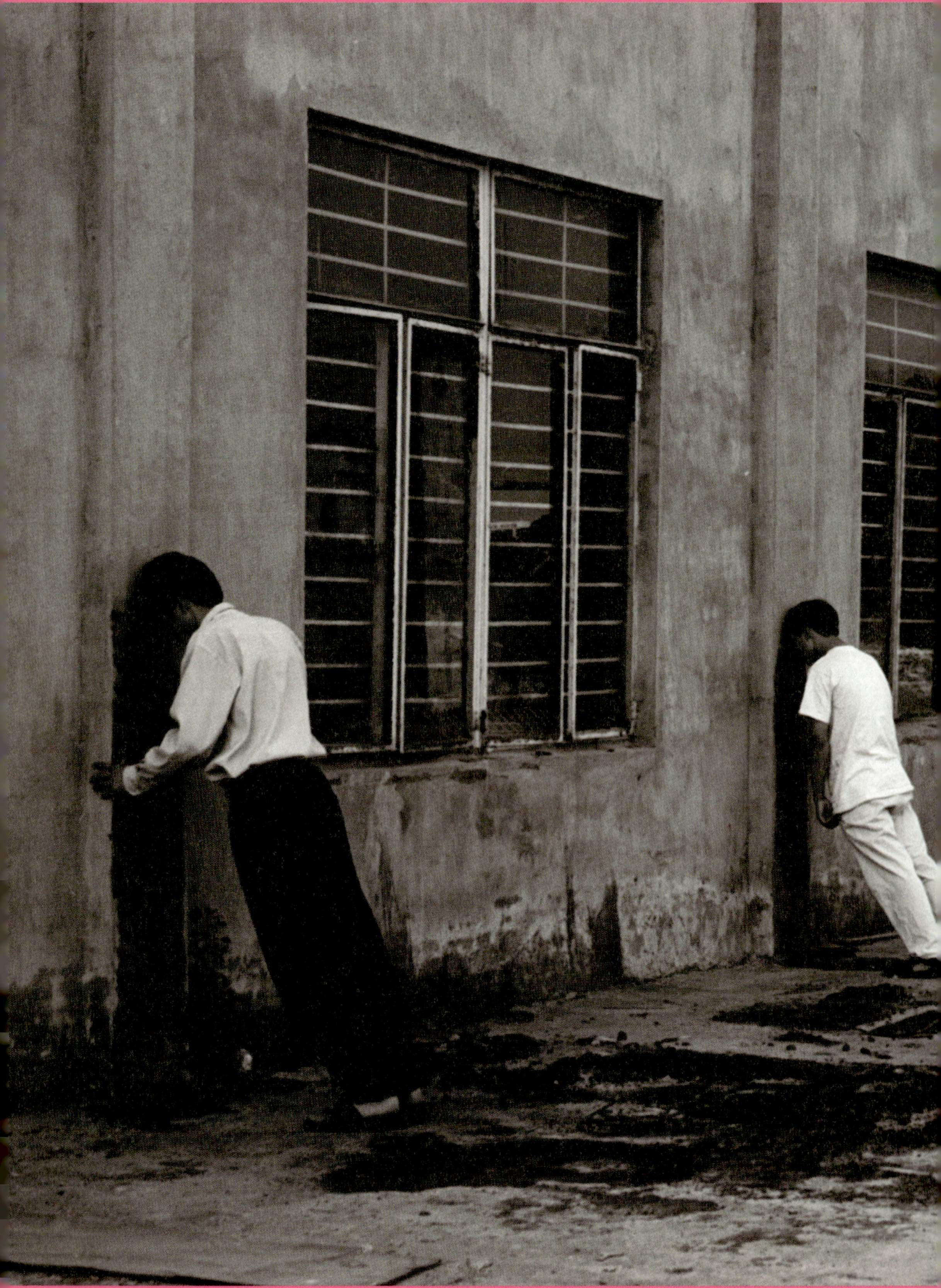

Hey, Lana, 2000
foto/photo, 81 x 124 cm

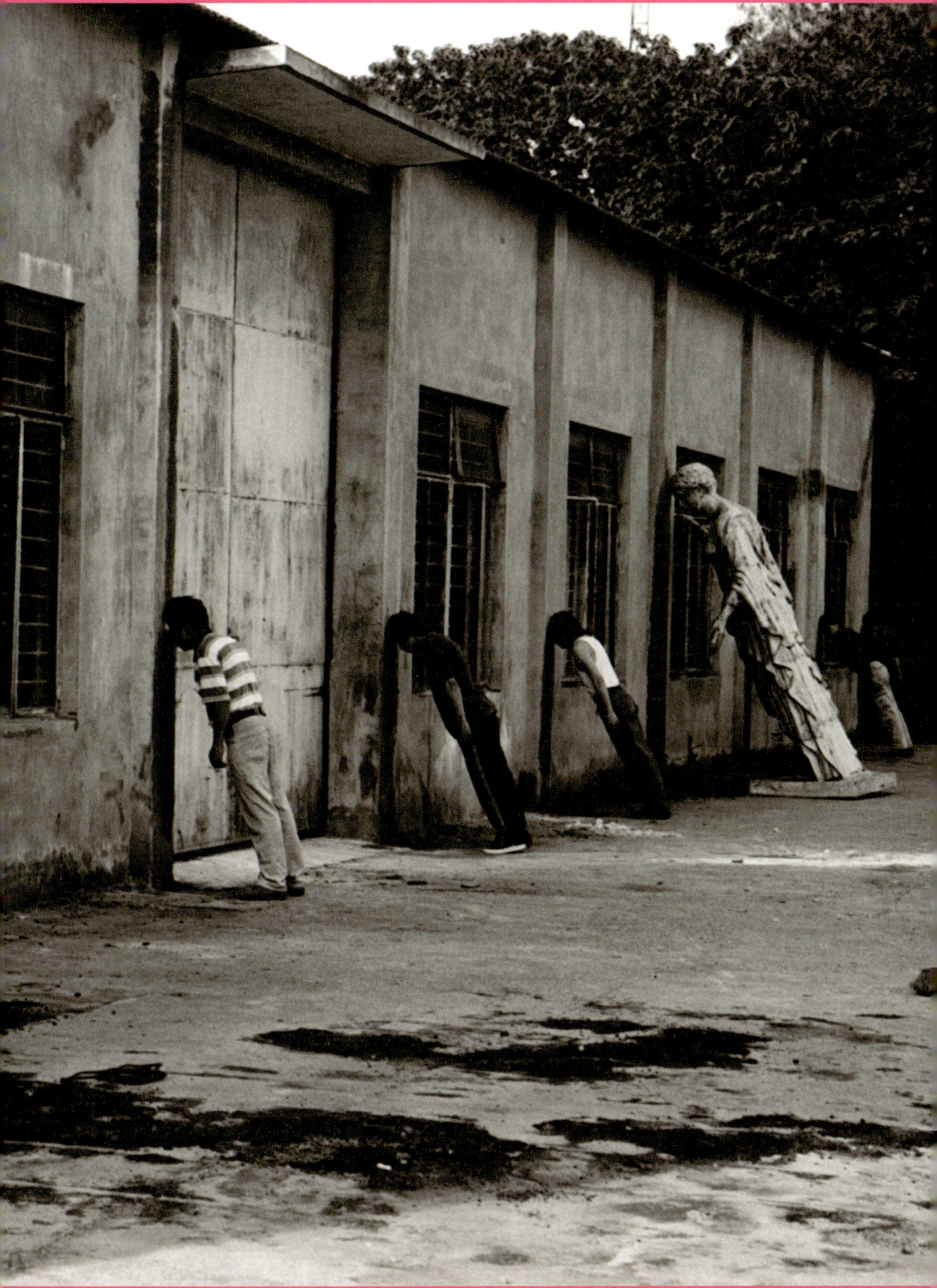

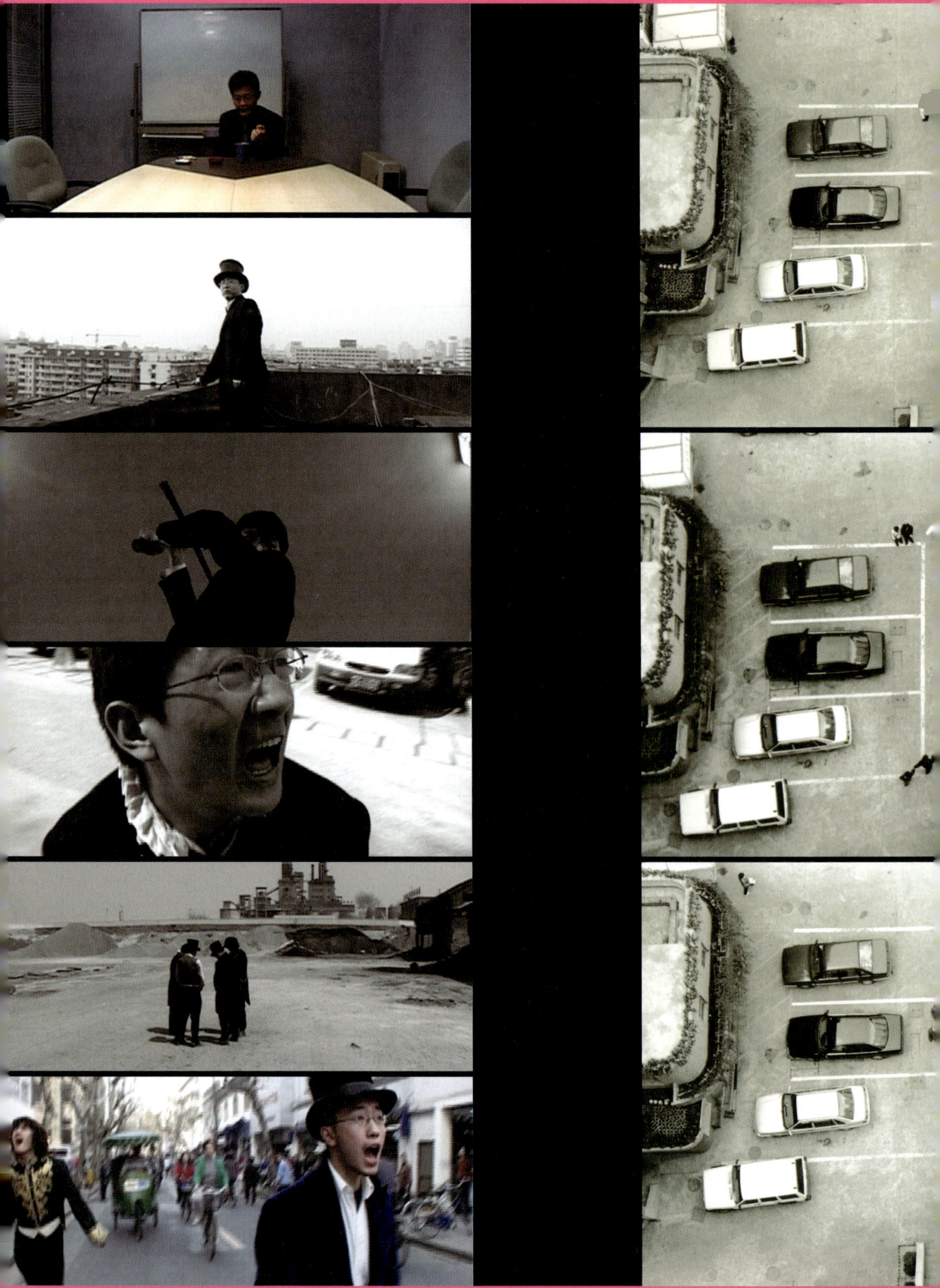

Murdered Trotsky in Summer, Gentlemen in Financial Circles Got More Depressed, 2003 (stills)
dvd, 21 min., 30 sec.

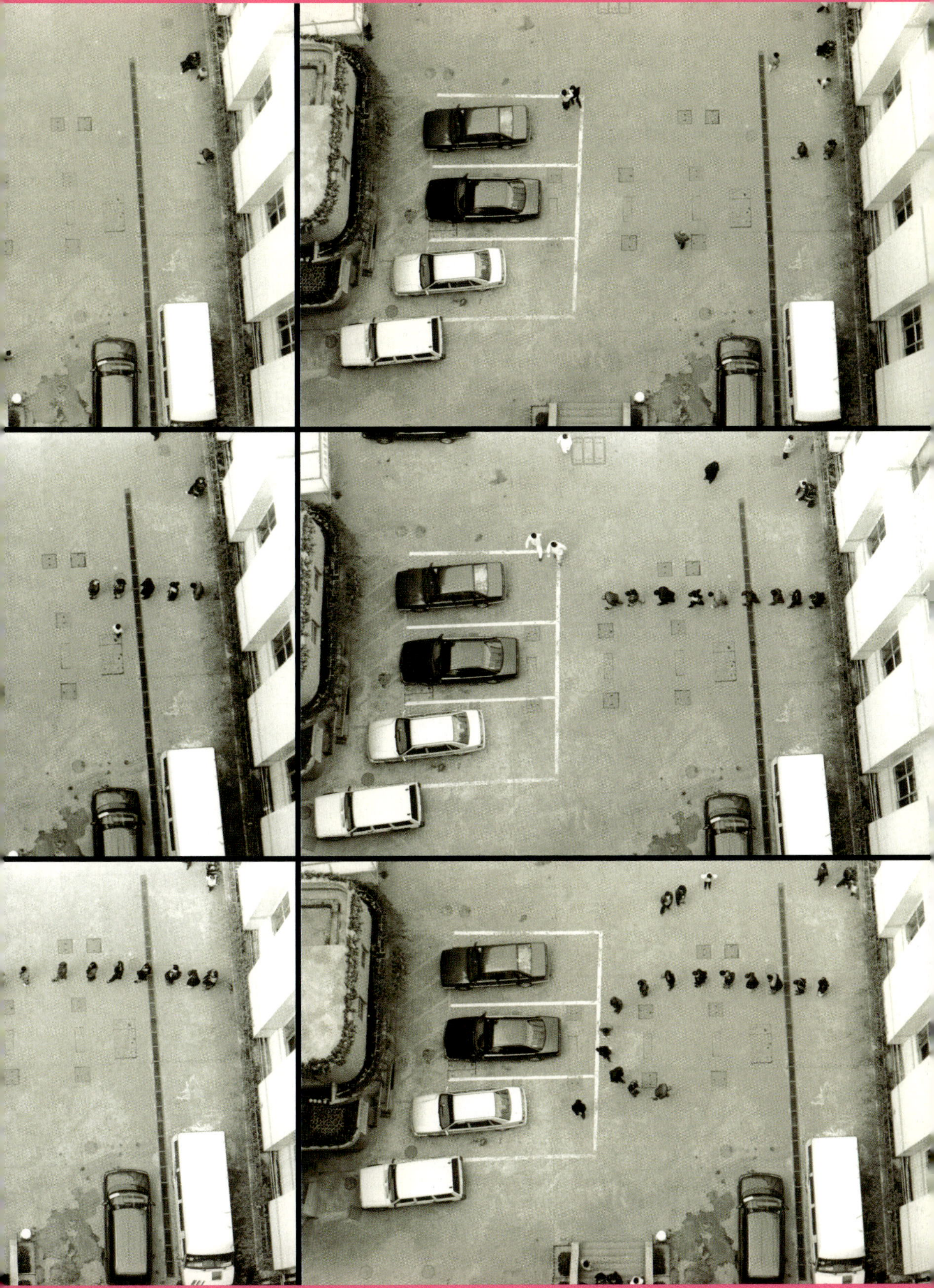

The Curve Which Can Cough, 2001 (stills)
dvd, 8 min., 10 sec.

Lu Chunsheng — De uit Noord-China afkomstige, maar nu in Shanghai wonende kunstenaar Lu Chunsheng maakt video- en fotowerk. Zijn foto's bewerkt hij tegenwoordig met geavanceerde digitale technieken. De kunstenaar beschikt over een groot doorzettingsvermogen en laat zich zelden afleiden door externe invloeden. In 2001 produceerde Lu Chunsheng een acht minuten durende video getiteld **The Curve Which Can Cough**. Op het eerste gezicht lijkt de film niet meer dan een visuele grap, maar de humor bedekt een diepere laag waarin maatschappelijke normen onder de loep worden genomen. In de in zwart-wit gedraaide video **Water** (2000) ziet de kijker onder een in het wit geklede man water vanuit het plaveisel opwellen en een steeds grotere plas vormen. In **Trotsky Murdered in Summer: Gentlemen in Financial Circles Got More Depressed** en **Before the Appearance of the First Steam Engine**, twee video's uit 2003, zijn geschiedenis, hedendaagse realiteit, documentaire, film en overdrijving op een ingenieuze manier verweven.

De **History of Chemistry** die Lu Chunsheng in 2004 voltooide is een 29 minuten durende videofilm over een groep mensen die over een uitgestrekt, kaal stuk land lopen. Waarheen is onbekend. De kijker hoort geen dialoog, alleen achtergrondgeluiden en muziek. De spelers die door dit verlaten landschap lopen lijken te hebben geluisterd en uitgekeken naar iets dat is gebeurd of gaat gebeuren, een gebeurtenis die voor alle betrokkenen van belang belooft te zijn. Onbeantwoorde vragen en ongeziene realiteiten alom. In lange rustige shots toont Lu Chunsheng een reeks beelden die opvallen door hun indrukwekkende eenvoud.

Lu Chunsheng — A native of northern China, Lu Chunsheng expresses himself in videos and photography, the latter of which is currently enhanced by means of the latest digital technology. The Shanghai-based artist not only has the gift of perseverance; he is rarely distracted by outside influences. In 2001 Lu Chunsheng produced a full-colour, eight-minute video entitled **The Curve Which Can Cough.** At first glance, this video seems to be no more than a visual joke, but underlying the humour is an analysis of societal norms. In the black-and-white video **Water** (2000), the viewer watches as water oozes from the paved surface beneath a man dressed in white. And two videos from 2003, **Trotsky Murdered in Summer: Gentlemen in Financial Circles Got More Depressed** and **Before the Appearance of the First Steam Engine**, blend history, contemporary reality, documentary, fiction, and exaggeration in a sophisticated way.

Lu Chunsheng's **History of Chemistry**, completed in 2004, is a 29-minute video of a group of people walking across a vast, bare stretch of land. Their destination is unknown. Rather than dialogue, the viewer hears only background noise and music. Players wandering through this deserted landscape seem to be listening to and watching for something that has happened or will happen – an event that promises to have an impact on all concerned. Unanswered questions and unseen realities abound. Lu Chunsheng's calm, persistent views appear in a series of images remarkable for their impressive simplicity.

Tekst/ Text: Zhang Li

Plan voor het dynamische herstel van het dorp Gangsha — In dit concept voor het herstel van het dorp Gangsha in Shenzhen poogt het architectenbureau Urbanus de enorme dichtheid op een andere manier in te passen, meer variëteit aan huizen te creëren en meer eenheid en kwaliteit in de versnipperde openbare ruimte aan te brengen. Midden in de wijk Gangsha ligt het huizenblok Heyuan, dat ongeveer 170.000 m^2 groot is. In 1996 bestond het totale woonoppervlak nog uit 270.000 m^2, in 2001 bedroeg dit al 400.000 m^2. Aangezien het blok midden in het toekomstige zakencentrum van Shenzhen ligt, staat het gebied onder grote druk. In het voorstel van Urbanus wordt binnen het dichtbebouwde woonblok een aantal gebouwen van zeer slechte kwaliteit gesloopt om binnenplaatsen te creëren. De ruimte tussen de overgebleven woontorens wordt vervolgens volgebouwd en met elkaar verbonden, zodat hier nieuwe woontypen mogelijk zijn. De lege randen en hoeken van het blok worden met nieuwe woontorens opgevuld. Liftschachten en trappenhuizen worden in de binnenplaatsen gebouwd met daaronder een ondergrondse parkeergarage. Bovendien moeten alle woontorens die nu in hoogte variëren uiteindelijk negen verdiepingen hoog worden, zodat tuinen en sociale ruimten op de daken een continue openbare ruimte kunnen vormen. Dit concept kan op alle huizenblokken in Gangsha worden toegepast.

Plan for the dynamic rehabilitation of Gangsha Village — In this concept for the dynamic rehabilitation of Gangsha Village in Shenzhen, the Urbanus architectural practice tries to accommodate the enormous density in a different way, to create more variety in the housing, and to introduce more unity and quality in the fragmented public space. The Heyuan housing block, that is about 170,000 m^2 in size, is situated in the middle of the Gangsha district. In 1996 the total surface area of housing was 270,000 m^2, which had already reached 400,000 m^2 by 2001. Since the block lies in the heart of the future Shenzhen business centre, the site is under heavy pressure. Urbanus' proposal envisages the demolition of a number of buildings of extremely poor quality in the densely developed housing block and the creation of courtyards. The space between the remaining tower blocks is then filled in and interconnected, so that new housing typologies are possible here. The empty borders and corners of the block are filled in with new tower blocks. Lift shafts and staircases are built in the courtyards, with an underground car park below them. Moreover, all of the tower blocks, which are of varying heights at present, will eventually all be nine storeys high, so that the gardens and social areas on the roofs will be able to form a continuous public space. This concept can be applied to all the housing blocks in Gangsha.

Project: Plan voor het dynamische herstel van het dorp Gangsha/Plan for the dynamic rehabilitation of Gangsha Village **Architect:** Urbanus, Beijing, Shenzhen **Locatie/Location:** Shenzhen **Programma/Programme:** Renovatie, recreatie en winkels/Renovation, leisure and shops **Ontwerp/Design:** 2003–2005 **Bouwterrein/Site specifications:** 17.000 m^2 **Foto's/Photos:** Zeng Guangsheng, Liu Xiaoqiang, Li Hui

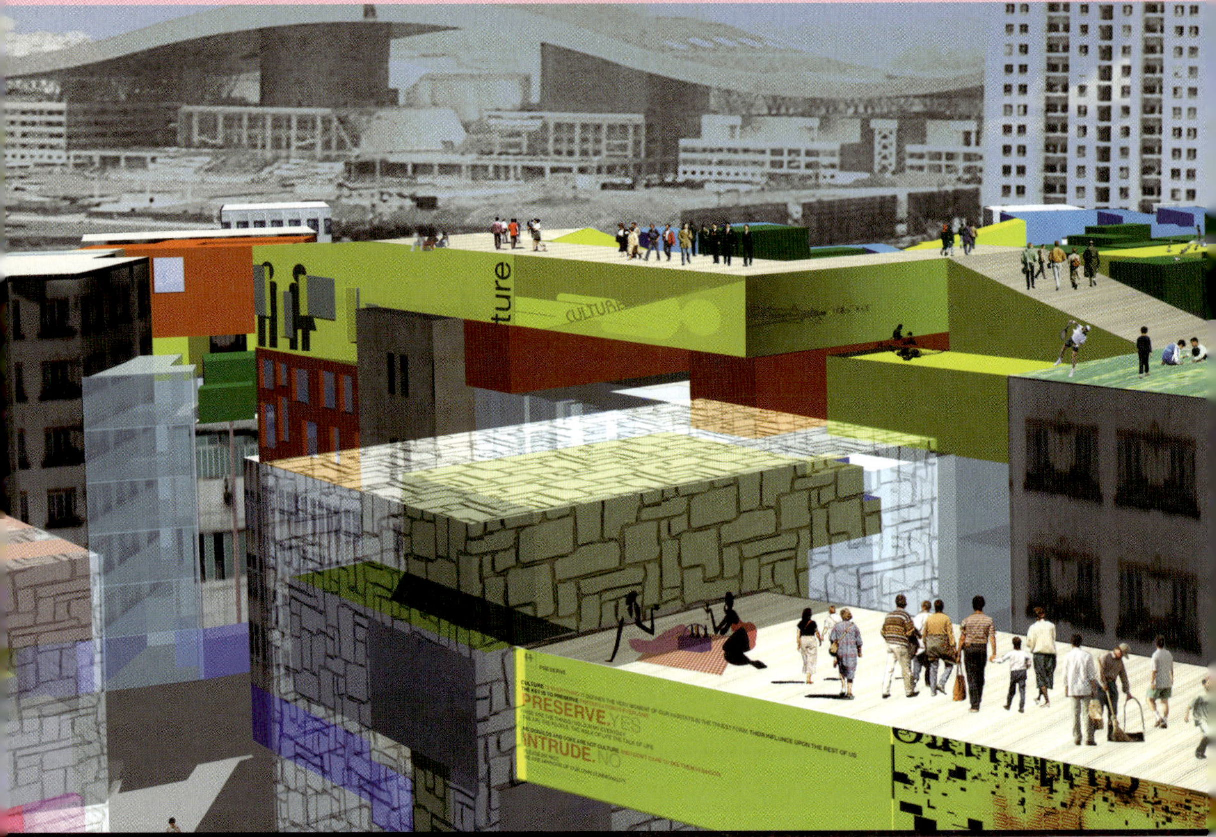

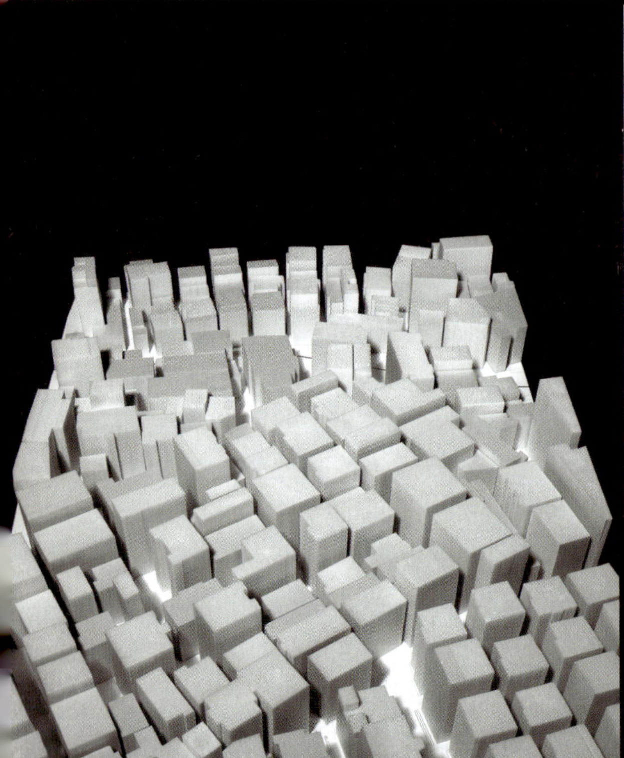

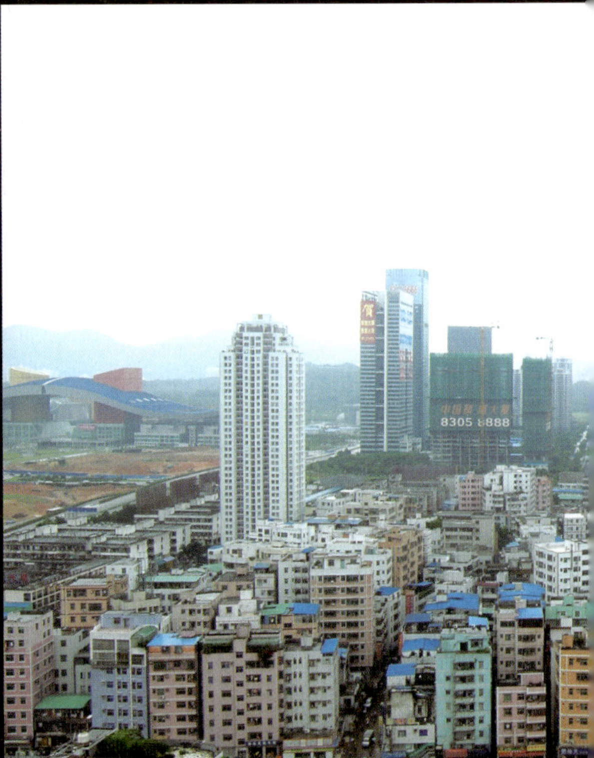

(midden/middle) Huidige situatie Gangsha/Gangsha Village current situation

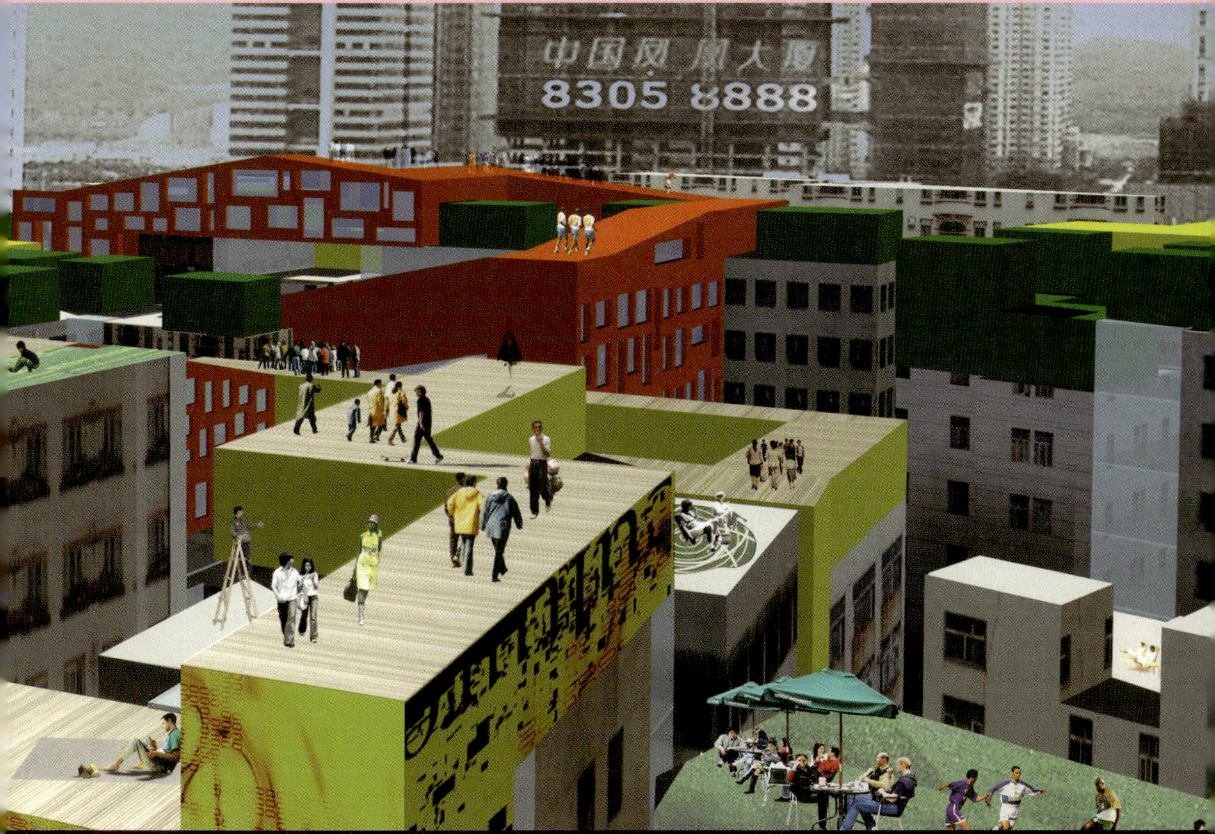
中国凤凰大厦
8305 8888

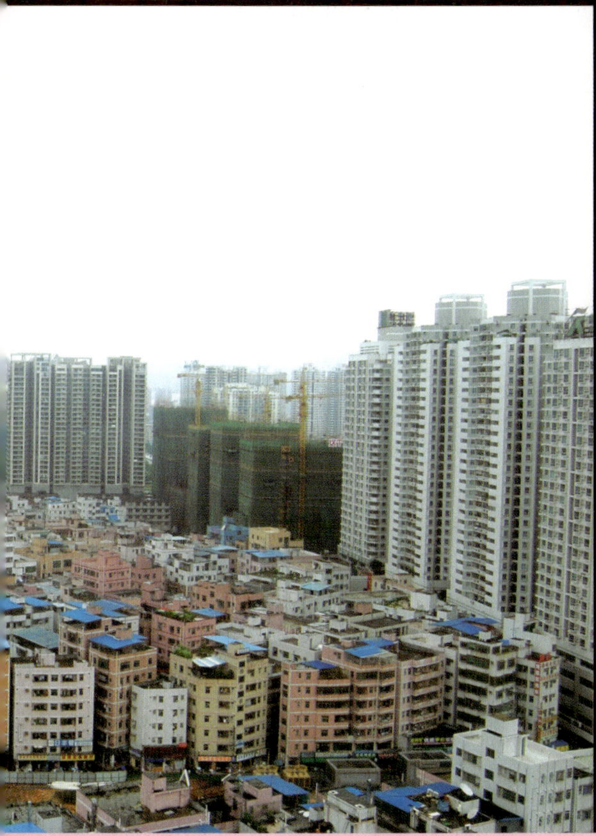

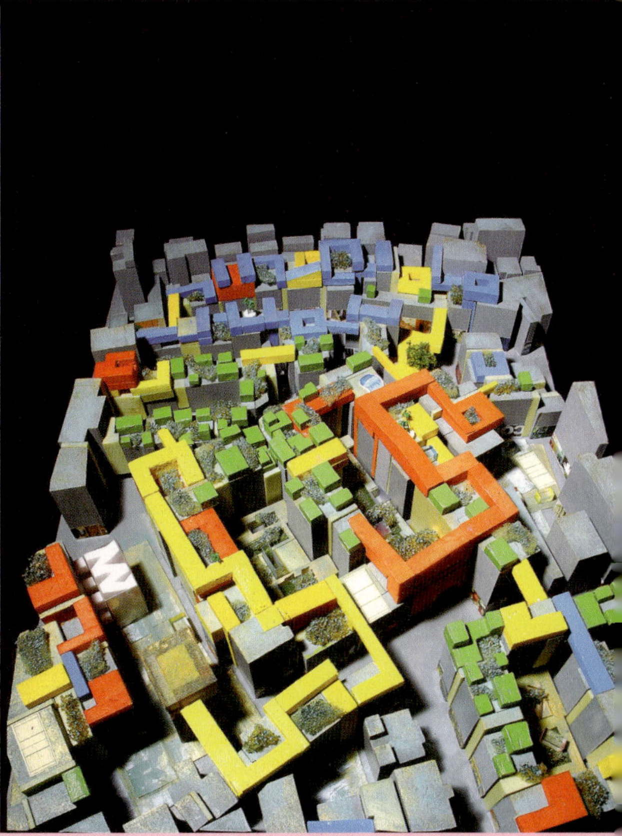

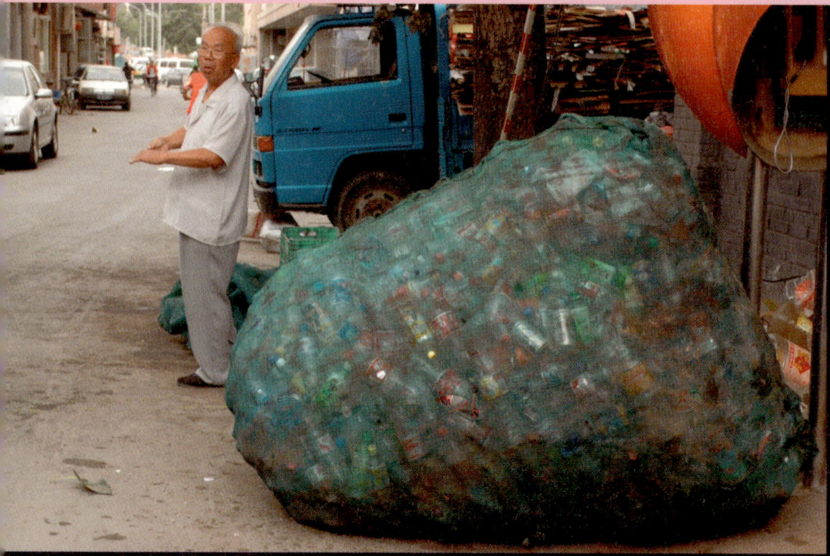

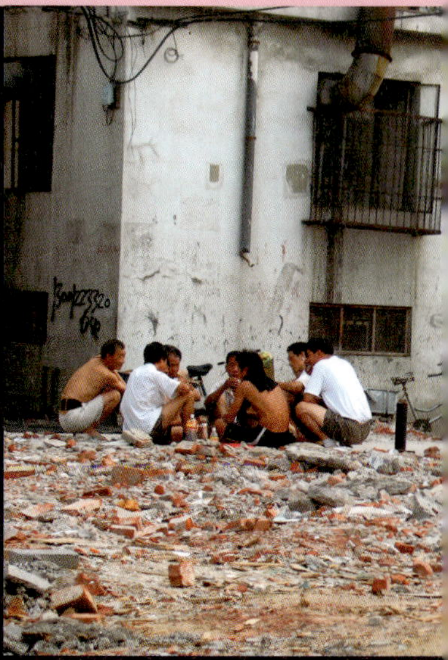

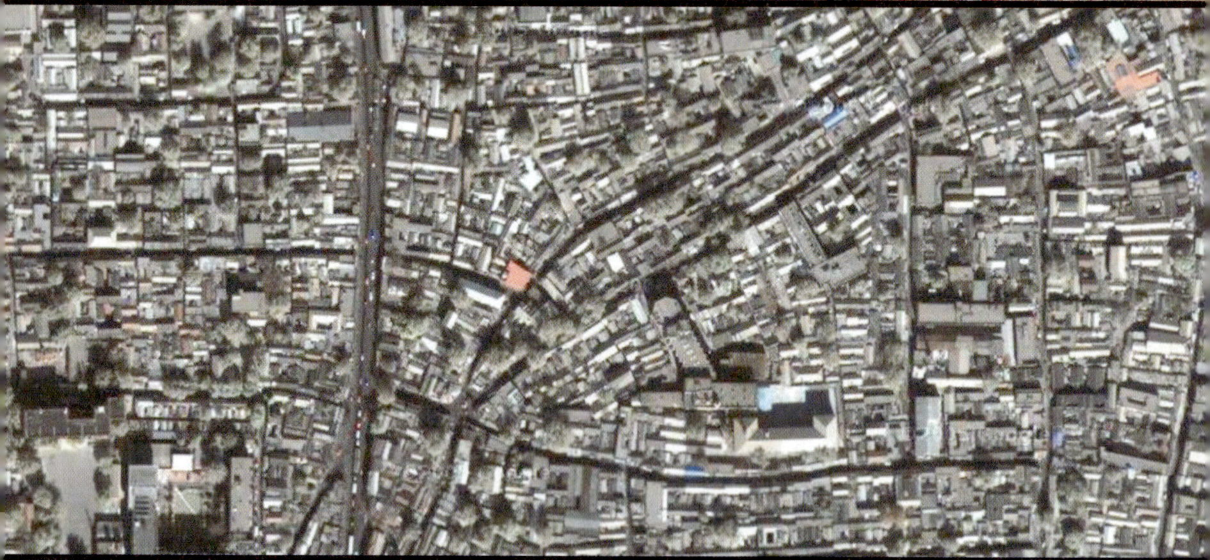

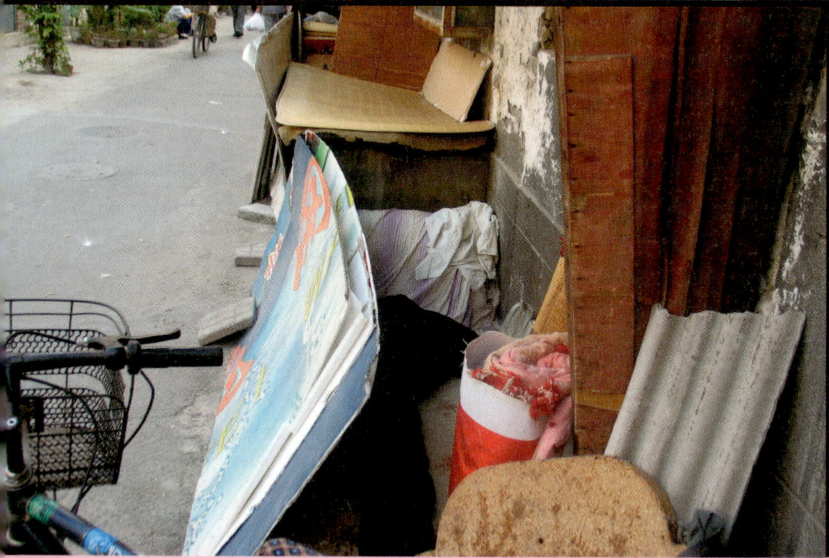

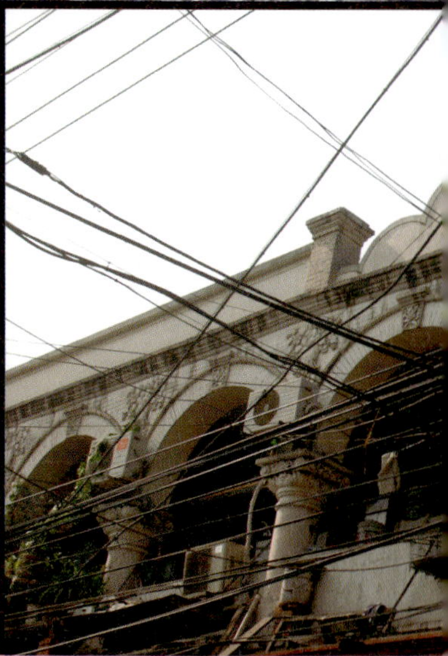

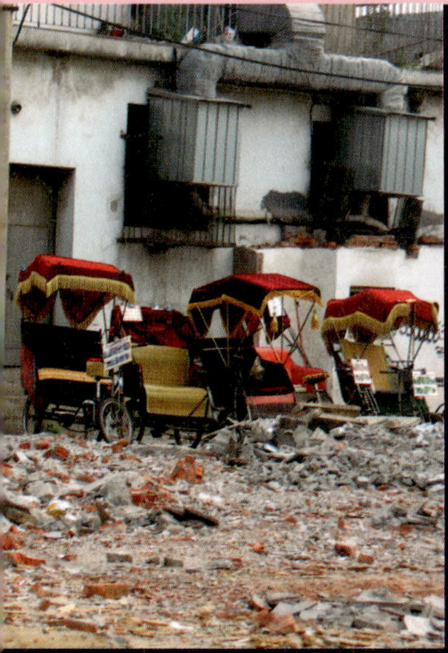

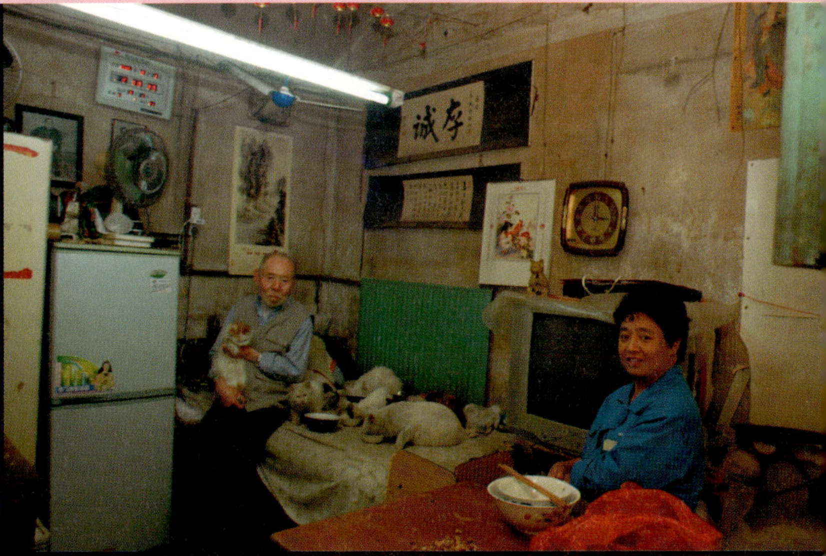

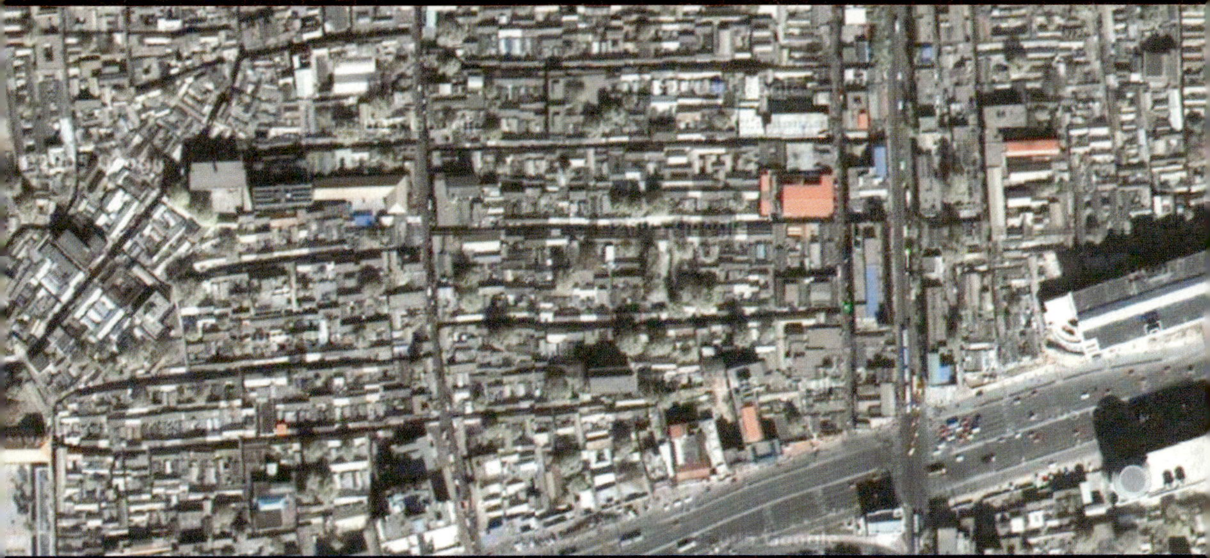

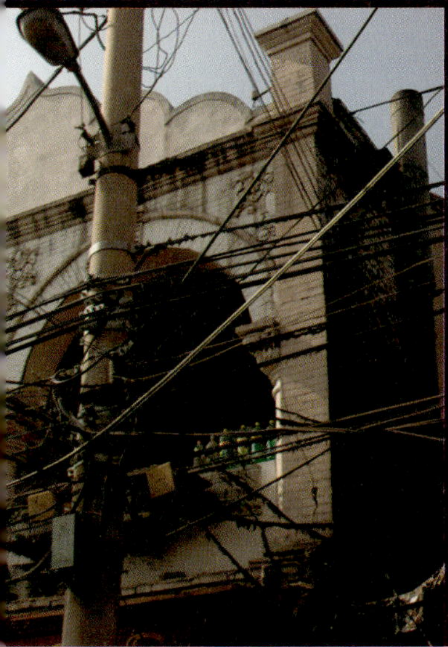

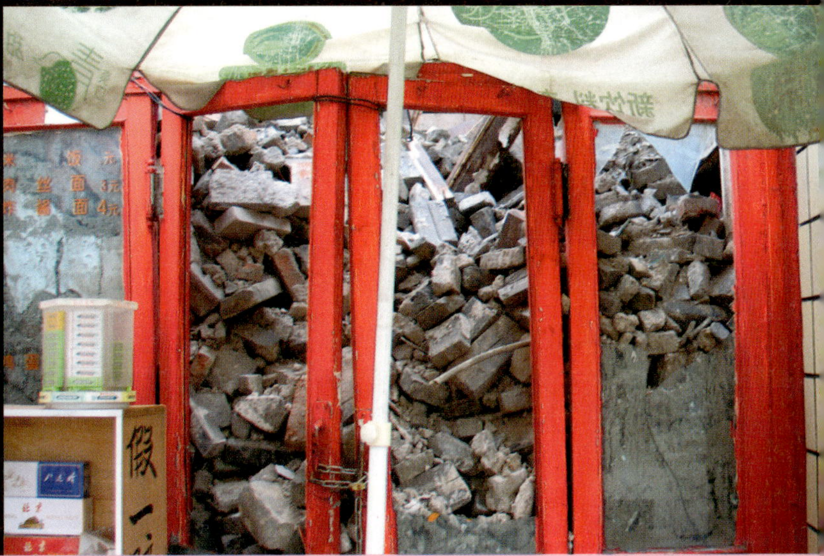

Het Da Zha Lan Project: Ou Ning, Cao Fei, Huang Weikai, Yang Guowei, Li Chin Sung, Olivier Meys, Yan Jun, Huang Liguang, Di Shen, Zhang Liang, Tu Nan, Wang Wenhai, Xu Jian, Liang Le, Zhao Long, Tan Tan, Qu Yuanzhou, Sun Xiaoxi, Been (Shen Bin), Guangzhou: 2005–2006 — In 2003 presenteerde een collectief onder leiding van Ou Ning (grafisch vormgever, curator en criticus) en Cao Fei (kunstenares) op de 50ste biënnale in Venetië een stedenbouwkundige en artistieke studie in de vorm van een film over het dorp San Yuan Li in de stad Guangzhou. Een film over de 'achterbuurt' Da Zha Lan in het hart van Beijing is het vervolg hierop. Het gebied ligt met een bevolkingsdichtheid van 450.000 mensen per vierkante kilometer iets ten zuidwesten van het Plein van de Hemelse Vrede. Het aantal vervallen huizen is groot, er is sprake van serieus brandgevaar, er is onvoldoende water- en elektriciteitsvoorziening, het is er sociaal onveilig en de algehele hygiëne is zeer belabberd. Bovendien hebben inwoners dagelijks minder dan 80 eurocent te besteden. Filmmakers, fotografen, musici en geluidskunstenaars trokken gewapend met digitale camera's Da Zha Lan in en registreerden de wijk in al haar gelaagdheid. Het onderzoek richtte zich op de historische en culturele ontwikkeling van de wijk, de armoede en bestaande sociale en architectonische structuren. Het resultaat is een documentaire, een publicatie en een website (www.dazhalan-project.org).

Het Da Zha Lan Project is een onderdeel van het programma **Beijing Case,** dat is georganiseerd door de Duitse Kulturstiftung des Bundes und des Goethe-Instituts Peking.

The Da Zha Lan Project: Ou Ning, Cao Fei, Huang Weikai, Yang Guowei, Li Chin Sung, Olivier Meys, Yan Jun, Huang Liguang, Di Shen, Zhang Liang, Tu Nan, Wang Wenhai, Xu Jian, Liang Le, Zhao Long, Tan Tan, Qu Yuanzhou, Sun Xiaoxi, Been (Shen Bin), Guangzhou: 2005–2006 — A collective headed by Ou Ning (graphic designer, curator and critic) and Cao Fei (artist) presented an urban design and artistic study in the form of a film about the village of San Yuan Li in the city of Guangzhou at the 50th Venice Biennale in 2003. A film about the 'slum' Da Zha Lan in the heart of Beijing is the sequel. The district, with a population density of 450,000 per square kilometre, lies slightly to the Southwest of the Square of Heavenly Peace. The number of dilapidated houses is large, there is a serious risk of fire, the water and electricity supply is inadequate, it is not a safe area, and the general hygiene is extremely poor. Moreover, the spending power of the residents is less than 0.80 euro cents a day.

Film makers, photographers, musicians and audio artists arrived with their digital cameras in Da Zha Lan and recorded the district in all its diversity. The research focused on the historical and cultural development of the district, the poverty and the existing social and architectural structures. The result is a documentary, a publication and a website (www.dazhalan-project.org).

The Da Zha Lan Project is part of the **Beijing Case** programme, that is organized by the German Kulturstiftung des Bundes und des Goethe-Instituts Peking.

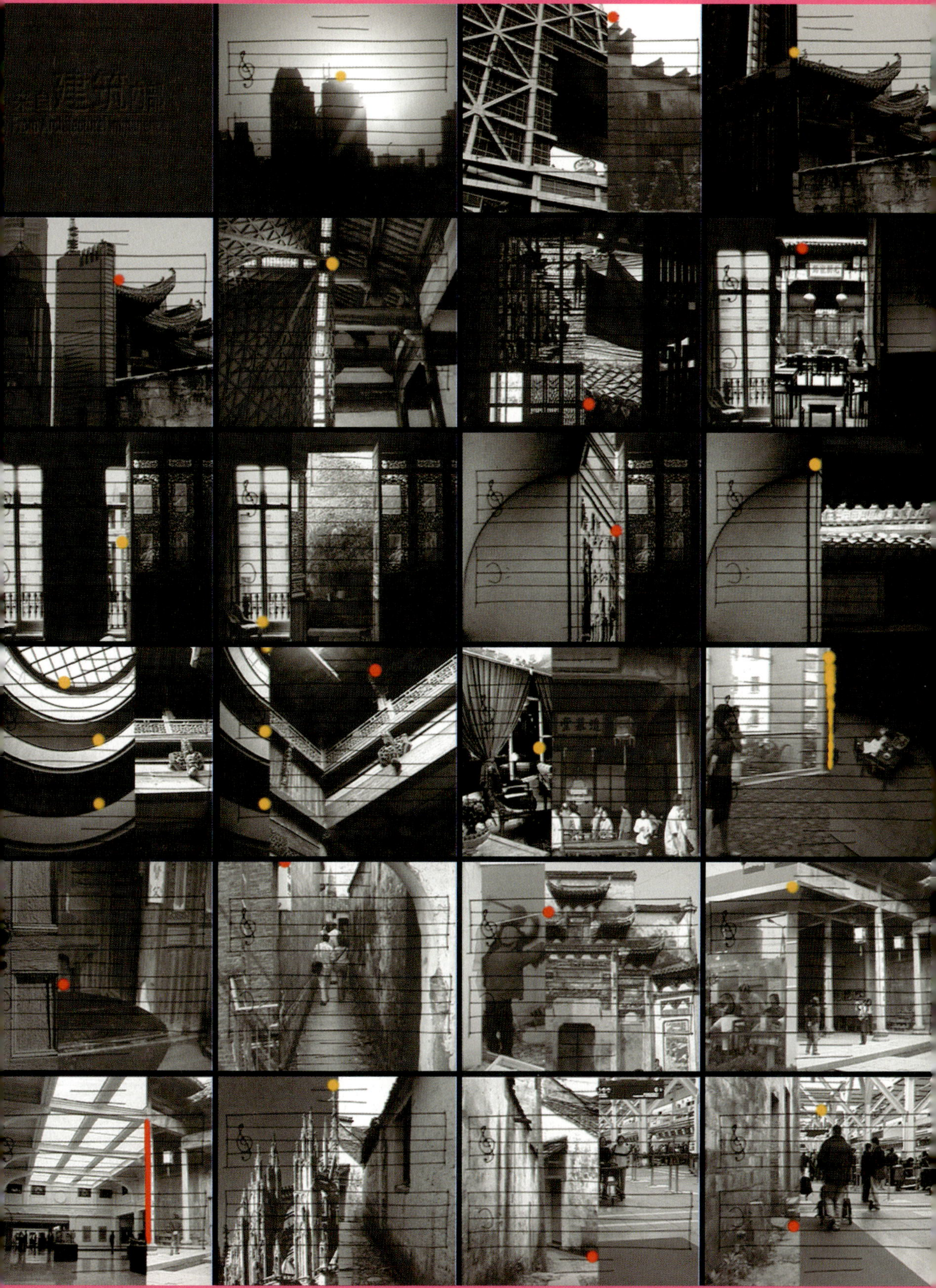

From Architectural Immanence, 2002
video, 6 min., 19 sec.

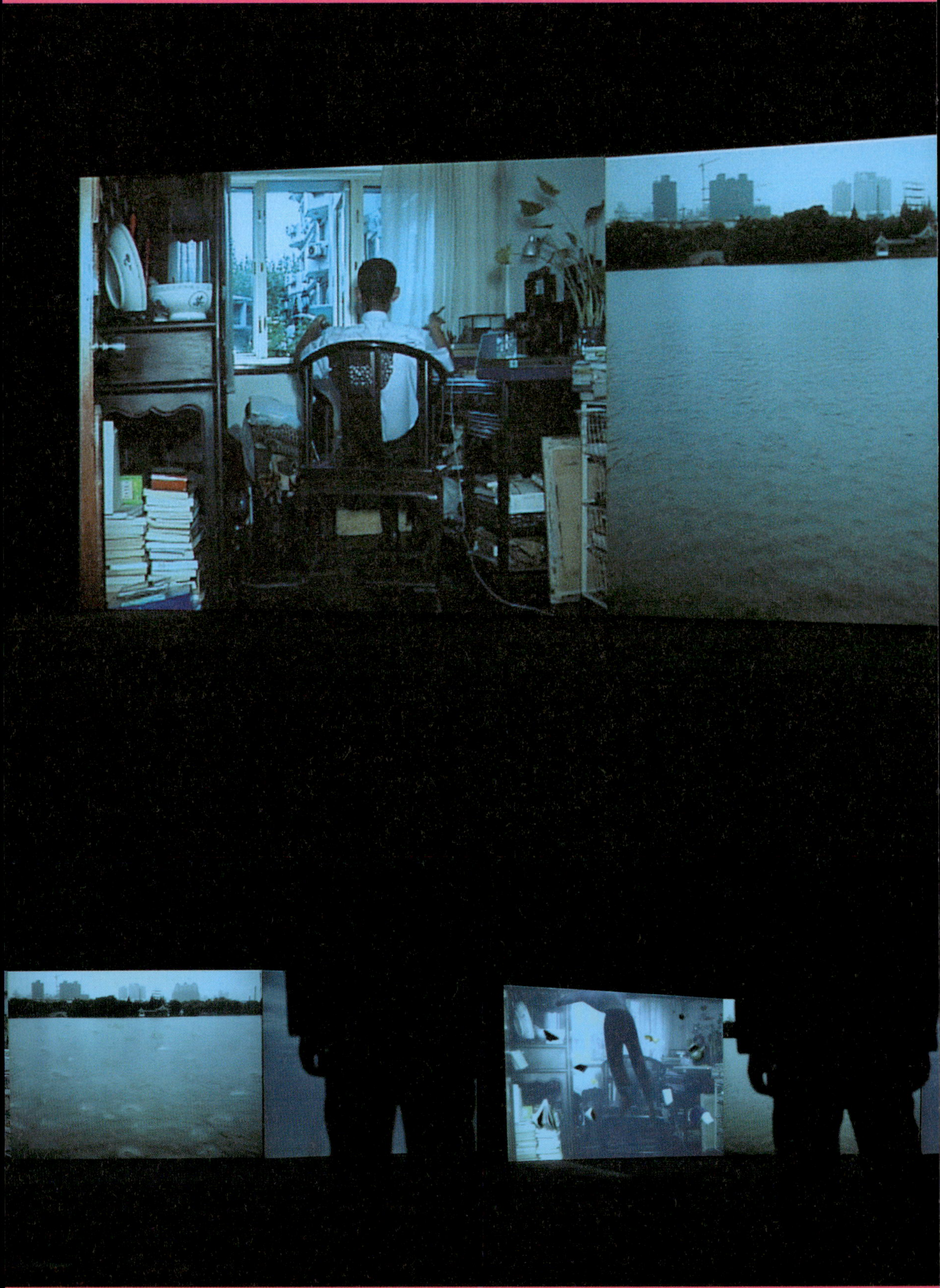

On The Water, Under The Water, 2003
drie kanalen, interactieve video/three channel, interactive video
6 min., 12 sec.

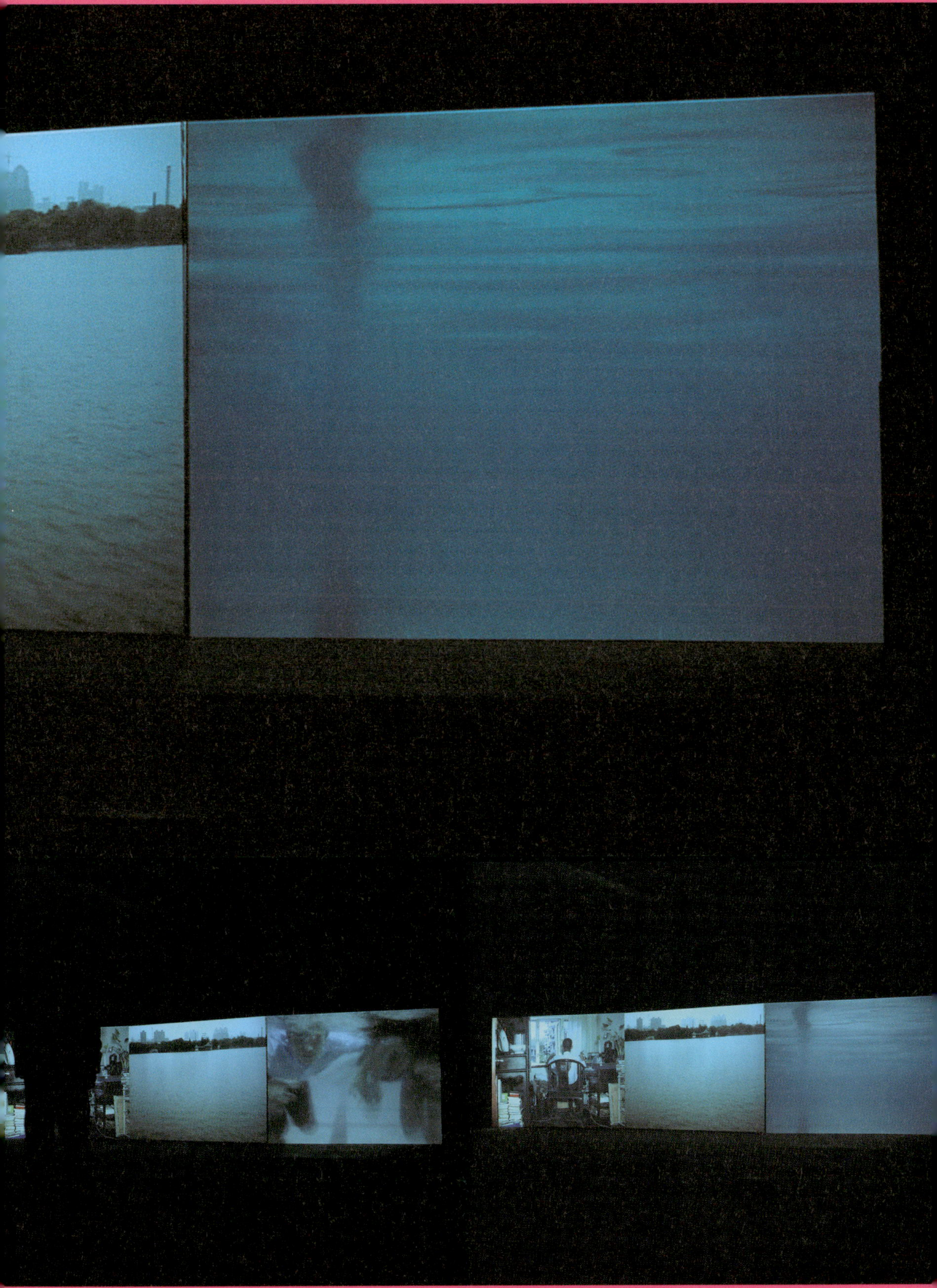

Hu Jieming — De in Shanghai geboren Hu Jieming is een zeer gewaardeerde videokunstenaar. Zijn belangstelling gaat uit naar alternatieve kunsttalen gebaseerd op niet-visuele factoren en publieksparticipatie.

In 2000 maakte Hu Jieming **The Best Strategy is to Be on the Move**, een titel ontleend aan een advies [de beste strategie is in beweging blijven] dat Sun Tzu ooit neerlegde in het oude geschrift **De kunst van de oorlog**. De film toont verschillende activiteiten in het stadsleven, maar ook driedimensionale animaties van drie voormalige Chinese leiders, Mao Ze Dong, Zhou En Lai en Zhu De, die elk worden getoond terwijl ze hun militaire strategie uiteenzetten. De bedoeling van de video is actuele problemen in de werkelijke wereld te laten zien en remedies voor die problemen voor te stellen.

In de korte video **From Architecture to Immanence** uit 2002 laat Hu Jieming Chinese en westerse architectuur zien op een **split screen**, begeleid door muziek van beide kanten van de planeet. De westerse architectuur met haar rechte kaders en lijnen blijft hoekig, ook als ze muzikaal wordt 'bespeeld', en de golvende daken van Beijing behouden hun elegante oosterse schoonheid als ze in muziek worden vertaald. De video ontleent een extra dimensie aan de verschillende instrumenten die zijn gebruikt om de architectonische diversiteit weer te geven.

Bij de werken **On the Water** en **Under the Water** uit 2003 is de participatie van het publiek van groot belang. Bij binnenkomst in en vertrek uit de tentoonstellingsruimte veroorzaken de bezoekers veranderingen in het beeld. Hoe kijkers onder gecontroleerde omstandigheden zichzelf zien vormt het thema van het werk.

Hu Jieming — A highly acclaimed Chinese video artist, Hu Jieming is a native of Shanghai with a great interest in the exploration of alternative artistic languages based on non-visual factors and viewer participation.

In 2000 Jieming made **The Best Strategy Is to Be on the Move**, which takes its name from advice recorded in **The Art of War**, an ancient Chinese book by Sun Tzu. This video, which features various activities of urban life, includes three-dimensional animations of Mao Ze Dong, Zhou En Lai and Zhu De, three Chinese leaders who are shown promulgating their respective military strategies. The objective of the video is to portray problems currently existing in the real world and to suggest remedies for such difficulties.

In a short video made in 2002, **From Architectural Immanence**, Hu Jieming uses a split-screen technique to show Chinese and Western architecture accompanied by corresponding music from opposite sides of the world. Square-framed, linear Western architecture remains angular even when 'played' in a musical manner, and the curving roofs of Beijing retain their elegant oriental beauty when translated into music. The different instruments used to represent this architectural diversity give the video yet another dimension.

Hu Jieming's works **On the Water** and **Under the Water**, produced in 2003, require viewer participation. The arrival and departure of viewers induces changes indoors, on the surface and under water. The way in which viewers see themselves, under controlled conditions, constitutes the theme of the work.

Tekst/Text: Zhang Li

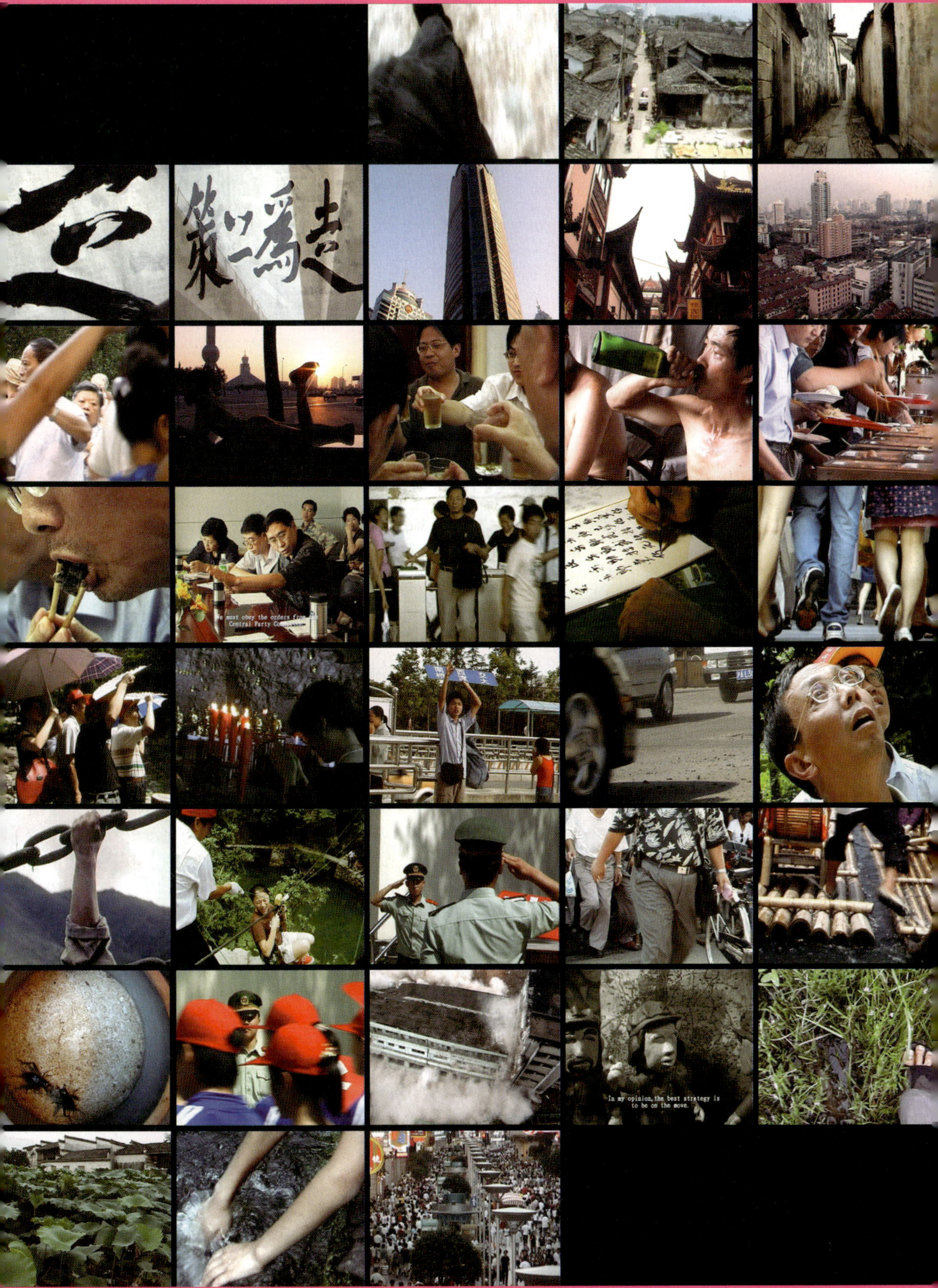

The Best Strategy Is To Be On The Move, 2000 (stills)
dvd, 28 min., 15 sec.

Jiang Zhi — Jiang Zhi, die momenteel woont en werkt in Beijing, wordt beschouwd als een van de belangrijkste jonge kunstenaars van Zuid-China. In 2000 kreeg hij de China Contemporary Art Award en voor zijn documentaire video **Empty Cage** kreeg hij in 2002 de Asian New Force-Critics Award op het Internationale Film- en Videofestival in Hongkong.
De documentaire **The Moments** (2005–2005) bestaat uit een opeenvolging van momenten in het leven van allerlei mensen; het is een filmdrama van de maatschappij. **The Moments** is inmiddels al zo lang als een speelfilm, maar Jiang Zhi blijft er 'plakjes leven' aan toevoegen – tot er uiteindelijk een episch verslag van het hedendaagse bestaan in China uit is gegroeid. In **The Moments** legt Jiang Zhi gebeurtenissen uit het dagelijks leven vast – momenten die zo gewoon zijn dat ze meestal onopgemerkt blijven. De inhoud is diepzinnig noch groots, de vorm is mooi noch grappig, en voor sommige toeschouwers is de film misschien zelfs een beetje saai. Deze video confronteert je op rustige en krachtige wijze met de tegenslagen van het leven. Veel scènes spelen zich af op de grens tussen stad en platteland, gebieden vol chaos en lawaai. De mensen hier leven aan de onderkant van de maatschappij, zoals in alle steden in het zuiden van China te zien is. Jiang Zhi richt zijn camera onophoudelijk op hen; ze zien de cameralens niet omdat ze het te druk hebben met hun leven. **The Moments** is even glad en rimpelloos als stilstaand water, waarin de echo weerklinkt van de levens van de gefilmde mensen. Het publiek kan kalm naar deze film kijken, maar voelt tegelijkertijd de onzekerheden van het leven en de maatschappij waarmee ze worden geconfronteerd.

Jiang Zhi — Jiang Zhi, who currently lives and works in Beijing, is regarded as one of the more important young artists from Southern China. He received the China Contemporary Art Award in 2000 and his documentary video **Empty Cage** was awarded the Asian New Force-Critics Award at the International Film and Video Festival 2002 in Hongkong.
The documentary **The Moments** consists of a sequence of moments from the lives of all kinds of people; it's a scenic drama of society. **The Moments** is already a full-length film, but Jiang Zhi continues to add 'slices of life' – eventually it will be an epic recording of contemporary Chinese existence. In **The Moments**, Jiang Zhi registers everyday events – moments so usual that they go unnoticed by most people. The content is neither profound nor grandiose, the form is neither beautiful nor humorous, and to some audiences it's probably a bit boring. This video lets you feel the discouragement of life, in a quiet and strong way. Many scenes take place on the border between city and countryside, areas full of chaos and noise. The people here are the rock-bottom of society, seen everywhere in the southern cities of China. Jiang Zhi catches their open faces without pause; they do not notice the camera lens because they are too intent on living their lives. **The Moments** is as smooth and unrippled as still water, echoing the lives of the people it records. The audience can watch this video calmly, while at the same perceiving the uncertainties of the life and society they are faced with.

Tekst/Text: Huang Xiaolu

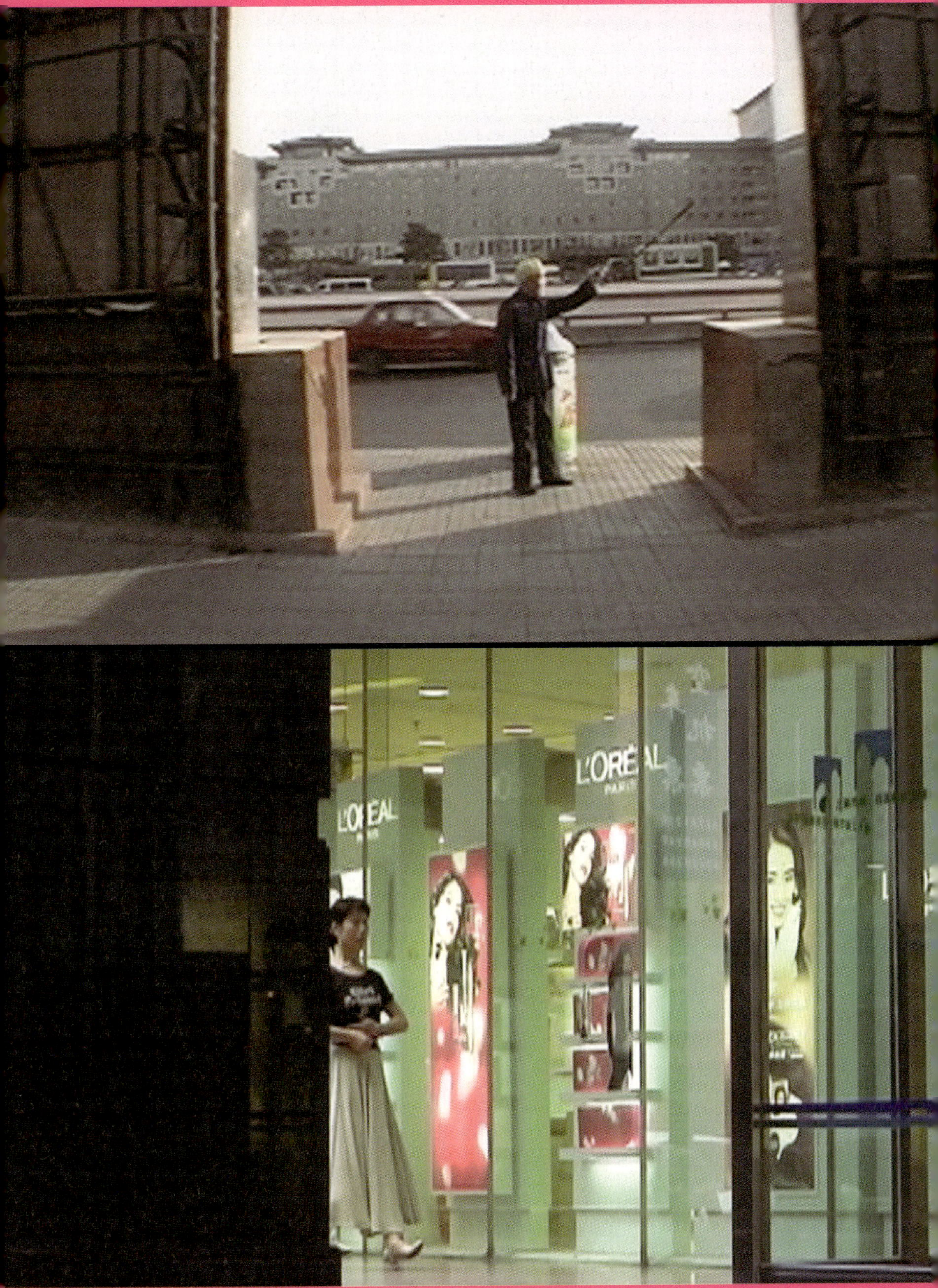

The Moments, 2004-2005 (still)
dvd

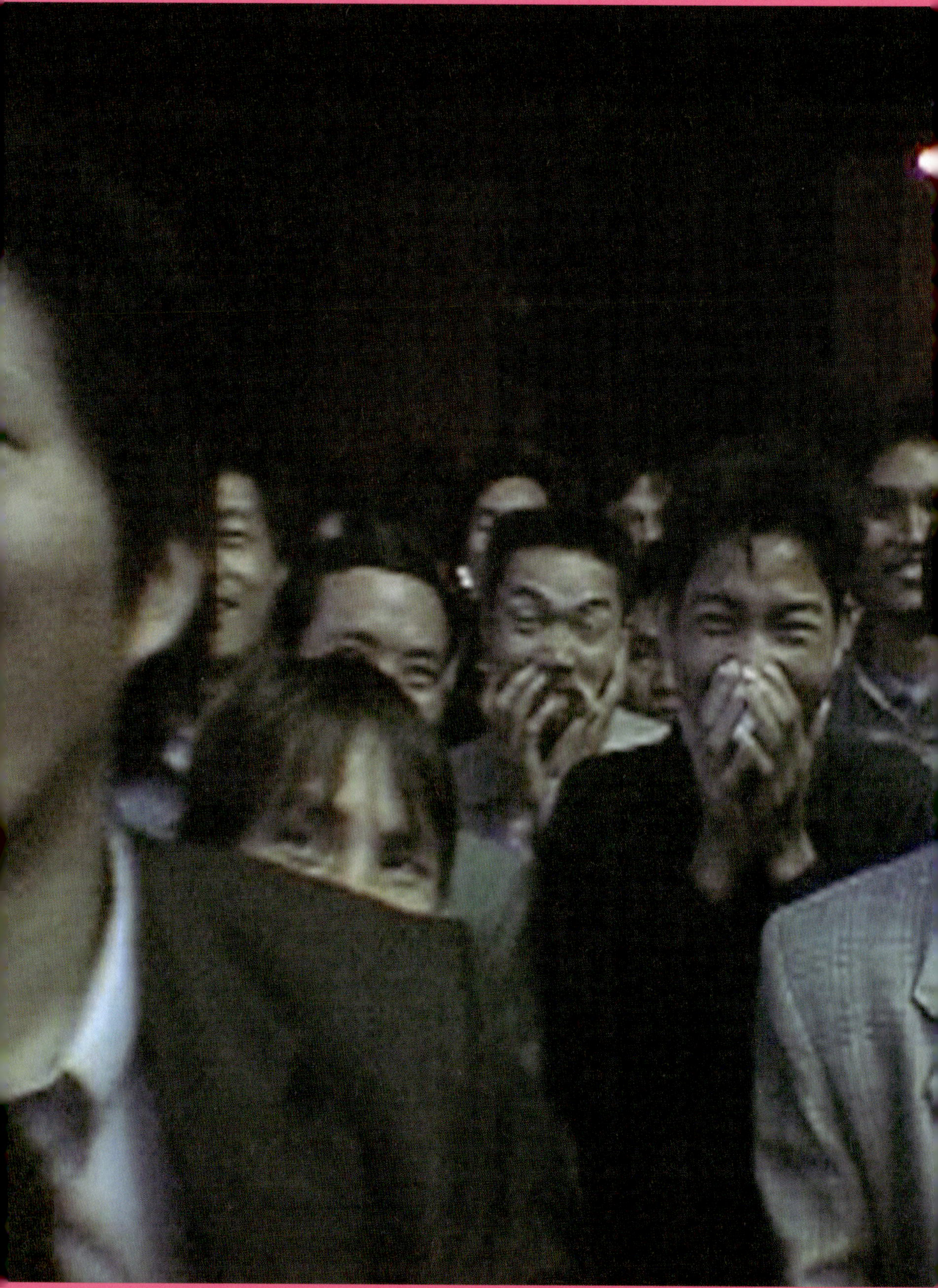

The Moments, 2004-2005 (still)
dvd

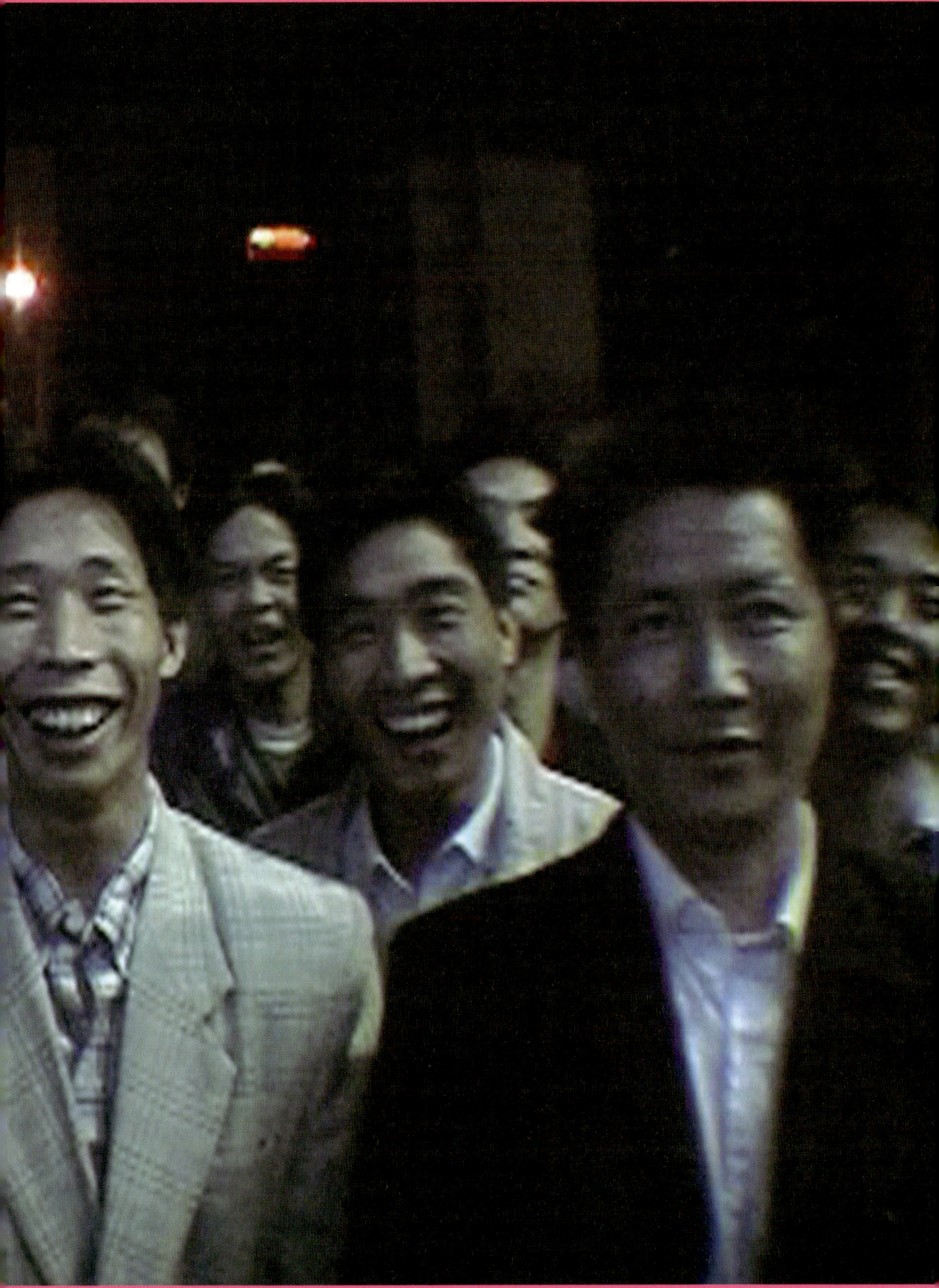

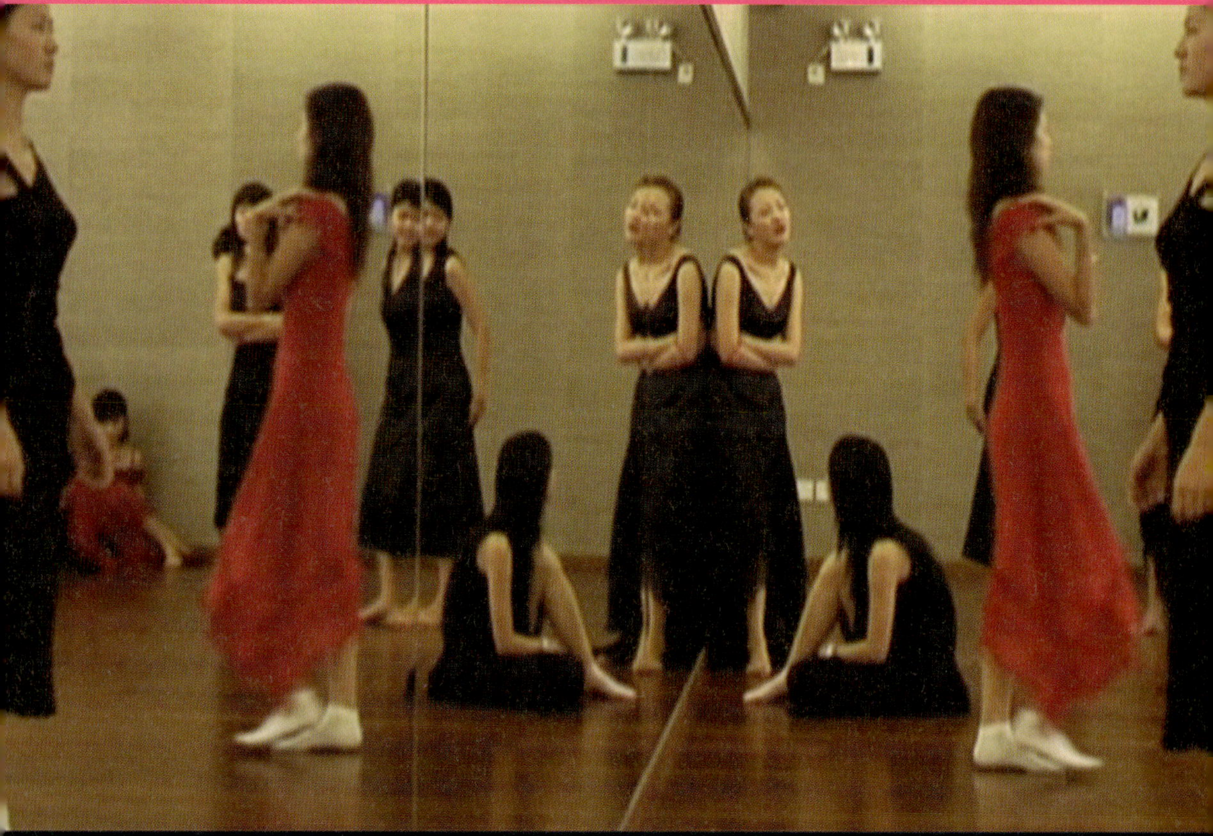

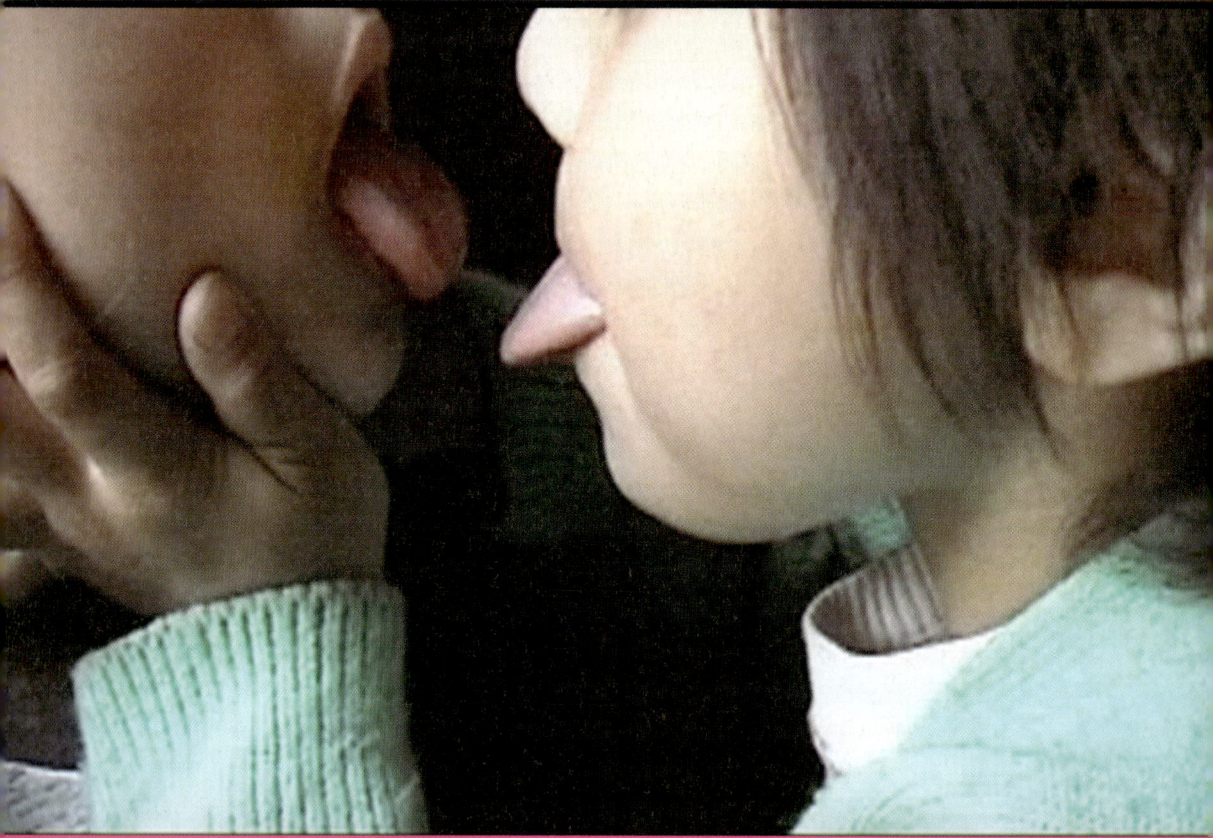

Toodou — In april 2005 richtten de jonge internetondernemers Gary Wang en Marc van der Chijs in Shanghai Toodou op, een 'netwerk voor *multimedia podcasting*', waarmee gebruikers eenvoudig korte audiovisuele fragmenten op een website kunnen plaatsen en of daarvan *downloaden*. Toodou (www.toodou.com) is Chinees voor aardappel, een verwijzing naar *couch potato*, maar de leden van Toudou zijn geen luie beeldconsumenten. Dagelijks sturen honderden jonge Chinezen korte films of geluidsfragmenten naar de site, gemaakt met digitale videocamera, computer of mobiele telefoon. De Toodou-software registreert de populariteit van filmpjes en de duizenden Toodou-'kijkers' kunnen zich abonneren op de 'zenders' van hun favoriete makers en online commentaar leveren op het aanbod.

Toodou toont een volstrekt ander China dan de reguliere televisiezenders. Dat komt allereerst door het individuele en onafhankelijke karakter van de uitingen. Natuurlijk zijn, door de oververtegenwoordiging van studenten in het Toodou-bestand, playbackfilmpjes en 'campus romances' niet van de lucht. Ook zijn er flash-animaties en clips die slim gebruikmaken van de omgevingen, personages en camerastandpunten van game software. Sommige filmpjes gaan in seksueel opzicht tamelijk ver of tonen heftige optredens van underground rockbands. Andere hebben een type humor dat op de Chinese televisie ver te zoeken is, variërend van milde zelfspot tot parodieën op het staatsnieuws. Maar ook huismoeders, plattelandsjongeren en hobbyisten grijpen de relatief betaalbare technieken aan om hun leven te filmen en aan de wereld te tonen.

Daarmee biedt Toodou een platform voor individuele uitingen die misschien niet direct politieke connotaties hebben – het weinige controversiële aanbod wordt uit zelfbehoud door vrijwilligers bij Toodou tegengehouden – maar wel maatschappelijke betekenis, domweg omdat de vrijheid van individuele expressie daar zo veel groter is dan in reguliere media. Daarnaast toont Toodou nu en dan scherp sociaal commentaar: korte documentaires die veelal in Shenzhen zijn opgenomen, tonen het harde leven van maîtresses van rijke zakenlieden, van de plattelandsbewoners die naar de stad trokken om in de bouw te werken, van de mensen die op 's nachts op straat leven.

Toodou — In April 2005 the young internet entrepreneurs Gary Wang and Marc van der Chijs set up Toodou in Shanghai. It is a network for *multimedia podcasting*: users can simply place brief audiovisual fragments on a website and/or download them. Toodou (www.toodou.com) is Chinese for potato, a reference to *couch potato*, but the members of Toodou are no lazy consumers of images. Every day hundreds of young Chinese send short films or sound fragments to the site that they have made with digital video cameras, computers or mobile phones. The Toodou software registers the popularity of clips, and the thousands of Toodou viewers can subscribe to the 'channels' showing their favourite filmmakers and deliver online comments on what is offered.

Toodou shows a completely different China from what can be seen on the regular television channels. This is due first and foremost to the individual and independent character of the works. Of course, the over-representation of students among the contributors to Toodou means that there is a constant flow of playback clips and campus romances. There are also flash animations and clips that make clever use of the environments, characters and camera angles of game software. Some films are sexually quite explicit or show wild performances by underground rock bands. Others have a type of humour that is hard to find on Chinese TV, varying from mild self-deprecation to parodies of the state news. But housewives, young people in the rural areas and hobbyists also make use of the relatively affordable techniques to film their lives and show them to the world.

Toodou provides a platform for individual forms of expression that may not have directly political connotations — the scarce controversial material is blocked by Toodou volunteers for self-preservation — but they do have a social significance, simply because the freedom of individual expression is so much greater there than in the regular media. Moreover, now and then Toodou presents incisive social commentary: short documentaries that are often made in Shenzhen show the hard life of the mistresses of rich businessmen, of the country folk who migrated to the city to work in the building trade, and of the people who live in the street at night.

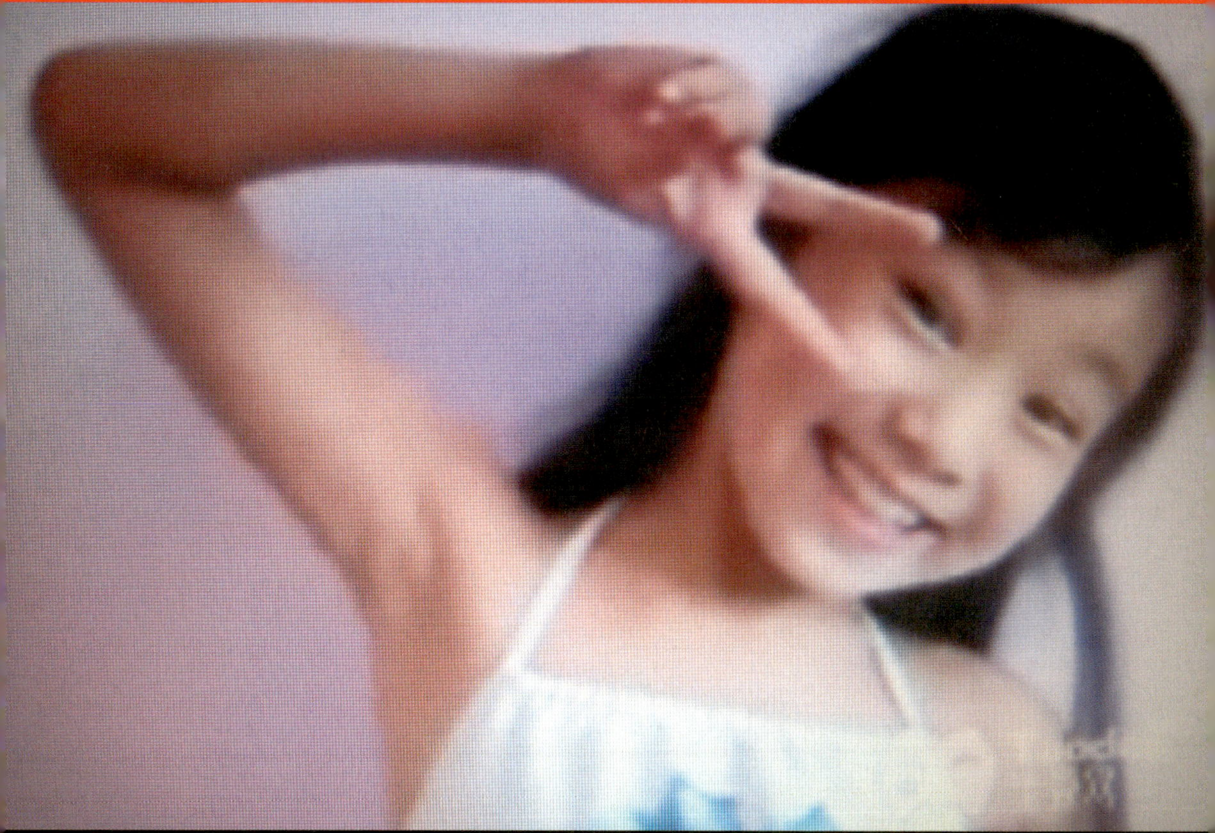

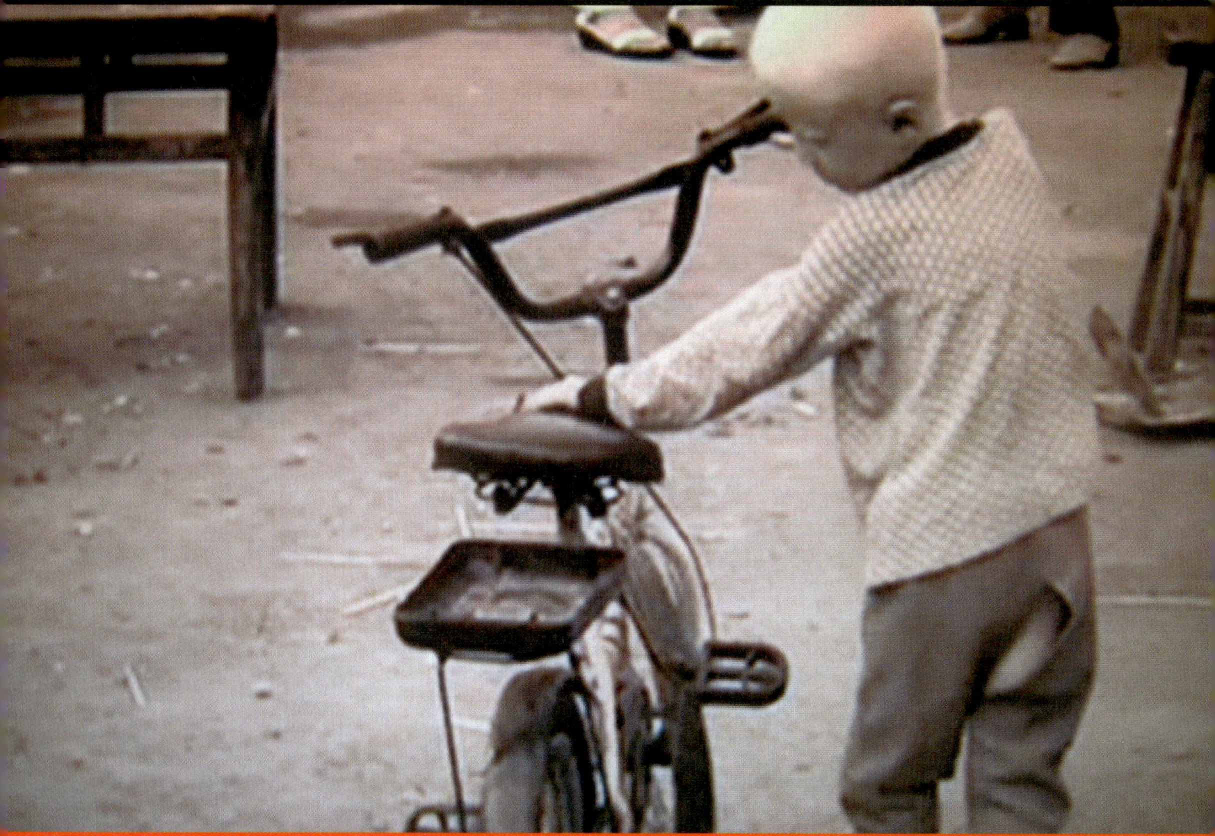

Fei'er, Super Lovely Girl, 2005; Yaoyao Yaoyao, Give your Love to the Abandoned Children, 2005

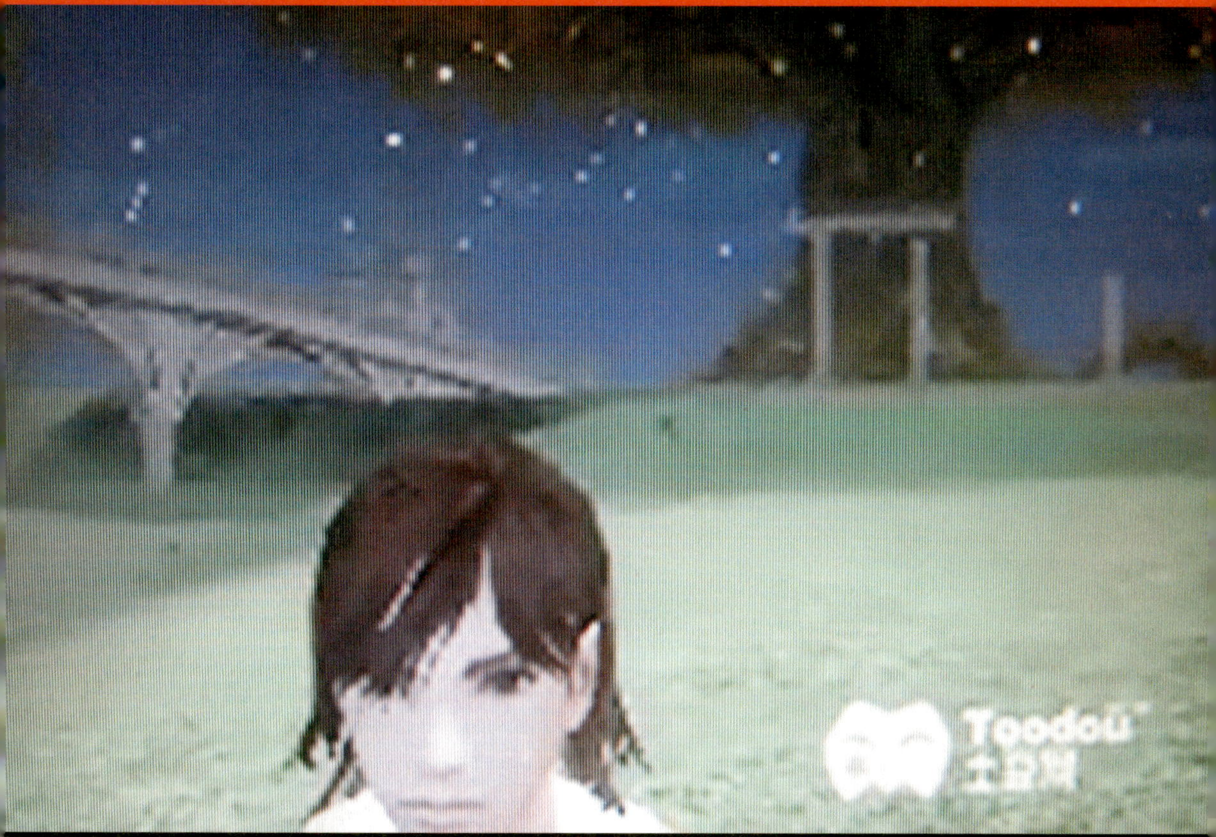

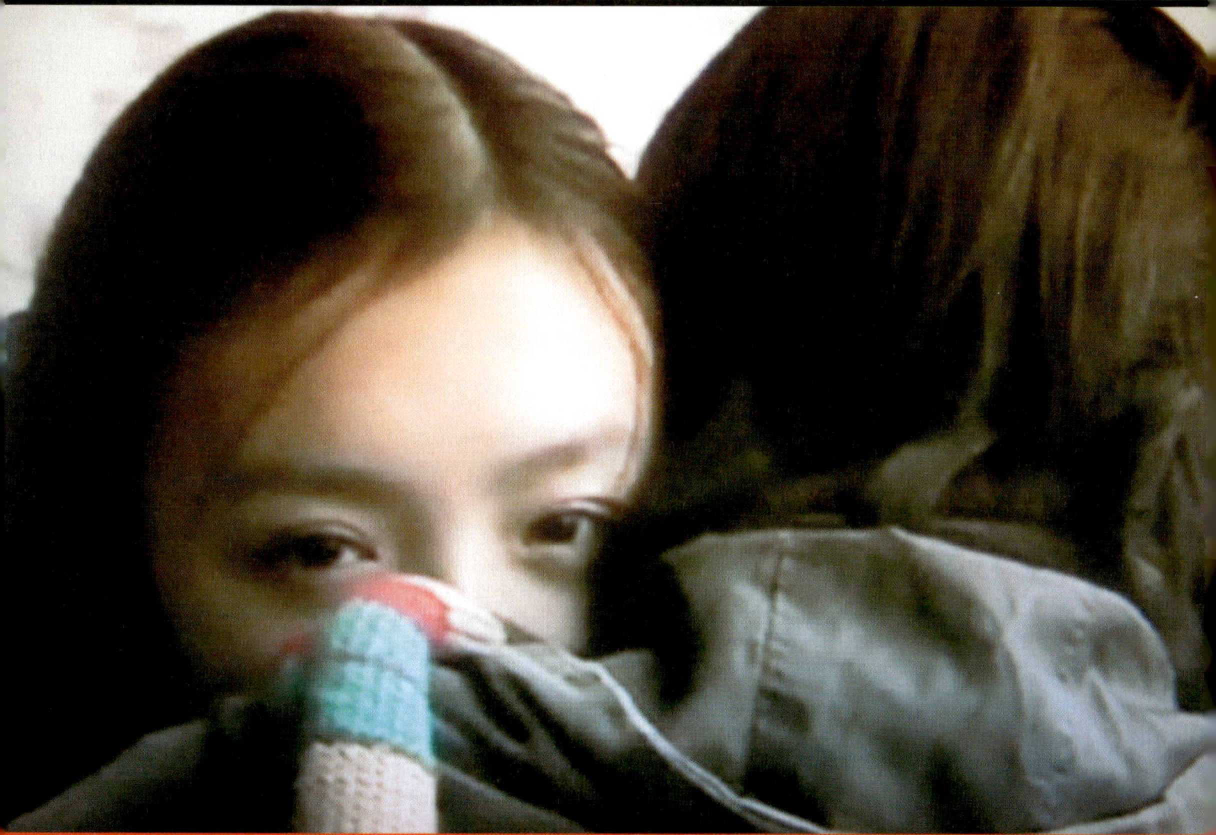

Tomato Kakaxi, Here I am, 2005; Shijia Gan (Scar), Look Behind, 2004

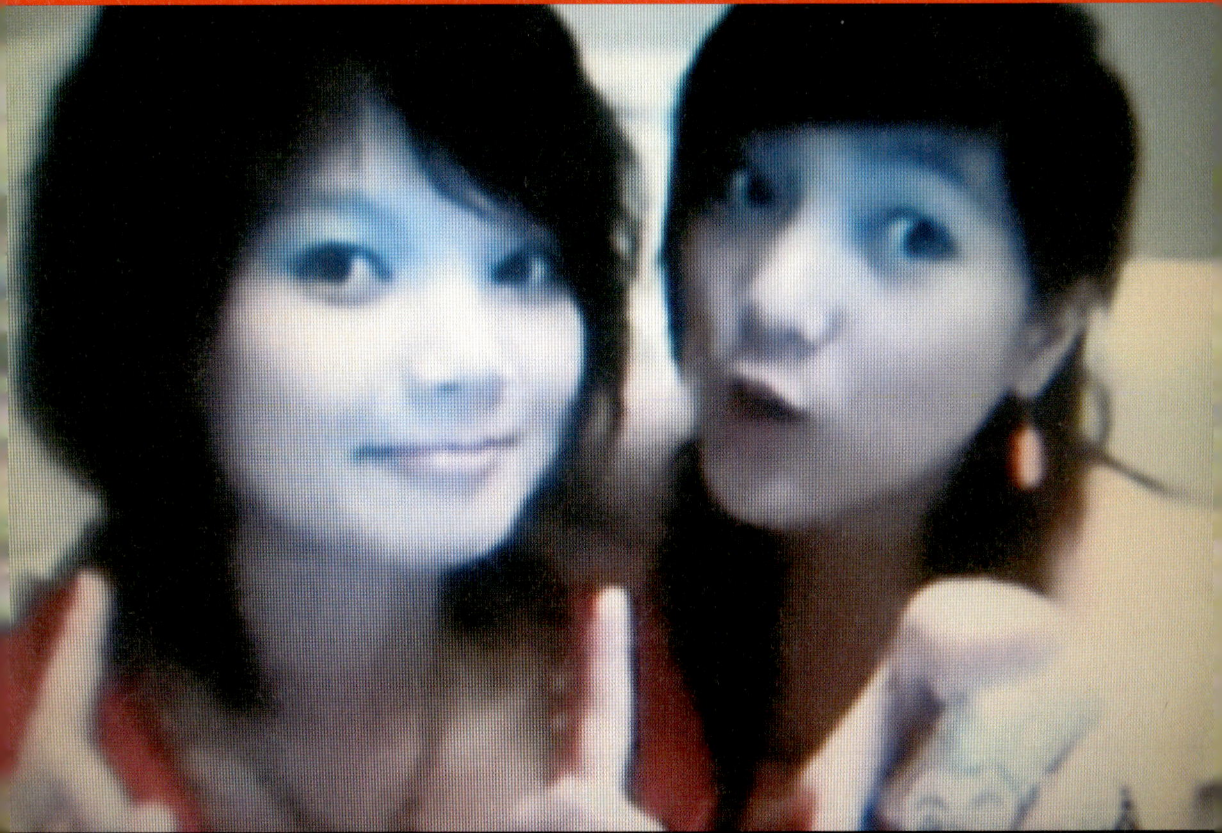

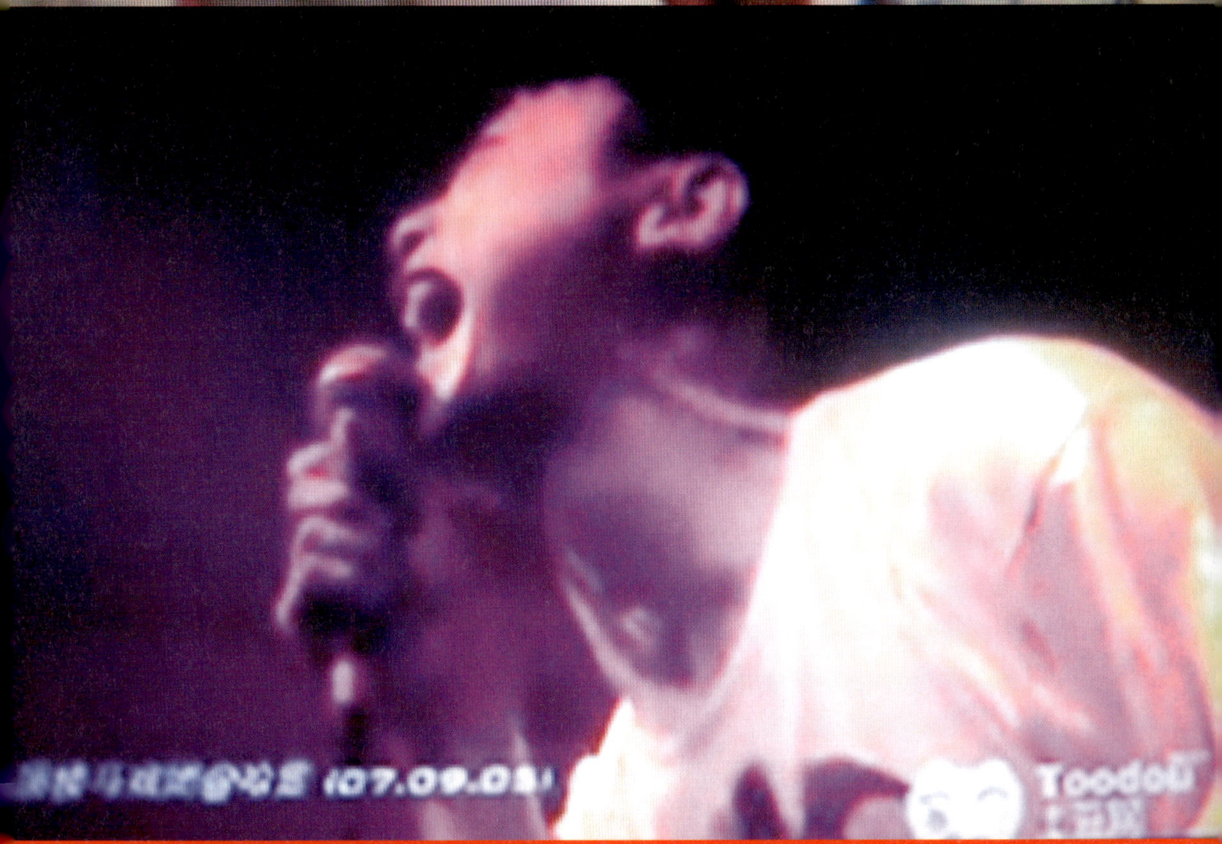

Sweet Pea, Two Crazy Girls, 2005; 25° & Snow, Attic Circus, 2005

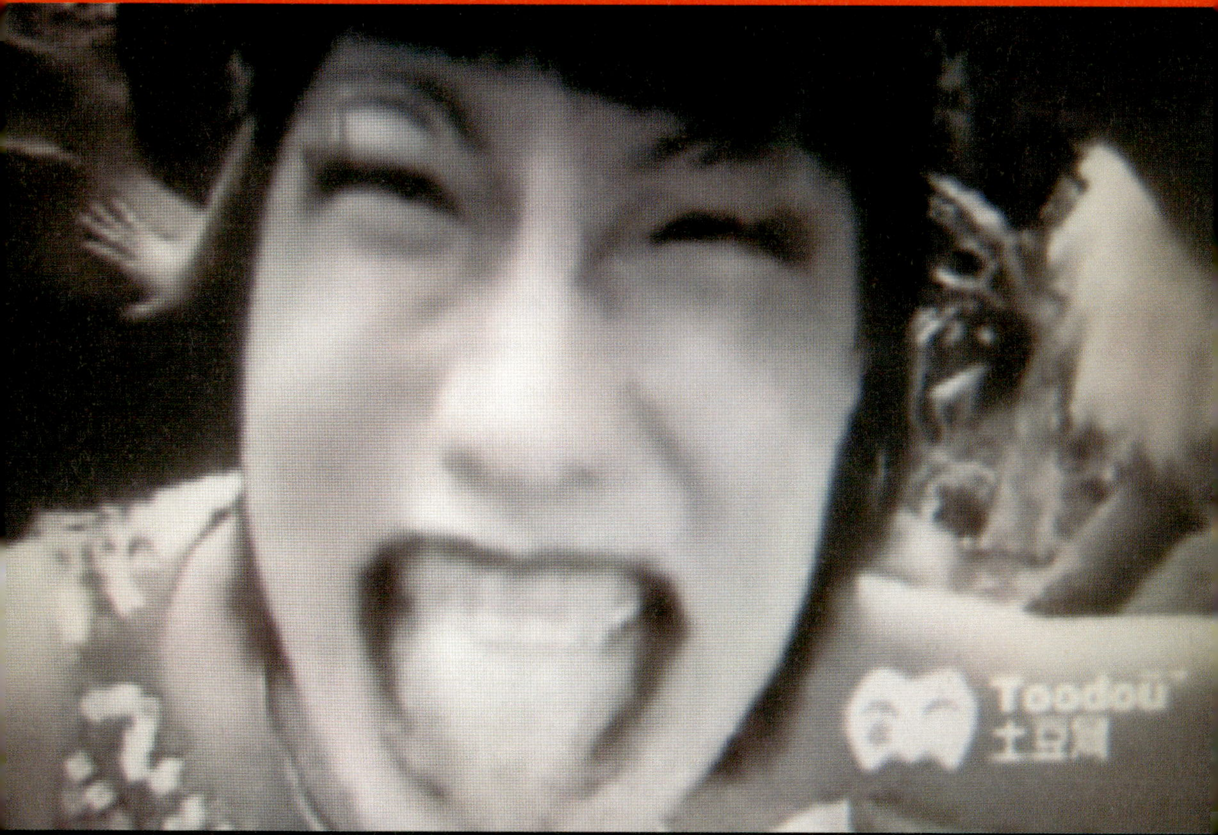

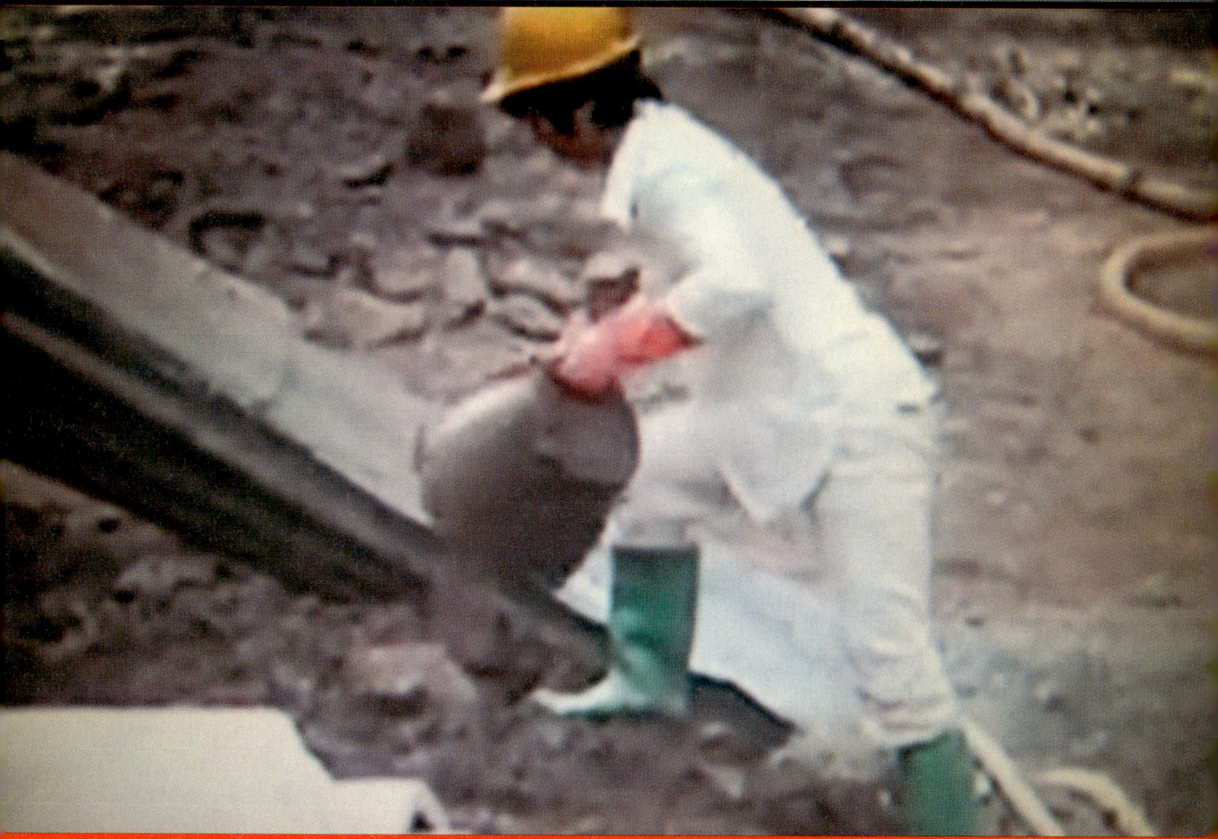

So & So Music, Monkey King, 2005; Li Ao, Life of Builders in City, 2005

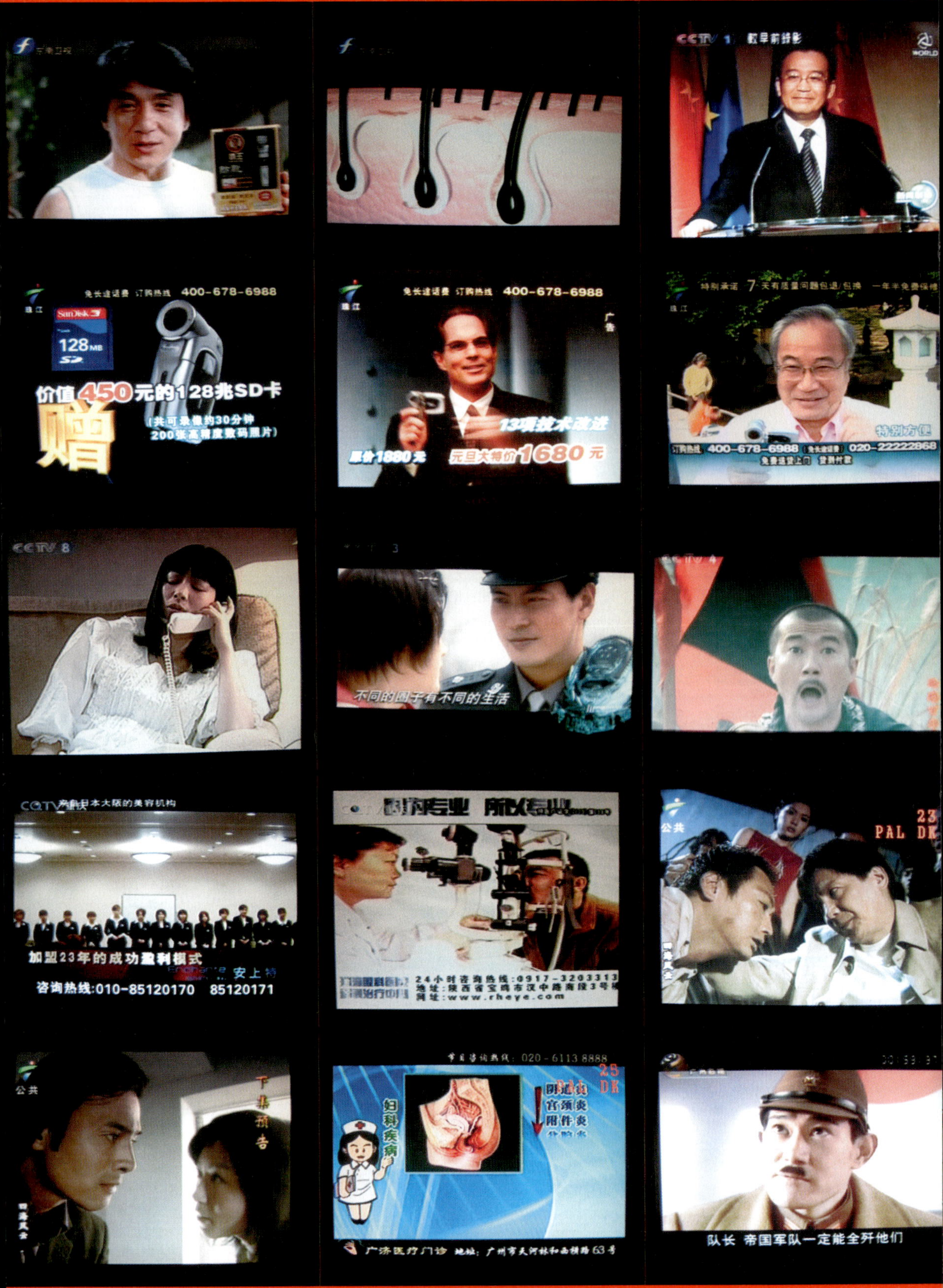

CCTV, Zhun Jiang TV, etc

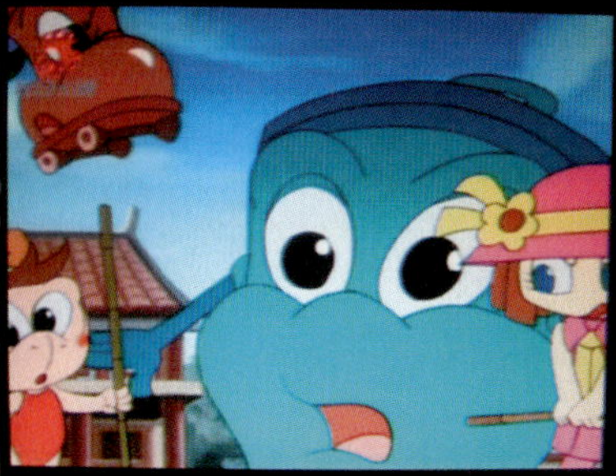

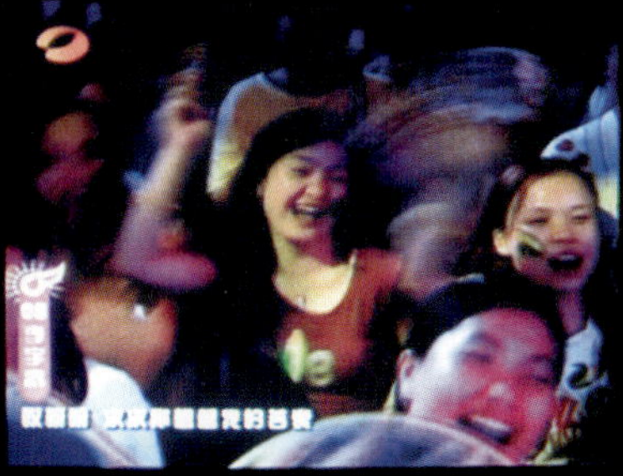

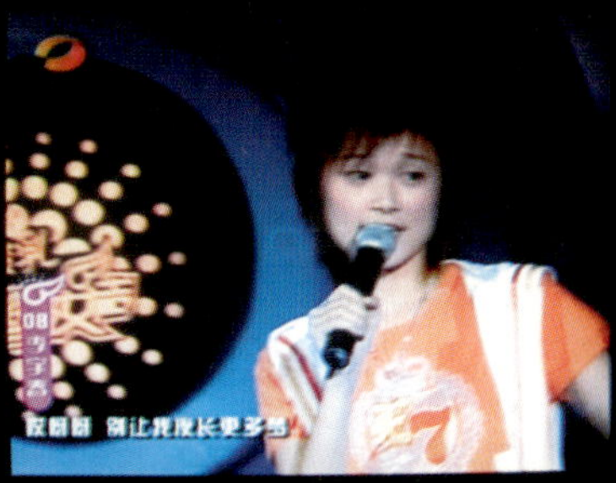

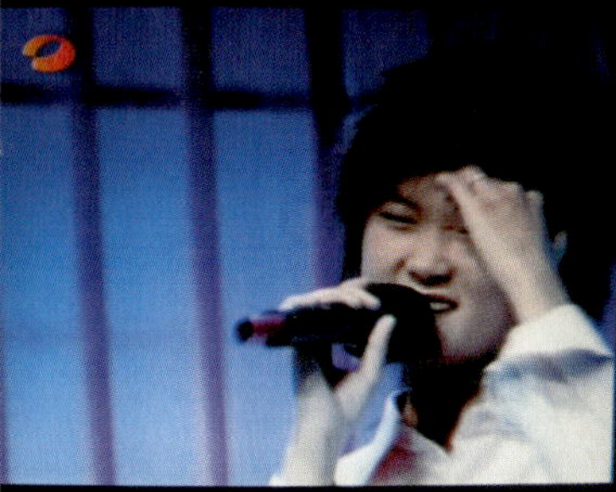

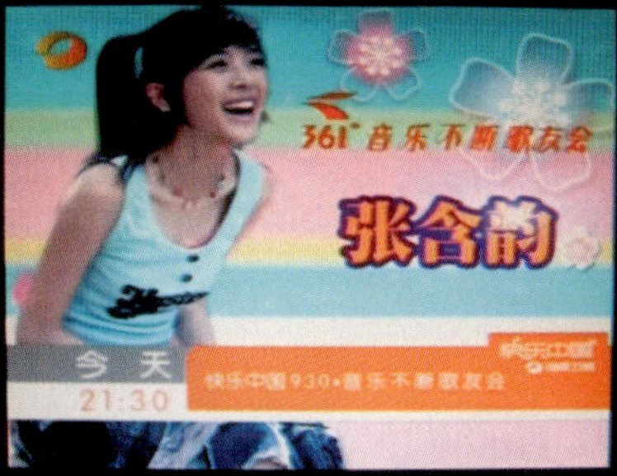
361° 音乐不断歌友会
张含韵
今天
21:30
快乐中国 930 • 音乐不断歌友会

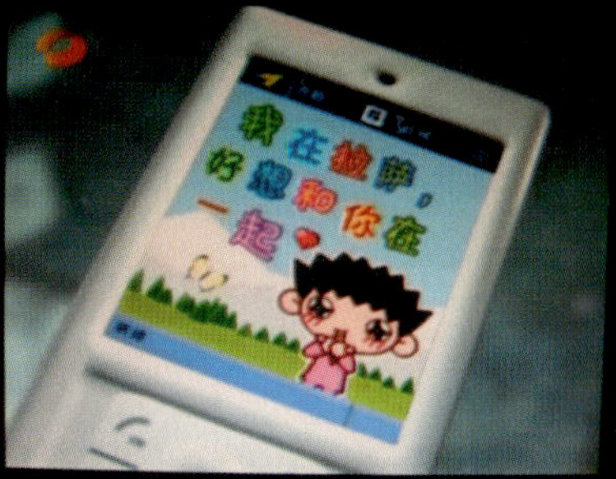

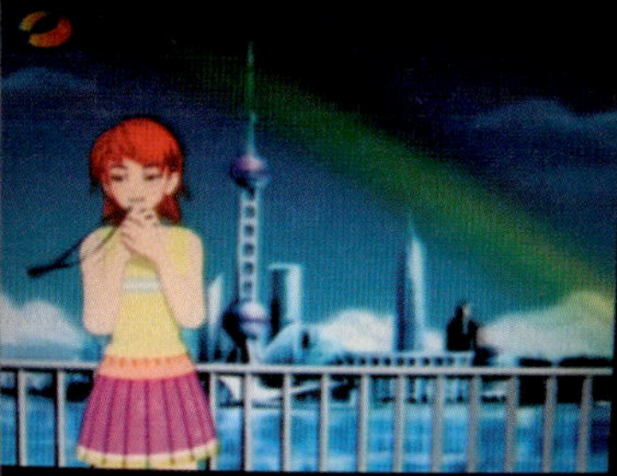

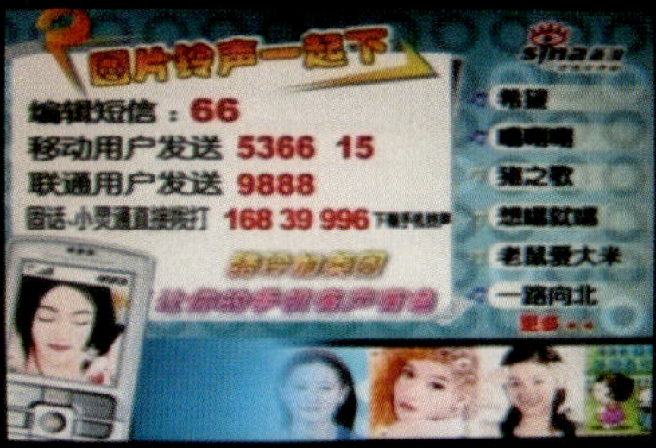
图片铃声一起下
编辑短信：66
移动用户发送 5366 15
联通用户发送 9888
固话·小灵通直接拨打 168 39 996
猪之歌
老鼠爱大米
一路向北

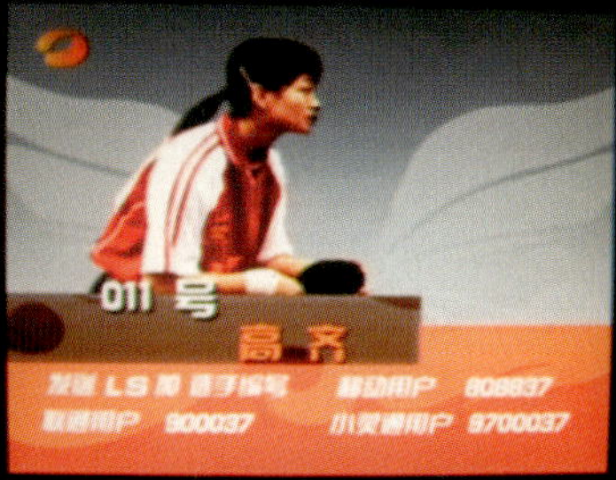
011 号
高齐
发送 LS 加 选手编号
移动用户 808837
联通用户 900037
小灵通用户 9700037

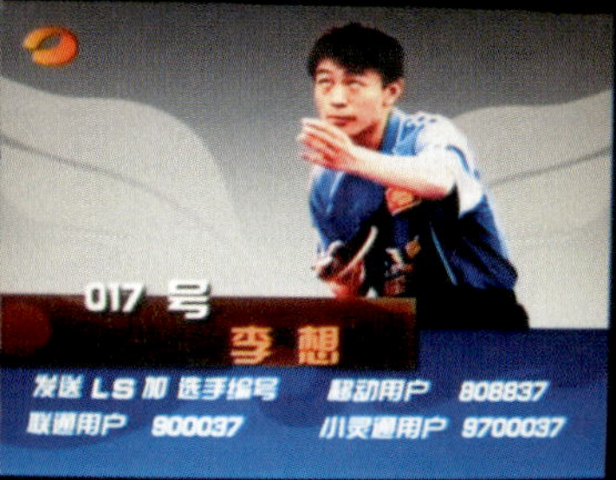
017 号
李想
发送 LS 加 选手编号
移动用户 808837
联通用户 900037
小灵通用户 9700037

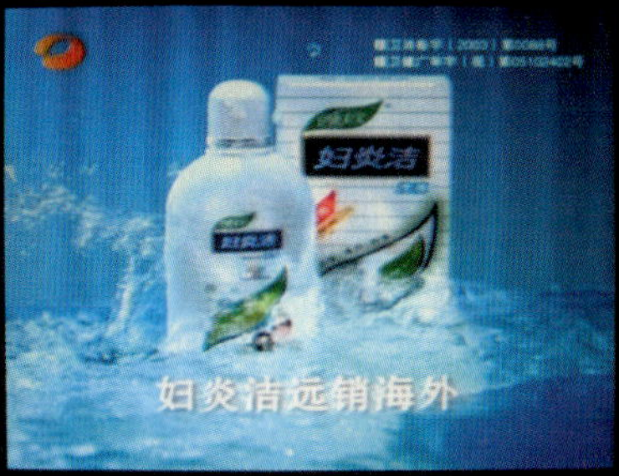
妇炎洁
妇炎洁远销海外

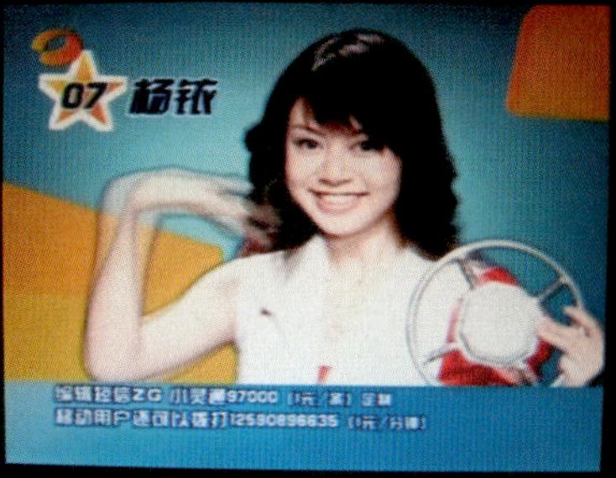
07

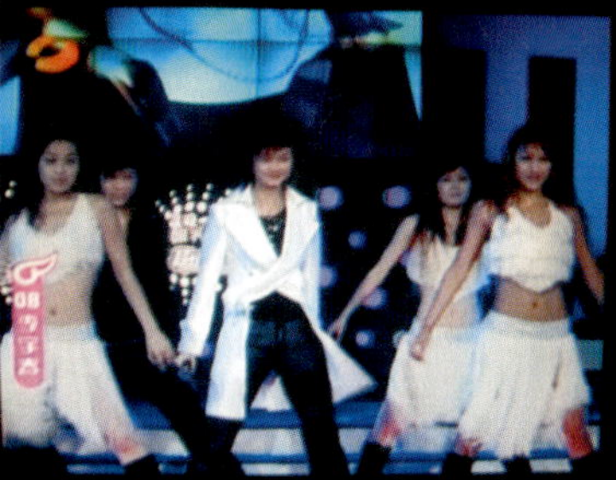

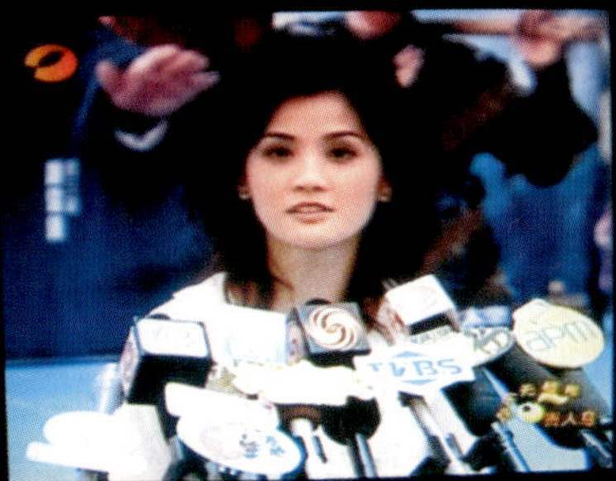

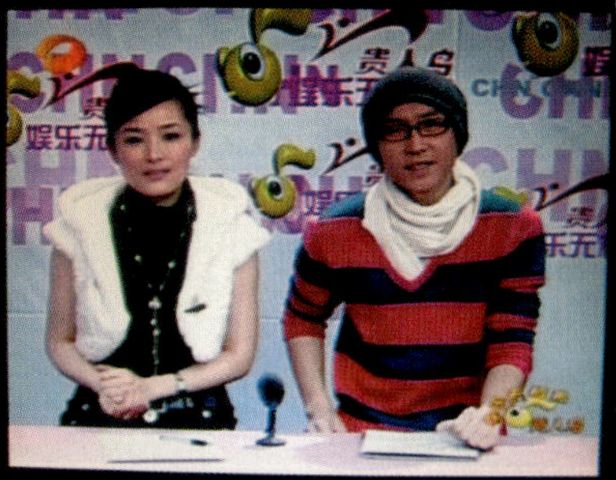

HunanTV

Media and Visual Culture in the People's Republic of China, A timeline: 1978 to 2006

By Jeremy Goldkorn

and Joel Martinsen of Danwei.org

1978 — Deng Xiaoping assumes power and soon introduces reforms that start China's transition from a planned to a market economy.

1 May 1978 — Beijing TV or BTV is renamed China Central Television Station (CCTV)

4 January 1979 — China's first post-Cultural Revolution newspaper advertisement is published in the **Tianjin Daily**. The ad was for Blue Sky toothpaste.

28 January 1979 — China's first post-Cultural Revolution TV commercial appears on Shanghai TV. The commercial is for an alcoholic drink with tonic properties.

17 April 1979 — The first newspaper advertisement appears in the Communist Party organ **The People's Daily**, for industrial machinery.

15 March 1979 — Ogilvy becomes the first foreign advertising agency to publish an ad (for Rado watches) in **Shanghai Wenhui** Bao newspaper.

October 1979 — Japanese cartoon Astroboy is broadcasted on CCTV. At that time, there was only one channel. Soon after that, American TV serial **The Man from Atlantis** begins broadcasting.

27 September 1979 — 'The Stars' are a group of artists who paint and sculpt in styles that depart completely from both social realism and traditional Chinese art. This is unacceptable to the authorities. After countless rejections from the China National Art Gallery, on 27 September they hang their paintings and sculptures on the railings outside the gallery. The foreign, contemporary style of their works sends shock waves through Beijing's cultural community.

5 February 1980 China's first home-grown TV series, CCTV's nine-episode **'Diying Shiba Nian'** (18 Years in the Enemy Camp), starts broadcasting. The serial told the story of a People's Liberation Army spy who stayed with the KMT army.

1 July 1980 — Publication of the first issue of **Jiankang Zhiyou** (Woman's Day), the first post-Cultural Revolution woman's magazine. The magazine focuses on women's health and — as the liberal climate of China in the 1980s sets in — more and more on fashion, cosmetics and beauty.

Late 1980 — CCTV begins broadcasting on a second channel, and starts to lease time to external companies and sell advertising.

February 1982 — The State Council officially announces 'Advertisement Management Temporary Regulations'. These rules show central government support for developing the advertising industry, but as 'regulations', they do not have the force of 'laws'.

1983 — Xinguancha (New Observer) magazine publishes an article introducing Western rock music.

1983 — China's TV industry begins to reform with the introduction of the 'Four Level Administrative Guidelines' in order to develop radio and TV broadcasting at four levels (central, provincial, prefecture and county). This is the first step in China's decentralization of media authority.

6 May 1984 — Hong Kong kung fu TV series Huo Yuan Jia starts broadcasting on CCTV. In the same year, Japanese, Brazilian, and Mexican TV serials also start playing in China.

July 1984 — China's TV audience grows to 600 million people.

1984 — State-owned news agency Xinhua publishes **Liaowang** (Observer), the first mainland news magazine to have overseas distribution, via a deal

Note: Instead of being all-inclusive or comprehensive, this timeline aims to portray the flavour of each year to allow readers unfamiliar with recent Chinese media history to have an all-round feeling of what it has been like to live through the changes of the last 30 years.

with a New York magazine distributor.

1985 — The National Games sports competition is sponsored for the first time by many companies wanting exposure on TV, radio and in newspapers, ushering in the mainstream use of media as an advertising channel.

1986 — Global advertising agency Ogilvy opens an office in China.

25 August 1986 — The first email is sent from China from a computer at the Chinese Academy of Sciences by Wu Weimin. The email is sent to a fellow scientist at CERN in Switzerland. It takes another decade for the Internet to become available to the public.

1987 — Cui Jian, China's first and most famous rock musician — often called the Godfather of Chinese rock — releases Rock 'n Roll for the New Long March. The songs on the record can be read as an ironic commentary on growing up in a world where socialism is collapsing but the rhetoric remains the same. The album is a smash hit and inspires Chinese youth across the country.

1987 — CCTV reaches 270 million yuan revenue.

1988 — The movie Guafu Cun (Village of Widows) hits the cinema screens, and is called the first domestic film 'not suitable for children'. This drives crowds to theatres, but the most they see is bare midriffs and sexual tension.

1988 — Zhang Yimou films Red Sorghum, which sets high standards for the visual artistry of Chinese movies, and shows the West a different side of China.
In the same year, Beijing 'hooligan' author Wang Shuo, who writes stories about marginal characters who speak in Beijing slang, has four adaptations of his novels on screen. The media calls it 'Wang Shuo year'.

1988 —
Hachette Filipacchi starts publishing **Elle** magazine in China in partnership with state-owned publisher Shanghai Translation Publishing House.

4 June 1989 — What the Western media call the Tiananmen Square Massacre is known in Chinese media — when mentioned — as the Tiananmen Square Incident. Colloquially, it is called 6-4. CNN broadcasts the events live from Beijing. For the first time in history, China's internal conflicts are broadcast around the world, and recorded on video for posterity.
Two CCTV presenters who report the events in the 'News Network' programme are fired soon after the event. Wu Xiaoyong, the son of a Communist Party of China Central Committee member, is removed from the English Program Department of Chinese Radio International. Qian Liren, director of the **People's Daily,** is also removed from his post because of reports in the paper that are sympathetic to the students.

1989 — Tibet TV starts broadcasting via satellite. By 1999, all provinces of China have access to different satellite channels.

1989 — Mainland movie box-office receipts reach 2.7 billion yuan, representing 29 billion visits to the cinema. In 1999, there are only 300 million visits to the cinema — TV destroys the movie market.

1990 — Kewang (Hope), China's first privately produced TV series, starts broadcasting. The series was an extraordinary hit, making the producers rich.

1991 — Jin Yong's martial arts novels appear in authorized versions on the mainland for the first time. They had always been popular in Hong Kong and Taiwan but, because of magic and other elements in the stories, were considered taboo in mainland China.
Duzhe (Reader), a general interest digest magazine, becomes China's top-selling magazine. It later becomes the fourth top-selling general interest magazine in the world.

April 1992 — Deng Xiaoping tours southern China, praising the entrepreneurial energy he finds there and criticizing leftist elements in the Party, thus ensuring continuing reform and opening up policy after the post Tiananmen chill.

August 1992 — First film festival in China, the Changchun Film Festival. Zhang Yimou's **Story of Qiuju** takes top prize.

8 August 1993 — Trends Group starts, launching **Trends** magazine, China's first fashion magazine. In April 1998, Trends became China's edition of Cosmopolitan in a joint venture with Hearst.

May 1994 — The national English language newspaper China Daily launches a website. Despite the newspaper's turgid official style, the newspaper and its website publish Reuters and other foreign news wires' articles, which are often much racier than anything in the rest of the state-owned Chinese language press.

1 January 1995 — China's first 'city newspaper', reporting local matters and relatively free of central government interference, is published: **Sichuan Daily** publishers launch Huaxi **Dushi Bao**, (Western China City News), distributed in Chengdu, the most developed city in Sichuan Province. Similar city newspapers follow in other cities, developing a new circle of journalists who get used to reporting stories they have researched personally, rather than copied from Party directives.

1995 — San Lian Zhenghuo Zhoukan (**Sanlian Life Weekly magazine**) launches. Looking like Time or Newsweek, it becomes one of China's most influential news and opinion magazines.

1 February 1995 — 'People's Republic of China Advertisement Law' is officially promulgated. (Note that the first rules about advertising were promulgated in 1982 as 'regulations': it took 13 years for those guidelines to become law.)

September 1995 — China's first commercial website, a directory of companies, goes online at Chinapages.com. The site was started by Jack Ma who grew it into Alibaba.com, one of the most successful Internet companies in China.

1996 — Internet connections become widely available to the public; the service is administered by the Ministry of Posts and Telecommunications. Applicants for the service are required to register with their identity card.
Sina.com and Sohu.com, two privately-run Internet companies get funding and open for business. As the dot com boom takes off, the Internet grows as rapidly in China as it does elsewhere: suddenly there is a whole new medium that is not subject to any existing government regulations. Within a few years, ordinary Chinese people have access to all the information available on the Internet, with very few restrictions.

May 1996 — The country's first Internet café opens in Shanghai.

1 July 1997 — China resumes control of Hong Kong, increasing flows of trade and information between Hong Kong, which has a thoroughly international media culture, and the mainland.

1 September 1997 — **Nanfang Dushi** Bao (Southern Metropolis News) is launched by a publisher under the Guangzhou municipal government. The publication soon shakes up the Chinese newspaper business, with its absence of Party rhetoric and hard hitting news stories about corruption and other sensitive issues.

April 1998 — Modern Media Group relaunches the newspaper Zhoumo Huabao (Modern Weekly), as a glossy, tabloid format weekly news magazine that goes on to become one of the best-distributed glossy periodicals and one of the earliest to extensively feature business and cultural news from abroad in a mass publication.

June 1998 — Bill Clinton visits China, the first US President to go to Beijing since 1989. The visit is a key moment in the warming of relations between the two countries, and causes enthusiasm for American investment in China in both countries.

1999 — Hunan TV's Huanle Zongdongyuan, which extends karaoke to become a television show in which guests perform songs in complete imitation of stars, becomes the year's top programme.
Cai Zhiheng (nicknamed 'Scoundrel Cai') publishes a novel he had earlier serialized online; the printed version is a bestseller for two years and it touches off the careers of a number of online writers.

2000 — Internet services that allow users to get online anonymously without any kind of registration become widespread. Chinese Internet users rapidly get used to being anonymous online.
The dot com bubble bursts, but the massive increase in both Internet accessibility and Chinese online content cannot be reversed.
However, the government uses increasingly sophisticated technologies to block and filter certain foreign websites, and starts regulating Chinese websites more strictly as Internet use grows.

2001 — The Chinese government releases a statement encouraging the amalgamation of Chinese media entities in order to be better prepared for increased competition after WTO entry.

July 2001 — Beijing is awarded the right to host the 2008 Olympic Games, focusing international attention on China and its place on the international stage.

11 September 2001 — In April 2001, an American spy plane collides with a Chinese fighter jet, causing the death of the pilot. This incident causes a great deal of friction with George W. Bush's new administration. But 9-11 has a strange effect on China: because the subsequent 'War on Terror' takes the attention of American hawks away from the People's Republic, Sino-American relations become much smoother and more cordial. Good Sino-American ties mean more cultural and technological exchanges, further opening up China's information environment to the outside world.

11 November 2001 — China officially joins the WTO, causing a further increase in trade as well as cultural and diplomatic exchanges.

September 2002 — Actress Tang Jiali publishes a book of art nudes that stays on the bestseller lists for a year. This is the first such photo book in which the model is named, and it launches a public discussion about art and decency.

March 2003 — Young graphic designer Sun Zhigang is arrested in Guangzhou by the police. A few days later he dies in detention. In April, the **Nanfang Dushi** Bao (Southern Metropolis News), reports the news, causing a national scandal.

March to June 2003 — The SARS virus causes a panic in East Asia, especially in China, where the government does not reveal the extent of the outbreak until forced to do so by international media exposure. The SARS outbreak causes a new openness in Chinese government communications and media about diseases.

June 2003 — A young journalist with the online name 'Mu Zimei' (also written as muzimei and Muzi Mei) starts a blog in which she records her sexual experiences. After publishing a rather negative 'review' of her experiences with a well known rock musician, her diary becomes an overnight Internet hit, read by millions of Chinese youngsters. The print media publish reports about her, and blogging becomes a household word.

11 November 2003 — **Xin Jing Bao** (The Beijing News) starts publishing. The editorial team is headed up by Cheng Yizhong, the editor who published the Sun Zhigang scandal in March. The first issue's front page features a large photograph of Bill Clinton embracing an HIV-positive boy, both a sign and a cause of increased openness about HIV and AIDS in public discourse.

December 2003 — Menbox, China's first openly gay glossy magazine, starts distributing to newsstands. The magazine is produced in partnership with the prestigious Chinese Academy of Social Sciences.

January 2004 — A young computer gamer named Li Hongchen wins the country's first virtual properties dispute case: the Beijing Chaoyang District People's Court orders Arctic Ice Technology Development Company, the maker of the game 'Hongyue' (Red Moon) to return game winnings, including virtual biochemical weapons, to Li, who protested after the items were stolen by a hacker. In the same month, the state-owned news agency reports that a new online game is introduced every ten days in China.

February 2004 — Chen Lili, a post-operative transsexual from Chongqing, is given the green light to compete in the China selection pageant for the Miss Universe competition.

November 2004 — An editorial appears in the conservative Jiefang Ribao (Liberation Daily) attacking 'public intellectuals' — in other words non state-sanctioned writers and thinkers — who make public statements about China's politics and society. It is the start of a slow but steady backlash against the increased media openness seen during 2004.

December 2004 — The advertising operations of the state-owned Beijing **Youth Daily Newspaper** Group are listed on Hong Kong's stock market as Beijing Media Corporation. This is the first such listing of a mainland media company.

February 2005 — CCTV launches pan-Asian satellite channel, hoping to cater for growing overseas demand for information about China.

March 2005 — China's National People's Congress proposes a bill to ban lip-synching at pop music concerts.
In the same month, university authorities at the prestigious Peking and Tsinghua Universities are ordered to stop open access to the two universities' Internet forums (or BBS). These forums had been open to the public and were often host to freewheeling discussions about society and politics.

April 2005 — Real estate tycoon Pan Shiyi starts a blog, becoming the first of many celebrities to start blogs in 2005 and early 2006.

August 2005 — Provincial TV station Hunan TV's hit show Chao Ji Nusheng (Super Voice Girls) broadcasts the final, knockout competition. The show is a nationwide hit, drawing advertisers away from the stodgier programs on CCTV.

September 2005 — The government announces that the death tolls from natural disasters will no longer be regarded as a state secret, ending an official policy of secrecy about disasters that has been in place since 1949.

December 2005 — The top three editors of Xin Jing Bao (The Beijing News) are removed from their posts, apparently on orders from the government, because of reports in the newspaper about riots in rural areas. A Chinese blogger writes about the dismissal, urging a boycott of the newspaper. The blog is hosted on Microsoft's MSN Spaces; Microsoft receives an official order from the government requiring them to remove the blog.

January 2006 — The editor of **Bing Dian** (Freezing Point) supplement to the **China Youth Daily**, is removed from his position after authorities object to the tone and content of the supplement, in particular to one article calling for the revision of Chinese high school history text books. The editor accepts interviews from the foreign press, and writes an openly-circulated letter criticizing the stifling of discussion.

March 2006 — Soon after **Newsweek** magazine's Asian edition features Chinese bloggers on its cover with the headline 'Beijing vs. Bloggers', one of the bloggers featured in the article named Massage Milk stages a 'government shutdown' of his blog. The Western media report it, after which the blogger reveals the shutdown to be a hoax, a prank played on Western media in revenge for their 'obsession' with the censorship issue.

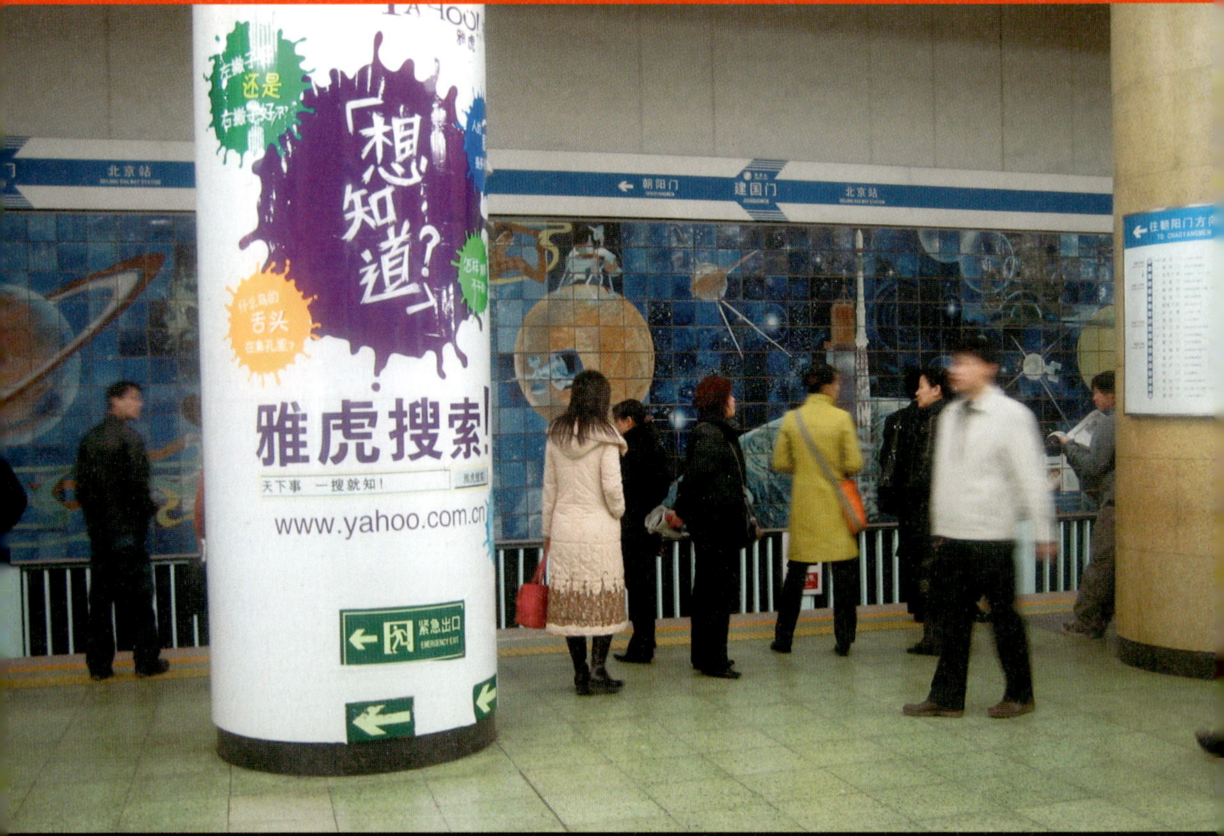

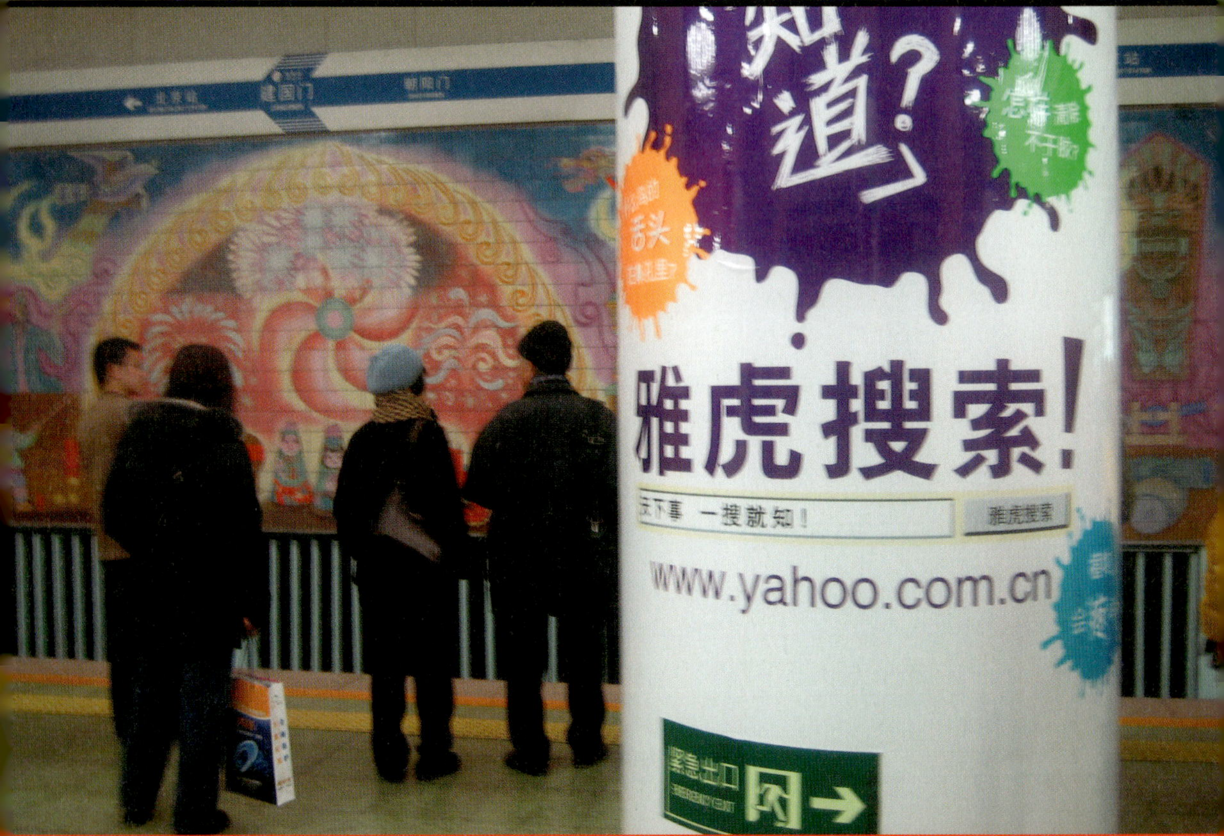

Agressieve campagne van internetbedrijf Yahoo in de metro van Beijing/
Aggressive campaign by Internet company Yahoo in Beijing subway

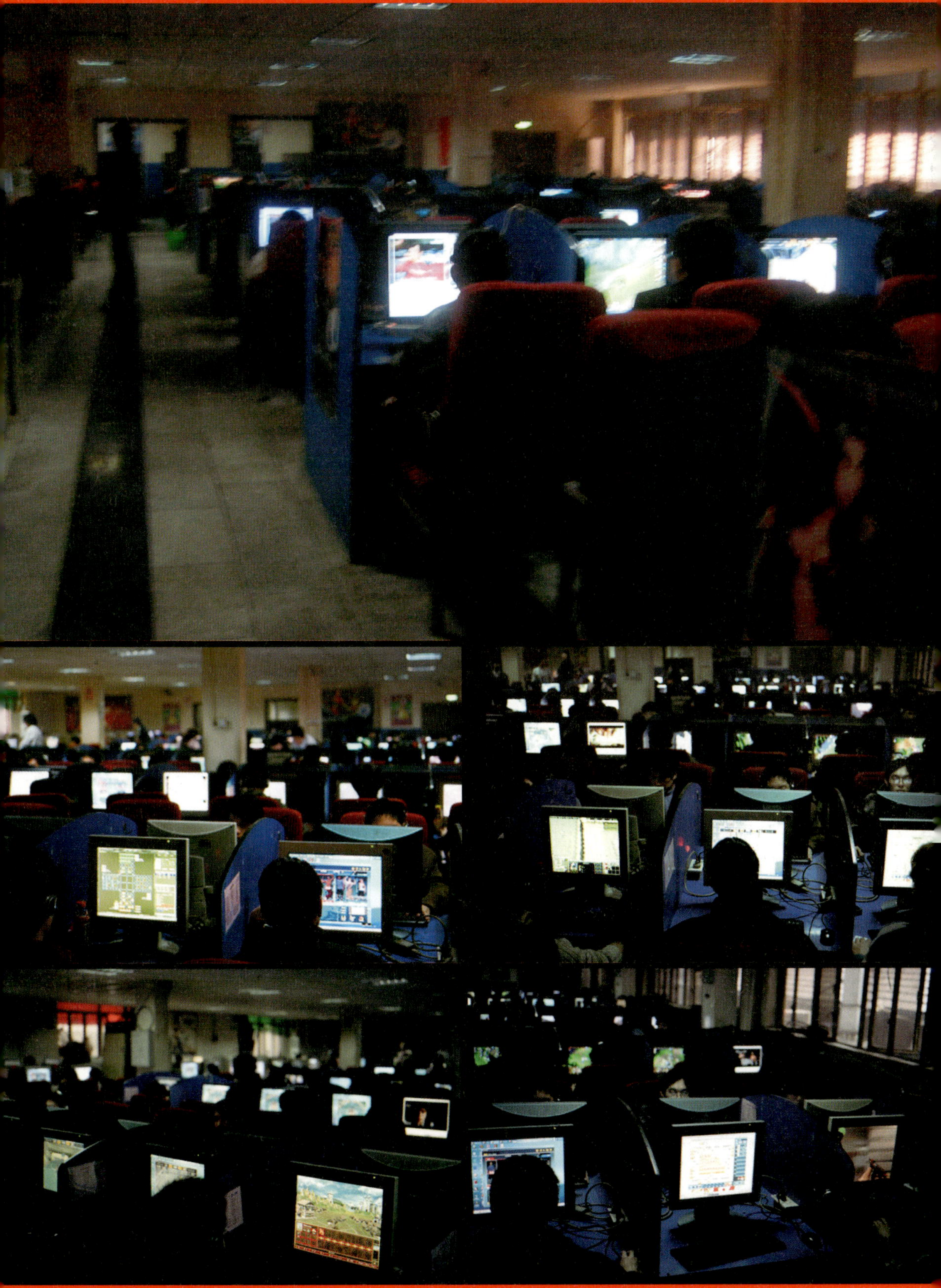

Internetcafé, Shanghai, 2006 (foto/photo Komen&Krijgsman)

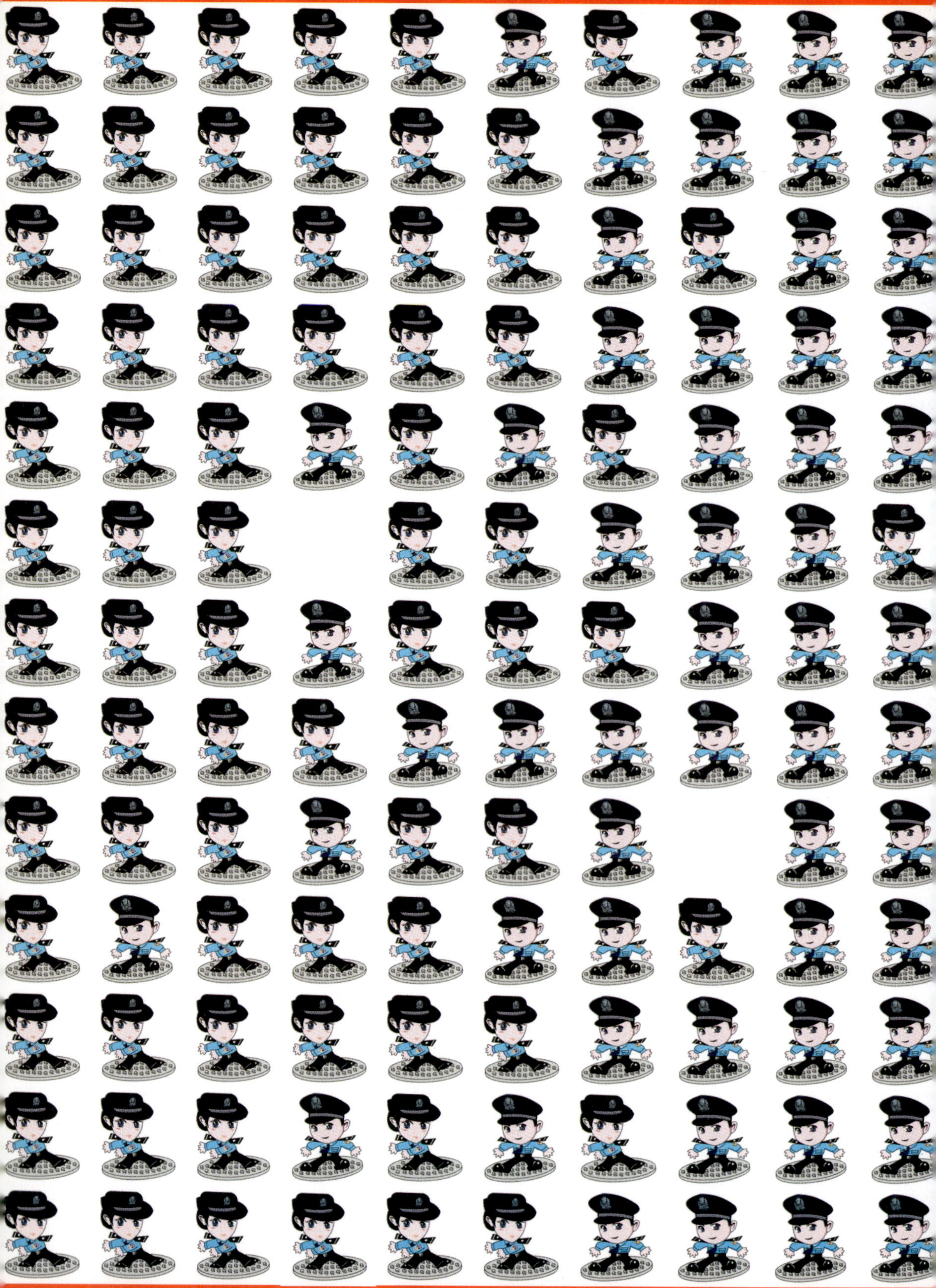

Jing Jing & Cha Cha, cynische overheidscartoons van de Chinese internet-politie (die echter niet overal kan zijn)/cynical government cartoons of the Chinese internet police (though they cannot be everywhere)

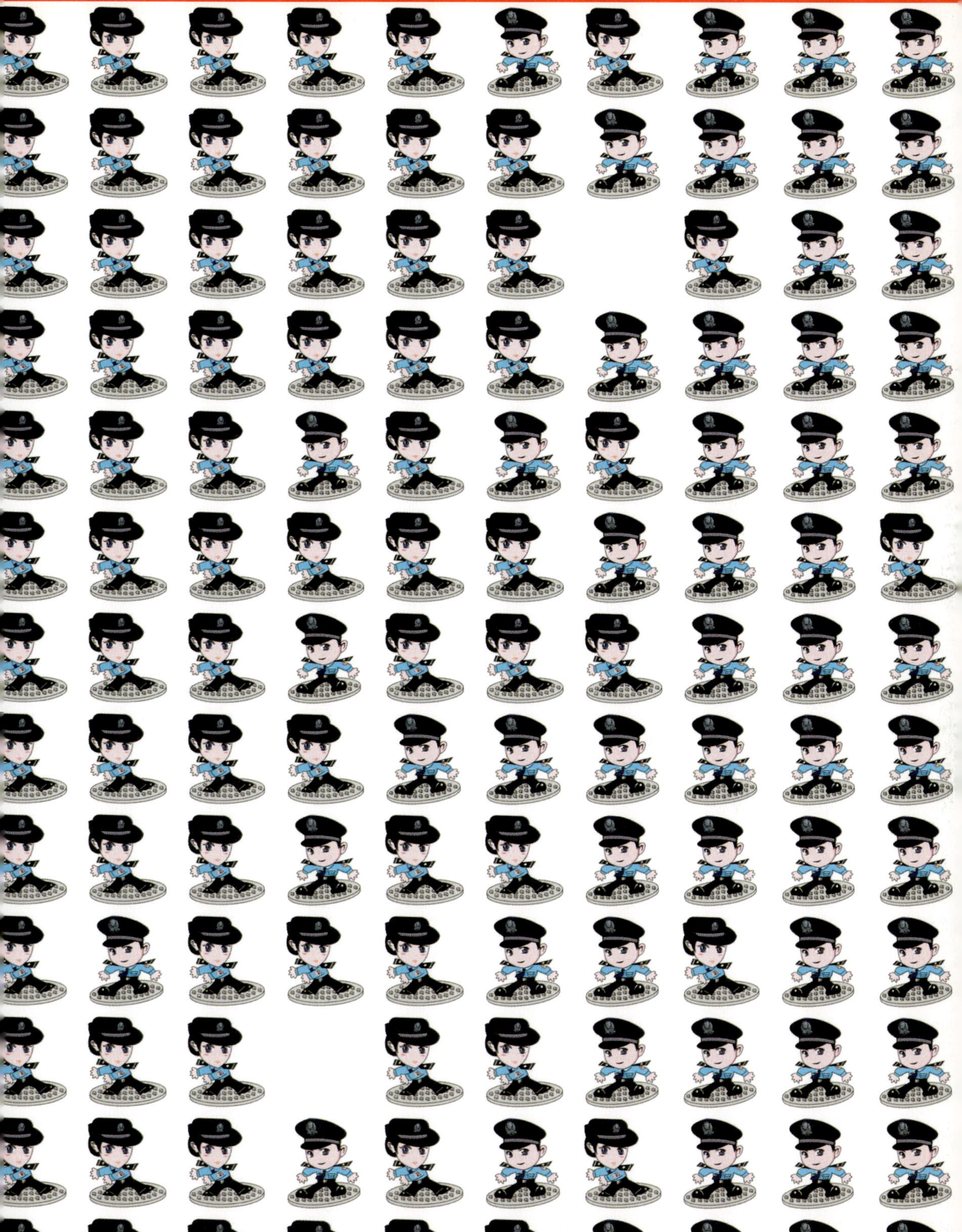

Deze publicatie verschijnt naar aanleiding van de tentoonstelling, **China Contemporary** gepresenteerd in / This publication appears on the occasion of the exhibition **China Contemporary**, at

Nederlands Architectuurinstituut
10.06 – 03.09 2006
Museum Boijmans Van Beuningen
10.06 – 13.08 2006
Nederlands fotomuseum
10.06 – 03.09 2006

Tentoonstelling/Exhibition: Het project **China Contemporary** is mede mogelijk gemaakt door een bijdrage uit het HGIS Cultuurprogramma, het programma voor intensivering van de internationale culturele betrekkingen van het Ministerie van Buitenlandse Zaken en het Ministerie van Onderwijs, Cultuur en Wetenschappen, Havenbedrijf Rotterdam, Rotterdam Marketing en Rotterdam Festivals / The **China Contemporary** project was made possible through the generous support of the Netherlands Culture Fund, the joint program of the Dutch Ministry of Foreign Affairs and Ministry of Education, Culture and Science for the strengthening of international cultural policy, Port of Rotterdam, Rotterdam Marketing and Rotterdam Festivals.

ONDERWIJS CULTUUR WETENSCHAP
Ministerie van Onderwijs, Cultuur en Wetenschap
Buitenlandse Zaken

Samenstellers/Curators: Nederlands Architectuurinstituut: Linda Vlassenrood ; Museum Boijmans Van Beuningen: Jaap Guldemond, i.s.m./with **Huang Du ; Nederlands fotomuseum: Christine de Baan**, gastconservator/ guest curator

Projectteam Nederlands Architectuurinstituut:
Caroline Klein (assistent-curator/ assistant curator)
Yang Yang (projectassistent/assistant)
Kristine Kavelaars (productie/production)
Olof van de Wal (lezingen/lectures)
Anouk Glaudemans, Willemijn Thissen (publiciteit/publicity)
Annette ter Haar (educatie/education)
Miriam ten Horn (sponsoring)
Agnes Wijers (internationale projecten/ international projects)
Johan De Wachter Architecten met/with Michael Smith, Shohei Shigematsu, Rotterdam (ruimtelijk ontwerp tentoonstelling/exhibition design)
Mattmo, Amsterdam (grafisch ontwerp tentoonstelling/graphic design exhibition)

Projectteam Museum Boijmans Van Beuningen:
Rein Wolfs (hoofd sector presentaties/ head of exhibisions)
Tjibbe Spruit/Erica van Buchem (projectleiders/project leaders)
Annemiek Mast (assistent sector presentaties/ assistant exhibitions)
Saskia Cornelissen (marketing & communicatie/marketing & communication)
Caroline Seebregts (sponsoring)
Chris Will (educatie/education)
Wouter Louman & team (technische dienst/installation)

Projectteam Nederlands fotomuseum:
Daan Bakker, daf architecten, Rotterdam (Ruimtelijk ontwerp tentoonstelling/exhibition design)
Mira Matic (productie/production)
Angelica Li (stagiaire/intern)
Femke IJsinga (publiciteit/publicity)
Naomi Boas (educatie/education)
Frits Gierstberg (hoofd tentoonstellingen/ head of exhibitions)
Ruud Visschedijk (directeur/director).

Met dank aan/Acknowledgements
Xi Bei
Juan Du (1st Shenzhen Biennale of Urbanism/Architecture), Beijing
Ni Haifeng
Lorenz Helbling
Stijn Huijts, Het Domein, Sittard
Stefan Landsberger, Amsterdam
Alex Lebbing
Neville Mars, Martijn de Waal (Dynamic City Foundation), Beijing
Annemarie Montulet, Royal Netherlands Embassy, Beijing
Mondriaan Stichting, Amsterdam
Prins Claus Fonds, Den Haag
Stichting Premsela, Amsterdam
Xu Tan
Lauren Parker, Kate Best, Gigi Chang, Victoria and Albert Museum, London
Hu Fang, Zhang Wei, Vitamin Creative Space, Guangzhou
John van de Water (NEXT Architects), Beijing

Bijzondere Begunstigers van Museum Boijmans Van Beuningen / Corporate Members of Museum Boijmans Van Beuningen
ABN AMRO ; CALDIC ; Imtech NV ; DURA VERMEER GROEP N.V. ; Aon Groep Nederland bv ; Koninklijke Nedlloyd N.V. ; Unilever ; Loyens & Loeff ; Fortis Bank ; Ernst & Young ; NautaDutilh Siemens Nederland N.V. ; Bakker Beheer Barendrecht BV ; HAL Investments B.V.; KPMG ; Stichting Organisatie van Effectenhandelaren te Rotterdam ; Nidera Handelscompagnie b.v. ; KOEN VISSER GROEP ; Fortis ASR ; Gebrs. Coster ; Beheer B.V. ; Gemeente Rotterdam, Afdeling Externe Betrekkingen ; De Brauw Blackstone Westbroek ; Rendra Baris Group ; SV Projektinrichters ; Thony en Melanie Ruys ; PricewaterhouseCoopers ; ING Bank Rotterdam ; TDS printmaildata ; Hotel New York Groep ; Hollandsche Bank-Unie N.V. ; OC&C Strategy Consultants ; WEMAR Marketingstrategie en Onderzoek B.V. ;

Van Uden Group B.V. ; Breeman Automotive Groep ; Fortress Groep ; Rabobank Rotterdam ; Schipper Van der Mersch Advocaten ; Korbel ; Familie R.P.R. von Weiler, Rotterdam ; Faasen & Partners M&R De Monchy N.V. ; ENECO Energie Port of Rotterdam ; D. Berghout B.V.; RoyalBurgerGroup ; TBI Holdings ; Anthony Veder Group NV ; Van Agt + Dussel Notarissen ; Burgers Ergon ; De heer en mevrouw C. Zachariasse ; Middelland Beheer B.V.; NIBC Bank N.V.

Publicatie/Publication:
Tekstredactie/Copy editing: Els Brinkman, Barbera van Kooij
Vertalingen/Translations:
Dutch-English:
Andrew May (Guldemond)
Robyn de Jong-Dalziel (Vlassenrood)
Michael Gibb (theme descriptions architecture)
Peter Mason (project descriptions architecture written by Linda Vlassenrood and Caroline Klein; intros visual culture)
Bookmakers, Anne Hodgkinson (Van Pinxteren)
Engels-Nederlands:
Bookmakers, Olaf Brenninkmeijer (Huang Du, introducties kunstenaars)
Chinese-English:
Maya Kóvskaya (Huang Du, edited by Kevin Cook, Bookmakers)
Edward Li (intros artists Haung Du and Zhang Li, edited by D'Laine Camp)

Vormgeving Design: Thonik
Druk en lithografie Printing and lithography: Drukkerij Die Keure, Brugge/Bruges
Binder: IBW, Oostkamp
Papier: Arctic Volume, 130 grs
Projectleiding/Project coordination: Barbera van Kooij, NAi Uitgevers/Publishers
Uitgever Publisher: NAi Uitgevers/Publishers, Rotterdam

NAi Uitgevers is een internationaal georiënteerde uitgever, gespecialiseerd in het ontwikkelen, produceren en distribueren van boeken over architectuur, beeldende kunst en verwante disciplines.
NAi Publishers is an internationally orientated publisher specialized in developing, producing and distributing books on architecture, visual arts and related disciplines.
www.naipublishers.nl info@naipublishers.nl

Available in North, South and Central America through D.A.P./Distributed Art Publishers Inc, 155 Sixth Avenue 2nd Floor, New York, NY 10013-1507, tel +1 212 627 1999, fax +1 212 627 9484, dap@dapinc.com

Available in the United Kingdom and Ireland through Art Data, 12 Bell Industrial Estate, 50 Cunnington Street, London W4 5HB, tel +44 208 747 1061, fax +44 208 742 2319, orders@artdata.co.uk

Printed and bound in Belgium

ISBN 90-5662-500-4
ISBN 978-90-5662-500-9